嘉兴统计年鉴

JIAXING STATISTICAL YEARBOOK

2021

（总第25期 NO.25）

图书在版编目（CIP）数据

嘉兴统计年鉴. 2021 = JIAXING STATISTICAL YEARBOOK 2021 ：汉英对照 / 嘉兴市统计局编. -- 北京：中国统计出版社，2021.8
ISBN 978-7-5037-9518-3

Ⅰ. ①嘉… Ⅱ. ①嘉… Ⅲ. ①统计资料－嘉兴－2021－年鉴－汉、英 Ⅳ. ①C832.553-54

中国版本图书馆CIP数据核字(2021)第117452号

嘉兴统计年鉴—2021

作　　者/ 嘉兴市统计局
责任编辑/ 钟　钰
装帧设计/ 火　球
出版发行/ 中国统计出版社有限公司
地　　址/ 北京市丰台区西三环南路甲6号　邮政编码/100073
电　　话/ 邮购（010）63376909　书店（010）68783171
网　　址/ http://www.zgtjcbs.com
印　　刷/ 嘉兴宏扬印务有限公司
经　　销/ 新华书店
开　　本/ 890mm×1240mm　1/16
字　　数/ 120万字
印　　张/ 39
版　　别/ 2021年8月第1版
版　　次/ 2021年8月第1次印刷
定　　价/ 380.00元 Price：380.00yuan(RMB)

如有印装差错，由本社发行部调换。

《嘉兴统计年鉴—2021》编辑委员会

Jiaxing Statistical Yearbook 2021 Editorial Board And Staff

编者说明

一、《嘉兴统计年鉴—2021》是一部全面反映嘉兴国民经济和社会发展情况的资料性年刊。本书收录了嘉兴全市、市区和各县(市、区)2020年经济和社会各方面大量的统计数据，以及历史重要年份和近20年的嘉兴全市、市区主要统计数据。

二、全书内容分为14部分，即：1.综合与国民核算；2.人口与劳动力；3.人民生活、社会保障与物价；4.固定资产投资；5.城市建设、环境、能源与资源利用；6.财政；7.农业；8.工业；9.建筑业；10.交通邮电业；11.贸易、对外经济与旅游业；12.银行、保险及证券；13.科学、教育、文化、医疗卫生、体育、广电和质量技术监督；14.城市比较。各章末附有《主要统计指标解释》。

三、资料中所使用的度量衡单位均采用国际统一标准计量单位。

四、本年鉴的资料来源大部分来自年度市统计局和市有关部门（单位）统计报表，一部分来自抽样调查。同时，对过去发表的统计数据进行了核实，凡与本年鉴数据有出入的，以本年鉴为准。

五、本年鉴部分数据合计数或相对数由于单位取舍不同而产生的计算误差均未作机械调整。

六、本年鉴各表中，对表中指标的注解在该表下方。凡带续表的资料，对指标的注解一律在最前一页下方。

七、本年鉴表中的符号使用说明："-"表示数据不足本表最小单位数；"空格"表示该项统计指标数据不详或无该项数据；"#"表示其中的主要项；"*"或"①"表示本表下有注解。

PREFACE

I. ***Jiaxing Statistical Yearbook 2021*** is an annual statistics publication, which covers very comprehensive statistics of Jiaxing's social and economic development in 2020 and historically important years and the most recent twenty years,reflects various aspects of Whole Municipality's social and economic development.

II. The book contains the following fourteen parts: l. General Survey and National Accounts; 2. Population and Labor; 3. People's Livelihood, Social Security and Price Indices; 4. Investment in Fixed Assets; 5. Urban Construction, Environment, Energy and Resources Utilization; 6. Government Finance; 7. Agriculture; 8. Industry; 9. Construction; 10. Transport, Post and Telecommunication Services; 11. Trade, Foreign Economy and Tourism; 12. Banking, Insurance and Securities Business; 13. Science, Education, Culture, Medical and Health, Sports, Broadcasting and TV, Quality and Technical Supervision; 14. Cities Compare. Explanatory Notes on Main Statistical Indicators is attached to the end of each chapter.

III. The units of measurement used in this book are internationally standard measurement units.

IV. The major data sources of this publication are obtained from annual local government statistic department and others government department statistical reports, and some from sample surveys. At the same time, and to the covariance data which announced in the past carried on a check, any has some discrepancies with this yearbook data of, taking this yearbook as authentic ones.

V. Statistical discrepancies due to rounding are not adjusted in this yearbook.

VI. The notes concerning individual indicators are placed at the lower part. If the table is a continued one, the footnotes are placed in the last page.

VII. Notations used in this yearbook:"-" indicates that the figure is not large enough to be measured with the smallest unit in the table; "(blank)"indicates that the data not available; " # "indicates the major items of the total; "*" or "①" indicates the notes below the table。

目　　录

CONTENTS

第一章　综合与国民核算
General Survey and National Accounts

第二章 人口与劳动力
Population and Labor

第三章 人民生活、社会保障与物价
People's Livelihood, Social Security and Price Indices

第四章 固定资产投资
Investment in Fixed Assets

第五章 城市建设、环境、能源与资源利用
Urban Construction, Environment, Energy and Resources Utilization

第六章 财　政
Government Finance

第七章 农　业
Agriculture

第八章 工 业
Industry

第九章 建 筑 业
Construction

第十章 交通邮电业
Transport, Post and Telecommunication Services

第十一章 贸易、对外经济与旅游业
Trade, Foreign Economy and Tourism

第十二章　银行、保险及证券
Banking, Insurance and Securities Business

第十三章　科学、教育、文化、医疗卫生、体育、广电和质量技术监督
Science, Education, Culture, Medical and Health, Sports, Broadcasting and TV, Quality and Technical Supervision

第十四章　城 市 比 较
Cities Compare

一、综合与国民核算
General Survey and National Accounts

1－1 自然地理与行政区划
Natural Geography and Administrative Division

年份 地区 Year Region		镇(个) Town (unit)	乡(个) Township (unit)	街道(个) Subdistrict (unit)	居民委员会(个) Neighborhood Committee (unit)	村民委员会(个) Villager Committee (unit)	土地面积(平方公里) Area of Land (sq. km)	人口密度(人/平方公里) Density of Population (person/sq. km)
2002		60	2	13	291	1029	3915	849
2003		55	2	17	283	1030	3915	850
2004		53	1	20	276	942	3915	853
2005		53	1	20	291	944	3915	854
2006		53	1	20	307	941	3915	857
2007		53		21	318	938	3915	860
2008		53		21	325	874	3915	864
2009		47		24	333	860	3915	867
2010		44		29	360	816	3915	873
2011		44		29	357	816	3915	876
2012		44		29	355	815	3915	880
2013		44		29	372	804	3915	884
2014		44		29	380	797	3915	889
2015		43		30	371	792	3915	893
2016		43		30	371	787	4223	834
2017		42		30	380	771	4223	844
2018		42		30	385	759	4223	854
2019		42		30	402	755	—	—
2020		42		30	426	744	—	—
市　区	Urban District	9		13	144	160	—	—
南湖区	nanhu	4		9	94	47	—	—
秀洲区	Xiuzhou	5		4	50	113	—	—
嘉善县	Jiashan	6		3	62	104	—	—
海盐县	Haiyan	5		4	42	78	—	—
海宁市	Haining	8		4	84	145	—	—
平湖市	Pinghu	6		3	53	81	—	—
桐乡市	Tongxiang	8		3	41	176	—	—

注:资料来源嘉兴市民政局、嘉兴市自然资源和规划局,人口密度按户籍人口计算。由于第三次国土调查数据暂未公布,2019－2020年土地面积和人口密度数据暂无。

Note: Data come from Jiaxing Municipal Bureau of Civil Affairs、Jiaxing Municipal Bureau of Natural Resources and Planning, The population density is calculated by the registered population. As the data of the third land survey has not been released, the data of the area of land and density of population are not available in 2019 and 2020.

1－2 分地区日照时数（2020 年）

Sunshine Hours by Region (2020)

单位:小时 (hours)

时 间	Time	嘉 兴 Jiaxing	嘉 善 Jiashan	海 盐 Haiyan	海 宁 Haining	平 湖 Pinghu	桐 乡 Tongxiang
全 年	Annual Total	1455.4	1643.0	1936.0	1408.3	2122.1	1511.3
1 月	Jan.	49.8	54.7	69.6	55.3	72.4	54.6
2 月	Feb.	119.2	128.3	137.4	108.5	149.1	115.2
3 月	Mar.	116.3	138.1	139.6	109.8	157.7	121.0
4 月	Apr.	192.5	217.1	219.6	179.1	226.6	193.4
5 月	May.	115.6	140.7	167.3	117.3	189.6	124.7
6 月	June	63.8	73.8	123.0	57.1	144.7	73.2
7 月	July	62.6	86.2	129.5	65.7	148.4	72.6
8 月	Aug.	239.9	257.0	300.3	246.5	304.4	258.4
9 月	Sep.	121.7	141.7	166.2	115.4	187.1	128.9
10 月	Oct.	131.1	147.7	178.3	121.5	208.1	132.6
11 月	Nov.	118.7	126.8	153.5	116.9	167.3	116.7
12 月	Dec.	124.2	130.9	151.7	115.2	166.7	120.0

1－3 分地区降水量（2020 年）

Precipitation by Region (2020)

单位:毫米 (millimeters)

时 间	Time	嘉 兴 Jiaxing	嘉 善 Jiashan	海 盐 Haiyan	海 宁 Haining	平 湖 Pinghu	桐 乡 Tongxiang
全 年	Annual Total	1637.9	1603.9	1558.3	1731.6	1846.4	1630.2
1 月	Jan.	185.3	181.9	203.2	202.5	178.1	195.2
2 月	Feb.	60.5	61.6	67.2	63.3	60.3	62.2
3 月	Mar.	123.7	131.1	123.3	124.0	120.4	145.6
4 月	Apr.	40.5	48.5	35.0	34.6	37.3	38.4
5 月	May.	178.2	173.0	107.7	134.0	108.7	142.1
6 月	June	387.7	292.8	356.1	466.1	355.0	402.8
7 月	July	314.6	298.4	261.0	288.0	297.9	336.1
8 月	Aug.	132.3	182.4	130.8	97.4	416.2	89.5
9 月	Sep.	136.1	154.9	196.6	237.3	177.0	134.4
10 月	Oct.	23.8	20.2	29.5	33.3	31.7	30.9
11 月	Nov.	39.3	43.9	34.2	37.9	40.7	37.1
12 月	Dec.	15.9	15.2	13.7	13.2	23.1	15.9

注:资料来源嘉兴市气象局。
Note: Data come from Jiaxing Municipal Meteorological Bureau.

1-4 分地区平均气温（2020年）
Average Temperature by Region (2020)

单位:摄氏度 (℃)

时间	Time	嘉兴 Jiaxing	嘉善 Jiashan	海盐 Haiyan	海宁 Haining	平湖 Pinghu	桐乡 Tongxiang
全年	Annual Total	17.9	17.8	17.9	17.3	17.5	18.2
1月	Jan.	6.9	6.8	7.1	6.4	7.0	6.7
2月	Feb.	9.3	8.9	9.2	8.6	8.8	9.4
3月	Mar.	12.6	12.4	12.6	12.3	12.0	12.9
4月	Apr.	15.6	15.4	15.5	15.1	14.7	16.2
5月	May.	22.9	22.6	22.7	22.7	22.0	23.5
6月	June	25.7	25.6	25.7	25.5	25.3	26.0
7月	July	26.9	26.9	27.0	26.5	26.7	27.0
8月	Aug.	30.5	30.3	30.3	30.2	29.8	31.2
9月	Sep.	24.0	24.0	23.9	23.1	23.7	24.3
10月	Oct.	18.9	18.9	18.9	17.8	18.5	19.2
11月	Nov.	14.8	14.8	15.0	13.7	14.9	15.0
12月	Dec.	6.8	6.8	7.0	5.9	6.8	6.6

1-5 分地区水文情况（2020年）
Hydrologic Condition by Region (2020)

单位:米 (meter)

地区	Region	年平均水位 Average Water Level of the Year (m)	最高水位 Highest Water Level (m)	日期(月.日) Date (mm. dd)	最低水位 Lowest Water Level (m)	日期(月.日) Date (mm. dd)
嘉兴	Jiaxing	3.07	4.11	7.16	2.60	12.27
嘉善	Jiashan	2.99	3.94	7.17	2.5	3.21
海盐(㵩城)	Haiyan (Yucheng)	3.06	3.97	7.16	2.67	3.21
海宁	Haining	3.14	4.02	7.16	2.74	12.28
平湖	Pinghu	2.95	4.25	8.50	2.53	3.21
桐乡	Tongxiang	3.23	4.24	7.16	2.77	5.22

1-6 全市主要年份国民经济主要指标

指　　标	单位	Item	1990	2010
人口		Population		
年末户籍总人口	万人	Year - end Population(10 000 persons)	316.19	341.60
#城镇人口	万人	Urban Population(10 000 persons)	58.39	146.87
年末常住人口	万人	Total Year - End	316.31	450.46
地区生产总值	亿元	Gross Domestic Product(100 million yuan)	81.33	2357.22
第一产业	亿元	Primary Industry (100 million yuan)	24.97	119.57
第二产业	亿元	Secondary Industry(100 million yuan)	40.56	1388.22
工业	亿元	Industry (100 million yuan)	34.82	1226.97
第三产业	亿元	Tertiary Industry(100 million yuan)	15.80	849.43
户籍人口人均 GDP	元	Per Capita GDP(yuan)	2582	69208
运输邮电		Transportation and Post		
全社会客运量	万人	Total Passenger Traffic (10 000 persons)	3597	11955
全社会货运量	万吨	Total Freight Traffic (10 000 tons)	2509	16004
邮电业务总量	万元	Business Volume of Post and Telecommunication(10 000 yuan)	3778	705979
国内贸易		Domestic Trade		
社会消费品零售总额	亿元	Total Retail Sales of Consumer Goods (100 million yuan)	34.25	811.24
对外经济和国际旅游		Foreign Trade and International Tourism		
1. 进出口总额	万美元	Imports Total and Exports (USD 10 000)	3882	2282418
#出口总额	万美元	Total Exports (USD 10 000)	3844	1603997
2. 利用外资		Utilization of Foreign Capital		
新签协议(合同)项目数	个	Projects of Newly Signed Agreements(unit)	18	300
协议(合同)外资金额	万美元	Amount of Foreign Capital Agreements (USD 10 000)	343	320604
实际利用外资	万美元	Foreign Capital Actally Used (USD10 000)	133	160994
3. 国际旅游		International Tourism		
接待境外旅游者人数	万人	Number of Foreign Tourists(10 000 persons)		66.41
电力		Electricity		
全社会用电量	亿千瓦时	Total Electricity Consumption (100 million kwh)	21.70	290.52
#工业用电量	亿千瓦时	Electricity Consumption of Industry (100 million kwh)	16.63	240.90
固定资产投资		Investment in Fixed Assets		
固定资产投资	亿元	Investment in Fixed Assets	24.25	1488.26

Major National Economy Indicators in Main Years

2011	2012	2013	2014	2015	2016	2017	2018	2019	2020
343.05	344.52	345.93	348.14	349.48	352.12	356.37	360.44	363.70	367.38
156.36	157.57	159.23	160.98	194.38	199.59	206.11	210.83	214.96	214.56
463.90	473.50	480.20	486.50	493.60	501.40	512.60	523.10	533.50	541.10
2698.81	2909.65	3234.34	3493.97	3696.62	3979.04	4500.26	5018.38	5423.58	5509.52
132.27	138.35	132.90	128.24	121.76	118.58	116.33	115.93	119.32	124.18
1548.32	1619.41	1807.24	1915.68	1969.31	2126.66	2425.01	2755.69	2906.03	2861.09
1373.67	1438.14	1605.28	1706.07	1748.91	1891.30	2157.03	2441.08	2586.75	2560.40
1018.22	1151.88	1294.20	1450.06	1605.54	1733.80	1958.92	2146.76	2398.23	2524.25
78837	84635	93687	100681	105979	113428	127038	140020	149795	150723
12160	12343	12579	10780	10068	4468	4635	4847	5060	2469
16869	16876	17266	18185	18477	20095	21984	23766	25042	27642
775174	825524	873495	854324	824053	929107	902517	959923	1003969	1072855
973.53	1100.78	1199.70	1344.94	1492.19	1643.03	1815.44	1974.06	2141.00	2092.34
2848425	2874358	3176292	3373431	3108529	3134809	3645729	4277165	4109495	4412857
1927151	1960260	2151208	2365087	2292734	2350700	2620268	3058467	3055807	3283127
260	234	248	246	249	275	360	350	339	344
311305	281419	339082	441547	487184	456729	569187	638566	725905	638116
172066	178159	220676	249577	268427	269240	299452	313980	412541	264663
72.14	78.17	65.78	70.66	72.64	70.73	71.52	53.66	57.11	4.69
327.91	351.42	385.45	396.45	413.35	453.10	483.96	522.06	538.03	549.10
271.30	289.23	314.46	328.88	339.92	368.50	390.08	415.56	423.99	431.41
1488.27	1642.31	1910.15	2221.21	2513.82	2790.16	3009.64	2242.96	2495.96	2570.79

1-6 续表1

指　　标	单位	Item	1990	2010
财政		Finance		
财政总收入	万元	Financial Revenue (10 000yuan)	101237	3343272
#地方财政收入	万元	Local Financial Revenue (10 000yuan)		1768297
财政支出	万元	Financial Expenditures (10000 yuan)	42872	1990633
金融		Finance		
金融机构年末存款余额	亿元	Deposit Balance of Financial Institutions (100 million yuan)	63.64	3526.61
金融机构年末贷款余额	亿元	Loans Balance of Financial Institutions (100 million yuan)	57.91	2615.92
物价指数		Price Indices		
市区居民消费价格指数	上年=100	Consumer Price Index of Residents in Urban District (%)	102.1	104.0
市区商品零售价格指数	上年=100	Retail Price Index of Commodities in Urban District (%)	101.7	104.0
工资		Wage		
职工工资总额	万元	Total Wage of Staff and Workers (10 000 yuan)	94589	2782681
职工平均工资	元	Average Wage of Staff and Workers (yuan)	2350	36319
人民生活		People's Livelihood		
农村居民人均可支配收入	元	Per Capita Net Income of Rural Residents (yuan)	1554	14365
城镇居民人均可支配收入	元	Per Capita Disposable Income of Urban Residents (yuan)		27487
住户存款年末余额	亿元	Residents Deposits (100 million yuan)	31.43	1621.29
教育		Education		
在校学生数		Students Enrollment		
高等学校	人	Institutions of Higher Education (person)	1827	40330
中等专业学校	人	Specialized Secondary Schools (person)	4738	22446
职业中学	人	Vocational Schools (person)	4704	28596
普通中学	人	Regular Secondary Schools (person)	82964	207225
小学	人	Primary Schools (person)	233485	225516
卫生		Health Care		
卫生机构数	个	Number of Health Institutions(unit)	565	1376
#医院、卫生院	个	Hospitals (unit)	170	116
卫生技术人员	人	Medical Technical Personnel (person)	9086	22580
#医生	人	Doctors (person)	3921	7865
床位数	张	Number of Beds (bed)	8432	14927
#医院、卫生院	张	Hospitals (bed)	8072	14063

continued

2011	2012	2013	2014	2015	2016	2017	2018	2019	2020
4160001	4719213	5174915	5680944	6387986	6733669	7693136	8952901	9454040	10030746
2264023	2577319	2823092	3070675	3503450	3879341	4437941	5185536	5656945	5988000
2406148	2607030	3033633	3349028	4241331	4421926	4947026	5888689	7668853	7121830
4075.18	4453.07	5072.69	5513.87	5775.41	6630.22	7344.71	8104.32	9318.44	10489.04
3038.69	3419.53	3860.03	4393.16	4718.35	5185.23	5973.90	6770.69	8004.43	10026.16
105.5	102.2	101.7	102.0	101.0	101.8	102.2	102.3	102.9	102.4
105.0	101.7	100.7	101.3	100.6	101.4	101.1	102.2	102.2	101.5
3230244	3512573	3879595	4294623	4778187	5165764	5726639	6588599	6945030	7758711
42990	48305	53057	58885	66280	72250	80580	90342	97767	107614
16707	18636	22396	24676	26838	28997	31436	34279	37413	39801
31520	35696	38671	42143	45499	48926	53057	57437	61940	64124
1870.56	2144.49	2438.21	2701.58	2949.24	3245.59	3406.35	3719.47	4313.44	4827.26
44626	60753	63731	65722	52713	65441	69153	70711	72365	76304
26331	25287	23613	22837	21529	22686	25168	26298	28487	29972
27440	26472	24501	22179	20713	19894	20650	20102	20320	21593
194676	183379	174957	170202	162559	158377	160835	162483	163481	163576
233814	230977	226835	245353	245771	246452	251123	260233	269463	281478
1364	1343	1340	1374	1411	1447	1510	1554	1643	1719
99	94	92	102	104	113	123	132	137	145
23729	25286	26439	28036	29620	31131	33219	35209	36889	39710
8046	8458	8837	9280	9837	10408	11392	12340	13422	15322
16272	17992	19412	21038	23214	24467	26453	27969	28573	29133
14964	16220	17740	19490	21464	22596	24545	25674	26330	26910

1－7 全市主要年份国民经济主要指标发展速度

指 标	单位	Item	1990	2010
人口		Population		
年末户籍总人口	万人	Year－end Population(10 000 persons)	116.2	107.5
#城镇人口	万人	Urban Population(10 000 persons)	367.5	146.1
年末常住人口	万人	Total Year－End	171.1	120.1
地区生产总值	亿元	Gross Domestic Product(100 million yuan)	6774.3	233.7
第一产业	亿元	Primary Industry (100 million yuan)	497.3	103.9
第二产业	亿元	Secondary Industry(100 million yuan)	7053.8	206.1
工业	亿元	Industry (100 million yuan)	7353.9	208.7
第三产业	亿元	Tertiary Industry(100 million yuan)	15979.7	297.2
户籍人口人均 GDP	元	Per Capita GDP(yuan)	5837.5	217.8
运输邮电		Transportation and Post		
全社会客运量	万人	Total Passenger Traffic (10 000 persons)	68.6	20.7
全社会货运量	万吨	Total Freight Traffic (10 000 tons)	1101.7	172.7
邮电业务总量	万元	Business Volume of Post and Telecommunication(10 000 yuan)	28397.4	152
国内贸易		Domestic Trade		
社会消费品零售总额	亿元	Total Retail Sales of Consumer Goods (100 million yuan)	6108.2	257.9
对外经济和国际旅游		Foreign Trade and International Tourism		
1. 进出口总额	万美元	Imports Total and Exports (USD 10 000)	113674.8	193.3
#出口总额	万美元	Total Exports (USD 10 000)	85409.1	204.7
2. 利用外资		Utilization of Foreign Capital		
新签协议(合同)项目数	个	Projects of Newly Signed Agreements(unit)	1911.1	114.7
协议(合同)外资金额	万美元	Amount of Foreign Capital Agreements (USD 10 000)	186039.7	199
实际利用外资	万美元	Foreign Capital Actally Used (USD10 000)	198994.7	164.4
3. 国际旅游		International Tourism		
接待境外旅游者人数	万人	Number of Foreign Tourists(10 000 persons)		7.1
电力		Electricity		
全社会用电量	亿千瓦时	Total Electricity Consumption (100 million kwh)	2530.4	189
#工业用电量	亿千瓦时	Electricity Consumption of Industry (100 million kwh)	2594.2	179.1
固定资产投资		Investment in Fixed Assets		
固定资产投资	亿元	Investment in Fixed Assets	10601.2	172.7

Growth Rates of Major National Economy Indicators in Main Years

2020年为以下年份%								
2011	2012	2013	2014	2015	2016	2017	2018	2019
107.1	106.6	106.2	105.5	105.1	104.3	103.1	101.9	101.0
137.2	136.2	134.7	133.3	110.4	107.5	104.1	101.8	99.8
116.6	114.3	112.7	111.2	109.6	107.9	105.6	103.4	101.4
204.1	189.4	170.3	157.7	149.0	138.5	122.4	109.8	101.6
93.9	89.8	93.4	96.8	102.0	104.7	106.7	107.1	104.1
184.8	176.7	158.3	149.4	145.3	134.5	118.0	103.8	98.5
186.4	178.0	159.5	150.1	146.4	135.4	118.7	104.9	99.0
247.9	219.1	195.0	174.1	157.2	145.6	128.9	117.6	105.3
191.2	178.1	160.9	149.7	142.2	132.9	118.6	107.6	100.6
20.3	20.0	19.6	22.9	24.5	55.3	53.3	50.9	48.8
163.9	163.8	160.1	152.0	149.6	137.6	125.7	116.3	110.4
138.4	130.0	122.8	125.6	130.2	115.5	118.9	111.8	106.9
214.9	190.1	174.4	155.6	140.2	127.3	115.3	106.0	97.7
154.9	153.5	138.9	130.8	142.0	140.8	121.0	103.2	107.4
170.4	167.5	152.6	138.8	143.2	139.7	125.3	107.3	107.4
132.3	147.0	138.7	139.8	138.2	125.1	95.6	98.3	101.5
205.0	226.7	188.2	144.5	131.0	139.7	112.1	99.9	87.9
153.8	148.6	119.9	106.0	98.6	98.3	88.4	84.3	64.2
6.5	6.0	7.1	6.6	6.5	6.6	6.6	8.7	8.2
167.5	156.3	142.5	138.5	132.8	121.2	113.5	105.2	102.1
159.0	149.2	137.2	131.2	126.9	117.1	110.6	103.8	101.7
172.7	156.5	134.6	115.7	102.3	92.1	85.4	114.6	103.0

1－7 续表

指　标	单位	Item	1990	2010
财政		Finance		
财政总收入	万元	Financial Revenue (10 000yuan)	9908.2	300
#地方财政收入	万元	Local Financial Revenue (10 000yuan)		338.6
财政支出	万元	Financial Expenditures (10000 yuan)	16611.8	357.8
金融		Finance		
金融机构年末存款余额	亿元	Deposit Balance of Financial Institutions (100 million yuan)	16481.8	297.4
金融机构年末贷款余额	亿元	Loans Balance of Financial Institutions (100 million yuan)	17313.3	383.3
物价指数		Price Indices		
市区居民消费价格指数	上年=100	Consumer Price Index of Residents in Urban District (%)	100.3	98.4
市区商品零售价格指数	上年=100	Retail Price Index of Commodities in Urban District (%)	99.8	97.6
工资		Wage		
职工工资总额	万元	Total Wage of Staff and Workers (10 000 yuan)	8202.6	278.8
职工平均工资	元	Average Wage of Staff and Workers (yuan)	4579.3	296.3
人民生活		People's Livelihood		
农村居民人均可支配收入	元	Per Capita Net Income of Rural Residents (yuan)	2561.2	277.1
城镇居民人均可支配收入	元	Per Capita Disposable Income of Urban Residents (yuan)		233.3
住户存款年末余额	亿元	Residents Deposits (100 million yuan)	15358.8	297.7
教育		Education		
在校学生数		Students Enrollment		
高等学校	人	Institutions of Higher Education (person)	4176.5	189.2
中等专业学校	人	Specialized Secondary Schools (person)	632.6	133.5
职业中学	人	Vocational Schools (person)	459	75.5
普通中学	人	Regular Secondary Schools (person)	197.2	78.9
小学	人	Primary Schools (person)	120.6	124.8
卫生		Health Care		
卫生机构数	个	Number of Health Institutions (unit)	304.2	124.9
#医院、卫生院	个	Hospitals (unit)	85.3	125
卫生技术人员	人	Medical Technical Personnel (person)	437	175.9
#医生	人	Doctors (person)	390.8	194.8
床位数	张	Number of Beds (bed)	345.5	195.2
#医院、卫生院	张	Hospitals (bed)	333.4	191.4

continued

2020年为以下年份%								
2011	2012	2013	2014	2015	2016	2017	2018	2019
241.1	212.6	193.8	176.6	157.0	149.0	130.4	112.0	106.1
264.5	232.3	212.1	195.0	170.9	154.4	134.9	115.5	105.9
296.0	273.2	234.8	212.7	167.9	161.1	144.0	120.9	92.9
257.4	235.5	206.8	190.2	181.6	158.2	142.8	129.4	112.6
329.9	293.2	259.7	228.2	212.5	193.4	167.8	148.1	125.3
97.1	100.2	100.7	100.4	101.4	100.6	100.2	100.1	99.5
96.7	99.8	100.8	100.2	100.9	100.1	100.4	99.3	99.3
240.2	220.9	200.0	180.7	162.4	150.2	135.5	117.8	111.7
250.3	222.8	202.8	182.8	162.4	148.9	133.5	119.1	110.1
238.2	213.6	177.7	161.3	148.3	137.3	126.6	116.1	106.4
203.4	179.6	165.8	152.2	140.9	131.1	120.9	111.6	103.5
258.1	225.1	198.0	178.7	163.7	148.7	141.7	129.8	111.9
171.0	125.6	119.7	116.1	144.8	116.6	110.3	107.9	105.4
113.8	118.5	126.9	131.2	139.2	132.1	119.1	114.0	105.2
78.7	81.6	88.1	97.4	104.2	108.5	104.6	107.4	106.3
84.0	89.2	93.5	96.1	100.6	103.3	101.7	100.7	100.1
120.4	121.9	124.1	114.7	114.5	114.2	112.1	108.2	104.5
126.0	128.0	128.3	125.1	121.8	118.8	113.8	110.6	104.6
146.5	154.3	157.6	142.2	139.4	128.3	117.9	109.8	105.8
167.3	157.0	150.2	141.6	134.1	127.6	119.5	112.8	107.6
190.4	181.2	173.4	165.1	155.8	147.2	134.5	124.2	114.2
179.0	161.9	150.1	138.5	125.5	119.1	110.1	104.2	102.0
179.8	165.9	151.7	138.1	125.4	119.1	109.6	104.8	102.2

1-8 市区主要年份国民经济主要指标

指　标	单位	Item	1990	2010
人口		Population		
年末户籍总人口	万人	Year - end Population(10000 persons)	73.61	83.75
#城镇人口	万人	Urban Population(10 000 persons)	21.15	42.86
年末常住人口	万人	Total Year - End	88.19	120.27
地区生产总值	亿元	Gross Domestic Product(100 million yuan)	21.26	577.79
第一产业	亿元	Teryairy Industry (100 million yuan)	5.67	26.51
第二产业	亿元	Teryairy Industry (100 million yuan)	10.71	299.75
工业增加值	亿元	Teryairy Industry (100 million yuan)	9.45	258.07
第三产业	亿元	Teryairy Industry (100 million yuan)	4.87	251.52
户籍人口人均 GDP	元	Per Capita GDP(yuan)	2902	69251
运输邮电		Trasportation and Postal		
全社会客运量	万人	Total Passenger Traffic (10000 persons)	691	3633
全社会货运量	万吨	Total Freight Traffic (10000 tons)	794	3765
邮电业务总量	万元	Business Volume of Post and Telecommunication (10000 yuan)	1337	204805
国内贸易		Domestic Trade		
社会消费品零售总额	亿元	Total Retail Sales of Consumer Goods (100 million yuan)	9.07	230.94
对外经济和国际旅游		Foreign Trade and International Tourism		
1. 出口总额	万美元	Total Exports (USD 10000)	2772	458247
2. 利用外资		Utilization of Foreign Capital		
新签协议(合同)项目数	个	Projects of Newly Signed Agreements(unit)	6	100
协议(合同)外资金额	万美元	Amount of Foreign Capital Agreements(USD10000)	149	116965
实际利用外资	万美元	Foreign Capital Actually Used (USD10 000)	80	50742
电力		Electricity		
全社会用电量	亿千瓦时	Total Electricity Consumption (100 million kwh)	6.62	73.80
#工业用电量	亿千瓦时	Electricity Consumption of Industry (100 million kwh)	5.08	58.79
固定资产投资		Investment in Fixed Assets		
固定资产投资	亿元	Investment in Fixed Assets	7.66	421.66

注:2018 年全社会客运量口径有调整。

Major National Economy Indicators of Urban District in Main Years

2011	2012	2013	2014	2015	2016	2017	2018	2019	2020
84.28	84.84	85.47	86.36	87.13	88.38	90.46	92.41	93.84	95.72
43.82	44.29	45.13	45.90	53.84	55.70	57.80	59.95	61.69	63.40
124.51	127.35	129.52	131.77	134.77	137.03	140.24	144.05	148.88	152.28
669.29	712.46	791.29	844.08	904.65	1014.26	1196.78	1346.20	1464.04	1501.08
30.57	31.64	28.34	28.26	27.08	26.78	26.50	24.78	25.99	27.58
341.48	347.90	376.56	402.68	417.61	461.79	553.23	644.73	694.52	689.37
297.07	306.40	334.34	355.62	365.26	401.74	478.61	554.77	604.63	599.35
297.24	332.91	386.39	413.06	459.94	525.69	617.05	676.69	743.53	784.13
79666	84254	92924	98246	104283	115575	133837	147233	157216	158380
2923	2988	4682	3851	3630	1519	1625	1736	1803	861
3976	4255	4431	4919	5472	5722	5942	6799	7091	8404
248342	273309	281671	293736	270795	352721	302008	331342	357499	379008
276.49	305.25	329.06	369.56	409.20	451.08	499.02	535.58	582.06	567.16
554316	563487	639007	705918	665243	710084	798363	832397	836419	896441
87	93	76	88	74	71	105	111	109	125
104159	100519	109356	148150	149038	178228	193023	245162	280263	260307
59962	68098	75727	85696	94498	91188	113352	120588	162237	91554
85.12	93.03	99.12	101.37	105.71	117.37	125.02	129.37	131.83	81.89
67.53	73.46	76.90	80.01	82.09	89.73	94.55	94.96	95.03	52.45
398.21	444.83	512.09	584.77	663.53	760.86	791.45	597.83	653.94	679.90

Note: The Passenger Traffic of the whole society has been adjusted in 2018.

1-8 续表

指　标	单位	Item	1990	2010
财政		Finance		
财政总收入	万元	Financial Revenue (10000yuan)	35108	1072462
#地方财政收入	万元	Local Financial Revenue (10 000yuan)		601889
财政一般预算支出	万元	Financial Expenditure (10000 yuan)	14911	699399
金融		Finance		
金融机构年末存款余额	亿元	Deposit Balance of Financial Institutions (100 million yuan)	18.47	1196.94
金融机构年末贷款余额	亿元	Loans Balance of Financial Institutions(100 million yuan)	19.18	901.55
工资		Wage		
职工工资总额	万元	Total Wages of Staff and Workers (10000yuan)	34279	869087
职工平均工资	元	Average Wages of Staff and Workers (yuan)	2396	38597
人民生活		People's Livelihood		
农村居民人均可支配收入	元	Per Capita Net Income of Rural Residents (yuan)	1648	14333
城镇居民人均可支配收入	元	Per Capita Disposable Income of Urban Residents (yuan)	1954	24815
住户存款年末余额	亿元	Residents Deposits (100 million yuan)	8.17	476.97
教育		Education		
在校学生数		Students Enrollment		
高等学校	人	Institutions of Higher Education (person)	1827	40330
中等专业学校	人	Specialized Secondary Schools (person)	3535	13853
职业中学	人	Vocational Schools (person)	772	308
普通中学	人	Regular Secondary Schools (person)	18293	55274
小学	人	Primary Schools (person)	52067	57740
卫生		Health Care		
卫生机构数	个	Number of Health Institutions (unit)	180	320
#医院、卫生院	个	Hospitals (unit)	41	26
卫生技术人员	人	Number of Medical Technical Personnel (person)	3039	8094
#医生	人	Doctors (person)	1343	2828
床位数	张	Number of Beds (bed)	2738	5899
#医院、卫生院	张	Hospitals (bed)	2510	5304

continued

2011	2012	2013	2014	2015	2016	2017	2018	2019	2020
1325824	1455695	1549498	1680724	1927904	2137129	2526866	2876490	3061084	3128730
773511	840248	884582	938112	1084650	1241649	1431413	1661555	1805018	1839116
838198	872703	992315	1088806	1467438	1526690	1644608	2093405	2567954	2241732
1387.50	1510.16	1741.00	1922.96	2009.52	2290.38	2507.29	2675.88	3113.87	3540.37
1048.71	1155.72	1297.14	1517.10	1615.38	1788.30	2029.12	2312.08	2725.09	3398.00
999377	1119249	1246508	1389475	1571131	1805207	2020225	2242741.7	2422815	—
46609	52819	56481	62014	69468	76558	82797	96508	103773	—
16370	18264	21561	23689	25820	27807	30205	33001	35887	38375
29599	33626	34553	37673	40817	44101	47987	52036	56059	58224
545.88	622.27	708.06	773.01	841.33	919.06	963.06	1061.81	1239.42	1387.52
44626	45773	46838	47298	34065	46486	46154	46879	48536	51854
14896	14311	13266	11427	10703	11304	13302	14465	14605	15344
122	44	0	0	0	0	0	0	0	0
52844	50610	49249	50271	47904	47170	47512	47472	47839	48349
59335	58318	59052	71965	73455	75637	77663	80243	82797	85397
321	318	319	326	341	357	387	413	430	464
25	25	25	27	28	31	36	40	41	43
8580	9067	9477	10142	10865	11561	12496	13418	13961	14669
2835	2988	3177	3329	3512	3720	4150	4493	4745	5329
6879	7557	7964	8615	9333	9538	10730	11273	11324	11582
6226	6701	7111	7748	8271	8403	9557	10003	10049	10337

1-9 市区主要年份国民经济主要指标发展速度

指标	单位	Item	1990	2010
人口		Population		
年末户籍总人口	万人	Year - end Population(10000 persons)	130.0	114.3
#城镇人口	万人	Urban Population(10 000 persons)	299.8	147.9
年末常住人口	万人	Total Year - End	172.7	126.6
地区生产总值	亿元	Gross Domestic Product(100 million yuan)	7061.1	259.8
第一产业	亿元	Teryairy Industry (100 million yuan)	486.4	104.0
第二产业	亿元	Teryairy Industry (100 million yuan)	6436.8	230.0
工业增加值	亿元	Teryairy Industry (100 million yuan)	6339.7	232.2
第三产业	亿元	Teryairy Industry (100 million yuan)	16087.4	311.8
户籍人口人均 GDP	元	Per Capita GDP(yuan)	5457.6	228.7
运输邮电		Trasportation and Postal		
全社会客运量	万人	Total Passenger Traffic (10000 persons)	124.6	23.7
全社会货运量	万吨	Total Freight Traffic (10000 tons)	1058.4	223.2
邮电业务总量	万元	Business Volume of Post and Telecommunication (10000 yuan)	28347.6	185.1
国内贸易		Domestic Trade		
社会消费品零售总额	亿元	Total Retail Sales of Consumer Goods (100 million yuan)	6250.6	245.6
对外经济和国际旅游		Foreign Trade and International Tourism		
1.出口总额	万美元	Total Exports (USD 10000)	32339.1	195.6
2.利用外资		Utilization of Foreign Capital		
新签协议(合同)项目数	个	Projects of Newly Signed Agreements(unit)	2083.3	125
协议(合同)外资金额	万美元	Amount of Foreign Capital Agreements(USD10000)	174702.7	222.6
实际利用外资	万美元	Foreign Capital Actually Used (USD10 000)	114442.5	180.4
电力		Electricity		
全社会用电量	亿千瓦时	Total Electricity Consumption (100 million kwh)	1236.9	111
#工业用电量	亿千瓦时	Electricity Consumption of Industry (100 million kwh)	1032.5	89.2
固定资产投资		Investment in Fixed Assets		
固定资产投资	亿元	Investment in Fixed Assets	8875.9	161.2

Growth Rates of Major National Economy Indicators of Urban District in Main Years

2020 年为以下年份%								
2011	2012	2013	2014	2015	2016	2017	2018	2019
113.6	112.8	112.0	110.8	109.9	108.3	105.8	103.6	102.0
144.7	143.1	140.5	138.1	117.8	113.8	109.7	105.8	102.8
122.3	119.6	117.6	115.6	113.0	111.1	108.6	105.7	102.3
224.3	210.7	189.7	177.8	165.9	148.0	125.4	111.5	102.5
90.2	87.2	97.3	97.6	101.9	103.0	104.1	111.3	106.1
201.9	198.2	183.1	171.2	165.1	149.3	124.6	106.9	99.3
201.8	195.6	179.3	168.5	164.1	149.2	125.2	108.0	99.1
263.8	235.5	202.9	189.8	170.5	149.2	127.1	115.9	105.5
198.8	188.0	170.4	161.2	151.9	137.0	118.3	107.6	100.7
29.4	28.8	18.4	22.3	23.7	56.7	52.9	49.6	47.7
211.4	197.5	189.7	170.8	153.6	146.9	141.4	123.6	118.5
152.6	138.7	134.6	129.0	140.0	107.5	125.5	114.4	106.0
205.1	185.8	172.4	153.5	138.6	125.7	113.7	105.9	97.4
161.7	159.1	140.3	127.0	134.8	126.2	112.3	107.7	107.2
143.7	134.4	164.5	142.0	168.9	176.1	119.0	112.6	114.7
249.9	259.0	238.0	175.7	174.7	146.1	134.9	106.2	92.9
152.7	134.4	120.9	106.8	96.9	100.4	80.8	75.9	56.4
96.2	88.0	82.6	80.8	77.5	69.8	65.5	63.3	62.1
77.7	71.4	68.2	65.6	63.9	58.5	55.5	55.2	55.2
170.7	152.8	132.8	116.3	102.5	89.4	85.9	113.7	104.0

1-9续表

指　标	单位	Item	1990	2010
财政		Finance		
财政总收入	万元	Financial Revenue (10000yuan)	8911.7	291.7
#地方财政收入	万元	Local Financial Revenue (10 000yuan)		305.6
财政一般预算支出	万元	Financial Expenditure (10000 yuan)	15034.1	320.5
金融		Finance		
金融机构年末存款余额	亿元	Deposit Balance of Financial Institutions (100 million yuan)	19168.2	295.8
金融机构年末贷款余额	亿元	Loans Balance of Financial Institutions (100 million yuan)	17716.4	376.9
工资		Wage		
职工工资总额	万元	Total Wages of Staff and Workers (10000yuan)		
职工平均工资	元	Average Wages of Staff and Workers (yuan)		
人民生活		People's Livelihood		
农村居民人均可支配收入	元	Per Capita Net Income of Rural Residents (yuan)	2328.6	267.7
城镇居民人均可支配收入	元	Per Capita Disposable Income of Urban Residents (yuan)	2979.7	234.6
住户存款年末余额	亿元	Residents Deposits (100 million yuan)	16983.1	290.9
教育		Education		
在校学生数		Students Enrollment		
高等学校	人	Institutions of Higher Education (person)	2838.2	128.6
中等专业学校	人	Specialized Secondary Schools (person)	434.1	110.8
职业中学	人	Vocational Schools (person)		
普通中学	人	Regular Secondary Schools (person)	264.3	87.5
小学	人	Primary Schools (person)	164	147.9
卫生		Health Care		
卫生机构数	个	Number of Health Institutions (unit)	257.8	145
#医院、卫生院	个	Hospitals (unit)	104.9	165.4
卫生技术人员	人	Number of Medical Technical Personnel (person)	482.7	181.2
#医生	人	Doctors (person)	396.8	188.4
床位数	张	Number of Beds (bed)	423	196.3
#医院、卫生院	张	Hospitals (bed)	411.8	194.9

continued

2020年为以下年份%								
2011	2012	2013	2014	2015	2016	2017	2018	2019
236.0	214.9	201.9	186.2	162.3	146.4	123.8	108.8	102.2
237.8	218.9	207.9	196.0	169.6	148.1	128.5	110.7	101.9
267.4	256.9	225.9	205.9	152.8	146.8	136.3	107.1	87.3
255.2	234.4	203.4	184.1	176.2	154.6	141.2	132.3	113.7
324.0	294.0	262.0	224.0	210.4	190.0	167.5	147.0	124.7
234.4	210.1	178.0	162.0	148.6	138.0	127.0	116.3	106.9
196.7	173.2	168.5	154.6	142.6	132.0	121.3	111.9	103.9
254.2	223.0	196.0	179.5	164.9	151.0	144.1	130.7	111.9
116.2	113.3	110.7	109.6	152.2	111.5	112.3	110.6	106.8
103.0	107.2	115.7	134.3	143.4	135.7	115.4	106.1	105.1
91.5	95.5	98.2	96.2	100.9	102.5	101.8	101.8	101.1
143.9	146.4	144.6	118.7	116.3	112.9	110.0	106.4	103.1
144.5	145.9	145.5	142.3	136.1	130.0	119.9	112.3	107.9
172.0	172.0	172.0	159.3	153.6	138.7	119.4	107.5	104.9
171.0	161.8	154.8	144.6	135.0	126.9	117.4	109.3	105.1
188.0	178.3	167.7	160.1	151.7	143.3	128.4	118.6	112.3
168.4	153.3	145.4	134.4	124.1	121.4	107.9	102.7	102.3
166.0	154.3	145.4	133.4	125.0	123.0	108.2	103.3	102.9

1－10　全市生产总值（1984－2020年）

Gross Domestic Product (1984－2020)

单位:亿元、元　　　　(100 million yuan、yuan)

年份 Year	地区生产总值 Gross Domestic Product	第一产业增加值 Value Added of Primary Industry	第二产业增加值 Value Added of Secondary Industry	工业增加值 Value Added of Industry	建筑业增加值 Value Added of Construction	第三产业增加值 Value Added of Tertiary Industry	人均生产总值(按户籍人口计算) Per Captia GDP	人均生产总值(按常住人口计算) Per Captia GDP
1984	30.67	11.33	14.06	12.65	1.41	5.28	1025	
1985	40.98	12.38	21.20	19.18	2.03	7.40	1366	
1986	47.90	13.64	24.69	21.93	2.76	9.57	1584	
1987	57.59	16.66	29.90	26.15	3.75	11.03	1811	
1988	72.42	21.73	36.34	31.90	4.44	14.35	2339	
1989	79.77	23.71	39.75	34.64	5.11	16.31	2554	
1990	81.33	24.97	40.56	34.82	5.74	15.80	2582	
1991	91.26	24.93	47.51	40.45	7.06	18.82	2877	
1992	113.32	26.30	62.23	53.84	8.39	24.79	3547	
1993	168.10	30.88	99.32	89.53	9.78	37.91	5227	
1994	236.57	49.67	130.25	118.78	11.46	56.66	7313	
1995	311.24	56.95	175.49	158.31	17.18	78.80	9564	
1996	369.96	61.43	207.62	189.97	17.64	100.91	11306	
1997	408.83	63.45	226.06	204.81	21.26	119.32	12439	
1998	433.39	59.71	238.72	214.85	23.88	134.96	13149	
1999	460.31	55.37	252.97	227.35	25.62	151.97	13947	
2000	524.03	60.23	283.79	254.61	29.18	180.01	15845	
2001	586.73	63.26	315.63	282.49	33.13	207.84	17694	
2002	677.65	61.23	379.84	340.90	38.94	236.57	20402	
2003	823.54	66.04	474.90	424.40	50.50	282.60	24755	
2004	1008.89	76.80	594.66	529.35	65.31	337.42	30256	
2005	1165.88	81.92	691.35	618.28	73.07	392.61	34892	
2006	1354.18	82.99	819.94	735.78	84.16	451.25	40431	33466
2007	1606.66	98.77	966.03	872.37	93.66	541.86	47792	38746
2008	1816.60	102.34	1081.21	974.29	106.91	633.06	53835	43006
2009	1917.33	102.76	1113.73	982.78	130.96	700.84	56586	44794
2010	2357.22	119.57	1388.22	1226.97	161.25	849.43	69208	53436
2011	2698.81	132.27	1548.32	1373.67	174.65	1018.22	78837	59032
2012	2909.65	138.35	1619.41	1438.14	181.28	1151.88	84635	62079
2013	3234.34	132.90	1807.24	1605.28	202.12	1294.20	93687	67827
2014	3493.97	128.24	1915.68	1706.07	210.42	1450.06	100681	72287
2015	3696.62	121.76	1969.31	1748.91	221.15	1605.54	105979	75434
2016	3979.04	118.58	2126.66	1891.30	236.06	1733.80	113428	79981
2017	4500.26	116.33	2425.01	2157.03	268.71	1958.92	127038	88763
2018	5018.38	115.93	2755.69	2441.08	315.37	2146.76	140020	96908
2019	5423.58	119.32	2906.03	2586.75	320.08	2398.23	149795	102661
2020	5509.52	124.18	2861.09	2560.40	301.48	2524.25	150723	102541

注:根据国家统计局有关规定,表中历年数据已经依据2018年经济普查资料重新修订;2011－2019年按常住人口计算的人均生产总值已按照第七次全国人口普查结果进行修订;下同。

Note: In accordance with the principles set down by the National Bureau of Statistics of China, The historical data in the table have been revised on the base of the data of the Fourth National Economic Census; The per capita GDP calculated by permanent population in 2011－2019 has been revised according to the data of the seventh national census; the same below.

1－11 全市生产总值增长率（1984－2020年）
Growth Rates of Gross Domestic Product (1984－2020)

单位:% (%)

年份 Year	地区生产总值 Gross Domestic Product	第一产业增加值 Value Added of Primary Industry	第二产业增加值 Value Added of Secondary Industry	工业增加值 Value Added of Industry	建筑业增加值 Value Added of Construction	第三产业增加值 Value Added of Tertiary Industry	人均生产总值(按户籍人口计算) Per Captia GDP	人均生产总值(按常住人口计算) Per Captia GDP
1984	23.4	24.9	25.6	25.8	23.8	15.1	23.0	
1985	21.7	0.2	36.9	37.2	34.3	24.6	21.4	
1986	16.6	3.0	22.1	21.7	26.5	22.5	15.8	
1987	11.0	4.1	15.8	14.7	25.9	6.3	9.5	
1988	8.9	2.8	10.1	11.3	0.0	13.0	7.7	
1989	-5.4	-3.3	-6.2	-7.1	2.1	-5.3	-6.2	
1990	0.9	3.9	1.2	1.0	3.3	-3.8	0.1	
1991	9.6	-3.9	15.4	14.1	23.0	16.1	8.8	
1992	18.1	4.9	22.7	27.0	-1.9	23.6	17.3	
1993	25.8	-1.7	35.8	42.9	-15.9	31.2	25.0	
1994	14.1	8.8	11.6	12.1	6.3	24.7	13.4	
1995	18.0	4.0	20.5	19.0	39.9	22.4	17.3	
1996	16.9	3.9	19.0	20.6	1.0	20.1	16.2	
1997	9.8	4.0	9.5	8.7	20.7	13.4	9.3	
1998	9.7	-1.1	10.1	9.7	15.1	14.2	9.4	
1999	10.0	3.2	9.3	9.3	8.6	14.3	9.8	
2000	12.0	4.5	13.2	13.4	10.6	12.5	11.8	
2001	12.0	6.6	12.8	12.9	12.2	12.5	11.7	
2002	13.7	3.5	15.5	15.5	15.5	14.0	13.5	
2003	16.4	4.8	19.6	19.6	19.5	14.6	16.2	
2004	16.0	6.7	17.5	17.3	19.0	16.0	15.7	
2005	13.4	3.2	14.1	14.3	12.3	14.6	13.2	
2006	13.9	0.3	15.9	16.2	13.9	13.1	13.6	
2007	14.5	0.6	15.3	16.6	4.6	15.7	14.1	11.8
2008	10.9	2.7	10.5	11.1	5.7	12.8	10.5	8.8
2009	9.7	3.3	7.9	6.7	21.0	13.6	9.2	8.2
2010	14.0	3.8	15.5	16.5	6.8	12.8	13.4	10.6
2011	10.8	1.4	10.2	11.9	-2.5	13.1	10.3	6.9
2012	8.9	1.6	7.9	8.5	2.5	11.6	8.5	6.3
2013	9.4	0.5	10.1	10.5	7.0	9.2	8.9	7.5
2014	7.7	-0.4	7.8	8.0	5.7	8.4	7.1	6.3
2015	7.2	-3.1	6.6	6.1	11.6	9.1	6.7	5.8
2016	7.2	-0.2	6.0	6.1	5.8	9.2	6.6	5.6
2017	8.0	1.5	8.5	9.0	5.0	7.9	7.0	6.0
2018	7.7	0.7	8.9	9.0	8.2	6.9	6.5	5.5
2019	7.1	2.1	5.9	6.9	-3.0	8.8	6.0	4.9
2020	3.5	1.8	2.8	3.9	-6.8	4.3	2.5	1.8

1－12 全市生产总值指数（1984－2020年）

Indices of Gross Domestic Product (1984－2020)

（1978年＝100）

年份 Year	地区生产总值 Gross Domestic Product	第一产业增加值 Value Added of Primary Industry	第二产业增加值 Value Added of Secondary Industry	工业增加值 Value Added of Industry	建筑业增加值 Value Added of Construction	第三产业增加值 Value Added of Tertiary Industry	人均生产总值(按户籍人口计算) Per Captia GDP	人均生产总值(按常住人口计算) Per Captia GDP
1984	195.8	130.9	302.1	309.5	246.8	208.6	188.9	
1985	238.4	131.2	413.7	424.6	331.5	259.9	229.3	
1986	278.0	135.1	505.3	516.7	419.3	318.4	265.5	
1987	308.5	140.6	585.0	592.7	527.9	338.4	290.8	
1988	335.8	144.6	644.2	659.7	527.9	382.4	313.1	
1989	317.8	139.8	604.1	612.8	539.0	362.1	293.7	
1990	320.6	145.2	611.6	619.0	556.8	348.4	293.9	
1991	351.4	139.6	705.5	706.2	684.9	404.5	319.7	
1992	414.9	146.5	865.4	897.1	671.7	499.9	374.9	
1993	522.0	143.9	1175.0	1281.7	565.2	655.8	468.6	
1994	595.4	156.7	1311.8	1436.5	600.6	817.8	531.2	
1995	702.7	163.0	1580.9	1709.8	839.9	1000.7	623.3	
1996	821.3	169.4	1880.7	2061.7	848.7	1201.5	724.5	
1997	901.5	176.2	2059.8	2240.6	1024.7	1362.6	791.8	
1998	989.3	174.2	2268.5	2458.2	1179.2	1556.0	866.5	
1999	1087.9	179.8	2478.5	2687.3	1280.6	1778.8	951.5	
2000	1218.6	187.9	2805.2	3047.6	1416.2	2001.7	1063.6	
2001	1364.7	200.3	3164.3	3439.8	1588.9	2251.8	1188.0	
2002	1551.1	207.4	3654.2	3972.4	1834.6	2567.1	1348.0	
2003	1805.5	217.4	4369.6	4750.4	2192.6	2942.9	1566.7	
2004	2094.4	231.9	5134.0	5573.5	2608.7	3412.6	1813.1	
2005	2374.7	239.4	5859.0	6372.4	2928.4	3912.2	2051.5	
2006	2703.9	240.0	6792.0	7402.4	3334.9	4423.7	2330.4	100.0
2007	3096.9	241.6	7832.5	8628.5	3488.0	5117.3	2659.2	111.8
2008	3433.5	248.2	8658.6	9582.1	3686.9	5770.2	2937.2	121.6
2009	3765.4	256.3	9346.9	10219.6	4462.6	6557.2	3207.9	131.7
2010	4290.9	266.2	10793.3	11901.2	4764.0	7393.5	3636.6	145.6
2011	4755.0	269.8	11897.1	13318.0	4642.6	8362.5	4009.6	155.6
2012	5179.5	274.1	12832.4	14447.2	4757.6	9328.9	4349.1	165.4
2013	5664.8	275.4	14130.4	15957.5	5089.6	10188.0	4736.7	177.8
2014	6101.2	274.3	15230.9	17235.4	5378.9	11043.3	5075.0	188.9
2015	6541.8	265.8	16237.7	18287.0	6000.6	12051.4	5413.9	199.8
2016	7014.0	265.4	17218.4	19395.6	6350.3	13162.8	5771.7	211.0
2017	7576.4	269.4	18686.7	21135.9	6665.0	14197.7	6173.8	223.6
2018	8163.3	271.2	20345.0	23028.9	7209.7	15171.2	6574.9	235.9
2019	8742.9	276.9	21545.4	24617.9	6993.4	16506.3	6967.2	247.5
2020	9048.9	282.0	22153.1	25572.2	6516.0	17214.6	7142.5	251.9

1-13 全市生产总值构成（1984-2020年）
Structure of Gross Domestic Product (1984-2020)

单位:% (%)

年份 Year	地区生产总值 Gross Domestic Product	第一产业增加值 Value Added of Primary Industry	第二产业增加值 Value Added of Secondary Industry	工业增加值 Value Added of Industry	建筑业增加值 Value Added of Construction	第三产业增加值 Value Added of Tertiary Industry
1984	100	37.0	45.8	41.2	4.6	17.2
1985	100	30.2	51.7	46.8	4.9	18.1
1986	100	28.5	51.6	45.8	5.8	20.0
1987	100	28.9	51.9	45.4	6.5	19.2
1988	100	30.0	50.2	44.0	6.1	19.8
1989	100	29.7	49.8	43.4	6.4	20.5
1990	100	30.7	49.9	42.8	7.1	19.4
1991	100	27.3	52.1	44.3	7.7	20.6
1992	100	23.2	54.9	47.5	7.4	21.9
1993	100	18.4	59.1	53.3	5.8	22.5
1994	100	21.0	55.1	50.2	4.8	23.9
1995	100	18.3	56.4	50.9	5.5	25.3
1996	100	16.6	56.1	51.3	4.8	27.3
1997	100	15.5	55.3	50.1	5.2	29.2
1998	100	13.8	55.1	49.6	5.5	31.1
1999	100	12.0	55.0	49.4	5.6	33.0
2000	100	11.5	54.2	48.6	5.6	34.4
2001	100	10.8	53.8	48.1	5.6	35.4
2002	100	9.0	56.1	50.3	5.7	34.9
2003	100	8.0	57.7	51.5	6.1	34.3
2004	100	7.6	58.9	52.5	6.5	33.4
2005	100	7.0	59.3	53.0	6.3	33.7
2006	100	6.1	60.5	54.3	6.2	33.3
2007	100	6.1	60.1	54.3	5.8	33.7
2008	100	5.6	59.5	53.6	5.9	34.8
2009	100	5.4	58.1	51.3	6.8	36.6
2010	100	5.1	58.9	52.1	6.8	36.0
2011	100	4.9	57.4	50.9	6.5	37.7
2012	100	4.8	55.7	49.4	6.2	39.6
2013	100	4.1	55.9	49.6	6.2	40.0
2014	100	3.7	54.8	48.8	6.0	41.5
2015	100	3.3	53.3	47.3	6.0	43.4
2016	100	3.0	53.4	47.5	5.9	43.6
2017	100	2.6	53.9	47.9	6.0	43.5
2018	100	2.3	54.9	48.6	6.3	42.8
2019	100	2.2	53.6	47.7	5.9	44.2
2020	100	2.3	51.9	46.5	5.5	45.8

注:部分年份三次产业相加超过100%,为小数尾数差异所致。
Note: The sum of the three industries exceeds 100% because of decimal mantissa difference in some years.

1－14 市区生产总值（1984－2020 年）

Gross Domestic Product of Urban District (1984－2020)

单位:亿元、元 (100 million yuan、yuan)

年份 Year	生产总值 Gross Domestic Product	第一产业增加值 Value Added of Primary Industry	第二产业增加值 Value Added of Secondary Industry	工业增加值 Value Added of Industry	建筑业增加值 Value Added of Construction	第三产业增加值 Value Added of Tertiary Industry	人均生产总值(按户籍人口计算) Per Captia GDP	人均生产总值(按常住人口计算) Per Captia GDP
1984	8.49	2.57	4.27	3.95	0.32	1.65	1249	
1985	10.96	2.76	6.09	5.63	0.46	2.11	1603	
1986	13.31	3.42	6.94	6.34	0.60	2.95	1925	
1987	16.23	4.23	8.66	7.76	0.90	3.34	2309	
1988	18.89	4.91	9.75	8.71	1.04	4.23	2645	
1989	21.04	5.17	10.53	9.58	0.96	5.34	2906	
1990	21.26	5.67	10.71	9.45	1.26	4.87	2902	
1991	23.94	5.98	12.30	10.72	1.57	5.67	3241	
1992	29.11	5.76	16.04	14.00	2.04	7.31	3547	
1993	43.52	6.58	23.88	21.76	2.12	13.06	5796	
1994	56.43	10.00	30.05	27.00	3.05	16.38	7451	
1995	71.54	12.02	37.87	33.23	4.64	21.65	9365	
1996	84.84	13.12	44.02	38.07	5.96	27.70	11017	
1997	93.86	13.40	49.15	41.94	7.21	31.30	12105	
1998	100.89	12.77	51.76	43.29	8.47	36.35	12949	
1999	109.70	11.90	56.30	47.64	8.67	41.50	14027	
2000	127.16	12.50	63.53	53.46	10.07	51.13	16182	
2001	144.63	12.92	72.13	59.22	12.91	59.58	18318	
2002	169.86	12.69	86.56	71.38	15.18	70.62	21426	
2003	206.89	13.59	107.64	88.70	18.94	85.65	25979	
2004	254.10	16.33	134.49	111.05	23.44	103.27	31719	
2005	293.44	18.16	155.54	129.32	26.22	119.74	36400	
2006	340.89	18.77	185.14	154.47	30.67	136.98	42024	33314
2007	403.50	20.46	218.99	187.96	31.04	164.04	49392	38293
2008	459.21	22.51	245.58	213.62	31.96	191.11	55819	42541
2009	481.88	22.85	248.02	211.02	36.99	211.01	58173	43924
2010	577.79	26.51	299.75	258.07	41.68	251.52	69251	50042
2011	669.29	30.57	341.48	297.07	44.40	297.24	79666	54685
2012	712.46	31.64	347.90	306.40	41.50	332.91	84254	56576
2013	791.29	28.34	376.56	334.34	42.37	386.39	92924	61610
2014	844.08	28.26	402.68	355.62	47.23	413.06	98246	64609
2015	904.65	27.08	417.61	365.26	52.53	459.94	104283	67881
2016	1014.26	26.78	461.79	401.74	60.21	525.69	115575	74633
2017	1196.78	26.50	553.23	478.61	74.81	617.05	133834	86326
2018	1346.20	24.78	644.73	554.77	90.20	676.69	147230	94706
2019	1464.04	25.99	694.52	604.63	90.10	743.53	157216	99958
2020	1501.08	27.58	689.37	599.35	90.23	784.13	158380	99687

1-15 市区生产总值增长率（1984-2020年）
Growth Rates of Gross Domestic Product of Urban District (1984-2020)

单位:%　　　　(%)

年份 Year	生产总值 Gross Domestic Product	第一产业增加值 Value Added of Primary Industry	第二产业增加值 Value Added of Secondary Industry	工业增加值 Value Added of Industry	建筑业增加值 Value Added of Construction	第三产业增加值 Value Added of Tertiary Industry	人均生产总值(按户籍人口计算) Per Captia GDP	人均生产总值(按常住人口计算) Per Captia GDP
1984	22.8	35.4	20.8	23.1	-4.1	11.0	22.1	
1985	18.6	-2.8	33.2	33.2	34.1	13.2	17.8	
1986	14.0	10.2	10.0	9.2	21.1	32.1	12.8	
1987	11.3	5.9	16.0	14.2	38.7	5.1	9.5	
1988	2.9	-3.0	1.3	1.6	-2.1	14.7	1.3	
1989	-4.1	-6.3	-5.4	-4.1	-18.7	1.3	-5.4	
1990	1.0	8.2	0.8	-0.8	20.8	-5.0	-0.2	
1991	9.8	0.4	13.1	11.4	25.3	13.6	8.9	
1992	15.3	-4.3	22.3	24.6	7.0	20.0	14.4	
1993	20.7	-7.9	19.1	24.7	-24.9	47.6	19.6	
1994	10.6	6.8	12.2	10.9	30.3	9.6	9.7	
1995	13.2	7.3	13.8	11.3	42.0	14.9	12.2	
1996	16.4	8.1	18.0	17.0	26.4	17.5	15.5	
1997	12.4	1.6	13.5	12.5	21.4	15.1	11.7	
1998	10.5	10.1	6.7	4.9	20.3	17.4	9.9	
1999	12.5	2.1	12.3	13.7	3.6	16.4	12.0	
2000	13.6	4.2	13.8	13.9	12.8	16.3	13.1	
2001	13.8	5.0	14.9	12.7	26.8	14.5	13.2	
2002	15.4	3.4	17.1	17.5	15.5	16.0	14.9	
2003	16.8	3.1	18.8	19.3	16.2	17.2	16.3	
2004	16.9	8.5	18.3	19.2	13.9	16.4	16.2	
2005	13.3	5.3	13.4	13.7	12.2	14.4	12.6	
2006	14.3	3.7	16.5	16.7	15.6	13.0	13.6	
2007	14.8	3.4	15.3	19.7	-6.6	15.7	14.0	11.5
2008	10.3	3.2	9.3	10.3	2.9	12.7	9.6	7.7
2009	9.0	3.3	6.0	4.3	17.5	13.4	8.2	7.2
2010	13.9	3.7	15.7	17.5	4.8	12.7	13.1	8.2
2011	10.1	2.2	9.9	11.8	-1.5	11.3	9.4	3.9
2012	7.4	1.3	5.5	6.4	-0.9	10.2	6.7	4.4
2013	9.5	0.6	10.6	11.5	3.6	9.1	8.8	7.4
2014	7.4	-3.2	7.9	7.9	7.2	7.7	6.5	5.6
2015	6.8	-1.8	4.9	4.5	7.7	9.4	5.8	4.7
2016	7.8	-1.2	7.4	7.5	6.7	8.6	6.5	5.7
2017	8.0	0.9	10.7	11.6	5.1	5.9	6.0	5.9
2018	7.5	-1.9	9.5	10.5	2.1	6.1	5.2	4.9
2019	7.2	2.4	6.6	7.9	-2.7	8.0	5.3	4.0
2020	4.3	1.5	3.5	4.1	-1.7	5.1	2.5	1.4

1－16　市区生产总值指数（1984－2020年）
Indices of Gross Domestic Product of Urban District (1984－2020)

（1978年＝100）

年份 Year	生产总值 Gross Domestic Product	第一产业增加值 Value Added of Primary Industry	第二产业增加值 Value Added of Secondary Industry			第三产业增加值 Value Added of Tertiary Industry	人均生产总值(按户籍人口计算) Per Captia GDP	人均生产总值(按常住人口计算) Per Captia GDP
				工　业增加值 Value Added of Industry	建筑业增加值 Value Added of Construction			
1984	182.4	123.0	244.9	242.2	293.7	198.9	175.2	
1985	216.3	119.6	326.3	322.6	393.8	225.1	206.4	
1986	246.6	131.8	358.9	352.2	476.9	297.4	232.7	
1987	274.4	139.5	416.3	402.2	661.4	312.5	254.9	
1988	282.4	135.4	421.7	408.7	647.5	358.5	258.2	
1989	270.8	126.8	399.0	391.9	526.4	363.1	244.1	
1990	273.5	137.2	402.1	388.8	636.0	345.0	243.8	
1991	300.3	137.8	454.8	433.1	796.8	391.9	265.4	
1992	346.3	131.9	556.3	539.7	852.6	470.3	303.6	
1993	417.8	121.5	662.3	673.0	640.4	694.3	363.2	
1994	462.2	129.8	743.4	746.0	834.4	761.1	398.3	
1995	523.0	139.2	846.1	830.0	1184.7	874.6	446.9	
1996	609.0	150.5	998.1	971.0	1497.1	1028.1	516.1	
1997	684.7	152.9	1132.8	1092.4	1816.8	1183.5	576.4	
1998	756.4	168.4	1208.7	1145.6	2185.8	1389.6	633.6	
1999	850.6	171.8	1357.6	1302.3	2263.8	1616.8	709.8	
2000	966.4	179.0	1544.9	1483.8	2552.7	1879.9	802.7	
2001	1099.5	188.0	1775.3	1671.9	3236.0	2152.8	908.9	
2002	1269.0	194.3	2079.4	1964.4	3736.0	2496.7	1044.8	
2003	1482.7	200.4	2469.3	2343.2	4340.7	2925.3	1215.2	
2004	1732.7	217.5	2922.0	2793.9	4942.7	3406.5	1411.7	
2005	1962.9	229.0	3314.7	3176.1	5546.8	3898.1	1589.2	
2006	2243.0	237.4	3862.0	3706.3	6412.1	4403.7	1804.8	100.0
2007	2574.5	245.5	4451.3	4434.6	5988.9	5095.7	2056.9	111.5
2008	2840.8	253.4	4863.4	4889.6	6160.1	5742.2	2253.9	120.1
2009	3096.0	261.8	5156.3	5101.9	7239.5	6514.5	2439.4	128.7
2010	3526.2	271.6	5968.1	5997.0	7587.6	7343.4	2758.6	139.3
2011	3884.1	277.6	6559.9	6702.3	7473.7	8170.3	3017.6	144.8
2012	4171.1	281.3	6922.0	7133.9	7402.8	9001.7	3219.6	151.1
2013	4568.7	283.1	7654.1	7953.8	7672.7	9823.3	3501.8	162.3
2014	4908.2	274.1	8256.0	8585.8	8225.3	10583.1	3728.8	171.4
2015	5242.6	269.0	8659.4	8975.9	8856.8	11580.5	3944.5	179.5
2016	5650.5	265.9	9303.5	9651.7	9454.3	12578.9	4202.6	189.7
2017	6102.3	268.2	10303.0	10766.5	9933.5	13322.3	4454.2	200.8
2018	6562.0	263.2	11285.3	11900.9	10139.9	14139.6	4684.3	210.6
2019	7034.5	269.5	12030.1	12841.0	9866.2	15270.8	4930.6	219.1
2020	7336.9	273.7	12450.8	13372.1	9693.6	16045.8	5052.8	222.3

1-17 市区生产总值构成(1984-2020年)

Structure of Gross Domestic Product of Urban District (1984-2020)

单位:% (%)

年份 Year	地区生产总值 Gross Domestic Product	第一产业增加值 Value Added of Primary Industry	第二产业增加值 Value Added of Secondary Industry	工业增加值 Value Added of Industry	建筑业增加值 Value Added of Construction	第三产业增加值 Value Added of Tertiary Industry
1984	100	30.3	50.2	46.5	3.8	19.5
1985	100	25.2	55.5	51.3	4.2	19.3
1986	100	25.7	52.1	47.6	4.5	22.2
1987	100	26.1	53.3	47.8	5.5	20.6
1988	100	26.0	51.6	46.1	5.5	22.4
1989	100	24.6	50.1	45.5	4.5	25.4
1990	100	26.7	50.4	44.5	5.9	22.9
1991	100	25.0	51.4	44.8	6.6	23.7
1992	100	19.8	55.1	48.1	7.0	25.1
1993	100	15.1	54.9	50.0	4.9	30.0
1994	100	17.7	53.2	47.8	5.4	29.0
1995	100	16.8	52.9	46.4	6.5	30.3
1996	100	15.5	51.9	44.9	7.0	32.6
1997	100	14.3	52.4	44.7	7.7	33.4
1998	100	12.7	51.3	42.9	8.4	36.0
1999	100	10.9	51.3	43.4	7.9	37.8
2000	100	9.8	50.0	42.0	7.9	40.2
2001	100	8.9	49.9	40.9	8.9	41.2
2002	100	7.5	51.0	42.0	8.9	41.6
2003	100	6.6	52.0	42.9	9.2	41.4
2004	100	6.3	52.9	43.7	9.2	40.8
2005	100	6.2	53.0	44.1	8.9	40.8
2006	100	5.5	54.3	45.3	9.0	40.2
2007	100	5.1	54.2	46.5	7.7	40.7
2008	100	4.9	53.5	46.5	7.0	41.6
2009	100	4.7	51.5	43.8	7.7	43.8
2010	100	4.6	51.9	44.7	7.2	43.5
2011	100	4.6	51.0	44.4	6.6	44.4
2012	100	4.4	48.8	43.0	5.8	46.7
2013	100	3.6	47.6	42.3	5.4	48.8
2014	100	3.3	47.7	42.1	5.6	48.9
2015	100	3.0	46.2	40.4	5.8	50.8
2016	100	2.6	45.5	39.6	5.9	51.8
2017	100	2.2	46.2	40.0	6.3	51.6
2018	100	1.8	47.9	41.2	6.7	50.3
2019	100	1.8	47.4	41.3	6.2	50.8
2020	100	1.8	45.9	39.9	6.0	52.2

1-18 分地区生产总值(1984-2020年)

Gross Domestic Product by Region (1984-2020)

单位:亿元　　(100 million yuan)

年份 Year	全市 Total	市区 Urban District	南湖区 nanhu	秀洲区 Xiuzhou	嘉善县 Jiashan	海盐县 Haiyan	海宁市 Haining	平湖市 Pinghu	桐乡市 Tongxiang
1984	30.67	8.49			3.62	3.11	6.31	3.83	5.30
1985	40.98	10.96			4.65	4.57	8.44	4.97	7.38
1986	47.90	13.31			5.48	5.14	9.52	5.80	8.65
1987	57.59	16.23			6.61	6.30	11.00	7.06	10.39
1988	72.42	18.89			7.64	8.15	14.42	9.10	14.22
1989	79.77	21.04			8.12	9.23	15.52	10.36	15.50
1990	81.33	21.26			8.55	8.65	16.73	9.97	16.17
1991	91.26	23.94			9.65	9.90	18.13	11.81	17.84
1992	113.32	29.11			11.99	11.84	23.58	14.20	22.56
1993	168.10	43.52			18.36	17.37	35.12	20.33	39.61
1994	236.57	56.43			23.87	26.39	48.89	28.95	59.23
1995	311.24	71.54			31.92	31.95	65.71	35.47	68.54
1996	369.96	84.84			41.07	40.44	77.53	47.17	75.75
1997	408.83	93.86			47.64	42.60	80.60	55.09	77.10
1998	433.39	100.89			53.00	45.35	85.39	56.29	81.40
1999	460.31	109.70			55.51	47.23	89.93	62.43	85.14
2000	524.03	127.16			62.92	54.26	104.60	73.86	97.98
2001	586.73	144.63			71.18	63.66	117.03	85.91	108.92
2002	677.65	169.86			80.25	77.41	132.06	98.50	122.26
2003	823.54	206.89			92.76	107.52	157.15	117.03	144.08
2004	1008.89	254.10			110.27	136.93	188.07	140.60	172.44
2005	1165.88	293.44	157.47	134.54	129.08	143.42	218.82	169.49	197.55
2006	1354.18	340.89	178.79	160.51	151.38	157.35	258.21	202.36	230.01
2007	1606.66	403.50	213.03	190.54	182.19	178.05	308.93	237.11	276.71
2008	1816.60	459.21	242.58	216.37	212.73	199.77	355.09	270.26	322.52
2009	1917.33	481.88	257.56	225.28	226.66	210.44	374.40	283.10	339.74
2010	2357.22	577.79	309.23	268.72	276.23	238.66	455.88	351.10	414.36
2011	2698.81	669.29	358.31	311.92	323.47	274.35	533.29	402.46	490.16
2012	2909.65	712.46	383.93	329.90	345.73	301.93	582.25	431.33	534.09
2013	3234.34	791.29	429.94	362.68	375.06	327.30	638.43	465.62	580.51
2014	3493.97	844.08	449.94	391.98	402.68	349.72	671.59	491.60	618.17
2015	3696.62	904.65	473.66	432.53	423.19	390.32	705.68	497.77	657.37
2016	3979.04	1014.26	531.56	491.21	461.83	417.58	773.64	546.18	725.45
2017	4500.26	1196.78	623.29	568.30	518.54	465.34	873.77	636.42	814.32
2018	5018.38	1346.20	705.00	640.31	583.06	509.82	960.25	714.07	904.82
2019	5423.58	1464.04	763.31	702.31	630.53	539.36	1027.05	773.03	992.04
2020	5509.52	1501.08	797.85	704.53	655.77	544.51	1030.78	779.00	1002.98

注:本表按当年价格计算。
Note: The figures in this table are calculated at current prices.

1－19　分地区第一产业增加值(1984－2020年)

Value Added of Primary Industry by Region (1984－2020)

单位:亿元　　(100 million yuan)

年份 Year	全　市 Total	市　区 Urban District	南湖区 nanhu	秀洲区 Xiuzhou	嘉善县 Jiashan	海盐县 Haiyan	海宁市 Haining	平湖市 Pinghu	桐乡市 Tongxiang
1984	11.33	2.57			1.69	1.31	2.07	1.53	2.17
1985	12.38	2.76			1.52	1.65	2.30	1.64	2.50
1986	13.64	3.42			1.97	1.61	2.36	1.84	2.43
1987	16.66	4.23			2.19	2.07	3.03	2.11	3.02
1988	21.73	4.91			2.40	2.21	4.69	2.80	4.72
1989	23.71	5.17			2.77	2.79	4.97	3.17	4.84
1990	24.97	5.67			2.96	2.95	5.07	3.10	5.21
1991	24.93	5.98			2.86	2.98	4.59	3.35	5.18
1992	26.30	5.76			2.90	3.02	5.07	3.80	5.71
1993	30.88	6.58			4.34	3.51	5.37	4.55	6.40
1994	49.67	10.00			6.27	5.70	9.44	7.10	10.87
1995	56.95	12.02			7.94	6.29	10.47	8.52	11.29
1996	61.43	13.12			9.08	6.91	11.26	9.51	10.71
1997	63.45	13.40			8.91	7.18	11.61	9.62	11.11
1998	59.71	12.77			8.85	7.01	10.64	8.91	10.70
1999	55.37	11.90			8.08	6.35	10.12	7.96	9.93
2000	60.23	12.50			8.94	7.12	11.18	8.66	11.06
2001	63.26	12.92			9.84	7.72	11.29	9.14	11.26
2002	61.23	12.69			10.23	8.19	11.06	8.75	10.82
2003	66.04	13.59			10.84	9.48	11.83	8.86	12.10
2004	76.80	16.33			12.23	10.77	13.50	10.21	13.75
2005	81.92	18.16	8.90	9.26	13.75	11.94	14.33	11.16	15.16
2006	82.99	18.77	9.14	9.63	14.18	12.44	14.75	11.43	16.60
2007	98.77	20.46	9.97	10.80	15.69	13.66	15.97	13.22	18.80
2008	102.34	22.51	10.92	11.26	16.28	14.73	16.62	13.64	19.65
2009	102.76	22.85	11.01	11.33	16.84	15.19	17.01	13.32	19.20
2010	119.57	26.51	12.61	13.11	19.65	17.87	19.99	15.25	22.82
2011	132.27	30.57	14.62	14.80	21.38	20.36	22.44	16.70	24.49
2012	138.35	31.64	15.01	15.24	21.76	21.01	23.11	16.46	28.80
2013	132.90	28.34	14.80	15.05	21.61	21.07	22.57	15.54	26.13
2014	128.24	28.26	13.28	14.98	21.16	21.06	20.08	14.71	25.42
2015	121.76	27.08	12.68	14.39	20.71	20.74	18.81	12.87	24.22
2016	118.58	26.78	12.87	13.89	20.56	20.63	17.78	12.85	22.25
2017	116.33	26.50	13.58	12.92	22.46	20.45	17.75	12.04	21.61
2018	115.93	24.78	12.14	12.64	22.21	16.54	17.81	12.38	22.21
2019	119.32	25.99	12.60	13.39	22.04	17.26	17.80	12.81	23.42
2020	124.18	27.58	13.40	14.17	22.10	17.83	18.61	14.16	24.17

1－20　分地区第二产业增加值(1984－2020 年)

Value Added of Secondary Industry by Region (1984－2020)

单位:亿元　　(100 million yuan)

年份 Year	全　市 Total	市　区 Urban District	南湖区 nanhu	秀洲区 Xiuzhou	嘉善县 Jiashan	海盐县 Haiyan	海宁市 Haining	平湖市 Pinghu	桐乡市 Tongxiang
1984	14.06	4.27			1.29	1.29	3.25	1.64	2.32
1985	21.20	6.09			2.15	2.08	4.77	2.42	3.69
1986	24.69	6.94			2.37	2.55	5.39	2.74	4.70
1987	29.90	8.66			3.08	3.13	6.02	3.49	5.52
1988	36.34	9.75			3.55	4.29	7.25	4.48	7.02
1989	39.75	10.53			3.53	4.63	7.76	5.32	7.98
1990	40.56	10.71			3.78	4.19	8.66	4.90	8.32
1991	47.51	12.30			4.78	4.94	10.01	6.02	9.47
1992	62.23	16.04			6.41	6.33	13.76	7.36	12.34
1993	99.32	23.88			10.32	10.25	22.31	11.38	26.80
1994	130.25	30.05			12.18	15.15	28.31	15.19	36.76
1995	175.49	37.87			15.87	17.94	40.20	18.87	39.06
1996	207.62	44.02			21.91	24.55	47.16	26.75	43.44
1997	226.06	49.15			25.57	25.87	48.37	32.66	44.06
1998	238.72	51.76			29.50	27.38	50.76	32.58	47.21
1999	252.97	56.30			31.35	28.84	53.41	37.68	48.09
2000	283.79	63.53			34.52	33.31	58.88	44.33	52.76
2001	315.63	72.13			37.99	38.08	66.28	52.41	58.36
2002	379.84	86.56			42.59	47.88	76.18	60.65	66.15
2003	474.90	107.64			49.85	73.16	93.51	73.52	78.94
2004	594.66	134.49			61.05	95.99	113.36	88.17	95.48
2005	691.35	155.54	77.98	77.16	72.18	97.36	132.98	108.61	108.77
2006	819.94	185.14	88.55	95.68	87.59	106.14	160.12	133.71	127.76
2007	966.03	218.99	105.18	113.90	107.04	118.36	191.88	155.60	154.30
2008	1081.21	245.58	116.66	129.08	127.22	131.32	219.19	177.25	180.50
2009	1113.73	248.02	119.28	129.34	132.74	136.63	226.86	180.53	186.96
2010	1388.22	299.75	145.64	154.43	163.99	152.18	280.16	228.69	232.46
2011	1548.32	341.48	166.55	176.94	190.59	171.02	323.66	260.15	271.71
2012	1619.41	347.90	169.36	180.04	198.83	178.11	342.93	273.47	284.04
2013	1807.24	376.56	183.96	191.65	208.13	191.56	364.98	291.06	303.79
2014	1915.68	402.68	191.30	211.75	224.92	207.21	384.53	308.97	330.17
2015	1969.31	417.61	193.07	210.63	232.89	238.27	391.24	302.36	340.99
2016	2126.66	461.79	217.43	237.58	253.48	255.65	424.84	333.22	375.71
2017	2425.01	553.23	265.15	287.15	281.97	283.97	492.52	396.34	428.13
2018	2755.69	644.73	316.39	328.34	319.03	313.65	551.26	443.88	483.37
2019	2906.03	694.52	337.35	355.68	332.99	324.72	584.30	469.31	501.00
2020	2861.09	689.37	350.47	338.91	347.98	313.74	574.81	452.98	481.42

1-21 分地区工业增加值(1984-2020年)
Value Added of Industry by Region (1984-2020)

单位:亿元 (100 million yuan)

年份 Year	全市 Total	市区 Urban District	南湖区 nanhu	秀洲区 Xiuzhou	嘉善县 Jiashan	海盐县 Haiyan	海宁市 Haining	平湖市 Pinghu	桐乡市 Tongxiang
1984	12.65	3.95					2.89	1.45	2.11
1985	19.18	5.63					4.31	2.13	3.36
1986	21.93	6.34					4.90	2.35	4.19
1987	26.15	7.76					5.43	2.90	4.90
1988	31.90	8.71					6.69	3.85	6.24
1989	34.64	9.58					6.82	4.52	7.02
1990	34.82	9.45					7.57	4.11	7.00
1991	40.45	10.72					8.80	4.90	7.94
1992	53.84	14.00			5.60	5.59	11.92	6.06	10.67
1993	89.53	21.76			9.37	9.53	19.51	9.96	24.92
1994	118.78	27.00			11.39	14.04	25.91	13.05	34.61
1995	158.31	33.23			14.49	16.60	36.40	16.40	34.98
1996	189.97	38.07			20.39	22.74	43.20	24.27	40.77
1997	204.81	41.94			23.66	23.17	44.71	30.18	41.37
1998	214.85	43.29			27.21	23.96	46.83	30.38	43.91
1999	227.35	47.64			29.44	24.79	49.31	35.44	44.40
2000	254.61	53.46			32.41	29.50	54.01	41.31	47.84
2001	282.49	59.22			35.21	34.41	60.20	49.41	53.45
2002	340.90	71.38			38.83	44.73	68.48	56.50	60.36
2003	424.40	88.70			44.48	69.85	82.69	68.81	70.43
2004	529.35	111.05			53.93	92.61	100.00	81.55	83.79
2005	618.28	129.32	62.28	66.64	64.77	93.80	117.19	101.58	95.70
2006	735.78	154.47	69.68	83.89	79.29	101.55	141.12	126.10	113.73
2007	872.37	187.96	86.02	102.02	97.55	113.42	169.02	146.41	138.04
2008	974.29	213.62	98.34	115.44	115.44	124.49	193.14	167.11	160.35
2009	982.78	211.02	97.64	113.99	118.75	125.67	196.31	169.54	163.35
2010	1226.97	258.07	120.39	137.99	148.27	142.28	244.14	210.57	198.86
2011	1373.67	297.07	140.92	158.17	173.55	159.81	285.35	240.12	232.47
2012	1438.14	306.40	145.09	162.81	181.30	166.41	297.74	255.34	245.59
2013	1605.28	334.34	158.30	175.10	188.22	180.79	317.75	272.75	263.93
2014	1706.07	355.62	162.00	193.79	203.22	194.02	334.96	287.62	281.97
2015	1748.91	365.26	160.41	190.46	209.26	223.80	338.83	281.02	288.81
2016	1891.30	401.74	179.75	215.24	227.67	239.23	372.46	308.09	319.70
2017	2157.03	478.61	220.96	258.96	252.47	264.11	434.58	362.01	364.41
2018	2441.08	554.77	261.58	293.19	283.81	290.41	485.85	410.02	416.50
2019	2586.75	604.63	282.23	321.83	297.64	300.00	518.40	435.08	431.06
2020	2560.40	599.35	295.02	304.15	316.39	290.78	509.46	422.20	421.61

1－22　分地区第三产业增加值(1984－2020年)

Value Added of Tertiary Industry by Region (1984－2020)

单位:亿元　　(100 million yuan)

年份 Year	全市 Total	市区 Urban District	南湖区 nanhu	秀洲区 Xiuzhou	嘉善县 Jiashan	海盐县 Haiyan	海宁市 Haining	平湖市 Pinghu	桐乡市 Tongxiang
1984	5.28	1.65			0.65	0.52	0.99	0.66	0.82
1985	7.40	2.11			0.97	0.84	1.37	0.91	1.19
1986	9.57	2.95			1.14	0.98	1.77	1.22	1.52
1987	11.03	3.34			1.34	1.10	1.95	1.45	1.84
1988	14.35	4.23			1.70	1.65	2.48	1.82	2.47
1989	16.31	5.34			1.82	1.81	2.79	1.87	2.68
1990	15.80	4.87			1.81	1.51	2.99	1.97	2.64
1991	18.82	5.67			2.01	1.98	3.52	2.44	3.19
1992	24.79	7.31			2.68	2.49	4.76	3.04	4.51
1993	37.91	13.06			3.70	3.60	7.45	4.40	6.41
1994	56.66	16.38			5.41	5.54	11.13	6.66	11.59
1995	78.80	21.65			8.11	7.72	15.05	8.07	18.18
1996	100.91	27.70			10.08	8.97	19.11	10.91	21.61
1997	119.32	31.30			13.15	9.55	20.62	12.81	21.93
1998	134.96	36.35			14.65	10.96	23.99	14.80	23.49
1999	151.97	41.50			16.08	12.04	26.40	16.79	27.12
2000	180.01	51.13			19.45	13.83	34.54	20.87	34.16
2001	207.84	59.58			23.35	17.85	39.45	24.36	39.30
2002	236.57	70.62			27.43	21.34	44.81	29.09	45.28
2003	282.60	85.65			32.06	24.88	51.80	34.65	53.04
2004	337.42	103.27			36.99	30.16	61.21	42.22	63.22
2005	392.61	119.74	70.58	48.12	43.15	34.11	71.51	49.73	73.62
2006	451.25	136.98	81.09	55.20	49.60	38.78	83.34	57.23	85.65
2007	541.86	164.04	97.88	65.85	59.46	46.03	101.09	68.29	103.61
2008	633.06	191.11	115.00	76.04	69.23	53.71	119.28	79.38	122.38
2009	700.84	211.01	127.26	84.61	77.08	58.62	130.53	89.25	133.59
2010	849.43	251.52	150.98	101.18	92.58	68.61	155.73	107.16	159.09
2011	1018.22	297.24	177.14	120.18	111.50	82.96	187.19	125.61	193.96
2012	1151.88	332.91	199.56	134.63	125.15	102.81	216.21	141.39	221.25
2013	1294.20	386.39	231.19	155.99	145.32	114.67	250.88	159.02	250.58
2014	1450.06	413.06	245.35	165.25	156.61	121.45	266.99	167.91	262.58
2015	1605.54	459.94	267.91	207.51	169.60	131.31	295.63	182.54	292.16
2016	1733.80	525.69	301.27	239.74	187.79	141.30	331.03	200.10	327.49
2017	1958.92	617.05	344.55	268.22	214.11	160.91	363.50	228.04	364.58
2018	2146.76	676.69	376.48	299.33	241.82	179.63	391.19	257.80	399.24
2019	2398.23	743.53	413.36	333.24	275.49	197.38	424.95	290.91	467.63
2020	2524.25	784.13	433.98	351.45	285.69	212.95	437.36	311.86	497.39

1－23　分地区人均生产总值(1984－2020 年)
Gross Domestic Product Per Capita by Region (1984－2020)

单位:元　　　　(yuan)

年份 Year	全　市 Total	市　区 Urban District	南湖区 nanhu	秀洲区 Xiuzhou	嘉善县 Jiashan	海盐县 Haiyan	海宁市 Haining	平湖市 Pinghu	桐乡市 Tongxiang
1984	1025	1249			1033	947	1065	855	892
1985	1366	1603			1327	1381	1422	1112	1241
1986	1584	1925			1552	1534	1595	1293	1445
1987	1811	2309			1851	1850	1824	1556	1718
1988	2339	2645			2122	2365	2369	1987	2330
1989	2554	2906			2238	2663	2531	2246	2519
1990	2582	2902			2342	2482	2707	2146	2606
1991	2877	3241			2624	2822	2911	2528	2852
1992	3547	3547			3236	3355	3765	3019	3579
1993	5227	5796			4923	4893	5587	4299	6234
1994	7313	7451			6368	7388	7754	6094	9253
1995	9564	9365			8474	8887	10388	7434	10631
1996	11306	11017			10858	11192	12206	9850	11680
1997	12439	12105			12558	11736	12634	11476	11841
1998	13149	12949			13936	12454	13356	11706	12477
1999	13947	14027			14583	12953	14069	12983	13038
2000	15845	16182			16517	14873	16354	15339	14970
2001	17694	18318			18672	17434	18274	17801	16579
2002	20402	21426			21060	21197	20621	20389	18551
2003	24755	25979			24355	29477	24525	24212	21812
2004	30256	31719			28946	37561	29289	29072	26045
2005	34892	36400	34261	38822	33896	39330	34008	35063	29792
2006	40431	42024	38648	46048	39775	43099	40033	41872	34628
2007	38746	38293	37138	39688	35535	43118	41562	36997	35333
2008	43006	42541	41251	44032	40244	47791	47326	41461	40525
2009	44794	43924	42987	45241	42165	49649	49328	43040	42201
2010	53436	50042	50781	49248	49441	55574	57941	52596	50892
2011	59032	54685	56847	52547	55771	63382	64474	59619	58854
2012	62079	56576	58366	54847	58793	69401	67347	63749	61856
2013	67827	61610	63620	59598	63167	74846	71549	69114	65439
2014	72287	64609	65270	63519	67192	79447	73635	73296	68321
2015	75434	67881	67334	68738	70180	88098	75741	74561	71263
2016	79981	74633	73818	76883	76102	93743	81023	81965	76971
2017	88763	86326	84330	87802	84529	104044	88501	95394	84081
2018	96908	94706	92410	97231	93799	113419	94096	106872	90727
2019	102661	99958	95683	105309	99491	119196	98132	115327	97719
2020	102541	99687	96022	104391	101576	119477	96451	115983	97804

注:本表按当年价格计算。2006 年及以前为按户籍人口计算的人均 GDP,2007 年及以后为按常住人口计算人均 GDP。

Note: The figures are calculated at current prices. GDP per capita is counted by Resident population since 2007, before this, It's counted by Household population

1－24　分地区生产总值增长率（1984－2020年）

Growth Rates of Gross Domestic Product by Region (1984－2020)

单位：%　　　　(%)

年份 Year	全　市 Total	市　区 Urban District	南湖区 nanhu	秀洲区 Xiuzhou	嘉善县 Jiashan	海盐县 Haiyan	海宁市 Haining	平湖市 Pinghu	桐乡市 Tongxiang
1984	23.4	22.8			31.7	25.7	14.2	26.4	26.7
1985	21.7	18.6			27.6	30.6	14.4	22.8	25.2
1986	16.6	14.0			7.1	10.7	35.5	11.6	15.8
1987	11.0	11.3			16.1	9.2	6.7	15.4	10.2
1988	8.9	2.9			4.5	14.5	10.3	13.3	13.0
1989	-5.4	-4.1			-9.7	-4.9	-8.4	-4.1	-2.6
1990	0.9	1.0			2.2	-5.1	7.6	-5.0	1.1
1991	9.6	9.8			9.5	11.5	7.3	16.3	6.6
1992	18.1	15.3			21.2	15.2	21.9	14.0	22.8
1993	25.8	20.7			26.8	25.1	27.4	19.1	57.0
1994	14.1	10.6			14.6	24.8	10.3	16.0	12.3
1995	18.0	13.2			8.7	19.9	23.9	10.9	4.2
1996	16.9	16.4			24.3	15.6	17.7	28.1	9.0
1997	9.8	12.4			17.3	13.4	4.6	18.8	2.1
1998	9.7	10.5			16.9	12.5	10.1	6.5	10.2
1999	10.0	12.5			10.7	-4.0	8.2	15.9	7.4
2000	12.0	13.6			12.4	17.7	13.5	16.0	12.0
2001	12.0	13.8			13.5	17.9	13.0	18.3	13.2
2002	13.7	15.4			13.6	21.1	12.6	13.9	12.0
2003	16.4	16.8			14.7	38.1	15.4	16.1	15.0
2004	16.0	16.9			14.5	22.1	14.3	15.3	15.0
2005	13.4	13.3			14.5	3.2	13.5	18.6	12.0
2006	13.9	14.3	13.8	14.7	15.1	7.9	15.3	17.7	12.3
2007	14.5	14.8	15.2	14.8	16.4	10.2	15.3	14.0	16.1
2008	10.9	10.3	10.5	10.2	13.6	8.3	11.1	10.7	12.5
2009	9.7	9.0	10.0	8.3	10.6	8.1	10.1	9.0	10.1
2010	14.0	13.9	14.5	13.8	15.4	8.1	15.3	14.1	14.4
2011	10.8	10.1	10.3	10.4	11.8	9.6	11.0	10.9	10.1
2012	8.9	7.4	8.5	6.9	8.6	11.6	9.3	9.8	8.9
2013	9.4	9.5	10.4	8.9	9.0	8.5	9.5	10.6	8.9
2014	7.7	7.4	7.0	8.0	9.0	7.0	7.2	6.5	8.4
2015	7.2	6.8	7.0	5.8	8.3	12.1	6.7	3.3	8.3
2016	7.2	7.8	8.0	7.7	8.3	7.2	6.5	6.8	5.3
2017	8.0	8.0	8.1	7.5	8.6	7.2	8.0	9.6	7.3
2018	7.7	7.5	8.1	6.4	8.5	7.1	6.1	9.8	8.3
2019	7.1	7.2	8.2	5.7	7.4	6.3	7.1	7.6	7.1
2020	3.5	4.3	6.6	1.7	8.0	3.1	2.0	3.0	1.0

1－25 分地区第一产业增加值增长率(1984－2020年)

Growth Rates of Value－added of the Primary Industry by Region (1984－2020)

单位:% (%)

年份 Year	全　市 Total	市　区 Urban District	南湖区 nanhu	秀洲区 Xiuzhou	嘉善县 Jiashan	海盐县 Haiyan	海宁市 Haining	平湖市 Pinghu	桐乡市 Tongxiang
1984	24.9	35.4				20.2	21.0	26.8	11.8
1985	0.2	－2.8				15.9	4.7	0.3	6.0
1986	3.0	10.2				－9.0	－0.8	1.7	－3.1
1987	4.1	5.9				9.5	3.1	1.7	7.1
1988	2.8	－3.0				－15.8	11.6	5.7	10.2
1989	－3.3	－6.3				12.0	－2.4	－9.4	0.6
1990	3.9	8.2				4.3	2.3	0.8	－1.4
1991	－3.9	0.4				－2.8	－8.2	5.8	－7.6
1992	4.9	－4.3			5.5	4.3	4.4	10.2	13.4
1993	－1.7	－7.9			8.7	－0.3	－2.3	－5.0	－0.7
1994	8.8	6.8			5.8	14.9	－2.8	14.3	7.4
1995	4.0	7.3			15.8	－1.7	16.6	－0.4	－0.4
1996	3.9	8.1			2.0	4.0	5.3	3.2	－5.5
1997	4.0	1.6			3.8	5.2	2.6	3.9	3.2
1998	－1.1	10.1			－0.4	3.1	－4.4	－0.7	2.0
1999	3.2	2.1			19.7	－19.9	5.2	1.9	2.8
2000	4.5	4.2			10.5	47.3	7.3	6.1	10.5
2001	6.6	5.0			10.0	6.4	3.8	7.7	8.2
2002	3.5	3.4			8.4	－1.4	－0.1	－4.1	－0.9
2003	4.8	3.1			5.2	11.0	6.4	2.6	5.5
2004	6.7	8.5			5.9	15.8	6.5	1.6	6.2
2005	3.2	5.3			6.3	5.2	0.2	3.3	6.3
2006	0.3	3.7	3.9	3.6	3.7	4.1	1.4	3.7	－10.6
2007	0.6	3.4	3.4	4.3	3.7	3.8	3.5	6.5	6.6
2008	2.7	3.2	3.5	3.0	5.0	－2.3	3.0	0.1	3.5
2009	3.3	3.3	3.4	3.3	4.0	3.1	3.1	3.1	3.0
2010	3.8	3.7	3.8	3.7	3.2	3.1	3.3	3.2	1.3
2011	1.4	2.2	2.8	1.7	1.3	1.7	1.1	0.9	1.3
2012	1.6	1.3	1.1	1.5	1.5	2.3	2.9	－1.0	2.3
2013	0.5	0.6	－2.3	1.2	0.9	1.7	2.6	－1.4	－4.0
2014	－0.4	－3.2	－1.0	－0.4	－1.6	－0.6	2.4	－4.9	2.1
2015	－3.1	－1.8	－3.6	0.7	－3.8	－2.2	－2.9	－7.0	－1.1
2016	－0.2	－1.2	－2.7	0.1	－4.1	－0.1	1.0	3.5	－0.2
2017	1.5	0.9	0.8	0.9	－1.7	2.6	2.0	1.9	2.8
2018	0.7	－1.9	－2.6	－1.2	0.1	1.4	－0.4	1.6	3.5
2019	2.1	2.4	2.0	2.7	2.0	2.1	2.0	2.1	0.7
2020	1.8	1.5	0.4	2.5	1.9	2.5	1.9	4.7	0.3

1－26 分地区第二产业增加值增长率（1984－2020 年）
Growth Rates of Value－added of the Secondary Industry by Region （1984－2020）

单位：% （%）

年份 Year	全市 Total	市区 Urban District	南湖区 nanhu	秀洲区 Xiuzhou	嘉善县 Jiashan	海盐县 Haiyan	海宁市 Haining	平湖市 Pinghu	桐乡市 Tongxiang
1984	25.6	20.8				30.5	8.0	34.4	46.0
1985	36.9	33.2				33.1	18.7	42.0	40.2
1986	22.1	10.0				30.1	63.8	12.2	25.6
1987	15.8	16.0				1.3	9.3	24.1	12.5
1988	10.1	1.3				191.3	10.7	18.8	13.5
1989	-6.2	-5.4				-9.5	-11.5	0.8	-2.6
1990	1.2	0.8				-5.2	11.0	-8.8	3.4
1991	15.4	13.1				15.8	13.9	21.0	12.1
1992	22.7	22.3			27.2	20.7	28.7	17.9	24.5
1993	35.8	19.1			39.1	38.0	36.3	30.8	97.6
1994	11.6	12.2			15.3	26.5	9.7	13.5	5.9
1995	20.5	13.8			-3.0	27.0	27.0	12.1	-5.5
1996	19.0	18.0			39.1	17.1	18.1	42.9	12.5
1997	9.5	13.5			17.5	22.0	2.8	20.3	2.2
1998	10.1	6.7			20.4	12.1	9.5	4.5	13.0
1999	9.3	12.3			10.1	-6.1	8.1	18.3	3.8
2000	13.2	13.8			9.5	16.4	12.4	18.4	10.4
2001	12.8	14.9			9.9	16.5	13.7	20.6	12.3
2002	15.5	17.1			13.1	27.8	15.7	16.9	14.4
2003	19.6	18.8			17.1	48.4	18.1	19.4	17.2
2004	17.5	18.3			16.1	24.7	15.3	16.9	15.5
2005	14.1	13.4			16.3	0.0	14.9	21.6	11.4
2006	15.9	16.5	15.4	16.6	18.7	6.8	17.4	21.0	14.4
2007	15.3	15.3	15.9	15.2	18.9	9.1	16.0	13.9	17.2
2008	10.5	9.3	8.3	9.9	15.1	8.2	10.3	10.9	12.9
2009	7.9	6.0	6.8	5.3	9.7	6.7	9.0	6.5	8.7
2010	15.5	15.7	16.9	15.2	18.2	6.9	17.5	15.6	16.3
2011	10.2	9.9	10.2	10.1	12.5	9.4	10.3	11.5	8.6
2012	7.9	5.5	6.9	5.1	8.3	9.2	7.9	9.6	8.0
2013	10.1	10.6	12.4	9.2	9.6	8.4	9.3	12.7	9.3
2014	7.8	7.9	6.9	8.7	10.4	7.6	7.3	6.5	9.5
2015	6.6	4.9	5.5	3.4	8.9	15.6	5.0	0.6	7.3
2016	6.0	7.4	7.5	6.4	8.6	6.7	5.1	6.0	4.0
2017	8.5	10.7	11.8	10.0	9.9	6.0	9.2	10.2	7.7
2018	8.9	9.5	11.7	7.5	8.7	5.9	7.0	10.4	9.4
2019	5.9	6.6	8.3	4.3	5.2	4.9	6.8	7.0	7.2
2020	2.8	3.5	8.5	-1.1	12.1	0.4	1.8	0.7	-0.3

1－27 分地区工业增加值增长率(1984－2020 年)
Growth Rates of Value－added of Industry by Region (1984－2020)

单位:%　　　　(%)

年份 Year	全　市 Total	市　区 Urban District	南湖区 nanhu	秀洲区 Xiuzhou	嘉善县 Jiashan	海盐县 Haiyan	海宁市 Haining	平湖市 Pinghu	桐乡市 Tongxiang
1984	25.8	23.1					3.7	34.8	46.0
1985	37.2	33.2					18.8	41.6	40.2
1986	21.7	9.2					73.9	10.8	25.6
1987	14.7	14.2					9.1	21.9	12.5
1988	11.3	1.6					13.2	23.2	13.5
1989	-7.1	-4.1					-15.1	-0.6	-2.6
1990	1.0	-0.8					11.4	-8.8	3.4
1991	14.1	11.4					14.2	17.2	33.2
1992	27.0	24.6			31.6		29.2	23.0	24.5
1993	42.9	24.7			45.8	45.3	39.7	40.1	112.9
1994	12.1	10.9			18.3	25.2	13.0	11.6	6.2
1995	19.0	11.3			-6.0	27.5	25.4	12.2	-9.7
1996	20.6	17.0			41.4	15.5	19.3	48.1	17.1
1997	8.7	12.5			17.0	19.1	3.5	21.9	2.3
1998	9.7	4.9			20.3	9.3	9.5	5.4	12.4
1999	9.3	13.7			11.8	-10.5	8.2	19.2	3.2
2000	13.4	13.9			8.9	17.5	11.9	18.3	9.1
2001	12.9	12.7			8.8	18.5	12.8	21.7	13.7
2002	15.5	17.5			11.6	31.7	15.1	15.7	14.3
2003	19.6	19.3			14.9	51.4	16.6	20.0	15.3
2004	17.3	19.2			14.6	26.1	15.4	16.6	14.3
2005	14.3	13.7			17.6	-0.3	14.7	22.7	11.3
2006	16.2	16.7	14.5	17.5	19.6	5.8	17.4	21.9	15.5
2007	16.6	19.7	21.7	18.6	20.3	9.4	16.9	14.1	18.5
2008	11.1	10.3	10.6	9.9	14.9	7.4	10.9	11.3	12.7
2009	6.7	4.3	4.5	4.3	8.7	3.7	7.7	6.3	7.5
2010	16.5	17.5	18.6	16.5	19.7	8.8	18.5	15.5	16.8
2011	11.9	11.8	12.9	11.0	14.2	9.9	12.5	12.7	11.8
2012	8.5	6.4	8.4	5.7	8.5	9.5	7.1	11.4	8.9
2013	10.5	11.5	13.4	10.0	9.1	9.1	9.9	13.3	9.9
2014	8.0	7.9	6.3	9.5	10.8	6.7	7.2	6.4	9.2
2015	6.1	4.5	5.0	2.9	9.2	15.7	4.0	0.1	6.3
2016	6.1	7.5	7.4	6.7	9.1	6.2	5.7	6.6	6.3
2017	9.0	11.6	14.2	9.7	10.4	5.0	10.3	9.6	8.8
2018	9.0	10.5	13.0	7.7	8.7	5.5	7.3	11.1	10.0
2019	6.9	7.9	9.9	5.2	5.8	5.9	7.8	7.5	8.0
2020	3.9	4.1	10.3	-1.2	14.3	0.8	2.1	1.4	1.9

1－28　分地区第三产业增加值增长率(1984－2020年)

Growth Rates of Value－added of the Tertiary Industry by Region (1984－2020)

单位:%　　(%)

年份 Year	全市 Total	市区 Urban District	南湖区 nanhu	秀洲区 Xiuzhou	嘉善县 Jiashan	海盐县 Haiyan	海宁市 Haining	平湖市 Pinghu	桐乡市 Tongxiang
1984	15.1	11.0				28.8	19.3	9.1	19.4
1985	24.6	13.2				43.3	22.0	21.5	28.2
1986	22.5	32.1				16.3	23.8	27.1	22.6
1987	6.3	5.1				13.3	2.7	11.9	7.5
1988	13.0	14.7				－54.2	7.5	7.2	15.9
1989	－5.3	1.3				－8.6	－5.5	－13.2	－7.7
1990	－3.8	－5.0				－17.1	3.4	1.6	－3.0
1991	16.1	13.6				27.6	14.5	20.9	17.3
1992	23.6	20.0			25.5	17.5	26.5	9.7	21.9
1993	31.2	47.6			17.3	25.2	33.5	21.1	18.1
1994	24.7	9.6			22.0	30.7	23.2	25.2	47.4
1995	22.4	14.9			34.6	20.5	19.6	19.0	40.8
1996	20.1	17.5			12.8	19.9	24.7	12.1	9.4
1997	13.4	15.1			26.8	－5.4	10.8	25.4	1.3
1998	14.2	17.4			19.2	20.9	18.7	17.0	7.7
1999	14.3	16.4			7.5	13.0	9.7	16.9	18.6
2000	12.5	16.3			20.3	8.2	18.7	13.8	16.2
2001	12.5	14.5			21.5	27.2	14.9	17.8	16.2
2002	14.0	16.0			16.7	15.8	10.9	13.9	12.1
2003	14.6	17.2			14.6	23.1	12.9	12.9	14.2
2004	16.0	16.4			15.0	16.4	14.5	15.5	16.3
2005	14.6	14.4			14.6	12.5	14.2	15.6	14.1
2006	13.1	13.0	13.2	13.7	12.8	12.4	14.0	13.6	13.8
2007	15.7	15.7	15.7	15.9	15.7	15.2	16.0	15.8	15.9
2008	12.8	12.7	13.7	11.8	13.0	11.5	13.9	12.2	13.3
2009	13.6	13.4	14.1	13.9	13.8	12.9	13.3	15.6	13.3
2010	12.8	12.7	12.9	13.1	13.1	12.1	13.0	12.7	13.3
2011	13.1	11.3	11.0	12.1	12.8	12.0	13.5	11.3	13.5
2012	11.6	10.2	10.6	10.3	10.5	18.7	12.5	11.6	11.1
2013	9.2	9.1	9.5	9.3	9.2	10.0	10.6	7.7	9.8
2014	8.4	7.7	7.6	7.9	8.3	7.1	7.5	7.8	7.6
2015	9.1	9.4	9.0	9.6	9.0	7.5	10.5	9.9	10.5
2016	9.2	8.6	8.9	9.5	9.5	9.2	8.7	8.3	7.2
2017	7.9	5.9	5.8	5.5	8.0	10.0	7.0	9.1	7.3
2018	6.9	6.1	5.8	5.7	9.2	10.1	5.2	9.5	7.3
2019	8.8	8.0	8.3	7.3	10.7	9.0	7.7	8.9	7.5
2020	4.3	5.1	5.3	4.7	3.4	7.3	2.3	6.8	2.5

1-29 分地区人均 GDP 增长率(1984-2020 年)

Growth Rates of Percapita Gross Domestic Product by Region (1984-2020)

单位:%　　　　(%)

年份 Year	全市 Total	市区 Urban District	南湖区 nanhu	秀洲区 Xiuzhou	嘉善县 Jiashan	海盐县 Haiyan	海宁市 Haining	平湖市 Pinghu	桐乡市 Tongxiang
1984	23.0	22.1			31.8	24.6	13.9	26.3	26.8
1985	21.4	17.8			27.6	29.8	14.2	22.8	25.2
1986	15.8	12.8			6.3	9.4	34.7	11.1	15.2
1987	9.5	9.5			14.7	7.4	5.6	14.2	9.0
1988	7.7	1.3			3.6	13.2	9.4	12.2	12.0
1989	-6.2	-5.4			-10.3	-5.4	-9.1	-4.8	-3.5
1990	0.1	-0.2			1.5	-5.6	6.7	-5.7	0.2
1991	8.8	8.9			8.8	15.9	6.5	15.6	5.8
1992	17.3	14.4			17.2	-4.3	21.2	13.3	22.9
1993	25.0	19.6			25.9	24.3	26.9	18.4	56.6
1994	13.4	9.7			14.1	24.1	10.0	15.5	11.5
1995	17.3	12.2			8.2	19.2	23.5	10.4	3.5
1996	16.2	15.5			23.8	15.0	17.2	27.6	8.4
1997	9.3	11.7			17.0	12.9	4.1	18.5	1.7
1998	9.4	9.9			16.6	12.1	9.8	6.3	10.0
1999	9.8	12.0			10.6	-4.1	8.3	15.9	7.3
2000	11.8	13.1			12.3	17.6	13.4	15.8	11.8
2001	11.7	13.2			13.4	17.8	12.9	18.0	12.7
2002	13.5	14.9			13.7	21.0	12.6	13.7	11.6
2003	16.2	16.3			14.8	38.3	15.3	16.0	14.8
2004	15.7	16.2			14.5	22.1	14.1	15.2	14.7
2005	13.2	12.6			14.5	3.2	13.3	18.7	11.8
2006	13.6	13.6			15.2	7.8	15.0	17.7	12.1
2007	11.8	11.5	12.3	10.9	12.2	9.0	13.6	10.3	13.8
2008	8.8	7.7	7.8	7.6	10.2	7.0	10.1	8.8	10.7
2009	8.2	7.2	8.0	6.9	8.7	6.6	8.9	8.0	8.9
2010	10.6	8.2	12.6	3.9	11.0	6.7	11.2	12.4	13.1
2011	6.9	3.9	6.6	1.5	7.7	8.7	5.6	9.7	7.6
2012	6.3	4.4	4.0	5.5	7.1	11.0	4.6	9.5	5.1
2013	7.5	7.4	7.5	7.7	7.9	8.0	6.1	11.1	6.0
2014	6.3	5.6	4.9	6.5	8.0	6.3	4.9	7.0	6.3
2015	5.8	4.7	4.9	3.7	7.7	11.4	4.5	3.8	6.2
2016	5.6	5.7	5.5	6.0	7.7	6.6	3.9	7.0	3.1
2017	6.0	5.9	5.3	6.1	7.5	6.7	4.5	9.5	4.5
2018	5.5	4.9	4.7	4.6	7.1	6.6	2.6	9.7	5.2
2019	4.9	4.0	3.4	4.4	5.3	5.6	4.4	7.3	5.2
2020	1.8	1.4	2.3	0.5	6.0	2.4	-0.1	2.8	0.0

注:2006 年及以前为按户籍人口计算的人均 GDP 增长速度,2007 年及以后为按常住人口计算人均 GDP 增长速度。
Note: The Growth Rate of GDP per capita is counted by Resident population since 2007,before this, Itś counted by Household population.

1－30 分地区生产总值发展指数(1984－2020年)

Indices of Gross Domestic Product by Region (1984－2020)

(1978年＝100)

年份 Year	全市 Total	市区 Urban District	南湖区 nanhu	秀洲区 Xiuzhou	嘉善县 Jiashan	海盐县 Haiyan	海宁市 Haining	平湖市 Pinghu	桐乡市 Tongxiang
1984	195.8	182.4			215.9	203.4	194.6	228.5	194.3
1985	238.4	216.3			275.5	265.6	222.6	280.6	243.2
1986	278.0	246.6			295.0	294.1	301.5	313.0	281.7
1987	308.5	274.4			342.5	321.1	321.7	361.3	310.3
1988	335.8	282.4			357.9	367.7	355.0	409.4	350.7
1989	317.8	270.8			323.2	349.7	325.1	392.7	341.4
1990	320.6	273.5			330.3	331.8	349.8	372.9	345.1
1991	351.4	300.3			361.7	370.0	375.3	433.6	367.8
1992	414.9	346.3			438.4	426.0	457.5	494.4	451.8
1993	522.0	417.8			555.8	532.9	583.0	588.8	709.1
1994	595.4	462.2			637.0	665.2	643.0	683.2	796.4
1995	702.7	523.0			692.7	797.7	796.5	757.7	830.2
1996	821.3	609.0			861.2	922.2	937.7	970.5	905.1
1997	901.5	684.7			1010.2	1046.0	980.7	1152.6	924.2
1998	989.3	756.4			1180.8	1176.6	1079.4	1227.5	1018.3
1999	1087.9	850.6			1306.9	1130.1	1168.3	1422.8	1094.2
2000	1218.6	966.4			1469.1	1330.0	1326.2	1649.9	1225.7
2001	1364.7	1099.5			1667.6	1568.0	1499.1	1951.7	1387.0
2002	1551.1	1269.0			1894.9	1898.2	1687.5	2222.1	1552.8
2003	1805.5	1482.7			2173.4	2622.0	1947.2	2579.7	1786.0
2004	2094.4	1732.7			2488.8	3200.7	2226.3	2973.9	2053.2
2005	2374.7	1962.9	100.0	100.0	2848.6	3302.1	2526.7	3527.3	2299.1
2006	2703.9	2243.0	113.8	114.7	3280.2	3562.9	2912.1	4150.8	2581.0
2007	3096.9	2574.5	131.0	131.6	3818.1	3925.6	3357.4	4732.5	2995.6
2008	3433.5	2840.8	144.8	145.0	4336.3	4250.6	3730.1	5238.4	3371.4
2009	3765.4	3096.0	159.2	157.1	4794.8	4593.6	4108.3	5708.7	3713.6
2010	4290.9	3526.2	182.3	178.8	5532.1	4966.4	4737.8	6513.7	4247.9
2011	4755.0	3884.1	201.1	197.4	6186.2	5441.9	5259.6	7226.5	4674.9
2012	5179.5	4171.1	218.2	211.1	6717.5	6070.5	5749.8	7933.9	5093.0
2013	5664.8	4568.7	241.0	230.0	7320.3	6587.7	6297.0	8778.1	5546.3
2014	6101.2	4908.2	257.8	248.5	7977.9	7049.2	6750.6	9350.3	6011.7
2015	6541.8	5242.6	275.9	262.8	8641.4	7900.2	7205.8	9656.8	6509.9
2016	7014.0	5650.5	298.0	282.9	9362.8	8466.5	7672.7	10309.1	6855.3
2017	7576.4	6102.3	322.2	304.1	10169.8	9073.6	8290.2	11297.3	7358.3
2018	8163.3	6562.0	348.3	323.6	11037.3	9721.4	8793.9	12407.9	7967.6
2019	8738.8	7034.5	376.7	342.0	11851.9	10330.3	9416.1	13354.0	8533.7
2020	9044.6	7336.9	401.6	347.8	12800.1	10650.6	9604.4	13754.6	8621.6

1－31 分地区第一产业增加值发展指数(1984－2020年)

Indices of Value－added of the Primary Industry by Region (1984－2020)

(1978年=100)

年份 Year	全市 Total	市区 Urban District	南湖区 nanhu	秀洲区 Xiuzhou	嘉善县 Jiashan	海盐县 Haiyan	海宁市 Haining	平湖市 Pinghu	桐乡市 Tongxiang
1984	130.9	123.0				132.4	144.5	133.5	120.6
1985	131.2	119.6				153.4	151.3	133.9	127.9
1986	135.1	131.8				139.6	150.1	136.2	123.9
1987	140.6	139.5				152.8	154.8	138.5	132.7
1988	144.6	135.4				128.6	172.7	146.4	146.3
1989	139.8	126.8				144.0	168.6	132.7	147.2
1990	145.2	137.2				150.2	172.4	133.7	145.2
1991	139.6	137.8			100.0	146.0	158.3	141.5	134.1
1992	146.5	131.9			105.5	152.2	165.3	155.8	152.0
1993	143.9	121.5			114.7	151.8	161.5	148.0	151.0
1994	156.7	129.8			121.4	174.4	157.0	169.2	162.2
1995	163.0	139.2			140.5	171.4	183.1	168.5	161.5
1996	169.4	150.5			143.4	178.2	192.8	173.9	152.6
1997	176.2	152.9			148.8	187.4	197.8	180.7	157.5
1998	174.2	168.4			148.2	193.1	189.2	179.5	160.6
1999	179.8	171.8			177.4	154.8	199.1	182.8	165.1
2000	187.9	179.0			195.9	228.0	213.6	194.0	182.4
2001	200.3	188.0			215.5	242.7	221.7	209.0	197.3
2002	207.4	194.3			233.5	239.2	221.5	200.5	195.5
2003	217.4	200.4			245.6	265.6	235.7	205.8	206.1
2004	231.9	217.5			260.1	307.7	251.1	209.2	218.9
2005	239.4	229.0	100.0	100.0	276.4	323.7	251.6	216.2	232.7
2006	240.0	237.4	103.9	103.6	286.8	337.0	255.2	224.3	208.1
2007	241.6	245.5	107.5	108.0	297.5	349.6	264.1	238.9	221.8
2008	248.2	253.4	111.3	111.3	312.4	341.7	271.9	239.2	229.6
2009	256.3	261.8	115.1	114.9	324.8	352.2	280.3	246.5	236.4
2010	266.2	271.6	119.4	119.2	335.1	363.2	289.4	254.5	239.4
2011	269.8	277.6	122.7	121.3	339.4	369.4	292.5	256.7	242.4
2012	274.1	281.3	124.1	123.1	344.4	377.8	301.1	254.2	248.1
2013	275.4	283.1	121.3	124.5	347.4	384.2	309.0	250.7	238.2
2014	274.3	274.1	120.0	124.0	341.9	381.9	316.5	238.4	243.1
2015	265.8	269.0	115.7	124.9	328.9	373.5	307.3	221.7	240.5
2016	265.4	265.9	112.6	125.0	315.4	373.1	310.4	229.4	240.1
2017	269.4	268.2	113.5	126.2	309.9	382.8	316.5	233.6	246.7
2018	271.2	263.2	110.5	124.6	310.4	388.2	315.2	237.4	255.4
2019	276.9	269.5	112.7	128.0	316.5	396.3	321.5	242.4	257.2
2020	282.0	273.7	113.2	131.2	322.5	406.3	327.7	253.9	258.0

1－32　分地区第二产业增加值发展指数(1984－2020 年)

Indices of Value－added of the Secondary Industry by Region (1984－2020)

(1978 年＝100)

年份 Year	全　市 Total	市　区 Urban District	南湖区 nanhu	秀洲区 Xiuzhou	嘉善县 Jiashan	海盐县 Haiyan	海宁市 Haining	平湖市 Pinghu	桐乡市 Tongxiang
1984	302.1	244.9				108.1	267.1	484.2	346.8
1985	413.7	326.3				143.8	317.1	687.7	486.3
1986	505.3	358.9				187.1	519.6	771.3	610.9
1987	585.0	416.3				189.6	567.7	957.2	687.0
1988	644.2	421.7				552.2	628.2	1136.9	779.5
1989	604.1	399.0				499.9	556.3	1146.1	759.1
1990	611.6	402.1				473.9	617.5	1044.7	784.8
1991	705.5	454.8			100.0	548.6	703.1	1264.1	879.7
1992	865.4	556.3			127.2	662.0	904.9	1490.7	1094.8
1993	1175.0	662.3			177.0	913.4	1233.5	1949.8	2163.5
1994	1311.8	743.4			204.1	1155.0	1352.8	2212.9	2292.1
1995	1580.9	846.1			198.1	1466.5	1718.7	2480.2	2165.1
1996	1880.7	998.1			275.4	1717.8	2029.1	3544.0	2435.3
1997	2059.8	1132.8			323.5	2095.5	2085.6	4262.0	2489.2
1998	2268.5	1208.7			389.5	2348.1	2284.5	4454.7	2812.3
1999	2478.5	1357.6			428.8	2205.9	2470.1	5271.4	2918.8
2000	2805.2	1544.9			469.6	2568.7	2775.9	6242.6	3221.6
2001	3164.3	1775.3			516.3	2992.2	3156.1	7529.5	3616.6
2002	3654.2	2079.4			583.9	3825.1	3652.2	8805.0	4138.7
2003	4369.6	2469.3			683.8	5676.4	4314.2	10516.3	4851.5
2004	5134.0	2922.0			794.2	7078.7	4973.9	12292.3	5601.7
2005	5859.0	3314.7	100.0	100.0	923.3	7080.3	5713.9	14949.4	6241.0
2006	6792.0	3862.0	115.4	116.6	1096.1	7561.0	6709.8	18086.1	7137.5
2007	7832.5	4451.3	133.7	134.4	1303.2	8250.4	7785.7	20604.0	8365.8
2008	8658.6	4863.4	144.8	147.6	1500.3	8930.2	8590.3	22852.9	9447.3
2009	9346.9	5156.3	154.6	155.5	1645.5	9524.7	9360.5	24331.9	10271.1
2010	10793.3	5968.1	180.7	179.1	1944.7	10183.9	10996.8	28116.3	11945.2
2011	11897.1	6559.9	199.2	197.2	2188.4	11139.5	12132.1	31337.8	12968.2
2012	12832.4	6922.0	212.9	207.3	2369.1	12169.6	13093.4	34337.1	14004.9
2013	14130.4	7654.1	239.4	226.4	2596.9	13193.9	14312.0	38688.5	15310.1
2014	15230.9	8256.0	255.8	246.1	2866.2	14202.7	15351.9	41184.0	16758.5
2015	16237.7	8659.4	269.9	254.4	3122.2	16419.8	16120.5	41443.1	17980.4
2016	17218.4	9303.5	290.1	270.6	3391.4	17515.1	16939.5	43912.9	18708.2
2017	18686.7	10303.0	324.4	297.6	3725.5	18560.7	18493.9	48391.9	20145.4
2018	20345.0	11285.3	362.3	320.0	4048.0	19648.7	19787.4	53403.6	22046.0
2019	21545.4	12030.1	392.2	333.8	4258.8	20615.0	21136.8	57167.9	23624.5
2020	22153.1	12450.8	425.6	330.0	4773.7	20703.8	21518.4	57573.4	23551.5

1－33 分地区工业增加值发展指数(1984－2020)

Indices of Value－added of the Industry by Region (1984－2020)

(1978 年＝100)

年份 Year	全市 Total	市区 Urban District	南湖区 nanhu	秀洲区 Xiuzhou	嘉善县 Jiashan	海盐县 Haiyan	海宁市 Haining	平湖市 Pinghu	桐乡市 Tongxiang
1984	309.5	242.2					299.7	438.6	417.3
1985	424.6	322.6					356.1	621.1	585.1
1986	516.7	352.2					619.2	688.2	735.1
1987	592.7	402.2					675.6	838.9	826.6
1988	659.7	408.7					764.7	1033.5	937.9
1989	612.8	391.9					649.3	1027.3	913.3
1990	619.0	388.8					723.3	936.9	944.3
1991	706.2	433.1			100.0		826.0	1098.0	1257.9
1992	897.1	539.7			131.6	100.0	1067.2	1350.9	1565.6
1993	1281.7	673.0			191.8	145.3	1490.7	1893.0	3332.5
1994	1436.5	746.0			226.9	181.9	1684.7	2112.6	3538.6
1995	1709.8	830.0			213.2	231.9	2113.0	2370.4	3194.1
1996	2061.7	971.0			301.5	268.0	2520.1	3511.5	3741.0
1997	2240.6	1092.4			352.6	319.0	2609.4	4280.9	3826.1
1998	2458.2	1145.6			424.0	348.8	2857.3	4512.8	4299.1
1999	2687.3	1302.3			474.1	312.0	3092.4	5378.5	4436.5
2000	3047.6	1483.8			516.1	366.8	3461.7	6362.0	4841.8
2001	3439.8	1671.9			561.8	434.5	3905.6	7741.2	5502.8
2002	3972.4	1964.4			627.2	572.1	4494.1	8958.9	6289.8
2003	4750.4	2343.2			720.5	866.0	5241.5	10750.3	7252.6
2004	5573.5	2793.9			825.5	1092.3	6046.7	12540.1	8288.5
2005	6372.4	3176.1	100.0	100.0	971.0	1089.0	6934.6	15386.7	9226.6
2006	7402.4	3706.3	114.5	117.5	1160.9	1152.5	8140.3	18758.6	10655.5
2007	8628.5	4434.6	139.4	139.3	1397.0	1261.0	9512.9	21408.8	12627.2
2008	9582.1	4889.6	154.1	153.2	1605.0	1353.7	10554.1	23820.0	14233.8
2009	10219.6	5101.9	161.0	159.7	1744.9	1403.4	11371.7	25313.8	15307.3
2010	11901.2	5997.0	190.9	186.1	2088.3	1527.4	13478.2	29244.7	17884.0
2011	13318.0	6702.3	215.5	206.5	2384.8	1678.9	15164.6	32949.0	19985.5
2012	14447.2	7133.9	233.6	218.4	2587.0	1837.8	16241.2	36697.0	21762.9
2013	15957.5	7953.8	264.9	240.2	2822.6	2005.1	17853.5	41577.4	23913.3
2014	17235.4	8585.8	281.7	263.0	3126.3	2139.3	19137.8	44250.0	26110.2
2015	18287.0	8975.9	295.8	270.7	3414.6	2474.1	19912.2	44281.8	27743.4
2016	19395.6	9651.7	317.8	288.9	3726.0	2627.0	21040.6	47202.3	29492.3
2017	21135.9	10766.5	362.8	316.9	4113.5	2757.2	23199.4	51717.9	32077.3
2018	23028.9	11900.9	410.1	341.3	4472.0	2910.1	24902.9	57460.8	35274.0
2019	24617.9	12841.0	450.8	358.9	4732.9	3080.7	26846.8	61776.6	38109.4
2020	25572.2	13372.1	497.0	354.6	5409.4	3104.1	27420.1	62660.7	38818.0

1－34 分地区第三产业增加值发展指数(1984－2020 年)

Indices of Value－added of the Tertiary Industry by Region (1984－2020)

(1978 年＝100)

年份 Year	全 市 Total	市 区 Urban District	南湖区 nanhu	秀洲区 Xiuzhou	嘉善县 Jiashan	海盐县 Haiyan	海宁市 Haining	平湖市 Pinghu	桐乡市 Tongxiang
1984	208.6	198.9				590.5	188.5	240.2	208.5
1985	259.9	225.1				845.9	230.0	291.9	267.4
1986	318.4	297.4				984.1	284.8	370.9	327.9
1987	338.4	312.5				1115.4	292.5	415.1	352.5
1988	382.4	358.5				511.2	314.4	445.0	408.5
1989	362.1	363.1				467.1	297.1	386.2	376.9
1990	348.4	345.0				387.4	307.2	392.4	365.6
1991	404.5	391.9			100.0	494.4	351.8	474.4	428.7
1992	499.9	470.3			125.5	580.7	445.0	520.4	522.5
1993	655.8	694.3			147.2	726.8	594.0	630.1	616.9
1994	817.8	761.1			179.6	950.1	731.8	789.0	909.0
1995	1000.7	874.6			241.8	1144.5	875.5	939.1	1280.0
1996	1201.5	1028.1			272.7	1372.4	1091.7	1052.8	1400.0
1997	1362.6	1183.5			345.9	1297.6	1209.4	1320.1	1418.9
1998	1556.0	1389.6			412.2	1569.2	1436.2	1544.7	1527.8
1999	1778.8	1616.8			443.1	1772.8	1576.1	1805.8	1811.9
2000	2001.7	1879.9			533.3	1918.2	1870.2	2055.5	2104.5
2001	2251.8	2152.8			647.7	2439.6	2149.2	2420.8	2444.8
2002	2567.1	2496.7			755.7	2825.2	2384.4	2758.0	2741.4
2003	2942.9	2925.3			866.4	3477.4	2692.9	3114.9	3130.9
2004	3412.6	3406.5			995.9	4047.4	3083.7	3596.2	3642.2
2005	3912.2	3898.1	100.0	100.0	1141.1	4554.4	3520.8	4158.4	4155.4
2006	4423.7	4403.7	113.2	113.7	1287.3	5118.7	4013.1	4723.5	4730.8
2007	5117.3	5095.7	131.0	131.8	1489.4	5894.3	4654.0	5468.0	5483.4
2008	5770.2	5742.2	149.0	147.4	1683.5	6569.5	5299.1	6133.4	6213.2
2009	6557.2	6514.5	170.0	167.8	1916.5	7415.8	6005.7	7092.6	7037.3
2010	7393.5	7343.4	192.0	189.8	2167.7	8313.3	6789.2	7993.8	7970.9
2011	8362.5	8170.3	213.1	212.7	2445.4	9314.0	7707.9	8895.7	9045.6
2012	9328.9	9001.7	235.7	234.6	2702.9	11059.8	8670.7	9931.5	10051.4
2013	10188.0	9823.3	258.0	256.5	2952.9	12170.9	9586.5	10697.1	11035.0
2014	11043.3	10583.1	277.7	276.7	3196.6	13039.5	10309.5	11532.0	11871.0
2015	12051.4	11580.5	302.7	303.4	3483.3	14023.5	11387.6	12672.9	13120.2
2016	13162.8	12578.9	329.8	332.2	3814.0	15315.9	12376.0	13725.4	14068.5
2017	14197.7	13322.3	348.8	350.4	4121.0	16841.5	13238.0	14975.8	15095.6
2018	15171.2	14139.6	369.2	370.4	4498.9	18541.7	13931.9	16396.6	16200.6
2019	16504.4	15270.8	399.8	397.5	4978.5	20214.8	15002.6	17855.5	17411.0
2020	17212.7	16045.8	421.0	416.1	5146.9	21698.4	15353.9	19061.8	17850.7

1－35 分地区人均 GDP 发展指数(1984－2020 年)

Indices of Percapita Gross Domestic Product by Region (1984－2020)

(1978 年＝100)

年份 Year	全 市 Total	市 区 Urban District	南湖区 nanhu	秀洲区 Xiuzhou	嘉善县 Jiashan	海盐县 Haiyan	海宁市 Haining	平湖市 Pinghu	桐乡市 Tongxiang
1984	188.9	175.2			211.0	165.5	185.6	222.5	189.4
1985	229.3	206.4			269.2	214.7	212.1	273.3	237.1
1986	265.5	232.7			286.1	234.9	285.6	303.8	273.1
1987	290.8	254.9			328.3	252.3	301.6	347.0	297.7
1988	313.1	258.2			340.1	285.6	330.0	389.4	333.3
1989	293.7	244.1			305.0	270.1	300.1	370.8	321.8
1990	293.9	243.8			309.5	254.8	320.4	349.9	322.5
1991	319.7	265.4			336.8	295.3	341.2	404.3	341.0
1992	374.9	303.6			394.8	282.6	413.5	458.2	419.2
1993	468.6	363.2			497.0	351.3	524.9	542.4	656.5
1994	531.2	398.3			567.0	435.9	577.2	626.5	731.9
1995	623.3	446.9			613.5	519.4	712.8	691.9	757.6
1996	724.5	516.1			759.5	597.4	835.7	883.0	821.0
1997	791.8	576.4			888.4	674.4	870.1	1046.0	835.0
1998	866.5	633.6			1035.9	756.2	955.7	1112.1	918.3
1999	951.5	709.8			1145.3	725.3	1034.5	1289.0	985.7
2000	1063.6	802.7			1286.5	853.1	1173.5	1492.9	1101.6
2001	1188.0	908.9			1459.2	1005.0	1325.0	1761.9	1242.0
2002	1348.0	1044.8			1658.9	1216.4	1491.5	2004.0	1386.0
2003	1566.7	1215.2			1903.7	1682.4	1720.0	2325.2	1590.5
2004	1813.1	1411.7			2179.3	2054.8	1962.3	2679.1	1824.2
2005	2051.5	1589.2			2495.4	2119.8	2222.6	3179.1	2040.3
2006	2330.4	1804.8	100.0	100.0	2875.0	2284.4	2555.5	3741.9	2286.5
2007	2604.5	2011.6	112.3	110.9	3226.4	2489.5	2902.4	4127.4	2603.0
2008	2834.7	2166.8	121.1	119.4	3554.1	2663.0	3194.5	4491.9	2882.7
2009	3067.9	2323.4	130.7	127.6	3864.4	2838.2	3478.1	4851.3	3139.1
2010	3392.2	2514.5	147.2	132.5	4289.9	3028.6	3869.3	5454.1	3550.4
2011	3627.1	2612.9	156.9	134.5	4621.0	3292.4	4085.9	5983.8	3819.7
2012	3853.9	2727.1	163.1	142.0	4949.1	3654.2	4273.5	6554.5	4013.9
2013	4142.9	2928.8	175.4	152.9	5341.4	3945.1	4534.7	7283.1	4254.6
2014	4402.1	3093.2	183.9	162.9	5767.4	4193.7	4756.0	7792.5	4521.4
2015	4655.4	3238.8	192.9	168.9	6208.7	4669.7	4969.7	8085.3	4802.4
2016	4916.7	3423.3	203.5	179.1	6684.4	4977.4	5163.4	8647.7	4949.6
2017	5211.4	3624.1	214.4	190.1	7182.4	5312.9	5395.6	9465.3	5170.2
2018	5497.5	3800.8	224.5	198.8	7692.9	5663.7	5537.2	10380.2	5436.6
2019	5768.6	3954.3	232.2	207.4	8102.3	5978.6	5781.1	11135.8	5720.2
2020	5870.5	4011.7	237.7	208.4	8589.9	6120.0	5774.8	11446.8	5721.1

注:2006 年及以前为按户籍人口计算的人均 GDP 增长速度,2007 年及以后为按常住人口计算人均 GDP 增长速度。
Note: The Growth Rate of GDP per capita is counted by Resident population since 2007, before this, It's counted by Household population.

1-36 全市、市区第三产业分行业增加值 (2015-2020年)

单位:亿元

行业名称	Sector	全市 2015	2016	2017
第三产业合计	Tertiary Industry	1605.54	1733.80	1958.92
批发和零售业	Wholesale and Retail Trade	458.62	468.78	492.38
交通运输、仓储和邮政业	Transportation , Storage and Post	107.47	114.48	128.11
住宿和餐饮业	Hotels and Restaurants	52.25	56.19	61.36
信息传输、软件和信息技术服务业	Information Transmission , Computer and Software Services	45.75	46.63	51.37
金融业	Finance	228.26	243.79	272.21
房地产业	Real Estate	214.08	265.00	307.57
租赁和商务服务业	Tenancy and Business Services	120.02	132.96	155.99
科学研究和技术服务业	Scientific Research、Technical Services and Geological Prospecting	42.44	47.63	64.43
水利、环境和公共设施管理业	Water Consevancy , Environment and Public Establishment Management	16.52	18.84	22.85
居民服务、修理和其他服务业	Resident and Other Services	37.16	36.59	38.09
教育	Education	108.10	110.47	132.51
卫生和社会工作	Health Care,Social Security and Welfare	57.25	66.88	87.28
文化、体育和娱乐业	Culture, Sports and Entertainment	16.87	16.32	15.56
公共管理、社会保障和社会组织	Public Management and Social Organization	93.93	101.65	121.00

注:2020年为初步核算数据。

Value Added of Tertiary Industry by Sector (2015 - 2020)

(100 million yuan)

Total			市区 Urban District					
2018	2019	2020	2015	2016	2017	2018	2019	2020
2146.76	2398.23	2524.25	459.94	525.69	617.05	676.69	743.53	784.13
512.11	523.46	531.27	110.22	117.69	147.66	154.45	156.26	158.87
141.69	149.58	155.52	36.33	39.86	46.18	48.01	50.83	54.63
67.00	75.28	70.03	15.78	16.98	18.60	18.88	21.95	20.62
56.15	64.74	—	17.05	23.73	29.16	24.25	29.77	—
304.30	331.72	364.95	86.83	89.15	93.21	94.36	106.49	116.05
334.41	372.88	413.63	59.84	79.43	87.37	103.98	118.05	134.05
172.69	257.98	—	22.47	29.70	35.75	63.75	78.65	—
72.51	84.08	—	13.48	17.28	23.33	25.74	31.04	—
27.83	40.51	—	1.81	2.02	3.14	2.45	3.10	—
39.75	46.24	—	12.30	13.00	15.52	10.00	10.91	—
146.16	153.03	—	29.11	33.76	42.09	43.48	42.99	—
98.56	110.54	—	20.75	24.23	31.57	35.74	38.08	—
16.59	24.80	—	6.14	7.37	8.36	5.48	6.24	—
148.35	153.09	—	26.65	30.22	33.79	44.65	47.22	—

Note: Data for 2020 are preliminary figures.

1-37 分地区生产总值核算数据
(2020年)

单位:亿元、%

主要行业	Sector	全市 Total		市区 Urban District	
		增加值 Added Value	可比速度 Growth Rate	增加值 Added Value	可比速度 Growth Rate
地区生产总值	Gross Domestic Product	5509.52	3.5	1501.08	4.3
工业	Industry	2560.40	3.9	599.35	4.1
建筑业	Construction	301.48	-6.8	90.23	-1.7
批发和零售业	Wholesale and Retail Trade	531.27	2.7	158.87	2.9
交通运输、仓储和邮政业	Transportation , Storage and Post	155.52	6.3	54.63	9.5
住宿和餐饮业	Hotels and Restaurants	70.03	-8.8	20.62	-9.8
金融业	Finance	364.95	8.9	116.05	8.2
房地产业	Real Estate	413.63	5.0	134.05	7.7
第一产业	Primary Industry	124.18	1.8	27.58	1.5
第二产业	Secondary Industry	2861.09	2.8	689.37	3.5
第三产业	Tertiary Industry	2524.25	4.3	784.13	5.1

Gross Domestic Product by Region
(2020)

(100 million yuan 、%)

南湖区 Nanhu		秀洲区 Xiuzhou		嘉善县 Jiashan		海盐县 Haiyan		海宁市 Haining		平湖市 Pinghu		桐乡市 Tongxiang	
增加值 Added Value	可比速度 Growth Rate	增加值 Added Value	可比速度 Growth Rate	增加值 Added Value	可比速度 Growth Rate	增加值 Added Value	可比速度 Growth Rate	增加值 Added Value	可比速度 Growth Rate	增加值 Added Value	可比速度 Growth Rate	增加值 Added Value	可比速度 Growth Rate
797.85	6.6	704.53	1.7	655.77	8.0	544.51	3.1	1030.78	2.0	779.00	3.0	1002.98	1.0
295.02	10.3	304.15	-1.2	316.39	14.3	290.78	0.8	509.46	2.1	422.20	1.4	421.61	1.9
55.51	-2.4	34.87	-0.4	31.63	-9.2	23.00	-4.1	65.43	-0.9	30.96	-10.1	59.94	-17.0
58.05	1.7	100.66	3.7	62.54	3.9	20.10	4.8	108.42	0.2	51.30	4.1	133.00	2.7
24.70	2.4	31.37	14.3	20.89	3.8	19.08	11.4	22.16	8.0	22.71	5.8	17.81	3.1
11.46	-8.5	8.65	-11.3	10.91	-6.8	4.50	-5.0	10.46	-6.1	8.47	-10.4	16.09	-11.2
66.49	8.3	49.11	8.2	39.11	10.1	32.16	4.4	69.24	9.7	43.35	8.5	65.37	9.4
68.56	9.7	66.32	4.7	48.20	-8.9	24.44	15.8	70.08	1.0	54.89	13.6	81.75	2.6
13.40	0.4	14.17	2.5	22.10	1.9	17.83	2.5	18.61	1.9	14.16	4.7	24.17	0.3
350.47	8.5	338.91	-1.1	347.98	12.1	313.74	0.4	574.81	1.8	452.98	0.7	481.42	-0.3
433.98	5.3	351.45	4.7	285.69	3.4	212.95	7.3	437.36	2.3	311.86	6.8	497.39	2.5

主要统计指标解释

国内生产总值(GDP) 指一个国家(或地区)所有常住单位在一定时期内生产活动的最终成果。国内生产总值有三种表现形态,即价值形态、收入形态和产品形态。从价值形态看,它是所有常住单位在一定时期内生产的全部货物和服务价值超过同期中间投入的全部非固定资产货物和服务价值的差额,即所有常住单位的增加值之和;从收入形态看,它是所有常住单位在一定时期内创造并分配给常住单位和非常住单位的初次收入分配之和;从产品形态看,它是所有常住单位在一定时期内最终使用的货物和服务价值与货物和服务净出口价值之和。在实际核算中,国内生产总值有三种计算方法,即生产法、收入法和支出法。三种方法分别从不同的方面反映国内生产总值及其构成。

三次产业 是根据社会生产活动历史发展的顺序对产业结构的划分,产品直接取自自然界的部门称为第一产业,对初级产品进行再加工的部门称为第二产业,为生产和消费提供各种服务的部门称为第三产业。它是世界上较为通用的产业结构分类,但各国的划分不尽一致。

我国的三次产业划分是:

第一产业:农、林、牧、渔业(不含农林牧渔服务业)。

第二产业:采矿业(不含开采辅助活动),制造业(不含金属制品、机械和设备修理业),电力、热力、燃气及水生产和供应业,建筑业。

第三产业:除第一、第二产业以外的其他各业。由于第三产业包括的行业多、范围广,根据我国的实际情况,第三产业可分为两大部分;一是流通部门,二是服务部门。具体又可分为四个层次:

第一层次:流通部门,包括交通运输、仓储及邮电通信业,批发和零售贸易、餐饮业。

第二层次:为生产和生活服务的部门,包括金融、保险业,地质勘查业、水利管理业,房地产业,社会服务业,农、林、牧、渔服务业,交通运输辅助业,综合技术服务业等。

第三层次:为提高科学文化水平和居民素质服务的部门,包括教育、文化艺术及广播电影电视业,卫生、体育和社会福利业,科学研究业等。

第四层次:为社会公共需要服务的部门,包括国家机关、政党机关和社会团体以及军队、警察等。

劳动者报酬 指劳动者因从事生产活动所获得的全部报酬。包括劳动者获得的各种形式的工资、奖金和津贴,既包括货币形式的,也包括实物形式的;还包括劳动者所享受的公费医疗和医药卫生费、上下班交通补贴和单位支付的社会保险费等。对于个体经济来说,其所有者所获得的劳动报酬和经营利润不易区分,这两部分统一作为劳动者报酬处理。

生产税净额 指生产税减生产补贴后的余额。生产税指政府对生产单位生产、销售和从事经营活动以及因从事生产活动使用某些生产要素(如固定资产、土地、劳动力)所征收的各种税、附加费和规费。生产补贴与生产税相反,指政府对生产单位的单方面收入转移,因此视为负生产税,包括政策亏损补贴、粮食系统价格补贴、外贸企业出口退税收入等。

固定资产折旧 指一定时期内为弥补固定资产损耗按照核定的固定资产折旧率提取的固定资产折旧,或按国民经济核算统一规定的折旧率虚拟计算的固定资产折旧。它反映了固定资产在当期生产中的转移价值。各类企业和企业化管理的事业单位的固定资产折旧是指实际计提并计入成本费中的折旧费;不计提折旧的政府机关、非企业化管理的事业单位和居民住房的固定资产折旧是按照统一规定的折旧率和固定资产原值计算的虚拟折旧。原则上,固定资产折旧应按固定资产的重置价值计算,但是目前我国尚不具备对全社会固定资产进行重估价的基础,所以暂时只能采用上述办法。

营业盈余 指常住单位创造的增加值扣除劳动者报酬、生产税净额和固定资产折旧后的余额。它相当于企业的营业利润加上生产补贴,但要扣除从利润中开支的工资和福利等。

可比价格 指计算各种总量指标所采用的扣除了价格变动因素的价格,可进行不同时期总量指标的对比。按可比价格计算总量指标有两种方法:一种是直接用产品产量乘某一年的不变价格计算;另一种是用价格指数进行缩减。

不变价格 指以同类产品某年的平均价格作为固定价格,用于计算各年的产品价值。按不变价格计算的产品价值消除了价格变动因素,不同时期对比可以反映生产的发展速度。

平均增长速度 我国计算平均增长速度有两种方法:一种是习惯上经常使用的"水平法",又称几何平均法,是以间隔期最后一年的水平同基期水平对比来计算平均每年增长(或下降)速度;另一种是"累计法",又称代数平均法或方程法,是以间隔期内各年水平的总和同基期水平对比来计算平均每年增长(或下降)速度。在一般正常情况下,两种方法计算的平均每年增长速度比较接近;但在经济发展不平衡、出现大起大落时,两种方法计算的结果差别较大。

EXPLANATORY NOTES ON MAIN STATISTICAL INDICATORS

Gross Domestic Product (GDP) refers to the final products of all resident units in a country (or a region) during a certain period of time. Gross domestic product is expressed in three different forms, i. e. value, income, and products respectively. The form of value refers to the total value of all products and services produced by all resident units during a certain period of time minus total value of intimidate input of materials and services of the nature of non - fixed assets or the summation of the value - added of all resident units; the form of income includes all the income created by all resident units and distributed primarily to all resident and non - resident units; the form of products refers to the value of all final goods and services for final use by all resident units plus the value of net exports of goods and services during a given period of time. in the practice of national accounting, gross domestic product is calculated with three approaches, i. e. production approach, income approach, and expenditure approach, which reflect gross domestic product and its composition from different aspects.

Three Industries Industry structure has been classified according to the historical sequence of development. Primary industry refers to extraction of natural resources; secondary industry involves processing of primary products; and tertiary industry provides services of various kinds for production and consumption. The above classification is universal although it varies to some extent form country to country. Industry in China comprises:

Primary industry agriculture (including farming, forestry, animal husbandry and fishery).

Primary industry: agriculture, forestry, animal husbandry and fishery (excluding service industry for farming, forestry, animal husbandry and fishery).

Secondary industry: mining (excluding mining auxiliary activities), manufacturing (excluding metal products, machinery and equipment repair), power, heat, gas and water production and supply, construction.

The first level: circulation sector, including transportation, storage, postal and telecommunications, wholesale and retail trade, and catering trade.

The second level: service sector providing services for production and consumption, including banking, insurance, geological survey, water conservancy management, real estates, service for residents, service for agriculture, forestry, animal husbandry, fishery, subsidiary services for transportation and communications, comprehensive technical services, etc.

The third level: service sector for upgrading scientific, educational and cultural level of the people, including education, culture and arts, broadcasting, movies, television, public health, sports, social welfare and scientific research, etc.

The fourth level: sector providing services for public needs, including government agencies, political parties, social organizations, military and police service.

Labourers Remuneration refers to the whole payment of various forms earned by the labourers from the productive activities they are engaged in. It includes wages, bonuses and allowances the labourers earned in monetary form and in kind. It also includes the free medical services provided to the labourers and the medicine expenses, traffic subsidies and social insurance fee paid by the labourers' working units for them. As the individual economy is concerned, since the labourers' remuneration is not easily distinguished from the operating profit, both are treated as labourers remuneration.

Net Taxes on Production refers to the residual of the taxes on production minus the subsidies on production. The taxes on production refers to the various taxes, extra charges and fees levied on the production units on their production, sale and business activities as well as on some factors of production, such as fixed assets, land and labour force, used in the production activities they are engaged in. in contrast to the taxes on production, the subsidies on production refer to the unilateral transfer of part of the government's revenue to the production units and is therefore regarded as negative taxes on production. They include subsidies on the loss due to implementation of government policies, price subsidies to the grain institutions, foreign trade corporations receipts from drawback, etc.

Depreciation of Fixed Assets refers to the depreciation of fixed assets of a given period, drawn in accordance with the stipulated depreciation rate for the purpose of compensating the wear loss of the fixed assets or the depreciation of fixed assets calculated in a fictitious way in accordance with the stipulated unified depreciation rate in the national economic accounting system. It reflects the value of transfer of the fixed assets in the production of the current period. The depreciation of fixed assets in various enterprises and institutions managed as enterprises refers to the depreciation expenses actually drawn and calculated as part of the cost. in government agencies and institutions not managed as enterprises which do not draw the depreciation expenses, as well as for the houses of residents, the depreciation of fixed assets is the imputed depreciation, which is calculated in accordance with the stipulated unified depreciation rate.

in principle, the depreciation of fixed assets should be calculated on the basis of the re – purchased value of the fixed assets. However, there is no actual condition to re – evaluate all the fixed assets in China. Therefore, the above – mentioned methods are temporarily adopted at present.

Operating Surplus refers to the balance of the value added created by the resident units deducting the labourers′remuneration, net taxes on production and the depreciation of fixed assets. It is equivalent to the business profit of the enterprises plus subsidies on production, but the wages and welfare expenses paid from the profits should be deducted.

Comparable Prices refer to prices that are used to remove the factors of price change in calculating economic aggregates, so as to facilitate comparison of aggregates over time. Two methods are used for calculating economic aggregates at comparable prices: 1. Multiplying the output of products by their constant prices of certain year; 2. Deflation of data at current prices by relevant price index.

Constant Price refers to the average price of a given product in certain year, which is used for comparison of output value over time. As the output value at constant prices removes the factor of price changes, it reflects the trend of production development over time.

Average Annual Growth Rate Two methods for calculating average annual growth rate are applied in China, one is often called "level approach", or the method of calculating geometric average, which is derived by comparing the level of the last year of the interval with that of the beginning year; the other is called "accumulative approach" or algebraic average or equation method, which is derived by the summation of the actual figure of each year in the interval divided by the figure in the base year.

Usually the results calculated by the two methods are fairly close, but they differed sharply when uneven economic development occurred with striking fluctuations in growth.

二、人口与劳动力
Population and Labor

2-1 主要年份年末总户数和总人口数

Total Year-End Households and Population in Main Years

单位:万人 (10000 persons)

年份 地区 Year Region		总户数(万户) Total Households (10000 households)	总人口数 Total Population	按性别分 By Sex		按户口性质分 By Type	
				男性 Male	女性 Female	乡村人口 Rural	城镇人口 Urban
1984		78.56	299.53	152.50	147.03	253.54	45.99
1985		82.84	300.59	153.10	147.49	233.00	67.59
1986		85.67	304.15	154.93	149.22	246.19	57.96
1987		88.31	308.24	156.87	151.37	249.93	58.31
1988		90.97	310.93	158.09	152.84	251.32	59.61
1989		93.59	313.67	159.36	154.31	253.53	60.14
1990		92.78	316.19	160.34	155.85	257.80	58.39
1991		93.26	318.30	161.22	157.08	259.38	58.92
1992		94.18	320.61	162.25	158.36	259.44	61.17
1993		94.25	322.57	163.17	159.40	260.08	62.49
1994		94.90	324.46	164.01	160.45	260.50	63.96
1995		95.60	326.39	164.83	161.56	259.58	66.81
1996		95.64	328.06	165.43	162.63	259.86	68.20
1997		95.15	329.29	165.69	163.60	258.95	70.34
1998		95.35	329.91	165.83	164.08	256.70	73.21
1999		95.56	330.19	165.85	164.34	254.01	76.18
2000		96.58	331.26	166.16	165.09	252.67	78.59
2001		97.27	331.93	166.28	165.65	248.38	83.55
2002		97.72	332.38	166.31	166.07	247.28	85.10
2003		98.58	332.96	166.24	166.72	231.65	101.31
2004		99.42	333.94	166.47	167.46	225.52	108.42
2005		101.05	334.33	166.52	167.81	222.14	112.20
2006		101.05	335.55	166.96	168.59	219.56	115.99
2007		101.75	336.81	167.38	169.44	216.46	120.36
2008		102.40	338.07	167.81	170.25	207.93	130.14
2009		102.83	339.60	168.33	171.27	199.68	139.92
2010		103.20	341.60	169.07	172.53	194.73	146.87
2011		103.63	343.05	169.58	173.47	186.69	156.36
2012		103.91	344.52	170.09	174.43	186.95	157.57
2013		104.33	345.93	170.61	175.32	186.70	159.23
2014		104.96	348.14	171.52	176.61	187.16	160.98
2015		105.81	349.48	171.96	177.51	155.10	194.38
2016		106.85	352.12	173.05	179.07	152.53	199.59
2017		108.77	356.37	174.83	181.54	150.26	206.11
2018		110.96	360.44	176.45	183.98	149.60	210.83
2019		113.14	363.70	177.75	185.95	148.74	214.96
2020		115.93	367.38	179.09	188.29	152.82	214.56
市　区	Urban District	32.92	95.72	46.59	49.13	32.32	63.40
南湖区	nanhu	19.72	53.75	26.22	27.53	12.27	41.48
秀洲区	Xiuzhou	13.20	41.97	20.37	21.60	20.05	21.92
嘉善县	Jiashan	13.45	40.98	19.95	21.03	22.54	18.44
海盐县	Haiyan	12.87	38.31	18.78	19.53	17.38	20.93
海宁市	Haining	20.45	70.80	34.44	36.37	28.56	42.24
平湖市	Pinghu	16.63	50.80	24.67	26.13	22.31	28.49
桐乡市	Tongxiang	19.62	70.77	34.66	36.11	29.70	41.07

注:资料来源嘉兴市公安局,2020年起城镇和乡村人口数据使用公安部口径(下同)。

Note: Data come from Jiaxing Municipal Bureau of Public Security, the number of urban and rural population is from the Ministry of public security since 2020 (the same below).

2-2 主要年份全市人口变动情况

Population Changes in Main Years

单位:人 (person)

年份 地区 Year Region	出生 Birth 人数 Population	出生率(‰) Birth Rate	死亡 Death 人数 Population	死亡率(‰) Death Rate	自然增长率(‰) Natural Growth Rate	迁入人口 Population Transferred into	迁出人口 Population Transferred out 5mm
1984	21503	7.18	20353	6.80	0.38	28768	26824
1985	25595	8.53	20201	6.73	1.80	70477	65333
1986	51791	17.13	20584	6.78	10.35	38574	34097
1987	59121	19.30	21190	6.90	12.40	35746	32652
1988	43360	14.00	22182	7.20	6.80	36222	31679
1989	43545	13.94	22119	7.08	6.86	36346	30322
1990	44800	14.23	22200	7.05	7.18	34584	31653
1991	40857	12.84	21633	6.80	6.04	28963	27052
1992	41957	13.13	22177	6.94	6.19	44956	41303
1993	41119	12.80	22226	6.90	5.90	28078	27346
1994	40605	12.55	23272	7.19	5.36	33333	31632
1995	40456	12.43	23889	7.34	5.09	43504	40700
1996	37831	11.56	23319	7.13	4.43	41149	38798
1997	33233	10.11	22782	6.93	3.18	37953	35659
1998	31277	9.49	23994	7.28	2.21	38580	38887
1999	26871	8.14	22950	6.95	1.19	44568	44787
2000	31619	9.56	23337	7.06	2.50	73180	70733
2001	25735	7.76	22371	6.75	1.01	69877	66378
2002	25206	7.59	22439	6.76	0.83	54818	52867
2003	23633	7.10	23860	7.17	-0.07	48592	42298
2004	25004	7.50	22292	6.69	0.81	39382	33019
2005	23495	7.03	23900	7.15	-0.12	36583	33150
2006	22849	6.82	22443	6.70	0.12	38768	28241
2007	22348	6.65	22959	6.83	-0.18	39027	26303
2008	21914	6.49	23432	6.94	-0.45	37689	23845
2009	22993	6.79	23398	6.91	-0.12	37003	21733
2010	26572	7.80	24303	7.14	0.67	39261	21792
2011	24901	7.27	23742	6.94	0.34	35655	22489
2012	29903	8.70	25133	7.31	1.39	27968	17587
2013	28230	8.18	23972	6.94	1.23	27507	17373
2014	34618	9.98	23724	6.84	3.14	29479	17945
2015	28362	8.13	25264	7.24	0.89	23042	10985
2016	34390	9.80	22817	6.50	3.30	25371	10536
2017	38376	10.83	25462	7.19	3.65	42942	13345
2018	32005	8.93	25735	7.18	1.75	48316	13841
2019	31322	8.65	24585	6.79	1.86	39969	13792
2020	26797	7.33	25241	6.91	0.43	50341	15096
市区 Urban District	7221	7.62	6164	6.50	1.12	21724	4007
南湖区 nanhu	3917	7.36	3360	6.32	1.05	14158	2772
秀洲区 Xiuzhou	3304	7.95	2804	6.74	1.20	7566	1235
嘉善县 Jiashan	2733	6.71	2994	7.35	-0.64	6320	1507
海盐县 Haiyan	2631	6.87	2687	7.02	-0.15	2859	2605
海宁市 Haining	5323	7.55	4890	6.93	0.61	7454	2403
平湖市 Pinghu	3441	6.81	3555	7.03	-0.23	7159	2247
桐乡市 Tongxiang	5448	7.71	4951	7.01	0.70	4825	2327

2-3 主要年份市区年末总户数和总人口数

Total Year-End Households and Population of Urban District in Main Years

单位:万人 (10000 persons)

年份 Year	总户数(万户) Total Households (10000 households)	总人口数 Total Population	按性别分 By Sex		按户口性质分 By Type	
			男性 Male	女性 Female	乡村人口 Rural	城镇人口 Urban
1980	16.60	66.08	33.73	32.35	50.92	15.16
1981	17.35	66.64	34.01	32.63	51.14	15.50
1982	17.98	67.41	34.37	33.04	51.31	16.10
1983	18.27	67.82	34.67	33.15	51.36	16.47
1984	18.61	68.12	34.75	33.37	51.29	16.83
1985	20.52	68.65	35.06	33.59	47.64	21.01
1986	21.27	69.66	35.63	34.03	49.22	20.44
1987	22.00	70.90	36.20	34.70	50.26	20.64
1988	22.48	71.94	36.65	35.29	50.48	21.46
1989	22.81	72.89	37.09	35.80	51.22	21.67
1990	22.94	73.61	37.38	36.23	52.46	21.15
1991	23.03	74.15	37.63	36.52	52.72	21.43
1992	22.92	74.74	37.89	36.85	52.88	21.86
1993	22.88	75.42	38.24	37.18	53.20	22.22
1994	23.21	76.05	38.52	37.53	53.29	22.76
1995	23.74	76.72	38.81	37.92	52.71	24.01
1996	23.86	77.31	39.02	38.29	52.81	24.50
1997	24.05	77.76	39.16	38.59	52.48	25.28
1998	24.02	78.06	39.29	38.77	51.91	26.15
1999	24.25	78.36	39.41	38.95	50.84	27.52
2000	24.61	78.80	39.58	39.22	50.33	28.47
2001	24.77	79.11	39.71	39.40	49.10	30.01
2002	24.96	79.45	39.86	39.59	48.17	31.28
2003	25.24	79.82	39.97	39.84	47.23	32.59
2004	25.70	80.40	40.19	40.21	45.19	35.21
2005	25.97	80.83	40.35	40.48	44.51	36.32
2006	26.30	81.40	40.58	40.82	44.23	37.17
2007	26.56	81.98	40.82	41.16	43.39	38.59
2008	26.89	82.55	41.05	41.49	40.52	42.03
2009	27.12	83.12	41.28	41.84	40.70	42.42
2010	27.35	83.75	41.54	42.20	40.89	42.86
2011	27.60	84.28	41.75	42.53	40.45	43.82
2012	27.70	84.84	41.97	42.87	40.55	44.29
2013	27.94	85.47	42.23	43.24	40.34	45.13
2014	28.30	86.36	42.62	43.74	40.47	45.90
2015	28.73	87.13	42.93	44.20	33.29	53.84
2016	29.26	88.38	43.48	44.90	32.68	55.70
2017	30.18	90.46	44.39	46.08	32.67	57.80
2018	31.08	92.41	45.20	47.21	32.46	59.95
2019	31.87	93.84	45.83	48.01	32.15	61.69
2020	32.92	95.72	46.59	49.13	32.32	63.40

2-4 主要年份市区人口变动情况

Population Changes of Urban District in Main Years

单位:人 (person)

年份 Year	出生 Birth		死亡 Death		自然增长率(‰) Natural Growth Rate	迁入人口 Population Transferred into	迁出人口 Population Transferred out
	人数 Population	出生率(‰) Birth Rate	人数 Population	死亡率(‰) Death Rate			
1980	6233	9.46	4018	6.10	3.36		
1981	9769	14.72	4008	6.04	8.68		
1982	11073	16.52	3982	5.94	10.58		
1983	7470	11.05	4429	6.55	4.50	7043	6067
1984	5628	8.28	4436	6.53	1.75	8398	6641
1985	5756	8.42	4454	6.51	1.91	16427	12377
1986	11383	16.46	4472	6.47	9.99	10889	7574
1987	14464	20.58	4790	6.82	13.76	11472	8814
1988	10453	14.64	4867	6.81	7.83	10350	4649
1989	10611	14.66	5057	6.98	7.68	9058	3645
1990	10211	13.94	4894	6.68	7.26	9932	7893
1991	9115	12.34	4814	6.52	5.82	9893	8186
1992	9417	12.65	4960	6.66	5.99	7016	8395
1993	9638	12.84	5020	6.69	6.15	10296	8109
1994	9331	12.32	5175	6.83	5.49	11584	9270
1995	9066	11.87	5118	6.70	5.17	14635	11865
1996	8585	11.15	5288	6.87	4.28	13630	11015
1997	7473	9.64	5115	6.60	3.04	12666	10508
1998	6765	8.68	5154	6.62	2.06	13643	11646
1999	6320	8.08	5050	6.46	1.62	15379	13124
2000	7241	9.21	5248	6.68	2.54	39541	37102
2001	5822	7.37	4875	6.17	1.20	38649	36493
2002	5633	7.11	5062	6.38	0.72	28334	25258
2003	5102	6.41	5539	6.96	-0.55	19362	15170
2004	5827	7.27	4908	6.13	1.15	11954	8041
2005	5312	6.59	5327	6.61	-0.02	11032	7923
2006	5360	6.61	4926	6.17	0.54	11133	7107
2007	5613	6.87	5129	6.28	0.59	11099	6730
2008	5830	7.09	5191	6.31	0.78	10966	6493
2009	5707	6.89	5420	6.54	0.35	10631	5864
2010	6365	7.63	5430	6.51	1.12	10022	5221
2011	6446	7.67	5440	6.48	1.20	8579	4633
2012	7341	8.68	5451	6.45	2.24	7921	4112
2013	7085	8.32	5571	6.54	1.78	8367	3760
2014	8775	10.21	5514	6.42	3.80	9355	3678
2015	7459	8.60	5994	6.91	1.69	10175	3298
2016	9263	10.56	5531	6.30	4.25	11640	2923
2017	10716	11.98	6177	6.91	5.08	19864	3626
2018	9042	9.89	6090	6.66	3.23	20165	3659
2019	8668	9.31	5734	6.16	3.15	15333	3806
2020	7221	7.62	6164	6.50	1.12	21724	4007

2-5 分地区主要年份年末总人口
Total Year - End Population by Region in Main Years

单位:万人 (10000 persons)

年份 Year	全市 Total	市区 Urban District	南湖区 Nanhu	秀洲区 Xiuzhou	嘉善 Jiashan	海盐 Haiyan	海宁 Haining	平湖 Pinghu	桐乡 Tongxiang
1980	292.50	66.08	19.73	46.35	34.52	31.69	57.69	44.00	58.52
1981	294.88	66.64	20.01	46.63	34.77	32.03	58.26	44.28	58.90
1982	297.94	67.41	20.38	47.03	35.03	32.43	58.96	44.66	59.45
1983	299.21	67.82	20.77	47.06	35.05	32.80	59.25	44.77	59.52
1984	299.53	68.12	21.27	46.86	35.00	32.99	59.28	44.73	59.41
1985	300.58	68.65	21.97	46.68	35.04	33.22	59.41	44.71	59.55
1986	304.15	69.66	22.61	47.05	35.54	33.77	60.00	45.08	60.10
1987	308.24	70.90	23.27	47.63	35.89	34.36	60.66	45.65	60.78
1988	310.93	71.94	24.01	47.93	36.14	34.55	61.08	45.98	61.24
1989	313.67	72.89	24.72	48.17	36.40	34.75	61.53	46.29	61.81
1990	316.19	73.61	25.18	48.43	36.66	34.95	62.06	46.59	62.32
1991	318.30	74.15	25.5	48.65	36.87	35.18	62.47	46.86	62.77
1992	320.61	74.74	25.91	48.83	37.21	35.39	62.79	47.18	63.30
1993	322.57	75.42	26.38	49.04	37.39	35.60	62.96	47.42	63.78
1994	324.46	76.05	26.89	49.16	37.57	35.84	63.15	47.61	64.24
1995	326.39	76.72	27.46	49.27	37.76	36.05	63.35	47.82	64.69
1996	328.06	77.31	27.98	49.33	37.88	36.21	63.68	47.95	65.02
1997	329.29	77.76	28.44	49.32	37.98	36.38	63.91	48.06	65.20
1998	329.91	78.06	28.86	49.20	38.07	36.45	63.95	48.11	65.27
1999	330.19	78.36	29.50	48.86	38.06	36.48	63.89	48.07	65.33
2000	331.26	78.80	45.08	33.72	38.13	36.49	64.03	48.23	65.57
2001	331.93	79.11	45.35	33.76	38.12	36.54	64.05	48.30	65.82
2002	332.38	79.45	45.56	33.89	38.09	36.50	64.03	48.32	65.99
2003	332.96	79.82	45.76	34.06	38.08	36.45	64.13	48.35	66.13
2004	333.94	80.40	45.96	34.44	38.11	36.46	64.30	48.37	66.29
2005	334.33	80.83	45.96	34.87	38.05	36.43	64.39	48.31	66.32
2006	335.55	81.40	46.56	34.85	38.07	36.59	64.61	48.35	66.52
2007	336.81	81.98	46.78	35.21	38.13	36.76	64.87	48.37	66.70
2008	338.07	82.55	46.99	35.56	38.20	36.92	65.09	48.44	66.86
2009	339.60	83.12	47.16	35.96	38.29	37.07	65.50	48.51	67.10
2010	341.60	83.75	47.36	36.39	38.41	37.31	66.03	48.70	67.40
2011	343.05	84.28	47.57	36.71	38.53	37.47	66.31	48.78	67.69
2012	344.52	84.84	47.81	37.04	38.60	37.59	66.61	48.89	67.99
2013	345.93	85.47	48.39	37.08	38.64	37.67	66.91	48.96	68.28
2014	348.14	86.36	48.79	37.57	38.75	37.83	67.38	49.14	68.68
2015	349.48	87.13	49.15	37.99	38.75	37.90	67.65	49.15	68.90
2016	352.12	88.38	49.78	38.60	38.91	38.03	68.17	49.36	69.28
2017	356.37	90.46	50.88	39.59	39.31	38.18	69.03	49.63	69.76
2018	360.44	92.41	51.93	40.47	39.93	38.21	69.77	49.99	70.13
2019	363.70	93.84	52.66	41.18	40.53	38.29	70.25	50.32	70.47
2020	367.38	95.72	53.75	41.97	40.98	38.31	70.80	50.80	70.77

2-6 分地区人口年龄构成(2020年末)
The Age Distribution of Population by Region (End of 2020)

单位:人 (person)

地 区 Region	总人口数 Total Population	0-17岁 Age0-17		18-34岁 Age18-34		35-59岁 Age35-59		60岁以上 Age60	
	人 数 Population	人 数 Population	占总人口% Perrcentage to Total	人 数 Population	占总人口% Perrcentage to Total	人 数 Population	占总人口% Perrcentage to Total	人 数 Population	占总人口% Perrcentage to Total
全 市 Toltal	3673799	560734	15.26	729835	19.87	1392889	37.91	990341	26.96
市 区 Urban District	957170	165556	17.30	191191	19.97	359016	37.51	241407	25.22
南湖区 nanhu	537483	92774	17.26	104218	19.39	202311	37.64	138180	25.71
秀洲区 Xiuzhou	419687	72782	17.34	86973	20.72	156705	37.34	103227	24.60
嘉善县 Jiashan	409822	56819	13.86	81108	19.79	155161	37.86	116734	28.48
海盐县 Haiyan	383079	51547	13.46	75235	19.64	150545	39.30	105752	27.61
海宁市 Haining	708038	111589	15.76	136326	19.25	264008	37.29	196115	27.70
平湖市 Pinghu	508023	69004	13.58	100462	19.78	194935	38.37	143622	28.27
桐乡市 Tongxiang	707667	106219	15.01	145513	20.56	269224	38.04	186711	26.38

2-7 分地区计划生育率(1999-2020年)
Family Planninng by Region (1999-2020)

单位:% (%)

年份 Year	全市 Total	市区 Urban District	南湖区 Nanhu	秀洲区 Xiuzhou	嘉善 Jiashan	海盐 Haiyan	海宁 Haining	平湖 Pinghu	桐乡 Tongxiang
1999	98.18	99.16	99.26	99.11	98.97	98.32	96.50	97.95	98.26
2000	98.45	99.30	99.49	99.12	99.16	97.96	97.80	97.56	98.58
2001	98.51	99.02	99.22	98.82	98.92	98.68	98.17	96.67	98.51
2002	98.54	98.52	99.09	98.87	98.64	98.38	98.37	97.80	98.72
2003	98.67	99.00	98.87	99.12	98.50	98.58	98.61	98.89	98.43
2004	98.76	99.13	99.37	98.86	99.06	99.28	98.34	98.77	98.38
2005	98.49	98.79	98.86	98.70	98.93	98.68	98.09	98.27	98.39
2006	98.21	98.50	98.78	98.21	98.58	98.79	97.87	97.83	98.00
2007	98.55	98.71	98.98	98.37	98.57	98.94	98.23	98.56	98.45
2008	98.63	98.59	98.83	98.27	98.61	98.91	98.53	98.50	98.73
2009	98.59	98.92	99.30	98.43	98.83	99.13	98.16	97.75	98.77
2010	98.66	98.66	98.99	98.25	98.69	99.08	98.57	98.33	98.71
2011	98.74	98.72	98.62	98.86	99.02	98.58	98.76	98.77	98.68
2012	98.01	98.13	98.59	97.58	98.56	98.25	97.72	98.09	97.69
2013	98.51	98.39	98.85	97.82	98.60	98.47	98.63	98.78	98.34
2014	98.89	98.95	99.19	98.68	98.91	98.88	98.76	99.44	98.62
2015	98.43	98.53	98.77	98.21	98.57	98.23	98.78	99.01	97.68
2016	99.11	99.08	99.01	99.15	99.29	98.69	99.41	99.01	99.08
2017	98.99	98.80	98.80	98.81	98.96	98.99	99.18	99.08	99.01
2018	98.79	98.82	98.79	98.85	99.06	98.72	98.93	98.72	98.56
2019	98.57	98.74	98.53	98.98	98.41	98.59	98.45	98.78	98.44
2020	98.04	98.03	98.06	98.01	97.79	98.58	97.86	97.84	98.18

注:资料来源嘉兴市卫生健康委员会。
Note: Data come from Jiaxing Municipal Health Commission.

2－8 分地区已婚育龄妇女独生子女领证率(1999－2020 年)

One Child Liacnsing Rate of Married Reproductive Women by Region (1999－2020)

单位:% (%)

年份 Year	全市 Total	市区 Urban District	南湖区 Nanhu	秀洲区 Xiuzhou	嘉善 Jiashan	海盐 Haiyan	海宁 Haining	平湖 Pinghu	桐乡 Tongxiang
1999	38.81	33.70	48.39	26.91	45.38	33.08	34.06	49.92	40.58
2000	36.48	33.71	39.40	27.36	39.80	26.87	32.73	46.31	40.07
2001	35.57	34.79	41.47	26.93	39.84	23.83	31.36	42.90	39.40
2002	34.19	35.69	42.62	27.51	38.62	22.94	27.92	39.81	38.50
2003	47.03	42.72	50.53	32.74	46.00	38.70	44.77	62.62	48.26
2004	43.68	36.38	34.45	38.78	57.63	36.48	48.40	60.86	31.53
2005	51.82	47.66	52.11	42.12	59.95	38.57	48.79	63.48	54.10
2006	54.88	51.35	55.23	46.54	62.63	49.72	51.20	63.00	55.42
2007	56.32	52.95	56.90	48.05	63.56	54.73	51.52	63.47	56.79
2008	57.82	54.53	58.20	49.96	66.05	56.69	51.96	66.47	57.45
2009	57.85	54.55	58.17	50.04	66.00	57.37	51.65	65.63	58.15
2010	58.06	54.83	58.42	50.40	65.72	57.88	52.75	65.43	57.84
2011	57.33	54.24	57.69	50.01	65.03	57.29	52.09	64.23	57.09
2012	56.48	53.40	56.83	49.23	63.74	57.71	50.66	63.70	56.22
2013	54.88	50.15	50.57	49.62	62.61	57.05	49.42	62.40	55.43
2014	52.75	47.11	46.28	48.14	60.90	55.51	47.32	60.34	53.84
2015	50.59	44.06	42.06	46.52	59.06	53.71	45.28	58.72	52.05
2016	48.12	41.78	39.79	44.24	56.24	51.26	43.20	55.89	49.60
2017	49.34	43.27	44.35	41.91	52.61	48.60	41.31	60.28	55.95
2018	22.30	18.66	19.24	17.90	17.84	13.35	37.86	16.12	23.08
2019	22.17	18.31	18.00	17.68	18.73	13.85	36.10	16.07	23.89
2020	22.00	17.92	18.37	17.33	19.42	14.39	34.06	16.38	24.67

2-9 分地区出入境人员分类数(2017-2020年)
Number of Outward and Inward Personnel by Type and Region(2017-2020)

单位:人 (person)

地 区 region	年 份 Year	受理批准出国(含港、澳、台) Admissibility Approval to Go Abroad (Including Hong Kong, Macao, Taiwan)	办理境外人员签证、证件 Visas for personnel from abroad, documents	办理接待境外人员临时住宿登记 Registration of personnel from abroad for temporary residence
全市 total	2017	324983	3441	293156
	2018	358746	3053	324990
	2019	349721	3876	346284
	2020	31763	2471	40435
市区 Urban	2017	100188	1422	76692
	2018	101471	1441	76989
	2019	108385	1674	69662
	2020	9694	880	10554
嘉善 Jiashan	2017	29300	481	22910
	2018	35409	453	30418
	2019	37725	490	29704
	2020	5132	322	5524
海盐 Haiyan	2017	32645	81	7500
	2018	34736	87	7227
	2019	32363	90	6979
	2020	2989	81	922
海宁 Haining	2017	73387	480	49541
	2018	85919	289	48620
	2019	79098	544	52894
	2020	5682	328	5317
平湖 Pinghu	2017	33102	762	22056
	2018	40312	712	25191
	2019	36904	846	26380
	2020	2757	660	5117
桐乡 Tongxiang	2017	56361	215	114457
	2018	60899	231	135546
	2019	55246	232	160665
	2020	5509	200	13001

注:资料来源嘉兴市公安局。
Note: Data come from Jiaxing Municipal Bureau of Public Security.

2-10 主要年份年末常住总人口
Total Year-End Population in Main Years

单位:万人 (10 000 persons)

年份 Year	全市 Total	市区 Urban District	南湖区 Nanhu	秀洲区 Xiuzhou	嘉善 Jiashan	海盐 Haiyan	海宁 Haining	平湖 Pinghu	桐乡 Tongxiang
1982	295.88	67.00	—	—	34.79	32.18	58.38	44.41	59.12
1990	316.31	74.11	—	—	36.66	35.07	61.76	46.39	62.32
2000	365.50	89.97	51.00	38.97	43.46	39.58	67.94	51.82	72.73
2005	400.50	101.03	55.43	45.60	48.81	40.69	72.66	60.94	76.37
2006	408.79	103.62	56.46	47.16	50.05	41.00	73.79	63.07	77.26
2007	420.55	107.12	58.26	48.86	52.49	41.59	74.87	65.11	79.37
2008	424.26	108.77	59.35	49.42	53.23	42.01	75.19	65.26	79.80
2009	431.80	110.65	60.48	50.17	54.28	42.76	76.61	66.29	81.21
2010	450.46	120.27	61.31	58.96	57.46	43.13	80.75	67.22	81.63
2011	463.90	124.51	64.75	59.76	58.54	43.44	84.68	67.79	84.94
2012	473.50	127.35	66.81	60.54	59.07	43.57	88.23	67.53	87.75
2013	480.20	129.52	68.35	61.17	59.68	43.89	90.23	67.21	89.67
2014	486.50	131.77	69.52	62.25	60.18	44.15	92.18	66.93	91.29
2015	493.60	134.77	71.17	63.60	60.42	44.46	94.16	66.59	93.20
2016	501.40	137.03	72.85	64.18	60.95	44.63	96.81	66.68	95.30
2017	512.60	140.24	74.97	65.27	61.74	44.82	100.65	66.75	98.40
2018	523.10	144.05	77.61	66.44	62.58	45.08	103.45	66.88	101.06
2019	533.50	148.88	81.94	66.94	64.17	45.42	105.87	67.18	101.98
2020	541.10	152.28	84.24	68.04	64.95	45.73	107.87	67.15	103.12

注:2011 年~2019 年为抽样调查推算数,并根据第七次全国人口普查结果进行了修正,1982 年、1990 年为人口普查数据,2000 年、2010 年、2020 年是分别根据第五次、第六次、第七次全国人口普查后修正的数据。

Note: The Data of 1982,1990 are the census data,the other data is calculated from the sample survey and has been revised according to the results of National Population Census.

2-11 全市全社会从业人员年末数(1982-2020年)
Total Year-End Employed Persons (1982-2020)

单位:万人 (10 000 persons)

年份 Year	全市 Total	市区 Total
1982	189.94	42.73
1983	193.22	43.31
1984	197.02	44.78
1985	198.90	43.67
1986	201.78	44.62
1987	205.91	46.56
1988	210.72	49.10
1989	210.69	49.01
1990	213.32	50.11
1991	218.10	51.04
1992	217.23	50.12
1993	215.66	48.87
1994	209.34	49.00
1995	205.32	48.34
1996	204.71	47.00
1997	199.63	46.60
1998	197.34	45.12
1999	193.45	44.20
2000	193.73	43.98
2001	194.73	42.06
2002	197.07	42.57
2003	200.20	47.76
2004	255.42	61.67
2005	266.77	64.14
2006	274.50	60.60
2007	288.80	64.81
2008	298.78	71.76
2009	308.07	70.18
2010	317.60	73.14
2011	321.39	71.65
2012	327.13	77.01
2013	327.70	80.55
2014	332.29	84.56
2015	328.91	84.25
2016	329.73	85.68
2017	331.73	87.61
2018	335.50	90.95
2019	336.00	90.91
2020	325.95	90.05

注:2003年以前此表数据包含劳动工资城镇单位从业人员数据和农业从业人员(源于农业统计);2004年以后表包含农业从业人员(源于农业统计)和劳动工资统计数据(从业人员数据来源于法人单位从业人员与个体户清查从业人员)。2020年从业人员数据根据七人普数据有所修正,2007-2019年的数据也会进行相应修正,目前数据还未修正完毕。

Note: As a result of the adjustment of the survey system, the data have been adjusted since 2004。The data of employees in 2020 has been revised according to the data of the seventh national census, and the data from 2007 to 2019 will be revised accordingly which has not been revised at present.

2-12 主要年份全市分行业全社会从业人员年末人数
Number of Year - End Fully Employed Staff and Workers by Sector in Main Years

单位:万人 （10 000 persons）

行 业	Sector	2010	2018	2019	2020
总 计	Total	317.60	335.50	336.00	325.95
农、林、牧、渔业	Farming, Forestry, Animal Husbandry and Fishery	35.01	26.84	25.32	10.56
采矿业	Mining	0.08			
制造业	Manufacturing	171.22	157.96	156.79	152.89
电力、燃气及水的生产和供应业	Production and Supply of Electricity, Gas and Water	1.37	1.37		1.17
建筑业	Construction	20.74	20.71	18.33	16.22
批发和零售业	Wholesale and Retail	38.88		47.61	54.08
交通运输、仓储和邮政业	Transport, Storage and Postal Services	7.66	6.11	6.51	7.25
住宿和餐饮业	Hotels and Restaurants	8.82	13.39	13.64	14.98
信息传输、计算机服务和软件业	Information Transmission, Computer Services and Software	1.14	2.01	2.42	3.13
金融业	Financing	2.00	2.45	2.69	2.80
房地产业	Real Estate	3.11	6.54	7.20	8.73
租赁和商务服务业	Tenancy and Business Services	4.51	16.38	17.23	14.41
科学研究、技术服务和地质勘查业	Scientific Research, Technical Services and Geological Prospecting	1.43	3.63	4.45	5.38
水利、环境和公共设施管理业	Water Conservancy, Environment and Public Utility Managemet	0.73	2.01	2.62	2.59
居民服务和其他服务业	Resident Services and Other Services	6.08	7.87	8.17	9.07
教育	Education	5.10	7.23	8.13	8.57
卫生、社会保障和社会福利业	Public Health, Social Security and Social Welfare	2.50	4.25	4.69	4.98
文化、体育和娱乐业	Culture, Sports and Recreation	1.84	2.40	2.68	2.76
公共管理和社会组织	Public Administration and Social Organizations	5.38	5.84	6.17	6.38

注:表中的农、林、牧、渔业从业人员来源于农业统计和劳动工资统计数据,第二、第三产业从业人员数据来源于法人单位从业人员与个体户清查从业人员,2-13和2-14表同。

Note: The datas of the agriculture, forestry, animal husbandry and fishery were got from farming statistics and labor wage statistics datas; the datas of the secondary industry and the tertiaru industry came from the population employed by corporate units and all self-employed practioners in check.

2－13 主要年份市区分行业全社会从业人员年末人数

Number of Year－End Fully Employed Staff and Workers in Urban District by Sector in Main Years

单位:万人 (10 000 persons)

行业	Sector	2010	2018	2019	2020
总计	Total	73.14	90.95	90.91	90.05
农、林、牧、渔业	Farming, Forestry, Animal Husbandry and Fishery	8.32	6.85	6.46	2.49
采矿业	Mining				
制造业	Manufacturing	34.56	36.29	35.27	33.79
电力、燃气及水的生产和供应业	Production and Supply of Electricity, Gas and Water	0.21	0.4		0.23
建筑业	Construction	5.47	6.23	4.86	5.06
批发和零售业	Wholesale and Retail	9.5		14.17	15.84
交通运输、仓储和邮政业	Transport, Storage and Postal Services	1.35	1.73	1.95	2.14
住宿和餐饮业	Hotels and Restaurants	2.1	3.84	4.01	4.40
信息传输、计算机服务和软件业	Information Transmission, Computer Services and Software	0.66	1.35	1.51	1.90
金融业	Financing	1.64	2.03	2.23	2.31
房地产业	Real Estate	1.43	2.58	2.94	3.90
租赁和商务服务业	Tenancy and Business Services	1.46	3.61	4.82	4.70
科学研究、技术服务和地质勘查业	Scientific Research, Technical Services and Geological Prospecting	0.71	1.72	2.09	2.62
水利、环境和公共设施管理业	Water Conservancy, Environment and Public Utility Managemet	0.13	0.34	0.66	0.53
居民服务和其他服务业	Resident Services and Other Services	1.4	2.16	2.24	2.45
教育	Education	1.48	2.11	2.72	2.80
卫生、社会保障和社会福利业	Public Health, Social Security and Social Welfare	0.82	1.58	1.84	1.96
文化、体育和娱乐业	Culture, Sports and Recreation	0.46	0.87	0.94	0.94
公共管理和社会组织	Public Administration and Social Organizations	1.43	1.78	1.84	2.00

2-14 分地区全社会从业人员年末人数
(2020 年)

单位:万人

行　　业	Secton	全市 Total	市区 Urban District
总　　计	Total	325.95	90.05
农、林、牧、渔业	Farming, Forestry, Animal Husbandry and Fishery	10.56	2.49
采矿业	Mining		
制造业	Manufacturing	152.89	33.79
电力、燃气及水的生产和供应业	Production and Supply of Electricity, Gas and Water	1.17	0.23
建筑业	Construction	16.22	5.06
批发和零售业	Wholesale and Retail	54.08	15.84
交通运输、仓储和邮政业	Transport, Storage and Postal Services	7.25	2.14
住宿和餐饮业	Hotels and Restaurants	14.98	4.40
信息传输、计算机服务和软件业	Information Transmission, Computer Services and Software	3.13	1.90
金融业	Financing	2.80	2.31
房地产业	Real Estate	8.73	3.90
租赁和商务服务业	Tenancy and Business Services	14.41	4.70
科学研究、技术服务和地质勘查业	Scientific Research, Technical Services and Geological Prospecting	5.38	2.62
水利、环境和公共设施管理业	Water Conservancy, Environment and Public Utility Managemet	2.59	0.53
居民服务和其他服务业	Resident Services and Other Services	9.07	2.45
教育	Education	8.57	2.80
卫生、社会保障和社会福利业	Public Health, Social Security and Social Welfare	4.98	1.96
文化、体育和娱乐业	Culture, Sports and Recreation	2.76	0.94
公共管理和社会组织	Public Administration and Social Organizations	6.38	2.00

Number of Year – End Fully Employed Staff and Workers by Region (2020)

(10000 persons)

南湖区 Nanhu	秀洲区 Xiuzhou	嘉善 Jiashan	海盐 Haiyan	海宁 Haining	平湖 Pinghu	桐乡 Tongxiang
48.50	41.55	40.44	28.80	63.20	40.50	62.95
0.99	1.50	1.69	1.56	1.81	1.20	1.81
13.18	20.62	21.80	13.54	33.52	20.02	30.22
0.14	0.09	0.17	0.11	0.19	0.27	0.20
3.75	1.31	1.18	1.46	4.06	1.83	2.63
8.57	7.27	5.93	3.28	10.46	5.14	13.44
0.98	1.16	0.90	0.62	1.00	1.25	1.33
2.82	1.58	2.21	0.99	2.29	1.69	3.40
1.41	0.49	0.22	0.27	0.21	0.16	0.38
2.07	0.24	0.08	0.07	0.14	0.08	0.11
2.66	1.24	0.81	0.59	1.16	0.82	1.45
3.09	1.61	1.09	2.54	1.96	3.21	0.90
1.89	0.73	0.55	0.90	0.57	0.27	0.46
0.41	0.12	0.22	0.23	0.50	0.25	0.86
1.49	0.95	1.04	0.67	1.60	1.42	1.89
1.86	0.94	0.96	0.71	1.50	1.06	1.53
1.52	0.44	0.53	0.36	0.85	0.56	0.71
0.58	0.36	0.29	0.24	0.47	0.32	0.50
1.10	0.90	0.78	0.66	0.89	0.94	1.12

2-15 主要年份全市分行业非私营单位从业人员年末人数

Number of Year - End Staff and Workers in non - private Units by Sector in Main Years

单位:万人 (10000 persons)

行业	Sector	2010	2017	2018	2019
总　　计	Total	80.4	79.13	75.26	73.97
一、按企业、事业机关分	Grouped by Enterprises, Institutions and Agencies				
企业	Enterprises	67.82	64.37	59.85	58.42
事业	Institutions	9.11	10.29	10.33	10.35
机关	Agencies and Organizations	2.9	3.27	3.43	3.86
二、按行业分	Grouped by Sector				
农、林、牧、渔业	Farming, Forestry, Animal Husbandry and Fishery	0.09	0.04	0.09	0.03
采矿业	Mining				
制造业	Manufacturing	52.2	44.08	41.48	40.64
电力、燃气及水的生产和供应业	Production and Supply of Electricity, Gas and Water	1.53	1.08	1.14	1.02
建筑业	Construction	2.75	5.13	3.29	1.27
批发和零售业	Wholesale and Retail	2.5	2.36	2.10	2.10
交通运输、仓储和邮政业	Transport, Storage and Postal Services	1.17	1.80	1.60	1.59
住宿和餐饮业	Hotels and Restaurants	0.94	0.63	0.61	0.59
信息传输、计算机服务和软件业	Information Transmission, Computer Services and Software	0.45	0.55	0.63	0.80
金融业	Financing	1.94	2.74	2.06	2.28
房地产业	Real Estate	1.34	1.69	1.71	1.92
租赁和商务服务业	Tenancy and Business Services	2.12	2.12	3.17	3.71
科学研究、技术服务和地质勘查业	Scientific Research, Technical Services and Geological Prospecting	0.73	1.43	1.42	1.37
水利、环境和公共设施管理业	Water Conservancy, Environment and Public Utility Managemet	0.73	1.02	0.84	1.10
居民服务和其他服务业	Resident Services and Other Services	0.12	0.08	0.12	0.10
教育	Education	4.84	5.72	5.88	6.17
卫生、社会保障和社会福利业	Public Health, Social Security and Social Welfare	2.51	3.48	3.56	3.81
文化、体育和娱乐业	Culture, Sports and Recreation	0.41	0.43	0.39	0.43
公共管理与社会组织	Public Administration and Social Organizations	4.04	4.74	5.19	5.03
国际组织	International Organizations				

注:由于国家劳动工资制度改革,2020年指标修订,详见2-17表。
Note: Due to the reform of national labor wage system, indicators has been revised in 2020, as show in table 2-17.

2－16 主要年份市区分行业非私营单位从业人员年末人数

Number of Year －End Staff and Workers in non－private Units in Urban District by Sector in Main Years

单位：万人 (10000 persons)

行业	Sector	2010	2017	2018	2019
总　　计	Total	23.91	28.19	24.56	24.77
一、按企业、事业机关分	Grouped by Enterprises, Institutions and Agencies				
企业	Enterprises	20.21	23.52	19.81	19.62
事业	Institutions	2.54	3.06	3.20	3.33
机关	Agencies and Organizations	0.87	0.97	1.01	1.18
二、按行业分	Grouped by Sector				
农、林、牧、渔业	Farming, Forestry, Animal Husbandry and Fishery	0.03	0.01	0.02	0.01
采矿业	Mining				
制造业	Manufacturing	13.84	12.50	12.11	11.57
电力、燃气及水的生产和供应业	Production and Supply of Electricity, Gas and Water	0.27	0.32	0.31	0.20
建筑业	Construction	0.77	3.03	0.68	0.64
批发和零售业	Wholesale and Retail	1.32	1.19	1.06	1.05
交通运输、仓储和邮政业	Transport, Storage and Postal Services	0.51	0.85	0.74	0.76
住宿和餐饮业	Hotels and Restaurants	0.34	0.31	0.29	0.24
信息传输、计算机服务和软件业	Information Transmission, Computer Services and Software	0.38	0.37	0.43	0.45
金融业	Financing	0.89	2.44	1.75	1.92
房地产业	Real Estate	0.78	0.99	0.87	0.98
租赁和商务服务业	Tenancy and Business Services	0.52	0.65	0.67	0.91
科学研究、技术服务和地质勘查业	Scientific Research, Technical Services and Geological Prospecting	0.42	0.66	0.70	0.62
水利、环境和公共设施管理业	Water Conservancy, Environment and Public Utility Managemet	0.11	0.24	0.09	0.27
居民服务和其他服务业	Resident Services and Other Services	0.07	0.05	0.08	0.05
教育	Education	1.43	1.71	1.78	1.93
卫生、社会保障和社会福利业	Public Health, Social Security and Social Welfare	0.87	1.31	1.34	1.47
文化、体育和娱乐业	Culture, Sports and Recreation	0.14	0.17	0.15	0.20
公共管理与社会组织	Public Administration and Social Organizations	1.2	1.38	1.47	1.52
国际组织	International Organizations				

注：由于国家劳动工资制度改革，2020 年指标修订，详见 2－18 表。
Note: Due to the reform of national labor wage system, indicators has been revised in 2020, as show in table 2－18.

2－17　全市规模以上单位分行业从业人员年末人数（2020年）

单位：人

行　业	Sector	合　计 Total
总　计	Total	1432357
按行业分	Grouped by Sector	
农、林、牧、渔业	Farming, Forestry, Animal Husbandry and Fishery	
采矿业	Mining	
制造业	Manufacturing	869327
电力、煤气及水的生产和供应业	Production and Supply of Electricity, Gas and Water	10104
建筑业	Construction	146958
批发与零售业	Wholesale and Retail	53165
交通运输、仓储和邮政业	Transport, Storage and Postal Services	22999
住宿和餐饮业	Hotels and Restaurants	17726
信息传输、软件和信息技术服务业	Information Transmission, Computer Services and Software	11389
金融业	Financing	
房地产业	Real Estate	39307
租赁与商务服务业	Tenancy and Business Services	216417
科学研究、技术服务与地质勘查业	Scientific Research, Technical Services and Geological Prospecting	15132
水利、环境和公共设施管理业	Water Conservancy, Environment and Public Utility Managemet	15408
居民服务和其他服务业	Resident Services and Other Services	5128
教育	Education	1192
卫生、社会保障和社会福利业	Public Health, Social Security and Social Welfare	5183
文化、体育与娱乐业	Culture, Sports and Recreation	2922

注：规模以上单位包括规模以上工业、有资质的建筑业、限额以上批发和零售业、限额以上住宿和餐饮业、有开发经营活动的全部房地产开发经营业、规模以上服务业法人单位（下同）。

Number of Year – End Employed Persons in Units above Designated Size by Sector
(2020)

(unit:person)

女　性 Female	在岗职工 Fully Employed Staff and Workers	劳务派遣人员 Labor Dispatch Staff	其他从业人员 Others
518171	1279080	83730	69547
357774	798783	51275	19269
1874	9545	453	106
15962	115566	14825	16567
27985	49022	1863	2280
5356	19234	3059	706
9528	15840	381	1505
5053	10735	508	146
17097	32081	2170	5056
57352	193880	7990	14547
4075	14176	253	703
7382	9703	151	5554
3104	2498	96	2534
524	1139	20	33
3605	4695	73	415
1500	2183	613	126

Note: Legal units above designated size includes Industrial enterprises above designated size, construction enterprises which having qualificates, enterprises above designated size in wholesale and retail sale trades, hotel and catering services above designated size, all real estate development businesses with development and operation activities, service enterprises above designated size (the same below).

2-18 市区规模以上单位分行业从业人员年末人数 (2020 年)

单位:人

行　业	Sector	合　计 Total
总　计	Total	353621
按行业分	Grouped by Sector	
农、林、牧、渔业	Farming,Forestry,Animal Husbandry and Fishery	
采矿业	Mining	
制造业	Manufacturing	203785
电力、煤气及水的生产和供应业	Production and Supply of Electricity,Gas and Water	1997
建筑业	Construction	52859
批发与零售业	Wholesale and Retail	22470
交通运输、仓储和邮政业	Transport,Storage and Postal Services	8939
住宿和餐饮业	Hotels and Restaurants	6619
信息传输、软件和信息技术服务业	Information Transmission, Computer Services and Software	7691
金融业	Financing	
房地产业	Real Estate	18241
租赁与商务服务业	Tenancy and Business Services	15374
科学研究、技术服务与地质勘查业	Scientific Research,Technical Services and Geological Prospecting	7491
水利、环境和公共设施管理业	Water Conservancy,Environment and Public Utility Managemet	3111
居民服务和其他服务业	Resident Services and Other Services	304
教育	Education	226
卫生、社会保障和社会福利业	Public Health,Social Security and Social Welfare	2921
文化、体育与娱乐业	Culture,Sports and Recreation	1593

Number of Year－End Employed Persons of Urban District in Units above Designated Size by Sector (2020)

(unit: person)

女　性 Female	在岗职工 Fully Employed Staff and Workers	劳务派遣人员 Labor Dispatch Staff	其他从业人员 Others
132416	306134	19396	28091
83780	187662	9753	6370
392	1901	78	18
6563	35215	5439	12205
12606	20758	645	1067
2520	7524	931	484
3567	5806	208	605
3361	7094	455	142
7883	15503	891	1847
4894	12590	186	2598
2274	6872	61	558
1490	1075	85	1951
179	300	0	4
77	186	19	21
2094	2735	62	124
736	913	583	97

2-19 分地区规模以上单位分行业从业人员年末人数
(2020年)

单位:人

指　标	Item	全市 Total	市区 Urban District
总　计	Total	1432357	353621
按行业分	Grouped by Sector		
农、林、牧、渔业	Farming, Forestry, Animal Husbandry and Fishery		
采矿业	Mining		
制造业	Manufacturing	869327	203785
电力、煤气及水的生产和供应业	Production and Supply of Electricity, Gas and Water	10104	1997
建筑业	Construction	146958	52859
批发与零售业	Wholesale and Retail	53165	22470
交通运输、仓储和邮政业	Transport, Storage and Postal Services	22999	8939
住宿和餐饮业	Hotels and Restaurants	17726	6619
信息传输、软件和信息技术服务业	Information Transmission, Computer Services and Software	11389	7691
金融业	Financing		
房地产业	Real Estate	39307	18241
租赁与商务服务业	Tenancy and Business Services	216417	15374
科学研究、技术服务与地质勘查业	Scientific Research, Technical Services and Geological Prospecting	15132	7491
水利、环境和公共设施管理业	Water Conservancy, Environment and Public Utility Managemet	15408	3111
居民服务和其他服务业	Resident Services and Other Services	5128	304
教育	Education	1192	226
卫生、社会保障和社会福利业	Public Health, Social Security and Social Welfare	5183	2921
文化、体育与娱乐业	Culture, Sports and Recreation	2922	1593

Number of Year – End Employed Persons in Units above Designated Size by Sector and Region (2020)

(person)

南湖区 Nanhu	秀洲区 Xiuzhou	嘉善县 Jiashan	海盐县 Haiyan	海宁市 Haining	平湖市 Pinghu	桐乡市 Tongxiang
190614	163007	200069	138222	259024	267377	214044
86549	117236	152121	72420	177673	125159	138169
1220	777	1356	833	1558	2582	1778
40165	12694	11851	10122	27347	7535	37244
12839	9631	4991	2747	9733	4950	8274
3811	5128	1797	1885	2883	3941	3554
4453	2166	1892	1673	2233	2632	2677
5929	1762	479	1671	586	527	435
14007	4234	2767	3383	4781	2726	7409
10659	4715	20580	35745	26503	112793	5422
5819	1672	404	5304	1017	410	506
2350	761	1091	982	2892	276	7056
199	105	491	807	135	3044	347
203	23	9	167	223	37	530
1669	1252	168	260	826	545	463
742	851	72	223	634	220	180

2-20 分地区规模以上单位分行业在岗职工年末人数（2020年）

单位：人

指标	Item	全市 Total	市区 Urban District
总计	Total	1279080	306134
按行业分	Grouped by Sector		
农、林、牧、渔业	Farming, Forestry, Animal Husbandry and Fishery		
采矿业	Mining		
制造业	Manufacturing	798783	187662
电力、煤气及水的生产和供应业	Production and Supply of Electricity, Gas and Water	9545	1901
建筑业	Construction	115566	35215
批发与零售业	Wholesale and Retail	49022	20758
交通运输、仓储和邮政业	Transport, Storage and Postal Services	19234	7524
住宿和餐饮业	Hotels and Restaurants	15840	5806
信息传输、软件和信息技术服务业	Information Transmission, Computer Services and Software	10735	7094
金融业	Financing		
房地产业	Real Estate	32081	15503
租赁与商务服务业	Tenancy and Business Services	193880	12590
科学研究、技术服务与地质勘查业	Scientific Research, Technical Services and Geological Prospecting	14176	6872
水利、环境和公共设施管理业	Water Conservancy, Environment and Public Utility Managemet	9703	1075
居民服务和其他服务业	Resident Services and Other Services	2498	300
教育	Education	1139	186
卫生、社会保障和社会福利业	Public Health, Social Security and Social Welfare	4695	2735
文化、体育与娱乐业	Culture, Sports and Recreation	2183	913

Number of Year – End Fully Employed Staff and Workers in Units above Designated Size by Sector and Region
(2020)

(person)

南湖区 Nanhu	秀洲区 Xiuzhou	嘉善县 Jiashan	海盐县 Haiyan	海宁市 Haining	平湖市 Pinghu	桐乡市 Tongxiang
161087	145047	163267	122377	239189	246860	201253
77699	109963	125576	69878	163049	118365	134253
1142	759	1243	813	1493	2345	1750
28672	6543	7139	5948	25906	6454	34904
11472	9286	4035	2452	9137	4651	7989
3362	4162	1377	1629	2724	3843	2137
3771	2035	1764	1573	1929	2163	2605
5332	1762	473	1671	569	526	402
12182	3321	2254	2441	3849	2107	5927
8681	3909	17198	28418	25928	104574	5172
5400	1472	398	5141	935	384	446
974	101	1070	963	2014	274	4307
199	101	491	807	135	458	307
186	0	9	161	216	37	530
1565	1170	168	260	722	461	349
450	463	72	222	583	218	175

2-21 分地区规模以上单位分行业女性从业人员年末人数（2020年）

单位:人

指　　标	Item	全　市 Total	市　区 Urban District
总　　计	Total	518171	132416
按行业分	Grouped by Sector		
农、林、牧、渔业	Farming, Forestry, Animal Husbandry and Fishery		
采矿业	Mining		
制造业	Manufacturing	357774	83780
电力、煤气及水的生产和供应业	Production and Supply of Electricity, Gas and Water	1874	392
建筑业	Construction	15962	6563
批发与零售业	Wholesale and Retail	27985	12606
交通运输、仓储和邮政业	Transport, Storage and Postal Services	5356	2520
住宿和餐饮业	Hotels and Restaurants	9528	3567
信息传输、软件和信息技术服务业	Information Transmission, Computer Services and Software	5053	3361
金融业	Financing		
房地产业	Real Estate	17097	7883
租赁与商务服务业	Tenancy and Business Services	57352	4894
科学研究、技术服务与地质勘查业	Scientific Research, Technical Services and Geological Prospecting	4075	2274
水利、环境和公共设施管理业	Water Conservancy, Environment and Public Utility Managemet	7382	1490
居民服务和其他服务业	Resident Services and Other Services	3104	179
教育	Education	524	77
卫生、社会保障和社会福利业	Public Health, Social Security and Social Welfare	3605	2094
文化、体育与娱乐业	Culture, Sports and Recreation	1500	736

Number of Year – End Female Employed Persons in Units above Designated Size by Sector and Region (2020)

(person)

南湖区 Nanhu	秀洲区 Xiuzhou	嘉善县 Jiashan	海盐县 Haiyan	海宁市 Haining	平湖市 Pinghu	桐乡市 Tongxiang
64516	67900	73427	48298	96746	92885	74399
33115	50665	59513	29677	73872	54196	56736
246	146	237	164	273	489	319
4639	1924	1641	1740	1875	1196	2947
6628	5978	2511	1572	5149	2577	3570
1036	1484	476	302	703	797	558
2311	1256	968	909	1159	1557	1368
2771	590	159	1099	127	153	154
6016	1867	1114	1624	2019	1150	3307
3106	1788	5747	8976	8832	28078	825
1754	520	201	934	317	165	184
1079	411	466	470	1399	87	3470
157	22	253	457	66	1937	212
67	10	1	41	34	32	339
1209	885	99	163	562	355	332
382	354	41	170	359	116	78

2－22　全市规模以上私营单位分行业从业人员年末人数（2020年）

单位：人

行　业	Sector	合　计 Total
总　计	Total	953502
按行业分	Grouped by Sector	
农、林、牧、渔业	Farming, Forestry, Animal Husbandry and Fishery	
采矿业	Mining	
制造业	Manufacturing	524346
电力、煤气及水的生产和供应业	Production and Supply of Electricity, Gas and Water	1435
建筑业	Construction	133983
批发与零售业	Wholesale and Retail	37610
交通运输、仓储和邮政业	Transport, Storage and Postal Services	11100
住宿和餐饮业	Hotels and Restaurants	11932
信息传输、软件和信息技术服务业	Information Transmission, Computer Services and Software	3637
金融业	Financing	
房地产业	Real Estate	20373
租赁与商务服务业	Tenancy and Business Services	181847
科学研究、技术服务与地质勘查业	Scientific Research, Technical Services and Geological Prospecting	7852
水利、环境和公共设施管理业	Water Conservancy, Environment and Public Utility Managemet	9707
居民服务和其他服务业	Resident Services and Other Services	4436
教育	Education	757
卫生、社会保障和社会福利业	Public Health, Social Security and Social Welfare	3109
文化、体育与娱乐业	Culture, Sports and Recreation	1378

Number of Year – End Employed Persons in Private Units above Designated Size by Sector

(2020)

(unit: person)

女　性 Female	在岗职工 Fully Employed Staff and Workers	劳务派遣人员 Labor Dispatch Staff	其他从业人员 Others
339289	849983	46745	56774
222512	489317	21363	13666
280	1412	11	12
14089	103782	13923	16278
19898	35342	1118	1150
2521	9766	1166	168
6425	10601	184	1147
1720	3188	360	89
9390	16835	880	2658
49156	160758	7533	13556
2217	7266	5	581
4968	5054	7	4646
2749	1860	42	2534
430	734	19	4
2136	2791	57	261
798	1277	77	24

2-23 市区规模以上私营单位分行业从业人员年末人数（2020年）

单位:人

行　业	Sector	合　计 Total
总　计	Total	213865
按行业分	Grouped by Sector	
农、林、牧、渔业	Farming,Forestry,Animal Husbandry and Fishery	
采矿业	Mining	
制造业	Manufacturing	112008
电力、煤气及水的生产和供应业	Production and Supply of Electricity,Gas and Water	405
建筑业	Construction	49621
批发与零售业	Wholesale and Retail	14435
交通运输、仓储和邮政业	Transport,Storage and Postal Services	2487
住宿和餐饮业	Hotels and Restaurants	3928
信息传输、软件和信息技术服务业	Information Transmission, Computer Services and Software	3123
金融业	Financing	
房地产业	Real Estate	6804
租赁与商务服务业	Tenancy and Business Services	10068
科学研究、技术服务与地质勘查业	Scientific Research,Technical Services and Geological Prospecting	5817
水利、环境和公共设施管理业	Water Conservancy,Environment and Public Utility Managemet	2914
居民服务和其他服务业	Resident Services and Other Services	304
教育	Education	79
卫生、社会保障和社会福利业	Public Health,Social Security and Social Welfare	1352
文化、体育与娱乐业	Culture,Sports and Recreation	520

Number of Year – End Employed Persons of Urban District in Private Units above Designated Size by Sector
(2020)

(unit:person)

女性 Female	在岗职工 Fully Employed Staff and Workers	劳务派遣人员 Labor Dispatch Staff	其他从业人员 Others
79302	180270	10375	23220
48845	103386	4342	4280
82	392	1	12
6019	32845	4840	11936
8581	13825	148	462
759	2201	211	75
2078	3345	98	485
1580	2674	360	89
3052	5623	220	961
3774	7648	17	2403
1691	5340	5	472
1397	963	0	1951
179	300	0	4
39	56	19	4
965	1222	46	84
261	450	68	2

2－24 分地区规模以上私营单位分行业从业人员年末人数（2020 年）

单位：人

指 标	Item	全 市 Total	市 区 Urban District
总 计	Total	953502	213865
按行业分	Grouped by Sector		
农、林、牧、渔业	Farming, Forestry, Animal Husbandry and Fishery		
采矿业	Mining		
制造业	Manufacturing	524346	112008
电力、煤气及水的生产和供应业	Production and Supply of Electricity, Gas and Water	1435	405
建筑业	Construction	133983	49621
批发与零售业	Wholesale and Retail	37610	14435
交通运输、仓储和邮政业	Transport, Storage and Postal Services	11100	2487
住宿和餐饮业	Hotels and Restaurants	11932	3928
信息传输、软件和信息技术服务业	Information Transmission, Computer Services and Software	3637	3123
金融业	Financing		
房地产业	Real Estate	20373	6804
租赁与商务服务业	Tenancy and Business Services	181847	10068
科学研究、技术服务与地质勘查业	Scientific Research, Technical Services and Geological Prospecting	7852	5817
水利、环境和公共设施管理业	Water Conservancy, Environment and Public Utility Managemet	9707	2914
居民服务和其他服务业	Resident Services and Other Services	4436	304
教育	Education	757	79
卫生、社会保障和社会福利业	Public Health, Social Security and Social Welfare	3109	1352
文化、体育与娱乐业	Culture, Sports and Recreation	1378	520

Number of Year – End Employed Persons in Private Units above Designated Size by Sector and Region (2020)

(person)

南湖区 Nanhu	秀洲区 Xiuzhou	嘉善县 Jiashan	海盐县 Haiyan	海宁市 Haining	平湖市 Pinghu	桐乡市 Tongxiang
122503	91362	111787	104013	198522	187413	137902
51965	60043	83379	51645	128550	60355	88409
293	112	448	3	292	265	22
38473	11148	11740	9225	26941	7269	29187
7507	6928	3488	1687	7540	3688	6772
844	1643	597	1186	2084	2556	2190
2991	937	1344	1458	1416	1975	1811
2944	179	306	0	0	169	39
3634	3170	1973	2125	3150	2031	4290
5461	4607	7637	34176	24103	105090	773
4560	1257	156	735	381	285	478
2153	761	381	884	2615	108	2805
199	105	124	568	116	3024	300
56	23	9	46	56	37	530
1171	181	168	52	826	545	166
252	268	37	223	452	16	130

2-25 分地区规模以上私营单位分行业在岗职工年末人数(2020年)

单位:人

指　　标	Item	全　市 Total	市　区 Urban District
总　　计	Total	849983	180270
按行业分	Grouped by Sector		
农、林、牧、渔业	Farming, Forestry, Animal Husbandry and Fishery		
采矿业	Mining		
制造业	Manufacturing	489317	103386
电力、煤气及水的生产和供应业	Production and Supply of Electricity, Gas and Water	1412	392
建筑业	Construction	103782	32845
批发与零售业	Wholesale and Retail	35342	13825
交通运输、仓储和邮政业	Transport,Storage and Postal Services	9766	2201
住宿和餐饮业	Hotels and Restaurants	10601	3345
信息传输、软件和信息技术服务业	Information Transmission, Computer Services and Software	3188	2674
金融业	Financing		
房地产业	Real Estate	16835	5623
租赁与商务服务业	Tenancy and Business Services	160758	7648
科学研究、技术服务与地质勘查业	Scientific Research,Technical Services and Geological Prospecting	7266	5340
水利、环境和公共设施管理业	Water Conservancy,Environment and Public Utility Managemet	5054	963
居民服务和其他服务业	Resident Services and Other Services	1860	300
教育	Education	734	56
卫生、社会保障和社会福利业	Public Health, Social Security and Social Welfare	2791	1222
文化、体育与娱乐业	Culture,Sports and Recreation	1277	450

Number of Year – End Fully Employed Staff and Workers in Private Units above Designated Size by Sector and Region (2020)

(person)

南湖区 Nanhu	秀洲区 Xiuzhou	嘉善县 Jiashan	海盐县 Haiyan	海宁市 Haining	平湖市 Pinghu	桐乡市 Tongxiang
101490	78780	93519	90398	183425	172257	130114
47034	56352	74265	50024	117491	58011	86140
281	111	438	3	292	265	22
27770	5075	7035	5327	25500	6203	26872
7175	6650	2595	1627	7253	3474	6568
831	1370	586	1054	1995	2535	1395
2536	809	1269	1358	1209	1647	1773
2495	179	306	0	0	169	39
2858	2765	1519	1551	2484	1459	4199
3844	3804	4632	26958	23604	97143	773
4223	1117	155	728	323	278	442
862	101	381	880	1954	108	768
199	101	124	568	116	452	300
56	0	9	46	56	37	530
1076	146	168	52	722	461	166
250	200	37	222	426	15	127

2-26　全市、市区规模以上单位分行业从业人员学历情况
（2020 年）

单位：人

指　标	Item	全市总计 Total
总　计	Total	1432357
按行业分	Grouped by Sector	
农、林、牧、渔业	Farming, Forestry, Animal Husbandry and Fishery	
采矿业	Mining	
制造业	Manufacturing	869327
电力、煤气及水的生产和供应业	Production and Supply of Electricity, Gas and Water	10104
建筑业	Construction	146958
批发与零售业	Wholesale and Retail	53165
交通运输、仓储和邮政业	Transport, Storage and Postal Services	22999
住宿和餐饮业	Hotels and Restaurants	17726
信息传输、软件和信息技术服务业	Information Transmission, Computer Services and Software	11389
金融业	Financing	
房地产业	Real Estate	0
租赁与商务服务业	Tenancy and Business Services	39307
科学研究、技术服务与地质勘查业	Scientific Research, Technical Services and Geological Prospecting	216417
水利、环境和公共设施管理业	Water Conservancy, Environment and Public Utility Managemet	15132
居民服务和其他服务业	Resident Services and Other Services	15408
教育	Education	5128
卫生、社会保障和社会福利业	Public Health, Social Security and Social Welfare	1192
文化、体育与娱乐业	Culture, Sports and Recreation	5183
公共管理与社会组织	Public Administration and Social Organizations	2922

Academic Qualifications of Employees in Different Industries above the Scale (2020)

(person)

全市按文化程度分 Grouped by Educational Level		市区总计 Total	市区按文化程度分 Grouped by Educational Level	
大学本科及以上 Graduates of Universtity and Higher Level	大专及以下 College degree and below		大学本科及以上 Graduates of Universtity and Higher Level	大专及以下 College degree and below
134880	1297477	353621	44716	308905
63547	805780	203785	19226	184559
3181	6923	1997	492	1505
10001	136957	52859	3904	48955
8643	44522	22470	4435	18035
2545	20454	8939	1462	7477
820	16906	6619	320	6299
5619	5770	7691	4179	3512
0	0	6253	1300	4953
6636	32671	18797	2526	16271
20900	195517	12188	2364	9824
8619	6513	6202	2304	3898
683	14725	972	91	881
141	4987	279	31	248
489	703	2006	963	1043
1865	3318	1867	780	1087
1191	1731	697	339	358

2－27　全市、市区规模以上私营单位分行业从业人员学历情况（2020 年）

单位：人

指　　标	Item	全市总计 Total
总　　计	Total	953502
按行业分	Grouped by Sector	
农、林、牧、渔业	Farming, Forestry, Animal Husbandry and Fishery	
采矿业	Mining	
制造业	Manufacturing	524346
电力、煤气及水的生产和供应业	Production and Supply of Electricity, Gas and Water	1435
建筑业	Construction	133983
批发与零售业	Wholesale and Retail	37610
交通运输、仓储和邮政业	Transport, Storage and Postal Services	11100
住宿和餐饮业	Hotels and Restaurants	11932
信息传输、软件和信息技术服务业	Information Transmission, Computer Services and Software	3637
金融业	Financing	
房地产业	Real Estate	20373
租赁与商务服务业	Tenancy and Business Services	181847
科学研究、技术服务与地质勘查业	Scientific Research, Technical Services and Geological Prospecting	7852
水利、环境和公共设施管理业	Water Conservancy, Environment and Public Utility Managemet	9707
居民服务和其他服务业	Resident Services and Other Services	4436
教育	Education	757
卫生、社会保障和社会福利业	Public Health, Social Security and Social Welfare	3109
文化、体育与娱乐业	Culture, Sports and Recreation	1378

Academic Qualifications of Employees in Private Units above Designated Size by Sector
(2020)

(person)

全市按文化程度分 Grouped by Educational Level		市区总计 Total	市区按文化程度分 Grouped by Educational Level	
大学本科及以上 Graduates of Universtity and Higher Level	大专及以下 College degree and below		大学本科及以上 Graduates of Universtity and Higher Level	大专及以下 College degree and below
71620	881882	213865	21255	192610
30442	493904	112008	7501	104507
189	1246	405	23	382
7876	126107	49621	3312	46309
5384	32226	14435	2398	12037
846	10254	2487	485	2002
510	11422	3928	182	3746
1540	2097	3123	1246	1877
3785	16588	6804	1403	5401
15559	166288	10068	1334	8734
3412	4440	5817	2743	3074
161	9546	2914	48	2866
92	4344	304	18	286
461	296	79	52	27
947	2162	1352	453	899
416	962	520	57	463

2-28 全市七次人口普查基本情况

指 标	Item	第一次 (1953 年) The First Time
常住人口(万人)	Total Population with Permanent Residence (10000 persons)	189.63
按性别分	By Gender	
男性	Male	98.03
女性	Female	91.59
人口性别比(以女性为 100)	Gender Ratio (100 for women)	107.03
按城乡分	By Residence	
城镇人口	Urban	
乡村人口	Rural	
城镇人口比重(%)	Proportion of Urban Population(%)	
按年龄分	By Age	
1. 人数(万人)	Number of people(10000 persons)	
0-14 岁	0-14 Years Old	
15-59 岁	15-59 Years Old	
60 岁及以上	60 Years Old and Above	
#65 岁及以上	65 Years Old and Above	
2. 比重(%)	Proportion of people(%)	
0-14 岁	The Proportion of 0-14 Years Old	
15-59 岁	The Proportion of 15-59 Years Old	
60 岁及以上	The Proportion of 60 Years Old and Above	
#65 岁及以上	The Proportion of 65 Years Old and Above	
家庭户户均规模(人/户)	Average Household Size(person/household)	3.87
每十万人拥有各学历的人数(人)	Number of People with Various Academic Qualifications per 100000 People(person)	
小学	Primary School	
初中	Junior Secondary School	
高中	Senior Secondary School	
大学	University	
劳动年龄(16-59 岁)人口平均受教育年限(年)	Average Years of Education For The Working-Age Population(Year)	
文盲人口占常住人口比重(%)	Proportion of Illiteracy in Permanent Population (%)	

注:该表数据为人口普查时点数。

Basic Statistics on National Population Census

第二次(1964 年) The Second Time	第三次(1982 年) The Third Time	第四次(1990 年) The Fourth Time	第五次(2000 年) The Fifth Time	第六次(2010 年) The Sixth Time	第七次(2020 年) The Seventh Time
233.35	295.88	316.31	358.27	450.17	540.09
119.72	150.76	160.46	179.66	226.92	281.41
113.63	145.12	155.85	178.64	223.24	258.68
105.37	103.89	102.96	100.58	101.65	108.79
27.92	37.32	71.46	136.08	240.07	385.29
205.43	258.56	244.85	222.19	210.10	154.79
11.80	12.60	22.60	37.98	53.33	71.34
		58.00	63.79	53.69	65.24
		221.59	246.67	328.95	370.59
		36.72	47.81	67.52	104.26
		23.88	34.35	44.98	75.86
		18.34	17.82	11.93	12.08
		70.05	68.85	73.07	68.62
		11.61	13.35	15.00	19.30
		7.55	9.59	9.99	14.05
4.27	3.97	3.55	3.38	2.88	2.49
		40660	38938	29169	27881
		23614	32402	39717	35140
		6235	9457	11811	13137
		896	2229	7676	15250
		6.69	8.18	9.25	10.48
		19.19	7.93	6.52	2.07

Note: The data in this table is the number during National Population Census.

主要统计指标解释

人口数　指一定时点、一定地区范围内的有生命的个人的总和。年度统计的年末人口数指每年 12 月 31 日 24 时的人口数。

出生率(又称粗出生率)　指在一定时期内(通常为一年)一定地区的出生人数与同期内平均人数(或期中人数)之比。一般用千分率表示。本资料中的出生率指年出生率,其计算公式为：出生率 = 年出生人数/年平均人数 ×1000‰式中：出生人数指活产婴儿,即胎儿脱离母体时(不管怀孕月数),有过呼吸或其他生命现象。年平均人数指年初、年底人口数的平均数,也可用年中人口数代替。

死亡率(又称粗死亡率)　指在一定时期内(通常为一年)一定地区的死亡人数与同期内平均人数(或期中人数)之比,一般用千分率表示。本资料中的死亡率指年死亡率,其计算公式为:

死亡率 = 年死亡人数/年平均人数 ×1000‰

人口自然增长率　指在一定时期内(通常为一年)人口自然增加数(出生人数减死亡人数)与该时期内平均人数(或期中人数)之比,一般用千分率表示。计算公式为:

人口自然增长率 =(本年出生人数 - 本年死亡人数)/年平均人数 ×1000‰

= 人口出生率 - 人口死亡率

从业人员　指从事一定社会劳动并取得劳动报酬或经营收入的人员,包括全部职工、再就业的离退休人员、私营业主、个体户主、私营和个体从业人员、乡镇企业从业人员、农村从业人员、其他从业人员(包括民办教师、宗教职业者、现役军人等)。这一指标反映了一定时期内全部劳动力资源的实际利用情况,是研究我市基本市情市力的重要指标。

常住人口　指实际经常居住在某地区一定时间(指半年以上)的人口。按人口普查和抽样调查规定,主要包括:

1. 除离开本地半年以上(不包括在国外工作或学习的人)的全部常住本地的户籍人口;

2. 户口在外地,但在本地居住半年以上者,或离开户口地半年以上而调查时在本地居住的人口;

3. 调查时居住在本地,但在任何地方都没有登记常住户口,如手持户口迁移证、出生证、退伍证、劳改劳教释放证等尚未办理常住户口的人,即所谓"口袋户口"的人。

户籍人口　指公民依照《中华人民共和国户籍登记条例》,已在居住地的公安户籍管理机关登记了常住户口的人。

EXPLANATORY NOTES ON MAIN STATISTICAL INDICATORS

Total Population refers to the total number of people alive at a certain point of time within a given area.

The annual statistics on total population is taken at midnight, the 31st of December.

Birth Rate or (Crude Birth Rate) refers to the ratio of the number of births to the average population (or mid – period population) during a certain period of time (usually a year) which is often expressed in ‰. Birth rate in the chapter refers to annual birth rate. The following formula is used:

Birth Rate = Number of Births/Average Number of Population × 1000‰

Number of births refers to live births i. e. the births when babies had showed any vital phenomena regardless of the length of pregnancy.

Annual Average Number of Population is the average of the number of population at the beginning of the year and that at the end of the year. Sometimes it is substituted for with the mid year population.

Death Rate (or Crude Death Rate) refers to the ratio of the number of deaths to the average population (or mid – period population) during a certain period of time (usually a year) which is often expressed in ‰. Death rate in the chapter refers to annual death rate. The following formula is used:

Death Rate = Number of Deaths/Annual Average Number of Population × 1000‰

Natural Growth Rate of Population refers to the ratio of natural increase in population (number of births minus number of deaths) in a certain period of time (usually a year) to the average population (or mid – period population) of the same period which is often expressed in ‰. The following formulas are applied:

Natural Growth of Population = (Number of Births – Number of Deaths)/Average Number of Population × 1000‰

Natural Growth Rate of Population = Birth Rate – Death Rate

Employed Persons refer to the persons who are engaged in social working and receive remuneration payment or earn business income, including total staff and workers, re – employed retirees, employers of private enterprises, self – employed workers, employees in private enterprises and individual economy, employees in township enterprises, employed persons in the rural areas, and other employed persons (including teachers in the schools run by the local people, people engaged in religious profession and the servicemen, etc.). This indicator reflects the actual utilization of total labour force during a certain period of time and is often used for the research on city's economic situation and power.

Permanent Resident Population refers to the total number of people alive at a given area within a period (over half a year). According to the regulation of population census and sample survey, permanent resident population include (a) registered population in this area other than those who have left this area over half a year (exclude those going abroad to work or study). (b) population with residence registered in other area, but having actually resided in this area over half a year or having left place of residence registration over half a year and resided in this area during the period of population survey. (c) population with residence registration in this enumeration area not yet settled, i. e. residence card on hand, migration certificate, birth certificate, demobilized soldier card, release certificate, etc.

Registered Population refers to the population with registered in accordance with the regulation of the People's Republic of China on the Management of Registration Residence in public security organs in this area.

三、人民生活、社会保障与物价 People's Livelihood, Social Security and Price Indices

3－1 主要年份全市城乡居民收支情况
Income and Consumption Expenditure of Urban and Rural Residents

年份 Year	全市 Total			
	城镇居民 Urban Residents		农村居民 Rural Residents	
	人均可支配收入(元) Per Capita Dispossable Income(yuan)	人均生活消费支出(元) Per Capita Consumption Expenditure(yuan)	人均可支配收入(元) Per Capita Dispossable Income(yuan)	人均生活消费支出(元) Per Capita Consumption Expenditure(yuan)
1983			376	280
1984			557	414
1985			731	607
1986			816	719
1987			976	888
1988			1283	1122
1989			1435	1215
1990			1554	1306
1991			1564	1327
1992			1759	1417
1993			2037	1474
1994			2982	2004
1995			3511	3163
1996			3879	3508
1997	7290	5860	4430	3511
1998	7905	6190	4120	3465
1999	8302	6426	4160	3551
2000	9338	7085	4734	3644
2001	10920	7800	5350	3978
2002	11500	7707	5532	4328
2003	12954	8748	6127	4549
2004	14693	9933	7021	5082
2005	16189	10754	8007	5736
2006	17828	11887	8952	6197
2007	20128	12379	10163	6894
2008	22481	14346	11538	7811
2009	24693	15361	12685	8533
2010	27487	16559	14365	9274
2011	31520	19535	16707	10707
2012	35696	21720	18636	12326
2013	38671	21105	22396	13443
2014	42143	23032	24676	16163
2015	45499	25544	26838	17522
2016	48926	28313	28997	18864
2017	53057	29875	31436	20240
2018	57437	32366	34279	21708
2019	61940	35435	37413	23824
2020	64124	36384	39801	24482

注:1993 年以前城镇居民人均可支配收入栏数据为人均生活费收入;从 2013 年起,国家统计局开展了城乡一体化住户收支与生活状况调查,与 2012 年及以前的分城镇和农村住户调查的调查范围、调查方法、指标口径有所不同(以后各表同)。2013 年起农村居民家庭人均纯收入改为农村居民人均可支配收入。

Note:Per capita disposable income in city are per capita income of living expenes before1993;Per Capita Residents Net Income of Rural Residents Develop into Per Capita Disposable Income since 2013 and the investigation method also have adjustment。

3-2 主要年份市区城乡居民收支情况

Income and Consumption Expenditure of Urban and Rural Residents in Urban District

年份 Year	市区 Urban District			
	城镇居民 Urban Residents		农村居民 Rural Residents	
	人均可支配收入(元) Per Capita Dispossable Income(yuan)	人均生活消费支出(元) Per Capita Consumption Expenditure(yuan)	人均可支配收入(元) Per Capita Dispossable Income(yuan)	人均生活消费支出(元) Per Capita Consumption Expenditure(yuan)
1983	507	532		
1984	654	654		
1985	861	774	718	638
1986	1039	900	802	764
1987	1127	1052	1012	1012
1988	1403	1320	1274	1125
1989	1613	1530	1552	1382
1990	1954	1685	1648	1345
1991	2035	1764	1653	1442
1992	2439	2113	1800	1455
1993	3585	2604	2162	1595
1994	5368	4043	3110	2156
1995	6700	5105	3605	2828
1996	7141	5486	4088	3537
1997	7498	6276	4795	3594
1998	7921	6058	4236	3566
1999	8224	6198	4230	3671
2000	9240	6964	4527	3405
2001	10766	7609	5111	3607
2002	10757	7352	5136	4062
2003	12251	8727	6034	5083
2004	14392	10689	6953	5751
2005	15555	11116	7936	6133
2006	17129	11839	8890	6704
2007	19238	13016	10118	7535
2008	21177	14497	11493	8390
2009	22730	14691	12643	8930
2010	24815	15979	14333	10048
2011	29599	19570	16370	11918
2012	33626	21641	18264	14703
2013	34553	21326	21561	14226
2014	37673	23766	23689	16727
2015	40817	26409	25820	18134
2016	44101	28256	27807	18930
2017	47987	30043	30205	20173
2018	52036	32374	33001	21530
2019	56059	35557	35887	23618
2020	58224	36548	38375	24280

3－3　全市农村住户抽样调查基本情况（2013－2020年）

名　　称	Name	单位	2013	2014
一、调查户数	Number of Households Surveyed	户	835	851
二、常住人口	Number of Permanent Residents in the Households Surveyed	人	3033	3128
三、整半劳动力	Number of Able－bodied and Semi－able－bodied Laborers	人	2322	2437
四、劳动力文化程度	Educational Level of Labour Force			
1.未上过学	Illiteracy	人	162	157
2.小学	Primary School	人	743	776
3.初中	Junior Secondary School	人	1012	1004
4.高中	Senior Secondary School	人	273	320
5.大学专科	Junior College	人	97	133
6.大学本科	College	人	35	48
7.研究生	Master Graduate	人	0	0
五、劳动力本季度就业类型	Employment Type	%	100.0	100.0
1.雇主	Employer	%	3.8	2.1
2.公职人员	Civil Servant	%	0.6	0.7
3.事业单位人员	Government－affiliated Institutions Employee	%	1.7	1.2
4.国有企业雇员	State－owned Enterprise Employee	%	0.2	0.5
5.其他雇员	Others Employee	%	59.8	67.3
6.农业自营	Farmer Self－employment	%	19.4	17.3
7.非农自营	Non－farmer Self－employment	%	14.6	11.0
六、年末人均住房建筑面积	Per Capita Housing Construction Area	m2	71.55	72.46
七、生活设施状况	Living Faclities			
住宅内厕所状况(%)	Have Toilet	%	100.0	100.0
水冲式卫生厕所	Water Flush Health Toilet	%	88.6	92.4
水冲式非卫生厕所	Water Flush Non－health Toilet	%	2.1	0.5
卫生旱厕	Health Aqua	%	1.8	2.1
普通旱厕	Normal Aqua	%	6.9	4.9
无厕所	Others	%	0.6	0.2

Basic Conditions of the Sample Surveys on Rural Households (2013－2020)

2015	2016	2017	2018	2019	2020
821	820	810	869	870	870
3082	3139	3138	3314	3304	3299
2435	2536	2534	2690	2690	2731
135	138	124	100	95	94
787	761	744	933	926	950
976	1000	1007	947	937	936
311	359	351	308	312	309
167	208	226	261	275	285
58	68	79	140	144	156
2	3	4	3	1	1
100.0	100.0	100.0	100.0	100.0	100.0
1.2	1.7	1.9	2.7	1.7	1.1
0.5	0.9	0.7	0.7	0.6	0.4
1.2	1.2	1.4	3.2	3.0	2.0
0.4	0.8	0.7	0.8	0.8	0.5
70.9	70.6	71.4	72.1	74.9	79.2
15.1	14.3	13.1	10.1	9.4	6.9
10.6	10.6	10.9	10.5	9.7	9.9
71.66	68.20	69.35	72.95	73.23	73.46
100.0	100.0	100.0	100.0	100.0	100.0
96.6	97.7	98.3	98.8	99.8	99.9
0.6	0.4	0.4	0.6	0.0	0.0
0.9	0.9	0.6	0.3	0.0	0.0
1.6	1.0	0.7	0.0	0.2	0.1
0.2	0.1	0.1	0.2	0.0	0.0

3－4 全市城镇居民家庭基本情况
（2013－2020年）

名　称	Name	单位	unit	2013	2014
调查户数	Number of Households Surveyed	户	household	1019	1005
平均每户家庭人口数	Average Household Size	人	person	3.09	3.12
有收入者人数	Persons With Income	人	person	2.43	2.46
离退休人口数	Retired	人	person	0.46	0.50
无收入者人数	Persons Without Income	人	person	0.66	0.66
平均每户就业人口数	Average Employed Persons per Household	人	person	2.03	2.05
平均每户就业面	Percentage of Employed Persons per Household	%	%	65.67	65.79
平均每一就业者负担人数	Number of Persons Supported by Each Laborer	人	person	1.52	1.52
家庭总收入	Aggregate Income of Families	元	yuan		
其中:可支配收入	Per Capita Disposable Income	元	yuan	38671	42143
(一)工薪收入	Income from Wages and Salaries	元	yuan	25238	27341
(二)经营净收入	Net Income from Operations	元	yuan	4905	5393
(三)财产性收入	Property Income	元	yuan	3141	3429
(四)转移性收入	Transfer Income	元	yuan	5387	5979
消费性支出	Per Capita Expenditure for Consumption	元	yuan	21105	23032
食品	Food	元	yuan	6348	7001
衣着	Clothing	元	yuan	1455	1547
居住	Residence	元	yuan	4129	4434
家庭设备用品及服务	Facilities, Articles and Service	元	yuan	1348	1469
交通和通讯	Transportation and Communication	元	yuan	3700	3991
娱乐文教服务	Recreation, Cultural and Educational Service	元	yuan	2125	2394
医疗保健	Medicine and Medical Service	元	yuan	1454	1587
杂项商品和服务	Miscellaneous Commodities and Services	元	yuan	546	608
年末人均现住房建筑面积	Per Capita Floor Space of Residential Buildings at the End of Year	m^2	sq. m	39.45	38.19

Basic Statistics on Urban Households
(2013 - 2020)

2015	2016	2017	2018	2019	2020
1000	1001	995	1226	1230	1230
3.18	3.25	3.28	3.32	3.31	3.33
2.50	2.53	2.58	2.59	2.60	2.64
0.58	0.52	0.56	0.56	0.63	0.65
0.68	0.72	0.7	0.73	0.71	0.69
2.04	2.06	2.06	2.12	2.11	2.04
64.30	63.36	62.76	63.90	63.67	61.35
1.56	1.58	1.59	1.57	1.57	1.63
45499	48926	53057	57437	61940	64124
29313	30857	33476	36243	39022	40058
5772	6202	6185	6560	6935	6828
3736	4353	4756	5179	5645	6047
6678	7515	8640	9455	10338	11191
25544	28313	29875	32366	35435	36384
7662	7892	8440	8703	9502	9697
1645	1659	1719	1968	2105	2044
4820	5991	6062	7269	7980	8615
1563	1612	1784	1984	2127	2152
4828	6114	5952	6110	6526	6454
2732	2810	3195	3370	3890	4030
1662	1511	1795	2028	2301	2467
633	724	928	934	1005	924
38.94	39.14	39.62	41.26	41.90	42.47

3－5　主要年份全市城镇居民家庭每百户耐用消费品拥有量

名　称	Name	单　位	unit	1997	2009
摩托车	Motorcycle	辆	unit	5	34
助力车	Moped	辆	unit		71
家用汽车	Family Car	辆	unit		19
洗衣机	Washing Machine	台	unit	93	99
电冰箱	Regfrigerator	台	unit	97	100
彩色电视机	Color TV Set	台	unit	112	196
家用电脑	Home Computer	台	unit	3	86
组合音响	Hi－fi Stereo Component System	套	unit	19	33
摄像机	Vidicon	架	unit	1	7
照相机	Camera	架	unit	35	51
其他中高档乐器	Other Medium－to－High Grade Music Instrument	件	unit	4	5
微波炉	Oven	台	unit	18	88
空调器	Air Conditioner	台	unit	40	201
淋浴热水器	Shower	台	unit	61	105
消毒碗柜	Disinfecting Cupboard	台	unit		18
洗碗机	Bowls Washing Machine	台	unit		1
健身器材	Fitness Equipment	套	unit	2	5
普通电话	Ordinary Telephone	线	unit		94
移动电话	Mobile Telephone	部	unit	2	199
空气净化器(含新风系统)	Air Cleaner	台	unit		
吸尘器	Vacuum Cleaner	台	unit		

注:2017年起耐用消费品指标调整,增加空气净化器和吸尘器,减少消毒碗柜、摄像机、组合音响。

Every Hundred Urban Households Durable Consumer Goods Owership in Main Years

2010	2011	2012	2013	2014	2015	2016	2017	2018	2019	2020
34	32	32	26	34	29	25	24	14	11	12
75	82	86	71	104	108	112	116	122	124	125
22	32	37	52	52	57	64	70	81	71	75
99	97	99	98	88	93	96	98	99	103	104
100	99	100	98	94	97	100	103	105	107	108
199	191	193	190	198	200	203	207	208	210	209
92	109	116	111	109	108	116	112	100	100	100
33	23	23	12	13	11	11	—	—	—	—
7	7	8	9	5	5	6	—	—	—	—
54	51	52	52	42	43	41	40	24	24	23
6	3	4	7	6	6	8	8	9	11	12
89	86	86	84	73	75	78	81	76	79	80
208	226	234	234	207	221	234	240	266	266	265
107	109	110	116	100	102	108	111	120	117	119
18	21	21	17	11	13	13	—	—	—	—
1	2	2	2	1	1	1	1	2	3	3
6	4	5	4	5	6	6	7	13	15	15
94	74	73	70	66	59	52	46	17	12	12
204	218	224	223	252	255	267	270	280	283	283
							3	10	12	12
							11	28	30	30

Note: Since 2017, the range of durable consumer goods has been adjusted, air Cleaner and vacuum cleaners have been added, disinfection cupboards, cameras and combined audio have been eliminated.

3－6　分地区城镇居民家庭收支情况
（2020年）

项　目	Item	单位	Unit	全　市 Total	市　区 Urban District
可支配收入	Per Capita Disposable Income	元	yuan	64124	58224
1、工资性收入	Income from Wages and Salaries	元	yuan	40058	33858
2、经营净收入	Net Income from Operations	元	yuan	6828	5523
3、财产净收入	Property Income	元	yuan	6047	4516
4、转移净收入	Transfer Income	元	yuan	11191	14327
消费支出	Per Capita Expenditure for Consumption	元	yuan	36384	36548
1、食品烟酒	Food	元	yuan	9697	10660
2、衣着	Clothing	元	yuan	2044	1880
3、居住	Residence	元	yuan	8615	7334
4、生活用品及服务	Facilities, Articles and Service	元	yuan	2152	2328
5、交通通信	Transportation and Communication	元	yuan	6454	6171
6、教育文化娱乐	Recreation, Cultural and Educational Service	元	yuan	4030	4073
7、医疗保健	Medicine and Medical Service	元	yuan	2467	3073
8、其他用品和服务	Miscellaneous Commodities and Services	元	yuan	924	1030

Income and Consumption Expenditure of Urban Households by Region (2020)

南湖区 Nanhu	秀洲区 Xiuzhou	嘉善县 Jiashan	海盐县 Haiyan	海宁市 Haining	平湖市 Pinghu	桐乡市 Tongxiang
58424	57915	65266	66006	67462	65797	62379
29621	42591	38750	38013	38393	44484	40380
5744	5502	10224	12706	11242	6691	8479
4323	4920	6913	3844	9111	3417	7050
18736	4902	9379	11443	8716	11205	6470
36948	35335	35818	38777	36048	34960	32243
10910	10179	9629	9528	10209	10157	9208
1835	1892	2104	2482	2310	1810	2441
7187	7438	9761	6507	7076	6579	6399
2761	1689	2154	2508	2383	1998	2293
6016	6324	5308	8987	6310	6517	4919
3857	4406	4314	4828	4492	4155	4127
3269	2571	1744	2975	2371	2749	2183
1113	836	804	962	897	995	673

3-7 主要年份全市农村居民家庭每百户耐用消费品拥有量

名称	Name	单位	unit	1997	2009
洗衣机	Washing Machine	台	unit	23	77
电冰箱	Refrigerator	台	unit	25	90
空调机	Air Conditioner	台	unit	2	117
电动自行车	Bicycle	辆	unit		73
摩托车	Motorcycle	辆	unit	24	110
生活用汽车	Family Car	辆	unit		5
固定电话机	Telephone	部	unit		105
移动电话	Mobile Telephone	部	unit		201
彩色电视机	Color TV Set	台	unit	46	175
照相机	Camera	架	unit	4	16
家用计算机	Home Computer	台	unit		47
其中:上网机	In Which: On Internet	台	unit		39
空气净化器(含新风系统)	Air Cleaner	台	unit		
吸尘器	Vacuum Cleaner	台	unit		

注:2017年起耐用消费品指标调整,增加空气净化器和吸尘器,减少消毒碗柜、摄像机、组合音响。

Every Hundred Rural Households Durable Consumer Goods Owership in Main Years

2010	2011	2012	2013	2014	2015	2016	2017	2018	2019	2020
79	87	89	88	80	90	96	100	100	102	104
94	102	102	97	89	98	101	105	111	112	113
129	167	171	188	160	193	212	226	257	270	266
82	113	120	124	133	149	160	164	160	169	171
110	89	88	68	59	59	51	46	27	22	21
8	20	24	41	42	49	56	61	86	75	79
103	102	99	78	66	60	54	46	21	12	11
213	259	264	273	260	286	303	306	323	322	320
181	206	210	213	192	212	224	233	229	234	234
18	22	25	28	23	25	24	23	17	17	17
56	73	79	86	97	100	105	96	91	88	88
49	68	74	78	88	94	99	90	84	82	82
							2	4	5	5
							6	20	22	23

Note: Since 2017, the range of durable consumer goods has been adjusted, air Cleaner and vacuum cleaners have been added, disinfection cupboards, cameras and combined audio have been eliminated.

3-8 分地区农村居民家庭收支情况
（2020年）

项 目	Item	单位	Unit	全 市 Total	市 区 Urban District
可支配收入	Per Capita Disposable Income	元	yuan	39801	38375
1、工资性收入	Income from Wages and Salaries	元	yuan	25451	21788
2、经营净收入	Net Income from Operations	元	yuan	9119	12061
3、财产净收入	Property Income	元	yuan	1664	2542
4、转移净收入	Transfer Income	元	yuan	3567	1984
消费支出	Per Capita Expenditure for Consumption	元	yuan	24482	24280
1、食品烟酒	Food	元	yuan	6892	6874
2、衣着	Clothing	元	yuan	1162	1281
3、居住	Residence	元	yuan	5348	4329
4、生活用品及服务	Facilities, Articles and Service	元	yuan	1417	1094
5、交通通信	Transportation and Communication	元	yuan	5229	6364
6、教育文化娱乐	Recreation, Cultural and Educational Service	元	yuan	1902	2137
7、医疗保健	Medicine and Medical Service	元	yuan	2010	1702
8、其他用品和服务	Miscellaneous Commodities and Services	元	yuan	521	500

Income and Consumption Expenditure of Rural Households by Region (2020)

南湖区 Nanhu	秀洲区 Xiuzhou	嘉善县 Jiashan	海盐县 Haiyan	海宁市 Haining	平湖市 Pinghu	桐乡市 Tongxiang
38856	38215	40741	40336	41129	39903	40358
23021	21430	24779	27671	28191	27727	23483
12294	11912	10373	7568	8155	7907	12706
1609	2870	2809	1454	1702	933	1089
1932	2003	2780	3643	3081	3336	3080
25663	23557	21457	26483	25152	23074	22883
7703	6409	6386	6876	7001	6706	6246
1390	1226	1235	1165	1380	902	1334
4511	4259	3959	6803	5481	4677	4319
1189	1048	1290	1883	1013	1326	1086
6059	6492	4353	5115	5688	4686	5588
1796	2252	2195	1864	2561	2169	2548
2184	1502	1514	2133	1408	2077	1233
831	369	525	644	620	531	529

3-9 价格指数(1980-2020年)(上年=100)
Price Indinces(1980-2020)
(Preceding Year = 100)

年份 Year	市区居民消费价格指数 General Consumer Price Index in Urban District	商品零售价格指数 Genera Retail Price Index of Commodities	工业生产者出厂价格指数 Producer Price Indices for Manufactured Goods	工业生产者购进价格指数 Producer Purchasing Price Indinces
1980	104.1	104.2		
1981	101.2	101.4		
1982	101.2	101.2		
1983	100.1	100.3		
1984	101.2	101.1		
1985	114.4	114.3		
1986	106.5	106.7		
1987	109.3	109.7		
1988	121.4	121.3		
1989	116.7	116.8		
1990	102.1	101.7		
1991	108.1	108.3		
1992	109.1	108.7		
1993	120.3	119.2		
1994	124.6	122.4		
1995	115.2	112.8		
1996	108.2	105.1		
1997	100.3	98.3		
1998	99.0	96.8		
1999	97.3	96.5		
2000	101.1	99.0		
2001	99.5	98.2		
2002	100.0	97.6	96.2	96.6
2003	100.7	101.0	104.2	108.8
2004	103.3	101.5	106.8	117.3
2005	101.5	100.9	101.9	104.6
2006	101.2	101.0	102.6	103.8
2007	103.7	103.4	102.5	106.0
2008	105.2	106.6	103.6	113.3
2009	99.1	98.2	94.8	92.2
2010	104.0	104.0	105.1	109.3
2011	105.5	105.0	103.9	106.3
2012	102.2	101.7	97.1	96.6
2013	101.7	100.7	98.3	96.6
2014	102.0	101.3	98.1	98.2
2015	101.0	101.0	96.4	94.5
2016	101.8	101.4	97.6	96.9
2017	102.2	101.1	107.1	113.4
2018	102.3	102.2	104.1	105.8
2019	102.9	102.2	98.7	97.3
2020	102.4	101.5	95.8	96.6

3-10 市区商品零售价格分类指数(2017-2020年)
Retail Price Indices by Category of Commodities in Urban District(2017-2020)

(上年=100) (Preceding Year = 100)

名称	Name	2017	2018	2019	2020
商品零售价格总指数	Retail Price Indices of Commodities	101.1	102.2	102.2	101.5
一、食品	Foods	100.1	102.8	107.1	108.8
粮食	# Grain	101.1	100.6	99.1	100.8
畜肉类	Livestock meat	98.3	98.0	124.2	132.0
禽肉类	Poulty	101.1	108.8	109.2	98.4
水产品	Aquatic Products	105.5	103.7	96.0	99.3
鲜菜	Fresh Vegetables	88.4	107.1	108.2	116.6
二、饮料、烟酒	Beverages,Tobacco and Liquor	102.0	102.1	100.8	99.7
三、服装、鞋帽	Garments,Shoes and Hats	101.1	101.3	101.1	101.9
四、纺织品	Textile Products	96.6	101.5	107.2	100.7
五、家用电器及音像器材	Home Electric Appliances and Acoustics Equipment	96.1	98.9	100.6	100.0
六、文化办公用品	Culture office Equipment	94.8	99.3	102.3	98.2
七、日用品	Articles for Daily Use	99.5	101.3	101.9	100.9
八、体育娱乐用品	Athletics and Amusement Goods	100.6	101.2	102.8	100.4
九、交通、通信用品	Transportation and Correspondence Goods	98.3	97.9	98.4	97.9
十、家具	Furniture	100.8	100.0	101.9	105.9
十一、化妆品	Cosmetics	101.5	104.8	96.1	100.6
十二、金银饰品	Gold and Silver Jewelry	100.9	97.9	108.5	119.7
十三、中西药品及医疗保健用品	Traditional Chinese and Western Medicines and Health Care Goods	107.6	105.8	103.2	97.3
十四、书报杂志及电子出版物	Books,Newspapers and Magazine and E-journal	101.3	103.8	102.9	100.0
十五、燃料	Fuels	108.9	110.1	97.8	90.8
十六、建筑材料及五金电料	Building Material and Handware and Electricity Material	104.4	103.1	100.6	100.4

3-11 市区居民消费价格分类指数(2010-2015年)
Consumer Price Indices by Category in Urban District (2010-2015)

(上年=100) (Preceding year=100)

名　称	Name	2010	2011	2012	2013	2014	2015
居民消费价格指数	Consumer Price Indices	104.0	105.5	102.2	101.7	102.0	101.0
1.食品类	Foods	107.0	110.9	104.9	104.6	103.1	102.0
粮食	Grain	116.8	113.5	102.3	100.3	102.6	103.2
肉禽及其制品	Meal, Poultry and Related Products	103.7	121.0	103.8	107.0	100.3	106.5
水产品	Aquatic Products	111.1	111.8	110.6	105.1	104.9	99.3
鲜菜	Fresh Vegetables	113.3	101.5	115.1	111.3	96.5	113.0
2.烟酒	Tobacco, Liquor and Articles	101.0	101.4	101.2	98.8	99.4	104.1
3.衣着	Clothing	98.3	100.4	101.1	101.5	103.5	101.2
4.家庭设备用品及维修服务	Householding Facilities, Articles and Reparing Service	98.7	105.0	104.3	101.9	101.0	101.7
5.医疗保健和个人用品	Health Care and Individual Articles	106.6	103.5	99.6	97.8	101.8	106.6
6.交通和通信	Transportation and Communication	100.5	100.3	100.5	99.5	99.9	95.8
7.娱乐教育文化用品及服务	Recreation, Education, Cultural Articles and Services	102.1	103.3	101.4	102.4	102.2	98.7
8.居住	Residence	107.2	106.1	100.6	100.0	101.8	101.7

3－12 市区居民消费价格分类指数(2017－2020年)

Consumer Price Indices by Category in Urban District (2017－2020)

(上年＝100) (Preceding year＝100)

名　称	Name	2017	2018	2019	2020
居民消费价格总指数	Consumer Price Indices	102.2	102.3	102.9	102.4
一、食品烟酒	Foods ,Tobacco,Liquor and Articles	100.5	102.7	106.7	108.6
1.食品	Foods	99.0	102.6	107.3	108.8
2.粮 食	Grain	101.1	100.6	99.1	100.8
3.鲜 菜	Fresh Vegetables	88.4	107.1	108.2	116.6
4.畜 肉	Livestock meat	98.3	98.0	124.2	132.0
5.水 产 品	Aquatic Products	105.4	103.7	95.9	99.4
二、衣着	Clothing	101.2	101.7	101.2	102.0
三、居住	Residence	106.6	102.2	100.6	98.6
四、生活用品及服务	Daily necessities and services	99.4	103.0	101.1	101.5
五、交通和通信	Transportation and Communication	100.5	100.8	98.3	96.0
六、教育文化和娱乐	Education,Cultural Articles and Services	102.4	103.5	104.4	101.4
七、医疗保健	Health Care	102.6	102.2	103.0	101.5
八、其他用品和服务	others	100.7	100.3	103.4	104.6

3－13 全市原材料燃料动力购进价格指数(2017－2020年)

Purcasing Price Index Of Raw Materials Fuels And Power (2017－2020)

(上年＝100) (Preceding year＝100)

名 称	Name	2017	2018	2019	2020
全部原材料	Material Of Industrial Products	113.4	105.8	97.3	96.6
1.燃料、动力类	Furl and Power	108.4	102.2	99.3	96.0
2.黑色金属材料类	Ferrous Metals	129.5	108.8	95.5	97.6
钢材	Rolled－steel	130.4	109.0	95.4	97.8
其它	Others	120.6	106.6	96.5	95.2
3.有色金属材料及电线类	Nonferrous Metals and Electric Wire	119.5	106.0	96.1	101.8
4.化工原料类	Chemical Raw Materials	118.4	107.7	91.7	89.7
5.木材及纸浆类	Wood and Paqer Pulqs	117.5	109.1	94.3	98.3
6.建筑材料及非金属类	Building Materials and Nonmetals	119.6	126.4	95.9	95.9
7.其它工业原材料及半成品类	Other Industrial Raw and Processed Materials	113.9	106.8	95.4	95.7
8.农副产品类	Farm and Sideline Products	94.8	101.4	114.6	122.8
9.纺织原料类	Textile Raw Material	102.8	102.6	98.5	94.6

3－14 全市工业品出厂价格指数(2017－2020 年)

Factory Price Index Of Industrial Products (2017－2020)

(上年＝100) (Preceding year＝100)

名 称	Name	2017	2018	2019	2020
全部工业品	Factory Price Index Of Industrial Products	107.08	104.06	98.75	95.75
农副食品加工业	Farm Byproduct Processing	97.22	99.39	108.86	123.72
食品制造业	Food Production	110.84	99.03	104.33	97.39
纺织业	Textile Industry	104.19	103.83	101.29	94.66
纺织服装、服饰业	Textile Garments, accessories Production	99.69	101.35	102.09	100.29
皮革、毛皮、羽毛及其制品和制鞋业	Leather, Furs, Down and Related Products	99.51	99.74	103.96	98.11
木材加工和木、竹、藤、棕、草制品业	Timber Processing, Bamboo, Cane, Palm Fiber and Straw Products	111.81	106.48	92.67	95.83
家具制造业	Furniture Manufacturing	100.44	99.69	102.68	99.03
造纸和纸制品业	Papermaking and Paper Products	124.84	103.69	90.70	100.28
印刷和记录媒介复制业	Printing and Record Medium Reproduction	100.50	100.31	101.32	99.03
文教、工美、体育和娱乐用品制造业	Cultural, Educational and Sports Goods	99.98	101.27	102.06	100.87
石油、炼焦和核燃料加工业	Petroleum Processing and Coking	101.53	105.58	94.99	94.51
化学原料和化学制品制造业	Raw Chemical Material and Chemical Products	111.66	108.65	96.32	89.23
医药制造业	Medical and Pharmaceutical Products	102.36	107.30	103.48	100.04
化学纤维制造业	Chemical Fiber	123.84	116.22	92.76	75.67
橡胶和塑料制品业	Rubber and Plastic Mineral Products	107.22	102.36	97.05	94.68
非金属矿物制品业	Nonmetal Mineral Products	106.10	114.13	103.11	104.02
黑色金属冶炼和压延加工业	Smelting and Pressing of Ferrous Metals	124.21	110.40	94.27	98.08
有色金属冶炼和压延加工业	Smelting and Pressing of Nonferrous Metals	129.34	105.78	84.33	100.06
金属制品业	Metal Products	117.75	106.34	98.75	100.42
通用设备制造业	All－Proposes Equipment	105.84	105.06	100.04	99.23
专用设备制造业	Special－Proposes Equipment	99.35	102.26	99.81	99.10
汽车制造业	Automobile industry	100.48	98.32	99.64	95.96
电气机械和器材制造业	Electric Equipment and Machinery	99.50	93.54	91.28	93.99
计算机、通信和其他电子设备制造业	Computer, Communication Equipment and Other Electron Equipment	101.34	98.79	102.18	96.20
仪器仪表制造业	Instuments, Meters, Cultural and Office Machinery	100.42	97.72	100.02	103.43
废弃资源综合利用业	Recovry of Resource Discarded Material	108.20	101.78	102.76	－
电力、热力生产和供应业	Production and Supply of Electric Power, Gas and Water	100.31	99.35	100.18	97.00

3－15　全市分行业非私营单位在岗职工平均工资
Average Wage of Employees in non－private Units by Sector

单位:元/人　　(yuan per person)

行　业	Sector	2017	2018	2019
总　计	Total	80580	90342	97767
一、按企业、事业机关分	Grouped by Enterprises, Institutions and Agencies			
企业	Enterprises	68477	76188	82156
事业	Institutions	133205	144259	153914
机关	Agencies and Organizations	163749	188271	193055
二、按行业分	Grouped by Sector			
农、林、牧、渔业	Farming, Forestry, Animal Husbandry and Fishery	58757	47322	66386
采矿业	Mining			
制造业	Manufacturing	62291	68677	75226
电力、煤气及水的生产和供应业	Production and Supply of Electricity, Gas and Water	121123	129271	128534
建筑业	Construction	62054	79508	76578
批发与零售业	Wholesale and Retail	73979	80624	92158
交通运输、仓储和邮政业	Transport, Storage and Postal Services	78000	84598	92661
住宿和餐饮业	Hotels and Restaurants	50265	55710	55918
信息传输、软件和信息技术服务业	Information Transmission, Computer Services and Software	104881	135277	140574
金融业	Financing	152247	164493	172398
房地产业	Real Estate	69569	77265	77245
租赁与商务服务业	Tenancy and Business Services	55041	60183	65581
科学研究、技术服务与地质勘查业	Scientific Research, Technical Services and Geological Prospecting	154340	163919	175736
水利、环境和公共设施管理业	Water Conservancy, Environment and Public Utility Managemet	62017	71253	72910
居民服务和其他服务业	Resident Services and Other Services	76404	68420	79525
教育	Education	127224	137275	143443
卫生、社会保障和社会福利业	Public Health, Social Security and Social Welfare	129297	142099	151844
文化、体育与娱乐业	Culture, Sports and Recreation	100192	111163	118406
公共管理与社会组织	Public Administration and Social Organizations	149488	164031	178136
国际组织	International Organizations			

注:2008 年度起职工平均工资为在岗职工平均工资,自 2013 年度起在岗职工含劳务派遣工,本表不含私营单位(下同)。由于国家劳动工资制度改革,2020 年指标修订,详见 3－19 表。

Nota: The Average Wage Of Staff And Workers Since 2008, Since 2013 The Staff Includes Dispatched Workers; This Table Does Not Include the Private Unit. Due to the reform of national labor wage system, indicators has been revised in 2020, as show in table 3－19.

3－16 市区分行业非私营单位在岗职工平均工资
Average Wage of Employees in non－private Units in Urban District by Sector

单位:元/人 (yuan per person)

行　业	Sector	2017	2018	2019
总　计	Total	82797	96508	108141
一、按企业、事业机关分	Grouped by Enterprises, Institutions and Agencies			
企业	Enterprises	72931	84076	90376
事业	Institutions	136659	152147	157791
机关	Agencies and Organizations	157970	175477	183325
二、按行业分	Grouped by Sector			
农、林、牧、渔业	Farming, Forestry, Animal Husbandry and Fishery	45362	61248	69821
采矿业	Mining			
制造业	Manufacturing	63825	71006	82649
电力、煤气及水的生产和供应业	Production and Supply of Electricity, Gas and Water	131349	148523	112234
建筑业	Construction	54189	76965	64239
批发与零售业	Wholesale and Retail	84036	95722	112821
交通运输、仓储和邮政业	Transport, Storage and Postal Services	78258	84257	95810
住宿和餐饮业	Hotels and Restaurants	50110	56076	60318
信息传输、软件和信息技术服务业	Information Transmission, Computer Services and Software	104446	137582	150197
金融业	Financing	153570	160948	192240
房地产业	Real Estate	66523	74344	80948
租赁与商务服务业	Tenancy and Business Services	56547	63961	71679
科学研究、技术服务与地质勘查业	Scientific Research, Technical Services and Geological Prospecting	113216	122519	144594
水利、环境和公共设施管理业	Water Conservancy, Environment and Public Utility Managemet	50221	74905	66212
居民服务和其他服务业	Resident Services and Other Services	60567	46995	60476
教育	Education	119119	135322	144959
卫生、社会保障和社会福利业	Public Health, Social Security and Social Welfare	137557	155826	163623
文化、体育与娱乐业	Culture, Sports and Recreation	107654	116804	132915
公共管理与社会组织	Public Administration and Social Organizations	147733	160935	171979
国际组织	International Organizations			

注:由于国家劳动工资制度改革,2020 年指标修订,详见 3－19 表。
Nota: Due to the reform of national labor wage system, indicators has been revised in 2020, as show in table 3－19.

3－17　规模以上私营单位分行业从业人员及在岗职工平均工资（2020年）

指　标	Item
总　计	Total
按行业分	Grouped by Sector
农、林、牧、渔业	Farming, Forestry, Animal Husbandry and Fishery
采矿业	Mining
制造业	Manufacturing
电力、煤气及水的生产和供应业	Production and Supply of Electricity, Gas and Water
建筑业	Construction
批发与零售业	Wholesale and Retail
交通运输、仓储和邮政业	Transport, Storage and Postal Services
住宿和餐饮业	Hotels and Restaurants
信息传输、软件和信息技术服务业	Information Transmission, Computer Services and Software
金融业	Financing
房地产业	Real Estate
租赁与商务服务业	Tenancy and Business Services
科学研究、技术服务与地质勘查业	Scientific Research, Technical Services and Geological Prospecting
水利、环境和公共设施管理业	Water Conservancy, Environment and Public Utility Managemet
居民服务和其他服务业	Resident Services and Other Services
教育	Education
卫生、社会保障和社会福利业	Public Health, Social Security and Social Welfare
文化、体育与娱乐业	Culture, Sports and Recreation

Average Wage of Employees and Fully Employed Staff in Private Units above Designated Size by Sector (2020)

全市 Total		市区 Urban District	
单位从业人员平均工资 Average Wage of Employees	在岗职工平均工资 Average Wage of Fully Employed Staff and Workers	单位从业人员平均工资 Average Wage of Employees	在岗职工平均工资 Average Wage of Fully Employed Staff and Workers
68365	69741	69566	71691
68569	68996	67821	68491
87457	88384	79501	81126
67453	68183	65905	66940
75738	76932	82478	83527
70262	72413	69015	67898
49840	51235	53503	54610
103077	111579	101283	111117
79708	86644	83688	92434
64491	67102	60354	65262
103297	106498	102354	106192
43361	53116	38853	52723
36399	49488	65552	66135
98590	98286	83466	73563
104928	105122	96691	100586
79313	79964	58639	53812

3－18　分地区规模以上私营单位分行业从业人员平均工资（2020年）

单位:元/人

指　标	Item	全市 Total	市区 Urban District
总　计	Total	68365	69566
按行业分	Grouped by Sector		
农、林、牧、渔业	Farming, Forestry, Animal Husbandry and Fishery		
采矿业	Mining		
制造业	Manufacturing	68569	67821
电力、煤气及水的生产和供应业	Production and Supply of Electricity, Gas and Water	87457	79501
建筑业	Construction	67453	65905
批发与零售业	Wholesale and Retail	75738	82478
交通运输、仓储和邮政业	Transport, Storage and Postal Services	70262	69015
住宿和餐饮业	Hotels and Restaurants	49840	53503
信息传输、软件和信息技术服务业	Information Transmission, Computer Services and Software	103077	101283
金融业	Financing		
房地产业	Real Estate	79708	83688
租赁与商务服务业	Tenancy and Business Services	64491	60354
科学研究、技术服务与地质勘查业	Scientific Research, Technical Services and Geological Prospecting	103297	102354
水利、环境和公共设施管理业	Water Conservancy, Environment and Public Utility Managemet	43361	38853
居民服务和其他服务业	Resident Services and Other Services	36399	65552
教育	Education	98590	83466
卫生、社会保障和社会福利业	Public Health, Social Security and Social Welfare	104928	96691
文化、体育与娱乐业	Culture, Sports and Recreation	79313	58639

Average Wage of Employees in Private Units above Designated Size by Sector and Region (2020)

Unit: yuan per person

南湖区 Nanhu	秀洲区 Xiuzhou	嘉善县 Jiashan	海盐县 Haiyan	海宁市 Haining	平湖市 Pinghu	桐乡市 Tongxiang
71022	67736	72087	68635	70158	64100	65386
68414	67302	73676	65173	70550	64773	66503
84529	64466	88013	108000	90658	98715	45727
67775	60846	70770	66985	79557	65850	57847
77401	87988	59756	59431	75208	69368	76575
67708	69651	73782	72125	72956	73968	62399
53263	54248	43210	44185	50257	47764	52805
102538	80896	110930			113087	150548
94241	71246	90911	80012	92522	75536	59762
60388	60318	59098	80441	54707	63317	135031
106089	88655	48448	88424	96130	98642	167029
40362	34593	59192	38233	35921	30010	54392
74206	49752	46152	28268	59268	32177	48717
73563	109875	62278	45500	62707	72000	111070
102153	61879	92697	67712	124229	107967	86831
56105	60931	46921	44115	133532	45136	46234

3-19 分地区规模以上私营单位分行业在岗职工平均工资（2020 年）

单位:元/人

指标	Item	全市 Total	市区 Urban District
总计	Total	69741	71691
按行业分	Grouped by Sector		
农、林、牧、渔业	Farming, Forestry, Animal Husbandry and Fishery		
采矿业	Mining		
制造业	Manufacturing	68996	68491
电力、煤气及水的生产和供应业	Production and Supply of Electricity, Gas and Water	88384	81126
建筑业	Construction	68183	66940
批发与零售业	Wholesale and Retail	76932	83527
交通运输、仓储和邮政业	Transport, Storage and Postal Services	72413	67898
住宿和餐饮业	Hotels and Restaurants	51235	54610
信息传输、软件和信息技术服务业	Information Transmission, Computer Services and Software	111579	111117
金融业	Financing		
房地产业	Real Estate	86644	92434
租赁与商务服务业	Tenancy and Business Services	67102	65262
科学研究、技术服务与地质勘查业	Scientific Research, Technical Services and Geological Prospecting	106498	106192
水利、环境和公共设施管理业	Water Conservancy, Environment and Public Utility Managemet	53116	52723
居民服务和其他服务业	Resident Services and Other Services	49488	66135
教育	Education	98286	73563
卫生、社会保障和社会福利业	Public Health, Social Security and Social Welfare	105122	100586
文化、体育与娱乐业	Culture, Sports and Recreation	79964	53812

Average Wage of Fully Employed Staff in Private Units above Designated Size by Sector and Region

(2020)

Unit: yuan per person

南湖区 Nanhu	秀洲区 Xiuzhou	嘉善县 Jiashan	海盐县 Haiyan	海宁市 Haining	平湖市 Pinghu	桐乡市 Tongxiang
73128	69919	73118	70194	71237	66159	66147
68883	68154	73565	65666	71749	65231	66650
87017	64608	89109	108000	90658	98715	45727
67141	66011	79748	63751	79573	65941	57092
78034	89430	62046	59840	76142	70631	77196
67026	68392	74022	69569	73542	74120	77108
54887	53765	44068	44734	53129	51271	53142
113238	80896	110930			113087	150548
110249	73626	88637	93442	107567	92964	59990
68694	62197	61426	89303	54830	65584	135031
108972	95513	48969	88697	103477	99108	170263
50746	69412	59192	37694	38125	30010	111739
74206	50692	46152	28268	59268	67064	48717
73563	–	62278	45500	62707	72000	111070
105948	61858	92697	67712	123920	101716	86831
56260	50918	46921	44225	140652	41294	47113

3-20 全市在岗职工与离退休人员保险福利费用 (2006-2020年)

指　　标	Item	2006	2007	2008
1、年末离退休退职人数(人)	Number of Retired Veterans, Retired and Resigned Persons at the End of Year (person)	203755	216553	231361
(1)离休人数	Number of Retired Veterans	1426	1279	1226
(2)退休人数	Number of Retired Persons	199254	212197	227113
(3)领取定期生活费退职人员	Resigned Persons Receiving Regular Living Expense Allowance	3075	3077	3022
2、保险福利费用总计(千元)	Total Insurance and Welfare Funds (1 000 yuan)	2056130	2429550	2933100
(1)离休金	Funds for Retired Veterans	26800	31900	32680
(2)退休金	Funds for Retired Persons	2008520	2374290	2872740
(3)退职生活费	Living Expense of Resigned Persons	20810	23360	27680
(4)医疗卫生费	Medical Expenses			
(5)其他	Others			

注:资料来源嘉兴市人力资源和社会保障局。

Insurance and Welfare Funds of Fully Employed Staff and Workers and Retired Persons (2006 – 2020)

2009	2010	2011	2012	2013	2014	2015	2016	2017	2018	2019	2020
248347	262231	276617	414391	458954	502224	550883	597324	656838	712199	756399	793913
1175	1101	1011	930	887	817	745	640	601	525	473	416
244170	258122	272641	411122	455752	498329	546573	593580	653077	708382	752626	780223
3002	3008	2965	2339	2315	3078	3565	3104	3160	3292	3300	3641
3369740	3860800	4800630	7048430	9371870	11526760	14247460	16056320	19944400	22698480	25251370	28020130
31760	28000	27800	25780	25090	23110	23560	21370	25170	20540	23420	16350
3307540	3797730	4729540	6973920	9294490	11435520	14148470	15953440	19678210	22584250	25129240	27846650
30440	35070	43290	48730	52290	68130	75430	81510	83650	93690	98710	109130

Note: Data from Jiaxing labor and social security Bureau.

3-21 市区在岗职工与离退休人员保险福利费用
(2006-2020年)

指 标	Item	2006	2007	2008
1、年末离退休退职人数(人)	Number of Retired Veterans, Retired and Resigned Persons at the End of Year (person)	88398	94194	99789
(1)离休人数	Number of Retired Veterans	683	650	628
(2)退休人数	Number of Retired Persons	86727	92560	98201
(3)领取定期生活费退职人员	Resigned Persons Receiving Regular Living Expense Allowance	988	984	960
2、保险福利费用总计(千元)	Total Insurance and Welfare Funds (1 000 yuan)	855300	996420	1201790
(1)离休金	Funds for Retired Veterans	13630	16810	18410
(2)退休金	Funds for Retired Persons	834430	971650	1174510
(3)退职生活费	Living Expense of Resigned Persons	7240	7960	8870
(4)医疗卫生费	Medical Expenses			
(5)其他	Others			

Insurance and Welfare Funds of Fully Staff and Workers and Retired Persons in Urban District (2006 – 2020)

2009	2010	2011	2012	2013	2014	2015	2016	2017	2018	2019	2020
107010	113795	121650	133573	142931	151206	159382	166435	178396	189700	200336	207423
602	570	536	508	470	438	404	366	331	293	264	238
105463	112288	120199	132155	141579	149906	158131	165199	177162	188512	199197	206347
945	937	915	910	882	862	847	870	903	895	875	838
1378540	1585720	2023790	2658780	3416960	3994670	4684910	4938710	5954080	6704350	7377250	8254410
32680	14960	15960	14500	13260	12960	13600	12490	13900	11050	14330	9900
1350920	1559500	1994240	2628880	3384440	3961310	4648180	4902730	5908390	6665890	7336210	8218110
10210	11260	13590	15400	19260	20400	23130	23490	31790	27410	26710	26400

3-22 全市社会保险参保人员基本情况
(2014-2020年)

项　目	Item	2014
基本养老保险参保人数	Number of Basic Endowment Insurance Participants	304.30
城镇职工基本养老保险参保人数	Insured Number of Basic Endowment Insurance for Urban Employees	231.52
#企业职工基本养老保险参保人数	Insured Number of Basic Endowment Insurance for Enterprise Employees	221.22
机关事业单位参保人数	Insured Number of Institutions	10.31
城乡居民社会养老保险参保人数	Number of Urban and Rural Residents Covered by Social Endowment Insurance	72.77
基本医疗保险参保人数	Number of Basic Medical Insurance Participants	380.49
#职工基本医疗保险参保人数	Number of Employees Participating in Basic Medical Insurance	192.59
城乡居民基本医疗保险参保人数	Number of Urban and Rural Residents Participating in Basic Medical Insurance	187.90
失业保险参保人数	Number of People Covered by Unemployment Insurance	110.78
工伤保险参保人数	Insured Number of Work Injury Insurance	161.56
生育保险参保人数	Number of Persons Covered by Maternity Insurance	134.76

注:资料来源嘉兴市人力资源和社会保障局、嘉兴市医疗保障局。

Basic Statistics of Persons Participating in Social Insurance (2014 – 2020)

2015	2016	2017	2018	2019	2020
297.70	290.33	304.71	317.98	328.37	340.59
227.25	221.72	237.91	252.31	263.28	277.16
216.76	210.78	223.86	237.92	248.69	262.28
10.49	10.94	14.06	14.37	14.59	14.88
70.45	68.61	66.79	65.69	65.09	63.43
381.33	386.94	393.08	403.14	413.32	423.53
199.26	208.51	216.52	229.58	242.99	255.16
182.07	178.43	176.56	173.56	170.33	168.37
114.93	118.73	122.10	144.00	149.03	156.37
164.92	169.37	175.29	168.35	194.36	228.53
137.44	145.56	151.10	142.37	156.44	164.57

Nota: Data come from Jiaxing Municipal Bureau of Human Resources and Social Security、Jiaxing Municipal Bureau of Healthcare Security.

3-23 全市社会工作单位基本情况（2011-2020年）

项目		Item	2011	2012
提供住宿的社会服务机构	个	Social Service Institutions Providing Accommodation(unit)	101	104
#养老机构	个	Pension Institutions(unit)	98	96
精神疾病服务机构	个	Psychiatric Services(unit)		
儿童福利和救助机构	个	Child Welfare and Relief Agencies(unit)	2	5
其他提供住宿机构	个	Other(unit)	1	3
社会服务机构床位数	张	Number of Beds in Social Service Institutions (bed)	15852	19623
#养老机构	张	Pension Institutions(bed)	15524	17409
精神疾病服务机构	张	Psychiatric Services(bed)		
儿童福利和救助机构	张	Child Welfare and Relief Agencies(bed)	170	1895
其他提供住宿机构	张	Other(bed)	156	319
社会服务机构收养人数	人	Number of Adoptions by Social Service Institutions (person)	6475	7083
#养老机构	人	Pension Institutions(person)	6356	6340
精神疾病服务机构	人	Psychiatric Services(person)		
儿童福利和救助机构	人	Child Welfare and Relief Agencies(person)	57	579
其他提供住宿机构	人	Other(person)	60	164
殡葬服务机构	个	Funeral and Interment Institutions(unit)	19	19
婚姻登记机构	个	Marriage Registration Institutions(unit)	6	6

注：资料来源嘉兴市民政局，自2015年起提供住宿的社会服务机构口径调整。

Basic Information of Social Work Units
(2011 - 2020)

2013	2014	2015	2016	2017	2018	2019	2020
108	111	83	83	85	87	89	97
104	109	81	81	83	85	87	87
2	2	2	2	2	2	2	4
2							6
22965	26117	21989	22918	25003	26115	25015	32366
22483	25897	21669	22598	24683	25795	24695	30767
170	220	320	320	320	320	320	322
312							1277
10208	10196	8812	9952	10729	10763	11421	11978
9946	10138	8754	9894	10671	10705	11363	11670
58	58	58	58	58	58	58	58
204							250
19	19	19	19	19	18	18	19
6	6	6	6	6	6	6	5

Note: Data come from Jiaxing Municipal Bureau of Civil Affairs, the indicator caliber of social service institutions providing accommodation has been adjusted since 2015.

3－24　主要年份全市享受国家抚恤、补助及救济情况

项　目	Item	单位	Unit	1985	2008
享受定期抚恤人数	Persons Receiving Periodical Commiseration	人	person	206	287
其中:伤残人员人数	Among them: the number of disabled persons	人	person	955	1070
享受定期抚恤补助人数	Number of persons enjoying regular benefits	人	person	1231	4735
其中:在乡复员军人人数	Among them: the number of demobilized soldiers in the countryside	人	person	989	2368
其中:带病回乡退伍军人人数	Among them: the number of veterans returning home with illness	人	person	242	1364
社会困难户得到国家临时救济人次数	Number of Persons in Poor Households Receiving Temporary Governmental Relief Funds	人次	person	28159	16970
精减退职职工得到救济人数	Number of Laid－off and Retired Staff and Workers Receiving Relief Funds	人	person	678	383
享受原工资40%精减职工人数	Number of Laid－off Staff and Workers Receiving 40 Percent of Their Original Wages	人	person	319	81
享受定期定量救济人数	Persons Receiving Periodical and Fixes Quantities Almsgiving	人	person	359	439
享受城镇最低生活保障人数	Number of Town Residents Covered by Lowest Welfare	人	person		7584
享受城镇最低生活保障金额	Fund of Town Lowest Welfare	万元	10 000 yuan		2073
享受农村最低生活保障人数	Number of Rural Residents Covered by Lowest Welfare	人	person		28305
享受农村最低生活保障金额	Fund of Rural Lowest Welfare	万元	10 000 yuan		4013

Persons Enjoying Subsidy and Commiseration of Country in Main Years

2009	2010	2011	2012	2013	2014	2015	2016	2017	2018	2019	2020
286	283	290	295	314	328	325	339	345	1402	1440	1353
1078	1079	1079	1085	1085	1112	1161	1181	1091	1116	1157	1165
4944	5194	6335	9740	10074	11103	11816	12923	13449	15567	16427	17120
2152	2040	1961	1786	1531	1422	1177	1065	991	668	601	500
1612	1842	1837	550	951	732	204	194	211	244	303	328
25798	18598	22017	106587	112767	140224	146593	206593	211540	37220	12848	8404
371	365	323	285	211	195	182	174	149	154	132	131
69	62	49	40	37	35	20	20	16	24	18	15
381	371	275	262	276	246	226	217	179	97	29	34
7579	7302	7399	6526	5750	4807	4495	5540	5444	5251	4807	4465
1947	2406	2798	2810	2949	2491	2536	2994	3646	4212	3900	4065
28142	27529	26539	23198	21208	17876	16950	22419	21880	23401	21565	18176
4629	5398	6813	6567	7760	6710	8826	10580	12866	13861	15871	15701

3-25 分地区享受国家抚恤、补助及救济情况

(2020 年)

项 目	Item	单位	Unit	全 市 Total
享受定期抚恤人数	Persons Receiving Periodical Commiseration	人	person	1353
其中:伤残人员人数	Among them: the number of disabled persons	人	person	1165
享受定期抚恤补助人数	Number of persons enjoying regular benefits	人	person	17120
其中:在乡复员军人人数	Among them: the number of veterans returning home with illness	人	person	500
其中:带病回乡退伍军人人数	Among them: the number of demobilized soldiers in the countrysides	人	person	328
社会困难户得到国家临时救济人次数	Number of Persons in Poor Households Receiving Temporary Governmental Relief Funds	人次	person	8404
精减退职职工得到救济人数	Number of Laid - off and Retired Staff and Workers Receiving Relief Funds	人	person	131
享受原工资 40% 精减职工人数	Number of Laid - off Staff and Workers Receiving 40 Percent of Their Original Wages	人	person	15
享受定期定量救济人数	Persons Receiving Periodical and Fixes Quantities Almsgiving	人	person	34
享受城镇最低生活保障人数	Number of Town Residents Covered by Lowest Welfare	人	person	4465
享受城镇最低生活保障金额	Fund of Town Lowest Welfare	万元	10 000 yuan	4065
享受农村最低生活保障人数	Number of Rural Residents Covered by Lowest Welfare	人	person	18176
享受农村最低生活保障金额	Fund of Rural Lowest Welfare	万元	10 000 yuan	15701

Persons Enjoying Subsidy and Commiseration of Country By Region (2020)

市区 Urban District	嘉善 Jiashan	海盐 Haiyan	海宁 Haining	平湖 Pinghu	桐乡 Tongxiang
401	126	145	251	175	255
333	114	127	219	156	216
2867	1666	1940	4706	2302	3639
90	22	84	131	69	104
73	35	38	76	57	49
418	1719	330	862	3692	1383
18	13	35	10	3	52
	3	4	5	1	2
1	10			1	22
1438	567	376	702	942	440
1165	496	379	595	1020	411
3576	2712	1913	3157	2791	4027
2747	2368	1743	2690	2959	3195

3－26 主要年份全市婚姻登记情况

项 目	Item	单位	Unit	1985	2008
一、结婚登记	Registered Marriage	对	couple	39533	23553
(一)内地居民登记结婚	Inland Residents Registered Marriage	对	couple	39533	23502
初婚人数	First Marriage Persons	人	person	77996	40677
再婚人数	Remarriage Persons	人	person	1070	6327
其中:男性	Male	人	person	446	3138
其中:恢复结婚	Female	对	couple	41	298
(二)涉外及华侨、港澳台居民登记结婚	Foreigners, Overseas Chinese and Residents from Hongkong ,Macao and Taiwan	对	couple		51
内地居民	Inland Residents	人	person		50
其中:男性	Male	人	person		3
香港居民	Residents from Hongkong	人	person		1
澳门居民	Residents from Macao	人	person		0
台湾居民	Residents from Taiwan	人	person		11
华侨	Overseas Chinese	人	person		2
外国人	Foreigners	人	person		38
二、离婚登记	Registered Divorce	对	couple	390	5690
(一)内地居民登记离婚	Inland Residents Registered Divorce	对	couple	390	5686
(二)涉外及华侨、港澳台居民登记离婚	Overseas Chinese, Residents from Hongkong ,Macao and Taiwan	对	couple		4

Statistics on Marriages Registration in Main Years

2009	2010	2011	2012	2013	2014	2015	2016	2017	2018	2019	2020
27491	25844	29350	28825	28309	28218	26767	24585	23559	22928	20581	19479
27445	25793	29287	28762	28237	28152	26711	24533	23510	22864	20518	19451
46311	41738	48527	48220	47642	46489	42072	41459	39302	38004	30880	29455
8579	9848	10047	9304	8976	9815	11462	8173	7718	7852	7398	6903
4531	4880	4420	4262	4445	4855	5694	4002	3733	4083	3505	3219
414	626	628	787	342	887	891	395	1374	1388	1379	1272
46	51	63	63	72	66	56	52	49	64	63	28
44	50	63	62	71	65	53	51	49	62	63	28
5	3	6	8	12	2		8	2	12	13	6
4	4	1	1	4	3		2	4	3	1	1
0	0	0	0	0	0		1	0	0	1	
8	13	16	20	21	19	21	14	13	15	24	6
5	5	1	1	4	1	1	2	0	2	0	
31	30	45	42	44	44	37	34	32	46	37	21
6071	6065	6098	6509	7045	7209	7325	8022	8909	8639	8401	8188
6062	6059	6091	6501	7034	7203	7315	8009	8903	8626	8387	8182
9	6	7	8	11	6	10	13	6	13	14	6

3－27　分地区婚姻登记情况
（2020 年）

项　目	Item	单位	Unit	全　市 Total
一、结婚登记	Registered Marriage	对	couple	19479
（一）内地居民登记结婚	Inland Residents Registered Marriage	对	couple	19451
初婚人数	First Marriage Persons	人	person	29455
再婚人数	Remarriage Persons	人	person	6903
其中:男性	Male	人	person	3219
其中:恢复结婚	Female	对	couple	1272
（二）涉外及华侨、港澳台居民登记结婚	Foreigners, Overseas Chinese and Residents from Hongkong ,Macao and Taiwan	对	couple	28
内地居民	Inland Residents	人	person	28
其中:男性	Male	人	person	6
香港居民	Residents from Hongkong	人	person	1
澳门居民	Residents from Macao	人	person	
台湾居民	Residents from Taiwan	人	person	6
华侨	Overseas Chinese	人	person	
外国人	Foreigners	人	person	21
二、离婚登记	Registered Divorce	对	couple	8188
（一）内地居民登记离婚	Inland Residents Registered Divorce	对	couple	8182
（二）涉外及华侨、港澳台居民登记离婚	Overseas Chinese, Residents from Hongkong ,Macao and Taiwan	对	couple	6

Statistics on Marriage Registration by Region
(2020)

市 区 Urban District	嘉 善 Jiashan	海 盐 Haiyan	海 宁 Haining	平 湖 Pinghu	桐 乡 Tongxiang
5462	2253	1933	3271	2799	3761
5434	2253	1933	3271	2799	3761
8041	3447	2940	4963	4332	5732
1889	815	746	1247	888	1318
919	371	343	568	398	620
469	122	90	166	189	236
28					
28					
6					
1					
6					
21					
2599	888	755	1439	1118	1389
2593	888	755	1439	1118	1389
6					

主要统计指标解释

居民消费价格 是指城乡居民购买并用于日常生活消费的商品和服务项目的价格。按用途划分为食品烟酒、衣着、居住、生活用品及服务、交通和通信、教育文化和娱乐、医疗保健、其他用品和服务等8个大类的居民消费价格。居民消费价格调查的任务是调查、搜集和整理这些商品和服务项目的价格并编制居民消费价格指数(英文名称:- Consumer Price Index 缩写:CPI),旨在反映一定时期内居民所消费商品及服务项目的价格水平变动趋势和变动程度。居民消费价格水平的变动率在一定程度上反映了通货膨胀(或紧缩)的程度。编制居民消费价格指数的 目的,是了解各地价格变动的基本情况,分析研究价格 变动对社会经济和居民生活的影响,满足各级政府制定政策和计划、进行宏观调控的需要,以及为国民经济核算提供参考依据。

工业生产者价格 包括工业企业产品第一次出售时的出厂价格和企业作为中间投入的原材料、燃料、动力购进价格。工业生产者出厂价格调查37个工业行业大类,涵盖656个基本 分类的3300多种工业产品的价格;工业生产者购进价格 统计调查涵盖547个基本分类的2600多种工业产品的价 格。工业生产者价格调查的任务是系统地调查、搜集各 工业行业产品出厂价格和原材料购进价格,编制工业生产者出厂价格指数(PPI)和工业生产者购进价格指数(IPI),反映工业生产者价格变动趋势和变动程度。其目的在于及时、准确、科学地为国民经济核算、计算工业发展速度、宏观经济分析和调控、理顺价格体系等提供科学、准确的依据。

可支配收入 指调查户在调查期内获得的、可用于最终消费支出和储蓄的总和,即调查户可以用来自由支配的收入。可支配收入既包括现金,也包括实物收入。按照收入的来源,可支配收入包含四项,分别为:工资性收入、经营净收入、财产净收入和转移净收入。

工资性收入 指就业人员通过各种途径得到的全部劳动报酬和各种福利,包括受雇于单位或个人、从事各种自由职业、兼职和零星劳动得到的全部劳动报酬和福利。

经营净收入 指住户或住户成员从事生产经营活动所获得的净收入,是全部经营收入中扣除经营费用、生产性固定资产折旧和生产税之后得到的净收入。

财产净收入 指住户或住户成员将其所拥有的金融资产、住房等非金融资产和自然资源交由其他机构单位、住户或个人并据支配而获得的回报并扣除相关的费用之后得到的净收入。财产净收入包括利息净收入、红利收入、储蓄性保险净收益、转让承包土地经营权租金净收入、出租房屋净收入、出租其他资产净收入和自有住房折算净租金等。财产净收入不包括转让资产所有权的溢价所得。

转移净收入 转移净收入=转移性收入-转移性支出

转移性收入 指国家、单位、社会团体对住户的各种经常性转移支付和住户之间的经常性收入转移。包括养老金或退休金、社会救济和补助、政策性生产补贴、政策性生活补贴、经常性捐赠和赔偿、报销医疗费、住户之间的赡养收入,以及本住户非常住成员寄回带回的收入等。转移性收入不包括住户之间的实物馈赠。

转移性支出 指调查户对国家、单位、住户或个人的经常性或务性转移支付。包括缴纳的税款、各项社会保障支出、赡养支出、经常性捐赠和赔偿支出以及其他经常转移支出等

消费支出 指住户用于满足家庭日常生活消费需要的全部支出,包括用于消费品的支出和用于服务性消费的支出。根据用途不同,消费支出可划分为食品烟酒、衣着、居住、生活用品及服务、交通通信、教育文化娱乐、医疗保健、其他用品及服务八大类。根据来源不同,消费支出可划分为现金消费支出、实物消费支出(含自产自用、来自单位、来自政府和其他社会组织)。

城乡一体化住户调查 从2013年度起,国家统计局实施了城乡一体化住户调查改革,统一了原分别组织的城镇住户调查和农户调查,规范了统计名称、统计分类和统计标准,并据此获得居民有关数据。实行城乡一体化住户调查,是全面、准确、及时了解全国和各地区城乡居民收入和及其他生活状况,监测居民收入分配格局和不同收入层次居民的生活质量,更好地满足研究制定城乡统筹政策和民生政策的客观需要,是调整国家收入分配格局,制定收入分配政策,构建和谐社会的必然要求,是提高住户调查数据质量的基本保障。是为国民经济核算和居民消费价格指数权重制定提供基础数据。

EXPLANATORY NOTES ON MAIN STATISTICAL INDICATORS

Consumer Price It refers to the price of goods and services purchased by urban and rural residents and used for daily consumption. Consumer prices are classified into eight categories by use: food, tobacco, wine, clothing, housing, household goods and services, transportation and communication, education, culture and entertainment, medical care, other goods and services. The task of the consumer price survey is to investigate, collect and sort out the prices of these goods and services, and to compile a consumer price index (CPI) to reflect the trend and degree of price changes of the goods and services consumed by the residents over a certain period of time. The rate of change in consumer prices reflects to a certain extent the extent of inflation (or contraction). The purpose of compiling the consumer price index is to understand the basic situation of price changes in various parts of the country, to analyze the impact of price changes on social economy and residents'lives, to meet the needs of governments at all levels in formulating policies and plans, and to carry out macro – control, and to provide a reference for national economic accounting.

Industrial Producer Price The price of industrial producers including industrial products for the first time at the time of the sale price and the enterprise as raw materials, fuel and power purchase price of intermediate inputs. industrial producer price survey of 37 industry categories, covering 656 basic classification of more than 3300 kinds of industrial product prices; producer price survey covers 547 basic classification of more than 2600 kinds of industrial products price. industrial producer price survey is the task of systematically investigating and collecting the industrial product prices and raw material purchase price, factory price index of industrial producer (PPI) and industrial producer price index (IPI), reflecting the industrial producer prices trend and degree of changes. its purpose is to timely, accurately and scientifically for the national economic accounting, the calculation speed of industrial development, economic analysis and regulation, rationalize the price system so as to provide scientific and accurate basis.

Disposable Income It refers to the sum of the final consumption expenditures and savings obtained by the households during the survey period, i. e. the households'discretionary income. disposable income includes both cash and physical income. according to the source of income, disposable income includes four items: wage income, net operating income, net property income and net transfer income.

Wage Income It refers to the full remuneration and various benefits

by the employee through various means, including the remuneration and benefits obtained by employing the unit or individual, engaging in various freelance occupations, part – time and sporadic work.

Net Income of Property It refers to the net income obtained by a household or a household member after the financial assets, housing and

other non – financial assets and natural resources are transferred to the disposal of other institutional units, households or individuals and the relevant fees are deducted. Net property income includes net interest income, dividends income, net savings insurance income, net rental income from the transfer of contracted land management rights, net income

from rental housing, net income from rental other assets and net rental of converted private housing. Net income does not include the premium of transferring assets ownership.

Net Income from Transfer net income from transfer = transfer income – transfer expenditure

Transfer Income It refers to various kinds of recurrent transfer payments and income transfers between households by the state, units

and social organizations. These include pensions or pensions, social relief and subsidies, policy – based production subsidies, policy – based subsistence allowances, recurrent donations and compensation, reimbursement of medical expenses, maintenance income between households, and obtained income returned by non – resident members of the household . Transfer income does not include physical gifts among households.

Transfer Expenditure It refers to the regular or obligatory transfer payments made by the investigating households to the state, units, households or individuals. Including tax payment, social is security expenditure, maintenance expenditure, recurrent donations and compensation expenditure and other recurrent transfer expenditure.

Consumption Expenditure It refers to the total expenditure of households to meet their daily consumption needs, including expenditure on consumer goods and expenditure on service consumption. according to different uses, consumer spending can be divided into food, tobacco and alcohol, clothing, living goods and services, transportation and communications, education,

culture and entertainment, health care, other goods and services. according to different sources, consumption expenditure can be divided into cash consumption expenditure, physical consumption expenditure (including self – produced, from the unit, from the government and other social organizations).

Integrated Household Survey since 2013, the National Bureau of Statistics has implemented the reform of urban – rural integrated household survey, unified the urban household survey and rural household survey, standardized the statistical name, statistical classification and statistical standards, and obtained the relevant data of residents. implementing the urban – rural integrated household survey is to comprehensively, accurately and timely understand the income, consumption and other living conditions of urban and rural residents throughout the country and regions, to monitor the pattern of income distribution and the quality of life of residents at different income levels, and to better meet the objective needs of formulating urban – rural integrated policies and livelihood policies. the basic guar – antee for improving the quality of household survey data is to rectify the national income distribution pattern, formulate income distribution policies and build a harmonious society. it provides basic data for national economic accounting and the establishment of comsumer price index weights.

四、固定资产投资
Investment in Fixed Assets

4-1 全市固定资产投资额（1986-2020年）

Total Investment in Fixed Assets (1986-2020)

单位：万元　　　　(10000 yuan)

年份 Year	合计 Total	投资项目 Urban Units			房地产开发投资额 Real Estate Development	城镇私人建房投资 Buildings Construction by Individual in Cities and Towns	农村私人投资 Rural Individual
		小计 Subtotal	限额以上项目 State-owned Units	限额以下项目 Urban Collective-owned units			
1986	138641						
1987	183500						
1988	229974						
1989	255810						
1990	242481				7815		
1991	307801				8288		
1992	408206				15239		
1993	604943				47613		
1994	861309				59660		
1995	1117804				98480		
1996	1271807				105506		
1997	1442096				116121		
1998	1726893				130580		
1999	1970910				178430		
2000	2637423				233163		
2001	3054142				398337		
2002	3787967				479859		
2003	5255740	4232375	3679795	552580	724390	27304	271671
2004	6350016	4822514	4435890	386624	1175337	34734	317431
2005	7034577	5348459	4936935	411524	1234034	13016	439068
2006	8003227	6532223	6096990	435233	1181004		290000
2007	9000421	7218459	6656279	562180	1477428		304534
2008	10067972	7889118	7257406	631712	1811202		367652
2009	12334071	10063032	9358389	704643	1871781		399258
2010	14882637	11707753	10615690	1092063	2703889		470995
2011	14882661	11049011	11049011		3833650		
2012	16423109	12264346	12264346		4158763		
2013	19101518	13993256	13993256		5108262		
2014	22212077	16954893	16954893		5257184		
2015	25138180	20554047	20554047		4584133		
2016	27901555	23117587	23117587		4783968		
2017	30096446	22858396	22858396		7238050		
2018	22429602	12904893	12904893		9524709		
2019	24959582	15162548	15162548		9797034		
2020	25707880	14701428	14701428		11006452		

注：2010年及以前为全社会固定资产投资额。2011年及以后固定资产投资范围为500万元及以上固定资产项目投资和房地产开发投资，不含农户投资和军工、国防项目。2018年固定资产投资统计方法制度改革。

Note: The data is Total Investment in Fixed Assets before 2010; The data is the Investment in Fixed Assets with the new stastistics starting point of 5 million yuan since 2011. Statistical method system of Fixed Assets Investment reformed in 2018.

4-2 市区固定资产投资额(1986-2020年)
Total Investment in Fixed Assets in Urban District (1986-2020)

单位:万元 (10000 yuan)

年份 Year	合计 Total	投资项目 Urban Units			房地产开发投资额 Real Estate Development	城镇私人建房投资 Buildings Construction by Individual in Cities and Towns	农村私人投资 Rural Individual
		小计 Subtotal	限额以上项目 State-owned Units	限额以下项目 Urban Collective-owned units			
1986	44183						
1987	64218						
1988	80686						
1989	85957						
1990	76634				4604		
1991	98665				5275		
1992	110531				8405		
1993	137772				22333		
1994	205356				27067		
1995	276436				45786		
1996	484138				58614		
1997	699146				70467		
1998	962699				75265		
1999	1118254				84620		
2000	1462004				115675		
2001	1541395				220238		
2002	1638647				247877		
2003	1645073	1208150	1138947	69203	345327	14924	76672
2004	2339493	1721378	1627308	94070	534353	6414	77348
2005	2612551	1943155	1868873	74282	548991	1975	118430
2006	2938832	2342305	2252687	89618	533914		62613
2007	3200316	2446817	2324677	122140	695667		57832
2008	3063162	2162959	2066065	96894	830275		69928
2009	3734768	2779556	2640976	138580	879293		75919
2010	4216554	3022271	2676835	345436	1104555		89728
2011	3982135	2620078	2620078		1362057		
2012	4448342	2955316	2955316		1493026		
2013	5120944	3262420	3262420		1858524		
2014	5847672	3932813	3932813		1914859		
2015	6635254	4742496	4742496		1892758		
2016	7608600	5875522	5875522		1733078		
2017	7914503	5373763	5373763		2540740		
2018	5978291	3029142	3029142		2949149		
2019	6539406	3552288	3552288		2987118		
2020	6798961	3671398	3671398		3127563		

注:2010年及以前为全社会固定资产投资额。2011年及以后固定资产投资范围为500万元及以上固定资产项目投资和房地产开发投资,不含农户投资和军工、国防项目。2018年固定资产投资统计方法制度改革。

Note::The data is Total Investment in Fixed Assets before 2010; The data is the Investment in Fixed Assets with the new stastistics starting point of 5 million yuan since 2011. Statistical method system of Fixed Assets Investment reformed in 2018.

4-3 全市分产业固定资产投资额(2003-2020年)
Total Investment in Fixed Assets by Type (2003-2020)

单位:万元 (10000 yuan)

年份 Year	全社会固定资产投资 Total	第一产业 Primary Industry	第二产业 Secondary Industry	其中:工业投资 Industry	第三产业 Tertiary Industry	公共基础设施投资 Infrastructural Investment	民间投资 Nongovernmental Investment
2003	5255740	70673	3026091	2967933	2158976	1485379	2246742
2004	6350016	44538	3500860	3434754	2804618	1533408	3449838
2005	7034577	62819	3654261	3599435	3317497	1789264	3660323
2006	8003227	47448	4455959	4410760	3499820	1970017	4455741
2007	9000421	30802	5181376	5130757	3788243	1925222	5017809
2008	10067972	37327	6110942	6060745	3919703	1866433	6010039
2009	12334071	113497	7167053	7085811	5053521	3017295	6874005
2010	14882637	145630	8118991	8037995	6618016	3381868	8668061
2011	14882661	126174	7684866	7653043	7071612	2818497	8546978
2012	16423109	140824	7861064	7829645	8421221	2345583	10058921
2013	19101518	164916	8956702	8934447	9979900	2874858	12056925
2014	22212077	251358	10019050	10008070	11941669	4355221	14650145
2015	25138180	302534	11182639	11180463	13653007	5269888	15667457
2016	27901555	381885	12257251	12253866	15262419	6202715	16549349
2017	30096446	242463	13408177	13405071	16445806	6318266	19994675
2018	22429602	101767	6967647	6968879	15360188	3756487	16375928
2019	24959582	43181	7925655	7927196	16990746	4696083	17127770
2020	25707880	87496	7947663	7950329	17672721	5113533	17024208

注:2010年及以前为全社会固定资产投资额。2011年及以后固定资产投资范围为500万元及以上固定资产项目投资和房地产开发投资,不含农户投资和军工、国防项目。2018年固定资产投资统计方法制度改革。

Note: The data is Total Investment in Fixed Assets before 2010; The data is the Investment in Fixed Assets with the new stastistics starting point of 5 million yuan since 2011. Statistical method system of Fixed Assets Investment reformed in 2018.

4－4　主要年份分地区固定资产投资完成额
Total Investment in Fixed Assets by Region in Main Years

单位:万元　　(10000 yuan)

年　份 Year	全　市 Total	市　区 Urban District	南湖区 Nanhu	秀洲区 Xiuzhou	嘉善县 Jiashan	海盐县 Haiyan	海宁市 Haining	平湖市 Pinghu	桐乡市 Tongxiang
1990	242481	76634	8363	28394	22392	25614	43511	31673	42657
1991	307801	98665	9226	33448	22305	30142	52126	43179	61384
1992	408206	110531	11995	45116	39174	36449	77189	67654	77209
1993	604943	137772	12365	49366	55223	54133	102399	135795	119621
1994	861309	205356	17268	76595	63442	101590	161752	150269	178900
1995	1117804	276436	20004	73408	91408	115648	197455	205792	231065
1996	1271807	484138	10140	99011	99342	103102	208037	188314	188874
1997	1442096	699146	11698	87986	128341	100256	206591	155872	151890
1998	1726893	962699	15861	94254	129103	103984	228744	126694	175669
1999	1970910	1118254	11888	135646	133403	128573	246576	153618	190486
2000	2637423	1462004	89002	148205	160124	157520	360631	211237	285907
2001	3054142	1541395	131859	205446	260172	182190	449738	257966	362681
2002	3787967	1638647	335961	315605	392675	248627	536406	530952	440660
2003	5255740	1645073	802625	770992	536362	380387	802164	956216	728361
2004	6350016	2339493	1079171	1056008	665173	432776	899885	1040188	920408
2005	7034577	2612551	1476520	1136031	730805	519996	1014165	1132230	1024830
2006	8003227	2938832	1705135	1233697	871443	682735	1141967	1244188	1124062
2007	9000421	3200316	1880161	1320155	1024408	802927	1310687	1446837	1215246
2008	10067972	3063162	1783369	1279793	1238376	1139035	1553945	1677523	1395931
2009	12334071	3734768	2183265	1551503	1468190	1796791	1849070	1849005	1636247
2010	14882637	4216554	2474900	1741654	1796325	2090412	2410893	2255852	2112601
2011	14882661	3982135	2440956	1541179	1824210	1980934	2490762	2447230	2157390
2012	16423109	4448342	2828576	1619766	2102828	1993859	3036723	2289107	2552250
2013	19101518	5120944	3276849	1844095	2418581	2251324	3683471	2530384	3096814
2014	22212077	5847672	3786198	2061474	2576319	2610382	4481583	2972787	3723334
2015	25138180	6635254	4221658	2413596	2947236	2516565	5144859	3612816	4281450
2016	27901555	7608600	4849338	2759262	3365224	2912500	5554274	3654832	4806125
2017	30096446	7914503	4766878	3147625	3764001	3183760	5910455	4115584	5208143
2018	22429602	5978291	3534004	2444287	2893299	2232855	4291822	3083364	3949971
2019	24959582	6539406	4016052	2523354	3224465	2491899	4793973	3508400	4401439
2020	25707880	6798961	4248833	2550128	3375229	2666458	5157353	3785949	3923930

注:秦山核电的投资2003年以前统计在市区,2003－2004年统计在全市,从2005年开始统计在海盐县。
Note:The data of Qinshan Nuclear Power Station belong to urban district before 2003, belong to the whole city from 2003 to 2004, and belong to Haiyan since 2005.

4-5 分地区固定资产投资额
（2020年）

单位：万元

指　标	Item	全　市 Total	市　区 Urban District
固定资产投资额	Total Investment	25707880	6798961
按建设性质分	Grouped by Construction Nature		
新建	New - construction	8673676	2433524
扩建	Reconsruction	2521422	303610
改建	Extension - consruction	3175653	885796
其它	Others	330677	48468
按构成分	Grouped by Component		
建筑安装工程	Construction and Installation	12727905	3748688
设备工器具购置	Purchase of Equipment and Instruments	4188723	873185
其他费用	Others	8791252	2177088
按经济类型分	Grouped by Shareholder		
国有投资	Investment by State - owned Enterprises and Enterprises of Majority Shares Owned by State	6578693	2031319
非国有投资	Non - state - owned Investment	19129187	4767642
其中：民间投资	Nongovernmental Investment	17024208	4062184
按登记注册类型分	Grouped by Registered Type		
内资企业	Domestic Funded Company	22724696	6066777
国有企业	State - owned	768415	223216
集体企业	Collective - owned	52757	9410
股份合作企业	Share - holding Cooperative	7486	2121
联营企业	Joint Ownership Enterprises	0	0
有限责任公司	Limited Liability Corporations	10857441	3122888
股份有限公司	Share - holding Corporations Ltd.	540982	65509
私营企业	Private Enterprises	10473912	2629018
其他企业	Other Enterprises	23703	14615
港、澳、台商投资企业	Enterprises with Investment from Hong Kong, Macao and Taiwan	1642865	340543
外商投资企业	Enterprises with Foreign Investment	1339173	391641
个体经营	Individual Operation	1146	0

Total Investment in Fixed Assets by Region
(2020)

(10000 yuan)

		嘉善县 Jiashan	海盐县 Haiyan	海宁市 Haining	平湖市 Pinghu	桐乡市 Tongxiang
南湖区 Nanhu	秀洲区 Xiuzhou					
4248833	2550128	3375229	2666458	5157353	3785949	3923930
1639032	794492	617465	1230582	1632208	1740556	1019341
135197	168413	544017	140691	645536	467189	420379
396921	488875	458763	265976	529036	316967	719115
29944	18524	90906	72250	9617	46477	62959
2522002	1226686	1713877	1577417	2444420	1670715	1572788
407115	466070	536558	373739	718511	960606	726124
1319716	857372	1124794	715302	1994422	1154628	1625018
1475955	555364	929325	685475	1434907	822628	675039
2772878	1994764	2445904	1980983	3722446	2963321	3248891
2313358	1748826	2139354	1854406	3473846	2466306	3028112
3794547	2272230	3055024	2447634	4535815	3207437	3412009
125849	97367	104277	94887	94544	189432	62059
4498	4912	2976	6780	24119	2748	6724
1686	435	1998	2370	0	0	997
0	0	0	0	0	0	0
2149061	973827	1620371	1119062	1976499	1221804	1796817
48675	16834	54657	85475	56816	132798	145727
1452292	1176726	1270745	1136092	2383074	1658374	1396609
12486	2129	0	2968	763	2281	3076
161620	178923	108523	109016	413126	242551	429106
292666	98975	211682	108662	208412	335961	82815
0	0	0	1146	0	0	0

4-5 续表

单位:万元

指 标	Item	全市 Total	市区 Urban District
按三次产业分	Grouped By Type of Industry		
第一产业	Primary Industry	87496	19913
第二产业	Secondary Industry	7947663	1496220
第三产业	Tertiary Industry	17672721	5282828
按国民经济行业分 2012	Grouped By Sector		
农、林、牧、渔业	Farming, Forestry, Animal Husbandry and Fishery	98287	21028
采矿业	Mining and Quarrying	0	0
制造业	Manufacturing	7156214	1401631
电力、热力、燃气及水的生产和供应业	Production and Supply of Electricity, Gas and Water	794115	94589
建筑业	Constuction	0	0
批发和零售业	Wholesale and Ratail Sale	117738	13485
交通运输、仓储和邮政业	Tansport, Storge and Post	1949307	554582
住宿和餐饮业	Hotels and Restaurants	93303	27545
信息传输、软件和信息技术服务业	Information Transmission, Computer and Soft - ware Services	240259	71857
金融业	Finance	17127	6087
房地产业	Real Estate	11371970	3226360
租赁和商务服务业	Tenancy and Bussiness Services	620575	67618
科学研究和技术服务业	Scientific Research, Technical Services and Geological Prospecting	165962	64928
水利、环境和公共设施管理业	Water Conservancy , Environment and Public Establishment Management	2343861	976310
居民服务和其他服务业	Resident and Other Services	17656	5949
教育	Education	363435	187980
卫生和社会工作	Health Care, Social Security and Welfare	166311	51953
文化、体育和娱乐业	Culture, Sports and Entertainment	141387	11740
公共管理和社会组织	Public Management and Social Organization	50373	15319

Continued

(10000 yuan)

南湖区 Nanhu	秀洲区 Xiuzhou	嘉善县 Jiashan	海盐县 Haiyan	海宁市 Haining	平湖市 Pinghu	桐乡市 Tongxiang
512	19401	4777	29304	2880	30186	436
707694	788526	1039765	821560	1601999	1673464	1314655
3540627	1742201	2330687	1815594	3552474	2082299	2608839
512	20516	5823	33794	2880	34326	436
0	0	0	0	0	0	0
641721	759910	972780	768627	1512841	1236543	1263792
65973	28616	67569	53447	90726	436921	50863
0	0	0	0	0	0	0
3640	9845	0	30782	31121	10684	31666
447283	107299	264861	171250	425736	326742	206136
20138	7407	1229	4692	19240	1687	38910
34630	37227	18529	3168	15353	92265	39087
5894	193	0	2560	1840	0	6640
2079721	1146639	1694857	1135514	2363781	1229181	1722277
26758	40860	30667	68637	204908	144431	104314
51658	13270	0	7632	37459	20376	35567
697016	279294	217978	247195	372424	199508	330446
2443	3506	0	4970	582	2121	4034
114462	73518	34981	48770	41239	8199	42266
42406	9547	49538	6504	23610	21359	13347
3587	8153	11474	72747	4920	13530	26976
10991	4328	4943	6169	8693	8076	7173

4-6 分地区工业各行业固定资产投资额
（2020年）

单位:万元

指　标	Item	全　市 Total	市　区 Urban District
煤炭开采和洗选业	Coal Mining and Washing Industry	0	0
非金属矿采选业	Nonmetal Minerals Mining and Dressing	0	0
农副食品加工业	Food Processing	50703	14857
食品制造业	Food Production	105654	38990
酒、饮料和精制茶制造业	Alcohol, Drinks and Tea Production	22380	4574
纺织业	Textile Industry	605755	73317
纺织服装和服饰业	Clothing Industry	152020	8559
皮革、毛皮、羽毛(绒)及其制品业	Leather, Furs, Down and Related Products	28549	5658
木材加工及木、竹、藤、棕、草制品业	Timber Processing, Bamboo, Cane, Palm Fiber and Straw Products	11931	53
家具制造业	Furniture Manufacturing	74293	4903
造纸及纸制品业	Papermaking and Paper Products	77762	4319
印刷业和记录媒介的复制业	Printing	29528	307
文教体育用品制造业	Culture, Education, Arts, Sports and Entertainment Production	34263	7460
石油加工、炼焦及核燃料加工业	Petroleum Processing and Coking	0	0
化学原料及化学制品制造业	Raw Chemical Material and Chemical Products	940038	9777
医药制造业	Medical and Pharmaceutical Products	74309	17687
化学纤维制造业	Chemical Fiber	654043	179031
橡胶和塑料制品业	Rubber and Plastic Production	200225	48366
非金属矿制品业	Nonmetal Mineral Products	486833	62608
黑色金属冶炼和压延加工业	Smelting and Pressing of Ferrous Metals	30665	7815
有色金属冶炼和压延加工业	Smelting and pressing of Nonferrous Metals	11784	1685
金属制品业	Metal Products	153372	23542
通用设备制造业	Ordinary Machinery Manufacturing	723145	171317
专用设备制造业	Equipment Manufacturing For Special Purposes	285783	109897
汽车制造业	Automobile Manufacturing Industry	560588	166075
铁路、船舶、航空航天等制造业	Transportation Equipment Manufacturing Industry	14282	5409
电气机械及器材制造业	Electric Equipment and Machinery	821482	258464
计算机、通信和其他电子设备制造业	Computer and Communication Equipment Manufacturing Industry	856393	157712
仪器仪表制造业	Instrument Manufacturing Industry	108336	17080
其他制造业	Other Industry	30773	2113
废弃资源综合利用业	Recovry of Resource Discarded and Useless Material	8659	56
金属制品、机械和设备修理业	Metal Products Repair Industry	2666	0
电力、热力的生产和供应业	Production and Supply of Electric Power, Steam and Hot water	676713	56766
燃气生产和供应业	Production snd Supply of Gas	15017	8179
水的生产和供应业	Production and Supply of Water	102385	29644

Total Investment in Fixed Assets by Region
(2020)

(10000 yuan)

南湖区 Nanhu	秀洲区 Xiuzhou	嘉善县 Jiashan	海盐县 Haiyan	海宁市 Haining	平湖市 Pinghu	桐乡市 Tongxiang
0	0	0	0	0	0	0
0	0	0	0	0	0	0
13733	1124	3685	5518	14717	4950	6976
19861	19129	3818	1161	17695	43817	173
4574	0	4515	8747	2021	0	2523
7364	65953	16528	49954	275134	40686	150136
591	7968	1065	4378	35167	7444	95407
886	4772	2838	0	9816	5296	4941
21	32	9104	1793	0	0	981
0	4903	21804	1774	42084	1043	2685
3589	730	5789	21945	14692	22652	8365
307	0	2228	5934	9794	9425	1840
7460	0	1558	16394	0	2152	6699
0	0	0	0	0	0	0
8624	1153	8978	83077	224842	591747	21617
14267	3420	16857	2739	16110	6701	14215
2642	176389	0	33	48572	46466	379941
19701	28665	23448	17358	75047	13050	22956
2291	60317	11886	89132	28805	19506	274896
7815	0	3655	17300	1895	0	0
0	1685	0	1428	0	3406	5265
16523	7019	14405	18409	56222	17576	23218
122939	48378	247113	95531	128713	34773	45698
86995	22902	23141	21975	73529	24401	32840
115558	50517	97932	106828	13156	130183	46414
2207	3202	6868	1603	0	0	402
45552	212912	95444	109090	167432	142576	48476
125200	32512	336198	38466	223195	62162	38660
12217	4863	4338	27368	31292	6482	21776
748	1365	8687	19257	178	49	489
56	0	314	921	1165	0	6203
0	0	584	514	1568	0	0
37243	19523	21999	41406	86534	425218	44790
2378	5801	0	3090	0	2824	924
26352	3292	45570	8951	4192	8879	5149

4－7　全市投资项目分行业固定资产投资额(2018－2020年)

Investment in Fixed Assets by Sector (2018－2020)

单位:万元　　(10000 yuan)

行　业	Sector	2018	2019	2020
总　计	Total	12904893	15162548	14701428
A. 农、林、牧、渔业	Farming, Forestry, Animal Husbandry and Fishery	107526	49619	98287
B. 采掘业	Mining and Quarrying	0	0	0
C. 制造业	Manufacturing	6607142	7580452	7156214
D. 电力、燃气及水的生产和供应业	Production and Supply of Electricity, Gas and Water	361737	346744	794115
E. 建筑业	Constuction	416	0	0
F. 交通运输、仓储和邮政业	Tansport, Storge and Post	1224688	1730134	1949307
G. 信息传输、软件和信息技术服务业	Information Transmission, Computer and Soft－ware Services	116252	309160	240259
H. 批发和零售业	Wholesale and Ratail Sale	186479	103818	117738
I. 住宿和餐饮业	Hotels and Restaurants	97331	136952	93303
J. 金融业	Finance	13368	31853	17127
K. 房地产业	Real Estate	389970	538863	365518
L. 租赁和商务服务业	Tenancy and Bussiness Services	767515	696565	620575
M. 科学研究和技术服务业	Scientific Research, Technical Services and Geological Prospecting	156548	287166	165962
N. 水利、环境和公共设施管理业	Water Conservancy , Environment and Public Establishment Management	2246864	2519635	2343861
O. 居民服务和其他服务业	Resident and Other Services	17579	39964	17656
P. 教育	Education	220511	339985	363435
Q. 卫生和社会工作	Health Care, Social Security and Welfare	126491	187951	166311
R. 文化、体育和娱乐业	Culture, Sports and Entertainment	222782	207379	141387
S. 公共管理和社会组织	Public Management and Social Organization	41694	56308	50373

4－8 市区投资项目分行业固定资产投资额(2018－2020年)

Investment in Fixed Assets by Sector in Urban District (2018－2020)

单位:万元 (10000 yuan)

行　业	Sector	2018	2019	2020
总　计	Total	3029142	3552288	3671398
A. 农、林、牧、渔业	Farming, Forestry, Animal Husbandry and Fishery	31695	6986	21028
B. 采掘业	Mining and Quarrying	0	0	0
C. 制造业	Manufacturing	1161211	1279932	1401631
D. 电力、燃气及水的生产和供应业	Production and Supply of Electricity, Gas and Water	77016	107251	94589
E. 建筑业	Constuction	416	0	0
F. 交通运输、仓储和邮政业	Tansport, Storge and Post	284729	483731	554582
G. 信息传输、软件和信息技术服务业	Information Transmission, Computer and Soft－ware Services	84645	62261	71857
H. 批发和零售业	Wholesale and Ratail Sale	56894	18508	13485
I. 住宿和餐饮业	Hotels and Restaurants	21043	30169	27545
J. 金融业	Finance	6317	15358	6087
K. 房地产业	Real Estate	74794	125218	98797
L. 租赁和商务服务业	Tenancy and Bussiness Services	161652	129523	67618
M. 科学研究和技术服务业	Scientific Research, Technical Services and Geological Prospecting	23818	92543	64928
N. 水利、环境和公共设施管理业	Water Conservancy , Environment and Public Establishment Management	824308	851271	976310
O. 居民服务和其他服务业	Resident and Other Services	10395	34681	5949
P. 教育	Education	92105	178101	187980
Q. 卫生和社会工作	Health Care, Social Security and Welfare	48986	84264	51953
R. 文化、体育和娱乐业	Culture, Sports and Entertainment	54684	34764	11740
S. 公共管理和社会组织	Public Management and Social Organization	14434	17727	15319

4-9 分地区投资项目分行业固定资产投资额
(2020年)

单位:万元

行业	Sector	全市 Total	市区 Urban District
总计	Total	14701428	3671398
A. 农、林、牧、渔业	Farming, Forestry, Animal Husbandry and Fishery	98287	21028
B. 采掘业	Mining and Quarrying	0	0
C. 制造业	Manufacturing	7156214	1401631
D. 电力、燃气及水的生产和供应业	Production and Supply of Electricity, Gas and Water	794115	94589
E. 建筑业	Constuction	0	0
F. 交通运输、仓储和邮政业	Tansport, Storge and Post	1949307	554582
G. 信息传输、软件和信息技术服务业	Information Transmission, Computer and Soft - ware Services	240259	71857
H. 批发和零售业	Wholesale and Ratail Sale	117738	13485
I. 住宿和餐饮业	Hotels and Restaurants	93303	27545
J. 金融业	Finance	17127	6087
K. 房地产业	Real Estate	365518	98797
L. 租赁和商务服务业	Tenancy and Bussiness Services	620575	67618
M. 科学研究和技术服务业	Scientific Research, Technical Services and Geological Prospecting	165962	64928
N. 水利、环境和公共设施管理业	Water Conservancy , Environment and Public Establishment Management	2343861	976310
O. 居民服务和其他服务业	Resident and Other Services	17656	5949
P. 教育	Education	363435	187980
Q. 卫生和社会工作	Health Care, Social Security and Welfare	166311	51953
R. 文化、体育和娱乐业	Culture, Sports and Entertainment	141387	11740
S. 公共管理和社会组织	Public Management and Social Organization	50373	15319

Investment in Fixed Assets by Sector and Region
(2020)

(10000 yuan)

南湖区 Nanhu	秀洲区 Xiuzhou	嘉善县 Jiashan	海盐县 Haiyan	海宁市 Haining	平湖市 Pinghu	桐乡市 Tongxiang
2201094	1470304	1711151	1709499	2816397	2571189	2221794
512	20516	5823	33794	2880	34326	436
0	0	0	0	0	0	0
641721	759910	972780	768627	1512841	1236543	1263792
65973	28616	67569	53447	90726	436921	50863
0	0	0	0	0	0	0
447283	107299	264861	171250	425736	326742	206136
34630	37227	18529	3168	15353	92265	39087
3640	9845	0	30782	31121	10684	31666
20138	7407	1229	4692	19240	1687	38910
5894	193	0	2560	1840	0	6640
31982	66815	30779	178555	22825	14421	20141
26758	40860	30667	68637	204908	144431	104314
51658	13270	0	7632	37459	20376	35567
697016	279294	217978	247195	372424	199508	330446
2443	3506	0	4970	582	2121	4034
114462	73518	34981	48770	41239	8199	42266
42406	9547	49538	6504	23610	21359	13347
3587	8153	11474	72747	4920	13530	26976
10991	4328	4943	6169	8693	8076	7173

4－10 分地区投资项目固定资产投资主要指标
（2020 年）

单位：万元、平方米

指 标	Item	全 市 Total	市 区 Urban District
本年完成投资	Investment Made This Year	14701428	3671398
1. 建筑安装工程	Construction	7822000	2370688
2. 设备工器具购置	Purchase of Equipment and Instruments	4135300	849018
3. 其他费用	Others	2744128	451692
按国有控股情况分	Grouped by Shareholder		
1. 国有及国有控股企业投资	Investment by State－owned Enterprises and Enterprises of Majority Shares Owned by State	5692815	1904818
2. 非国有投资	Non－state－owned Investment	9008613	1766580
#民间投资	Nongovernmental Investment	7232822	1220869
按三次产业分	By Type of Industry		
第一产业	Primary Industry	87496	19913
第二产业	Secondary Industry	7947663	1496220
第三产业	Tertiary Industry	6666269	2155265
本年新增固定资产	Newly Increased Fixed Assets This Year	3652047	855898
施工项目个数	Number of Projects under Construction	5135	1193
其中：本年新开工	Newly Started Working This Year	2396	523
本年投产项目个数	Number of Projects Put into Use This Year	1313	321
一、本年资金来源合计	Total Funds		
1. 上年末结余资金	Balance of Funds Last Year	911966	253767
2. 本年资金来源小计	Subtotal Funds of This year	11662391	3094855
（1）国家预算内资金	State Budgetary Appropriations	810538	375364
（2）国内贷款	Domestic Loans	2086186	477069
（3）债券	Debenture	184501	23000
（4）利用外资	Foreign Investment	272312	56992
（5）自筹资金	Funding Raising	7504889	1864336
（6）其他资金来源	Others	803965	298094
二、本年各项应付款合计	Total Account Payable This Year	1305560	420499

Main Indicators of Investment in Fixed Assets by Region (2020)

(10000 yuan sq. m)

南湖区 Nanhu	秀洲区 Xiuzhou	嘉善县 Jiashan	海盐县 Haiyan	海宁市 Haining	平湖市 Pinghu	桐乡市 Tongxiang
2201094	1470304	1711151	1709499	2816397	2571189	2221794
1563911	806777	849845	981604	1515730	1169985	934148
385425	463593	534161	370801	701480	955062	724778
251758	199934	327145	357094	599187	446142	562868
1349721	555097	691960	662687	1092386	818137	522827
851373	915207	1019191	1046812	1724011	1753052	1698967
544621	676248	712641	920235	1553814	1346387	1478876
512	19401	4777	29304	2880	30186	436
707694	788526	1039765	821560	1601999	1673464	1314655
1492888	662377	666609	858635	1211518	867539	906703
422675	433223	394377	555040	591582	498646	756504
613	580	677	732	1072	744	717
266	257	359	350	516	331	317
155	166	247	177	257	193	118
171056	82711	26950	115573	126719	226261	162696
1897991	1196864	1322495	1266942	2027167	2056123	1894809
363494	11870	254946	60148	13757	81220	25103
427627	49442	144591	159735	471145	583563	250083
15000	8000	32802	66583	15000	13090	34026
46344	10648	46601	18283	34060	74551	41825
829593	1034743	706748	834991	1434133	1207633	1457048
215933	82161	136807	127202	59072	96066	86724
375074	45425	148182	155081	261401	163844	156553

4-11 分地区限额以上项目国有控股单位固定资产投资主要指标（2020年）

单位：万元、平方米

指　　标	Item	全 市 Total	市 区 Urban District
本年完成投资	Investment Made This Year	5692815	1904818
1. 建筑工程	Construction	3806515	1565590
2. 设备工器具购置	Purchase of Equipment and Instruments	573782	92016
3. 其他费用	Others	1312518	247212
按三次产业分	By Type of Industry		
第一产业	Primary Industry	13293	6805
第二产业	Secondary Industry	1098036	202602
第三产业	Tertiary Industry	4581486	1695411
本年新增固定资产	Newly Increased Fixed Assets This Year	847892	153951
施工项目个数	Number of Projects under Construction	1787	479
其中：本年新开工	Newly Started Working This Year	809	201
本年投产项目个数	Number of Projects Put into Use This Year	319	125
一、本年资金来源合计	Total Funds This Year		
1、上年末结余资金	Balance of Funds Last Year	295749	152336
2、本年资金来源小计	Subtotal Funds of This year	4519706	1671134
（1）国家预算内资金	State Budgetary Appropriations	797233	375364
（2）国内贷款	Domestic Loans	1100995	392920
（3）债券	Debenture	173501	23000
（4）利用外资	Foreign Investment	900	0
（5）自筹资金	Funding Raising	1992319	678618
（6）其他资金来源	Others	454758	201232
二、本年各项应付款合计	Total Account Payable This Year	736492	315638

Main Indicators of Investment in Fixed Assets of State - owned Units by Region (2020)

(10000 yuan sq. m)

南湖区 Nanhu	秀洲区 Xiuzhou	嘉善县 Jiashan	海盐县 Haiyan	海宁市 Haining	平湖市 Pinghu	桐乡市 Tongxiang
1349721	555097	691960	662687	1092386	818137	522827
1130754	434836	441966	486687	655516	402580	254176
66506	25510	43641	30770	146130	230609	30616
152461	94751	206353	145230	290740	184948	238035
0	6805	0	5250	722	80	436
96506	106096	146742	115729	127136	444946	60881
1253215	442196	545218	541708	964528	373111	461510
116113	37838	40277	391188	85174	161346	15956
278	201	202	285	342	282	197
117	84	114	145	144	110	95
65	60	57	45	36	43	13
97395	54941	143	43721	82335	15994	1220
1255390	415744	658622	474690	724934	686729	303597
363494	11870	252766	60148	13757	73688	21510
382869	10051	81001	56689	172749	360336	37300
15000	8000	32802	66583	15000	2090	34026
0	0	0	900	0	0	0
299092	379526	210751	221852	479578	232330	169190
194935	6297	81302	68518	43850	18285	41571
315638	0	31710	86134	178533	37206	87271

4-12 全市房地产开发企业投资情况
(2009-2020 年)

单位:万元

指　　标	Item	2009	2010	2011
本年完成投资	Investment Made This Year	1871781	2703889	3833650
按构成分	By Composition			
建筑工程	Construction	1092025	1454694	2231008
安装工程	Installation	146401	159104	210814
设备工器具购置	Purchase of Equipment and Instruments	14369	19611	18854
其他费用	Others	618986	1070480	1372974
其中：土地购置费	Purchase of Land	434645	875428	1110985
按工程用途分	By Purpose			
住宅	Residential Buildings	1276870	1784258	2596116
其中:别墅、高档公寓	Villas and Good Apartments	154299	188934	233599
办公楼	Office Block	74317	123055	159076
商业营业用房	House for Commerce	334250	512231	723673
其他	Others	186344	284345	354785
本年新增固定资产	Newly Increased Fixed Assets This Year	1316886	1703581	1620393
待开发土地面积（平方米）	Land Space Needed Development(sq. m)	2103610	2588635	2609810
本年购置土地面积（平方米）	land Space Purchase this Year (sq. m)	2028062	3054378	4202565

Investment of Enterprises for Real Estate Development
(2009 – 2020)

(10000 yuan)

2012	2013	2014	2015	2016	2017	2018	2019	2020
4158763	5108262	5257184	4584133	4783968	7238050	9524709	9797034	11006452
2293206	2867873	3018135	2812885	2760046	3155505	3609175	4391702	4660528
306509	331337	396545	475782	557860	383646	292194	269990	245377
32985	41951	42045	41820	35634	31761	55311	131381	53423
1526063	1867101	1800459	1253646	1430428	3667138	5568029	5003961	6047124
1227249	1380756	1476288	916343	1051910	3344773	5223509	4444220	5282429
2793018	3337967	3415237	2800729	3348439	5476592	7678919	7818052	8967775
243626	271163	134733	100502	160192	346963	707052	390601	
184617	220943	253707	275064	144619	150028	156104	223889	158646
806902	919588	923597	925616	668067	618560	545487	514734	497037
374226	629764	664643	582724	622843	992870	1144199	1240359	1382994
1471726	2264807	2943724	2486561	4716789	2976991	1962182	3235630	4523241
2235134	1883733	1682623	1767350	1868099	2168463	2816174	1603797	1450606
2258243	3218975	2561745	1465784	1744295	3848638	3648112	1366621	1508043

4-13 市区房地产开发企业投资情况
(2009-2020年)

单位:万元

指标	Item	2009	2010	2011
本年完成投资	Investment Made This Year	879293	1104555	1362057
按构成分	By Composition			
建筑工程	Construction	452059	594542	756075
安装工程	Installation	69080	78609	93705
设备工器具购置	Purchase of Equipment and Instruments	10460	14047	12850
其他费用	Others	347694	417357	499427
其中：土地购置费	Purchase of Land	210754	299614	340444
按工程用途分	By Purpose			
住宅	Residential Buildings	629629	667299	846625
其中:别墅、高档公寓	Villas and Good Apartments	103366	108262	117733
办公楼	Office Block	36256	76679	82211
商业营业用房	House for Commerce	123418	194242	274814
其他	Others	89990	166335	158407
本年新增固定资产	Newly Increased Fixed Assets This Year	474231	725809	653159
待开发土地面积（平方米）	Land Space Needed Development(sq. m)	1189779	1787176	1257203
本年购置土地面积（平方米）	Land Space Purchase This Year (sq. m)	955553	368833	465731

Investment of Enterprises for Real Estate Development of Urban District (2009 – 2020)

(10000 yuan)

2012	2013	2014	2015	2016	2017	2018	2019	2020
1493026	1858524	1914859	1892758	1733078	2540740	2949149	2987118	3127563
722570	928072	1031816	1008847	956788	985796	939426	1130824	1308349
109651	98486	153739	205858	167578	106358	65862	82275	69651
21683	19909	11965	16445	12116	11800	7138	63620	24167
639122	812057	717339	661608	596596	1436786	1936723	1710399	1725396
467676	548710	538603	430857	337986	1282018	1791893	1508779	1527338
898807	1076619	1031323	1027027	1143016	1905492	2251801	2323217	2509884
99347	125005	63857	31080	29218	64168	162837	99496	
121489	144899	172035	231716	102827	82501	83095	107864	63784
288950	359263	430397	365648	231600	230493	198935	118358	111168
183780	277743	281104	268367	255635	322254	415318	437679	442727
665801	863020	1264532	901609	1826340	1232253	213268	684557	1752333
867779	815324	493070	295561	669810	548157	563405	234194	281222
98476	770287	618947	530464	581209	860024	973327	116833	199746

4-14 全市房地产开发企业房屋建设情况 (2009-2020年)

指标	Item	2009	2010	2011
施工面积(平方米)	Floor Space of Buildings under Construction (sq. m)	22023098	27339609	33884914
1、住宅	Residential Buildings	14821973	17864833	22817298
2、办公楼	Office Block	976304	1146000	1353769
3、商业营业用房	House for Commerce	3920339	4964133	5111668
4、其他	Others	2304482	3364643	4602179
新开工面积(平方米)	Floor Space of Buildings under Starting Construction (sq. m)	6397830	10987863	12519517
1、住宅	Residential Buildings	4323356	7678782	8854269
2、办公楼	Office Block	399414	306495	505327
3、商业营业用房	House for Commerce	1041267	1571724	1507855
4、其他	Others	633793	1430862	1652066
竣工面积(平方米)	Floor Space of Buildings Completed (sq. m)	5050224	6178954	5403865
1、住宅	Residential Buildings	3688093	3885883	3606752
2、办公楼	Office Block	106469	233101	211090
3、商业营业用房	House for Commerce	777063	1477026	1063459
4、其他	Others	478599	582944	522564
竣工房屋价值(万元)	Value of Buildings Completed (10 000 yuan)	1134001	1508730	1352156
1、住宅	Residential Buildings	816599	902701	876947
2、办公楼	Office Block	29021	62874	58698
3、商业营业用房	House for Commerce	189711	417519	322476
4、其他	Others	98670	125636	94035
商品房销售面积(平方米)	Floor Space of Buildings Sold (sq. m)	6813959	5962690	3986643
1、住宅	Residential Buildings	5486553	4503134	2904951
2、办公楼	Office Block	196844	302313	166853
3、商业营业用房	House for Commerce	832053	896299	699964
4、其他	Others	298509	260944	214875
待售面积(平方米)	Floor Space of Vacant House (sq. m)	1792537	1836228	2074120
1、住宅	Residential Buildings	622640	568234	785317
2、办公楼	Office Block	101546	152684	175979
3、商业营业用房	House for Commerce	771262	846386	878197
4、其他	Others	297089	268924	234627
销售额(万元)	Total Actually Sales for Commercial Houses (10 000 yuan)	3406393	3789574	2758902
1、住宅	Residential Buildings	2698514	2735837	1968922
2、办公楼	Office Block	84582	169500	108612
3、商业营业用房	House for Commerce	556479	819625	618201
4、其他	Others	66818	64612	63167

Construction of Enterprises for Real Estate Development (2009 – 2020)

2012	2013	2014	2015	2016	2017	2018	2019	2020
36548265	43308126	45484845	43978832	44011880	43372386	47064670	53645718	56880933
24082803	27248985	28242216	26845567	27412382	28593680	31718524	37759501	41134679
1726914	2361183	2616048	2327305	2261184	1811011	1906782	2170804	1791640
5814315	6982079	7148945	7276101	6718030	5725055	5192705	4722103	4072672
4924233	6715879	7477636	7529859	7620284	7242640	8246659	8993310	9881942
8827973	11717939	10218424	5854724	8406890	14060413	13797547	13011162	13422394
5351923	6829160	5802101	3336622	5911779	10755527	9455932	9655918	10420285
558814	789662	618740	165926	138696	231185	502962	449177	90770
1900943	1870661	1827221	1314701	799523	876599	892886	690501	687753
1016293	2228456	1970362	1037475	1556892	2197102	2945767	2215566	2223586
4701278	6803293	6319315	6120302	10780918	7125796	4308326	6268004	7878203
3463429	4960150	4259566	4175506	7026253	4510608	2460611	4260655	5773201
111141	109619	198193	229831	494370	226235	93449	174091	165979
567671	853629	1030655	767988	1243566	900152	784129	790402	344026
559037	879895	830901	946977	2016729	1488801	970137	1042856	1594997
1111829	1910271	2170550	2045415	4262017	2393889	1695458	2411000	3786990
828604	1398668	1426675	1396079	2795956	1556303	1078223	1711076	3044698
31840	40834	71753	106967	214737	91101	51061	72441	79664
162109	297943	426839	300797	683708	355113	340999	323002	129996
89276	172826	245283	241572	567616	391372	225175	304481	532632
4503135	6011276	4973434	6406288	11446209	10587706	11585382	10691857	11843542
3684754	4962477	4061323	5508287	9875798	8908566	10284185	9372481	10688588
161738	132666	153739	183620	449028	330927	204445	169278	239520
504404	589072	494960	489914	654424	779028	560922	518110	444786
152239	327061	263412	224467	466959	569185	535830	631988	470648
2503205	3445508	4264015	5324401	4419952	3399992	2971912	2291222	2391378
1177941	1756673	2158717	2634611	2013098	1186727	981146	596672	991866
178084	225457	315819	452991	459677	393392	358500	208711	101931
904372	1153927	1442648	1663842	1394714	1332118	1138741	1033629	902951
242808	309451	346831	572957	552463	487755	493525	452210	394630
3224836	4397802	3539594	4602295	8729286	11390954	14934136	14309345	16675780
2548100	3493480	2841805	3956522	7714651	9962583	13678476	13090544	15514434
92544	78924	93475	108142	262334	237147	181124	148685	193792
535196	705302	521073	460181	579106	847788	694573	646570	656973
48996	120096	83241	77450	173195	343436	379963	423546	310581

4－15 市区房地产开发企业房屋建设情况 (2009－2020 年)

指　　标	Item	2009	2010	2011
施工面积（平方米）	Floor Space of Buildings under Construction (sq. m)	9231696	11535146	13330205
1、住宅	Residential Buildings	6182333	7131950	8338914
2、办公楼	Office Block	505545	655214	736521
3、商业营业用房	House for Commerce	1318696	1954009	1989085
4、其他	Others	1225122	1793973	2265685
新开工面积（平方米）	Floor Space of Buildings under Starting Construction (sq. m)	2754766	4164971	3986999
1、住宅	Residential Buildings	1917318	2697493	2585733
2、办公楼	Office Block	162813	223260	222482
3、商业营业用房	House for Commerce	359108	538755	468965
4、其他	Others	315527	705463	709819
竣工面积（平方米）	Floor Space of Buildings Completed (sq. m)	1555500	2264430	1968342
1、住宅	Residential Buildings	1103851	1319640	1289272
2、办公楼	Office Block	60345	84555	50589
3、商业营业用房	House for Commerce	188636	577489	388110
4、其他	Others	202668	282746	240371
竣工房屋价值（万元）	Value of Buildings Completed (10 000 yuan)	397085	612878	563994
1、住宅	Residential Buildings	288565	381132	367423
2、办公楼	Office Block	20317	19746	15040
3、商业营业用房	House for Commerce	44868	142041	139089
4、其他	Others	43335	69959	42442
商品房销售面积（平方米）	Floor Space of Buildings Sold (sq. m)	3290173	2418996	1322018
1、住宅	Residential Buildings	2655611	1724154	883633
2、办公楼	Office Block	134978	125226	71355
3、商业营业用房	House for Commerce	326637	406474	273392
4、其他	Others	172947	163142	93638
待售面积（平方米）	Floor Space of Vacant House (sq. m)	640284	871171	1139237
1、住宅	Residential Buildings	155734	257234	461120
2、办公楼	Office Block	64831	91178	114521
3、商业营业用房	House for Commerce	284241	397245	402566
4、其他	Others	135478	125514	161030
销售额（万元）	Total Actually Sales for Commercial Houses (10 000 yuan)	1650895	1669856	1034572
1、住宅	Residential Buildings	1348342	1148865	705299
2、办公楼	Office Block	53258	77791	49207
3、商业营业用房	House for Commerce	211567	402686	254485
4、其他	Others	37728	40514	25581

Construction of Enterprises for Real Estate Development of Urban District (2009 - 2020)

2012	2013	2014	2015	2016	2017	2018	2019	2020
13504620	17240814	17758128	16686931	16477975	15249240	14685047	14698191	16169696
8211714	9621608	9611017	8684722	9034277	9199894	8952019	9023655	10881977
980760	1530321	1842257	1624041	1536006	1094382	1161253	1188958	857930
1953446	2717524	2951815	3113948	2738211	2179554	1785019	1569126	1191972
2358700	3371361	3353039	3264220	3169481	2775410	2786756	2916452	3237817
3075731	6002462	3863266	2232850	2654647	4769446	3785398	2579411	4228811
1767806	2996129	1839983	1190348	1711796	3690077	2268406	1825472	3383380
341334	667804	482171	151416	80040	54927	379603	35624	12011
466111	1075073	836525	483199	399206	216738	215944	93776	115702
500480	1263456	704587	407887	463605	807704	921445	624539	717718
1957464	2427580	2503528	1786579	4182791	3208401	672325	1482416	2709296
1465926	1784287	1766548	940930	2413764	1932071	435473	883381	1869855
77981	72797	155617	198985	357169	202999	206	82179	62455
158624	266304	184998	339135	480408	349915	120970	210477	114861
254933	304192	396365	307529	931450	723416	115676	306379	662125
488489	727788	910707	767853	1668644	998986	188539	657263	1529487
385187	537384	654567	441979	971121	580604	118664	395277	1293293
24926	25367	59158	90958	159314	82827	100	43910	41416
41493	93619	82305	139754	296906	118942	44503	97126	34199
36883	71418	114677	95162	241303	216613	25272	120950	160579
1831973	2331472	1932882	2310221	4491798	3307030	3314953	3338911	3917120
1435312	1852181	1575770	1855219	3761490	2535261	2947957	2936950	3297721
113811	95954	106483	154369	294049	261711	112676	109689	205330
205630	274798	182175	225900	237223	334894	144791	100912	238099
77220	108539	68454	74733	199036	175164	109529	191360	175970
1332977	1825284	2101410	2517251	1853838	1466553	1179872	822750	427323
678716	895967	991917	1197904	605279	325628	232325	208081	106673
114746	162627	245043	358652	367568	328834	309691	168200	71183
388660	563190	662271	722211	628858	538373	419963	277222	154760
150855	203500	202179	238484	252133	273718	217893	169247	94707
1361718	1788936	1445953	1654171	3385697	3299614	4111572	4724328	5389066
1049386	1335930	1123121	1325093	2918128	2614691	3671799	4228797	4650658
65470	58217	68968	94415	188021	186899	93298	85529	166303
224493	357599	227397	211649	214769	320493	201086	218684	409827
22369	37190	26467	23014	64779	177531	145389	191318	162278

4－16　全市房地产开发企业经营情况
（2009－2020年）

单位:万元

指　　标	Item	2009	2010	2011	2012
企业(单位)数(家)	Number of Development Enterprises (unit)	565	573	627	612
其中:亏损企业数	Number of Loss enterprise (unit)	256	250	324	356
一、期末资产负债情况	Asset and Liabilities at Year－end				
资产总计	Total Assets	9197820	12161112	15079922	18275187
负债总计	Total Liabilities	6880166	9191269	11506089	14092296
所有者权益合计	Creditors´Equity	2317653	2969843	3573834	4182891
二、本年资金来源合计	Total fund of Income	4514194	6539338	7245628	7305589
1、上年末结余资金	Balance of Last Year	561072	1212844	1541211	2096572
2、本年资金来源小计	Subtotal Fund of This year	3953122	5326494	5704417	5209017
(1)国内贷款	Domestic Loans	588614	699495	896719	927479
(2)利用外资	Foreign Investment	1835	33687	85079	27531
(3)自筹资金	Fund Raising	604899	1443031	2070432	1601253
其中:自有资金	Fund Oneself	282350	781798	738630	559315
(4)其他资金来源	Others	2757774	3150281	2652187	2652754
三、本年各项应付款合计	Total Account Payable This Year	431274	636893	927670	1228773
其中:工程款	Project Payment	239142	353841	550178	713045
四、损益情况	Expenditureznd Income				
1、营业收入总计	Total Income of management	2514114	2828231	2304838	2857806
(1)土地转让收入	Land Transferred	0	3091	800	32628
(2)商品房销售收入	Commercial Houses Sold	2487482	2791504	2233560	2776401
(3)房屋出租收入	Houses Leased	8165	20244	34642	18192
(4)其他收入	Others	18468	13392		15800
2、营业成本	Costs of management	1930214	2075382	1678274	2062613
3、税金及附加	Taxes and Extra Charges	216541	259615	212689	261227
4、销售费用	Sales Expenses	93494	109220	116165	119367
5、管理费用及财务费用	Management and Finance Expenses	143176	169613	199556	242334
6、利润总额	Total Profits	168798	271457	218174	253475
五、人工成本	Labor Cost				
应付职工薪酬	Pay of all Employed persons	39652	49232	218593	66490

Operation of Enterprises for Real Estate Development
(2009 – 2020)

(10000 yuan)

2013	2014	2015	2016	2017	2018	2019	2020
634	654	594	609	603	660	677	752
371	417	409	337	339	409	412	456
21889968	24563922	24951855	25929666	31580090	44603743	55065939	64534411
17112137	19507253	19925880	20891551	26261438	36593819	44279693	51616844
4777831	5056669	5025975	5038116	5318652	8009925	10786246	12917567
9928971	10347219	9251513	12800001	17933837	23965937	23795493	27538671
2640447	3275189	2892013	2884946	4067465	6320975	7201517	7914622
7288524	7072030	6359500	9915055	13866372	17644962	16593976	19624049
965725	1264739	568103	845035	1605289	2358814	2050098	3068701
61298	85386	8894	32063	27514	1229	700	0
2347886	2284848	1703891	2272349	4105664	5120819	3251639	4450713
521110	516347	447484	1224338				
3913615	3437057	4078612	6765608	8127905	10164100	11291539	12104635
1627038	1628356	1633126	1521738	2083291	2771840	2923643	3199433
887282	1025790	978645	945290	1336669	1209206	1465282	1941537
3715426	3622679	4449532	7195880	6852249	6816366	11671567	14923405
14135	0	20646	9352	21699	15337	158580	6936
3632747	3560469	4356029	7073766	6667051	6307837	10883489	12874796
38321	22663	19639	14395	26044	13945	31107	21538
15669	21776	31094	33564	89444	84594	87292	118057
2695093	2938321	3622687	5904896	4641004	5069870	8449962	11660973
324509	287099	373597	401368	292684	301583	628189	727671
186835	169014	182104	350571	430335	494255	652293	827318
267021	272338	255645	264831	308228	368961	507482	516286
320438	10630	75839	249735	342706	701743	1867100	1342379
84452	98592	94472	97997	122184	175840	177059	175997

4-17 市区房地产开发企业经营情况
(2009-2020年)

单位:万元

指　　标	Item	2009	2010	2011
企业(单位)数(家)	Number of Development Enterprises (unit)	198	200	222
其中:亏损企业数	Number of Loss enterprise (unit)	102	93	112
一、期末资产负债情况	Asset and Liabilities at Year-end			
资产总计	Total Assets	3954891	5113545	5625970
负债总计	Total Liabilities	2923237	3886809	4200253
所有者权益合计	Creditors´Equity	1031653	1226736	1425718
二、本年资金来源合计	Total fund of Income	2238227	3098260	3003011
1、上年末结余资金	Balance of Last Year	261666	582783	798924
2、本年资金来源小计	Subtotal Fund of This year	1976561	2515477	2204087
(1)国内贷款	Domestic Loans	276501	324515	387718
(2)利用外资	Foreign Investment	0	19969	14783
(3)自筹资金	Fund Raising	285705	686048	671810
其中:自有资金	Fund Oneself	138247	364376	188850
(4)其他资金来源	Others	1414355	1484945	1129776
三、本年各项应付款合计	Total Account Payable This Year	203778	256009	330006
其中:工程款	Project Payment	88776	87102	176818
四、损益情况	Expenditureznd Income			
1、营业收入总计	Total Income of management	942804	1124262	1103133
(1)土地转让收入	Land Transferred	0	3091	0
(2)商品房销售收入	Commercial Houses Sold	934895	1102214	1065344
(3)房屋出租收入	Houses Leased	6294	17107	29460
(4)其他收入	Others	1615	1850	8329
2、营业成本	Costs of management	693442	830424	771668
3、税金及附加	Taxes and Extra Charges	92085	99988	115175
4、销售费用	Sales Expenses	31759	44907	48097
5、管理费用及财务费用	Management and Finance Expenses	63311	63100	77577
6、利润总额	Total Profits	82062	104933	132975
五、人工成本	Labor Cost			
应付职工薪酬	Pay of all Employed persons	18579	21918	27393

Operation of Enterprises for Real Estate Development of Urban District (2009 – 2020)

(10000 yuan)

2012	2013	2014	2015	2016	2017	2018	2019	2020
227	240	246	211	212	193	200	205	216
131	142	164	153	118	108	121	111	126
7430390	9489097	10016515	10076075	9913667	11334204	14651830	15951543	1748169
5637519	7268895	7686339	7913774	7636036	8852529	11610114	12418001	1381309
1792871	2220202	2330176	2162301	2277632	2481675	3041717	3533542	366861
3092152	4385848	4366032	3739677	4723666	5836962	7209486	7283174	8577422
1012704	1385582	1610089	1354797	1163414	1440010	1926904	2259940	2356716
2079448	3000266	2755943	2384880	3560252	4396952	5282582	5023234	6220706
435928	560813	554156	311338	342678	666973	877064	367147	1158004
22520	53848	76408	5144	17507	27514	1229	700	0
485174	855567	846565	644542	643479	1351379	1805788	1110168	1431139
157076	152766	184974	191323	295063				
1135826	1530038	1278814	1423856	2556588	2351086	2598501	3545219	3631563
507893	688389	648382	685035	468968	442640	712234	804084	683960
262280	334502	336584	299332	264081	250578	310379	389180	537557
1108047	1436877	1486030	1740236	2927999	2938170	2219215	3830878	4759994
0	0	0	0	0	0	0	0	0
1089205	1394872	1457593	1713437	2839524	2866730	2057880	3674068	4436095
9837	27033	12899	7969	8001	13808	2287	12254	6741
4270	4782	9975	15013	30360	54625	43361	17194	12848
777224	998608	1154002	1361948	2312502	1466242	1608280	2622593	3775221
112744	119086	117976	146413	149894	116709	125168	215827	202161
57810	89591	82458	78725	138811	136206	128287	135307	188723
104827	112756	126933	97766	103987	99989	107419	176686	193598
103323	138562	19543	77126	190764	200873	407468	910604	442548
29535	38467	40235	36850	41121	41345	58959	61175	56367

4－18　分地区房地产开发企业投资情况
(2020年)

单位:万元、平方米

指　　标	Item	全　市 Total	市　区 Urban District
本年完成投资	Investment Made This Year	11006452	3127563
按资质等级分	By Qualification		
一级	First Grade	97820	15
二级	Second Grade	538012	0
三级	Third Grade	268750	23679
四级	Fourth Grade	389703	512
暂定	Tentative Grade	3976431	533026
其他资质	Others	5735736	2570331
按构成分	By Composition		
建筑工程	Construction	4660528	1308349
安装工程	Installation	245377	69651
设备工器具购置	Purchase of Equipment and Instruments	53423	24167
其他费用	Others	6047124	1725396
其中:土地购置费	Purchase of Land	5282429	1527338
按工程用途分	By Purpose		
住宅	Residential Buildings	8967775	2509884
其中:144平方米以上	Villas and Good Apartments	1153216	440582
办公楼	Office Block	158646	63784
商业营业用房	House for Commerce	497037	111168
其他	Others	1382994	442727
本年新增固定资产	Newly Increased Fixed Assets	4523241	1752333
待开发土地面积(平方米)	Land Space Needed Development	1450606	281222
本年购置土地面积(平方米)	Land Space Purchased This Year	1508043	199746

Investment of Enterprises for Real Estate Development by Region (2020)

(10000 yuan)

南湖区 Nanhu	秀洲区 Xiuzhou	嘉善县 Jiashan	海盐县 Haiyan	海宁市 Haining	平湖市 Pinghu	桐乡市 Tongxiang
2047739	1079824	1664078	956959	2340956	1214760	1702136
15	0	0	0	5849	91956	0
0	0	1786	73711	425339	37176	0
22790	889	1000	0	133975	59996	50100
512	0	255626	4456	51272	27722	50115
445495	87531	748689	674414	1051456	540509	428337
1578927	991404	656977	204378	673065	457401	1173584
902327	406022	829294	575217	831826	491487	624355
55764	13887	34738	20596	96864	9243	14285
21690	2477	2397	2938	17031	5544	1346
1067958	657438	797649	358208	1395235	708486	1062150
914715	582623	710842	242519	1283458	611281	906991
1651091	858793	1330816	717178	2067012	1004786	1338099
321442	119140	43986	71085	312235	64094	221234
33940	29844	28897	12358	17074	829	35704
60499	50669	44013	111018	105499	62841	62498
302209	140518	260352	116405	151371	146304	265835
1200696	551637	346387	406638	585096	798647	634140
179977	101245	355697	176718	217312	384758	34899
141232	58514	235404	107776	209917	141040	614160

4－19 分地区房地产开发企业房屋建设情况
（2020 年）

单位：万元、平方米

指　标	Item	全　市 Total	市　区 Urban District
施工面积（平方米）	Floor Space of Buildings under Construction (sq. m)	56880933	16169696
1、住宅	Residential Buildings	41134679	10881977
2、办公楼	Office Block	1791640	857930
3、商业营业用房	House for Commerce	4072672	1191972
4、其他	Others	9881942	3237817
新开工面积（平方米）	Floor Space of Buildings under Starting Construction (sq. m)	13422394	4228811
1、住宅	Residential Buildings	10420285	3383380
2、办公楼	Office Block	90770	12011
3、商业营业用房	House for Commerce	687753	115702
4、其他	Others	2223586	717718
竣工面积（平方米）	Floor Space of Buildings Completed (sq. m)	7878203	2709296
1、住宅	Residential Buildings	5773201	1869855
2、办公楼	Office Block	165979	62455
3、商业营业用房	House for Commerce	344026	114861
4、其他	Others	1594997	662125
竣工房屋价值（万元）	Value of Buildings Completed (10 000 yuan)	3786990	1529487
1、住宅	Residential Buildings	3044698	1293293
2、办公楼	Office Block	79664	41416
3、商业营业用房	House for Commerce	129996	34199
4、其他	Others	532632	160579
商品房销售面积（平方米）	Floor Space of Buildings Sold (sq. m)	11843542	3917120
1、住宅	Residential Buildings	10688588	3297721
2、办公楼	Office Block	239520	205330
3、商业营业用房	House for Commerce	444786	238099
4、其他	Others	470648	175970
待售面积（平方米）	Floor Space of Vacant House (sq. m)	2391378	427323
1、住宅	Residential Buildings	991866	106673
2、办公楼	Office Block	101931	71183
3、商业营业用房	House for Commerce	902951	154760
4、其他	Others	394630	94707
销售额（万元）	Total Actually Sales for Commercial Houses (10 000 yuan)	16675780	5389066
1、住宅	Residential Buildings	15514434	4650658
2、办公楼	Office Block	193792	166303
3、商业营业用房	House for Commerce	656973	409827
4、其他	Others	310581	162278

Construction of Enterprises for Real Estate Development by Region (2020)

(10000yuan、sq. m.)

南湖区 Nanhu	秀洲区 Xiuzhou	嘉善县 Jiashan	海盐县 Haiyan	海宁市 Haining	平湖市 Pinghu	桐乡市 Tongxiang
11316015	4853681	9481831	5082465	10161751	6511214	9473976
7673197	3208780	7186516	3704400	7848805	5167717	6345264
484770	373160	313565	62769	240139	56090	261147
864046	327926	904373	368997	616299	452231	538800
2294002	943815	1077377	946299	1456508	835176	2328765
3234383	994428	2362191	1553602	2230745	960417	2086628
2618965	764415	1962266	1065441	1841783	676629	1490786
10740	1271	18646	5772	0	31944	22397
66712	48990	101749	242941	96146	45984	85231
537966	179752	279530	239448	292816	205860	488214
1690567	1018729	801104	980573	1012179	1456575	918476
1182921	686934	591392	795795	733027	1151416	631716
62455	0	82015	0	363	0	21146
103496	11365	55599	24437	75177	15817	58135
341695	320430	72098	160341	203612	289342	207479
978196	551291	244214	353547	410508	626196	623038
818846	474447	172762	280503	302181	503492	492467
41416	0	25333	0	106	0	12809
30174	4025	24030	8251	28407	5976	29133
87760	72819	22089	64793	79814	116728	88629
2803684	1113436	1641099	1235960	1921481	1403474	1724408
2305084	992637	1461420	1078234	1891573	1375079	1584561
130856	74474	33227	136	607	220	0
224294	13805	62574	70628	21938	16996	34551
143450	32520	83878	86962	7363	11179	105296
256038	171285	411837	337519	383508	484226	346965
57585	49088	170215	153749	208206	266594	86429
27553	43630	4366	8302	7159	4008	6913
97862	56898	198381	56256	99949	196147	197458
73038	21669	38875	119212	68194	17477	56165
4021783	1367283	2288283	1343902	3190971	1826870	2636688
3376724	1273934	2149307	1210933	3149948	1801965	2551623
109645	56658	26361	61	842	225	0
392177	17650	68028	86856	37403	19069	35790
143237	19041	44587	46052	2778	5611	49275

4－20　分地区房地产开发企业经营情况
（2020 年）

单位：万元

指　　标	Item	全　市 Total	市　区 Urban District
企业（单位）数（家）	Number of Enterprises（unit）	752	216
其中：亏损企业数	Number of Loss enterprise（unit）	456	126
一、期末资产负债情况	Assets and Liabilities at the Year－end		
资产总计	Total Assets	64534411	1748169
负债总计	Total Liabilities	51616844	1381309
所有者权益合计	Creditors′Equity	12917567	366861
二、本年资金来源合计	Total funds	27538671	8577422
1、上年末结余资金	Balance of Funds Last Year	7914622	2356716
2、本年资金来源小计	Subtotal Funds This year	19624049	6220706
（1）国内贷款	Domestic Loans	3068701	1158004
（2）利用外资	Foreign Investment	0	0
（3）自筹资金	Fund Raising	4450713	1431139
（4）定金及预收款	Deposit and advance payment"	8376583	2713149
（5）个人按揭贷款	Personal mortgage loan	2954127	749053
（6）其他到位资金	Others	773925	169361
三、本年各项应付款合计	Total Account Payable This Year	3199433	683960
其中：工程款	Project Payment	1941537	537557
四、损益情况	Expenditureznd Income		
1、营业收入总计	Total Income of management	14923405	4759994
（1）土地转让收入	Land Transferred	6936	0
（2）商品房销售收入	Commercial House Sold	12874796	4436095
（3）房屋出租收入	Houses Leased	21538	6741
（4）其他收入	Others	118057	12848
2、营业成本	Costs of Management	11660973	3775221
3、税金及附加	Taxes and Extra Charges	727671	202161
4、其他业务利润	Prfits of Management	13984	10321
5、销售费用	Sales Funds	827318	188723
6、管理费用	Management Expenses	397298	115857
7、财务费用	Management Expenses and Finance Expenses	118988	77740
8、利润总额	Total Profits	1342379	442548
五、人工成本	Labor Cost		
应付职工薪酬	Pay of all Employed persons	175997	56367

Operation of Enterprises for Real Estate Development by Region (2020)

(10000 yuan)

南湖区 Nanhu	秀洲区 Xiuzhou	嘉善县 Jiashan	海盐县 Haiyan	海宁市 Haining	平湖市 Pinghu	桐乡市 Tongxiang
111	105	108	86	113	93	136
66	60	55	63	70	63	79
12666143	4815552	11462698	6128040	12007786	7236348	10217845
9672555	4140531	8687325	4955310	9891015	6249270	8020838
2993588	675021	2775373	1172730	2116771	987077	2197007
6136733	2440689	4392572	2310529	4788076	2580538	4889534
1483235	873481	1383709	400634	1775133	546459	1451971
4653498	1567208	3008863	1909895	3012943	2034079	3437563
937204	220800	602415	294397	396200	140842	476843
0	0	0	0	0	0	0
1020419	410720	760716	221908	382579	591924	1062447
1964503	748646	1186107	757154	1530855	815151	1374167
571298	177755	295873	385104	654974	433831	435292
160074	9287	163752	251332	48335	52331	88814
467276	216684	593435	302718	368563	495418	755339
377868	159689	314153	220911	255000	224722	389194
3392018	1367976	2420076	945018	2632529	2073377	2092411
0	0	0	896	0	0	6041
3071242	1364853	1610914	842938	2561085	1415912	2007852
6085	656	2419	3321	4173	1974	2909
12255	593	25056	672	13246	64215	2019
2660341	1114880	1803950	808452	2159909	1605603	1507839
139533	62628	110412	14477	148781	108241	143599
10000	321	1241	26	1863	2364	-1830
132467	56256	131715	102028	150030	159296	95527
87188	28670	62157	31565	76331	45056	66333
76618	1122	18889	9580	8148	7126	-2494
336438	106111	326983	-9576	133221	149565	299638
37773	18594	21651	25232	33368	14414	24966

主要统计指标解释

全社会固定资产投资额 固定资产投资额是以货币表现的建造和购置固定资产活动的工作量,它是反映固定资产投资规模、速度、比例关系和使用方向的综合性指标。全社会固定资产投资包括国有经济单位投资、城乡集体经济单位投资、其他各种经济类型的单位投资和城乡居民个人投资。按照我国现行计划管理体制,全社会固定资产投资总额分为基本建设、更新改造、房地产开发投资和其他固定资产投资四个部分;城乡集体经济单位投资包括城镇集体所有制单位投资和农村集体所有制单位投资;其他各种经济类型单位投资包括联营经济、股份制经济、中外合资经营、中外合作经营、外资、与大陆合资经营、与大陆合作经营、港澳台独资及其他经济的单位投资;城乡居民个人投资包括城市、县城、镇、工矿区所辖范圈内的个人建房和农村个人建房及购买生产性固定资产的投资。

房地产开发投资 包括各种登记注册类型的房地产开发法人单位统一开发的住宅、厂房、仓库、饭店、宾馆、度假村、写字楼、办公楼等房屋建筑物,配套的服务设施,土地开发工程(如道路、给水、排水、供电、供热、通讯、平整场地等基础设施工程)和土地购置的投资;不包括单纯的土地开发和交易活动。

施工项目 指报告期内曾进行建筑或安装工程施工活动的项目。包括报告期内新开工项目、报告期以前开工跨入报告期继续施工的项目以及报告期施工过并在报告期内全部建设投产或停缓建的项目。

全部建成投产项目 工业项目是指设计文件规定形成生产能力的主体工程及其相应配套的辅助设施全部建成,经负荷试运转,证明具备生产设计规定合格产品的条件,并经过验收鉴定合格或达到竣工验收标准,与生产性工程配套的生产福利设施可以满足近期正常生产的需要,正式移交生产的建设项目。非工业项目是指设计文件规定的主体工程和相应的配套工程全部建成,能够发挥设计规定的全部效益,经验收鉴定合格或达到竣工验收标准,正式移交使用的建设项目。

施工和竣工房屋建筑面积 房屋建筑面积是从房屋外堵线算起的各层平面面积的总和,包括房屋结构(如柱、墙)占用的面积和地下室面积。多层建筑按各自然层面积总和计算,包括房屋内的楼隔层、突出墙面的眺望间、门斗、有柱雨罩的面积。不包括突出墙面结构的构件、艺术装饰等所占的面积,如台阶等。凹阳台、挑阳台按其水平投影面积一半计算建筑面积。

新增固定资产 指通过投资活动所形成的新的固定资产价值。包括已经建成投入生产或交付使用的工程价值和达到固定资产标准的设备、工具、器具的价值及有关应摊入的费用。它是以价值形式表示的固定资产投资成果的综合性指标,可以综合反映不同时期、不同部门、不同地区的固定资产投资成果。

EXPLANATORY NOTES ON MAIN STATISTICAL INDICATORS

Total Investment in Fixed Assets Amount of investment in fixed assets refers to the volume of activities in construction and purchases of fixed assets in monetary terms. It is a comprehensive indicator which shows the size, pace, proportional relations and use orientation of the investment in fixed assets. Total investment in fixed assets in the whole country includes the investment by the state – owned units, the investment by the urban and rural collective units, the investment by the units of other types of ownership and the investment by the individuals in the urban and rural arras. According to China's current planning management system, the investment in fixed assets in the whole country is classified into the following four parts; investment in capital construction, investment in innovation, investment in real estates development and other investment in fixed assets. the investment by the urban and rural collective units includes the investment by the urban collective units and the investment by the rural collective units. The investment by the units of other types of ownership includes the investment by the units of joint _ owned economy ,share – holding economy ,Sino – foreign joint economy ,Sino – foreign cooperative economy, economy exclusively with foreign investment, Mainland — Hong kong or Mainland — Macao or Mainland – Taiwan joint economy. Mainland – Hong kong or Mainland – Macao or Mainland – Taiwan coope relive economy, and economy exclusively with investment of Hong Kong or Macao or Taiwan. The investment by the individuals in the urban and rural areas includes the investment in personal house building in the areas under the jurisdiction of city, county, town and special industrial and mining areas as well as the investment in personal house building and purchase of productive fixed assets in the rural areas.

Investment In Real Estate Development It includes the investment by all kinds of registration registration types of real estate development, such as residential buildings, factory buildings, warehouses, hotels, guesthouses, holiday villages, office buildings and other house buildings, and the complementary service facilities, and land development projects (such as roads, water supply, water drainage, power supply, heating, telecommunications, land levelling and other projects of Infrastructure), land purchase; excluding the activities in simple land development and trading.

Projects Under Construction t refers to projects having construction and installation activities undertaken in the reference period v including projects started in the reference period ,or continued from the previous period, or completed and put into production or suspended in the reference period.

Projects Completed and Put into Use Industrial projects refer to the major projects and accessory facilities completed which result in forming production capacity and have been checked and accepted while the living and welfare facilities have been completed and can ensure normal production and formally put into production. Non — industrial projects refer to the major projects and accessory facilities completed which posses the designed capacity and have been checked ,accepted and formally put into production.

Floor Space of Buildings Under Construction and Competed It refers to total floor space in each story of buildings calculated from the outside line of building walk, including the space occupied by constructions like pillars or walk and basements. The floor space of multi – story building includes the total floor space of each story, including area occupied by separating walls, watching rooms, doorways, and pillars, but excluding protruding wall structures ,artistic decoration, etc. (for example, flight of steps). The space of recessed verand and tantilevered balcony is counted by half of the projection area.

Newly Increased Fixed Assets It refers to total floor space in each story of buildings calculated from the outside line of building walk, including the space occupied by constructions like pillars or walk and basements. The floor space of multi – story building includes the total floor space of each story, including area occupied by separating walls, watching rooms, doorways, and pillars, but excluding protruding wall structures ,artistic decoration, etc. (for example, flight of steps). The space of recessed verand and tantilevered balcony is counted by half of the projection area.

五、城市建设、环境、能源与资源利用
Urban Construction, Environment, Energy and Resources Utilization

5-1 分地区建成区面积(1987-2020年)
Areas of Developed Areas by Region (1987-2020)

单位:平方公里 (sq. km)

年份 Year	全市 total	市区 Urban District	嘉善 Jiashan	海盐 Haiyan	海宁 Haining	平湖 Pinghu	桐乡 Tongxiang
1987	57.70	17.79	4.31	6.25	13.87	5.18	10.30
1988	60.26	18.90	4.35	5.38	15.20	5.18	11.25
1989	65.48	19.60	8.39	5.56	15.50	5.18	11.25
1990	66.35	19.80	6.32	5.62	15.60	7.76	11.25
1991	70.89	20.80	6.32	5.62	16.10	8.90	13.15
1992	77.00	22.00	8.00	6.00	18.00	10.00	13.00
1993	81.26	23.70	7.52	7.14	18.10	10.10	14.70
1994	90.60	28.00	8.60	9.20	18.30	10.50	15.90
1995	98.20	31.40	9.00	10.30	19.20	11.30	16.90
1996	107.74	34.35	9.10	15.30	19.98	11.96	17.05
1997	116.02	36.58	9.22	15.95	21.41	14.77	18.09
1998	125.42	38.25	13.26	15.77	22.89	15.55	19.70
1999	81.82	40.07	9.10	7.45	9.50	7.60	8.10
2000	87.69	42.66	9.28	7.80	10.60	8.19	9.16
2001	94.45	45.63	9.50	8.38	11.10	8.70	11.14
2002	108.41	51.44	10.50	8.70	13.00	9.00	15.77
2003	137.21	65.94	12.72	9.20	19.15	10.00	20.20
2004	157.99	76.61	15.08	9.50	22.00	12.00	22.80
2005	190.43	102.09	17.14	10.20	23.00	13.00	25.00
2006	170.13	73.12	18.71	11.10	26.70	13.50	27.00
2007	182.85	78.50	20.72	12.03	27.60	14.00	30.00
2008	193.49	83.50	22.25	12.74	28.70	14.80	31.50
2009	203.36	88.08	23.11	13.37	30.00	15.80	33.00
2010	214.82	93.61	24.10	14.01	31.80	16.80	34.50
2011	225.56	98.59	25.40	14.67	33.10	17.80	36.00
2012	235.56	103.82	26.34	15.28	34.22	18.30	37.60
2013	245.92	108.52	27.40	16.80	35.40	18.80	39.00
2014	275.73	111.79	31.50	17.00	46.57	27.80	41.07
2015	293.12	115.78	34.50	17.20	49.24	33.80	42.60
2016	313.10	118.90	38.80	17.80	50.50	38.60	48.50
2017	349.60	145.18	40.20	20.18	52.84	40.00	51.20
2018	359.83	148.76	42.20	21.07	54.25	41.70	51.85
2019	371.54	155.17	43.80	21.83	54.97	43.06	52.71
2020	—	—	52.44	24.97	55.85	48.37	55.76

注:2020年起资料来源由嘉兴市住房和城乡建设局调整为嘉兴市自然资源和规划局,全市和市区数据暂无。

Note: Since 2020, the data source has been adjusted from Jiaxing Municipal Bureau of Housing and Urban-Rural Development to Jiaxing Municipal Bureau of Natural Resources and Planning, the data of the whole city and urban district are not available.

5-2 主要年份全市城市公用事业基本情况

指　　标	单　位	Item	1990	2009
建成区面积	平方公里	Area of Built Districts (sq. km)	66.35	203.36
供水管道长度	千米	Length of Water Supply Pipelines (km)	620	2519
水厂生产能力	万吨/日	Water Factory Production Capacity (10000 tons/day)	107.33	124.98
年供水总量	万吨	Total Annual Volume of Water Supply (10000 tons)	13993	20674
#生活用水	万吨	Water For Residential Use (10000 tons)	3826	5939
用水人口	万人	Population with Access to Tap Water (10000 persons)	80.76	140.83
人均生活用水量	升/人日	Per Capita of Tap Water For Residential Use (L/person - day)	129.79	171.68
实有公共汽车	辆	Public Transportation Vehicles (unit)	27	1691
营运线路长度	公里	Length of Operation Routes (km)	123	2681
全年公共汽车客运总量	万人次	Number of Passengers Carried (10000 person - times)	356	14287
道路面积	万平方米	Area of Roads (10 000 sq. m)	512	2763
人均城市道路面积	平方米/人	Area of Paved Roads Per Capita (sq. m/person)	8.7	19.62
实有桥梁	座	Number of Bridges(unit)	938	1050
实有排水管道长度	公里	Length of Drainage Pipelines (km)	356	2650
生活垃圾清运量	万吨	Volume of Living Garbage Disposal (10000 tons)	52.47	53.33
建成区绿地面积	公顷	Green Areas in Built Districts (hectare)	471	7612
绿化覆盖面积	公顷	Green Area of City (hectare)		9789
建成区绿化覆盖率	%	Coverage Rate of Green Areas in Developed Areas (%)	9.3	41.10
人均公园绿地面积	平方米/人	Public Green Areas Per Capita(sq. m/person)	1.6	12.32
公园面积	公顷	Areas of Parks (hectare)	44	985
道路照明灯盏数	盏	Number of Street Lights (unit)	11336	118419
城市污水处理率	%	Treatment Date of Domestic Sewage		80.86

Basic Statistics On Urban Public Utilities In Main Years

2010	2011	2012	2013	2014	2015	2016	2017	2018	2019	2020
214.82	225.56	235.56	245.92	275.73	293.12	313.10	349.60	359.83	371.54	—
2627	2992	3104	3239	3399	3557	3676	4620	4831	5081	7669
145.02	164.97	187.17	201.80	193.80	208.80	204.50	205.71	205.71	205.45	205.44
26525	25359	29081	29834	28714	28929	27402	30964	30874	31397	31814
6615	6806	7453	7560	7871	8373	8747	8896	9700	10076	10499
145.46	154.25	159.64	164.35	176.87	192.92	204.30	205.54	207.09	218.38	229.05
170.46	172.26	182.82	174.81	169.37	163.46	159.08	167.95	183.52	177.80	172.66
1821	1650	1765	1873	1873	2529	2825	2984	2921	2976	3068
4020	2274	2844	2789	2978	7130	7370	8690	9602	10213	11055
16046	14919	16411	15660	16887	19653	21913	22342	20094	19180	11070
3024	3234	3395	3547	3663	4101	4207	4534	4721	5461	5951
20.79	20.96	21.27	21.56	20.64	21.19	20.52	22.06	24.68	25.00	25.98
1106	1157	1197	1222	1250	1521	1565	1609	1674	1726	1751
2667	2773	3014	3241	3377	3386	3539	4400	5530	5803	5946
55.98	62.62	65.00	73.12	82.48	80.46	86.09	95.45	90.61	114.03	103.32
8131	9585	10040	10566	10504	11284	11657	12140	12671	13431	14102
10259	11372	11988	12586	13719	15566	16084	16931	17770	18623	19266
41.49	42.49	42.62	42.97	42.16	42.32	41.30	38.43	38.94	39.87	40.29
12.59	13.01	13.51	13.83	14.00	14.45	14.28	14.89	15.35	15.75	16.09
1026	1143	1198	1243	1371	1459	1525	1608	1909	2067	1982
124887	130109	136111	139480	144189	164986	169616	146020	144594	148475	151715
84.84	85.25	87.29	89.88	90.37	90.19	90.29	92.49	94.44	96.94	97.79

5－3　主要年份市区城市公用事业基本情况

指　　标	单　位	Item	1990	2009
建成区面积	平方公里	Area of Built Districts (sq. km)	19.8	88.08
供水管道长度	千米	Length of Water Supply Pipelines (km)	149	749
水厂生产能力	万吨/日	Water Factory Production Capacity (10000 tons/day)	55.6	49.05
年供水总量	万吨	Total Annual Volume of Water Supply (10000 tons)	7951	7879
#生活用水	万吨	Water For Residential Use (10000 tons)	1763	2053
用水人口	万人	Population with Access to Tap Water (10000 persons)	25.3	66.81
人均生活用水量	升/人日	Per Capita of Tap Water For Residential Use (L/person－day)	190.9	155.79
实有公共汽车	辆	Public Transportation Vehicles (unit)	27	921
营运线路长度	公里	Length of Operation Routes (km)	123	913
全年公共汽车客运总量	万人次	Number of Passengers Carried (10000 person－times)	356	7141
道路面积	万平方米	Area of Roads (10 000 sq. m)	180	1050
人均城市道路面积	平方米/人	Area of Paved Roads Per Capita (sq. m/person)	8.5	15.71
实有桥梁	座	Number of Bridges(unit)	340	428
实有排水管道长度	公里	Length of Drainage Pipelines (km)	69	823
生活垃圾清运量	万吨	Volume of Living Garbage Disposal (10000 tons)	21	16.90
建成区绿地面积	公顷	Green Areas in Built Districts (hectare)	150	3373
绿化覆盖面积	公顷	Green Area of City (hectare)		4489
建成区绿化覆盖率	%	Coverage Rate of Green Areas in Developed Areas (%)	7.5	40.69
人均公园绿地面积	平方米/人	Public Green Areas Per Capita(sq. m/person)	1.2	12.60
公园面积	公顷	Areas of Parks (hectare)	17	679
道路照明灯盏数	盏	Number of Street Lights (unit)	3133	40607
城市污水处理率	%	Treatment Date of Domestic Sewage		78.33

Basic Statistics of Urban District on Urban Public Utilities In Main Years

2010	2011	2012	2013	2014	2015	2016	2017	2018	2019	2020
93.61	98.59	103.82	108.52	111.79	115.78	118.90	145.18	148.76	155.17	—
762	783	883	900	995	1051	1093	1223	1239	1268	2125
49.05	54.00	71.80	70.50	70.50	75.50	75.50	72.50	72.50	72.3	72.3
11282	10587	11685	12178	11594	11050	11340	12284	13202	13009	13483
2036	2379	2614	2722	2867	3126	3307	3258	3642	3769	3995
68.34	74.41	77.27	80.87	86.59	84.99	93.42	91.28	87.96	90.09	91.74
152.25	161.90	170.66	168.66	159.86	170.81	164.18	179.72	200.33	193.65	193.26
1006	1017	1042	1025	1007	1038	1191	1267	1218	1251	1146
1486	1344	1414	1527	1561	1550	1938	1974	2074	2325	2483
8680	10126	10341	9176	9870	8790	8829	10312	9786	8415	4816
1196	1300	1371	1438	1493	1568	1601	1697	2092	2168	2273
17.50	17.47	17.74	17.74	17.12	18.32	17.01	18.60	23.78	24.06	24.78
453	473	486	491	495	525	536	551	570	589	568
727	736	795	852	877	921	950	985	2021	2196	2205
18.36	21.50	22.42	25.27	28.94	33.39	35.11	41.84	43.18	51.90	43.75
3629	4251	4379	4570	4440	4638	4885	5148	5286	5629	5744
4665	4911	5190	5403	5659	5896	6171	6436	6709	7072	7133
41.09	43.12	42.18	42.11	42.94	43.33	44.43	38.20	38.46	39.08	39.34
12.92	13.41	13.64	13.50	13.34	14.05	13.36	14.33	15.22	15.31	15.75
709	798	847	873	921	936	958	996	1127	1148	1055
43727	45050	46123	48694	52680	60292	61992	54644	50375	56782	54881
87.26	87.30	90.12	90.38	90.48	88.90	88.32	89.44	94.36	97.49	98.42

5-4 主要年份全市工业企业“三废”排放情况

指　　标	单　位	Item	1990	2007
一、工业废水排放量	万吨	Industrial Waste Water Discharged (10000 tons)	10749	15759
#经过处理的	万吨	Treated (10000 tons)	3020	
工业废水排放达标量	万吨	Reaching Discharged Standard (10000 tons)	6051	15497
#经处理达标的	万吨	Reaching Discharged Standard After Treated (10000 tons)	2092	
二、废气排放总量	亿标立方米	Total Volume of Waste Gas Discharged(100 million cu. m)	136	2065
1. 燃烧过程中废气排放量	亿标立方米	Waste Gas Discharged in the Process of Burning(100 million cu. m)	100	1434
#经消烟除尘的	亿标立方米	Soot and Dust removed(100 million cu. m)	85	
2. 生产工艺过程中废气	亿标立方米	Waste Gas Discharged in the Process of Production(100 million cu. m)	36	632
#经净化处理的	亿标立方米	Gas Purfied(100 million cu. m)	16	
废气中:二氧化硫排放量	吨	Sulpgurous Oxide Discharged (ton)	29443	115055
烟尘排放量	吨	Soo Discharged (ton)	17415	22424
三、工业粉尘排放量	吨	Industrial Dust Discharged (ton)	29800	26891
工业粉尘去除量	吨	Discarded Industrial Dust (ton)	49300	227276
四、工业固体废物产生量	万吨	Industrial Solid Waste Produced (10000 tons)	37	338
工业固体废物处理量	万吨	Volume of Industrial Solid Waste Treated (10000 tons)	0.74	
工业固体废物综合利用量	万吨	Volume of Industrial Solid Waste Used (10000 tons)	36	334
工业固体废物排放量	万吨	Industrial Solid Waste Discharged (10000 tons)	0.23	0
五、工业锅炉	台/蒸吨	Industrial Boilers (unit/ton)	850	651/7863
#烟尘达标的	台/蒸吨	Reaching Discharged Standard(unit/ton)	690	632/7783
六、工业炉窑	座	Industrial Furnace (unit)	305	230
#达标炉窑	座	Reaching Discharged Standard (unit)		225
七、“三废”综合利用产值	万元	Output Value of "Three Waste" Utilized (10000 yuan)	892	101445
综合利用利润	万元	Profits Obtained from Utilization (10000 yuan)	290	

注:资料来源嘉兴市生态环境局,2019 年起按照现有指标调整表式,详见 5-6 表。

The circumstances of the city industry enterprises's waste emission in main years

2008	2009	2010	2011	2012	2013	2014	2015	2016	2017	2018
16235	17488	19812	22381	23267	21171	20636	21947	19763	19695	19104
15899	17218	19533								
1932	1897	2088	2105	2302	2055	2324	2241	2362	3619	3959
1391	1340	1420								
541	558	668								
111739	102805	67198	80036	76572	72960	77133	67924	27437	22516	18885
19402	19996	18900	27386	25206	24752	30127	20975	10978	10726	7540
19241	19181	7548								
294702	308914	321872								
326	366	378	433	526	497	533	531	529	546	596
319	358	369	392	498	471	504	501	489	535	557
0	0	0	0							
673/7020	816/19118	782/16386	1086/29436	982/29319	961/30340	900/31303	803/30775	759/31973	646/32881	577/31857
669/7000	816/18916	780/16376								
255	183	162	244	199	204	186	181	128	222	264
248	175	161								
162980	135219	158982								

Note: Data come from Jiaxing Municipal Bureau of Ecology and Environment, Since 2019, the table has been adjusted according to the existing indicators, as shown in table 5 - 6.

5-5 主要年份市区工业企业“三废”排放情况

指 标	单 位	Item	1990	2007
一、工业废水排放量	万吨	Industrial Waste Water Discharged (10000 tons)	5118	3931
#经过处理的	万吨	Treated (10000 tons)	1355	
工业废水排放达标量	万吨	Reaching Discharged Standard (10000 tons)	2695	3839
#经处理达标的	万吨	Reaching Discharged Standard After Treated (10000 tons)	1010	
二、废气排放总量	亿标立方米	Total Volume of Waste Gas Discharged(100 million cu. m)	58	353
1.燃烧过程中废气排放量	亿标立方米	Waste Gas Discharged in the Process of Burning(100 million cu. m)	44	258
#经消烟除尘的	亿标立方米	Soot and Dust removed(100 million cu. m)	39	
2.生产工艺过程中废气	亿标立方米	Waste Gas Discharged in the Process of Production (100 million cu. m)	14	95
#经净化处理的	亿标立方米	Gas Purfied(100 million cu. m)	11	
废气中:二氧化硫排放量	吨	Sulpgurous Oxide Discharged (ton)	6616	15832
烟尘排放量	吨	Soo Discharged (ton)	4581	5471
三、工业粉尘排放量	吨	Industrial Dust Discharged (ton)	7600	636
工业粉尘去除量	吨	Discarded Industrial Dust (ton)	10100	50018
四、工业固体废物产生量	万吨	Industrial Solid Waste Produced (10000 tons)	12	79
工业固体废物处理量	万吨	Volume of Industrial Solid Waste Treated (10000 tons)	0.47	
工业固体废物综合利用量	万吨	Volume of Industrial Solid Waste Used (10000 tons)	11	78
工业固体废物排放量	万吨	Industrial Solid Waste Discharged (10000 tons)	0.004	
五、工业锅炉	台/蒸吨	Industrial Boilers (unit/ton)	185/613	148/2004
#烟尘达标的	台/蒸吨	Reaching Discharged Standard(unit/ton)	142/490	139/1996
六、工业炉窑	座	Industrial Furnace (unit)	60	23
#达标炉窑	座	Reaching Discharged Standard (unit)	45	18
七、“三废”综合利用产值	万元	Output Value of "Three Waste" Utilized (10000 yuan)	152	21781
综合利用利润	万元	Profits Obtained from Utilization (10000 yuan)		

The circumstances of the urban industry enterprises's waste emission in main years

2008	2009	2010	2011	2012	2013	2014	2015	2016	2017	2018
4164	4540	5051	7457	7189	6589	6606	7369	6518	6374	5942
4084	4469	5004								
285	360	373	360	340	319	352	328	380	528	599
261	270	283								
24	90	91								
13889	11956	11492	22827	20399	19789	25548	22924	7408	5496	4500
3716	3448	3477	8617	9203	10489	11950	5961	3078	2876	1685
2926	1125	1689								
66389	94731	159291								
68	83	88	96	104	107	102	86	81	110	122
67	80	86	74	87	90	83	72	63	108	112
0	0	0	0							
155/2294	182/2495	195/2506	250/4067	239/3595	236/3652	218/3617	139/2986	156/3427	101/5075	114/3238
155/2294	182/2495	195/2506								
11	31	26	61	43	58	44	43	24	38	82
11	27	25								
39972	48831	72364								

5-6 分地区工业企业"三废"排放情况
(2019-2020年)

指　标	单位	Unit
一、工业废水排放量	万吨	Industrial Waste Water Discharged (10000 tons)
工业化学需氧量排放量	吨	Industrial COD Emission (ton)
工业氨氮排放量	吨	Industrial Ammonia Nitrogen (ton)
二、工业废气排放总量	亿标立方米	Total Volume of Industrial Waste Gas Emission (100 million cu. m)
工业二氧化硫排放量	吨	Volume of Industrial Sulphur Dioxide Emission (ton)
工业氮氧化物排放量	吨	Volume of Industrial Nitrogen Oxides Emission (ton)
工业烟(粉)尘排放量	吨	Volume of Industrial Smoke and Dust Emission (ton)
三、工业固体废物产生量	万吨	Volume of Industrial Solid Wastes Produced (10000 tons)
工业固体废物综合利用量	万吨	Volume of Industrial Solid Wastes Utilized (10000 tons)
工业固体废物处置量	万吨	Volume of Industrial Solid Wastes Disposed (10000 tons)
工业固体废物利用处置率	%	Utilization and Disposal Rate of Industrial Solid Wastes (%)

指　标	单位	Unit
一、工业废水排放量	万吨	Industrial Waste Water Discharged (10000 tons)
工业化学需氧量排放量	吨	Industrial COD Emission (ton)
工业氨氮排放量	吨	Industrial Ammonia Nitrogen (ton)
二、工业废气排放总量	亿标立方米	Total Volume of Industrial Waste Gas Emission (100 million cu. m)
工业二氧化硫排放量	吨	Volume of Industrial Sulphur Dioxide Emission (ton)
工业氮氧化物排放量	吨	Volume of Industrial Nitrogen Oxides Emission (ton)
工业烟(粉)尘排放量	吨	Volume of Industrial Smoke and Dust Emission (ton)
三、工业固体废物产生量	万吨	Volume of Industrial Solid Wastes Produced (10000 tons)
工业固体废物综合利用量	万吨	Volume of Industrial Solid Wastes Utilized (10000 tons)
工业固体废物处置量	万吨	Volume of Industrial Solid Wastes Disposed (10000 tons)
工业固体废物利用处置率	%	Utilization and Disposal Rate of Industrial Solid Wastes (%)

注:资料来源嘉兴市生态环境局,2020年为初步数据,国家生态环境部暂未核定反馈。

The circumstances of industry enterprises's waste emission by Region (2019－2020)

2020 年							
全 市 Total	南湖区 Nanhu	秀洲区 Xiuzhou	嘉善县 Jiashan	海盐县 Haiyan	海宁市 Haining	平湖市 Pinghu	桐乡市 Tongxiang
16774.20	1216.36	3693.76	1275.30	1502.10	3322.80	3274.26	2489.62
6966.81	677.34	1467.04	603.90	550.64	1359.66	1193.49	1114.74
63.40	5.20	17.23	5.78	7.93	9.39	9.82	8.06
6001.81	300.91	525.85	629.45	352.65	1843.22	1743.97	605.75
5231.94	64.69	902.38	136.09	299.95	535.81	2475.61	817.41
12551.40	332.19	1790.83	561.95	863.53	1335.56	5540.29	2127.06
7414.25	535.71	315.82	854.26	1246.30	625.56	811.93	3024.69
606.05	101.09	51.92	54.81	56.38	55.52	231.08	55.25
540.44	83.38	50.88	45.00	39.94	49.08	220.48	51.67
70.76	19.94	1.31	10.11	16.44	6.92	11.95	4.10
99.89	99.96	99.96	99.89	100.00	99.90	99.96	99.32
2019 年							
全 市 Total	南湖区 Nanhu	秀洲区 Xiuzhou	嘉善县 Jiashan	海盐县 Haiyan	海宁市 Haining	平湖市 Pinghu	桐乡市 Tongxiang
18871.03	1593.79	3947.51	1754.94	1876.59	3730.38	3242.40	2725.42
6475.50	533.20	1508.52	616.25	672.01	1112.76	1081.16	951.60
68.96	3.98	17.91	5.72	8.82	4.84	8.46	19.24
6032.60	710.29	795.11	378.50	246.35	1678.30	1738.29	485.76
11987.64	779.01	1460.42	320.43	2949.55	1401.25	3569.65	1507.32
16177.19	683.92	2379.81	985.21	1081.69	1646.65	6640.40	2759.51
12841.21	751.31	424.77	4850.51	2248.61	550.94	925.79	3089.27
632.71	81.99	54.88	66.00	60.32	51.78	255.80	61.94
598.39	73.04	54.46	60.48	52.02	49.81	248.09	60.49
43.39	13.20	0.50	6.84	8.51	2.10	10.33	1.92
99.79	99.40	99.94	99.89	100.00	99.85	99.92	99.33

Note: Data come from Jiaxing Municipal Bureau of Ecology and Environment, the data in 2020 are preliminary because it have not been approved by Ministry of Ecology and Environment.

5-7 市区空气质量状况(2000-2020年)
Ambient Air Quality in Urban District(2000-2020)

年份 Year	空气质量指数(AQI) Air Quality Index(AQI)				
	0-50(优)天数 0-50(Excellent) days	51-100(良)天数 51-100(Good) days	>100(良以下)天数 >100(Below Good) days	优良天数 Excellent and Good days	优良比例% Excellent and Good rate%
2000	161	189	16	350	95.9
2001	153	200	12	353	96.7
2002	144	193	28	337	92.3
2003	40	269	56	309	84.7
2004	58	298	9	356	97.5
2005	83	272	10	355	97.3
2006	13	290	62	303	83.0
2007	36	276	53	312	85.5
2008	33	315	18	348	95.1
2009	47	291	27	338	92.6
2010	68	262	35	330	90.4
2011	79	252	34	331	90.7
2012	85	262	19	347	94.8
2013	92	224	49	316	86.6
2014	39	214	107	253	70.3
2015	42	191	129	233	64.4
2016	72	200	94	272	74.3
2017	65	200	100	265	72.6
2018	86	194	85	280	76.7
2019	88	204	73	292	80.0
2020	114	205	47	319	87.2

注:资料来源嘉兴市生态环境局,2014年起空气质量采用新标准评价,原空气污染指数API改为空气质量指数AQI(Air Quality Index)。

Note: Data come from Jiaxing Municipal Bureau of Ecology and Environment, air quality has been evaluated by new standards Since 2014, The original API has been changed to AQI.

5-8 全市及市区水资源利用情况(2015-2020年)

Water Resources in whole city and Urban District(2015-2020)

项　目	Item	全市 Total					
		2015	2016	2017	2018	2019	2020
水资源总量(亿立方米)	Hydropower Resources(100 million cu. m)	38.76	40.61	27.31	36.51	33.21	40.58
总供水量(亿立方米)	Total Amount of Water Supply (100 million cu. m)	18.96	18.81	18.89	18.76	17.85	18.00
用水量构成(%)	Component of Water Use(%)	100.00	100.00	100.00	100.00	100.00	100.00
农田灌溉	Farmlands Irrigation	46.40	46.40	51.70	50.98	49.54	48.70
林牧渔畜	Agriculture, Animal Husbandry and Fishery	5.60	5.60	4.10	3.67	3.45	3.60
工业	Indrstry	22.00	22.00	22.90	24.25	24.89	25.20
居民生活	Consumption for Life	13.10	13.10	12.20	12.21	13.17	13.40
城镇公共用水	Urban Public Consumption	10.10	10.10	6.80	6.86	7.54	7.50
生态环境补水	Supplement for Ecological Environment	2.80	2.80	2.30	2.03	1.41	1.60

项　目	Item	市区 Urban District					
		2015	2016	2017	2018	2019	2020
水资源总量(亿立方米)	Hydropower Resources(100 million cu. m)	9.29	10.18	6.19	8.47	8.33	9.68
总供水量(亿立方米)	Total Amount of Water Supply (100 million cu. m)	4.45	4.49	4.69	4.81	4.21	4.27
用水量构成(%)	Component of Water Use(%)	100.00	100.00	100.00	100.00	100.00	100.00
农田灌溉	Farmlands Irrigation	46.50	53.20	47.80	46.56	48.26	47.40
林牧渔畜	Agriculture, Animal Husbandry and Fishery	5.40	4.40	2.40	2.38	2.09	2.20
工业	Indrstry	23.60	22.30	23.00	25.73	21.55	22.60
居民生活	Consumption for Life	12.30	11.70	14.30	14.28	15.54	16.00
城镇公共用水	Urban Public Consumption	9.90	6.20	10.10	9.73	10.88	10.00
生态环境补水	Supplement for Ecological Environment	2.30	2.20	2.30	1.32	1.68	1.80

注:资料来源嘉兴市水利局。
Note: Data come from Jiaxing Municipal Bureau of Water Resources.

5－9 主要年份全市全社会用电情况

单位:万千瓦时

指　　标	Item	1990	2006	2007
全社会用电总计	Total	216956	1810517	2128890
城乡居民生活用电合计	Residents´Consumption of Electricity for Non－production Purpose	19699	146633	163570
城镇居民	Urban Residents	13311	69530	84088
乡村居民	Rural Residents	6388	77103	79483
一、农、林、牧、渔业	Farming ,Forestry,Animal Husbandry and Fishery	21779	17054	18793
二、工业合计	Industry	166316	1493740	1781571
1.轻工业	Light Industry	72408	795214	963816
2.重工业	Heavy Industry	93908	698526	817755
按主要行业分:	By Sector			
1.采矿业	Mining and Quarrying	4591	5788	5728
2.食品,饮料和烟草制造业(轻)	Food, Beverage and Tobacco Processing	8380	21748	27428
3.纺织业(轻)	Textile Industry	23318	308633	385572
4.造纸及纸制品业(轻)	Papermaking and Paper Products	9715	91207	117972
5.石油加工、炼焦及核燃料加工业	Petroleum Processing		380	386
6.化学原料及化学制品制造业	Chemical Industry	22807	107107	122967
7.医药制造业(轻)	Medical and Pharmaceutical Products	215	3578	4467
8.化学纤维制造业(轻)	Chemical Fiber	3609	174014	213185
9.橡胶及塑料制品业	Plastic and Rubber Products	4940	88016	103552
10.黑色金属冶炼及压延加工业	Smelting and Pressing of Ferrous Metals	6416	33672	42606
11.有色金属冶炼及压延加工业	Smelting and Pressing of Nonferrous Metals	751	9849	13923
12.金属制品业	Metal Products	6461	60650	83276
13.通用及专用设备制造业	Generic and Specialized Equipment Manufacturing	7665	58301	69568
14.交通运输,电气,电子设备制造业	Trasport and Electronic Equipment Manufacturing	4831	89763	114907
15.电力,热力的生产和供应业	Production and Supply of Electronic Power,Steam and Hot water	16539	142635	151293
16.水的生产和供应业	Production and supply of Tap Water	3122	21137	23503
三、建筑业	Construction	1971	33129	25109
四、交通运输、仓储、邮政业	Transportation,Storage ,Post and Telecommunications	748	5759	8168
五、信息传输、计算机服务和软件业	Information Transmission, Computer Services and Software Industry		5494	5952
六、商业、住宿和餐饮业	Trade , Accommodation and Catering Services	3194	54031	62698
七、金融、房地产、商务及居民服务业	Financel, Real estate, Business and Residents Services		17217	21637
八、公共事业及管理组织	Public Utilities and Management Organization		37460	41391

注:数据来自国网嘉兴供电公司,2018年起调整分类数据,详见表5－11。

Consumption of Electricity in Main Years

(10000 kwh)

2008	2009	2010	2011	2012	2013	2014	2015	2016	2017
2317449	2508587	2905219	3279051	3514240	3854512	3964500	4133516	4530971	4839624
173938	189227	216604	239925	264879	317327	277883	304162	362420	401789
88377	96864	113960	128389	145479	174097	158040	174820	209423	231339
85561	92362	102644	111536	119400	143229	119844	129342	152997	170450
19265	18937	20253	24047	27167	29687	26310	26318	29524	31383
1933731	2084017	2409038	2713025	2892307	3144633	3288812	3399171	3685005	3900849
1070153	1177367	1287728	1404313	1508502	1598653	1656454	1753041	1906385	2082160
863579	906651	1121309	1308712	1383805	1545980	1632358	1646130	1778620	1818689
3144	2938	4286	5208	4899	3929	2567	1831	1326	1201
28796	35140	39974	42828	45089	50428	48918	43334	46263	52315
409095	435184	511725	583599	636296	687056	713185	733655	780576	857676
144402	177385	154535	173751	199304	195939	201061	242965	287256	283762
410	452	1345	3863	13548	17185	17429	17936	18904	19254
125782	138183	172446	181299	204812	247242	274676	289057	310744	337128
5102	5266	6320	7048	6799	7268	8028	9556	10577	12217
251868	271082	264053	278868	296352	308940	321166	334476	365071	394968
110192	114003	138055	153478	168105	188259	196809	193767	207382	229345
39927	47215	67795	78115	79350	92331	90359	85599	97294	50889
16499	14581	23854	27758	28058	29636	29773	26514	26855	28511
103659	110565	158442	186649	201563	240103	269857	267182	292788	304125
82020	82701	97323	108086	104178	110290	119225	119897	134707	144474
140625	154292	209348	208747	213800	228112	253717	264728	292903	352783
140625	149461	114496	129671	160574	191813	179366	186957	215058	216786
23689	25613	29426	31860	34347	36916	38476	41085	46547	49270
30652	34828	41126	45136	43914	47748	50331	43896	38078	45519
12837	17176	22255	32414	35533	37891	40460	45427	52351	56377
6954	7808	10010	12533	14021	15474	17175	20030	22896	24633
68666	78772	93912	109996	123180	134992	134794	145085	163399	179601
24464	26212	33719	39118	42890	49816	52091	63426	78924	94335
46942	51610	58302	62857	70349	76943	76644	85999	98374	105138

Note: Data come from State Grid Jiaxing Electric Power Supply Company, The classification data have been adjusted since 2018 as shown in table 5 – 11.

5-10 主要年份市区全社会用电情况

单位:万千瓦时

指　　标	Item	1990	2006	2007
全社会用电总计	Total	66238	495111	579358
城乡居民生活用电合计	Residents´Consumption of Electricity for Non－production Purpose	5755	41189	43126
城镇居民	Urban Residents	3473	24165	26957
乡村居民	Rural Residents	2282	17024	16170
一、农、林、牧、渔业	Farming ,Forestry,Animal Husbandry and Fishery	5665	3632	4512
二、工业合计	Industry	50806	398547	471709
1.轻工业	Light Industry	23862	234020	283866
2.重工业	Heavy Industry	26944	164527	187843
按主要行业分:	By Sector			
1.采矿业	Mining and Quarrying			
2.食品,饮料和烟草制造业(轻)	Food, Beverage and Tobacco Processing	2098	8183	7863
3.纺织业(轻)	Textile Industry	8608	121173	160949
4.造纸及纸制品业(轻)	Papermaking and Paper Products	7339	25727	33227
5.石油加工、炼焦及核燃料加工业	Petroleum Processing		63	78
6.化学原料及化学制品制造业	Chemical Industry	8213	34441	33834
7.医药制造业(轻)	Medical and Pharmaceutical Products	104	343	928
8.化学纤维制造业(轻)	Chemical Fiber	19	28543	23547
9.橡胶及塑料制品业	Plastic and Rubber Products	903	30610	36572
10.黑色金属冶炼及压延加工业	Smelting and Pressing of Ferrous Metals	4578	2672	2568
11.有色金属冶炼及压延加工业	Smelting and Pressing of Nonferrous Metals	259	1098	2724
12.金属制品业	Metal Products	1057	10667	15802
13.通用及专用设备制造业	Generic and Specialized Equipment Manufacturing	4333	14443	15381
14.交通运输,电气,电子设备制造业	Trasport and Electronic Equipment Manufacturing	2133	21149	23139
15.电力,热力的生产和供应业	Production and Supply of Electronic Power, Steam and Hot water	3428	39122	38748
16.水的生产和供应业	Production and supply of Tap Water	890	4635	4968
三、建筑业	Construction	776	7755	7535
四、交通运输、仓储、邮政业	Transportation,Storage ,Post and Telecommunications	397	1764	2699
五、信息传输、计算机服务和软件业	Information Transmission, Computer Services and Software Industry		2468	2306
六、商业、住宿和餐饮业	Trade , Accommodation and Catering Services	1320	19415	23288
七、金融、房地产、商务及居民服务业	Financel, Real estate, Business and Residents Services		6055	8509
八、公共事业及管理组织	Public Utilities and Management Organization		14286	15674

Consumption of Electricity in Urban District in Main Years

(10000 kwh)

2008	2009	2010	2011	2012	2013	2014	2015	2016	2017
611855	634418	738036	851239	930296	991233	1013706	1057122	1173723	1250198
47665	50703	58899	65383	72739	87116	76542	83976	100936	112575
31055	33638	39803	45195	51417	61660	55676	61432	74007	82715
16610	17065	19096	20189	21322	25456	20867	22543	26929	29860
5123	5257	5553	6117	7137	7837	7032	7124	7895	8130
492406	503881	587924	675259	734622	768964	800089	820919	897341	945492
300978	312771	349599	405692	438608	463561	466533	481677	511446	548936
191429	191110	238325	269567	296014	305402	333556	339243	385896	396556
65	81	155	202	198	170	209	148	90	97
7549	8631	9526	10481	11169	14086	14326	13513	13052	15282
168160	175676	202730	241786	265041	271678	276371	284036	286049	312220
31610	31483	30376	33248	32677	33939	31897	36427	45077	45137
100	107	119	98	100	87	65	61	54	50
26137	19158	27331	32646	34659	35680	38673	35341	36386	40111
1147	1042	1128	1416	1382	1384	1509	1856	2059	2242
48318	49242	49417	55486	59868	63070	62541	62295	71628	75931
41530	42634	48201	49095	54860	60934	62807	61429	66035	67927
1973	4973	21137	29484	34665	40666	41553	36642	35348	38196
1957	1298	2220	3130	2877	2950	3288	3108	2730	3939
22586	25470	37020	42713	45676	51144	55253	55417	60131	55381
15543	15774	19121	19876	15170	14762	17001	18926	24520	32876
25582	26931	33850	38228	46867	55133	60240	63447	70497	87651
41501	39963	29559	34726	35210	20355	22984	33649	61340	44006
5246	5367	6447	7257	7946	8398	9376	10188	11505	11924
7395	9741	11022	11126	12123	13630	13867	13209	11775	14838
3159	3575	4666	12023	12682	13412	14209	16191	19588	21037
2557	2895	3714	4862	5380	5861	6764	7916	9342	10267
25715	27898	31814	35938	40961	44502	44094	46844	52900	55847
10162	10661	12140	15803	17446	21060	22078	28506	37195	44347
17672	19805	22304	24728	27206	28851	29030	32437	36750	37665

5-11 全市全社会用电情况(2018-2020年)

Consumption of Electricity (2018-2020)

单位:万千瓦时 (10000kwh)

名　称	Name	2018	2019	2020
全社会用电总计	Total	5220618	5380258	5490962
A、全行业用电合计	Total by sector	4774336	4899199	4972546
第一产业	Primary Industry	24398	23297	24250
第二产业	Secondary Industry	4194181	4295145	4376431
第三产业	Tertiary Industry	555757	580757	571865
B、城乡居民生活用电合计	Residents´ Consumption of Electricity for Non-production Purpose	446282	481059	518417
城镇居民	Urban Residents	261724	277099	295245
乡村居民	Rural Residents	184558	203959	223171
全行业用电按行业分	By Sector			
一、农、林、牧、渔业	Farming ,Forestry,Animal Husbandry and Fishery	32796	32259	33482
二、工业	Industry	4155611	4239876	4314097
(一)采矿业	Mining and Quarrying	583	432	368
(二)制造业	Manufacturing	3859209	3940161	3962728
纺织业	Textile Industry	804237	812487	745065
化学纤维制造业	Chemical Fiber	420988	439056	469443
化学原料和化学制品制造业	Chemical Industry	353624	354530	408572
金属制品业	Metal Products	299331	292655	284543
造纸和纸制品业	Papermaking and Paper Products	271961	257652	228432
非金属矿物制品业	Building materials Industry	270155	297216	231962
橡胶和塑料制品业	Plastic and Rubber Products	237411	223959	201204
纺织服装、服饰业	Textile and garment Industry	182001	180640	164270
电气机械和器材制造业	Electrical machinery and equipment Industry	157806	163100	195118
计算机、通信和其他电子设备制造业	Computer,Telecommunication and other Electronic equipment Industry	156162	160180	244776
(三)电力、热力、燃气及水生产和供应业	Production and Supply of Electronic Power,Steam and Hot water	295818	299283	351001
三、建筑业	Construction	57010	64747	64728
四、交通运输、仓储和邮政业	Transportation,Storage ,Post and Telecommunications	62522	70550	66072
五、信息传输、软件和信息技术服务业	Information Transmission, Computer Services and Software Industry	31866	32742	36505
六、批发和零售业	Trade	163416	166842	160625
七、住宿和餐饮业	Accommodation and Catering Services	37734	36926	33087
八、金融业	Financel	8236	8252	8005
九、房地产业	Real estate	69426	79914	83101
十、租赁和商务服务业	Business and Residents Services	20620	23288	26779
十一、公共服务及管理组织	Public Utilities and Management Organization	135099	143803	146066

注:资料来源国网嘉兴供电公司。
Note:Data come from State Grid Jiaxing Electric Power Supply Company.

5-12 市区全社会用电情况(2018-2020年)
Consumption of Electricity in Urban District (2018-2020)

单位:万千瓦时 (10000kwh)

名　称	Name	2018	2019	2020
全社会用电总计	Total	1293729	1318311	818854
A、全行业用电合计	Total by sector	1167331	1181417	709938
第一产业	Primary Industry	6829	6130	2314
第二产业	Secondary Industry	966416	968598	535705
第三产业	Tertiary Industry	194086	206689	171920
B、城乡居民生活用电合计	Residents′ Consumption of Electricity for Non - production Purpose	126398	136894	108916
城镇居民	Urban Residents	94508	100023	91415
乡村居民	Rural Residents	31890	36870	17501
全行业用电按行业分	By Sector			
一、农、林、牧、渔业	Farming ,Forestry,Animal Husbandry and Fishery	8927	8580	2941
二、工业	Industry	949555	950266	524499
(一)采矿业	Mining and Quarrying	101	108	71
(二)制造业	Manufacturing	891276	876592	467880
纺织业	Textile Industry	289628	278422	32238
化学纤维制造业	Chemical Fiber	71384	71816	42177
化学原料和化学制品制造业	Chemical Industry	38990	36776	41329
金属制品业	Metal Products	48744	47323	52518
造纸和纸制品业	Papermaking and Paper Products	44352	41809	36308
非金属矿物制品业	Building materials Industry	49730	51529	9989
橡胶和塑料制品业	Plastic and Rubber Products	64638	57408	44437
纺织服装、服饰业	Textile and garment Industry	35405	32808	5326
电气机械和器材制造业	Electrical machinery and equipment Industry	39190	38500	20767
计算机、通信和其他电子设备制造业	Computer,Telecommunication and other Electronic equipment Industry	27651	28960	25737
(三)电力、热力、燃气及水生产和供应业	Production and Supply of Electronic Power,Steam and Hot water	58179	73567	56549
三、建筑业	Construction	16984	18465	11253
四、交通运输、仓储和邮政业	Transportation,Storage ,Post and Telecommunications	22917	25387	20677
五、信息传输、软件和信息技术服务业	Information Transmission, Computer Services and Software Industry	11599	11746	11417
六、批发和零售业	Trade	49627	49339	37867
七、住宿和餐饮业	Accommodation and Catering Services	10402	9726	7692
八、金融业	Financel	2846	2930	2753
九、房地产业	Real estate	36755	42828	36370
十、租赁和商务服务业	Business and Residents Services	9965	11607	12834
十一、公共服务及管理组织	Public Utilities and Management Organization	47754	50542	41634

5-13　分地区供用电设备情况
（2020年）

指标　Item	全市　Total		市区　Urban District	
变压器　Transformer	台 unit	千伏安 kva	台 unit	千伏安 kva
500kV	15	13750000	3	2250000
220kV	85	16680000	20	3930000
110kV	300	15778000	97	4986000
35kV	45	830000	16	299000
20kV	11603	7081143	1925	1820570
10kV	59909	27265210	21361	10072514
线路 Line	条 Line	公里 Km	条 Line	公里 Km
1000kV	0	123.22	0	123.22
±800kV	0	49.85	0	49.85
500kV	28	1003.36	28	1003.36
±500kV	0	152.38	0	152.38
220kV	129	1730.98	129	1730.98
110kV	317	2656.97	317	2656.97
35kV	63	478.13	24	187.58
20kV	482	3668.59	97	606.90
10kV	2723	19236.67	1024	6673.91

Conditions of Equipment for Power Supply by Region
(2020)

嘉善县 Jiashan		海盐县 Haiyan		海宁市 Haining		平湖市 Pinghu		桐乡市 Tongxiang	
台 unit	千伏安 kva	台 unit	千伏安 kva	台 unit	千伏安 kva	台 unit	千伏安 kva	台 unit	千伏安 kva
3	2500000	2	2000000	4	4000000			3	3000000
10	1950000	9	1800000	17	3450000	13	2520000	16	3030000
38	1910000	30	1453000	58	2846000	30	1520000	47	3063000
6	112500	6	104000	9	168500	2	50000	6	96000
568	303555	388	196755	697	645015	413	456005	7612	3659243
9121	4114435	5818	2538216	13001	5997413	6667	2845008	3941	1697624
条 Line	公里 Km	条 Line	公里 Km	条 Line	公里 Km	条 Line	公里 Km	条 Line	公里 Km
9	65.98	5	60.26	14	99.06	3	21.54	8	43.70
17	190.01	22	167.12	62	245.56	27	99.64	257	2359.37
353	2468.42	268	2319.16	607	4220.70	264	2181.94	207	1372.55

5-14 供用电设备情况
(2009-2020 年)

指 标 Item	2009	2010	2011	2012
全市 Total				
变压器(台/千伏安) Transformer(unit/kva)				
500kV	7/5750000	7/5750000	7/5750000	8/6750000
220kV	49/8220000	53/9300000	54/9630000	57/10350000
110kV	171/7450500	184/8479000	201/9907500	215/10854500
35kV	59/1007800	57/993500	56/973500	53/949000
20kV			502/184210	1275/382864
10kV	21576/5637227	22804/5724799	24471/6465261	25012/6923287
线路(条/公里) Line(lines/km)				
1000kV				
±800kV		0/43	0/43	0/43
500kV	16/649	16/707	15/785	18/963
±500kV	0/30	0/91	0/152	0/152
220kV	69/1091	81/1218	85/1282	85/1289
110kV	183/1613	194/1684	200/1751	201/1792
35kV	145/911	143/856	148/888	138/840
20kV			144/791	248/1602
10kV	2200 /17723	2010 /15727	2123 /16697	2146 /16585
市区 Urban District				
变压器(台/千伏安) Transformer(unit/kva)				
500kV	3/2250000	3/2250000	3/2250000	3/2250000/3
220kV	19/3240000	19/3300000	19/3300000	19/3330000
110kV	59/2563500	60/2643500	65/3013500	69/3292000
35kV	19/324000	19/324000	19/324000	16/295500
20kV			31/10115	75/30265
10kV	7298/1736060	8119/2147170	8748/2420035	9099/2583145
线路(条/公里) Line(lines/km)				
1000kV				
±800kV		43	43	0/43
500kV	16/649	16/707	15/785	18/963
±500kV	0/30	0/91	0/152	0/152
220kV	69/1091	81/1218	85/1282	85/1289
110kV	183/1613	194/1684	200/1751	201/1792
35kV	50/248	53/260	59/290	50/251
20kV			6/37	25/172
10kV	925/7041	724/5472	798/5775	801/5913

Conditions of Equipment for Power Supply
(2009 – 2020)

2013	2014	2015	2016	2017	2018	2019	2020
8/6750000	9/7750000	11/9750000	11/9750000	13/11750000	14/12750000	15/13750000	15/13750000
63/11670000	67/12510000	71/13470000	74/14010000	76/14520000	78/15000000	82/16020000	85/16680000
226/11561500	241/12318500	253/12977000	271/14131000	279/14501000	284/14778000	289/15098000	300/15778000
54/965000	53/945500	50/893000	48/853000	48/856500	44/799500	45/830000	45/830000
1988/572615	2717/1268922	3294/1250883	6847/2653026	4375/1993328	4661/2227898	10700/5852076	11603/7081143
25789/7796124	26035/8422619	27483/9242287	48237/17068913	31586/14500822	32322/13989643	53731/24720116	59909/27265210
0/123	0/123	0/123	0/123	0/123	0/123	0/123	0/123
0/43	0/43	0/43	0/50	0/50	0/50	0/50	0/50
18/816	20/815	22/942	27/1001	28/1004	28/1004	28/1003	28/1003
0/152	0/152	0/152	0/152	0/152	0/152	0/152	0/152
91/1315	95/1370	107/1512	113/1477	117/1554	125/1654	127/1686	129/1731
225/1942	246/1980	239/2022	255/2133	236/2062	269/2279	290/2492	317/2657
136/824	165/975	105/680	69/501	67/469	72/447	108/699	63/478
0/2171	0/2634	0/2731	332/3060	368/3163	401/3414	449/3392	482/3669
0 /16801	0 /17094	0 /16914	2181 /17935	2294 /18100	2412 /19380	2811 /20710	2723 /19237
2250000	3/2250000	3/2250000	3/2250000	3/2250000	3/2250000	3/2250000	3/2250000
20/3510000	13/2280000	15/2780000	17/3140000	16/2970000	18/3450000	19/3750000	20/3930000
73/3492000	78/3772000	83/4040500	91/4686000	96/4906000	96/4906000	95/4886000	97/4986000
16/295500	16/295500	16/295500	16/295500	16/299000	16/299000	16/299000	16/299000
115/44660	143/422714	421/269165	3696/1499808	959/691735	985/797345	5500/2603223	1925/1820570
9447/3039040	9373/3121606	10196/3508090	29775/10516834	12607/7311390	12486/6188519	31190/12737931	21361/10072514
0/123	0/123	0/123	0/123	0/123	0/123	0/123	0/123
0/43	0/43	0/43	0/50	0/50	0/50	0/50	0/50
18/816	20/815	22/942	27/1001	28/1004	28/1004	28/1003	28/1003
0/152	0/152	0/152	0/152	0/152	0/152	0/152	0/152
91/1315	95/1370	107/1512	113/1477	117/1554	125/1654	127/1686	129/1731
225/1942	246/1980	239/2022	255/2133	236/2062	269/2279	290/2492	317/2657
50/251	50/251	29/165	26/156	26/154	25/153	24/188	24/188
0/199	0/206/0/386	60/427	77/361	96/416	388/3214		97/607
0/6055	0/6325	0/6236	836/6564	870/6432	932/6832	2541/19895	1024/6674

5－15　分地区规模以上工业企业分行业综合能源消费量（2020 年）

单位：吨标准煤

指　　标	Item	全　市 Total	市　区 Urban District
总　计	Total	16252821	3747182
农副食品加工业	Food Processing	90275	20112
食品制造业	Food Production	131654	58576
酒、饮料和精制茶制造业	Alcohol, Drinks and Tea Production	25776	1879
纺织业	Textile Industry	2685725	870408
纺织服装、服饰业	Clothing Industry	161805	21473
皮革、毛皮、羽毛及其制品和制鞋业	Leather, Furs, Down and Related Products	103902	10322
木材加工和木、竹、藤、棕、草制品业	Timber Processing, Bamboo, Cane, Palm Fiber and Straw Products	117895	10284
家具制造业	Furniture Manufacturing	62995	11656
造纸和纸制品业	Papermaking and Paper Products	1464556	297548
印刷和记录媒介复制业	Printing	87396	4166
文教、工美、体育和娱乐用品制造业	Culture, Education, Arts, Sports and Entertainment Production	48161	17900
石油加工、炼焦和核燃料加工业	Petroleum Processing and Coking	10466	0
化学原料和化学制品制造业	Raw Chemical Material and Chemical Products	2169335	234390
医药制造业	Medical and Pharmaceutical Products	56708	13651
化学纤维制造业	Chemical Fiber	2128276	401090
橡胶和塑料制品业	Rubber and Plastic Production	606721	166413
非金属矿物制品业	Nonmetal Mineral Products	1484048	354637
黑色金属冶炼和压延加工业	Smelting and Pressing of Ferrous Metals	561740	183389
有色金属冶炼和压延加工业	Smelting and pressing of Nonferrous Metals	51335	6854
金属制品业	Metal Products	558283	133750
通用设备制造业	Ordinary Machinery Manufacturing	456567	113293
专用设备制造业	Equipment Manufacturing For Special Purposes	96297	48057
汽车制造业	Automobile Manufacturing Industry	290100	101077
铁路、船舶、航空航天和其他运输设备制造业	Transportation Equipment Manufacturing Industry	7035	906
电气机械和器材制造业	Electric Equipment and Machinery	584105	65381
计算机、通信和其他电子设备制造业	Computer and Communication Equipment Manufacturing Industry	631111	119311
仪器仪表制造业	Instrument Manufacturing Industry	20223	3860
其他制造业	Other Industry	16822	4694
废弃资源综合利用业	Recovry of Resource Discarded and Useless Material	60528	848
电力、热力生产和供应业	Production and Supply of Electric Power, Steam and Hot water	1185417	241026
燃气生产和供应业	Production snd Supply of Gas	987	487
水的生产和供应业	Production and Supply of Water	114622	47787

注：能源消费量按等价热值计算。

Intergrated Energy Consumption of Industrial Enterprises above Designated Size by Region (2020)

(tons of SCE)

南湖区 Nanhu	秀洲区 Xiuzhou	嘉善县 Jiashan	海盐县 Haiyan	海宁市 Haining	平湖市 Pinghu	桐乡市 Tongxiang
1678297	2068885	1446629	1471925	2604172	3329729	3653184
17361	2751	20564	8523	26728	10652	3695
38622	19954	4371	0	23941	27456	17310
1879	0	6621	3998	9673	286	3319
58519	811889	111410	105061	880763	52480	665603
13258	8215	2436	7091	59887	28977	41941
7492	2830	13254	1871	26402	14035	38018
10284	0	78042	4301	13492	3291	8484
4820	6837	27492	1682	12065	5606	4493
281323	16224	43110	437263	19655	615346	51635
2333	1834	28436	3495	33676	8293	9329
16630	1270	6385	2357	3972	6845	10701
0	0	103	368	0	2289	7707
221697	12694	16939	138196	232778	1422118	124914
10770	2882	11805	641	18155	9515	2940
37668	363421	1100	11626	176180	146250	1392031
42894	123519	63569	33416	229543	31859	81921
43465	311173	123543	123547	38747	148620	694954
183325	64	229338	60952	79980	4019	4062
2717	4137	19302	4710	2350	1156	16963
68505	65245	82718	177304	67551	59670	37289
81035	32258	121185	122378	30092	33262	36357
27557	20500	8593	12391	8861	7411	10985
63199	37877	49542	19106	21623	83888	14865
457	449	3663	335	185	195	1751
40599	24783	25636	50776	275488	121037	45787
58171	61140	219470	19152	136409	12177	124593
2860	1000	1486	2093	287	7590	4907
1472	3222	4510	269	3674	2534	1141
848	0	2651	55123	0	1905	0
111486	129540	112511	60259	150394	445028	176199
87	400	35	96	52	223	94
45009	2778	6809	3546	21569	15714	19198

Note: Account by equivalent heat capacity.

5-16 全市规模以上工业企业主要能源按行业分组消费量（2020年）

指　标	Item	原煤(吨) Raw Coal (ton)	煤制品(吨) Coal Products (ton)
总　计	Total	16959067	194063
农副食品加工业	Food Processing	0	0
食品制造业	Food Production	0	0
酒、饮料和精制茶制造业	Alcohol, Drinks and Tea Production	0	0
纺织业	Textile Industry	153367	70552
纺织服装、服饰业	Clothing Industry	0	0
皮革、毛皮、羽毛及其制品和制鞋业	Leather, Furs, Down and Related Products	0	0
木材加工和木、竹、藤、棕、草制品业	Timber Processing, Bamboo, Cane, Palm Fiber and Straw Products	0	0
家具制造业	Furniture Manufacturing	0	0
造纸和纸制品业	Papermaking and Paper Products	848934	0
印刷和记录媒介复制业	Printing	0	0
文教、工美、体育和娱乐用品制造业	Culture, Education, Arts, Sports and Entertainment Production	0	0
石油加工、炼焦和核燃料加工业	Petroleum Processing and Coking	47651	0
化学原料和化学制品制造业	Raw Chemical Material and Chemical Products	972502	123510
医药制造业	Medical and Pharmaceutical Products	0	0
化学纤维制造业	Chemical Fiber	537946	0
橡胶和塑料制品业	Rubber and Plastic Production	0	0
非金属矿物制品业	Nonmetal Mineral Products	113938	0
黑色金属冶炼和压延加工业	Smelting and Pressing of Ferrous Metals	0	0
有色金属冶炼和压延加工业	Smelting and pressing of Nonferrous Metals	0	0
金属制品业	Metal Products	20243	0
通用设备制造业	Ordinary Machinery Manufacturing	0	0
专用设备制造业	Equipment Manufacturing For Special Purposes	0	0
汽车制造业	Automobile Manufacturing Industry	0	0
铁路、船舶、航空航天和其他运输设备制造业	Transportation Equipment Manufacturing Industry	0	0
电气机械和器材制造业	Electric Equipment and Machinery	0	0
计算机、通信和其他电子设备制造业	Computer and Communication Equipment Manufacturing Industry	0	0
仪器仪表制造业	Instrument Manufacturing Industry	0	0
其他制造业	Other Industry	0	0
废弃资源综合利用业	Recovry of Resource Discarded and Useless Material	27432	0
电力、热力生产和供应业	Production and Supply of Electric Power, Steam and Hot water	14237054	0
燃气生产和供应业	Production snd Supply of Gas	0	0
水的生产和供应业	Production and Supply of Water	0	0

General Energy Consumption of Industrial Enterprises above Designated Size by Sector (2020)

汽油(吨) Gasoline (ton)	煤油(吨) Kerosene(ton)	柴油(吨) Diesel Oil (ton)	燃料油(吨) Fuel(ton)	液化石油气(吨) LPG(ton)	润滑油(吨) Lubricating oil (ton)
28899	169	57190	46215	9052	1807
366	0	539	0	29	0
187	0	389	0	161	0
26	0	58	0	0	0
4776	0	3384	38	450	2
2423	0	1039	0	68	0
1628	0	670	0	76	0
161	0	1318	32	0	0
587	0	861	16	0	11
640	0	2319	159	10	0
683	0	901	60	0	0
293	0	227	0	27	1
111	0	115	53	0	0
1399	0	3446	309	3305	2
144	0	77	0	0	0
485	0	1158	441	0	0
1524	0	1929	2	78	1
990	0	20881	44496	60	1
178	0	975	0	0	0
74	0	243	0	52	14
1955	11	2017	130	878	12
2659	130	4193	338	2702	1341
989	0	712	0	9	84
865	28	1005	0	194	322
104	0	141	0	13	0
1973	0	1595	0	937	15
1691	0	904	0	0	3
276	1	201	0	0	0
155	0	122	0	0	0
37	0	203	0	0	0
525	0	5245	142	0	0
171	0	7	0	0	0
167	0	70	0	0	0

5－16 续表

指　　标	Item	石油焦(吨) Petroleum coke(ton)	天然气(万立方米) Natural Gas (10000 cu. m)
总　计	Total	61869	141430
农副食品加工业	Food Processing	0	673
食品制造业	Food Production	0	1512
酒、饮料和精制茶制造业	Alcohol,Drinks and Tea Production	0	112
纺织业	Textile Industry	0	22835
纺织服装、服饰业	Clothing Industry	0	951
皮革、毛皮、羽毛及其制品和制鞋业	Leather,Furs,Down and Related Products	0	200
木材加工和木、竹、藤、棕、草制品业	Timber Processing, Bamboo, Cane, Palm Fiber and Straw Products	0	656
家具制造业	Furniture Manufacturing	0	806
造纸和纸制品业	Papermaking and Paper Products	0	1344
印刷和记录媒介复制业	Printing	0	1069
文教、工美、体育和娱乐用品制造业	Culture, Education, Arts, Sports and Entertainment Production	0	363
石油加工、炼焦和核燃料加工业	Petroleum Processing and Coking	0	3
化学原料和化学制品制造业	Raw Chemical Material and Chemical Products	0	10208
医药制造业	Medical and Pharmaceutical Products	0	196
化学纤维制造业	Chemical Fiber	0	18982
橡胶和塑料制品业	Rubber and Plastic Production	0	3601
非金属矿物制品业	Nonmetal Mineral Products	61869	28313
黑色金属冶炼和压延加工业	Smelting and Pressing of Ferrous Metals	0	7489
有色金属冶炼和压延加工业	Smelting and pressing of Nonferrous Metals	0	1425
金属制品业	Metal Products	0	9142
通用设备制造业	Ordinary Machinery Manufacturing	0	3064
专用设备制造业	Equipment Manufacturing For Special Purposes	0	384
汽车制造业	Automobile Manufacturing Industry	0	1922
铁路、船舶、航空航天和其他运输设备制造业	Transportation Equipment Manufacturing Industry	0	69
电气机械和器材制造业	Electric Equipment and Machinery	0	1661
计算机、通信和其他电子设备制造业	Computer and Communication Equipment Manufacturing Industry	0	4607
仪器仪表制造业	Instrument Manufacturing Industry	0	103
其他制造业	Other Industry	0	12
废弃资源综合利用业	Recovry of Resource Discarded and Useless Material	0	115
电力、热力生产和供应业	Production and Supply of Electric Power, Steam and Hot water	0	19612
燃气生产和供应业	Production snd Supply of Gas	0	0
水的生产和供应业	Production and Supply of Water	0	0

Continued

液化天然气(吨) Liquefied Natural Gas(ton)	热力(百万千焦) Heating Power (millionkj)	电力(万千瓦时) Electric Power (10000kwh)	城市生活垃圾(用于燃料)(吨) Municipal domestic waste (for fuel)(ton)	生物燃料(吨标准煤) Biofuels(ton coal equivalent)
37125	85947108	3798009	1521401	181513
81	413693	21249	0	4967
56	994524	25403	0	4139
0	236089	5221	0	1163
43	24194426	511436	0	11771
7	1025592	36957	181	3058
2	908269	22901	0	961
0	734952	27167	0	227
89	53118	17060	0	208
0	19719895	263226	0	32780
0	323134	20620	0	2328
0	91367	13678	0	0
0	167537	1491	0	0
0	25236964	534308	0	1732
0	525730	12414	0	533
5036	3863758	515678	0	0
1134	2095717	165279	0	4529
2996	640715	281905	0	16030
19556	26668	150886	0	37
634	12911	11487	0	197
428	682094	138841	0	1789
478	387609	133575	0	46
0	112844	29394	0	0
483	378777	85819	0	48
0	12022	1871	0	57
5870	46780	187820	0	1279
233	423861	192890	0	0
0	0	6363	0	0
0	77252	4712	0	0
0	67690	12205	0	0
0	2444103	264444	1521220	93635
0	0	251	0	0
0	49020	38961	0	0

5－17　市区规模以上工业企业主要能源按行业分组消费量（2020 年）

指　标	Item	原煤（吨）Raw Coal（ton）	汽油（吨）Gasoline（ton）	柴油（吨）Diesel Oil（ton）
总　计	Total	2031173	7007	15004
农副食品加工业	Food Processing	0	176	110
食品制造业	Food Production	0	60	90
酒、饮料和精制茶制造业	Alcohol, Drinks and Tea Production	0	0	0
纺织业	Textile Industry	75777	672	664
纺织服装、服饰业	Clothing Industry	0	461	92
皮革、毛皮、羽毛及其制品和制鞋业	Leather, Furs, Down and Related Products	0	172	26
木材加工和木、竹、藤、棕、草制品业	Timber Processing, Bamboo, Cane, Palm Fiber and Straw Products	0	5	115
家具制造业	Furniture Manufacturing	0	111	227
造纸和纸制品业	Papermaking and Paper Products	125523	164	718
印刷和记录媒介复制业	Printing	0	59	41
文教、工美、体育和娱乐用品制造业	Culture, Education, Arts, Sports and Entertainment Production	0	27	26
石油加工、炼焦和核燃料加工业	Petroleum Processing and Coking	0	0	0
化学原料和化学制品制造业	Raw Chemical Material and Chemical Products	0	469	1174
医药制造业	Medical and Pharmaceutical Products	0	40	8
化学纤维制造业	Chemical Fiber	0	71	127
橡胶和塑料制品业	Rubber and Plastic Production	0	289	534
非金属矿物制品业	Nonmetal Mineral Products	6687	223	4427
黑色金属冶炼和压延加工业	Smelting and Pressing of Ferrous Metals	0	68	439
有色金属冶炼和压延加工业	Smelting and pressing of Nonferrous Metals	0	6	4
金属制品业	Metal Products	0	635	554
通用设备制造业	Ordinary Machinery Manufacturing	0	693	1074
专用设备制造业	Equipment Manufacturing For Special Purposes	0	251	182
汽车制造业	Automobile Manufacturing Industry	0	311	189
铁路、船舶、航空航天和其他运输设备制造业	Transportation Equipment Manufacturing Industry	0	68	50
电气机械和器材制造业	Electric Equipment and Machinery	0	398	350
计算机、通信和其他电子设备制造业	Computer and Communication Equipment Manufacturing Industry	0	501	227
仪器仪表制造业	Instrument Manufacturing Industry	0	132	62
其他制造业	Other Industry	0	56	66
废弃资源综合利用业	Recovry of Resource Discarded and Useless Material	0	5	11
电力、热力生产和供应业	Production and Supply of Electric Power, Steam and Hot water	1823187	17	3154
燃气生产和供应业	Production snd Supply of Gas	0	125	6
水的生产和供应业	Production and Supply of Water	0	81	9

General Energy Consumption of Industrial Enterprises above Designated Size by Sector in Urban District (2020)

燃料油(吨) Fuel(ton)	液化石油气(吨) LPG(ton)	天然气(万立方米) Natural Gas (10000 cu. m)	液化天然气(吨) Liquefied Natural Gas(ton)	热力(百万千焦) Heating Power (millionkj)	电力(万千瓦时) Electric Power (10000kwh)	城市生活垃圾(用于燃料)(吨) Municipal domestic waste (for fuel)(ton)	生物燃料(吨标准煤) Biofuels(ton coal equivalent)
41552	2237	23154	18875	21147227	817323	576291	87923
0	6	123	81	227855	3510	0	0
0	0	784	44	414330	11584	0	276
0	0	48	0	0	430	0	0
0	245	2784	20	9645778	167202	0	4229
0	0	394	0	107261	4041	0	131
0	0	46	2	17865	3057	0	0
0	0	3	0	35229	1941	0	0
16	0	195	89	3850	2917	0	3
0	0	7	0	4526451	44157	0	0
36	0	33	0	3021	1210	0	0
0	20	279	0	0	4871	0	0
0	0	0	0	0	0	0	0
0	0	584	0	2567105	46875	0	1219
0	0	68	0	36573	3957	0	0
0	0	5479	0	771515	108075	0	0
0	0	626	14	1485121	36771	0	0
41500	60	4118	901	143236	58791	0	0
0	0	2807	17447	3919	42102	0	0
0	0	79	0	3403	1992	0	0
0	156	1796	7	315506	33681	0	0
0	1750	674	72	64844	33282	0	45
0	0	260	0	59255	14524	0	0
0	0	837	180	248923	27672	0	48
0	0	0	0	0	234	0	57
0	0	407	14	22051	20122	0	0
0	0	712	5	53064	37119	0	0
0	0	0	0	0	1237	0	0
0	0	12	0	13399	1347	0	0
0	0	0	0	18768	64	0	0
0	0	0	0	358905	25467	576291	81915
0	0	0	0	0	102	0	0
0	0	0	0	0	16490	0	0

5－18 全市规模以上工业企业按行业分组取水量
（2020年）

单位：万立方米

指标	Item	取水总量 Water Consumption	地表水 Surface Water
总 计	Total	107328	80671
农副食品加工业	Food Processing	210	9
食品制造业	Food Production	557	47
酒、饮料和精制茶制造业	Alcohol,Drinks and Tea Production	273	2
纺织业	Textile Industry	10379	6067
纺织服装、服饰业	Clothing Industry	665	29
皮革、毛皮、羽毛及其制品和制鞋业	Leather,Furs,Down and Related Products	570	194
木材加工和木、竹、藤、棕、草制品业	Timber Processing, Bamboo, Cane, Palm Fiber and Straw Products	141	0
家具制造业	Furniture Manufacturing	228	0
造纸和纸制品业	Papermaking and Paper Products	3837	3600
印刷和记录媒介复制业	Printing	111	0
文教、工美、体育和娱乐用品制造业	Culture,Education,Arts,Sports and Entertainment Production	150	4
石油加工、炼焦和核燃料加工业	Petroleum Processing and Coking	39	2
化学原料和化学制品制造业	Raw Chemical Material and Chemical Products	8826	2283
医药制造业	Medical and Pharmaceutical Products	72	1
化学纤维制造业	Chemical Fiber	664	70
橡胶和塑料制品业	Rubber and Plastic Production	441	35
非金属矿物制品业	Nonmetal Mineral Products	1230	528
黑色金属冶炼和压延加工业	Smelting and Pressing of Ferrous Metals	275	126
有色金属冶炼和压延加工业	Smelting and pressing of Nonferrous Metals	41	0
金属制品业	Metal Products	759	66
通用设备制造业	Ordinary Machinery Manufacturing	545	36
专用设备制造业	Equipment Manufacturing For Special Purposes	183	0
汽车制造业	Automobile Manufacturing Industry	473	52
铁路、船舶、航空航天和其他运输设备制造业	Transportation Equipment Manufacturing Industry	16	0
电气机械和器材制造业	Electric Equipment and Machinery	1269	11
计算机、通信和其他电子设备制造业	Computer and Communication Equipment Manufacturing Industry	1427	57
仪器仪表制造业	Instrument Manufacturing Industry	41	0
其他制造业	Other Industry	51	1
废弃资源综合利用业	Recovry of Resource Discarded and Useless Material	82	7
电力、热力生产和供应业	Production and Supply of Electric Power, Steam and Hot water	6193	5834
燃气生产和供应业	Production snd Supply of Gas	4	0
水的生产和供应业	Production and Supply of Water	67575	61611

Industrial Water Consumption above Designated Size by Sector (2020)

(10000 cu. m)

自来水 Tap Water	雨　水 Rain	再生水 Reclaimed Water	其他水 Other Water	外排水量 Outer Drainage	重复用水 Overlapped Water Consumption
25532	28	587	510	60019	169126
201	0	0	0	139	298
509	0	0	0	377	1
271	0	0	0	194	0
3281	11	544	477	7884	5745
623	0	9	4	483	54
375	0	0	1	463	8
141	0	0	0	79	11
228	0	0	0	186	3
237	0	0	0	2569	6923
111	0	0	0	86	1
146	0	0	0	109	8
36	0	0	0	36	0
6483	14	31	15	2358	57550
72	0	0	0	61	333
594	0	0	0	241	6740
404	1	1	0	278	2190
699	0	0	2	449	11437
149	0	0	0	188	6168
41	0	0	0	30	10
691	2	0	0	548	289
509	0	0	0	398	844
183	0	0	0	153	7
419	0	1	1	367	195
16	0	0	0	13	0
1257	0	0	1	920	38
1369	0	0	0	1071	2121
41	0	0	0	33	0
51	0	0	0	38	42
75	0	0	0	44	124
350	0	0	9	331	67732
4	0	0	0	3	0
5965	0	0	0	39889	253

5－19　市区规模以上工业企业按行业分组取水量
（2020 年）

单位:万立方米

指　标	Item	取水总量 Water Consumption	地表水 Surface Water
总　计	Total	23388	20027
农副食品加工业	Food Processing	46	0
食品制造业	Food Production	186	0
酒、饮料和精制茶制造业	Alcohol,Drinks and Tea Production	12	0
纺织业	Textile Industry	3996	2859
纺织服装、服饰业	Clothing Industry	82	10
皮革、毛皮、羽毛及其制品和制鞋业	Leather,Furs,Down and Related Products	35	12
木材加工和木、竹、藤、棕、草制品业	Timber Processing, Bamboo, Cane, Palm Fiber and Straw Products	9	0
家具制造业	Furniture Manufacturing	49	0
造纸和纸制品业	Papermaking and Paper Products	404	359
印刷和记录媒介复制业	Printing	7	0
文教、工美、体育和娱乐用品制造业	Culture,Education,Arts,Sports and Entertainment Production	43	0
化学原料和化学制品制造业	Raw Chemical Material and Chemical Products	457	290
医药制造业	Medical and Pharmaceutical Products	21	0
化学纤维制造业	Chemical Fiber	196	0
橡胶和塑料制品业	Rubber and Plastic Production	125	2
非金属矿物制品业	Nonmetal Mineral Products	376	225
黑色金属冶炼和压延加工业	Smelting and Pressing of Ferrous Metals	141	125
有色金属冶炼和压延加工业	Smelting and pressing of Nonferrous Metals	5	0
金属制品业	Metal Products	151	35
通用设备制造业	Ordinary Machinery Manufacturing	127	33
专用设备制造业	Equipment Manufacturing For Special Purposes	77	0
汽车制造业	Automobile Manufacturing Industry	245	52
铁路、船舶、航空航天和其他运输设备制造业	Transportation Equipment Manufacturing Industry	3	0
电气机械和器材制造业	Electric Equipment and Machinery	113	1
计算机、通信和其他电子设备制造业	Computer and Communication Equipment Manufacturing Industry	315	22
仪器仪表制造业	Instrument Manufacturing Industry	9	0
其他制造业	Other Industry	12	0
废弃资源综合利用业	Recovry of Resource Discarded and Useless Material	7	7
电力、热力生产和供应业	Production and Supply of Electric Power, Steam and Hot water	1683	1580
燃气生产和供应业	Production snd Supply of Gas	2	0
水的生产和供应业	Production and Supply of Water	14454	14416

Industrial Water Consumption above Designated Size by Sector in Urban District (2020)

(10000 cu. m)

自来水 Tap Water	雨　水 Rain	再生水 Reclaimed Water	其他水 Other Water	外排水量 Outer Drainage	重复用水 Overlapped Water Consumption
2576	0	366	418	23345	46190
46	0	0	0	33	285
186	0	0	0	136	0
12	0	0	0	9	0
356	0	366	415	2823	2125
71	0	0	1	61	12
22	0	0	0	30	0
9	0	0	0	8	0
49	0	0	0	43	3
44	0	0	0	248	1182
7	0	0	0	5	0
43	0	0	0	29	0
167	0	0	0	252	5815
21	0	0	0	20	1
196	0	0	0	46	1838
123	0	0	0	42	1754
150	0	0	0	107	485
16	0	0	0	78	6120
5	0	0	0	4	1
116	0	0	0	109	89
94	0	0	0	81	826
77	0	0	0	67	2
194	0	0	0	213	191
3	0	0	0	2	0
111	0	0	1	79	2
292	0	0	0	251	19
9	0	0	0	9	0
12	0	0	0	7	38
1	0	0	0	1	1
103	0	0	0	137	25400
2	0	0	0	1	0
38	0	0	0	18414	0

5－20 分地区规模以上工业企业分行业取水总量（2020年）

单位:万立方米

指 标	Item	全 市 Total	市 区 Urban District
总 计	Total	107328	23388
农副食品加工业	Food Processing	210	46
食品制造业	Food Production	557	186
酒、饮料和精制茶制造业	Alcohol, Drinks and Tea Production	273	12
纺织业	Textile Industry	10379	3996
纺织服装、服饰业	Clothing Industry	665	82
皮革、毛皮、羽毛及其制品和制鞋业	Leather, Furs, Down and Related Products	570	35
木材加工和木、竹、藤、棕、草制品业	Timber Processing, Bamboo, Cane, Palm Fiber and Straw Products	141	9
家具制造业	Furniture Manufacturing	228	49
造纸和纸制品业	Papermaking and Paper Products	3837	404
印刷和记录媒介复制业	Printing	111	7
文教、工美、体育和娱乐用品制造业	Culture, Education, Arts, Sports and Entertainment Production	150	43
石油加工、炼焦和核燃料加工业	Petroleum Processing and Coking	38.6	0
化学原料和化学制品制造业	Raw Chemical Material and Chemical Products	8826	457
医药制造业	Medical and Pharmaceutical Products	72	21
化学纤维制造业	Chemical Fiber	664	196
橡胶和塑料制品业	Rubber and Plastic Production	441	125
非金属矿物制品业	Nonmetal Mineral Products	1230	376
黑色金属冶炼和压延加工业	Smelting and Pressing of Ferrous Metals	275	141
有色金属冶炼和压延加工业	Smelting and pressing of Nonferrous Metals	41	5
金属制品业	Metal Products	759	151
通用设备制造业	Ordinary Machinery Manufacturing	545	127
专用设备制造业	Equipment Manufacturing For Special Purposes	183	77
汽车制造业	Automobile Manufacturing Industry	473	245
铁路、船舶、航空航天和其他运输设备制造业	Transportation Equipment Manufacturing Industry	16	3
电气机械和器材制造业	Electric Equipment and Machinery	1269	113
计算机、通信和其他电子设备制造业	Computer and Communication Equipment Manufacturing Industry	1427	315
仪器仪表制造业	Instrument Manufacturing Industry	41	9
其他制造业	Other Industry	51	12
废弃资源综合利用业	Recovry of Resource Discarded and Useless Material	82	7
电力、热力生产和供应业	Production and Supply of Electric Power, Steam and Hot water	6193	1683
燃气生产和供应业	Production snd Supply of Gas	3.65	1.51
水的生产和供应业	Production and Supply of Water	67575	14454

Industrial Water Consumption above Designated Size by Sector And Region (2020)

(10000 cu. m)

南湖区 Nanhu	秀洲区 Xiuzhou	嘉善县 Jiashan	海盐县 Haiyan	海宁市 Haining	平湖市 Pinghu	桐乡市 Tongxiang
17064	6323	11066	12691	19406	22492	18286
41	5	52	25	37	25	26
87	99	26	0	112	189	43
12	0	59	32	141	3	27
204	3792	369	368	2902	186	2558
50	32	10	36	170	162	203
24	11	30	12	165	61	268
9	0	83	4	8	32	6
13	36	51	4	95	12	16
372	32	86	1407	29	1841	70
4	3	39	4	36	11	14
39	4	20	5	14	26	42
0	0	0.4	30	0	0.6	8
432	25	46	334	1121	6740	129
12	10	13	2	14	15	7
15	181	1	3	118	4	340
25	100	40	31	159	25	61
73	303	69	156	68	109	452
141	0	12	32	81	6	4
4	2	11	6	3	3	13
84	67	145	219	124	93	27
81	45	129	111	76	51	51
35	42	18	19	31	11	26
186	59	56	21	27	91	33
1	2	10	1	0	1	1
60	53	88	100	696	224	47
146	168	595	20	251	17	229
7	3	2	5	1	10	14
3	8	13	1	11	8	6
7	0	10	63	0	1	0
446	1237	593	1299	494	1193	930
0.14	1.37	0.10	0.72	0.17	0.58	0.58
14452	2	8389	8341	12421	11338	12632

5-21 规模以上工业企业能源购、消、存(2020年)
Purchase, Consumption and Inventory of Industrial Enterprises above Designated Size(2020)

指 标	单位	Item(unit)	购进量 Purchases	消费量 consumptions	年末库存 Inventories
全 市		total			
原煤	吨	Raw Coal (ton)	16894157	16959067	334150
煤制品	吨	Briquette (ton)	193707	194063	3921
天然气(气态)	万立方米	Natural Gas (10000 cu. m)	141294	141430	59
液化天然气(液态)	吨	LNG (ton)	36943	37125	52
氢气	万立方米	Hydrogen(10000 cu. m)	342	342	0
汽油	吨	Gasoline (ton)	28375	28899	185
煤油	吨	Kerosene (ton)	174	169	1
柴油	吨	Diesel Oil(ton)	57916	57190	3886
燃料油	吨	Fuel Oil (ton)	49619	46215	8872
液化石油气	吨	LPG(ton)	8995	9052	18
润滑油	吨	Lubricating oil(ton)	1818	1807	34
石蜡	吨	paraffin wax(ton)	39	47	0
溶剂油	吨	Solvent oil(ton)	239	237	11
石油焦	吨	Petroleum coke(ton)	61364	61869	3447
石油沥青	吨	Petroleum asphalt(ton)	11696	11537	766
其它石油制品	吨	Other Petroleum Produts (ton)	59492	60674	4816
热力	百万千焦	Heating Power(mkj)	72578397	85947108	0
电力	万千瓦时	Electric Power (10000kwh)	3395705	3798009	0
城市生活垃圾(用于燃料)	吨	Municipal domestic waste (for fuel)(ton)	1470774	1521401	18216
生物燃料	吨标准煤	Biofuels(ton coal equivalent)	152811	181513	3476
余热余压	百万千焦	Residual Pressure of Waste Heat (mkj)	0	23344872	0
工业废料(用于燃料)	吨	Industrial waste (for fuel)(ton)	8087	8101	6
其他燃料	吨标准煤	Other Fuel(ton coal equivalent)	16008	36739	332
市 区		Urban District			
原煤	吨	Raw Coal (ton)	2016712	2031173	62080
天然气(气态)	万立方米	Natural Gas (10000 cu. m)	23169	23154	0
液化天然气(液态)	吨	LNG (ton)	18671	18875	0
汽油	吨	Gasoline (ton)	6768	7007	13
柴油	吨	Diesel Oil(ton)	14958	15004	357
燃料油	吨	Fuel Oil (ton)	44643	41552	4888
液化石油气	吨	LPG(ton)	2240	2237	11
润滑油	吨	Lubricating oil(ton)	461	457	9
石蜡	吨	paraffin wax(ton)	35	42	0
其它石油制品	吨	Other Petroleum Produts (ton)	59060	60224	4782
热力	百万千焦	Heating Power(mkj)	18794207	21147227	0
电力	万千瓦时	Electric Power (10000kwh)	781166	817323	0
城市生活垃圾(用于燃料)	吨	Municipal domestic waste (for fuel)(ton)	576291	576291	0
生物燃料	吨标准煤	Biofuels(ton coal equivalent)	87975	87923	185
余热余压	百万千焦	Residual Pressure of Waste Heat (mkj)	0	722057	0
工业废料(用于燃料)	吨	Industrial waste (for fuel)(ton)	8087	8101	6
其他燃料	吨标准煤	Other Fuel(ton coal equivalent)	175	20503	0

主要统计指标解释

工业废水排放量 指经过企业厂区所有排放口排到企业外部的工业废水量。包括生产废水、外排的直接冷却水、超标排放的矿井地下水和与工业废水混排的厂区生活污水.不包括外排的间接冷却水(清污不分流的按冷却水应计算在内)。

工业废水排放达标量 指各项指标都达到国家或地方排放标准的外排工业废水量,包括未经处理外排达标的和经过处理后外排达标的两部分。国家排放标准见 GB8978 - S8.

工业废气排放量 指企业厂区内燃料燃烧和生产工艺过程中产生的各种排入空气的含有污染物的气体的总量.以标准状态(273K,101325Pa)计。

工业固体废物产生量 指企业在生产过程中产生的固体状、半固体状和高浓度液体状废弃物的总虽,包括危险废物、冶炼废渣、粉煤灰、炉渣、煤肝石、尾矿、放射性废物和其他废物等;不包括矿山开采的剥离废石和掘进废石(煤砰石和呈酸性或碱性的废石除外)。酸性或碱性废石是指采掘的废石其流经水、雨淋水的 pH 值小于 4 或 pH 值大于 10.5 者。

工业固体废物综合利用量 指通过回收、加工、循环、交换等方式,从固体废物中提取或者使其转化为可以利用的资源、能源和其他原材料的固体废物域(包括当年利用往年的工业固体废物累计贮存量)。如用作农业肥料、生产建? 筑材料、筑路等。综合利用量由原产生固体废物的单位统计。

能源生产总量 指一定时期内某地区一次能源生产量的总和。该指标是观察全国能源生产水平、规模、构成和发展速度的总量指标。一次能源生产量包括原煤、原油、天然气、水电、核能及其他动力能(如风能、地热能等)发电量,不包括低热值燃料生产值、生物能、太阳能等的利用和由一次能源加工转换而成的二次能源产量。

能源消费总量 指一定时期内某地区物质生产部门、非物质生产部门和生活消费的各种能源的总和。该指标是观察能源消费水平、构成和增长速度的总量指标。能源消费总量包括原煤和原油及其制品、天然气、电力,不包括低热值燃料、生物质能和太阳能等的利用。能源消费总量分为终端能源消费量、能源加工转换损失量和能源损失量三部分。

(1)终端能源消费量:指一定时期内生产和生活消费的各种能源在扣除了用于加工转换二次能源消费量和损失量以后的数量。

(2)能源加工转换损失量:指一定时期内投入加工转换的各种能源数量之和与产出各种能源产品之和的差额。该指标是观察能源在加工转换过程中损失量变化的指标。

(3)能源损失量:指一定时期内能源在输送、分配、储存过程中发生的损失和由客观原因造成的各种损失量,不包括各种气体能源放空、放散量。

EXPLANATORY NOTES ON MAIN STATISTICAL INDICATORS

Volume of Industrial Waste Water Discharged It refers to the volume of industrial waste water discharged, through all outlets, to the outside of industrial enterprises, including waste water produced, direc — cooling water, underground water from mines that does not meet the standard of discharge, and the domestic sewage mixed up with industrial waste water when discharged, but excluding discharged indirect - cooling water.

Volume of Waste Water up to the Standard for Discharge It refers to the volume of discharged industrial waste water that, with or without treatment, has come up to the national or local standards for discharge.

Volume of Waste Gas Emission It refers to waste gas emitted from burning of fuels and from production process in the area of the factory, and is measured by 10000 standard cubic metres each year under

normal condition.

Volume of Industrial Solid Wastes Produced If refers to the total volume of solid, semi - solid or highconcentration liquid residue produced by industrial enterprises in their production process, including dangerous wastes, residues from melting, slag, powdered coal ash, gangue, chemical residues, tailings, radioactive residues and other residues, but excluding stripped or dug stones in mining (except gangue and acid or alkali stones which are stones washed or soaked by water with a pH value smaller than 4 or larger than 10.5.)

Volume of Industrial Solid Wastes Utilized in a Comprehensive Way It refers to the volume of solid wastes from which useful materials can be extracted or which can be changed to be utilizable resources, energy or other materials, including

the volume of industrial solid wastes stored up in the previous years and utilized in the current year, such as the solid wastes utilized as fertilizers, building materials, for making roads or for other purpose. Statistical data on utilization of industrial solid wastes are collected by solid wastes producing units.

Total Energy Production It refers to the total production of primary energy by all energy producing enterprises in the region in a given period? of time. It is a comprehensive indicator to show the? capacity, scale, composition and development of energy? production of the country. The production of primary energy? includes that of coal, crude oil, natural gas, hydro - power? and electricity generated by nuclear energy and other means such as wind power and geothermal power. However, it excludes the production of fuels of low calorific value,? bio - energy, solar energy and the secondary energy converted from the primary energy.

Total Domestic Energy Consumption It refers to the total consumption of energy of various kinds by material production sectors, non material production sectors and households in the region in a given period of time. It is a comprehensive indicator to show the scale, composition and development of energy consumption. The total energy consumption includes that of coal, crude oil and their products, natural gas and electricity. However, it excludes the consumption of fuel of low calorific value, bio - energy and solar energy. Total domestic energy consumption can be divided into three parts: final energy consumption, loss during the process of energy conversion, and energy loss.

(1) Final Energy Consumption: It refers to the total energy consumption by material production sectors, non material production sectors and households in the region in a given period of time, but excludes the consumption in conversion of the primary energy into the secondary energy and the loss in the process of energy conversion.

(2) Loss During the Process of Energy Conversion: It refers to the total input of various kinds of energy for conversion, minus the total output of various kinds of energy in the region in a given period of time. It is an indicator to show the loss that occurs during the process of energy conversion.

(3) Energy Loss: It refers to the total of the loss of energy during the course of energy transport, distribution and storage and the loss caused by any objective reason in a given period of time. The loss of various kinds of gas due to gas discharges and stocktaking is excluded.

六、财　　政
Government Finance

6－1 预算内财政收入与支出（1984－2020年）
Budgetary Financial Revenue and Expenditure (1984－2020)

单位:万元　　　　(10000 yuan)

年　份 Year	全市 Total		市区 Urban District	
	财政总收入 Financial Revenue	一般公共预算支出 Financial Expenditure	财政总收入 Financial Revenue	一般公共预算支出 Financial Expenditure
1984	47257	14318	18644	5026
1985	67004	20314	24917	7339
1986	75138	27295	27499	9601
1987	80935	26681	28279	8956
1988	92088	33787	33296	11403
1989	101335	40601	36536	14240
1990	101237	42872	35108	14911
1991	106743	46404	35933	15341
1992	109758	51579	35934	15745
1993	142894	67513	47841	21347
1994	160214	75906	53838	23958
1995	181631	86319	61421	27439
1996	206107	98293	67361	31932
1997	230063	111217	72307	36345
1998	263167	127319	81202	41911
1999	293798	155870	90685	52588
2000	401692	215215	117319	76496
2001	535260	310691	152063	101497
2002	725116	385414	203948	128779
2003	927204	472366	260772	145432
2004(1)	855839	597174	257804	189518
2004(2)	1136347	——	345072	——
2005	1351398	734502	428150	251457
2006	1651123	864978	525054	302964
2007	2094362	1074227	666709	373603
2008	2521332	1359199	778957	463976
2009	2793539	1611146	881359	555082
2010	3343272	1990633	1072462	699399
2011	4160001	2406148	1325824	838198
2012	4719213	2607030	1455695	872703
2013	5174915	3033633	1549498	992315
2014	5680944	3349028	1680724	1088806
2015	6387986	4241331	1927904	1467438
2016	6733669	4421926	2137129	1526690
2017	7693136	4947026	2526866	1644608
2018	8952901	5888689	2876490	2093405
2019	9454040	7668853	3061084	2567954
2020	10030746	7121830	3128730	2241732

注:因出口退税地方负担率和退税方式改变,2004年(2)财政总收入、地方级收入已调整为返入出口退税后的同口径数据,下同。

Note: Because the local burden ratio of tax drawback and the drawback form are changed, the total financial revenue and local financial revenue in 2004 (2) have been adjusted with the same calibre of the data which is calculated within the part of tax drawback. the same below.

6-2 分地区财政总收入情况(1984-2020年)

Total Financial Revenue by Region (1984-2020)

单位:万元 (10 000 yuan)

年份 Year	全 市 Total	市 区 Urban District	嘉善县 Jiashan	海盐县 Haiyan	海宁市 Haining	平湖市 Pinghu	桐乡市 Tongxiang
1984	47257	18644	3642	3519	9444	4738	7270
1985	67004	24917	5187	5002	13467	7812	10619
1986	75138	27499	6006	5736	15001	8970	11926
1987	80935	28279	7471	6567	15871	9355	13392
1988	92088	33296	8569	7418	17251	10782	14778
1989	101335	36536	9452	8310	18936	11640	16461
1990	101237	35107	10112	8902	19399	10631	17086
1991	106743	35933	10302	10075	21038	11300	18095
1992	109758	35934	10165	10679	22250	11394	19336
1993	142894	47841	13038	13194	28006	15127	25688
1994	160214	53838	14338	14788	31283	17074	28893
1995	181631	61421	16081	16167	36950	18340	32672
1996	206107	67361	19192	17791	42718	20924	38121
1997	224812	70413	20820	19085	47464	23971	43059
1998	263167	81202	24628	21686	55854	28631	51166
1999	293798	90685	29639	26904	57781	32148	56641
2000	401692	117319	40637	34191	81616	49361	78568
2001	535260	152063	56270	47864	106201	72117	100745
2002	725116	203948	77765	64927	146703	105522	126251
2003	927204	260772	103033	80059	180803	138760	163777
2004(1)	855839	257804	102428	68085	147074	120867	159581
2004(2)	1136347	345072					
2005	1351398	428150	153316	105011	240014	194842	230065
2006	1651123	525054	187740	129508	286099	251268	271454
2007	2094362	666709	231493	160326	365833	318517	351484
2008	2521332	778957	300671	191508	439554	392675	417967
2009	2793539	881359	333790	212981	483904	437034	444471
2010	3343272	1072462	380034	252619	591684	516449	530024
2011	4160001	1325824	480403	320500	717885	640765	674624
2012	4719213	1455695	522486	427060	815236	738866	759870
2013	5174915	1549498	547699	473690	942631	846462	814935
2014	5680944	1680724	600580	520112	1084937	904052	890539
2015	6387986	1927904	669084	593665	1211194	983433	1002706
2016	6733669	2137129	731655	630603	1238759	990988	1004535
2017	7693136	2526866	884047	711562	1355488	1132071	1083102
2018	8952901	2876490	1055283	838977	1530783	1357022	1294346
2019	9454040	3061084	1109769	915619	1573631	1441370	1352567
2020	10030746	3128730	1170580	1000545	1689106	1508107	1533678

注:(1)1993年及以前包括上交中央收入在内的总收入,因出口退税地方负担率和退税方式改变,1994年以后分列出地方财政收入(2)按1997年国家预算收支科目表,收入已剔除排污费收入和教育费附加收入(3)2004(2)财政总收入、地方级收入已调整为返入出口退税后的同口径数据。

Note: Because of the tax reform, the local fiscal revenue has been singled out since 1994; The fiscal revenue has not been including the sewage and education fees since 1997; The total financial revenue and local financial revenue in 2004 (2) have been adjusted with the same calibre of the data which is calculated within the part of tax drawback. the same below.

6-3 分地区一般公共预算收入情况(1984-2020 年)

Budgetary Financial Revenue by Region (1984-2020)

单位:万元 (10 000 yuan)

年份 Year	全市 Total	市区 Urban District	嘉善县 Jiashan	海盐县 Haiyan	海宁市 Haining	平湖市 Pinghu	桐乡市 Tongxiang
1984	47257	18644	3642	3519	9444	4738	7270
1985	67004	24917	5187	5002	13467	7812	10619
1986	75138	27499	6006	5736	15001	8970	11926
1987	80935	28279	7471	6567	15871	9355	13392
1988	92088	33290	8569	7418	17251	10782	14778
1989	101335	36536	9452	8310	18936	11640	16461
1990	101237	35107	10112	8902	19399	10631	17086
1991	106743	35933	10302	10075	21038	11300	18095
1992	109758	35934	10165	10679	22250	11394	19336
1993	142894	47841	13038	13194	28006	15127	25688
1994	65726	20732	6771	7203	11957	6917	12146
1995	75592	24710	7433	7825	14761	7039	13824
1996	86530	27855	8482	8600	17201	8408	15984
1997	93221	29998	9237	9022	18055	9481	17428
1998	114298	37887	11050	10432	22577	11800	20552
1999	131720	45110	12603	12188	24357	13805	23657
2000	192013	61638	17996	16017	38889	20805	36668
2001	297284	88058	27820	25670	61173	36620	57943
2002	316860	95696	30640	30595	62918	41002	56009
2003	412175	126133	43489	34687	76506	59382	71978
2004(1)	478715	158902	53986	36770	81550	64315	83192
2004(2)	548900	180700	60900	42500	98100	74500	92200
2005	667918	229144	72772	50051	114295	90006	111650
2006	815470	284279	87420	61726	134661	118480	128904
2007	1052352	361196	110227	80657	179028	150646	170598
2008	1268694	427090	140045	96890	213920	186712	204037
2009	1417039	475050	159700	108816	239510	208229	225734
2010	1768297	601889	188182	136780	303272	255125	283049
2011	2264023	773511	243200	171825	388194	324423	362870
2012	2577319	840248	273084	223273	442890	380180	417644
2013	2823092	884582	290035	246053	524888	422233	455301
2014	3070675	938112	313341	270280	600260	456780	491902
2015	3503450	1084650	355506	316288	691221	505780	550005
2016	3879341	1241649	418002	351779	720018	567891	580002
2017	4437941	1431413	517178	406520	777242	688688	616900
2018	5185536	1661555	615975	475231	889957	818818	724000
2019	5656945	1805018	677939	522800	970200	884488	796500
2020	5988000	1839116	717883	581837	1009270	900088	939806

注:1993 年及以前包括上交中央收入在内的总收入,因出口退税地方负担率和退税方式改变,2004 年(2)地方级收入已调整为返入出口退税后的同口径数据。

Note: Because of the tax reform, the local fiscal revenue has been singled out since 1994; The total financial revenue and local financial revenue in 2004 (2) have been adjusted with the same calibre of the data which is calculated within the part of tax drawback. the same below.

6-4 分地区一般公共预算支出情况(1984-2020年)

Budgetary Financial Expenditure by Region (1984-2020)

单位:万元 (10 000 yuan)

年份 Year	全市 Total	市区 Urban District	嘉善县 Jiashan	海盐县 Haiyan	海宁市 Haining	平湖市 Pinghu	桐乡市 Tongxiang
1984	14318	5026	1498	1599	2688	1503	2004
1985	20314	7339	2079	2055	3506	2447	2888
1986	27295	9601	2549	2672	4774	3138	4561
1987	26681	8956	2988	2526	4896	3067	4248
1988	33736	11403	3736	3348	5652	3982	5614
1989	40601	14240	4314	4305	6529	4185	7028
1990	42872	14911	4570	4475	6824	4858	7234
1991	46404	15341	5620	5572	7371	5095	7405
1992	51579	15745	6408	6483	8382	5992	8569
1993	67513	21347	7770	7779	11363	7322	11932
1994	75906	23958	9055	8713	12675	8364	13141
1995	86319	27439	9568	9503	15096	10063	14650
1996	98293	31932	10130	10443	18523	10803	16462
1997	105886	34249	10508	11466	19572	11822	18269
1998	127319	41911	11951	13066	24848	14344	21199
1999	155870	52588	14429	15283	27861	17603	28106
2000	215215	76496	19546	18889	40900	22387	36997
2001	310691	101497	27661	27623	62133	38045	53732
2002	385414	128779	35118	35801	72457	48287	64972
2003	472366	145432	48734	43128	86531	65605	82936
2004	597174	189518	69882	51288	106871	80846	98769
2005	734502	251457	78636	60658	125795	97341	120615
2006	864978	302964	88913	70288	140100	128854	133859
2007	1074227	373603	107065	90368	176278	157160	169753
2008	1359199	463976	147160	114076	226669	197596	209722
2009	1611146	555082	181264	136006	262957	224919	250918
2010	1990633	699399	207405	183266	325476	273125	301962
2011	2406148	838198	252935	207050	398663	329260	380042
2012	2607030	872703	279908	234559	433163	374403	412294
2013	3033633	992315	370151	256893	511850	430837	471587
2014	3349028	1088806	396038	283962	606845	449179	524198
2015	4241331	1467438	438914	400298	765612	538324	630745
2016	4421926	1526690	475056	435080	780895	564144	640061
2017	4947026	1644608	595003	487021	819513	735843	665038
2018	5888689	2093405	751611	611813	831452	867500	732908
2019	7668853	2567954	974922	872067	1114158	1132556	1007196
2020	7121830	2241732	1011471	782119	1052155	995387	1038966

6-5 分地区财政总收入情况
(2019-2020年)

单位:万元

项 目	Item	全 市 Total		市 区 Urban District	
		2020	2019	2020	2019
合 计	Total	10030746	9454040	3128730	3061084
上划中央收入合计	Total Revenue of Central Government	4042746	3797095	1289614	1256066
增值税	Value - added Tax	1975181	1994976	579354	612056
消费税	Consumption Tax	75953	25719	133182	83399
企业所得税	Enterprises´Income Tax	1575149	1442533	426323	445064
个人所得税	Individual Income Tax	416463	333867	150755	115547
地方级收入	Local Revenue	5988000	5656945	1839116	1805018
1、税收收入	Tax Revenue	5551950	5096037	1633314	1599012
增值税	Value - added Tax	1975180	1994976	579353	612056
企业所得税	Enterprises´Income Tax	1050099	961689	284216	296710
个人所得税	Individual Income Tax	277641	222577	100503	77031
城市维护建设税	Tax on Urban Construction and Maitenance	293056	283633	92584	91590
城镇土地使用税	Tax on Use of Urban Land	127262	87452	28173	18275
印花税	Stamp Tax	86099	82805	26977	29573
耕地占用税	Cultivated Land Usage Tax	100081	215694	20111	67862
契 税	Deed Tax	746246	545089	181129	167812
其他各税收入	Other Tax Revenue	896286	702122	320268	238103
2、非税收入	Non Tax Revenue	436050	560908	205802	206006
专项收入	Special Revenues	277315	338794	96837	115128
行政事业性收费收入	Revenues from Administrative and Utilities Charges	59158	108712	27675	39577
罚没收入	Incomes from Fines	66185	120655	34554	35520
国有资本经营收入	Revenues from State - owned Capital Management	-85351	-106994	-19500	-19500
国有资源有偿使用收入	Revenues from Paid Use of State - owned Resources	100551	81835	52101	26768
其他收入	Other Revenues	18192	17906	14135	8513

Total Financial Revenue by Region
(2019 - 2020)

(10 000 yuan)

嘉善县 Jiashan		海盐县 Haiyan		海宁市 Haining		平湖市 Pinghu		桐乡市 Tongxiang	
2020	2019	2020	2019	2020	2019	2020	2019	2020	2019
1170580	1109769	1000545	915619	1689106	1573631	1508107	1441370	1533678	1352567
452697	431830	418708	392819	679836	603431	608019	556882	593872	556067
232929	247294	234276	201125	309955	341957	383322	330275	235345	262269
5242	7243	3815	1979	1518	1449	-68302	-68864	498	513
177960	152217	157979	167994	287532	191151	250940	242582	274415	243525
36566	25076	22638	21721	80831	68874	42059	52889	83614	49760
717883	677939	581837	522800	1009270	970200	900088	884488	939806	796500
669328	595020	560831	474008	945427	913873	827992	794582	915058	719542
232929	247294	234276	201125	309955	341957	383322	330275	235345	262269
118640	101478	105319	111996	191688	127434	167293	161721	182943	162350
24377	16717	15092	14481	53887	45916	28039	35259	55743	33173
31681	30761	30174	31355	49990	48713	45381	46225	43246	34989
20377	11934	15228	14923	18688	11897	26171	20305	18625	10118
9207	9967	8186	6162	14788	14142	11726	12019	15215	10942
40072	25707	21682	19439	7953	23522	3121	32176	7142	46988
89961	74996	73762	28139	151096	144051	79840	70809	170458	59282
102084	76166	57112	46388	147382	156241	83099	85793	186341	99431
48555	82919	21006	48792	63843	56327	72096	89906	24748	76958
30884	40966	27794	35093	45093	46018	39362	66511	37345	35078
6374	11077	0	5766	9254	26618	15855	7788	0	17886
11509	19113	0	11507	10048	19436	10074	16147	0	18932
-18760	-8960	-8586	-11441	-10505	-45093	-15000	-15000	-13000	-7000
18548	18780	1798	5999	7953	7208	19748	12940	403	10140
0	1943	0	1868	2000	2140	2057	1520	0	1922

6-6 分地区一般公共预算支出情况
（2019-2020年）

单位:万元

项　目	Item	全 市 Total		市 区 Urban District	
		2020	2019	2020	2019
合　计	Total	7121830	7668853	2241732	2567954
#一般公共服务	General Public Service	691700	645904	218326	196669
国防	National Defense	6110	6172	1698	1712
公共安全	Public Safety	504406	439377	156320	129816
教育	Education	1402850	1310320	367606	345886
科学技术	Science and Technology	340099	330388	98283	92423
文化体育与传媒	Culture, Sports and Media	153955	135296	55108	43412
社会保障和就业	Social Security and Employment	609680	621091	201482	212337
医疗卫生	Medical and Health	454195	408324	122528	96376
节能环保	Energy saving and enviromental protection	198814	277498	32561	29398
城乡社区事务	Affairs of Urban and Rural Community	1271459	2041911	517797	822743
农林水事务	Affairs of Agriculture, Forestry and Water Resources	536786	533851	129824	146279
交通运输	Transportation	278217	415201	121424	298930
资源勘探电力信息等事务	Servicies about Mining ,Electricity Information,etc	180475	85591	65196	32552
其他支出	Other Expenditure	16599	3798	3161	2364

Budgetary Financial Expenditure by Region
(2019 – 2020)

(10 000 yuan)

嘉善县 Jiashan		海盐县 Haiyan		海宁市 Haining		平湖市 Pinghu		桐乡市 Tongxiang	
2020	2019	2020	2019	2020	2019	2020	2019	2020	2019
1011471	974922	782119	872067	1052155	1114158	995387	1132556	1038966	1007196
103755	95755	79052	72657	111515	111219	95040	94268	84012	75336
31	29	730	1091	1993	1757	675	665	983	918
81236	72772	50859	43137	66927	59920	71435	66512	77629	67220
190482	182287	167478	142977	258993	234042	199585	195508	218706	209620
55022	52551	32641	31306	49577	48264	59965	63968	44611	41876
23232	21040	14230	13318	23310	22078	17169	15944	20906	19504
69843	85664	60235	53497	109029	102832	86119	87720	82972	79041
68993	56180	52645	59605	58326	60584	72229	60714	79474	74865
43475	61676	18179	25611	33649	70084	22403	45823	48547	44906
175253	199980	134985	222004	76894	203334	161563	336294	204967	257556
87696	83781	78569	72798	83397	81404	81695	81334	75605	68255
18460	10203	18972	59401	42680	17729	40990	15081	35691	13857
19703	5919	19233	9190	54683	23148	12332	11627	9328	3155
13438	1343	0	0	0	0	0	2	0	89

主要统计指标解释

财政收入

包括

(1)各项税收包括增值税、营业税、消费税、土地增值税、城市维护建设税、资源税、城市土地使用税、印花税、固定资产投资方向调节税、个人所得税、企业所得税、农牧业税和耕地占用税等。

(2)专项收入包括征收排污费、征收城市水资源费收入、教育费附加收入等。

(3)其他收入包括基本建设贷款归还收入、国家能源交通重点建设基金收入、国家预算调节基金等。

(4)国有企业计划亏损补贴这项为负收入,冲减财政收入。

财政支出

国家财政将筹集起来的资金进行分配使用,以满足经济建设和各项事业的需要,主要包括:

(1)一般公共服务

(2)公共安全

(3)教育

(4)科学技术

(5)文化体育传媒

(6)社会保障和就业

(7)医疗卫生

(8)环境保护

(9)城乡社区事务

(10)农林水事务

(11)交通运输

(12)工业商业等事务

EXPLANATORY NOTES ON MAIN STATISTICAL INDICATORS

Financial Revenue

It includes the following main items:

(1) Various tax revenues, including value added tax, business tax, consumption tax, land value added tax, tax on city maintenance and construction, resources tax, tax on use of urban land, stamp tax, tax on adjustment of the orientadon of investment in fixed assets, personal income tax, enterprise income tax, tax on agriculture and animal husbandry and tax on occupancy of cultivated land, etc.

(2) Special revenues, including revenue collected from imposing fee on sewage treatment, revenue collected from imposing fee on urban water resources, and extra – charges for education, etc.

(3) Other revenues. including revenue from the repayment of capital construction loan, the funds for the state key construction projects in energy industry and transportation, and the funds for state budget adjustment, etc.

(4) Planned subsidies for the losses of the state – owned enterprises. This is an item of negative revenue, used to eat up part of the government revenue.

Financial Expenditure

It refers to the distribution and use of the funds the government finance has raised, so as to meet the needs of economic construction and various causes. It includes the following main items:

(1) Public Service

(2) Pubic Safe

(3) Education

(4) Science and Technology

(5) Culture, Physical Culture and the Media

(6) Social Security and Employment

(7) Medical and Health Service

(8) Environment Protect

(9) Urban and Rural Community Affairs

(10) Agriculture, Forestry and Land Reclamation, and Water Conservancy Affairs

(11) Transportation

(12) Industrial and Business Affairs

七、农　　业
Agriculture

7-1 主要年份全市农村基本情况

指　标	Item	1985	2004	2005	2006
一、基层组织情况	Grass-roots Units				
乡政府(个)	Number of Township Governments (unit)	121	1	1	1
镇政府(个)	Number of Town Governments(unit)	44	53	53	53
二、农村户数、人口	Rural Households and Population				
农村总户数(万户)	Number of Rural Households (10 000 households)	64.79	70.91	72.16	73.66
农村总人口(万人)	Rural Population (10 000 persons)	245.94	256.64	260.28	264.68
三、农村劳动力资源数(万人)	Rural Laborers	162.60	149.41	153.42	156.57
按性别分	Grouped by Sex				
1. 男劳动力	Male	85.85	77.00	80.29	82.27
2. 女劳动力	Female	76.75	72.41	73.13	74.30
四、农村社会基础设施	Basic Establishment of Rural Areas				
1. 自来水受益村数(个)	Number of Villages Having Tap Water (unit)		936	947	938
2. 通汽车村数(个)	Number of Villages with Bus Services(unit)		963	953	943
3. 通电话村数(个)	Number of Villages with Telephone Communication (unit)		963	953	943
4. 通电村数(个)	Number of Villages with Electricity(unit)		963	953	943
五、农业现代化情况	Agricultural Modernization				
农业机械动力(万千瓦)	Total Agricultural Machinery Power (10 000 kw)	107.69	167.65	171.97	157.88
农村用电量(万千瓦时)	Electricity Consumed in Rural Areas (10 000 kwh)	62735	496514	556154	645248
化肥使用量(折纯)(吨)	Consunmption of Chemical Fertilizers (tons)				

Basic Conditions of Rural Areas in Main Years

2007	2008	2009	2010	2011	2012	2013	2014	2015	2016	2017	2018	2019	2020
1	0	0	0	0	0	0	0	0	0	0	0	0	0
53	53	47	44	44	44	44	44	44	43	42	42	42	42
73.93	72.57	72.95	74.69	74.93	75.92	75.33	74.15	74.23	73.08	72.03	71.52	71.71	71.43
262.93	259.72	261.43	266.98	269.75	273.53	273.43	271.41	271.82	268.17	265.92	262.15	260.91	257.59
158.35	154.01	157.10	159.31	163.27	177.27	179.25	179.29	179.73	176.64	175.27	172.20	172.49	170.68
82.58	79.94	81.70	82.76	84.12	91.11	92.12	91.84	92.30	90.47	89.69	88.10	87.91	86.99
75.77	74.07	75.40	76.55	79.15	86.16	87.13	87.45	87.44	86.16	85.58	84.10	84.58	83.69
935	875	861	823	809	804	795	789	786	785	773	760	755	746
935	875	861	823	809	804	795	789	786	785	773	760	755	746
935	875	861	823	809	804	795	789	786	785	773	760	755	746
935	875	861	823	809	804	795	789	786	785	773	760	755	746
156.21	156.86	159.63	158.03	156.05	152.95	152.00	148.00	142.90	133.99	124.29	118.08	117.32	116.67
719116	758386	796674	856713	949472	1011357	1113884	1152969	1148729	1281683	1353688	1444255	1492703	1520605
104471	105704	105991	105157	104725	104862	104587	104060	101789	100457	99650	98015	87550	81869

7－2 主要年份市区农村基本情况

指 标	Item	1985	2004	2005	2006
一、基层组织情况	Grass－roots Units				
乡政府(个)	Number of Township Governments (unit)	26	0	0	0
镇政府(个)	Number of Town Governments(unit)	8	10	10	10
二、农村户数、人口	Rural Households and Population				
农村总户数(万户)	Number of Rural Households (10 000 households)	13.46	15.43	16.95	17.31
农村总人口(万人)	Rural Population (10 000 persons)	48.78	52.51	56.42	58.11
三、农村劳动力资源数(万人)	Rural Laborers	32.01	29.65	32.40	33.93
按性别分	Grouped by Sex				
1. 男劳动力	Male	16.49	15.39	17.69	18.52
2. 女劳动力	Female	15.52	14.26	14.71	15.41
四、农村社会基础设施	Basic Establishment of Rural Areas				
1. 自来水受益村数(个)	Number of Villages Having Tap Water (unit)		199	205	196
2. 通汽车村数(个)	Number of Villages with Bus Services(unit)		222	211	201
3. 通电话村数(个)	Number of Villages with Telephone Communication (unit)		222	211	201
4. 通电村数(个)	Number of Villages with Electricity(unit)		222	211	201
五、农业现代化情况	Agricultural Modernization				
农业机械动力(万千瓦)	Total Agricultural Machinery Power (10 000 kw)	26.97	36.64	36.67	32.64
农村用电量(万千瓦时)	Electricity Consumed in Rural Areas (10 000 kwh)	12187	92707	98286	105301
化肥使用量(折纯)(吨)	Consunmption of Chemical Fertilizers (tons)				

Basic Conditions of Rural Area in Urban District in Main Years

2007	2008	2009	2010	2011	2012	2013	2014	2015	2016	2017	2018	2019	2020
0	0	0	0	0	0	0	0	0	0	0	0	0	0
10	10	10	10	10	10	10	10	10	9	9	9	9	9
17.12	16.52	17.14	18.19	17.99	17.84	17.52	16.79	16.39	16.25	16.15	16.55	16.77	17.06
56.56	54.75	57.30	59.20	59.47	59.61	59.39	58.73	57.70	56.84	56.27	57.40	57.91	57.55
32.97	29.92	31.82	31.48	33.61	37.45	37.67	37.79	37.79	36.68	36.29	36.81	37.66	37.78
17.67	15.52	16.54	16.37	17.23	19.13	19.63	19.42	19.29	18.93	18.65	19.12	19.31	19.58
15.30	14.40	15.28	15.11	16.38	18.32	18.04	18.37	17.89	17.74	17.64	17.69	18.35	18.2
195	190	189	190	177	172	171	167	167	164	164	161	161	161
195	190	189	190	177	172	171	167	167	164	164	161	161	161
195	190	189	190	177	172	171	167	167	164	164	161	161	161
195	190	189	190	177	172	171	167	167	164	164	161	161	161
32.06	31.71	31.46	31.19	30.80	29.72	29.53	28.68	28.07	27.24	26.78	26.39	26.32	26.62
120960	127723	132534	154124	169775	186455	206630	204363	208337	232946	238922	237690	245054	244237
27752	28415	28163	27112	26554	27112	26991	26550	26113	25869	25702	25635	22665	20753

7－3 分地区农村基本情况
（2020年）

指　标	Item	全市 Total	市区 Urban District
一、基层组织情况	Grass－roots Units		
乡政府（个）	Number of Township Governments （unit）	0	0
镇政府（个）	Number of Town Governments（unit）	42	9
二、农村户数、人口	Rural Households and Population		
农村总户数（万户）	Number of Rural Households （10 000 households）	71.43	17.06
农村总人口（万人）	Rural Population （10 000 persons）	257.59	57.55
三、农村劳动力资源数（万人）	Rural Laborers	170.68	37.78
按性别分	Grouped by Sex		
1.男劳动力	Male	86.99	19.58
2.女劳动力	Female	83.69	18.20
四、农村社会基础设施	Basic establishment of Rural Areas		
1.自来水受益村数（个）	Number of Villages Having Tap water （unit）	746	161
2.通汽车村数（个）	Number of Villages with Bus Services（unit）	746	161
3.通电话村数（个）	Number of Villages with Telephone Communication （unit）	746	161
4.通电村数（个）	Number of Villages with Electricity（unit）	746	161
五、农业现代化情况	Agricultural Modernization		
农业机械动力（万千瓦）	Total Agricultural Machinery Power （10 thousand kw）	116.67	26.62
农村用电量（万千瓦时）	Electricity Consumed in Rural Areas （10 thousand kwh）	1520605	244237
化肥使用量（折纯）（吨）	Consunmption of Chemical Fertilizers （tons）	81869	20753

Basic Conditions of Rural Areas by Region (2020)

南湖区 Nanhu	秀洲区 Xiuzhou	嘉善县 Jiashan	海盐县 Haiyan	海宁市 Haining	平湖市 Pinghu	桐乡市 Tongxiang
0	0	0	0	0	0	0
4	5	6	5	8	6	8
5.29	11.77	9.33	8.06	13.68	8.84	14.46
17.18	40.37	30.71	26.60	53.43	31.66	57.64
11.32	26.46	20.61	17.71	33.37	22.36	38.85
5.85	13.73	10.54	8.92	17.13	11.05	19.77
5.47	12.73	10.07	8.79	16.24	11.31	19.08
48	113	104	76	148	81	176
48	113	104	76	148	81	176
48	113	104	76	148	81	176
48	113	104	76	148	81	176
8.33	18.29	20.07	11.55	15.58	20.08	22.77
99432	144805	209552	168586	235194	279469	383567
9076	11677	9753	10630	13003	11977	15753

7-4 主要年份全市耕地面积变动情况

单位:公顷

指 标	Item	1985	2004	2005	2006	2007
本年年末数合计	Total of the End Year	231000	210844	211030	212315	212396
1. 水 田	Paddy Field	192987	176602	176486	177754	177494
2. 旱 地	Dry Field	38013	34242	34544	34560	34902
本年内增加数合计	Total Increase in the Year	193	1442	2183	3646	1824
本年内减少数合计	Total Decrease in the Year	4320	1159	1997	2361	1743
按总人口计算人均占有耕地面积	Per Cultivated Area by Total Population	0.077	0.063	0.053	0.052	0.051
按乡村人口计算人均占有耕地面积	Per Cultivated Area by Rural Population	0.094	0.082	0.081	0.080	0.081

注:本表除人均占有耕地面积外其它均来自于嘉兴市自然资源与规划局,2019年和2020年数据由于还未核定目前无法提供。
人均占有耕地面积按当年常住人口数计算,2011-2018年常住人口已根据第七次全国人口普查结果调整。

Change of Cultivated Area in Main Years

(hectare)

2008	2009	2010	2011	2012	2013	2014	2015	2016	2017	2018	2019	2020
212555	207853	207478	207415	208036	207585	207344	206872	206156	205355	204897	—	—
177831	185535	185099	184952	185545	185003	184729	184249	183612	183046	182857	—	—
34724	22318	22379	22463	22491	22582	22616	22623	22543	22309	22040	—	—
		1902	1710	1423	1419	1069	1275	947	1221	1266	—	—
		2277	1774	802	1722	1439	1571	1676	2022	1724	—	—
0.050	0.049	0.046	0.045	0.044	0.043	0.043	0.042	0.041	0.040	0.039	—	—
0.082	0.081	0.099	0.098	0.098	0.101	0.106	0.111	0.116	0.120	0.124	—	—

Note: Data come from Jiaxing Municipal Bureau of Natural Resources and Planning except the per capita arable land area which caculated by the resident population. The data in 2019 and 2020 cannot be provided at present because it has not been approved. Per cultivated area is calculated by resident population in the current year, and the population from 2011 to 2018 has been revised according to the results of the seventh National Population Census.

7－5 主要年份市区耕地面积变动情况

单位:公顷

指　　标	Item	1985	2004	2005	2006	2007
本年年末数合计	Total of the End Year	58867	52443	52452	52306	52188
1.水 田	Paddy Field	50127.00	44201	44170	44055	43866
2.旱 地	Dry Field	8740	8242	8282	8250	8322
本年内增加数合计	Total Increase in the Year	60	203	757	883	396
本年内减少数合计	Total Decrease in the Year	1720	217	748	1030	514
按总人口计算人均占有耕地面积	Per Cultivated Area by Total Population	0.086	0.065	0.052	0.050	0.049
按乡村人口计算人均占有耕地面积	Per Cultivated Area by Rural Population	0.121	0.100	0.093	0.090	0.092

注:本表除人均占有耕地面积外其它均来自于嘉兴市自然资源与规划局,2019 年和 2020 年数据由于还未核定目前无法提供。人均占有耕地面积按当年常住人口数计算,2011－2018 年常住人口已根据第七次全国人口普查结果调整。

Change of Cultivated Area in Urban District in Main Years

(hectare)

2008	2009	2010	2011	2012	2013	2014	2015	2016	2017	2018	2019	2020
52298	53047	52700	52635	52716	52489	52345	52068	51790	51468	51103	—	—
43916	46536	46155	45984	45961	45827	45763	45516	45308	45068	44866	—	—
8382	6511	6545	6651	6755	6662	6582	6552	6482	6401	6237	—	—
		812	553	258	320	203	193	126	163	143	—	—
		1159	618	177	477	390	398	405	484	508	—	—
0.048	0.047	0.044	0.042	0.041	0.041	0.040	0.039	0.038	0.037	0.035	—	—
0.096	0.091	0.120	0.119	0.120	0.123	0.128	0.130	0.138	0.142	0.147	—	—

Note: Data come from Jiaxing Municipal Bureau of Natural Resources and Planning except the per capita arable land area which caculated by the resident population. The data in 2019 and 2020 cannot be provided at present because it has not been approved. Per cultivated area is calculated by resident population in the current year, and the population from 2011 to 2018 has been revised according to the results of the seventh National Population Census.

7-6 分地区耕地变动情况
(2018年)

单位:公顷

指　　标	Item	全　市 Total	市　区 Urban District
一、上年年末数	Total at the End of the Last Year	205355	51468
1. 水田	Paddy Field	183046	45068
2. 旱地	Dry Field	22309	6401
二、本年年末数合计	Total Area at the End of Year	204897	51103
1. 水田	Paddy Field	182857	44866
2. 旱地	Dry Field	22040	6237
三、本年内增减数合计	Total Decrease in the Year	-458	-365
1. 水田增减	Paddy Field	-189	-202
2. 旱地增减	Dry Field	-269	-164
四、人均耕地	Per Cultivated Area		
1. 人均占有耕地面积	Per Cultivated Area	0.039	0.035
2. 按乡村人口人均占有耕地面积	Per Cultivated Area by Rural Population	0.124	0.147

注:本表除人均占有耕地面积外其它均来自于嘉兴市自然资源与规划局,2019年和2020年数据由于还未核定目前无法提供。人均占有耕地面积按当年常住人口数计算,2018年常住人口已根据第七次全国人口普查结果调整。

Change of Cultivated Area by Region (2018)

(hectare)

南湖区 Nanhu	秀洲区 Xiuzhou	嘉善县 Jiashan	海盐县 Haiyan	海宁市 Haining	平湖市 Pinghu	桐乡市 Tongxiang
22379	29089	26618	26019	32981	29321	38947
19218	25850	25884	22179	31299	27204	31413
3161	3240	734	3840	1683	2117	7534
22142	28961	26571	25945	33117	29236	38925
19107	25759	25843	22136	31443	27145	31424
3035	3202	728	3809	1674	2091	7501
-237	-128	-47	-74	135	-85	-21
-111	-91	-41	-43	144	-59	12
-126	-37	-6	-31	-9	-26	-33
0.029	0.044	0.042	0.058	0.032	0.044	0.039
0.220	0.118	0.141	0.160	0.096	0.121	0.107

Note: Data come from Jiaxing Municipal Bureau of Natural Resources and Planning except the per capita arable land area which caculated by the resident population. The data in 2019 and 2020 cannot be provided at present because it has not been approved. Per cultivated area is calculated by resident population in the current year, and the population in 2018 has been revised according to the results of the seventh National Population Census.

7－7 全市农林牧渔业总产值（1984－2020年）

Gross Output Value of Farming, Forestry, Animal Husbandry and Fishery（1984－2020）

单位:万元 （10000 yuan）

年份 Year	总计 Total	农业 Farming	林业 Forestry	牧业 Animal Husbandry	渔业 Fishery	农、林、牧、渔专业及辅助性活动 Services of Farming, Forestry, Animal Husbandry and Fishery
1984	165013	125760	323	35908	3022	
1985	179127	118040	327	54289	6471	
1986	197328	133393	416	52511	11008	
1987	234809	152468	411	66723	15207	
1988	307500	173950	589	112506	20455	
1989	340121	196070	704	122430	20917	
1990	361324	222111	1239	119467	18507	
1991	371714	228792	1332	121159	20431	
1992	400154	234085	1433	140022	24614	
1993	469166	281571	1424	147917	38254	
1994	728737	413997	1660	262124	50956	
1995	836107	519254	1662	260430	54761	
1996	873062	579943	2926	220743	69450	
1997	920011	560484	3056	289599	66872	
1998	871302	534812	3473	258240	74777	
1999	832199	497349	2810	253364	78676	
2000	946549	523020	3216	324186	96127	
2001	1023582	537257	2953	361201	122171	
2002	1008821	518748	4885	344605	140583	
2003	1147863	541842	6067	387162	173914	38878
2004	1300094	604590	5716	460101	185330	44357
2005	1396773	640318	5991	504629	199887	45948
2006	1479232	691940	5612	514440	217493	49747
2007	1684585	732074	5611	636960	255218	54722
2008	1744883	782696	6534	688231	197794	69628
2009	1736293	806578	5501	638824	212807	72583
2010	1995387	951334	7666	710863	244574	80950
2011	2230146	1005689	8519	856000	270265	89673
2012	2289656	1104603	9198	789307	292392	94156
2013	2271581	1107614	9529	749680	300833	103925
2014	2184366	1116529	11976	656988	283379	115494
2015	2062230	1151994	14142	489314	276331	130449
2016	2000535	1204207	15580	351565	281765	147418
2017	1953261	1233607	16205	263835	283637	155977
2018	1954857	1232715	19858	246018	286764	169502
2019	2017087	1219608	23045	276646	301014	196774
2020	2114551	1214307	28912	295666	352434	223232

注:按当年价格计算,2003年起农业总产值中包括了农林牧渔服务业产值(下同)。根据第三次农业普查,对2006－2016年的数据进行了修订。

Note: The data in this table are calculated at current price. Output value in 2003 include services of farming, forestry, animal husbandry and fishery.

7-8 全市农林牧渔业总产值发展指数(1984-2020年,以1980年为100)

Indices of Gross Output Value of Farming, Forestry, Animal Husbandry and Fishery (1984-2020, 1980=100)

单位:%　　(%)

年份 Year	总计 Total	农业 Farming	林业 Forestry	牧业 Animal Husbandry	渔业 Fishery	农、林、牧、渔专业及辅助性活动 Services of Farming, Forestry, Animal Husbandry and Fishery
1984	130.9	145.2	113.2	95.2	161.6	
1985	130.5	136.4	117.4	109.9	220.4	
1986	134.2	140.3	100.4	110.1	315.8	
1987	136.0	140.9	75.1	110.1	418.5	
1988	140.4	144.8	80.8	117.2	386.7	
1989	137.4	141.1	75.8	117.6	355.7	
1990	143.8	149.4	92.7	119.1	363.9	
1991	142.3	145.7	104.3	120.8	373.7	
1992	152.4	148.6	116.9	139.6	414.9	
1993	150.0	144.4	146.2	135.5	494.5	
1994	157.2	149.5	137.9	140.0	618.1	
1995	163.6	161.6	116.9	139.5	589.7	
1996	164.5	175.6	154.1	118.5	620.4	
1997	174.5	177.6	162.9	138.3	677.4	
1998	173.6	166.2	237.0	148.8	758.1	
1999	184.6	172.8	205.9	155.4	983.2	
2000	201.5	178.7	270.8	177.1	1220.1	
2001	226.1	182.3	211.2	210.1	1700.7	
2002	246.1	194.6	440.0	217.0	2151.6	
2003	260.4	185.1	576.0	223.2	2945.5	100.0
2004	272.9	193.1	470.6	225.4	3057.4	111.0
2005	287.1	192.5	468.2	256.1	3237.8	113.3
2006	297.3	199.7	446.8	259.7	3492.6	121.2
2007	311.8	204.4	456.6	277.9	3818.1	120.4
2008	321.4	214.7	469.9	275.7	4158.1	126.5
2009	331.6	222.3	367.1	279.2	4532.8	133.0
2010	342.9	227.7	378.9	288.9	4790.0	142.7
2011	348.4	229.1	383.7	296.2	4861.1	149.8
2012	351.0	237.6	395.6	287.3	4954.0	153.9
2013	352.6	245.5	412.7	277.6	4866.7	166.2
2014	348.9	256.9	498.4	256.2	4488.2	179.5
2015	334.8	267.4	565.4	206.2	4397.9	201.1
2016	328.9	287.7	617.1	153.5	4474.2	225.2
2017	323.1	309.5	673.5	114.3	4551.8	252.3
2018	324.4	312.1	676.1	107.5	4594.3	268.3
2019	331.7	320.2	674.5	105.5	4714.3	282.9
2020	338.6	329.8	687.9	99.0	4888.8	299.1

注:按可比价格计算。2003年起农林牧渔业总产值中包括了农林牧渔服务业产值,发展指数按同口径计算。

Note: The data in this table are calculated at comparable price. Output value in 2003 include services of farming, forestry, animal husbandry and fishery, indices is caculated by the same caliber.

7-9 全市农林牧渔业总产值发展指数(1984-2020年,以上年为100)

Indices of Gross Output Value of Farming, Forestry, Animal Husbandry and Fishery (1984-2020, Last year = 100)

单位:% (%)

年份 Year	总计 Total	农业 Farming	林业 Forestry	牧业 Animal Husbandry	渔业 Fishery	农、林、牧、渔专业及辅助性活动 Services of Farming, Forestry, Animal Husbandry and Fishery
1984	115.9	122.4	75.6	97.5	135.7	
1985	99.7	93.9	103.7	115.5	136.4	
1986	102.8	102.9	85.5	100.1	143.3	
1987	101.4	100.4	74.8	100.0	132.5	
1988	103.2	102.8	107.6	106.5	92.4	
1989	97.9	97.4	93.8	100.3	92.0	
1990	104.6	105.9	122.4	101.3	102.3	
1991	99.0	97.5	112.5	101.4	102.7	
1992	107.1	102.0	112.0	115.6	111.0	
1993	98.4	97.2	125.1	97.1	119.2	
1994	104.8	103.5	94.3	103.3	125.0	
1995	104.1	108.1	84.8	99.6	95.4	
1996	100.5	108.7	131.8	85.0	105.2	
1997	106.1	101.1	105.7	116.7	109.2	
1998	99.5	93.6	145.5	107.6	111.9	
1999	106.3	104.0	86.9	104.4	129.7	
2000	109.2	103.4	131.5	114.0	124.1	
2001	112.2	102.0	78.0	118.6	139.4	
2002	108.8	106.8	208.3	103.3	126.5	
2003	105.8	95.1	130.9	102.9	136.9	100.0
2004	104.8	104.3	81.7	101.0	103.8	111.0
2005	105.2	99.7	99.5	113.6	105.9	102.1
2006	103.6	103.7	95.4	101.4	107.9	107.0
2007	104.9	102.4	102.2	107.0	109.3	99.3
2008	103.1	105.1	102.9	99.2	108.9	105.0
2009	103.2	103.5	78.1	101.3	109.0	105.2
2010	103.4	102.4	103.2	103.5	105.7	107.2
2011	101.6	100.6	101.3	102.5	101.5	105.0
2012	100.7	103.7	103.1	97.0	101.9	102.7
2013	100.4	103.3	104.3	96.6	98.2	108.0
2014	99.0	104.6	120.8	92.3	92.2	108.0
2015	96.0	104.1	113.4	80.5	98.0	112.0
2016	98.2	107.6	109.1	74.4	101.7	112.0
2017	100.8	104.4	101.9	87.1	104.1	104.7
2018	100.4	100.9	100.4	94.1	100.9	106.3
2019	102.3	102.6	99.8	98.2	102.6	105.4
2020	102.1	103.0	102.0	93.8	103.7	105.7

注:按可比价格计算。2003年起农林牧渔业总产值中包括了农林牧渔服务业产值,发展指数按同口径计算。

Note: The data in this table are calculated at comparable price. Output value in 2003 include services of farming, forestry, animal husbandry and fishery, indices is caculated by the same caliber.

7-10 市区农林牧渔业总产值（1984-2020年）
Gross Output Value of Farming, Forestry, Animal Husbandry and Fishery in Urban District（1984-2020）

单位：万元 （10000 yuan）

年份 Year	总计 Total	农业 Farming	林业 Forestry	牧业 Animal Husbandry	渔业 Fishery	农、林、牧、渔专业及辅助性活动 Services of Farming, Forestry, Animal Husbandry and Fishery
1984	37033	28565	74	7566	828	
1985	39547	27887	82	10113	1465	
1986	46518	32219	136	11077	3086	
1987	55137	35432	165	15518	4022	
1988	67803	38482	234	24459	5528	
1989	78059	44857	196	27928	5078	
1990	84574	50903	118	28196	5357	
1991	88715	53615	125	28611	6364	
1992	92541	53952	169	30768	7652	
1993	113283	68545	200	35549	8989	
1994	168545	100992	211	57178	10164	
1995	197183	120226	153	65199	11605	
1996	202529	135242	173	54839	12275	
1997	217463	133880	129	70002	13452	
1998	206538	127423	131	64176	14808	
1999	199743	113512	87	67746	18398	
2000	229019	121686	148	83230	23955	
2001	251583	125785	185	95821	29792	
2002	255929	123436	388	99100	33005	
2003	292480	125331	880	111198	49694	5377
2004	327746	135811	544	130336	54579	6476
2005	356001	143886	698	145316	59725	6376
2006	371562	152729	462	145059	64544	8768
2007	439438	158681	237	193903	78016	8601
2008	451836	140282	276	240600	59735	10943
2009	438397	147732	490	215635	63172	11368
2010	490572	172734	731	232048	72359	12700
2011	568082	190156	791	283736	79330	14069
2012	556639	204596	832	253236	83203	14772
2013	541674	209695	897	232962	81815	16305
2014	530783	221039	1014	206208	84402	18120
2015	492433	236158	1135	151448	83282	20410
2016	437953	244992	1302	81200	87394	23065
2017	413629	258406	1324	45090	84414	24395
2018	401329	253171	1660	41425	78515	26528
2019	429887	258020	4244	49774	81846	36003
2020	457362	260377	6058	47608	104207	39112

注：按现价计算。2003年起农林牧渔业总产值中包括了农林牧渔服务业产值。

Note: The data in this table are calculated at comparable price. Output value in 2003 include services of farming, forestry, animal husbandry and fishery.

7-11 市区农林牧渔业总产值发展指数(1984-2020年,以1980年为100)

Indices of Gross Output Value of Farming, Forestry, Animal Husbandry and Fishery in Urban District (1984-2020, 1980=100)

单位:% (%)

年份 Year	总计 Total	农业 Farming	林业 Forestry	牧业 Animal Husbandry	渔业 Fishery	农、林、牧、渔专业及辅助性活动 Services of Farming, Forestry, Animal Husbandry and Fishery
1984	142.4	159.0	164.4	97.5	237.9	
1985	137.6	147.3	182.2	105.3	318.9	
1986	143.9	148.8	140.0	115.3	500.9	
1987	146.2	148.1	100.0	119.5	624.9	
1988	152.2	152.7	133.3	128.0	649.5	
1989	153.9	152.5	108.9	135.6	627.8	
1990	164.3	162.3	84.4	145.0	694.3	
1991	164.1	161.3	86.0	145.7	708.9	
1992	170.1	161.9	121.6	157.8	764.1	
1993	167.9	158.7	145.6	158.7	739.7	
1994	175.5	168.4	147.1	160.6	799.9	
1995	183.2	176.2	104.5	168.4	799.1	
1996	188.5	202.5	116.1	138.9	814.2	
1997	200.0	207.3	88.2	156.6	938.0	
1998	198.6	192.4	67.3	179.1	902.4	
1999	210.6	190.0	50.3	197.3	1301.1	
2000	228.4	197.8	85.9	225.4	1451.6	
2001	258.7	203.7	98.3	268.7	2080.0	
2002	282.2	219.0	246.1	290.9	2405.9	
2003	311.5	212.7	622.2	318.6	3629.1	100.0
2004	323.0	215.5	345.3	317.3	3883.1	117.2
2005	343.7	215.0	420.6	366.5	4170.5	113.7
2006	355.8	219.3	283.2	374.9	4475.8	154.5
2007	373.3	221.5	148.4	400.0	5041.2	136.9
2008	377.6	218.2	151.8	403.7	5458.0	143.7
2009	390.8	226.4	252.4	411.7	5931.4	150.6
2010	404.8	231.5	263.5	426.7	6293.5	161.8
2011	413.7	237.4	272.5	436.8	6308.8	169.9
2012	407.4	250.7	282.5	408.9	6259.6	174.6
2013	403.6	256.7	301.5	393.7	6178.4	188.5
2014	397.3	262.9	337.8	369.7	6235.6	203.6
2015	377.8	285.0	362.5	295.2	6187.1	228.0
2016	348.6	312.8	415.1	184.8	6241.5	255.4
2017	342.5	336.5	453.1	137.6	6349.8	286.1
2018	337.1	337.8	454.1	127.7	5907.2	304.4
2019	345.6	345.0	462.3	130.6	6086.7	321.2
2020	351.2	359.0	470.2	101.1	6501.2	339.7

注:按可比价格计算。2003年起农林牧渔业总产值中包括了农林牧渔服务业产值,发展指数按同口径计算。

Note: The data in this table are calculated at comparable price. Output value in 2003 include services of farming, forestry, animal husbandry and fishery, indices is caculated by the same caliber.

7-12 市区农林牧渔业总产值发展指数(1984-2020年,以上年为100)

Indices of Gross Output Value of Farming, Forestry, Animal Husbandry and Fishery in Urban District(1984-2020, Last year=100)

单位:% (%)

年 份 Year	总 计 Total	农 业 Farming	林 业 Forestry	牧 业 Animal Husbandry	渔 业 Fishery	农、林、牧、渔专业及辅助性活动 Services of Farming, Forestry, Animal Husbandry and Fishery
1984	122.4	133.3	105.7	91.3	146.8	
1985	96.6	92.6	110.8	108.0	134.0	
1986	104.6	101.0	76.8	109.5	157.1	
1987	101.6	99.5	71.4	103.6	124.8	
1988	104.1	103.1	133.3	107.1	103.9	
1989	101.1	99.9	81.7	105.9	96.7	
1990	106.8	106.4	77.5	106.9	110.6	
1991	99.9	99.4	101.9	100.5	102.1	
1992	103.7	100.4	141.4	108.3	107.8	
1993	98.7	98.0	119.7	100.6	96.8	
1994	104.5	106.1	101.0	101.2	108.1	
1995	104.4	104.6	71.0	104.9	99.9	
1996	102.9	114.9	111.1	82.5	101.9	
1997	106.1	102.4	76.0	112.7	115.2	
1998	99.3	92.8	76.3	114.4	96.2	
1999	106.0	98.7	74.7	110.2	144.2	
2000	108.5	104.1	170.8	114.2	111.6	
2001	113.3	103.0	114.4	119.2	143.3	
2002	109.1	107.5	250.4	108.3	115.7	
2003	100.0	100.0	100.0	100.0	100.0	100.0
2004	103.7	101.3	55.5	99.6	107.0	117.2
2005	106.4	99.8	121.8	115.5	107.4	97.0
2006	103.5	102.0	67.3	102.3	107.3	135.9
2007	104.9	101.0	52.4	106.7	112.6	88.6
2008	101.2	98.5	102.3	100.9	108.3	105.0
2009	103.5	103.8	166.3	102.0	108.7	104.8
2010	103.6	102.2	104.4	103.6	106.1	107.4
2011	102.2	102.5	103.4	102.4	100.2	105.0
2012	98.5	105.6	103.7	93.6	99.2	102.7
2013	99.1	102.4	106.7	96.3	98.7	108.0
2014	98.4	102.4	112.0	93.9	100.9	108.0
2015	95.1	108.4	107.3	79.8	99.2	112.0
2016	92.3	109.8	114.5	62.6	100.9	112.0
2017	100.1	109.2	101.2	76.1	102.8	104.7
2018	98.4	100.4	100.2	92.8	93.0	106.4
2019	102.5	102.1	101.8	102.2	103.0	105.5
2020	101.6	104.1	101.7	77.4	106.8	105.7

注:按可比价格计算。2003年起农林牧渔业总产值中包括了农林牧渔服务业产值,发展指数按同口径计算。

Note: The data in this table are calculated at comparable price. Output value in 2003 include services of farming, forestry, animal husbandry and fishery, indices is caculated by the same caliber.

7-13 主要年份全市农业分项产值

单位:万元

指　　标	Item	1985	2004	2005	2006	2007	2008
农林牧渔业总产值	Total	179127	1300094	1396773	1479232	1684585	1744883
一、种植业	Planting	118003	604590	640318	691940	732074	782696
#1.粮食	Grain	67163	218645	219889	208303	202946	216937
2.棉花	Cotton	3336	1914	1845	2097	2300	2408
3.油料	Oil - bearing Crops	12748	34522	29519	25559	27014	36049
4.麻类	Fiber Crops	3512	117	118	85	89	69
5.甘蔗	Sugar Crops	2107	10382	8863	9777	11700	8859
6.烟叶	Tobacco	314	707	773	676	708	741
7.药材	Medicinal Crops	1271	9296	15321	28766	37578	38588
8.桑叶	Mulberry Leaf	8602	14832	15471	16784	16947	15046
9.茶叶	Tea	69	1027	916	893	933	954
10.蔬菜	Vegetables	11789	219870	247235	223733	279350	321255
11.水果	Fruits	354	34257	40613	83583	57464	60314
二、林业	Forestry	327	5716	5991	5612	5611	6534
三、牧业	Animal Husbandry	54326	460101	504629	514440	636960	688231
#1.牲畜	Breeding of Domestic Animal	24706	296572	308958	307965	446915	487885
2.家禽饲养	Poultry Raising	3654	54695	59189	43173	58704	58714
3.其它动物饲养	Other Animal Raising	20671	73368	92554	125681	99610	76107
四、渔业	Fishery	6471	185330	199887	217493	255218	197794
五、农林牧渔服务业	Services of Farming , Forestry, Animal Husbandry and Fishery		44357	45948	49747	54722	69628

注:按当年价格计算。2003年起农林牧渔业总产值中包括了农林牧渔服务业产值。2000年及以前甘蔗为糖料;2002年及以前牲畜为牲畜繁殖增长增重。

Gross Output Value of Farming ,Forestry,Animal Husbandry and Fishery by Branch in Main Years

(10000 yuan)

2009	2010	2011	2012	2013	2014	2015	2016	2017	2018	2019	2020
1736293	1995387	2230146	2289656	2271581	2184366	2062230	2000535	1953261	1954857	2017087	2114551
806578	951334	1005689	1104603	1107614	1116529	1151994	1204207	1233607	1232715	1219608	1214307
227153	258518	269700	269323	268556	262687	251303	235940	235636	234591	268732	280975
2064	1870	1550	1422	1380	1387	1124	924	623	1659	1134	932
26733	27265	25338	21927	19466	15688	15254	9700	7560	7090	3864	5359
37	30	22	18	10	10	9	5	6	4	17	49
7864	6746	6754	4166	3948	3852	3610	3320	2480	2222	2301	2125
822	726	605	458	435	461	451	442	394	338	330	274
26822	31360	20276	80846	39678	25998	31379	38264	37962	32739	27284	24218
12236	13158	15856	19243	17642	16046	9330	5679	4367	11621	5036	4593
820	318	383	728	718	687	570	427	449	251	520	540
339384	419031	439979	472774	428322	450502	566182	519531	531035	485547	470621	473562
67951	84550	101917	111038	186620	189901	192084	205497	212132	232623	218226	257997
5501	7666	8519	9198	9529	11976	14142	15580	16205	19858	23045	28912
638824	710863	856000	789307	749680	656988	489314	351565	263835	246018	276646	295666
436563	460290	549164	499607	472295	425692	297268	178834	107982	95357	142408	140068
57365	67514	82920	90507	87143	75268	72200	67233	63073	72603	62412	82082
75211	103311	130911	109274	105661	85988	64739	73676	68334	55315	51591	49712
212807	244574	270265	292392	300833	283379	276331	281765	283637	286764	301014	352434
72583	80950	89673	94156	103925	115494	130449	147418	155977	169502	196774	223232

Note: The data in this table are calculated at current price. Output value in 2003 include services of farming, forestry, animal husbandry and fishery.

7－14 主要年份市区农林牧渔业分项产值

单位:万元

指　标	Item	1985	2004	2005	2006	2007	2008
农林牧渔业总产值	Total	39547	327746	356001	371562	439438	451836
一、种植业	Planting	27871	135811	143886	152729	158681	140282
#1.粮食	Grain	18441	51524	54739	58659	51738	54987
2.棉花	Cotton	2	77	156	178	105	155
3.油料	Oil－bearing Crops	2608	7756	6577	5750	5186	6622
4.麻类	Fiber Crops	34	0	0	0	0	0
5.甘蔗	Sugar Crops	38	2133	1761	1967	1908	1437
6.烟叶	Tobacco	0	0	0	0	0	0
7.药材	Medicinal Crops	104	322	355	377	524	268
8.桑叶	Mulberry Leaf	1121	2242	2296	2677	2584	2082
9.茶叶	Tea	0	0	0	0	0	0
10.蔬菜	Vegetables	2687	46610	51924	53770	43228	45911
11.水果	Fruits	98	10984	12903	14488	17242	19478
二、林业	Forestry	82	544	698	462	237	276
三、牧业	Animal Husbandry	10129	130336	145316	145059	193903	240600
#1.牲畜	Breeding of Domestic Animal	5700	102483	112872	107960	186876	203642
2.家禽饲养	Poultry Raising	820	12631	13889	13053	13705	13121
3.其它动物饲养	Other Animal Raising	2705	11170	13556	18824	13085	8702
四、渔业	Fishery	1465	54579	59725	64544	78016	59735
五、农林牧渔服务业	Services of Farming, Forestry, Animal Husbandry and Fishery		6476	6376	8768	8601	10943

注:按当年价格计算。2003 年起农林牧渔业总产值中包括了农林牧渔服务业产值,2002 年及以前牲畜为牲畜繁殖增长增重。

Gross Output Value of Farming ,Forestry, Animal Husbandry and Fishery by Branch of Urban District in Main Years

(10000 yuan)

2009	2010	2011	2012	2013	2014	2015	2016	2017	2018	2019	2020
438397	490572	568082	556639	541674	530783	492433	437953	413629	401329	429887	457362
147732	172734	190156	204596	209695	221039	236158	244992	258406	253171	258020	260377
56351	63548	64537	64856	64652	63512	61694	58612	57133	57800	67331	69951
115	94	73	74	75	65	57	54	39	262	181	162
5515	4860	4689	4522	4437	2983	3079	1905	1513	1204	575	622
0	0	0	0	0	0	0	0	0	0	0	0
1280	904	649	394	347	292	246	201	141	397	406	424
0	0	0	0	0	0	0	0	0	0	0	0
444	442	439	839	427	436	3373	1293	7900	8355	7407	8870
1334	1170	1204	1831	1535	1275	390	199	150	534	155	132
0	0	0	0	0	0	0	0	0	0	0	0
49275	59138	62419	71067	57055	68734	89798	89934	90390	74065	80488	92927
21500	27327	33561	35562	52692	51887	56493	61394	65139	63590	67721	71470
490	731	791	832	897	1014	1135	1302	1324	1660	4244	6058
215635	232048	283736	253236	232962	206208	151448	81200	45090	41425	49774	47608
177901	186510	224050	193934	177069	159098	116656	61210	25458	17974	35352	24867
13023	14131	17184	17595	15088	9848	8829	10058	9360	14628	7817	13763
6193	7554	9371	7781	7135	5087	1082	5250	7233	4783	4064	3503
63172	72359	79330	83203	81815	84402	83282	87394	84414	78545	81846	104207
11368	12700	14069	14772	16305	18120	20410	23065	24395	26528	36003	39112

Note: The data in this table are calculated at current price. Output value in 2003 include services of farming, forestry, animal husbandry and fishery.

7－15 分地区农林牧渔业总产值
(2020 年)

单位:万元

指　　标	Item	全　市 Total	市　区 Urban District
农林牧渔业总产值	Total	2114551	457362
一、种植业	Planting	1214307	260377
#1. 粮食	Grain	280975	69951
2. 棉花	Cotton	932	162
3. 油料	Oil－bearing Crops	5359	622
4. 麻类	Fiber Crops	49	0
5. 甘蔗	Sugar Crops	2125	424
6. 烟叶	Tobacco	274	0
7. 药材	Medicinal Crops	24218	8870
8. 桑叶	Mulberry Leaf	4593	132
9. 茶叶	Tea	540	0
10. 蔬菜	Vegetables	473562	92927
11. 水果	Fruits	257997	71470
二、林业	Forestry	28912	6058
三、牧业	Animal Husbandry	295666	47608
#1. 牲畜	Breeding of Domestic Animal	140068	24867
2. 家禽饲养	Poultry Raising	82082	13763
3. 其它动物饲养	Other Animal Raising	49712	3503
四、渔业	Fishery	352434	104207
五、农林牧渔服务业	Services of Farming ,Forestry, Animal Husbandry and Fishery	223232	39112

注:按当年价格计算。

Gross Output Value of Farming, Forestry, Animal Husbandry and Fishery by Branch and Region (2020)

(10000 yuan)

南湖区 Nanhu	秀洲区 Xiuzhou	嘉善县 Jiashan	海盐县 Haiyan	海宁市 Haining	平湖市 Pinghu	桐乡市 Tongxiang
234218	223144	405081	287034	313361	240358	411355
135431	124946	286313	150710	167119	136915	212873
29213	40738	43388	40388	34811	54240	38197
78	84	1	33	170	106	460
206	416	613	145	1083	378	2518
0	0	0	0	49	0	0
417	7	22	2	1502	17	158
0	0	0	0	0	0	274
820	8050	321	1008	805	1239	11975
6	126	0	190	1319	0	2952
0	0	0	540	0	0	0
54659	38268	143632	64423	39522	44832	88225
41325	30145	38532	34549	58211	13062	42173
2016	4042	2394	8666	2320	2639	6835
31040	16568	7405	57615	55685	31049	96304
17396	7471	1225	17622	24231	19899	52224
10366	3397	3154	34765	18277	4269	7854
1857	1646	1116	3734	10169	5180	26010
46073	58134	68989	40990	55211	33695	49342
19658	19454	39980	29053	33026	36060	46001

Note: The data in this table are calculated at current price.

7-16 主要年份全市农作物播种面积

单位:千公顷

指　标	Item	1985	2004	2005	2006	2007	2008
总　计	Total	552.24	337.51	345.87	342.65	324.53	316.61
一、粮食	Grain Crops	404.77	178.24	182.74	186.36	182.13	177.96
稻谷	Rice	306.67	131.42	130.30	129.21	138.06	132.41
1.早稻	Early Rice	131.09	2.19	1.45	0.66	0.39	0.01
2.晚稻	Late Rice	175.58	129.23	128.85	128.55	137.67	132.40
小麦	Wheat	23.49	7.38	9.33	11.82	11.94	14.12
大麦	Barley	59.99	13.12	15.38	17.63	15.03	14.11
玉米	Corn	0.02	2.40	2.42	2.45	1.06	1.26
其他谷物	Other Cereal	0.28	0.21	0.19	0.23	0.23	0.21
豆类	Beans	9.8	19.54	21.30	21.31	13.04	14.12
1.大豆	Soybeans	4.94	11.85	12.91	12.62	5.65	6.30
2.其他小豆	other beans	4.86	5.31	5.74	6.20	7.39	7.82
薯类	Tubers	4.52	4.17	3.83	3.72	2.77	1.74
二、油料	Oil - bearing Crops	72.26	56.01	57.59	50.62	36.45	32.99
油菜籽	Rapeseeds	72.22	55.97	57.53	50.54	36.38	32.86
三、棉花	Cotton	9.01	1.61	1.53	1.67	1.78	2.06
四、麻类	Fiber Crops	8.79	0.10	0.11	0.08	0.08	0.06
五、甘蔗	Sugar Crops	2.62	1.68	1.56	1.52	1.35	1.16
六、烟叶	Tobacco	1.81	0.33	0.35	0.30	0.29	0.30
七、药材	Medicinal Materials	3.51	3.24	3.53	3.49	3.47	4.27
八、蔬菜瓜果类	Vegetables and Melon Crops	33.09	88.33	89.50	89.73	90.23	90.89
蔬菜	Vegetables	27.21	76.37	78.02	77.59	78.41	78.90
瓜果类	Melon Crops	5.88	11.96	11.48	12.14	11.82	11.99
九、其他作物	Other farm Crops	16.38	7.97	8.96	8.88	8.76	6.92
#绿肥	Geen Fertilizer	12.87	2.49	4.07	2.79	2.46	1.91

2000 年及以前甘蔗为糖类。

Total Sown Area of Major Farm Crops in Main Years

(1000 hectares)

2009	2010	2011	2012	2013	2014	2015	2016	2017	2018	2019	2020
308.29	298.43	287.65	281.94	274.28	259.19	266.49	253.03	258.36	251.61	248.70	253.31
177.83	169.99	164.85	164.42	159.79	148.88	151.15	141.29	148.37	150.74	147.89	150.54
126.02	118.84	113.44	104.35	99.19	84.89	83.01	83.38	82.89	87.29	85.72	87.15
0.00	0.01	0.00	0.02	0.01	0.10	0.04	0.00	0.01	0.05	0.00	0.00
126.02	118.83	113.44	104.33	99.18	84.79	82.97	83.38	82.89	87.24	85.72	87.15
16.71	19.40	23.85	27.01	28.66	34.34	39.72	34.28	45.67	46.94	41.22	46.09
16.03	15.07	11.20	13.49	13.00	12.05	8.86	4.48	3.18	0.14	0.12	1.15
1.28	1.25	1.36	2.71	2.79	2.14	2.34	2.01	2.15	2.51	3.63	2.32
0.21	0.18	0.27	0.14	0.14	0.65	0.80	0.92	0.06	0.05	0.07	0.02
13.84	11.67	11.33	13.17	12.54	12.62	14.71	13.99	11.51	11.02	14.02	11.49
6.53	6.22	5.92	10.14	9.79	10.46	12.74	11.72	9.98	9.61	11.29	9.53
7.32	5.45	5.41	3.03	2.76	2.16	1.97	2.26	1.54	1.41	2.72	1.96
3.73	3.57	3.40	3.55	3.46	2.08	1.67	2.24	2.90	2.79	3.11	2.32
29.48	25.60	20.83	16.99	14.19	11.35	10.75	7.38	5.70	6.27	4.96	4.83
29.32	25.43	20.66	16.81	13.99	11.16	10.54	6.83	5.17	6.11	4.79	4.65
1.82	1.54	1.43	1.27	1.15	1.00	0.77	0.57	0.44	0.70	0.66	0.62
0.03	0.03	0.02	0.02	0.01	0.01	0.01	0.01	0.01	0.00	0.00	0.00
0.96	0.78	0.62	0.53	0.42	0.34	0.27	0.23	0.17	0.37	0.36	0.33
0.34	0.30	0.26	0.18	0.17	0.18	0.16	0.16	0.14	0.14	0.14	0.12
4.10	4.21	4.32	3.94	3.64	3.73	3.78	4.36	4.66	3.92	3.64	3.39
89.03	91.78	91.72	91.46	92.04	91.40	97.29	97.19	97.35	87.60	89.08	91.44
77.68	80.56	80.83	81.46	82.08	82.32	87.44	87.42	88.47	80.67	82.80	85.33
11.35	11.23	10.89	10.00	9.96	9.08	9.85	9.77	8.88	6.93	6.29	6.11
4.70	4.21	3.61	3.14	2.87	2.31	2.31	1.84	1.53	1.87	1.98	2.04
1.47	1.54	1.18	0.90	0.78	0.49	0.41	0.26	0.14	0.27	0.45	0.57

Note: Sugarcane was used as sugar in 2000 and before.

7－17　主要年份市区农作物播种面积

单位：千公顷

指　标	Item	1985	2004	2005	2006	2007	2008
总　计	Total	138.18	90.45	91.46	90.32	84.74	82.71
一、粮食	Grain Crops	111.1	45.25	45.75	46.86	45.20	44.49
稻谷	Rice	88.42	32.79	32.29	32.21	33.74	32.34
1.早稻	Early Rice	38.99	1.81	1.38	0.66	0.39	0.00
2.晚稻	Late Rice	49.43	30.98	30.91	31.56	33.35	32.34
小麦	Wheat	4.39	0.77	0.99	1.30	1.51	2.38
大麦	Barley	15.2	4.23	4.91	5.74	5.57	5.06
玉米	Corn		0.69	0.68	0.66	0.29	0.34
其他谷物	Other Cereal	0.06	0.16	0.12	0.15	0.12	0.09
豆类	Beans	1.76	5.17	6.05	6.05	3.54	3.87
1.大豆	Soybeans	1.05	3.46	4.10	4.01	1.69	1.84
2.其他小豆	other beans	0.71	1.29	1.33	1.44	1.85	2.03
薯类	Tubers	1.27	1.45	0.72	0.76	0.43	0.42
二、油料	Oil－bearing Crops	15.77	13.05	12.79	11.64	8.47	7.61
油菜籽	Rapeseeds	15.77	13.05	12.79	11.62	8.46	7.60
三、棉花	Cotton	0.01	0.20	0.27	0.30	0.28	0.28
四、麻类	Fiber Crops	0.16	0.00	0.00	0.00	0.00	0.00
五、甘蔗	Sugar Crops	0.21	0.39	0.33	0.32	0.25	0.22
六、烟叶	Tobacco	0.00	0.00	0.00	0.00	0.00	0.00
七、药材	Medicinal Materials	0.09	0.07	0.07	0.13	0.11	0.16
八、蔬菜瓜果类	Vegetables and Melon Crops	4.1	27.76	27.90	27.36	27.30	27.25
蔬菜	Vegetables	2.91	23.16	23.51	22.75	22.71	22.71
瓜果类	Melon Crops	1.19	4.60	4.39	4.61	4.59	4.54
九、其他作物	Other farm Crops	6.74	3.73	4.35	3.70	3.13	2.69
#绿肥	Geen Fertilizer	5.69	1.62	1.96	1.21	0.95	0.71

Total Sown Area of Major Farm Crops in Urban District in Main Years

(1000 hectares)

2009	2010	2011	2012	2013	2014	2015	2016	2017	2018	2019	2020
79.73	76.89	73.38	73.19	71.46	64.68	69.28	68.00	69.79	62.99	61.81	63.03
45.06	43.65	41.33	41.74	40.78	36.22	38.30	36.00	37.99	37.75	37.24	38.07
31.17	29.83	28.13	26.24	25.34	20.35	20.74	21.97	21.29	21.06	20.58	20.90
0.00	0.01	0.00	0.00	0.00	0.00	0.00	0.00	0.00	0.00	0.00	0.00
31.17	29.82	28.13	26.24	25.34	20.35	20.74	21.97	21.29	21.06	20.58	20.90
3.13	3.80	4.94	5.25	5.71	7.21	8.86	7.53	10.91	11.31	10.28	11.79
5.62	5.38	3.84	4.74	4.62	4.84	3.22	1.69	1.49	0.09	0.08	0.61
0.34	0.31	0.31	0.63	0.58	0.39	0.51	0.41	0.46	0.65	1.02	0.62
0.10	0.08	0.10	0.05	0.05	0.07	0.08	0.00	0.03	0.04	0.04	0.00
3.77	3.29	3.10	3.90	3.61	2.91	4.45	4.12	3.26	3.67	4.27	3.45
1.99	1.90	1.72	3.13	2.94	2.65	4.14	3.89	3.05	3.36	3.63	3.11
1.78	1.40	1.39	0.78	0.67	0.26	0.31	0.24	0.21	0.31	0.64	0.34
0.94	0.96	0.89	0.93	0.88	0.46	0.43	0.27	0.55	0.93	0.97	0.69
6.67	5.55	4.73	4.31	3.92	2.72	2.69	1.60	1.36	1.06	0.79	0.76
6.65	5.54	4.72	4.29	3.90	2.70	2.67	1.55	1.31	1.03	0.76	0.73
0.26	0.21	0.18	0.19	0.15	0.14	0.13	0.11	0.09	0.14	0.13	0.12
0.00	0.00	0.00	0.00	0.00	0.00	0.00	0.00	0.00	0.00	0.00	0.00
0.19	0.14	0.10	0.09	0.06	0.03	0.03	0.03	0.02	0.08	0.07	0.08
0.00	0.00	0.00	0.00	0.00	0.00	0.00	0.00	0.00	0.00	0.00	0.00
0.15	0.11	0.10	0.07	0.06	0.05	0.09	0.19	0.33	0.26	0.21	0.19
25.52	25.48	25.45	25.64	25.47	24.92	27.62	29.75	29.78	23.55	23.21	23.76
21.57	21.50	21.59	21.87	21.77	21.89	24.40	26.50	27.02	21.62	21.60	22.16
3.95	3.97	3.86	3.76	3.70	3.03	3.22	3.25	2.76	1.92	1.61	1.60
1.87	1.75	1.50	1.17	1.02	0.60	0.43	0.32	0.24	0.16	0.16	0.06
0.56	0.67	0.54	0.35	0.30	0.10	0.09	0.06	0.05	0.04	0.04	0.02

7-18 分地区主要农作物播种面积
(2020年)

单位:千公顷

指　标	Item	全　市 Total	市　区 Urban District
总　计	Total	253.31	63.03
一、粮食	Grain Crops	150.54	38.07
稻谷	Rice	87.15	20.90
1. 早稻	Early Rice	0.00	0.00
2. 晚稻	Late Rice	87.15	20.90
小麦	Wheat	46.09	11.79
大麦	Barley	1.15	0.61
玉米	Corn	2.32	0.62
其他谷物	Other Cereal	0.02	0.00
豆类	Beans	11.49	3.45
1. 大豆	Soybeans	9.53	3.11
2. 其他小豆	other beans	1.96	0.34
薯类	Tubers	2.32	0.69
二、油料	Oil - bearing Crops	4.83	0.76
油菜籽	Rapeseeds	4.65	0.73
三、棉花	Cotton	0.62	0.12
四、麻类	Fiber Crops	0.00	0.00
五、甘蔗	Sugar Crops	0.33	0.08
六、烟叶	Tobacco	0.12	0.00
七、药材	Medicinal Materials	3.39	0.19
八、蔬菜瓜果类	Vegetables and Melon Crops	91.44	23.76
蔬菜	Vegetables	85.33	22.16
瓜果类	Melon Crops	6.11	1.60
九、其他作物	Other farm Crops	2.04	0.06
#绿肥	Geen Fertilizer	0.57	0.02

注:粮食生产数据取自国家统计局嘉兴调查队。

Total Sown Area of Major Farm Crops by Region
(2020)

(1000 hectares)

南湖区 Nanhu	秀洲区 Xiuzhou	嘉善县 Jiashan	海盐县 Haiyan	海宁市 Haining	平湖市 Pinghu	桐乡市 Tongxiang
31.33	31.69	37.07	31.97	33.49	40.91	46.84
16.62	21.45	21.67	22.63	19.37	28.45	20.35
7.56	13.34	13.54	12.55	11.84	15.75	12.55
0.00	0.00	0.00	0.00	0.00	0.00	0.00
7.56	13.34	13.54	12.55	11.84	15.75	12.55
4.54	7.25	6.92	7.99	4.73	11.13	3.51
0.59	0.02	0.28	0.01	0.02	0.19	0.05
0.53	0.09	0.10	0.17	0.47	0.15	0.80
0.00	0.00	0.00	0.00	0.00	0.00	0.02
2.84	0.61	0.71	1.79	1.75	1.15	2.64
2.62	0.49	0.68	1.54	1.49	0.43	2.29
0.22	0.12	0.04	0.26	0.25	0.72	0.35
0.55	0.14	0.11	0.11	0.56	0.07	0.78
0.18	0.58	0.53	0.21	1.49	0.44	1.40
0.16	0.57	0.53	0.20	1.43	0.41	1.35
0.05	0.07	0.00	0.02	0.11	0.09	0.28
0.00	0.00	0.00	0.00	0.00	0.00	0.00
0.08	0.00	0.00	0.00	0.22	0.00	0.03
0.00	0.00	0.00	0.00	0.00	0.00	0.12
0.08	0.11	0.02	0.13	0.03	0.13	2.88
14.31	9.45	14.79	8.87	11.60	11.50	20.92
13.09	9.08	13.45	8.19	10.94	10.90	19.69
1.22	0.38	1.34	0.69	0.66	0.61	1.22
0.03	0.03	0.06	0.10	0.67	0.29	0.86
0.00	0.02	0.06	0.02	0.02	0.39	0.06

Note: The data of grain production come from Jiaxing Survey Office of National Bureau of Statistics.

7－19 主要年份全市农作物总产量

单位:吨

指　　标	Item	1985	2000	2007	2008	2009
一、粮食	Grain Crops	2009851	1530613	1280269	1280734	1256720
稻谷	Rice	1720384	1262307	1095770	1089135	1039654
1. 早稻	Early Rice	817207	94670	2317	62	0
2. 晚稻	Late Rice	903177	1167637	1093453	1089073	1039654
小麦	Wheat	69047	74741	53173	64230	72857
大麦	Barley	180556	126759	67872	65592	73069
玉米	Corn	50	9878	6773	7216	7008
其他谷物	Other Cereal	650	1736	1137	931	1030
豆类	Beans	21202	36431	38628	41300	41704
1. 大豆	Soybeans	8931	20281	16158	18085	18583
2. 其他小豆	other beans	12271	13444	22470	23215	23121
薯类	Tubers	17962	18761	16917	12331	21399
二、油菜籽	Rapeseeds	134612	164148	90985	82516	71676
三、棉花	Cotton	9465	2259	2671	3129	2750
四、麻类	Fiber Crops	56383	1626	511	396	217
五、糖类	Sugar Crops	117639	127204	76422	63387	51498
六、蔬菜瓜果类	Vegetables and Melon Crops	838224	1995163	2591818	2596995	2639943
1. 蔬菜	Vegetables	727498	1624581	2228174	2243116	2293457
2. 瓜果类	Melon Crops	110726	370582	363644	353879	346486
七、园林水果	Garden Fruits	3474	40823	176926	200816	214485

Total Output of Farm Crops in Main Years

(ton)

2010	2011	2012	2013	2014	2015	2016	2017	2018	2019	2020
1196277	1177588	1125093	1060525	948365	943395	882211	927559	934151	956764	975225
980179	951638	874147	818505	695993	668215	675493	659202	671131	718067	707451
54	0	102	55	111	267	6	35	274	0	0
980125	951638	874044	818450	695882	667948	675486	659167	670856	718067	707451
82420	93039	107784	112566	137720	167055	124095	195290	202020	158512	198712
65530	64741	59312	54492	52777	40690	17553	12880	658	534	4973
6773	7679	15109	14047	11552	12611	9841	10495	11504	16050	11558
935	847	695	615	964	3756	4043	279	290	462	87
38309	36820	43197	38043	36558	40999	37712	33523	31538	42582	38494
17477	18248	31759	27804	30349	34487	31797	28277	26964	33421	32663
20832	18572	11438	10239	6208	6512	5915	5246	4575	9162	5831
22132	22824	24849	22258	12801	10068	13473	15888	17010	20556	13950
60769	50623	41338	34908	28139	26380	16733	13082	16218	12765	12506
2283	2130	1914	1724	1515	1007	889	603	1270	1222	1002
173	124	101	62	57	54	29	27	22	17	16
41743	32368	27374	21907	17855	14374	12195	8821	20198	19188	17703
2769511	2794063	2763085	2789700	2802644	2974035	3020827	3031250	2695633	2781725	2850604
2428312	2466041	2464607	2486838	2533085	2684325	2724477	2760089	2485181	2586948	2660399
341199	328022	298478	302862	269559	289710	296350	271161	210452	194777	190205
231410	265197	294284	299056	330575	343887	334418	345827	348426	363527	364964

7－20 主要年份市区农作物总产量

单位:吨

指　标	Item	1985	2000	2007	2008	2009
一、粮食	Grain Crops	566660	401641	319200	321363	319472
稻谷	Rice	501064	337742	270094	268989	258921
1. 早稻	Early Rice	242231	36652	2317	10	0
2. 晚稻	Late Rice	258833	301090	267777	268979	258921
小麦	Wheat	13237	10816	6690	11086	13946
大麦	Barley	45791	36299	26002	24355	26505
玉米	Corn		1221	1681	1794	1946
其他谷物	Other Cereal	100	1613	578	411	540
豆类	Beans	2387	8142	10401	11553	11638
1. 大豆	Soybeans	1298	5118	4860	5685	5727
2. 其他小豆	other beans	1089	3024	5541	5868	5911
薯类	Tubers	4081	5808	3755	3175	5977
二、油菜籽	Rapeseeds	27197	39249	20128	17903	15371
三、棉花	Cotton	5	57	332	422	355
四、麻类	Fiber Crops	199	0	0	0	0
五、糖类	Sugar Crops	2122	24637	12051	10114	8448
六、蔬菜瓜果类	Vegetables and Melon Crops	128481	560018	668988	631682	609295
1. 蔬菜	Vegetables	101751	418113	526877	496353	490797
2. 瓜果类	Melon Crops	26730	141905	142111	135329	118498
七、园林水果	Garden Fruits	1084	14685	56585	68966	74683

Output of Farm Crops of Urban District in Main Years

(ton)

2010	2011	2012	2013	2014	2015	2016	2017	2018	2019	2020
306323	298484	286267	272208	233875	239471	230396	238544	233003	240671	248344
246893	237692	220458	209937	169866	168238	179108	169557	163019	174495	173921
54	0	14	0	0	8	6	0	0	0	0
246839	237692	220444	209937	169866	168230	179102	169557	163019	174495	173921
16773	20114	21886	23245	28533	38289	29044	47482	49480	41399	53294
24176	22872	21248	19690	21390	15140	6753	6069	448	356	2736
1688	1727	3524	2935	2047	2650	2061	2291	3025	4724	3125
419	342	299	255	166	139	10	110	221	218	5
10737	9998	12281	10627	8591	12147	11804	9883	11003	12235	11310
5423	5318	9451	8240	7896	11234	11207	9136	9968	10189	10417
5314	4680	2830	2387	695	913	597	746	1035	2046	893
5638	5740	6572	5520	3282	2869	1616	3153	5807	7244	3952
12427	10984	9929	9038	6433	6388	3767	3110	2789	1970	1907
295	252	294	224	182	167	156	110	201	196	174
0	0	0	0	0	0	0	0	0	0	0
6330	4693	4037	2973	1481	1523	1378	1060	3609	3387	3532
622756	631797	640558	627056	609359	691899	768077	777150	608713	624825	654604
496897	510886	524236	511854	517475	594363	667545	691008	551169	574913	603568
125859	120911	116322	115202	91884	96128	100532	86142	57544	49912	51036
83308	95138	101483	103531	113903	117888	117008	125146	132852	130373	117998

7－21 分地区主要农作物产量
（2020 年）

单位:吨

指 标	Item	全 市 Total	市 区 Urban District
一、粮食	Grain Crops	975225	248344
稻谷	Rice	707451	173921
1. 早稻	Early Rice	0	0
2. 晚稻	Late Rice	707451	173921
小麦	Wheat	198712	53294
大麦	Barley	4973	2736
玉米	Corn	11558	3125
其他谷物	Other Cereal	87	5
豆类	Beans	38494	11310
1. 大豆	Soybeans	32663	10417
2. 其他小豆	other beans	5831	893
薯类	Tubers	13950	3952
二、油菜籽	Rapeseeds	12506	1907
三、棉花	Cotton	1002	174
四、麻类	Fiber Crops	16	0
五、糖类	Sugar Crops	17703	3532
六、蔬菜瓜果类	Vegetables and Melon Crops	2850604	654604
1. 蔬菜	Vegetables	2660399	603568
2. 瓜果类	Melon Crops	190205	51036
七、园林水果	Garden Fruits	364964	117998

Output of Major Farm Crops by Region
(2020)

(ton)

南湖区 Nanhu	秀洲区 Xiuzhou	嘉善县 Jiashan	海盐县 Haiyan	海宁市 Haining	平湖市 Pinghu	桐乡市 Tongxiang
100413	147931	144065	140831	121745	188307	131934
61531	112390	110202	101365	91696	131411	98856
0	0	0	0	0	0	0
61531	112390	110202	101365	91696	131411	98856
20896	32399	29150	31890	18372	51400	14604
2634	102	1072	33	97	818	217
2677	448	485	855	2113	783	4198
5	0	0	8	10	0	64
9517	1794	2412	5978	5912	3408	9474
8911	1506	2307	5166	5093	1387	8293
605	288	105	812	819	2021	1181
3154	798	744	702	3545	486	4521
433	1474	1181	513	3812	1187	3906
84	90	1	35	183	114	495
0	0	0	0	16	0	0
3474	58	182	13	12513	145	1318
404103	250501	557667	295287	298102	356840	688104
364391	239177	516290	275311	280899	336573	647758
39712	11324	41377	19976	17203	20267	40346
55852	62146	28571	62526	103061	14295	38513

7-22　主要年份全市主要农产品产量
Output of Major Farm Products in Main Years

年　份 Year	粮食(万吨) Grain (10000 tons)	棉花(吨) Cotton(ton)	油菜籽(吨) Rapeseeds (ton)	蔬菜(万吨) Vegetables (10 000 ton)	蚕茧(吨) Sillk - worm	年末生猪存栏 (万头)Piges (year - end) (10000 heads)	猪牛羊肉产量 (吨)Output of Pork, Beef and Mutton (ton)	水产品(吨) Aquatic Products(ton)
1985	200.99	9466	134612	72.75	34696	200.64	96059	26427
1986	216.26	7359	119369	81.79	36527	214.44	90868	38149
1987	210.81	6401	120972	78.53	40170	189.29	79385	44902
1988	216.09	5239	133929	75.10	43640	194.42	81048	47346
1989	218.20	3894	110464	76.99	47645	206.88	79769	43926
1990	229.00	6492	130736	72.21	48900	201.66	83160	42661
1991	221.20	7519	116209	70.84	48742	216.76	82524	44684
1992	203.69	6631	130642	78.19	56524	279.79	83980	47450
1993	183.37	5598	88234	82.10	53975	224.59	87234	51059
1994	181.25	5143	83953	89.87	54243	205.45	90721	54365
1995	177.93	4899	135435	90.09	50007	215.40	95087	67015
1996	201.45	5388	130596	98.22	38708	209.40	94198	71302
1997	193.88	4988	117809	106.80	47016	265.59	105612	79342
1998	171.74	4579	64106	115.95	52559	291.58	122380	84067
1999	169.64	2370	143396	130.64	47410	290.65	147489	89754
2000	153.06	2259	164148	162.46	50574	322.64	178791	97015
2001	140.69	2479	165777	181.37	58846	316.77	213536	107406
2002	132.74	1906	129291	195.89	49048	305.24	229569	119698
2003	117.68	1924	109346	195.22	35901	318.00	253495	131650
2004	124.99	2501	140858	198.99	36933	327.16	266632	139200
2005	119.40	1940	139664	206.47	37578	320.81	275046	145136
2006	128.84	2307	119436	215.10	42665	289.02	282873	149421
2007	128.03	2671	90985	222.82	41257	227.94	250952	159965
2008	128.07	3129	82516	224.31	33565	286.28	313861	165571
2009	125.67	2750	71676	229.35	26432	300.89	318956	175387
2010	119.63	2283	60769	242.83	24858	297.32	328146	181289
2011	117.76	2130	50623	246.60	24555	294.69	329761	180598
2012	112.51	1914	41338	246.46	21942	274.88	316246	187628
2013	106.05	1724	34908	248.68	19234	244.32	237015	180005
2014	94.84	1515	28139	253.31	16279	79.04	215171	163514
2015	94.34	1007	26380	268.43	13493	31.15	61688	150471
2016	88.22	889	16733	272.45	10377	17.86	36636	153361
2017	92.76	603	13082	276.01	9590	18.38	28335	156739
2018	93.43	1270	16218	248.52	10817	18.36	33653	157564
2019	95.68	1222	12765	258.69	10554	12.65	31124	161469
2020	97.52	1002	12506	266.04	8897	27.21	23845	167227

7-23 主要年份市区主要农产品产量
Output of Major Farm Products of Urban District in Main Years

年 份 Year	粮食(万吨) Grain (10000 tons)	蔬菜(万吨) Vege Tables (10000 tons)	油菜籽(吨) Rapeseeds (ton)	蚕茧(吨) Sillk - worm	年末生猪存栏(万头) Piges (year - end) (10000 heads)	猪牛羊肉产量(吨) Output of Pork, Beef and Mutton (ton)	水产品(吨) Aquatic Products (ton)
1985	56.67	10.18	27197	4564	53.65	21854	6810
1986	59.83	11.05	17774	4842	58.02	20368	12753
1987	58.51	12.71	19965	5530	53.34	20485	14421
1988	60.00	9.86	22835	6270	54.17	22005	15212
1989	61.81	8.95	21185	6936	55.51	25953	14768
1990	64.77	8.48	25217	7429	52.38	27944	14991
1991	62.89	11.93	21485	7517	52.45	28483	15178
1992	58.07	12.05	21668	8838	61.36	29147	15588
1993	50.50	13.40	15224	9067	55.60	30749	15952
1994	49.54	16.52	15080	10119	49.94	29800	16548
1995	48.88	17.59	28499	9177	49.16	31429	16752
1996	54.85	18.03	23491	7291	46.19	29108	17192
1997	53.50	22.49	21001	8389	55.14	34270	20320
1998	48.63	30.18	14607	9106	63.11	40358	21000
1999	45.97	33.88	29421	8345	71.07	51551	22031
2000	40.16	41.81	39249	8092	84.04	65340	22963
2001	35.77	49.81	38780	8984	80.26	78649	24543
2002	34.49	54.03	29403	8373	90.30	93271	26855
2003	30.07	50.10	26045	5634	101.00	103107	30798
2004	31.20	47.43	30449	5504	103.31	106783	38281
2005	30.69	50.09	29501	5568	98.40	107965	39886
2006	32.42	61.98	25176	6375	86.90	112430	42686
2007	31.92	52.69	20128	5910	74.52	113011	51392
2008	32.14	49.64	17903	4310	77.26	126730	54908
2009	31.95	49.08	15371	2672	86.14	126960	56973
2010	30.63	49.69	12427	2303	96.11	131238	55296
2011	29.85	51.09	10984	2276	93.45	132477	54788
2012	28.63	52.42	9929	2014	81.63	119105	53081
2013	27.22	51.19	9038	1687	75.27	69531	52518
2014	23.39	42.56	6433	1315	22.93	66270	52518
2015	23.95	59.58	6388	1052	9.85	18209	49220
2016	23.04	66.75	3767	690	5.33	9572	50738
2017	23.85	69.10	3110	439	3.24	5195	51405
2018	23.35	55.12	2789	466	4.52	6110	48439
2019	24.07	57.49	1970	321	4.21	7188	50029
2020	24.83	60.36	1907	276	6.91	4286	53308

7－24　主要年份全市畜牧业生产情况

指　标	单位	Item	1985	2000	2007	2008	2009
年末生猪存栏数	万头	Pigs (year－end) (10 000 heads)	200.64	322.64	227.94	286.28	300.89
能繁殖母猪	万头	Reproducable Sows (10 000 heads)	18.54	36.01	23.92	31.98	34.54
生猪出栏数	万头	Slaughtered Fattened Hogs (10 000 heads)	167.91	323.17	387.42	465.32	469.83
年末羊存栏数	万只	Sheep and Goats (year－end) (10 000 heads)	69.57	88.2	48.63	72.98	75.91
羊出栏数	万只	Slaughtered Sheep (10 000 heads)	6.84	51.14	52.78	83.27	82.96
年末家禽存栏数	万只	Poultry (year－end) (10 000 heads)	661.48	1397.92	1560.06	1651.61	1715.48
家禽出栏数	万只	Slaughtered Poultry (10 000 heads)	728.01	2395.49	3806.84	3865.96	3939.46
年末兔存栏数	万只	Rabbits (year－end) (10 000 heads)	216.02	86.1	65.77	52.64	50.04
肉产量合计	吨	Output of Meat (ton)	104905	211421	309285	374368	383419
#猪肉	吨	Pork (ton)	93756	169106	240425	296804	301887
羊肉	吨	Mutton (ton)	999	9653	10337	16844	16824
禽肉	吨	Poultry Meat (ton)	9695	32283	57483	59627	63520
禽蛋	吨	Poultry Eggs (ton)	14917	30448	68504	89274	90217
饲养蚕种	张	Number of Silkwrom Cocoon (piece)	953150	1320107	1021595	797996	581850
春蚕	张	Number of Sping ´s Silkwrom Cocoon (piece)	283916	534233	466604	397888	303330
夏蚕	张	Number of Summer ´s Silkwrom Cocoon (piece)	85468	72137	55241	33572	19322
秋蚕	张	Number of Autumn ´s Silkwrom Cocoon (piece)	583766	713737	499750	366536	259198
蚕茧产量	吨	Output of Silkwrom Cocoon (ton)	34696	50565	41257	33565	26432
春茧	吨	Output of Spring's Silkwrom Cocoon (ton)	13748	22781	20689	18789	15370
夏茧	吨	Output of Summer ´s Silkwrom Cocoon (ton)	2375	3008	1953	1206	853
秋茧	吨	Output of Autumn ´s Silkwrom Cocoon (ton)	18573	24776	18615	13570	10209

注:2020 年由于制度变化,蚕茧不再区分春夏秋茧(下同)。

Indicators on Animal Husbandry in Main Years

2010	2011	2012	2013	2014	2015	2016	2017	2018	2019	2020
297.32	294.69	274.88	244.32	79.04	31.15	17.86	18.38	18.36	12.65	27.21
33.26	32.88	31.85	21.50	5.44	2.67	1.55	1.39	1.41	1.11	2.19
479.94	483.10	461.09	319.80	285.30	77.56	40.28	28.70	33.06	31.90	23.67
74.09	69.50	62.36	46.30	44.84	43.08	41.23	38.52	34.72	28.24	35.45
85.81	81.21	71.55	43.93	43.69	42.33	42.73	37.66	34.62	36.57	33.56
1794.79	1836.63	1796.91	1353.87	1163.98	1049.49	1027.83	1006.44	1120.88	1113.50	1092.66
4204.36	4634.22	4678.54	4338.58	3718.46	3558.11	3035.33	3061.68	2447.8	3001.42	3417.14
44.00	44.69	45.18	35.53	29.47	25.86	20.92	19.52	24.13	21.35	18.31
397549	406028	392531	309502	277642	124952	92174	86290	77926	82561	78961
310455	313144	301482	229206	207477	54115	28955	21291	26565	24483	17979
17470	16502	14666	7764	7661	7525	7516	7021	7068	6508	5767
68411	75144	75105	71272	61385	62134	54732	57367	43583	50731	54466
86616	86400	83940	65106	53556	49139	39299	32989	26941	27611	27028
535407	544926	468295	410791	351301	264735	208994	178021	204280	195331	186784
254441	253496	245746	218824	198872	163761	131232	101416	117223	111627	—
28827	28387	23981	17774	17242	12037	9710	9318	10170	10539	—
252139	263043	198568	174193	135187	88937	68052	67287	76887	73165	—
24858	24555	21942	19234	16279	13493	10377	9590	10817	10554	8897
12965	13036	12469	10988	10001	8922	6775	5695	6439	6337	—
1173	1338	1072	817	808	570	443	451	489	502	—
10720	10181	8401	7429	5470	4001	3159	3444	3889	3715	—

Note: Because of institutional changes, Cocoons do not distinguish between spring, summer or autumn since 2020 (the same below).

7－25 主要年份市区畜牧业生产情况

指 标	单位	Item	1985	2000	2007	2008	2009
年末生猪存栏数	万头	Pigs (year－end) (10 000 heads)	53.65	84.04	74.52	77.26	86.14
能繁殖母猪	万头	Reproducable Sows (10 000 heads)	4.42	10.12	7.91	9.30	10.55
生猪出栏数	万头	Slaughtered Fattened Hogs (10 000 heads)	45.53	127.19	170.00	180.21	181.89
年末羊存栏数	万只	Sheep and Goats (year－end) (10 000 heads)	6.45	10.91	4.59	7.18	6.86
羊出栏数	万只	Slaughtered Sheep (10 000 heads)	1.03	9.83	7.58	11.60	11.26
年末家禽存栏数	万只	Poultry (year－end) (10 000 heads)	154.9	326.4	413.83	437.11	403.35
家禽出栏数	万只	Slaughtered Poultry (10 000 heads)	170.88	666.48	929.34	917.95	922.71
年末兔存栏数	万只	Rabbits (year－end) (10 000 heads)	45.33	13.84	5.65	6.37	5.99
肉产量合计	吨	Output of Meat (ton)	24570	74283	128595	142554	143278
#猪肉	吨	Pork (ton)	21648	63535	111626	124226	124495
羊肉	吨	Mutton (ton)	127	1774	1381	2491	2465
禽肉	吨	Poultry Meat (ton)	2559	8860	15455	15661	16200
禽蛋	吨	Poultry Eggs (ton)	2635	3002	9511	12058	13835
饲养蚕种	张	Number of Silkwrom Cocoon (piece)	122708	210430	148320	109438	61637
春蚕	张	Number of Sping ′s Silkwrom Cocoon (piece)	41614	93057	74024	61784	38265
夏蚕	张	Number of Summer ′s Silkwrom Cocoon (piece)	7211	7589	5084	2808	613
秋蚕	张	Number of Autumn ′s Silkwrom Cocoon (piece)	73883	109784	69212	44846	22759
蚕茧产量	吨	Output of Silkwrom Cocoon (ton)	4564	8092	5910	4310	2672
春茧	吨	Output of Spring′s Silkwrom Cocoon (ton)	2057	3861	3308	2889	1911
夏茧	吨	Output of Summer ′s Silkwrom Cocoon (ton)	187	296	179	100	25
秋茧	吨	Output of Autumn ′s Silkwrom Cocoon (ton)	2320	3935	2423	1321	736

Indicators on Animal Husbandry of Urban District in Main Years

2010	2011	2012	2013	2014	2015	2016	2017	2018	2019	2020
96.11	93.45	81.63	75.27	22.93	9.85	5.33	3.24	4.52	4.21	6.91
11.18	10.07	9.06	4.92	1.33	0.90	0.49	0.40	0.44	0.37	0.53
187.82	190.10	167.68	91.14	84.78	24.83	11.86	5.90	6.89	8.57	4.96
7.03	6.85	6.66	3.99	3.78	4.05	3.88	3.09	2.90	2.30	2.56
11.25	11.65	11.06	6.67	6.39	6.40	6.24	5.25	3.70	3.51	3.09
380.47	391.92	349.36	252.96	170.83	151.00	142.35	140.68	150.36	148.92	116.32
914.71	964.22	877.19	607.98	375.66	355.28	335.08	336.86	286.36	310.62	385.28
5.79	5.29	5.10	4.25	3.82	4.57	3.14	3.45	3.84	3.56	3.67
147035	149360	134196	79099	73087	24238	16400	12055	11289	12954	10285
128805	129958	116651	68331	65087	17051	8466	4269	5376	6487	3699
2433	2518	2454	1200	1163	1146	1097	917	721	670	526
15680	16758	14988	9370	6730	5872	6728	6776	5076	5693	5892
13414	15077	15254	10523	8952	7286	6286	3507	2075	2136	3029
52080	52471	42921	36196	30943	22286	15418	9977	10407	6944	7192
29210	25695	25820	20986	18871	14519	10986	6635	6774	4597	—
1636	2217	2061	1314	1381	893	597	447	646	269	—
21234	24559	15040	13896	10691	6874	3835	2895	2987	2078	—
2303	2276	2014	1687	1315	1052	690	439	466	321	276
1469	1302	1314	1057	963	788	521	322	327	228	—
61	95	75	58	60	32	22	17	26	12	—
773	879	625	572	292	232	147	100	113	81	—

7－26 分地区畜牧业生产情况
（2020年）

指　　标	单位	Item	全　市 Total	市　区 Urban District
年末生猪存栏数	万头	Pigs（year－end）（10 000 heads）	27.21	6.91
能繁殖母猪	万头	Reproducable Sows（10 000 heads）	2.19	0.53
生猪出栏数	万头	Slaughtered Fattened Hogs（10 000 heads）	23.67	4.96
年末羊存栏数	万只	Sheep and Goats（year－end ）（10 000 heads）	35.45	2.56
羊出栏数	万只	Slaughtered Sheep（10 000 heads）	33.56	3.09
年末家禽存栏数	万只	Poultry（year－end）（10 000 heads）	1092.66	116.32
家禽出栏数	万只	Slaughtered Poultry（10 000 heads）	3417.14	385.28
年末兔存栏数	万只	Rabbits（year－end）（10 000 heads）	18.31	3.67
肉产量合计	吨	Output of Meat（ton）	78961	10285
猪肉	吨	Pork（ton）	17979	3699
羊肉	吨	Mutton（ton）	5767	526
禽肉	吨	Poultry Meat（ton）	54466	5892
禽蛋	吨	Poultry Eggs（ton）	27028	3029
饲养蚕种	张	Number of Silkwrom Cocoon（piece）	186784	7192
蚕茧产量	吨	Output of Silkwrom Cocoon（ton）	8897	276

Basic Indicators on Animal Husbandry by Region
(2020)

南湖区 Nanhu	秀洲区 Xiuzhou	嘉善县 Jiashan	海盐县 Haiyan	海宁市 Haining	平湖市 Pinghu	桐乡市 Tongxiang
4.33	2.58	2.81	5.17	3.12	2.69	6.51
0.39	0.14	0.00	0.95	0.26	0.00	0.46
3.85	1.11	0.08	4.16	4.23	4.10	6.15
1.19	1.37	0.29	3.05	11.13	0.89	17.54
1.16	1.94	0.48	4.06	9.53	0.89	15.50
73.64	42.68	24.70	466.10	280.98	38.67	165.89
249.56	135.73	131.54	1463.81	1001.75	115.58	319.16
3.33	0.34	1.84	2.01	2.23	1.23	7.33
6740	3545	3280	27335	19819	5737	12506
2874	825	58	2608	3336	3433	4845
150	376	85	539	1655	169	2793
3618	2274	3014	24134	14792	2085	4550
1573	1456	2716	2473	4119	1360	13332
275	6917	0	7416	48655	0	123522
13	263	0	363	2740	0	5517

7－27 主要年份全市渔业生产情况

指　　标	单位	Item	1985	2000	2007	2008
一、水产品产量	吨	Total Aquatic Products (ton)	26420	97015	159965	165571
1. 海水产品产量	吨	Seawater Aquatic Products (ton)	2140	5827	7233	6418
2. 淡水产品产量	吨	Freshwater Aquatic Products (ton)	24280	91188	152732	159153
#养殖	吨	Aquaculture (ton)	19865	66818	122421	129531
淡水产品中按品种分:		Grouped by Products				
鱼类	吨	Fish (ton)		54321	56502	73209
虾蟹类	吨	Shrimps, Prawns and Crabs (ton)		7939	22053	23532
贝类	吨	Shell－fish (ton)		21487	6229	18488
其他	吨	Others (ton)		7441	67949	43924
水产品产量中按生产性质分:		Grouped by Prodution Character				
捕捞	吨	Catching (ton)		29647	34133	33435
养殖	吨	Aquaculture (ton)		67368	125832	132136
二、养殖面积	公顷	Aquaculture Area (hectare)	17167	17382	12704	12649
1. 淡水养殖面积	公顷	Freshwater Aquaculture Area (hectare)	17166	17016	12143	12205
#内塘	公顷	Inside Pound (hectare)	4207	6339	4595	4586
外荡	公顷	Outside Pound (hectare)	12918	10463	7508	7580
2. 海水养殖面积	公顷	Seawater Aquaculture Area (hectare)	1	366	561	444

注:本表数据均来自嘉兴市农业农村局。

Basic Indicators on Fishery in Main Years

2009	2010	2011	2012	2013	2014	2015	2016	2017	2018	2019	2020
175387	181289	180598	187628	180005	163514	150620	153361	156739	157564	161469	167227
6925	5851	5637	5631	5065	2037	1317	1889	1614	1491	563	523
168462	175438	174961	181997	174940	161477	149303	151472	155125	156073	160906	166704
137812	147105	143936	150853	145991	134611	123142	125313	130586	129907	133433	140973
78331	82614	81881	80891	75134	78409	74487	76592	78264	79491	80163	71576
25562	22663	22627	21003	21661	20601	21252	21458	23017	24354	27089	26884
16981	16613	16579	15753	15870	14105	13082	14814	14761	14290	15418	1126
47588	53548	53874	64352	62275	48362	40482	38608	39083	37938	38237	41387
34813	34184	34552	34642	32236	28075	26854	27235	25173	26755	28031	26254
140574	147105	146046	152986	147769	135439	123766	126126	131566	130809	133438	140973
12956	12792	12782	12521	12241	11609	10953	12759	12199	12836	12091	10219
12369	12323	12365	12052	11828	11329	10709	12484	11985	12665	12091	10219
4880	4898	5017	4837	4689	4641	4555	9926	9529	10070	9734	9245
7457	7189	6937	6820	6762	6688	6154	2558	2456	2595	2357	974
587	469	417	469	413	280	244	275	214	171	0	0

Note: Data come from Jiaxing Municipal Bureau of Agriculture and Rural Affairs.

7－28　主要年份市区渔业生产情况

指　标	单位	Item	1985	2000	2007	2008
一、水产品产量	吨	Total Aquatic Products（ton）	6810	22963	46796	51392
1.海水产品产量	吨	Seawater Aquatic Products（ton）	0	0	0	0
2.淡水产品产量	吨	Freshwater Aquatic Products（ton）	6810	22963	46796	51392
#养殖	吨	Aquaculture（ton）	5480	18903	42187	47329
淡水产品中按品种分:		Grouped by Products				
鱼类	吨	Fish（ton）		16277	18666	21024
虾蟹类	吨	Shrimps,Prawns and Crabs（ton）		1483	3770	4310
贝类	吨	Shell－fish（ton）		2333	4449	5633
其他	吨	Others（ton）		2879	19911	20425
水产品产量中按生产性质分:		Grouped by Prodution Character				
捕捞	吨	Catching（ton）		4060	4610	4063
养殖	吨	Aquaculture（ton）		18903	42187	47329
二、养殖面积	公顷	Aquaculture Area（hectare）	7766	6451	6452	6435
1.淡水养殖面积	公顷	Freshwater Aquaculture Area（hectare）	7766	6451	6452	6435
#内塘	公顷	Inside Pound（hectare）	977	1600	1709	1683
外荡	公顷	Outside Pound（hectare）	6790	4744	4741	4746
2.海水养殖面积	公顷	Seawater Aquaculture Area（hectare）	0	0	0	0

注:本表数据均来自嘉兴市农业农村局。

Basic Indicators on Fishery of Urban District in Main Years

2009	2010	2011	2012	2013	2014	2015	2016	2017	2018	2019	2020
54908	56973	55296	54788	53081	52518	49220	50738	51405	48439	50029	53308
0	0	0	0	0	0	0	0	0	0	0	0
54908	56973	55296	54788	53081	52518	49220	50738	51405	48439	50029	53308
50730	52953	50911	50339	48912	48667	46219	48399	50003	47003	48624	52714
22300	22754	23611	24535	23317	24221	23563	24482	25453	26418	27049	27628
4322	4669	4492	4007	3916	3824	3890	4062	4094	4201	4966	5805
5154	5276	5421	5407	5312	4524	4315	3619	2333	1738	1370	1030
23132	24274	21772	20840	20536	19949	17752	18575	19525	16082	16645	18251
4178	4020	4385	4449	4169	3851	3000	2339	1402	1436	1405	594
50730	52953	50911	50339	48912	48667	46219	48399	50003	47003	48624	52714
6498	6470	6418	6340	6249	6234	5679	4035	3874	3814	3801	2343
6498	6470	6418	6340	6249	6234	5679	4035	3874	3814	3801	2343
1739	1985	1898	1810	1674	1676	1678	2587	2483	2445	2432	2102
4752	4478	4494	4525	4556	4558	4541	1448	1391	1369	1369	241
0	0	0	0	0	0	0	0	0	0	0	0

Note: Data come from Jiaxing Municipal Bureau of Agriculture and Rural Affairs.

7-29 分地区渔业生产情况
(2020年)

指　标	单位	Item	全 市 Total	市 区 Urban District
一、水产品产量	吨	Total Aquatic Products (ton)	167227	53308
1. 海水产品产量	吨	Seawater Aquatic Products (ton)	523	0
2. 淡水产品产量	吨	Freshwater Aquatic Products (ton)	166704	53308
#养殖	吨	Aquaculture (ton)	140973	52714
淡水产品中按品种分:		Grouped by Products		
鱼类	吨	Fish (ton)	82133	28041
虾蟹类	吨	Shrimps, Prawns and Crabs (ton)	28319	5814
贝类	吨	Shell - fish (ton)	14597	1133
其他	吨	Others (ton)	41655	18320
水产品产量中按生产性质分:		Grouped by Prodution Character		
捕捞	吨	Catching (ton)	26254	594
养殖	吨	Aquaculture (ton)	140973	52714
二、养殖面积	公顷	Aquaculture Area (hectare)	10219	2343
1. 淡水养殖面积	公顷	Freshwater Aquaculture Area (hectare)	10219	2343
#内塘	公顷	Inside Pound (hectare)	9245	2102
外荡	公顷	Outside Pound (hectare)	974	241
2. 海水养殖面积	公顷	Seawater Aquaculture Area (hectare)	0	0

注:本表数据均来自嘉兴市农业农村局。

Basic Indicators on Fishery by Region
(2020)

南湖区 Nanhu	秀洲区 Xiuzhou	嘉善县 Jiashan	海盐县 Haiyan	海宁市 Haining	平湖市 Pinghu	桐乡市 Tongxiang
20969	32339	31672	18093	22009	22055	20090
0	0	0	89	0	434	0
20969	32339	31672	18004	22009	21621	20090
20375	32339	26654	15147	21703	8155	16600
2490	25551	22516	4134	11434	6565	9443
793	5021	4729	4848	3812	5475	3641
1133	0	2118	728	47	9316	1255
16553	1767	2309	8294	6716	265	5751
594	0	5018	2946	306	13900	3490
20375	32339	26654	15147	21703	8155	16600
710	1633	2501	1273	1461	947	1694
710	1633	2501	1273	1461	947	1694
575	1527	1768	1273	1461	947	1694
135	106	733	0	0	0	0
0	0	0	0	0	0	0

Note: Data come from Jiaxing Municipal Bureau of Agriculture and Rural Affairs.

7-30 全市农村水利基本情况
(2007-2020 年)

指　　标	单 位	Item	2007	2008	2009
一、灌溉面积(有效灌溉面积)	千公顷	Effective Irrigated Area (1 000 hectares)	200.75	197.64	198.43
实际耕地灌溉面积	千公顷	Irrigated Area of Cultivated Land (1 000 hectares)			
占耕地面积比重	%	Percentage to Cultivated Area (%)	94.52	92.98	93.4
节水灌溉面积	千公顷	Water - saving Irrigation Area (1 000 hectares)			
二、旱涝保收面积	千公顷	Area of Stable Yield Despite Drought or Excessive Rain (1 000 hectares)	176.36	176.3	176.86
三、堤防总长度	公里	Total Length of Dikes (km)	441.23	390.93	351.10
河流河道长度	公里	Total Length of River course (km)			
已治理河段长度	公里	Total Length of Governed Rivers (km)			
其中:治理达标河段长度	公里	Total Length of Rivers of up - to - standard water quality (km)			
四、除涝面积	千公顷	Flooded or Water Logged Area under Control (1 000 hectares)	107.17	107.06	107.38
五、水利工程年供水量	万立方米	Annually Water Supply of Water Conservancy (10 000 cu. m)	234285	226882	220817
#农业供水	万立方米	Water Supply for Agriculture (10 000 cu. m)	190683	183692	170892
工业供水	万立方米	Water Supply for Industry (10 000 cu. m)	22558	22298	26513
城镇生活	万立方米	Urban Domestic water supply (10 000 cu. m)			
乡村生活	万立方米	Rural Domestic water supply (10 000 cu. m)			
人工生态环境	万立方米	Ecological Water Supply (10 000 cu. m)			
六、泵站数量	座	Pumping Station (unit)			
水闸数量	座	Sluice(unit)			

注:本表数据均来自嘉兴市水利局,由于方法制度改变,排灌机械装机容量等指标取消。

Basic Conditions on Water Conservancy
(2007 - 2020)

2010	2011	2012	2013	2014	2015	2016	2017	2018	2019	2020
198.79	200.21	198.765	196.38	182.50	183.47	188.21	188.25	183.60	172.83	172.83
			183.56	182.50	172.15	172.55	172.60	164.70	146.48	146.48
93.7	96.5	95.5	94.60	88.0	88.7	91.3	91.7	89.6	89.6	87.5
			151.1	166.2	166.5	167.3	168.1	168.8	162.8	163.7
176.96	181.164	174.71					117.52	123.29	119.62	
301.40	333.77	374.34	5282.41	5054.98	5269.71	5469.75	5525.11	5554.82	5583.89	5635.54
							1178.14	1178.14	1178.14	1178.14
							520.65	531.63	531.64	539.61
							391.99	404.83	404.83	455.42
107.27	108.32	107.48	90.30	117.48	121.47	128.54	133.32	133.62	133.89	136.11
224901	218760	220590	191682	196421	187878	188951	184832	187640	178511	179948
169784	171935	149671	113471	109080	109090	107913	102316	96179	94601	94228
29153	24963	37023	43244	32316	41830	41440	41307	45512	44424	45254
			16391	30611	15906	16630	16025	28065	29284	30109
			7881	13786	9220	8774	9316	7721	7682	7448
			1822	2554	2533	2560	3788	3801	2520	2909
							13702	13738	13486	13496
				2975	3079	3226	3316	3363	3462	3513

Note: Data come from Jiaxing Municipal Bureau of Water Resources; Because of the method system reform, some indexes are canceled.

7-31 市区农村水利基本情况
(2007-2020年)

指　　标	单位	Item	2007	2008	2009
一、灌溉面积(有效灌溉面积)	千公顷	Effective Irrigated Area (1 000 hectares)	43.17	41.43	41.76
实际耕地灌溉面积	千公顷	Irrigated Area of Cultivated Land (1 000 hectares)			
占耕地面积比重	%	Percentage to Cultivated Area (%)	82.72	79.22	80.36
节水灌溉面积	千公顷	Water-saving Irrigation Area (1 000 hectares)			
二、旱涝保收面积	千公顷	Area of Stable Yield Despite Drought or Excessive Rain (1 000 hectares)	34.72	34.47	34.47
三、堤防总长度	公里	Total Length of Dikes (km)			
河流河道长度	公里	Total Length of River course (km)			
已治理河段长度	公里	Total Length of Governed Rivers (km)			
其中:治理达标河段长度	公里	Total Length of Rivers of up-to-standard water quality (km)			
四、除涝面积	千公顷	Flooded or Water Logged Area under Control (1 000 hectares)	34.45	34.34	34.66
五、水利工程年供水量	万立方米	Annually Water Supply of Water Conservancy (10 000 cu. m)	55253	53430	44329
#农业供水	万立方米	Water Supply for Agriculture (10 000 cu. m)	46150	45150	30701
工业供水	万立方米	Water Supply for Industry (10 000 cu. m)	5400	5200	8429
城镇生活	万立方米	Urban Domestic water supply (10 000 cu. m)			
乡村生活	万立方米	Rural Domestic water supply (10 000 cu. m)			
人工生态环境	万立方米	Ecological Water Supply (10 000 cu. m)			
六、泵站数量	座	Pumping Station (unit)			
水闸数量	座	Sluice(unit)			

Basic Conditions of Water Conservancy of Urban District
(2007 – 2020)

2010	2011	2012	2013	2014	2015	2016	2017	2018	2019	2020
42.13	42.40	41.96	42.34	38.13	38.13	40.94	40.94	41.15	39.34	39.34
							37.47	31.46	31.55	31.55
81.61	80.60	79.60	80.66	72.84	73.23	79.05	79.54	80.50	80.50	81.15
							39.37	39.37	38.58	38.58
34.57	36.70	37.85					27.52	31.46	32.51	
			878.64	899.04	909.34	934.03	935.42	952.95	970.52	975.69
							280.45	280.45	280.45	280.45
							78.57	76.71	76.72	83.14
							60.55	60.55	60.55	65.1
34.66	34.87	34.87					36.08	36.11	36.12	36.57
44230	32240	35823					42067	48108	42067	42704
30732	24676	26032					22848	22541	21180	21170
8329	4928	5455					8608	12379	9068	9678
							3578	9960	9673	9698
							1736	1592	1440	1402
							564	636	706	756
							4014	4020	3761	3783
							761	768	822	841

7－32 分地区农村水利情况
（2020 年）

指　　标	单位	Item	全　市 Total	市　区 Urban District
一、灌溉面积(有效灌溉面积)	千公顷	Effective Irrigated Area (1 000 hectares)	172.83	39.34
实际耕地灌溉面积	千公顷	Irrigated Area of Cultivated Land (1 000 hectares)	146.48	31.55
占耕地面积比重	%	Percentage to Cultivated Area (%)	87.51	81.15
节水灌溉面积	千公顷	Water－saving Irrigation Area (1 000 hectares)	163.69	38.58
二、旱涝保收面积	千公顷	Area of Stable Yield Despite Drought or Excessive Rain (1 000 hectares)		
三、堤防总长度	公里	Total Length of Dikes (km)	5635.54	975.69
河流河道长度	公里	Total Length of River course (km)	1178.14	280.45
已治理河段长度	公里	Total Length of Governed Rivers (km)	539.61	83.14
其中:治理达标河段长度	公里	Total Length of Rivers of up－to－standard water quality (km)	455.42	65.10
四、除涝面积	千公顷	Flooded or Water Logged Area under Control (1 000 hectares)	136.11	36.57
五、水利工程年供水量	万立方米	Annually Water Supply of Water Conservancy (10 000 cu. m)	179948	42704
#农业供水	万立方米	Water Supply for Agriculture (10 000 cu. m)	94228	21170
工业供水	万立方米	Water Supply for Industry (10 000 cu. m)	45254	9678
城镇生活	万立方米	Urban Domestic water supply (10 000 cu. m)	30109	9698
乡村生活	万立方米	Rural Domestic water supply (10 000 cu. m)	7448	1402
人工生态环境	万立方米	Ecological Water Supply (10 000 cu. m)	2909	756
六、泵站数量	座	Pumping Station (unit)	13496	3783
水闸数量	座	Sluice(unit)	3513	841

注:耕地面积使用 2018 年数据。

Basic Conditions of Water Conservancy by Region
(2020)

南湖区 Nanhu	秀洲区 Xiuzhou	嘉善县 Jiashan	海盐县 Haiyan	海宁市 Haining	平湖市 Pinghu	桐乡市 Tongxiang
16.69	22.65	22.70	24.56	31.27	23.13	31.83
13.31	18.24	20.52	22.13	24.27	18.76	29.25
82.01	80.53	91.61	99.23	83.06	81.11	93.00
15.93	22.65	18.87	22.69	29.22	23.13	31.20
290.07	685.62	852.79	733.57	607.16	603.13	1863.20
134.81	145.64	166.50	142.53	243.45	91.77	253.44
40.46	42.68	102.68	24.55	133.63	89.91	105.70
22.42	42.68	102.68	24.55	67.48	89.91	105.70
14.07	22.50	22.83	16.43	13.25	16.30	30.73
18711	23993	24080	21502	30577	29015	32070
9224	11946	14334	13485	15076	13981	16182
2960	6718	4564	5174	8442	10504	6892
5631	4067	3632	2026	4957	3442	6354
306	1096	1105	661	1480	925	1875
590	166	445	156	622	163	767
1145	2638	2272	1429	1344	1830	2838
123	718	773	278	306	473	842

Note: The data of Cultivated Area is in 2018.

7-33 全市林业生产情况(2012-2020年)

Basic Indicators on Forestry Production (2012-2020)

年 份	单位	Item	2012	2013	2014	2015	2016	2017	2018	2019	2020
造林面积	公顷	Afforestation Area(hectares)	2122	2168	2273	1333	929	779	609	552	1258
零星植树	万株	Planting Trees Piecemeal(10000 trees)	95.34	91.83	78.50	51.20	36.70	32.70	34.15	44.90	47.20
迹地更新面积	公顷	Area of Forest Updating(hectares)	7	174	6	12	16	28	8	20	14
木材	立方米	wood(cubic metre)	1666	1656	2277	2352	3483	4382	4369	3584	5330

7-34 分地区林业生产情况(2020年)

Basic Indicators on Forestry Production by Region (2020)

	单位	Item	全 市 Total	市 区 Urban District	南湖区 Nanhu	秀洲区 Xiuzhou	嘉善县 Jiashan	海盐县 Haiyan	海宁市 Haining	平湖市 Pinghu	桐乡市 Tongxiang
造林面积	公顷	Afforestation Area(hectares)	1258	130	85	45	442	137	226	203	120
零星植树	万株	Planting Trees Piecemeal (10000 trees)	47.20	11.10	5.00	6.10	0.00	7.60	14.00	10.50	4.00
迹地更新面积	公顷	Area of Forest Updating(hectares)	14	0	0	0	0	13	0	1	0
木材	立方米	wood(cubic metre)	5330	167	0	167	225	1109	332	134	3363

主要统计指标解释

农林牧渔业总产值 是以货币表现的农林牧渔业的全部产品总量和对农林牧渔业生产活动进行的各种支持性服务活动的价值。它反映一定时期内农林牧渔业生产总规模和总成果，是观察农林牧渔业生产水平和发展速度，研究农林牧渔业内部比例关系、农林牧渔业与工业、农林牧渔业与国家建设、人民生活比例关系的重要指标，同时也是计算农林牧渔业劳动生产率和农林牧渔业增加值的基础资料。

粮食产量 指全社会的产量。包括国有经济经营的、集体统一经营的和农民家庭经营的粮食产量，还包括工矿企业办的农场和其他生产单位的产量。粮食除包括稻、小麦、玉米、高粱、谷子及其他杂粮外，还包括薯类和豆类。

油料产量 指全部油料作物的生产最。包括花生、油菜籽、芝麻、向日葵籽、胡麻籽（亚麻籽）和其他油料。不包括大豆，也不包括木本油料和野生油料。花生以带壳干花生计算。

水产品产量 指人工养殖的水产品和天然生长的水产品的捕捞量。包括海水的鱼类、虾蟹类、贝类和藻类以及内陆水域的鱼类、虾蟹类和贝类，不包括淡水生植物。

猪、牛、羊肉产量 指当年出栏并已屠宰后除去头蹄下水后带骨肉（即胴体重）的重量。

谷物 指籽实主要供作粮食的作物。这类作物包括稻谷、小麦、玉米、谷子、高粱和其他谷物，不包括豆类和薯类作物。

EXPLANATORY NOTES ON MAIN STATISTICAL INDICATORS

Gross Output Value of Farming, Forestry, Animal Husbandry and Fishery It refers to the total volume of products of farming, forestry, animal husbandry and fishery expressed in currency, and the value of various supporting service activities for the production activities of farming, forestry, animal husbandry and fishery. It reflects the total scale and result of farming, forestry, animal husbandry and fishery in a certain period of time, which is an important index to observe the production level and development speed of farming, forestry, animal husbandry and fishery, to study the internal proportion relationship of farming, forestry, animal husbandry and fishery, industry, national construction, and people's living ratio. It is also the basic data for calculating the labor productivity and added value of farming, forestry, animal husbandry and fishery.

Grain Yield It refers to the yield in the whole country including grains produced by state farms, collective units, industrial enterprises and mines. Grain includes rice, wheat, corn, sorghum, millet and other miscellaneous grains as well as tubers and beans.

Yield of Oil — bearing Crops It refers to the total yield of oil – bearing crops of various kinds, including peanuts, (dry, in shell) rapeseeds, sesame, sunflower seeds, flax seeds, and other oil – bearing crops. Soybeans, oil – bearing woody plants, and wild oil – bearing crops are not included.

Output of Aquatic Products It refers to catches of both artificially cultured and naturally grown aquatic products, including fish, shrimps, crabs and shellfish in sea and inland water as well as seaweed. Freshwater plants are not included.

Output of Pork, Beef, and Mutton It refers to the meat of slaughtered hogs, cattle, sheep and goats with head, feet, and offal taken away.

Cereals It refers to seeds of various kinds of crops which are used mainly for grain. Cereals include paddy, wheat, maize, millet, Chinese sorghum, etc. except beans and tubers.

八、工　业
Industry

8-1 全市规模以上工业总产值
(1997-2020年)

单位:万元

指 标	Item	1997	1997 500万元 以上	1998
总 计	Total	4770600	4969619	4463225
按经济类型分	Grouped by Ownership			
国有经济	State-owned	897428	897428	634878
集体经济	Collective-owned	2579484	2692538	2022808
其他经济	Others	1293688	1379653	1805539
按轻重工业分	Grouped by Light and Heavy Industry			
轻工业	Light Industry	3185638	3404688	3031900
重工业	Heavy Industry	1584962	1564931	1431325
按企业规模分	Grouped by Size of Enterprise			
大型企业	Large	782972	782972	727648
中型企业	Medium-sized	1201104	1268896	1091692
小型企业	Small	2786524	2917750	2643885
微型企业	Micro-enterprises			

注:1997年以前为乡及乡以上数据,1997年-2010年为年主营业务收入500万元以上工业企业,2011年起为2000万元以上工业企业,2008年不包括嘉兴市电力局数据(下同)。

Gross Output Value of Industrial Enterprises above Designated Size (1997 – 2020)

(10 000 yuan)

1999	2000	2001	2002	2003	2004	2005	2006	2007
4758409	5755223	6425095	9362446	12695196	17442955	21789594	26890978	33381612
519588	339490	253824	366274	342153	778660	1543067	1779441	2046569
1726215	1283009	745264	484986	517138	140922	209871	193241	187916
2512606	4132724	5426007	8511186	11835905	16523373	20036656	24918297	31147127
3208699	3938092	4508716	6068186	7870725	10281952	12498242	15198948	18487993
1549710	1817131	1916378	3294260	4824471	7161003	9291352	11692031	14893619
701018	846055	897142	1024725	1187659	1033487	3068242	3505367	4440112
1143872	1412429	1630383	1711022	2170672	6422041	7697928	9510115	12010226
2913519	3496739	3897569	6626699	9336865	9987427	11023424	13875496	16931274

Note: Before 1997, the satatistical range include village and above village, The Data No Inclođing To Jiaxing Power Bureau in 2008. The Statistical standard of Industry Above – scale is 5 million yuan between 1997 and 2000. The Statistical standard of Industry Above – scale has been improved to 20 million yuan since 2011 (The same below).

8－1 续表1

单位:万元

指　标	Item	2008	2009	2010
总　计	Total	37382586	38639861	51028508
按经济类型分	Grouped by Ownership			
国有经济	State－owned	1519522	2718534	3234968
集体经济	Collective－owned	81005	68494	77865
其他经济	Others	35782059	35852834	47715675
按轻重工业分	Grouped by Light and Heavy Industry			
轻工业	Light Industry	20318341	20455979	26397038
重工业	Heavy Industry	17064245	18183882	24631470
按企业规模分	Grouped by Size of Enterprise			
大型企业	Large	5284854	4739983	7027985
中型企业	Medium－sized	12172814	13584791	17567394
小型企业	Small	19924917	20315087	26433129
微型企业	Micro－enterprises			

Continued 1

(10 000 yuan)

2011	2012	2013	2014	2015	2016	2017	2018	2019	2020
57633603	60395206	68936724	74637540	75695276	78829406	86122462	97854106	103588098	103913579
3095882	3337667	3376422	3426659	3484664	3555644	3184905	3082074	2575562	2533897
58803	51278	21594	29145	14705	14911	12325	9895	4270	
54478918	57006261	65538708	71181736	72195906	75258851	82925232	94762137	101008265	101379682
28893457	29433941	32818997	35234075	35581395	36029237	39286200	42635141	43917659	39565095
28740145	30961266	36117727	39403465	40113881	42800169	46836261	55218964	59670438	64348484
17593697	16220721	18428853	18063667	18473456	19369846	18267059	22245342	21668232	20988256
13415621	15743674	19223637	20074350	20160637	20987631	24030963	26280145	27644454	29355488
26134803	26348382	29278066	33389155	33583119	35042664	38630708	43172756	47607775	47106918
489481	2082429	2006169	3110368	3478063	3429266	5193732	6155864	6667637	6462918

8-2 市区规模以上工业总产值
(1997-2020年)

单位:万元

指　　标	Item	1997	1997 500万元 以上	1998
总　　计	Total	1000499	1016112	915673
按经济类型分	Groupd by Ownership			
国有经济	State - owned	363285	363352	248945
集体经济	Collective - owned	300092	324428	244432
其他经济	Others	337122	328332	422296
按轻重工业分	Grouped by Light and Heavy Industry			
轻工业	Light Industry	651752	665077	604895
重工业	Heavy Industry	348748	351035	310778
按企业规模分	Grouped by Size of Enterprise			
大型企业	Large	266182	266182	204876
中型企业	Medium - sized	139056	163422	148364
小型企业	Small	595262	586508	562433
微型企业	Micro - enterprises			

Gross Output Value of Industrial Enterprises above Designated Size in Urban District (1997 – 2020)

(10000 yuan)

1999	2000	2001	2002	2003	2004	2005	2006	2007
1028231	1223083	1416048	1736207	2337456	3631818	5117788	6383027	8012150
212342	157929	146776	144909	49254	11555	634072	802452	989003
233835	238302	284670	78703	88960	34041	18995	16272	17504
582054	826852	984601	1512595	2199242	3586222	4464721	5564303	7005643
678049	815484	930651	1063764	1355858	2065708	2652633	3359232	4131187
350182	407599	485397	672443	981598	1566110	2465155	3023795	3880963
186660	267793	274932	269955	243957	245720	435227	644274	819386
164510	155491	208774	228225	277942	1241222	2462160	2949948	2888055
677061	799799	932342	1238027	1815556	2144876	2220401	2788805	4304709

8－2 续表1

单位:万元

指　　标	Item	2008	2009	2010
总　　计	Total	8083412	9210570	12143658
按经济类型分	Groupd by Ownership			
国有经济	State－owned	12866	1247247	1482878
集体经济	Collective－owned	5442	4462	3267
其他经济	Others	8065104	7958861	10657513
按轻重工业分	Grouped by Light and Heavy Industry			
轻工业	Light Industry	4552375	4479200	5681568
重工业	Heavy Industry	3531037	4731370	6462090
按企业规模分	Grouped by Size of Enterprise			
大型企业	Large	927147	964536	1195305
中型企业	Medium－sized	3285622	4386672	5970445
小型企业	Small	3870644	3859362	4977907
微型企业	Micro－enterprises			

Continued 1

(10 000 yuan)

2011	2012	2013	2014	2015	2016	2017	2018	2019	2020
13734427	14160329	16248978	17335563	17290911	17963312	19306877	22429106	23088537	23232864
1746674	1965755	2094281	2127162	2173206	2210674	2342943	2509421	2575562	2507767
16165	2246	2579	2343	2171	2017				
11971588	12192328	14152117	15206058	15115534	15750622	16963935	19919685	20512975	20725097
6257433	6209985	6881803	7259799	7187241	7055854	7439680	8017686	8287124	7638199
7476994	7950344	9367174	10075764	10103670	10907458	11867197	14411421	14801414	15594666
5747996	5770482	6711652	4656359	4512073	4805862	4823821	5560727	5097420	5011454
3069668	3292350	3993563	4881600	4760387	5149585	5141307	5979018	6704547	6991309
4842099	4888629	5335775	5583382	5548094	5656093	6877016	8216077	8535253	8525733
74664	208869	207987	2214223	2470357	2351772	2464734	2673285	2751318	2704368

8－3 主要年份全市规模以上分行业工业总产值

单位:万元 (10000 yuan)

指　标	Item	2012
总　计	Total	60395206
非金属矿采选业	Nonmetal Minerals Mining and Dressing	16554
农副食品加工业	Food Processing	1341213
食品制造业	Food Production	878745
酒、饮料和精制茶制造业	Alcohol,Drinks and Tea Production	164113
纺织业	Textile Industry	7617892
纺织服装、服饰业	Clothing Industry	3675882
皮革、毛皮、羽毛及其制品和制鞋业	Leather,Furs,Down and Related Products	3416331
木材加工和木、竹、藤、棕、草制品业	Timber Processing,Bamboo,Cane,Palm Fiber and Straw Products	742910
家具制造业	Furniture Manufacturing	1121494
造纸和纸制品业	Papermaking and Paper Products	2056967
印刷和记录媒介复制业	Printing	392516
文教、工美、体育和娱乐用品制造业	Culture,Education,Arts,Sports and Entertainment Production	408260
石油加工、炼焦和核燃料加工业	Petroleum Processing and Coking	224711
化学原料和化学制品制造业	Raw Chemical Material and Chemical Products	5585636
医药制造业	Medical and Pharmaceutical Products	161157
化学纤维制造业	Chemical Fiber	4892407
橡胶和塑料制品业	Rubber and Plastic Production	2699705
非金属矿物制品业	Nonmetal Mineral Products	2555583
黑色金属冶炼和压延加工业	Smelting and Pressing of Ferrous Metals	2817434
有色金属冶炼和压延加工业	Smelting and pressing of Nonferrous Metals	587181
金属制品业	Metal Products	1608892
通用设备制造业	Ordinary Machinery Manufacturing	3509061
专用设备制造业	Equipment Manufacturing For Special Purposes	1003349
汽车制造业	Automobile Manufacturing Industry	863444
铁路、船舶、航空航天和其他运输设备制	Transportation Equipment Manufacturing Industry	94413
电气机械和器材制造业	Electric Equipment and Machinery	2995912
计算机、通信和其他电子设备制造业	Computer and Communication Equipment Manufacturing Industry	2114078
仪器仪表制造业	Instrument Manufacturing Industry	407004
其他制造业	Other Industry	145055
废弃资源综合利用业	Recovry of Resource Discarded and Useless Material	148991
电力、热力生产和供应业	Production and Supply of Electric Power,Steam and Hot water	5898419
燃气生产和供应业	Production snd Supply of Gas	113848
水的生产和供应业	Production and Supply of Water	136051

Gross Industrial Output Value of Industrial Enterprises above Designated Size by Branch in Main Years

(10 000 yuan)

2013	2014	2015	2016	2017	2018	2019	2020
68936724	74637540	75695276	78829406	86122462	97854106	103588098	103913579
31131	34050	24670	23456	9307			
1586468	1443903	1379982	1193876	1108684	1172154	1328189	1339468
1014897	955827	961708	903211	1041841	959099	1004732	1078551
169042	143836	137667	182887	177980	203215	224665	244815
8619832	9199179	9663419	9736554	10415266	11315877	11780447	10247311
3929299	4313155	4326134	4196572	4014789	3989722	4175661	3225686
3468026	3621447	3272624	3192374	2488751	2491393	2415963	1542765
717394	855878	934354	974269	1030361	1240944	1089650	902739
1532871	1722525	2207359	2510397	2334763	2190743	2060633	1732996
2328826	2415326	2811102	3089461	3647419	4215895	3762668	3252958
462858	471577	449481	650195	548180	577549	789889	900471
443334	511255	494188	565065	740303	749440	759728	894009
267265	284834	264876	323330	426395	500783	369486	317210
7431996	8186517	8063529	8595832	10156098	11593064	12016806	11103404
257582	267155	296196	306442	271755	424680	342908	385499
5237762	5716886	5150033	4983235	5960055	7312465	7452629	6358296
2881549	3054417	2881034	2862005	3178107	3524250	3652647	3553151
2911577	3212069	3230112	3179288	3759066	4975737	6108778	6503298
3601823	4060768	3291787	3323418	2863032	3099773	2460487	2569681
673896	738757	651021	617290	790575	690306	612116	571404
1662952	1903574	1870396	2060642	2657096	3311635	4598812	5339673
3618126	4028844	3772676	3890162	4554020	5484387	5761927	6080071
1153119	1268564	1343346	1442898	1465055	1643596	2033634	2244554
1028023	1243821	1396943	1587606	2145925	2368103	2692962	3025677
66522	73911	81414	91545	93824	113139	110787	121789
3907922	4635499	5285610	6449148	7139776	7333213	8455119	9290623
2768629	2919363	3431103	3819735	4381276	6728970	7337765	10804184
451024	450748	490979	491151	511091	597130	732129	859866
142319	157590	162456	179133	210526	257556	297004	306949
156464	342628	337376	354087	159874	201541	308504	492277
6120130	5949166	6515310	6571359	7318029	7814289	7933844	7764368
130039	264302	292808	256644	310941	559317	670816	599783
164026	190174	223582	226143	212303	214142	246715	260055

8-4 主要年份市区规模以上分行业工业总产值

单位:万元 (10000 yuan)

指标	Item	2012
总计	Total	14160329
农副食品加工业	Food Processing	341823
食品制造业	Food Production	241816
酒、饮料和精制茶制造业	Alcohol, Drinks and Tea Production	
纺织业	Textile Industry	1942267
纺织服装、服饰业	Clothing Industry	871953
皮革、毛皮、羽毛及其制品和制鞋业	Leather, Furs, Down and Related Products	218759
木材加工和木、竹、藤、棕、草制品业	Timber Processing, Bamboo, Cane, Palm Fiber and Straw Products	41546
家具制造业	Furniture Manufacturing	253324
造纸和纸制品业	Papermaking and Paper Products	351597
印刷和记录媒介复制业	Printing	30682
文教、工美、体育和娱乐用品制造业	Culture, Education, Arts, Sports and Entertainment Production	39343
化学原料和化学制品制造业	Raw Chemical Material and Chemical Products	836250
医药制造业	Medical and Pharmaceutical Products	20097
化学纤维制造业	Chemical Fiber	522402
橡胶和塑料制品业	Rubber and Plastic Production	872121
非金属矿物制品业	Nonmetal Mineral Products	596446
黑色金属冶炼和压延加工业	Smelting and Pressing of Ferrous Metals	864096
有色金属冶炼和压延加工业	Smelting and pressing of Nonferrous Metals	79549
金属制品业	Metal Products	363882
通用设备制造业	Ordinary Machinery Manufacturing	894547
专用设备制造业	Equipment Manufacturing For Special Purposes	287449
汽车制造业	Automobile Manufacturing Industry	476377
铁路、船舶、航空航天和其他运输设备制	Transportation Equipment Manufacturing Industry	41641
电气机械和器材制造业	Electric Equipment and Machinery	703250
计算机、通信和其他电子设备制造业	Computer and Communication Equipment Manufacturing Industry	950189
仪器仪表制造业	Instrument Manufacturing Industry	89619
其他制造业	Other Industry	59883
废弃资源综合利用业	Recovry of Resource Discarded and Useless Material	
电力、热力生产和供应业	Production and Supply of Electric Power, Steam and Hot water	2065529
燃气生产和供应业	Production snd Supply of Gas	57886
水的生产和供应业	Production and Supply of Water	39044

Gross Industrial Output Value of Industrial Enterprises above Designated Size by Branch of Urban District in Main Years

(10 000 yuan)

2013	2014	2015	2016	2017	2018	2019	2020
16248978	17335563	17290911	17963312	19306877	22429106	23088537	23232864
369881	280652	210484	171541	250586	264716	276235	306553
357017	437438	463422	411240	421667	509667	523830	608313
						53079	47093
2134513	2268930	2303745	2061844	2305371	2522221	2469915	1964693
899771	889717	864667	896890	946348	941981	952315	647032
255724	303515	247491	270283	305560	259605	256703	194357
49239	72932	77726	101084	68379	109900	72756	67247
354986	358060	406653	446520	396664	312010	268344	303864
337534	286678	398312	427932	353429	433540	404969	404882
32914	37731	35022	39683	44785	43920	66886	71986
48705	54597	60992	114010	148793	120232	140420	197115
889740	993391	839482	746362	822021	1042528	1032862	998830
52711	55840	64013	77613	79276	107708	121277	120482
610663	722785	618211	668362	703386	977266	1203845	982254
904094	925310	780626	808412	849400	810819	797043	822145
769747	822163	787019	824619	869099	1033862	1176731	1326322
977220	1103405	871755	784300	804521	972409	968867	990049
97096	92627	91996	72299	108979	79215	77828	72051
395824	423421	391115	428524	551917	595083	636996	686518
1071645	1148581	1107956	1107832	1226692	1461391	1615927	1847443
288927	309980	309261	296876	406491	586583	654622	777240
582646	654107	677669	665751	734197	876647	936905	1196516
25395	26427	30621	38077	34080	33329	36567	40268
802234	946413	1089489	1462042	1478962	1291551	1503846	1603386
1435223	1456139	1781884	2214636	2312272	3603373	3284175	3501019
88380	94753	119408	120563	101955	70113	106747	127276
64941	90396	92651	102159	117291	135407	137606	177788
2800	2415	3050	2938	26911	36906	28984	18419
2257937	2261726	2324911	2379475	2593788	2773433	2833092	2763732
46107	166575	185913	156472	166863	325949	381828	310928
45366	48856	55370	58554	60734	64853	67336	57064

8－5　主要年份全市规模以上工业企业主要经济指标

单位：万元

指　　标	Item	1985	2000	2005
企业单位个数(个)	Number of Enterprises (unit)	2860	1277	4497
#亏损单位个数(个)	Loss Making Enterprises(unit)	216	131	562
工业总产值(当年价)	Gross Industrial Output Value(current price)	464684	5755223	21789594
工业增加值(当年价)	Value Added of Industry(current price)	136628	1449600	4789161
平均用工人数	Average Employees	384292	323806	793296
固定资产原价	Original Value of Fixed Assets	163555	3452601	13940614
本年折旧	Depreciation This year	9698	217858	887625
资产总计	Total Assets		5713986	22673857
#流动资产	Circulating Funds		2760837	9316980
固定资产	Fixed Assets		2556809	11215391
负债合计	Total Liabilities		3386797	14445501
#长期负债	Long－term Liabilities		914245	4973975
流动负债	Circulating Liabilities		2472551	9471526
所有者权益	Total Creditors´Equity		2327190	8228356
主营业务收入	Sales Revenue	415445	5533605	21588658
主营业务成本	Cost of Sales	329771	4761501	18932179
管理费用	Management Expenses		250455	865538
财务费用	Financial Expenses		106701	463280
利润总额	Total Profits	51523	313901	1016471
#亏损企业亏损总额	Total Loss	438	17795	92699
利税总额	Total Taxes and Profits	83625	592845	1800649

注：2019年起，固定资产净值、主营业务收入和主营业务成本指标调整为固定资产净额、营业收入和营业成本。

Main Economic Indicators of Industrial Enterprises above Designated Size in Main Years

(10 000 yuan)

2010	2011	2012	2013	2014	2015	2016	2017	2018	2019	2020
7311	3987	4324	4707	5005	5154	5051	5396	5822	6452	6364
734	514	725	665	661	790	639	627	806	1002	1240
51028508	57633603	60395206	68936724	74637540	75695276	78829406	86122462	97854106	103588098	103913579
			12735709	14132161	14563399	16035645	17685059	19425241	19912621	20035338
964361	826321	820816	832990	852676	846911	841969	854671	877529	881455	885287
27473122	29885066	33535789	35411805	41499702	45127944	47601595	50531483	54553945	59206439	63812785
1719124	1843819	2094902	2382313	2586975	2806859	2908077	3007227	3304580	3540800	3762993
50650938	55936423	62975802	69395376	75608191	78905457	83523414	90827855	101044903	112672045	126135676
25051275	27988421	31482722	35690340	38908657	40128223	42702264	46820340	53415928	60110070	68038410
19908316	21529396	23447563	24098826	27527998	29080491	29415598	29899670	29843129	31535255	33980766
30352254	33781011	37360294	40930677	44360435	44751656	45390972	47903725	53584669	59159283	66440615
5985711	5827841	7099084	6918234	7604221	7825694	6851128	7172980	8192456	—	—
24156920	26984579	29779328	33538507	36232611	36208460	38171449	40377001	45245977	50783615	56688685
20298684	22155413	25527630	28406092	31200645	34041726	37784666	42910995	47460222	53367492	59653550
50131182	56098856	59071449	67081113	72327922	71925335	75893677	85170173	96832937	105495782	109147985
43700513	49251622	51852591	58694557	63182399	62041600	64862500	72774567	83264852	90238085	93246623
2129651	2336619	2613833	2911350	3191794	3492278	3930417	4409166	5250303	3593165	3691955
746636	880733	1161902	1046298	1134821	1191313	1017411	1095053	1025353	1102217	1227058
3211009	3095176	2793036	3563875	3748437	4029008	5105855	5627869	6099336	6117657	6584660
118696	172537	337479	250249	336517	477574	311642	377166	661634	737035	863741
4827103	5109196	4908591	5912705	6265338	6569653	7895933	8637203	9303904	9113734	9556412

Note: Since 2019, the net value of fixed assets, sales revenue and cost of sales have been adjusted to net fixed assets, business revenue and business costs.

8－6 主要年份市区规模以上工业企业主要经济指标

单位:万元

指 标	Item	1985	2000	2005
企业单位个数(个)	Number of Enterprises (unit)	590	274	967
#亏损单位个数(个)	Loss Making Enterprises(unit)	29	54	139
工业总产值(当年价)	Gross Industrial Output Value(current price)	154171	1223083	5117788
工业增加值(当年价)	Value Added of Industry(current price)	44585	335334	1030160
平均用工人数	Average Employees	99174	78106	159627
固定资产原价	Original Value of Fixed Assets	53917	1080796	3070995
本年折旧	Depreciation This year	3050	54752	216294
资产总计	Total Assets		1812293	5221651
#流动资产	Circulating Funds		838266	2233599
固定资产	Fixed Assets		851104	2505865
负债合计	Total Liabilities		1038818	3264925
#长期负债	Long－term Liabilities		361964	1013794
流动负债	Circulating Liabilities		676855	2251131
所有者权益	Total Creditors´Equity		773475	1956726
主营业务收入	Sales Revenue	136982	1176643	5099457
主营业务成本	Cost of Sales	106748	1015437	4514822
管理费用	Management Expenses		71162	230255
财务费用	Financial Expenses		22014	67714
利润总额	Total Profits	17511	44620	204798
#亏损企业亏损总额	Total Loss	97	10159	34052
利税总额	Total Taxes and Profits	29887	109049	339358

Main Economic Indicators of Industrial Enterprises above Designated Size of Urban District in Main Years

(10 000 yuan)

2010	2011	2012	2013	2014	2015	2016	2017	2018	2019	2020
1400	819	873	951	1000	1003	980	1063	1159	1233	1222
141	112	135	141	134	165	134	136	166	197	224
12143658	13734427	14160329	16248978	17335563	17290911	17963312	19306877	22429106	23088537	23232864
			2899802	3095262	3068575	3563870	3985440	4528911	4662169	4992839
206930	185576	185876	195107	203344	204094	204422	209895	215448	213276	209872
6238864	6651930	7351401	8118427	8906186	9255863	10025647	10858421	11646764	12587001	13700122
445701	461849	497850	553747	579892	603269	642321	671146	763695	796228	853834
11082269	11969191	13234137	14768837	16232692	16553781	18339966	19880668	22229202	24132645	27561299
5641890	6358870	6958321	8101161	9032801	9236795	10430586	11251192	12948631	14154033	16284664
4450845	4495990	4845686	5130352	5486051	5372659	5593841	5867580	5870913	6228505	6711655
6564270	6951852	7542864	8308476	9166084	9158522	10061337	10486587	11708386	12489882	13849141
1254075	578158	1217638	1044034	1268520	1257863	1426117	1363553	1578209	—	—
5353633	5621777	6255757	7231139	7758066	7673073	8606965	9074645	10109668	10977345	12322800
4518000	5017339	5640293	6459365	7051788	7361309	8203915	9394076	10520814	11638526	13677636
11925874	13568092	14096771	16033304	16859147	16671828	17570337	19881806	22466218	23957549	24588355
10310557	11844504	12337435	13932678	14655952	14527631	15054062	17078595	19399411	20453252	20826455
528461	619951	689912	790581	871221	909673	1028486	1109270	1321047	882018	882272
140856	166004	205229	181129	204891	184423	152548	174340	147260	148982	189377
709673	701005	637483	871494	801713	701100	1054345	1169911	1246670	1258734	1436196
27940	43913	55349	49146	88457	140686	79125	78979	121246	186871	158660
1008473	1000369	996427	1278248	1229921	1153116	1573060	1717186	1838776	1816526	2232858

8－7 分地区规模以上工业单位数
（2020年）

单位：个

指　　标	Item	全　市 Total	市　区 Urban District
总　　计	Total	6364	1222
按登记注册类型分	Grouped by Registered Type		
国有企业	State－owned Enterprises	2	1
集体企业	Collective－owned Enterprises		
股份合作企业	Share－holding Cooperative Enterprises	22	10
联营企业	Joint Ownership Enterprises		
有限责任公司	Limited Liability Corporations	280	75
股份有限公司	Share－holding Corporations Ltd.	80	23
私营企业	Private Enterprises	4985	881
其他企业	Other Enterprises		
港、澳、台商投资企业	Enterprises with Investment from Hong Kong, Macao and Taiwan	387	85
外商投资企业	Enterprises with Foreign Investment	608	147
按轻重工业分	Grouped by Light and Heavy Industry		
轻工业	Light Industry	3705	638
重工业	Heavy Industry	2659	584
按企业规模分	Grouped by Size of Enterprise		
大型企业	Large	69	20
中型企业	Medium－sized	506	145
小型企业	Small	5208	993
微型企业	Micro－enterprises	581	64

Number of Industrial Enterprises above Designated Size by Region (2020)

(unit)

		嘉善县 Jiashan	海盐县 Haiyan	海宁市 Haining	平湖市 Pinghu	桐乡市 Tongxiang
南湖区 Nanhu	秀洲区 Xiuzhou					
519	703	854	683	1656	805	1144
1		1				
5	5		3	1	1	7
44	31	26	39	39	51	50
8	15	7	19	9	8	14
385	496	631	564	1450	512	947
27	58	55	30	69	73	75
49	98	134	28	88	160	51
224	414	318	259	1271	388	831
295	289	536	424	385	417	313
10	10	11	3	14	10	11
53	92	72	40	96	75	78
439	554	707	582	1343	675	908
17	47	64	58	203	45	147

8－8　分地区规模以上工业总产值
(2020 年)

单位:万元

指　标	Item	全　市 Total	市　区 Urban District
总　计	Total	103913579	23232864
按登记注册类型分	Grouped by Registered Type		
国有企业	State – owned Enterprises	2533897	2507767
集体企业	Collective – owned Enterprises		
股份合作企业	Share – holding Cooperative Enterprises	173740	85748
联营企业	Joint Ownership Enterprises		
有限责任公司	Limited Liability Corporations	17968473	2524988
股份有限公司	Share – holding Corporations Ltd.	6321138	2192158
私营企业	Private Enterprises	50290906	9354054
其他企业	Other Enterprises		
港、澳、台商投资企业	Enterprises with Investment from Hong Kong, Macao and Taiwan	9239109	2090746
外商投资企业	Enterprises with Foreign Investment	17386317	4477403
按轻重工业分	Grouped by Light and Heavy Industry		
轻工业	Light Industry	39565095	7638199
重工业	Heavy Industry	64348484	15594666
按企业规模分	Grouped by Size of Enterprise		
大型企业	Large	20988256	5011454
中型企业	Medium – sized	29355488	6991309
小型企业	Small	47106918	8525733
微型企业	Micro – enterprises	6462918	2704368

Gross Output Value of Industrial Enterprises above Designated Size by Region (2020)

(10 000 yuan)

南湖区 Nanhu	秀洲区 Xiuzhou	嘉善县 Jiashan	海盐县 Haiyan	海宁市 Haining	平湖市 Pinghu	桐乡市 Tongxiang
13161809	10071055	13940315	10326255	20453227	19459012	16501906
2507767		26130				
65035	20713		7290	4321	2274	74107
1769433	755555	938998	4398943	3429608	3587424	3088512
1589531	602627	230350	335010	916657	917722	1729242
4764384	4589671	7990427	4368155	13159545	6244581	9174144
565256	1525489	1440779	697046	1179796	2332179	1498562
1900404	2577000	3313632	519812	1763300	6374832	937338
2980057	4658142	3294885	2736439	10935907	5173703	9785963
10181753	5412913	10645431	7589816	9517319	14285310	6715943
3414007	1597447	4079628	774203	4442137	2565342	4115492
2858334	4132975	3213824	2432711	4415947	8037724	4263972
4314282	4211452	6358425	5211537	10778846	8569016	7663361
2575187	129181	288438	1907803	816297	286931	459081

8-9 分地区、分行业规模以上工业总产值
(2020年)

单位:万元

指　　标	Item	全　市 Total	市　区 Urban District
农副食品加工业	Food Processing	1339468	306553
食品制造业	Food Production	1078551	608313
酒、饮料和精制茶制造业	Alcohol, Drinks and Tea Production	244815	47093
纺织业	Textile Industry	10247311	1964693
纺织服装、服饰业	Clothing Industry	3225686	647032
皮革、毛皮、羽毛及其制品和制鞋业	Leather, Furs, Down and Related Products	1542765	194357
木材加工和木、竹、藤、棕、草制品业	Timber Processing, Bamboo, Cane, Palm Fiber and Straw Products	902739	67247
家具制造业	Furniture Manufacturing	1732996	303864
造纸和纸制品业	Papermaking and Paper Products	3252958	404882
印刷和记录媒介复制业	Printing	900471	71986
文教、工美、体育和娱乐用品制造业	Culture, Education, Arts, Sports and Entertainment Production	894009	197115
石油加工、炼焦和核燃料加工业	Petroleum Processing and Coking	317210	
化学原料和化学制品制造业	Raw Chemical Material and Chemical Products	11103404	998830
医药制造业	Medical and Pharmaceutical Products	385499	120482
化学纤维制造业	Chemical Fiber	6358296	982254
橡胶和塑料制品业	Rubber and Plastic Production	3553151	822145
非金属矿物制品业	Nonmetal Mineral Products	6503298	1326322
黑色金属冶炼和压延加工业	Smelting and Pressing of Ferrous Metals	2569681	990049
有色金属冶炼和压延加工业	Smelting and pressing of Nonferrous Metals	571404	72051
金属制品业	Metal Products	5339673	686518
通用设备制造业	Ordinary Machinery Manufacturing	6080071	1847443
专用设备制造业	Equipment Manufacturing For Special Purposes	2244554	777240
汽车制造业	Automobile Manufacturing Industry	3025677	1196516
铁路、船舶、航空航天和其他运输设备制	Transportation Equipment Manufacturing Industry	121789	40268
电气机械和器材制造业	Electric Equipment and Machinery	9290623	1603386
计算机、通信和其他电子设备制造业	Computer and Communication Equipment Manufacturing Industry	10804184	3501019
仪器仪表制造业	Instrument Manufacturing Industry	859866	127276
其他制造业	Other Industry	306949	177788
废弃资源综合利用业	Recovry of Resource Discarded and Useless Material	492277	18419
电力、热力生产和供应业	Production and Supply of Electric Power, Steam and Hot water	7764368	2763732
燃气生产和供应业	Production snd Supply of Gas	599783	310928
水的生产和供应业	Production and Supply of Water	260055	57064

Gross Output Value of Industrial Enterprises above Designated Size by Branch and Region
(2020)

(10 000 yuan)

南湖区 Nanhu	秀洲区 Xiuzhou	嘉善县 Jiashan	海盐县 Haiyan	海宁市 Haining	平湖市 Pinghu	桐乡市 Tongxiang
236663	69890	240375	269558	335774	109618	77590
356453	251861	38546		141728	214942	75023
47093		61491	20486	88973	2057	24716
187406	1777287	428380	309713	4350709	392499	2801317
198286	448745	50505	134237	759253	906720	727940
91108	103249	110105	75330	604952	289821	268200
67247		624667	38941	78186	45164	48534
74303	229561	576645	58892	562675	125747	105174
350970	53912	272402	704302	240849	1331607	298915
43689	28298	198855	40939	375020	111183	102488
157906	39209	108329	56822	127702	328932	75109
		6656	17221	776	234150	58408
774810	224020	394813	551245	927743	7373225	857547
100552	19929	41956	15767	64266	100531	42497
130957	851297	3008	41774	617039	504695	4209526
244623	577522	463416	232951	1224482	252180	557977
491608	834715	1045173	721862	490934	840867	2078140
980712	9337	539973	418741	556562	31907	32450
15068	56982	181724	59887	35463	15294	206987
399744	286774	791464	1788552	1187570	516716	368853
1115103	732340	1085885	1088036	848243	838899	371565
415081	362159	226388	138469	567019	372433	163006
750704	445812	467068	120239	210796	826818	204240
10816	29452	28907	3692	7114	18259	23550
892540	710846	676184	670807	3900998	1898033	541216
2040076	1460943	4389959	338609	1229944	320387	1024267
82029	45247	61036	230953	45801	202388	192414
60169	117619	45680	16794	36772	10697	19218
18419		334315	130311		9233	
2585439	178293	405316	1966825	720544	1123795	784156
188882	122047	15424	49648	82355	68699	72728
53355	3709	25673	14654	32989	41520	88156

8－10 分地区规模以上工业企业主要经济指标（2020年）

单位：万元

指标	Item	全市 Total	市区 Urban District
企业单位个数（个）	Number of Enterprises (unit)	6364	1222
其中：亏损单位个数（个）	Loss Making Enterprises (unit)	1240	224
工业总产值（当年价）	Gross Industrial Output Value (current price)	103913579	23232864
其中：新产品产值	New Product Output Value	46883487	10441102
工业增加值（当年价）	Value Added of Industry (current price)	20035338	4992839
固定资产原价	Original Value of Fixed Assets	63812785	13700122
本年折旧	Depreciation This year	3762993	853834
资产总计	Total Assets	126135676	27561299
其中：固定资产净额	Net Fixed Assets	33980766	6711655
流动资产	Circulating Funds	68038410	16284664
其中：存货	Stock	14509181	3526593
负债合计	Total Liabilities	66440615	13849141
流动负债	Circulating Liabilities	56688685	12322800
所有者权益	Total Creditors Equity	59653550	13677636
营业收入	Business Revenue	109147985	24588355
营业成本	Business Cost	93246623	20826455
税金及附加	Tax and Extra Charges	479016	108163
销售费用	Selling Expenses	2360949	622265
管理费用	Management Expenses	3691955	882272
研发费用	Research and Development Costs	3028665	811319
财务费用	Financial Expenses	1227058	189377
利润总额	Total Profits	6584660	1436196
亏损企业亏损总额	Total Loss	863741	158660
利税总额	Total Taxes and Profits	9556412	2232858
平均用工人数（人）	Average Employees (person)	885287	209872
应付职工薪酬	Employee benefits payable	7934167	2117122

Main Economic Indicators of Industrial Enterprises above Designated Size by Region

(2020)

(10 000 yuan)

南湖区 Nanhu	秀洲区 Xiuzhou	嘉善县 Jiashan	海盐县 Haiyan	海宁市 Haining	平湖市 Pinghu	桐乡市 Tongxiang
519	703	854	683	1656	805	1144
93	131	164	96	359	180	217
13161809	10071055	13940315	10326255	20453227	19459012	16501906
5742736	4698366	7765474	3682907	9582394	7402313	8009297
2493112	2499727	2566984	2564463	3476393	3692450	2742210
6924568	6775554	5520999	12181276	9006337	13364299	10039753
429025	424809	401049	545847	598544	770308	593413
13839090	13722209	14769759	15033084	22519342	22892251	23359942
3312968	3398687	3136155	5790787	5064234	7247800	6030134
8012526	8272138	9747507	7044806	13193481	11656401	10111552
1644022	1882571	1978286	1926026	2749348	2067850	2261078
7586525	6262616	8505754	8213746	12563805	11312955	11995214
6837028	5485772	7744305	5896645	11157667	9365839	10201428
6240897	7436738	6253882	6817506	9955530	11584899	11364096
13964432	10623923	14425014	10532779	21358832	20120073	18122932
12264428	8562027	12402872	8401026	18517197	17160526	15938547
50959	57204	55031	63126	72503	122840	57353
253832	368433	331459	224838	488247	393519	300622
424002	458270	512160	339255	778715	640977	538576
469130	342189	471537	294295	541449	442541	467525
86829	102548	82113	231404	259645	206820	257699
569513	866683	690627	1134456	925498	1439853	958030
88904	69757	136425	47640	135858	132969	252189
1122494	1110364	986736	1544388	1506993	1931836	1353601
91834	118038	150763	72924	178273	134219	139236
1036716	1080405	1278915	605899	1534122	1236498	1161611

8－11 分地区规模以上私营工业企业主要经济指标
（2020年）

单位:万元

指标	Item	全市 Total	市区 Urban District
企业单位个数(个)	Number of Enterprises (unit)	4985	881
其中:亏损单位个数(个)	Loss Making Enterprises (unit)	937	159
工业总产值(当年价)	Gross Industrial Output Value (current price)	50290906	9354054
其中:新产品产值	New Product Output Value	22647186	4575331
工业增加值(当年价)	Value Added of Industry (current price)	8729672	1899485
固定资产原价	Original Value of Fixed Assets	21861069	4675998
本年折旧	Depreciation This year	1476014	324207
资产总计	Total Assets	51923503	10491385
其中:固定资产净额	Net Fixed Assets	12738420	2627707
流动资产	Circulating Funds	31871121	6544840
其中:存货	Stock	7370810	1687202
负债合计	Total Liabilities	31114469	5835968
流动负债	Circulating Liabilities	28425720	5480458
所有者权益	Total Creditors Equity	20787914	4641283
营业收入	Business Revenue	52508142	9460600
营业成本	Business Cost	45267310	7910378
税金及附加	Tax and Extra Charges	187865	42628
销售费用	Selling Expenses	1175679	245937
管理费用	Management Expenses	1892170	399133
研发费用	Research and Development Costs	1564792	354001
财务费用	Financial Expenses	620732	113815
利润总额	Total Profits	2159837	467817
亏损企业亏损总额	Total Loss	357918	77165
利税总额	Total Taxes and Profits	3404459	715715
平均用工人数(人)	Average Employees (person)	523866	110434
应付职工薪酬	Employee benefits payable	4081378	882128

Main Economic Indicators of Private industrial Enterprises above Designated Size by Region

(2020)

(10 000 yuan)

南湖区 Nanhu	秀洲区 Xiuzhou	嘉善县 Jiashan	海盐县 Haiyan	海宁市 Haining	平湖市 Pinghu	桐乡市 Tongxiang
385	496	631	564	1450	512	947
71	88	109	76	308	114	171
4764384	4589671	7990427	4368155	13159545	6244581	9174144
2135167	2440165	4299740	1517630	5543976	2533074	4177434
904264	995222	1317771	788920	2257431	1028418	1437647
2007733	2668265	2323510	1704043	5585370	3020156	4551993
134243	189964	164582	120745	386916	186261	293303
4680552	5810832	7409106	4256534	13650932	6471869	9643679
1048285	1579423	1465119	972578	3134740	2017699	2520577
3086291	3458549	4969143	2576597	8417052	3427727	5935763
755246	931957	1084103	563974	1892009	676809	1466713
2574540	3261428	4807557	2432654	8304053	3868155	5866082
2435448	3045011	4340211	2272225	7712640	3233828	5386358
2106011	2535272	2591427	1822048	5346872	2609318	3776966
4912069	4548531	8340321	4470227	14052599	6579648	9604747
4164722	3745656	7207591	3788337	12132190	5744403	8484412
20871	21757	26165	14935	50319	23995	29823
121853	124083	192685	112916	340304	129199	154639
201790	197343	263372	180802	545392	218245	285226
174657	179343	270747	142100	357718	161829	278400
49531	64284	57401	64520	181976	79227	123792
217970	249847	377063	194938	525671	265996	328353
27632	49533	24468	15866	91525	51288	97607
360328	355387	539381	310469	866969	418535	553389
50575	59859	83481	50945	129186	62061	87759
403799	478329	658324	374102	1056478	458086	652261

8－12 分地区规模以上外商及港澳台投资工业企业主要经济指标（2020年）

单位:万元

指标	Item	全市 Total	市区 Urban District
企业单位个数(个)	Number of Enterprises (unit)	995	232
其中:亏损单位个数(个)	Loss Making Enterprises (unit)	236	50
工业总产值(当年价)	Gross Industrial Output Value (current price)	26625426	6568149
其中:新产品产值	New Product Output Value	13453336	2816087
工业增加值(当年价)	Value Added of Industry (current price)	5913015	1640749
固定资产原价	Original Value of Fixed Assets	16353686	5015527
本年折旧	Depreciation This year	1027367	306977
资产总计	Total Assets	37588764	10781471
其中:固定资产净额	Net Fixed Assets	8620698	2315648
流动资产	Circulating Funds	21398068	6055636
其中:存货	Stock	4160648	1182569
负债合计	Total Liabilities	17433250	4190884
流动负债	Circulating Liabilities	15041271	3429725
所有者权益	Total Creditors Equity	20137291	6572364
营业收入	Business Revenue	28114660	7435755
营业成本	Business Cost	23274703	6098166
税金及附加	Tax and Extra Charges	170242	40904
销售费用	Selling Expenses	754105	243142
管理费用	Management Expenses	1167071	320692
研发费用	Research and Development Costs	781241	213222
财务费用	Financial Expenses	277945	61648
利润总额	Total Profits	2123345	606532
亏损企业亏损总额	Total Loss	300115	59363
利税总额	Total Taxes and Profits	2739630	752628
平均用工人数(人)	Average Employees (person)	253427	63795
应付职工薪酬	Employee benefits payable	2511811	714617

Main Economic Indicators of Foreign and HongKong ,Macao, Taiwan investment in Industrial Enterprises above Designated Size by Region (2020)

(10 000 yuan)

南湖区 Nanhu	秀洲区 Xiuzhou	嘉善县 Jiashan	海盐县 Haiyan	海宁市 Haining	平湖市 Pinghu	桐乡市 Tongxiang
76	156	189	58	157	233	126
16	34	48	10	42	53	33
2465660	4102489	4754411	1216858	2943096	8707011	2435901
1358740	1457347	3210793	758576	1334630	4112213	1221037
528973	1111776	1040337	289590	562614	1787581	592145
1662020	3353507	2485025	505727	1479961	5372489	1494956
117931	189046	196003	53046	81821	318911	70610
4818689	5962782	6143965	1306721	4080328	10667594	4608685
932850	1382798	1296705	253182	855528	2923924	975711
2503914	3551722	4134492	925659	2340152	5874941	2067189
422229	760340	774848	266253	463616	1072791	400570
2009684	2181201	3180127	775904	2311662	4748433	2226240
1684924	1744801	3012666	760445	1749933	4110314	1978189
2797339	3775026	2963838	530817	1768666	5919161	2382445
2754394	4681361	4862838	1202492	2979725	8976411	2657439
2315901	3782266	4106853	969279	2536935	7457586	2105884
13651	27254	19914	7483	11060	79318	11563
63350	179792	111473	37685	68708	230011	63087
116811	203881	215049	53061	148480	314683	115106
98943	114279	179607	37000	73173	201179	77062
29436	32212	16287	10130	46032	98237	45611
216014	390518	239402	89657	188476	734540	264738
42853	16510	100450	14382	34919	71168	19833
267819	484809	302114	113432	276101	959976	335380
17519	46276	61241	11497	32946	61473	22475
239511	475106	557975	123303	288014	622293	205610

8－13 分地区规模以上其他经济类型工业企业主要经济指标（2020年）

单位:万元

指　标	Item	全市 Total	市区 Urban District
企业单位个数(个)	Number of Enterprises (unit)	384	109
其中:亏损单位个数(个)	Loss Making Enterprises (unit)	67	15
工业总产值(当年价)	Gross Industrial Output Value (current price)	26997248	7310661
其中:新产品产值	New Product Output Value	10782965	3049683
工业增加值(当年价)	Value Added of Industry (current price)	5392652	1452605
固定资产原价	Original Value of Fixed Assets	25598029	4008596
本年折旧	Depreciation This year	1259612	222650
资产总计	Total Assets	36623409	6288443
其中:固定资产净额	Net Fixed Assets	12621648	1768300
流动资产	Circulating Funds	14769221	3684187
其中:存货	Stock	2977723	656822
负债合计	Total Liabilities	17892896	3822288
流动负债	Circulating Liabilities	13221693	3412617
所有者权益	Total Creditors Equity	18728346	2463988
营业收入	Business Revenue	28525184	7692000
营业成本	Business Cost	24704610	6817911
税金及附加	Tax and Extra Charges	120910	24630
销售费用	Selling Expenses	431165	133187
管理费用	Management Expenses	632714	162447
研发费用	Research and Development Costs	682632	244097
财务费用	Financial Expenses	328382	13914
利润总额	Total Profits	2301478	361846
亏损企业亏损总额	Total Loss	205708	22133
利税总额	Total Taxes and Profits	3412323	764515
平均用工人数(人)	Average Employees (person)	107994	35643
应付职工薪酬	Employee benefits payable	1340978	520377

Main Economic Indicators of Other Industrial Enterprises above Designated Size by Region (2020)

(10 000 yuan)

		嘉善县 Jiashan	海盐县 Haiyan	海宁市 Haining	平湖市 Pinghu	桐乡市 Tongxiang
南湖区 Nanhu	秀洲区 Xiuzhou					
58	51	34	61	49	60	71
6	9	7	10	9	13	13
5931766	1378895	1195477	4741243	4350585	4507421	4891861
2248829	800855	254941	1406700	2703788	757025	2610827
1059876	392729	208876	1485954	656348	876451	712418
3254815	753782	712464	9971506	1941006	4971655	3992804
176850	45799	40464	372056	129806	265136	229500
4339848	1948595	1216688	9469829	4788082	5752788	9107578
1331834	436466	374331	4565027	1073966	2306177	2533847
2422321	1261866	643873	3542550	2436277	2353733	2108600
466548	190274	119334	1095799	393723	318250	393795
3002301	819987	518070	5005188	1948090	2696367	3902892
2716656	695961	391428	2863975	1695094	2021698	2836881
1337548	1126441	698617	4464641	2839992	3056421	5204686
6297970	1394030	1221855	4860060	4326507	4564015	5860746
5783806	1034105	1088428	3643410	3848073	3958537	5348251
16437	8193	8953	40709	11124	19527	15967
68629	64557	27301	74237	79235	34309	82896
105401	57046	33739	105392	84843	108050	138244
195529	48567	21183	115196	110558	79534	112064
7862	6052	8425	156754	31637	29357	88296
135528	226318	74162	849862	211351	439318	364939
18419	3714	11507	17393	9414	10513	134749
494347	270168	145241	1120487	363923	553325	464832
23740	11903	6041	10482	16141	10685	29002
393406	126971	62615	108494	189631	156120	303741

8-14 分地区规模以上工业企业主要经济效益指标
(2020 年)

指　　标	Item	全　市 Total	市　区 Urban District
资产负债率(%)	Assets liability Ratio (%)	52.67	50.25
成本费用利润率(%)	Rate of Profit to Cost(%)	6.36	6.16
全员劳动生产率(万元/人)	Overall Labor Productivity (10000 yuan/person)	22.63	23.79
亏损率(%)	Ratio of Total Loss to Total Profit	11.60	9.95
新产品产值率(%)	Ratio of Value of New Type of Products to Total Products Value	45.12	44.94
亏损面(%)	Retio of Number of Deficit Enterprises to Total Enterprises	19.48	18.33
每百元营业收入中的成本(元)	Costs per 100 Yuan Business Revenue (yuan)	85.43	84.70
每百元营业收入中的费用(元)	Expenses per 100 Yuan Business Revenue (yuan)	9.44	10.19
每百元固定资产原值实现利税(元)	Pre-tax Profits per 100 Yuan Original Value of Fixed Assets (yuan)	14.98	16.30
每百元营业收入实现利税(元)	Pre-tax Profits per 100 Yuan Business Revenue (yuan)	8.76	9.08

Main Benefit Indicators on Industrial Enterprises above Designated Size by Region (2020)

南湖区 Nanhu	秀洲区 Xiuzhou	嘉善县 Jiashan	海盐县 Haiyan	海宁市 Haining	平湖市 Pinghu	桐乡市 Tongxiang
54.82	45.64	57.59	54.64	55.79	49.42	51.35
4.22	8.81	5.00	11.95	4.50	7.64	5.47
27.15	21.18	17.03	35.17	19.50	27.51	19.69
13.50	7.45	16.50	4.03	12.80	8.45	20.84
43.63	46.65	55.71	35.67	46.85	38.04	48.54
17.92	18.63	19.20	14.06	21.68	22.36	18.97
87.83	80.59	85.98	79.76	86.70	85.29	87.95
8.84	11.97	9.69	10.35	9.68	8.37	8.63
16.21	16.39	17.87	12.68	16.73	14.46	13.48
8.04	10.45	6.84	14.66	7.06	9.60	7.47

8-15 全市规模以上工业企业主要经济指标
(2020 年)

单位:万元

指标名称	Item	企业个数 Number of Enterprises (unit)	亏损企业 Loss Making Enterprises (unit)	工业总产值 Gross Industrial Output Value	新产品产值 Value of New Products at State and Province Level
总　计	Total	6364	1240	103913579	46883487
按登记注册类型分组	Grouped by Registration Status				
内资企业	Domestic Funded Enterprises	5369	1004	77288154	33430151
国有企业	State - owned Enterprises	2		2533897	
集体企业	Collective - owned Enterprises				
股份合作企业	Share - holding Cooperative Enterprises	22	2	173740	32982
有限责任公司	Limited Liability Corporations	280	52	17968473	6367204
股份有限公司	Share - holding Corporations Ltd.	80	13	6321138	4382780
私营企业	Private Enterprises	4985	937	50290906	22647186
港、澳、台商投资企业	Enterprises with Investment from Hong Kong, Macao and Taiwan	387	110	9239109	4697058
外商投资企业	Enterprises with Foreign Investment	608	126	17386317	8756278
按轻重工业分	Grouped by Light and Heavy Industry				
轻工业	Light Industry	3705	826	39565095	17182418
重工业	Heavy Industry	2659	414	64348484	29701069
按企业规模分	Grouped by Size of Enterprises				
大型企业	Large	69	7	20988256	15298284
中型企业	Medium	506	70	29355488	15307834
小型企业	Small	5208	1040	47106918	15813209
微型企业	Micro	581	123	6462918	464160
在总计中:亏损企业	Loss Enterprises	1240	1240	11951051	5590939
在总计中:国有控股企业	State - owned Industrial Enterprises and Enterprises with Controlling Share Hold by the State	93	14	7388544	1154308

Main Economic Indicators of Industrial Enterprises above Designated Size (2020)

(10 000 yuan)

工业增加值(收入法) Value Added of Industry	资产总计 Total Assets	流动资产 Circulating Funds	应收帐款 Net Accounts Receivable	存货 Inventories	产成品 Industrial Products
20035338	126135676	68038410	20789205	14509181	5941592
14122324	88546912	46640342	14482626	10348533	4315425
440826	839060	39602	26855	2566	
27807	129210	94580	32981	20490	6387
3455008	23561904	10326549	2224308	2054074	500176
1469011	12093235	4308489	888096	900593	465720
8729672	51923503	31871121	11310387	7370810	3343142
2008961	13938136	8547182	2095602	1530720	668493
3904054	23650628	12850887	4210977	2629928	957674
7150298	48261947	25347062	7074415	6218005	2878803
12585040	77873729	42691348	13714790	8291176	3062789
3976852	28774437	14246561	4028032	2374934	1284702
6135730	35693892	18308223	4885324	3992257	1626311
8236129	52541244	32269461	11128321	7116979	2926339
1686627	9126104	3214165	747528	1025011	104240
1233167	18157559	9706083	2821624	2568277	1140635
2002226	12138130	4628032	1014503	1056693	149857

8－15 续表1

单位:万元

指标名称	Item	固定资产净额 Net Fixed Assets	固定资产原价 Original Value of Fixed Assets	本年折旧 Depreciation in This Year
总　计	Total	33980766	63812785	3762993
按登记注册类型分组	Grouped by Registration Status			
内资企业	Domestic Funded Enterprises	25360068	47459099	2735626
国有企业	State－owned Enterprises	702111	1854284	96948
集体企业	Collective－owned Enterprises			
股份合作企业	Share－holding Cooperative Enterprises	27542	77635	5546
有限责任公司	Limited Liability Corporations	9584962	19726203	909323
股份有限公司	Share－holding Corporations Ltd.	2307033	3939907	247795
私营企业	Private Enterprises	12738420	21861069	1476014
港、澳、台商投资企业	Enterprises with Investment from Hong Kong,Macao and Taiwan	2923286	5055836	323983
外商投资企业	Enterprises with Foreign Investment	5697412	11297850	703384
按轻重工业分	Grouped by Light and Heavy Industry			
轻工业	Light Industry	12451522	22760439	1417979
重工业	Heavy Industry	21529244	41052345	2345014
按企业规模分	Grouped by Size of Enterprises			
大型企业	Large	6974504	12917205	808770
中型企业	Medium	9350719	16326711	1045850
小型企业	Small	12721276	23093493	1479355
微型企业	Micro	4934267	11475376	429018
在总计中:亏损企业	Loss Enterprises	5063329	8812722	579141
在总计中:国有控股企业	State－owned Industrial Enterprises and Enterprises with Controlling Share Hold by the State	6143933	14456312	603680

Continued 1

(10000 yuan)

负债合计 Total Liabilities	流动负债 Circulating Liabilities	应付账款 Accounts Payable	所有者权益 Creditors´ Equity	营业收入 Business Revenue	营业成本 Business Cost	税金及附加 Tax and Extra Charges	销售费用 Selling Expenses
66440615	56688685	17498303	59653550	109147985	93246623	479016	2360949
49007365	41647413	12186623	39516260	81033326	69971920	308775	1606844
836946	757472	82779	2114	2533897	2504840	4089	1805
83501	81850	22332	45709	176648	158273	581	2982
12621757	9009128	2674214	10940147	18700583	16093477	87172	290405
4350692	3373243	978450	7740376	7114057	5948020	29068	135972
31114469	28425720	8428848	20787914	52508142	45267310	187865	1175679
6696481	5615470	1779201	7227440	9718611	8084253	39419	254962
10736768	9425801	3532479	12909850	18396049	15190450	130823	499143
25448195	22578403	5701716	22791254	41177444	35488071	175359	956733
40992419	34110282	11796587	36862296	67970541	57758552	303657	1404216
14419817	12374156	4274074	14354619	22693320	19859035	72894	449461
16240094	13866995	4387692	19453797	30790582	25777630	126213	759354
30131778	27183596	8197147	22409449	48825274	41758556	237618	1121153
5648925	3263938	639389	3435685	6838811	5851403	42290	30981
12493444	10706878	2692149	5641950	12383038	11631792	47358	293800
6642473	3645130	1001382	5495658	7649495	6325540	54622	96492

8－15 续表2

单位:万元

指标名称	Item	管理费用 Management Expenses	研发费用 Research and Development Costs	财务费用 Financial Expenses
总 计	Total	3691955	3028665	1227058
按登记注册类型分组	Grouped by Registration Status			
内资企业	Domestic Funded Enterprises	2524884	2247425	949114
国有企业	State－owned Enterprises	14787	1853	454
集体企业	Collective－owned Enterprises			
股份合作企业	Share－holding Cooperative Enterprises	5059	5767	2282
有限责任公司	Limited Liability Corporations	393933	396417	259380
股份有限公司	Share－holding Corporations Ltd.	218935	278595	66266
私营企业	Private Enterprises	1892170	1564792	620732
港、澳、台商投资企业	Enterprises with Investment from Hong Kong, Macao and Taiwan	394217	313072	59335
外商投资企业	Enterprises with Foreign Investment	772854	468169	218609
按轻重工业分	Grouped by Light and Heavy Industry			
轻工业	Light Industry	1659189	1131914	573583
重工业	Heavy Industry	2032767	1896752	653476
按企业规模分	Grouped by Size of Enterprises			
大型企业	Large	561426	729135	170505
中型企业	Medium	968334	956146	299898
小型企业	Small	2036312	1294684	611020
微型企业	Micro	125884	48701	145635
在总计中:亏损企业	Loss Enterprises	617094	419351	235229
在总计中:国有控股企业	State－owned Industrial Enterprises and Enterprises with Controlling Share Hold by the State	148921	96393	159240

Continued 2

(10000 yuan)

利息支出 Interest Expenditure	营业利润 Business Profits	利润总额 Total Profits	亏损企业亏损总额 Total Loss	利税总额 Total Pre - tax Profits	应交增值税 Value Added Taxes Payable	从业人员平均人数 Average Employees (person)	应付职工薪酬 Employee benefits payable
1167827	6147886	6584660	863741	9556412	2492736	885287	7934167
898863	4161831	4461315	563626	6816782	2046693	631860	5422357
542	7900	8996		298249	285163	1233	45426
2125	1842	2894	1235	7868	4393	2289	13522
259155	1391180	1483094	180779	2108061	537796	60299	695747
84931	801021	806494	23694	998146	162585	44173	586283
552110	1959887	2159837	357918	3404459	1056757	523866	4081378
104404	653641	669227	74265	861706	153060	96838	893138
164560	1332415	1454118	225849	1877924	292983	156589	1618672
512545	1646674	1874778	359259	2941546	891409	468776	3668825
655282	4501212	4709881	504482	6614866	1601327	416511	4265342
232381	1283820	1318346	198354	1761845	370605	155499	1791180
278313	2236348	2331436	197749	3043517	585867	259424	2413834
531280	1916159	2219745	436207	3498403	1041040	458814	3621105
125852	711558	715132	31430	1252647	495225	11550	108049
208835	-868849	-863741	863741	-649358	167025	161847	1271992
151046	871408	891788	29191	1230084	283675	17824	272347

8－16 全市规模以上工业企业分行业主要经济指标（2020 年）

单位:万元

指标名称	Item	企业个数 Number of Enterprises (unit)	亏损企业 Loss Making Enterprises (unit)	工业总产值 Gross Industrial Output Value	新产品产值 Value of New Products at State and Province Level
总　计	Total	6364	1240	103913579	46883487
农副食品加工业	Food Processing	76	18	1339468	167064
食品制造业	Food Production	59	14	1078551	145432
酒、饮料和精制茶制造业	Alcohol,Drinks and Tea Production	21	3	244815	63590
纺织业	Textile Industry	1414	293	10247311	4046589
纺织服装、服饰业	Clothing Industry	448	142	3225686	1375780
皮革、毛皮、羽毛及其制品和制鞋业	Leather, Furs, Down and Related Products	242	97	1542765	654159
木材加工和木、竹、藤、棕、草制品业	Timber Processing, Bamboo, Cane, Palm Fiber and Straw Products	90	17	902739	424273
家具制造业	Furniture Manufacturing	147	45	1732996	884789
造纸和纸制品业	Papermaking and Paper Products	145	29	3252958	1508028
印刷和记录媒介复制业	Printing	103	13	900471	362990
文教、工美、体育和娱乐用品制造业	Culture, Education, Arts, Sports and Entertainment Production	84	19	894009	466575
石油加工、炼焦和核燃料加工业	Petroleum Processing and Coking	9	2	317210	36124
化学原料和化学制品制造业	Raw Chemical Material and Chemical Products	240	21	11103404	5010348
医药制造业	Medical and Pharmaceutical Products	32	8	385499	213113
化学纤维制造业	Chemical Fiber	131	37	6358296	3783858
橡胶和塑料制品业	Rubber and Plastic Production	378	55	3553151	1507818
非金属矿物制品业	Nonmetal Mineral Products	284	32	6503298	2372213
黑色金属冶炼和压延加工业	Smelting and Pressing of Ferrous Metals	62	9	2569681	1203826
有色金属冶炼和压延加工业	Smelting and pressing of Nonferrous Metals	38	8	571404	279865
金属制品业	Metal Products	380	34	5339673	2023466
通用设备制造业	Ordinary Machinery Manufacturing	609	104	6080071	2954817
专用设备制造业	Equipment Manufacturing For Special Purposes	189	27	2244554	1125613
汽车制造业	Automobile Manufacturing Industry	203	46	3025677	1434974
铁路、船舶、航空航天和其他运输设备制	Transportation Equipment Manufacturing Industry	21	4	121789	46309
电气机械和器材制造业	Electric Equipment and Machinery	416	72	9290623	5791378
计算机、通信和其他电子设备制造业	Computer and Communication Equipment Manufacturing Industry	319	59	10804184	8079022
仪器仪表制造业	Instrument Manufacturing Industry	68	8	859866	467429
其他制造业	Other Industry	43	6	306949	78493
废弃资源综合利用业	Recovry of Resource Discarded and Useless Material	11	3	492277	97395
电力、热力生产和供应业	Production and Supply of Electric Power,Steam and Hot water	63	5	7764368	230359
燃气生产和供应业	Production snd Supply of Gas	15	2	599783	
水的生产和供应业	Production an	24	8	260055	47798

Main Economic Indicators of Industril Enterprises above Designated Size by Branch (2020)

(10 000 yuan)

工业增加值(收入法) Value Added of Industry	资产总计 Total Assets	流动资产 Circulating Funds	应收帐款 Net Accounts Receivable	存货 Inventories	产成品 Industrial Products
20035338	126135676	68038410	20789205	14509181	5941592
117224	987704	563663	130405	123737	38536
257472	1384326	708454	205130	175758	51313
91111	320316	139191	42759	42991	21005
1975337	12108352	7089356	2183449	2115341	1153343
805033	3998483	2510995	613220	621316	299004
287817	2011403	1443128	405966	527389	191258
203058	926942	636300	242171	158719	69232
329113	1727757	1115909	371613	257065	93345
542769	4464320	2344164	493919	349466	107627
199325	902596	541339	217003	100031	41841
229696	1069333	573056	200775	141188	48497
82609	221158	132093	37998	39739	5431
1864840	14075965	6219307	1043057	952914	334751
131290	996372	391986	68438	59911	28614
794175	9625427	2732779	264483	555899	327944
768994	4246216	2432020	989674	444995	206627
1434748	8151122	4518062	2139244	601961	271386
228182	1549308	1134733	161020	320784	154043
45216	384893	244663	83329	60208	22072
823035	4445332	2952738	933881	841985	391328
1254942	7373787	5067033	1504917	1275620	520479
539873	2686467	1853677	603907	442776	133790
640037	5213360	3256131	943416	531534	185804
31104	150748	102882	40355	22830	6801
1496073	9849857	6071138	2495115	1139841	483132
2149153	12860268	8210716	3406199	1495833	669064
241899	1049054	716703	239298	178752	52457
52767	242307	173134	77577	28386	10227
56366	323494	207161	47919	80497	15440
2190771	10646890	3113926	546714	811449	2164
84524	612295	343832	28059	2523	744
86786	1529828	498142	28200	7743	1295

8-16 续表1

单位:万元

指标名称	Item	固定资产净额 Net Fixed Assets	固定资产原价 Original Value of Fixed Assets	本年折旧 Depreciation in This Year
总　计	Total	33980766	63812785	3762993
农副食品加工业	Food Processing	282172	416741	22317
食品制造业	Food Production	497103	896461	57328
酒、饮料和精制茶制造业	Alcohol,Drinks and Tea Production	133361	243201	11644
纺织业	Textile Industry	3248449	6511550	433925
纺织服装、服饰业	Clothing Industry	768057	1453749	75985
皮革、毛皮、羽毛及其制品和制鞋业	Leather,Furs,Down and Related Products	335392	630432	35408
木材加工和木、竹、藤、棕、草制品业	Timber Processing, Bamboo, Cane, Palm Fiber and Straw Products	191927	322010	21773
家具制造业	Furniture Manufacturing	364944	640194	34237
造纸和纸制品业	Papermaking and Paper Products	1252523	2216490	112079
印刷和记录媒介复制业	Printing	227597	459025	35971
文教、工美、体育和娱乐用品制造业	Culture, Education, Arts, Sports and Entertainment Production	382410	611886	37109
石油加工、炼焦和核燃料加工业	Petroleum Processing and Coking	72211	130216	5480
化学原料和化学制品制造业	Raw Chemical Material and Chemical Products	3744501	6258883	368425
医药制造业	Medical and Pharmaceutical Products	173752	296347	20756
化学纤维制造业	Chemical Fiber	2646897	4730377	293523
橡胶和塑料制品业	Rubber and Plastic Production	1024216	1983675	130869
非金属矿物制品业	Nonmetal Mineral Products	2160201	3318578	183206
黑色金属冶炼和压延加工业	Smelting and Pressing of Ferrous Metals	318704	659981	44163
有色金属冶炼和压延加工业	Smelting and pressing of Nonferrous Metals	86459	138261	9249
金属制品业	Metal Products	954470	1808038	123499
通用设备制造业	Ordinary Machinery Manufacturing	1389993	2696619	173436
专用设备制造业	Equipment Manufacturing For Special Purposes	534311	903070	58869
汽车制造业	Automobile Manufacturing Industry	1192528	1930911	143611
铁路、船舶、航空航天和其他运输设备制	Transportation Equipment Manufacturing Industry	32438	61731	3182
电气机械和器材制造业	Electric Equipment and Machinery	2326452	3676113	255462
计算机、通信和其他电子设备制造业	Computer and Communication Equipment Manufacturing Industry	2055424	3487633	306384
仪器仪表制造业	Instrument Manufacturing Industry	239277	354269	18973
其他制造业	Other Industry	43935	80881	4954
废弃资源综合利用业	Recovry of Resource Discarded and Useless Material	81054	113733	6184
电力、热力生产和供应业	Production and Supply of Electric Power,Steam and Hot water	6527717	15431420	665945
燃气生产和供应业	Production snd Supply of Gas	174507	292372	16336
水的生产和供应业	Production an	517785	1057939	52712

Continued 1

(10000 yuan)

负债合计 Total Liabilities	流动负债 Circulating Liabilities		所有者权益 Creditors´ Equity	营业收入 Business Revenue	营业成本 Business Cost	税金及附加 Tax and Extra Charges	销售费用 Selling Expenses
		应付账款 Accounts Payable					
66440615	56688685	17498303	59653550	109147985	93246623	479016	2360949
506177	425301	63925	480400	1426335	1297694	3197	39834
710480	671176	237794	673845	1244158	1037254	6582	64882
105351	97918	25580	214965	260073	183970	8358	10387
7084307	6626843	1386388	5004149	10338517	8957015	43194	168976
2102653	2033818	491988	1895828	3384869	2849996	18581	94574
1385998	1335202	325296	621397	1570636	1365438	6980	39949
566668	548388	161176	359438	1003118	820532	4252	39894
1056624	1015452	400236	680016	1733511	1459211	7361	62457
2074427	1776139	353714	2389892	3381605	2888366	16997	97873
508604	477579	118057	393991	922277	764481	3597	24169
556887	420484	154420	512445	875015	704874	4987	23565
89658	63740	32907	131500	322782	248267	42822	3752
6544403	5339448	1345981	7528526	12203966	10398849	39316	202656
300892	195909	46964	695481	401837	255170	2922	36566
4446948	3167356	547437	5176592	7096646	6675808	14371	50262
1733427	1582943	474464	2509426	3654173	2956899	16502	124486
4484669	3902243	1665995	3662851	7049537	5682223	33950	252217
953547	940604	171367	594109	3011315	2783740	5497	21916
231512	201545	30994	153380	618486	574051	1100	5405
2456479	2396824	628002	1988851	5535827	4805700	18673	127782
3577897	3323588	1111395	3790811	6395067	5290787	26593	171187
1348755	1264290	435923	1337712	2247393	1753157	10694	78004
2572322	2258894	819516	2641037	3187460	2655042	18384	115222
77087	70082	21135	73661	122448	92496	830	2893
5470323	4922511	1806257	4377366	9695979	8425335	28218	211836
7291524	6899234	3632151	5568743	11082968	9484626	30438	195836
508043	465335	194554	541011	878485	625865	4757	37694
141553	134684	38511	99661	302399	249156	1115	10649
195735	188432	25826	127759	532618	519322	5695	5454
5944674	3271594	634316	4702216	7765933	6666160	48699	6109
394143	301837	35740	215514	628167	549121	1326	14829
1018851	369293	80297	510977	274389	226021	3031	19637

8－16 续表2

单位:万元

指标名称	Item	管理费用 Management Expenses	研发费用 Research and Development Costs	财务费用 Financial Expenses
总　计	Total	3691955	3028665	1227058
农副食品加工业	Food Processing	42015	25380	9654
食品制造业	Food Production	54351	15448	10348
酒、饮料和精制茶制造业	Alcohol, Drinks and Tea Production	15041	3421	2604
纺织业	Textile Industry	421240	296718	176366
纺织服装、服饰业	Clothing Industry	187351	72781	50948
皮革、毛皮、羽毛及其制品和制鞋业	Leather, Furs, Down and Related Products	82872	43243	37732
木材加工和木、竹、藤、棕、草制品业	Timber Processing, Bamboo, Cane, Palm Fiber and Straw Products	47614	31292	14066
家具制造业	Furniture Manufacturing	110731	44077	32839
造纸和纸制品业	Papermaking and Paper Products	92066	106477	56975
印刷和记录媒介复制业	Printing	44619	31433	12077
文教、工美、体育和娱乐用品制造业	Culture, Education, Arts, Sports and Entertainment Production	57858	26037	13873
石油加工、炼焦和核燃料加工业	Petroleum Processing and Coking	5562	1174	27
化学原料和化学制品制造业	Raw Chemical Material and Chemical Products	270284	266270	106957
医药制造业	Medical and Pharmaceutical Products	40315	23837	5720
化学纤维制造业	Chemical Fiber	105039	146062	65778
橡胶和塑料制品业	Rubber and Plastic Production	168331	109451	40994
非金属矿物制品业	Nonmetal Mineral Products	202544	167750	81886
黑色金属冶炼和压延加工业	Smelting and Pressing of Ferrous Metals	33061	78425	15873
有色金属冶炼和压延加工业	Smelting and pressing of Nonferrous Metals	11053	13510	4593
金属制品业	Metal Products	171751	142213	51885
通用设备制造业	Ordinary Machinery Manufacturing	307110	219100	61972
专用设备制造业	Equipment Manufacturing For Special Purposes	127295	93790	21648
汽车制造业	Automobile Manufacturing Industry	215239	122759	12422
铁路、船舶、航空航天和其他运输设备制	Transportation Equipment Manufacturing Industry	9481	6146	2043
电气机械和器材制造业	Electric Equipment and Machinery	309408	320868	109517
计算机、通信和其他电子设备制造业	Computer and Communication Equipment Manufacturing Industry	341566	508363	35678
仪器仪表制造业	Instrument Manufacturing Industry	51403	45745	8235
其他制造业	Other Industry	17591	8184	5005
废弃资源综合利用业	Recovry of Resource Discarded and Useless Material	8446	7197	4638
电力、热力生产和供应业	Production and Supply of Electric Power, Steam and Hot water	106725	47711	157395
燃气生产和供应业	Production snd Supply of Gas	15255	899	－1253
水的生产和供应业	Production an	18741	2907	18565

Continued 2

(10 000 yuan)

利息支出 Interest Expenditure	营业利润 Business Profits	利润总额 Total Profits	亏损企业亏损总额 Total Loss	利税总额 Total Pre - tax Profits	应交增值税 Value Added Taxes Payable	从业人员平均人数 Average Employees (person)	应付职工薪酬 Employee benefits payable
1167827	6147886	6584660	863741	9556412	2492736	885287	7934167
12374	20731	24031	18563	39629	12401	7863	68089
7956	56247	59333	14076	90209	24294	10443	111983
795	32377	33671	8816	53003	10974	2173	23435
150503	322158	369236	82978	665763	253333	130491	939899
43671	159914	162557	31722	279152	98014	68614	489264
31389	669	9984	41774	57714	40750	31624	205380
8168	47120	51612	5044	75870	20006	13962	109917
19121	23163	60603	30129	102899	34935	28248	230119
53648	165202	182028	8888	305212	106187	20198	176036
11615	46255	52747	1938	77573	21229	11487	95014
5309	43984	48194	4405	66102	12920	14499	129632
1323	22602	22828	1848	73640	7990	454	5043
128681	1141119	1212702	22028	1447681	195664	26972	319189
5882	30135	23581	29729	40714	14211	5840	55605
100626	262433	274496	30213	387210	98343	35220	329466
33573	270414	295145	12646	389725	78078	35333	299972
72357	746005	756565	12867	979615	189100	39312	390808
21462	71336	73394	703	106225	27334	5500	52640
4419	10522	11464	6817	17792	5227	2468	20287
42475	223632	237107	7826	334785	79005	47743	375131
48632	331976	368444	55403	511663	116627	65817	610839
19842	166053	179059	17970	245003	55251	24404	240737
26257	56150	74758	160724	156931	63789	35845	361398
1466	8401	12622	1699	16583	3132	1987	15143
65121	344000	381790	86293	586354	176346	77033	715276
65944	547511	577679	121149	728428	120311	114553	1192700
6689	107310	119421	4101	140984	16806	8798	95181
2676	10892	11768	1558	17489	4606	4571	31203
4670	-1973	-810	15017	54133	49248	1756	12884
156580	836073	845030	4234	1436438	542709	8360	182478
469	49507	49649	579	57627	6653	916	12285
14136	-4029	3970	22007	14265	7264	2800	37138

8-17 市区规模以上工业企业主要经济指标

（2020年）

单位：万元

指标名称	Item	企业个数 Number of Enterprises (unit)	亏损企业 Loss Making Enterprises (unit)	工业总产值 Gross Industrial Output Value	新产品产值 Value of New Products at State and Province Level
总　计	Total	1222	224	23232864	10441102
按登记注册类型分组	Grouped by Registration Status				
内资企业	Domestic Funded Enterprises	990	174	16664715	7625015
国有企业	State-owned Enterprises	1		2507767	
股份合作企业	Share-holding Cooperative Enterprises	10	1	85748	8977
有限责任公司	Share-holding Corporations Ltd.	75	13	2524988	1195617
股份有限公司	Private Enterprises	23	1	2192158	1845089
私营企业	Other Enterprises	881	159	9354054	4575331
港、澳、台商投资公司	Enterprises with Investment from Hong Kong, Macao and Taiwan	85	19	2090746	1048767
外商投资企业公司	Enterprises with Foreign Investment	147	31	4477403	1767320
按轻重工业分	Grouped by Light and Heavy Industry				
在总计中：轻工业	Light Industry	638	141	7638199	3411929
在总计中：重工业	Heavy Industry	584	83	15594666	7029173
按企业规模分	Grouped by Size of Enterprises				
在总计中：大型企业	Large	20		5011454	3559781
在总计中：中型企业	Medium	145	26	6991309	3865410
在总计中：小型企业	Small	993	177	8525733	2987007
在总计中：微型企业	Micro	64	21	2704368	28904
在总计中：亏损企业	Loss Enterprises	224	224	1718122	672914
在总计中：国有控股企业	State-owned Industrial Enterprises and Enterprises with Controlling Share Hold by the State	28	5	1807779	954537

Main Economic Indicators of Industrial Enterprises above Designated Size in Urban District (2020)

(10 000 yuan)

工业增加值(收入法) Value Added of Industry	资产总计 Total Assets	流动资产 Circulating Funds			
			应收帐款 Net Accounts Receivable	存货 Inventories	
					产成品 Industrial Products
4992839	27561299	16284664	4918598	3526593	1588677
3352090	16779828	10229028	3100159	2344024	1172641
439173	818023	21207	9267	2492	
13647	56263	40947	14805	12519	5292
477977	3174551	2007493	527337	318046	159948
521809	2239606	1614540	429028	323765	190242
1899485	10491385	6544840	2119723	1687202	817159
500367	3545908	2370397	543140	424095	160664
1140382	7235563	3685239	1275300	758474	255372
1737330	9185126	5113927	1501642	1456075	724975
3255509	18376173	11170737	3416956	2070518	863702
1183295	6285780	3924407	922058	781039	388676
1670626	9879721	5355156	1636134	1213436	553095
1686560	10226212	6788389	2273789	1485694	620572
452358	1169586	216711	86618	46424	26333
249078	3134886	1713147	543379	532425	244779
300741	2436027	1532065	390930	224154	132203

8－17 续表1

单位:万元

指标名称	Item	固定资产净额 Net Fixed Assets	固定资产原价 Original Value of Fixed Assets	本年折旧 Depreciation in This Year
总　计	Total	6711655	13700122	853834
按登记注册类型分组	Grouped by Registration Status			
内资企业	Domestic Funded Enterprises	4396007	8684595	546857
国有企业	State－owned Enterprises	699788	1850180	96796
股份合作企业	Share－holding Cooperative Enterprises	12743	30333	2092
有限责任公司	Share－holding Corporations Ltd.	791882	1528921	90545
股份有限公司	Private Enterprises	263887	599162	33217
私营企业	Other Enterprises	2627707	4675998	324207
港、澳、台商投资公司	Enterprises with Investment from Hong Kong, Macao and Taiwan	650779	1312887	80572
外商投资企业公司	Enterprises with Foreign Investment	1664868	3702640	226405
按轻重工业分	Grouped by Light and Heavy Industry			
在总计中:轻工业	Light Industry	2684233	5447984	337412
在总计中:重工业	Heavy Industry	4027422	8252138	516422
按企业规模分	Grouped by Size of Enterprises			
在总计中:大型企业	Large	1563820	3164372	191945
在总计中:中型企业	Medium	2106070	4161733	265629
在总计中:小型企业	Small	2282733	4356083	295150
在总计中:微型企业	Micro	759032	2017933	101109
在总计中:亏损企业	Loss Enterprises	946187	1769140	114768
在总计中:国有控股企业	State－owned Industrial Enterprises and Enterprises with Controlling Share Hold by the State	624855	1377707	74490

Continued 1

(10000 yuan)

负债合计 Total Liabilities	流动负债 Circulating Liabilities		所有者权益 Creditors´ Equity	营业收入 Business Revenue	营业成本 Business Cost	税金及附加 Tax and Extra Charges	销售费用 Selling Expenses
		应付账款 Accounts Payable					
13849141	12322800	3847606	13677636	24588355	20826455	108163	622265
9658256	8893075	2590792	7105271	17152600	14728289	67258	379123
818023	738549	72613		2507767	2481584	3997	
40696	40398	12851	15568	87902	76584	305	1843
1822100	1535418	503045	1352451	2914301	2494659	11667	87433
1141470	1098253	468005	1095970	2182031	1765084	8662	43911
5835968	5480458	1534278	4641283	9460600	7910378	42628	245937
1365530	1123672	340530	2166163	2213832	1801384	10259	66285
2825354	2306053	916284	4406201	5221923	4296783	30645	176857
4818051	4243602	1113137	4340158	7872991	6543017	45234	239304
9031090	8079198	2734469	9337477	16715365	14283438	62929	382961
3029086	2669031	868927	3256693	5690022	4828573	24694	121419
4172146	3646026	1351361	5707575	7254175	5829139	36943	240372
5596930	5151478	1523431	4629278	8944731	7510337	41239	258048
1050978	856265	103887	84089	2699428	2658406	5287	2427
2353544	2014446	573837	761378	1893024	1740138	10694	60388
1555654	1262489	387717	880374	2049435	1793791	7676	58353

8－17 续表2

单位:万元

指标名称	Item	管理费用 Management Expenses	研发费用 Research and Development Costs	财务费用 Financial Expenses
总　计	Total	882272	811319	189377
按登记注册类型分组	Grouped by Registration Status			
内资企业	Domestic Funded Enterprises	561580	598097	127729
国有企业	State－owned Enterprises	14489	1745	－89
股份合作企业	Share－holding Cooperative Enterprises	2758	3466	1698
有限责任公司	Share－holding Corporations Ltd.	73929	82795	14534
股份有限公司	Private Enterprises	71271	156092	－2229
私营企业	Other Enterprises	399133	354001	113815
港、澳、台商投资公司	Enterprises with Investment from Hong Kong, Macao and Taiwan	103328	82326	6608
外商投资企业公司	Enterprises with Foreign Investment	217365	130895	55040
按轻重工业分	Grouped by Light and Heavy Industry			
在总计中:轻工业	Light Industry	355617	249640	92720
在总计中:重工业	Heavy Industry	526655	561679	96657
按企业规模分	Grouped by Size of Enterprises			
在总计中:大型企业	Large	160858	255942	7610
在总计中:中型企业	Medium	285814	292546	86635
在总计中:小型企业	Small	414256	257793	91800
在总计中:微型企业	Micro	21343	5038	3333
在总计中:亏损企业	Loss Enterprises	108625	93280	50587
在总计中:国有控股企业	State－owned Industrial Enterprises and Enterprises with Controlling Share Hold by the State	45861	54765	13372

Continued 2

(10000 yuan)

利息支出 Interest Expenditure	营业利润 Business Profits	利润总额 Total Profits	亏损企业亏损总额 Total Loss	利税总额 Total Pre - tax Profits	应交增值税 Value Added Taxes Payable	从业人员平均人数 Average Employees (person)	应付职工薪酬 Employee benefits payable
180927	1336432	1436196	158660	2232858	688500	209872	2117122
130084	773562	829663	99298	1480230	583309	146077	1402505
	7873	8912		297288	284379	1198	44861
1475	1291	1228	15	3293	1760	1088	6647
19464	156960	160447	21970	213414	41301	18275	181439
13552	189195	191260	149	250521	50599	15082	287430
95593	418243	467817	77165	715715	205270	110434	882128
16677	145484	158427	6450	201345	32658	22352	226286
34166	417386	448105	52912	551284	72533	41443	488331
75404	420957	461339	77312	673919	167346	96066	810438
105524	915474	974857	81348	1558940	521155	113806	1306683
30689	291211	308919		417444	83832	38317	559182
67729	635912	666668	63705	828837	125227	73423	737024
80506	399857	444960	90521	677468	191269	95421	770057
2004	9452	15650	4435	309109	288173	2711	50859
32698	-165294	-158660	158660	-130275	17692	33155	270284
15582	83342	85146	21384	112889	20067	9628	119630

8－18　市区规模以上工业企业分行业主要经济指标
（2020 年）

单位:万元

指标名称	Item	企业个数 Number of Enterprises (unit)	亏损企业 Loss Making Enterprises (unit)	工业总产值 Gross Industrial Output Value	新产品产值 Value of New Products at State and Province Level
总　计	Total	1222	224	23232864	10441102
农副食品加工业	Farm Byproduct Processing	24	4	306553	12435
食品制造业	Food Production	22	8	608313	92925
酒、饮料和精制茶制造业	Alcohol, Drinks and Tea Production	2		47093	31992
纺织业	Textile Industry	263	52	1964693	872844
纺织服装、服饰业	Clothing Industry	67	26	647032	407671
皮革、毛皮、羽毛及其制品和制鞋业	Leather, Furs, Down and Related Products	25	13	194357	130678
木材加工和木、竹、藤、棕、草制品业	Timber Processing, Bamboo, Cane, Palm Fiber and Straw Products	4	1	67247	55280
家具制造业	Furniture Manufacturing	19	2	303864	162751
造纸和纸制品业	Papermaking and Paper Products	14	2	404882	142359
印刷和记录媒介复制业	Printing and Record Medium Reproduction	19	7	71986	10597
文教、工美、体育和娱乐用品制造业	Culture, Education, Arts, Sports and Entertainment Production	9	3	197115	148772
化学原料和化学制品制造业	Raw Chemical Material and Chemical Products	43	5	998830	524484
医药制造业	Medical and Pharmaceutical Products	12	3	120482	74091
化学纤维制造业	Chemical Fiber	24	4	982254	573902
橡胶和塑料制品业	Rubber and Plastic Production	60	6	822145	344214
非金属矿物制品业	Plastic Products	53	4	1326322	427434
黑色金属冶炼和压延加工业	Nonmetal Mineral Products	7	1	990049	508813
有色金属冶炼和压延加工业	Smelting and Pressing of Ferrous Metals	11	1	72051	21476
金属制品业	Smelting and Pressing of Nonferrous Metals	63	2	686518	321852
通用设备制造业	Metal Products	117	24	1847443	994661
专用设备制造业	Ordinary Machinery Manufacturing	46	5	777240	359393
汽车制造业	Automobile Manufacturing Industry	60	9	1196516	648696
铁路、船舶、航空航天和其他运输设备制	Transportation Equipment Manufacturing Industry	6		40268	12891
电气机械和器材制造业	Electric Machinery and Equipment	109	15	1603386	732952
计算机、通信和其他电子设备制造业	Telecommunication, Computer and Other Electronic Equipments	100	19	3501019	2640121
仪器仪表制造业	Instruments, Meters, Cultural and Office Machinery	19	4	127276	56264
其他制造业	Other Industry	7	1	177788	49497
废弃资源综合利用业	Recovry of Resource Discarded and Useless Material	1		18419	15
电力、热力生产和供应业	Production and Supply of Electric Power and Hot water	9	1	2763732	82044
燃气生产和供应业	Production snd Supply of Gas	4	1	310928	
水的生产和供应业	Production and Supply of Water	3	1	57064	

Main Economic Indicators of Industrial Enterprises above Designated Size In Urban District by Branch (2020)

(10 000 yuan)

工业增加值(收入法) Value Added of Industry	资产总计 Total Assets	流动资产 Circulating Funds	应收帐款 Net Accounts Receivable	存货 Inventories	产成品 Industrial Products
4992839	27561299	16284664	4918598	3526593	1588677
25960	223590	158477	37997	28855	6006
149585	719662	311518	113730	93217	20434
17562	43914	23298	6589	7093	4155
477829	2841675	1631965	405187	548861	336273
159208	886554	615257	117652	125699	66646
26824	175354	133097	35673	47827	19900
14587	85546	59308	32234	4440	2330
58548	222655	166031	74940	51161	23638
80737	427878	230770	74911	72882	32482
18646	82739	55657	24115	7047	2439
90615	390950	143935	55323	42079	6137
165793	2086795	762718	167156	132014	57044
43685	140060	85128	21796	25280	12379
198120	1213998	429198	85852	161987	104301
229085	1317070	661363	345497	120075	48449
319581	1969106	1421557	586612	165637	56331
109135	626504	457912	19872	177911	92507
8703	74699	52867	19800	9809	2790
134332	638910	381946	165936	75878	27119
337062	2201137	1624465	442346	395920	207963
249654	991481	716689	245912	150966	48559
313978	2231566	1715369	381261	197370	47109
10173	35654	26454	10235	6918	3328
280187	1768344	1066384	461475	283303	103993
825329	3760537	2644310	824306	545566	242747
33670	206329	122188	55315	25169	9490
26031	113518	81372	37102	13285	3636
2406	25917	19623	12073	80	52
538706	1277656	149231	41888	7734	
28525	418236	257097	7507	438	438
18582	363266	79478	8307	2093	

8－18 续表1

单位:万元

指标名称	Item	固定资产净额 Net Fixed Assets	固定资产原价 Original Value of Fixed Assets	本年折旧 Depreciation in This Year
总　计	Total	6711655	13700122	853834
农副食品加工业	Farm Byproduct Processing	39132	66829	2978
食品制造业	Food Production	287863	540109	38680
酒、饮料和精制茶制造业	Alcohol, Drinks and Tea Production	11455	18520	1472
纺织业	Textile Industry	785458	1721408	112326
纺织服装、服饰业	Clothing Industry	85440	204072	9955
皮革、毛皮、羽毛及其制品和制鞋业	Leather, Furs, Down and Related Products	28688	55881	4720
木材加工和木、竹、藤、棕、草制品业	Timber Processing, Bamboo, Cane, Palm Fiber and Straw Products	13653	26898	1872
家具制造业	Furniture Manufacturing	47744	108435	5679
造纸和纸制品业	Papermaking and Paper Products	148352	382939	17483
印刷和记录媒介复制业	Printing and Record Medium Reproduction	17744	46317	2501
文教、工美、体育和娱乐用品制造业	Culture, Education, Arts, Sports and Entertainment Production	223487	337194	21690
化学原料和化学制品制造业	Raw Chemical Material and Chemical Products	199545	425414	28449
医药制造业	Medical and Pharmaceutical Products	30276	54917	4278
化学纤维制造业	Chemical Fiber	555557	1100868	60431
橡胶和塑料制品业	Rubber and Plastic Production	363610	870342	55355
非金属矿物制品业	Plastic Products	320420	611087	44653
黑色金属冶炼和压延加工业	Nonmetal Mineral Products	146321	350212	22005
有色金属冶炼和压延加工业	Smelting and Pressing of Ferrous Metals	13411	21872	1236
金属制品业	Smelting and Pressing of Nonferrous Metals	164657	351134	21749
通用设备制造业	Metal Products	401282	743669	47360
专用设备制造业	Ordinary Machinery Manufacturing	192164	360223	23201
汽车制造业	Automobile Manufacturing Industry	361047	636079	45851
铁路、船舶、航空航天和其他运输设备制	Transportation Equipment Manufacturing Industry	7025	12704	856
电气机械和器材制造业	Electric Machinery and Equipment	374372	621948	41709
计算机、通信和其他电子设备制造业	Telecommunication, Computer and Other Electronic Equipments	592792	997926	70095
仪器仪表制造业	Instruments, Meters, Cultural and Office Machinery	56736	75619	3865
其他制造业	Other Industry	15766	28000	1480
废弃资源综合利用业	Recovry of Resource Discarded and Useless Material	2900	5920	237
电力、热力生产和供应业	Production and Supply of Electric Power and Hot water	968804	2342587	130167
燃气生产和供应业	Production snd Supply of Gas	101550	186926	10384
水的生产和供应业	Production and Supply of Water	154402	394073	21120

Continued 1

(10000 yuan)

负债合计 Total Liabilities	流动负债 Circulating Liabilities	应付账款 Accounts Payable	所有者权益 Creditors´ Equity	营业收入 Business Revenue	营业成本 Business Cost	税金及附加 Tax and Extra Charges	销售费用 Selling Expenses
13849141	12322800	3847606	13677636	24588355	20826455	108163	622265
93617	76854	11505	128846	316511	291202	466	6182
460596	442544	156042	259066	730084	605446	3666	48445
18355	17534	6282	25559	46876	28983	465	2402
1620703	1383939	218908	1201079	1908773	1601713	11724	37379
400409	389373	117724	486144	751828	625036	4455	28829
132584	121114	42748	38762	198602	176308	1028	8304
53543	53543	16655	32003	68979	53427	413	4365
138751	138723	71778	83903	303345	259584	1644	10014
181174	180717	33968	246704	419390	368959	3444	11153
39416	37521	11108	43324	72111	57071	390	1906
217241	93929	19812	173709	195261	144755	2234	2984
558066	464917	182960	1526182	1064317	872664	4079	29677
58142	53020	15905	81919	126098	83078	581	8166
535091	412052	88996	677020	947976	817253	4267	22675
285852	281922	102154	1031218	867415	682426	6121	39214
1107825	953033	351701	861282	1609920	1304488	8288	57690
362202	361367	55799	264301	1037814	947470	2836	10504
41569	40984	5865	33130	79253	71412	259	661
300041	292360	66937	338868	690926	591080	3088	16439
1137929	1060214	366619	1060318	2142259	1838311	8123	56167
466420	441389	158700	525062	818937	621442	4828	19623
920013	816335	296184	1311553	1297129	1038143	6233	39272
14613	14575	7089	21042	38096	27119	153	902
1046024	990553	393563	720153	1769562	1474097	7949	52619
1890665	1790873	832963	1869871	3622374	2965789	13176	75091
90448	78355	21999	115881	126617	91263	613	6336
67987	66032	18095	45531	175451	142905	610	6093
4294	4294	374	21623	19422	20013	285	
1080788	918921	115516	196868	2761014	2672367	5555	
292235	211101	17956	126001	321789	293758	736	9641
232552	134710	41703	130715	60228	58896	453	9533

8－18 续表 2

单位:万元

指标名称	Item	管理费用 Management Expenses	研发费用 Research and Development Costs	财务费用 Financial Expenses
总　计	Total	882272	811319	189377
农副食品加工业	Farm Byproduct Processing	6972	4108	290
食品制造业	Food Production	30325	6980	8438
酒、饮料和精制茶制造业	Alcohol, Drinks and Tea Production	4638	959	259
纺织业	Textile Industry	84473	69736	34800
纺织服装、服饰业	Clothing Industry	38898	18562	7629
皮革、毛皮、羽毛及其制品和制鞋业	Leather, Furs, Down and Related Products	8927	4495	3206
木材加工和木、竹、藤、棕、草制品业	Timber Processing, Bamboo, Cane, Palm Fiber and Straw Products	3624	2487	2518
家具制造业	Furniture Manufacturing	15005	6937	3035
造纸和纸制品业	Papermaking and Paper Products	16083	10940	5106
印刷和记录媒介复制业	Printing and Record Medium Reproduction	5863	3429	993
文教、工美、体育和娱乐用品制造业	Culture, Education, Arts, Sports and Entertainment Production	18825	1935	1519
化学原料和化学制品制造业	Raw Chemical Material and Chemical Products	42734	37594	22387
医药制造业	Medical and Pharmaceutical Products	10995	7016	583
化学纤维制造业	Chemical Fiber	16230	28100	3639
橡胶和塑料制品业	Rubber and Plastic Production	50816	22392	3345
非金属矿物制品业	Plastic Products	41014	33806	13971
黑色金属冶炼和压延加工业	Nonmetal Mineral Products	9839	33586	6169
有色金属冶炼和压延加工业	Smelting and Pressing of Ferrous Metals	2095	1715	1132
金属制品业	Smelting and Pressing of Nonferrous Metals	26032	20078	5791
通用设备制造业	Metal Products	73448	67814	10590
专用设备制造业	Ordinary Machinery Manufacturing	40341	38582	10383
汽车制造业	Automobile Manufacturing Industry	68817	45511	－6441
铁路、船舶、航空航天和其他运输设备制	Transportation Equipment Manufacturing Industry	3327	1978	786
电气机械和器材制造业	Electric Machinery and Equipment	73946	88226	22710
计算机、通信和其他电子设备制造业	Telecommunication, Computer and Other Electronic Equipments	135998	231572	12012
仪器仪表制造业	Instruments, Meters, Cultural and Office Machinery	11631	8949	1803
其他制造业	Other Industry	9598	5488	2736
废弃资源综合利用业	Recovry of Resource Discarded and Useless Material	414	11	334
电力、热力生产和供应业	Production and Supply of Electric Power and Hot water	20201	7997	7364
燃气生产和供应业	Production snd Supply of Gas	7647	297	－586
水的生产和供应业	Production and Supply of Water	3516	40	2878

Continued 2

(10 000 yuan)

利息支出 Interest Expenditure	营业利润 Business Profits	利润总额 Total Profits	亏损企业亏损总额 Total Loss	利税总额 Total Pre – tax Profits	应交增值税 Value Added Taxes Payable	从业人员平均人数 Average Employees (person)	应付职工薪酬 Employee benefits payable
180927	1336432	1436196	158660	2232858	688500	209872	2117122
1299	11717	13106	462	16079	2507	1498	11728
4763	26659	27286	12486	45729	14777	5647	64341
26	9210	10014		12677	2199	363	4233
29595	74347	88340	18550	156355	56291	31914	223330
7557	69334	71048	6546	95085	19582	11738	91249
2640	-940	-461	5479	3297	2731	3280	21239
736	2215	4210	13	6768	2145	1071	7952
1658	7839	9047	973	13710	3019	4325	38076
8403	3475	11254	1166	35259	20560	3472	31979
501	2556	2904	716	5371	2077	1581	11083
868	21618	21864	720	25298	1200	2738	42215
15625	145920	147036	3554	173953	22839	4998	52971
375	16983	17694	1132	21444	3169	2043	19969
7938	72555	72274	2764	81982	5441	6248	67040
3239	63889	85580	1921	112619	20917	9024	82754
11781	141592	142389	1936	189527	38850	6718	75245
8364	27135	27865	46	46507	15806	1657	19692
957	2378	2739	268	4194	1197	558	3915
5025	28194	30968	466	45369	11314	8861	67375
9600	88596	95649	10076	125605	21834	17257	169351
7506	88182	92543	1504	120281	22910	9811	107252
8692	106415	110759	7653	135165	18174	12206	136525
277	3831	4025		4761	584	630	4704
11066	50595	58569	34987	77979	11461	17306	165788
17617	206327	215943	23583	292615	63496	37488	487610
1705	6080	8732	3246	12963	3618	1996	19161
1382	8118	8435	906	9823	778	1936	15058
334	-1702	594		3264	2386	207	1114
7826	53371	55635	2071	353951	292761	2230	59077
341	11454	11618	292	14988	2634	303	4480
3234	-11513	-11462	15145	-9762	1247	768	10617

8－19 分地区规模以上工业企业主要产品产量
（2020 年）

指 标	Item	单位	unit	全 市 Total	市 区 Urban District
发电量	Electricity	万千瓦时	10 000 kwh	8599785	199160
自来水生产量	Tap Water Supply Capacity	万吨	10 000 tons	71984	14779
配混合饲料	Forage	吨	ton	993368	440329
纱	Yarn	吨	ton	188238	85220
布	Cloth	万米	10 000 m	65152	32680
绒线（毛线）	Knitting Wool	吨	ton	10596	
呢绒	Woolen Goods	万米	10 000 m	252	119
丝	Silk	吨	ton	2432	33
服装	Garements	万件	10 000 units	39224	6298
轻革	Light Leather	平方米	sq. m	23079584	
皮革服装	Leather Clothing	万件	10 000 units	1162	3
箱包	Bags	万个	10 000 units	3359	300
鞋	Shoes	万双	10 000 pairs	1921	0
家具	Furniture	万件	10 000 units	2216	256
机制纸及纸板	Machine – made Paper and Paperboard	吨	ton	4541728	729556
纸制品	Paper Products	吨	ton	2129785	28788
初级形态塑料	Primary Plastic	吨	ton	2219367	264810
化学试剂	Chemical Reagents	吨	ton	540025	47201
化学纤维	Chemical Fiber	吨	ton	9438174	1097020
塑料制品	Plastic Products	吨	ton	1907190	153655
水泥	Cement	万吨	10 000 tons	2064	129
商品混凝土	Commercial Concrete	万立方米	10000 cu. m	3092	972
粗钢	Steel	吨	ton	1942073	636585
钢材	Steel Products	吨	ton	7238256	692682
滚动轴承	Bearing	万套	10 000 units	28446	15136
金属紧固件	Standard Fasteners	吨	ton	1525922	249054
太阳能电池	Solar Cell	千瓦	kw	11309254	
移动通信手持机	Mobile Phone	万台	10 000 units	2297	2296
电子元件	Electronic Component	万只	10 000 units	1075696	52546

Output of Major Products Produced by Industrial Enterprises above Designated Size by Region
(2020)

		嘉善县 Jiashan	海盐县 Haiyan	海宁市 Haining	平湖市 Pinghu	桐乡市 Tongxiang
南湖区 Nanhu	秀洲区 Xiuzhou					
63208	135952	59798	5340147	110721	2718469	171490
14779		7247	3197	12283	11149	23329
394914	45414	295510	108059	59031	33322	57117
14266	70954	1806	7889	52451	3854	37019
669	32011	3727		11317		17428
		382	142			10072
77	42	103				30
	33	191	410	54	6	1738
2699	3599	665	2212	5779	19341	4929
				11549346		11530237
	3		603	519	36	2
251	50	346			2227	486
				415	80	1426
41	215	349	196	1002	319	94
659200	70356	121391	1747752	85993	1717712	139324
6382	22406	97788	113616	322374	1306638	260581
236267	28543	8900	3366	1106502	828017	7772
18636	28565	64109	190878	123207	21737	92893
168973	928046		24098	687516	923621	6705919
72128	81527	75427	89947	1150840	114626	322695
129		333	736	20	133	712
668	304	245	313	550	359	652
636585		1305488				
677072	15610	1423248	3218671	1284363	225660	393631
	15136	3485		8840		985
114184	134870	290235	813246	22308	143959	7121
			362540	9744642	1202072	
2296				1		
22711	29835	24671	184211	567254	4031	242983

8－20　全市规模以上工业产品产量（2015－2020 年）

Output of Major Products Produced by Industrial Enterprises above Designated Size（2015－2020）

指标	Item	单位	unit	2015	2016	2017	2018	2019	2020
发电量	Electricity	万千瓦小时	10 000 kwh	7578414	7943414	8318941	8636222	8543117	8599785
自来水生产量	Tap Water Supply Capacity	万吨	10 000 tons	50204	53953	56352	52064	70295	71984
配合饲料	Forage	吨	ton	1060656	975175	905817	899178	888978	881535
啤酒	Beer	千升	kl	120379	198363	192907	213288	197042	527054
纱	Yarn	吨	ton	188591	190681	192550	195165	195272	188238
布	Cloth	万米	10 000 m	315673	311388	306509	80769	75722	65152
绒线（毛线）	Knitting Wool	吨	ton	19983	21150	23147	23177	12828	10596
呢绒	Woolen Goods	万米	10 000 m	856	1277	704	576	286	252
丝	Silk	吨	ton	8346	6581	5423	6054	3493	2432
服装	Garments	万件	10 000 units	51051	49592	47282	42356	40502	39224
皮鞋	Leather Shoes	万双	10 000 pairs	955	853	755	449	310	227
机制纸及纸板	Machine－made Paper and Paperboard	吨	ton	4572141	4690947	4620692	4691797	4593350	4541728
化学农药	Chemical Pesticide	吨	ton	7786	4633	4775	2978	6728	7936
塑料制品	Plastic Products	吨	ton	1016837	1098477	1100909	1199405	1842368	1907190
水泥	Cement	万吨	10 000 tons	1473	1511	1598	1796	2032	2064
砖（折标准砖）	Brick	万块	10 000 units	64820	63252	39846	54843	88674	82469
粗钢	Steel	吨	ton	1501680	1662059	602496	1121983	1754485	1942073
钢材	Steel Products	吨	ton	5964638	6603419	5427489	5049556	6126954	7238256
滚动轴承	Rolling Bearing	万套	10 000 units	22306	22035	26755	25114	29504	28446
金属紧固件	Metal Fasteners	吨	ton	1178139	1145010	1159188	1255460	1417064	1525922
电动自行车	Electric Bicycle	辆	unit	63406	90141	63422	58156	62533	44850
交流电动机	Alternating Current Motor	万千瓦	10 000kw	1160	1162	588	1078	699	827

8－21 市区规模以上工业产品产量(2015－2020 年)
Output of Major Products Produced by Industrial Enterprises above Designated Size in Urban District(2015－2020)

指标	Item	单位	unit	2015	2016	2017	2018	2019	2020
发电量	Electricity	万千瓦时	10 000 kwh	184947	196605	180031	180908	178928	8599785
配混合饲料	Forage	吨	ton	365327	307822	335008	317097	344801	421573
纱	Yarn	吨	ton	74378	73977	76129	76251	77556	85220
布	Cloth	万米	10 000 m	249697	249266	245497	63578	42196	32680
呢绒	Woolen Goods	万米	10 000 m	460	864	303	304	99	119
丝	Silk	吨	ton	947	1117	1147	631	112	33
服装	Garments	万件	10 000 units	10129	10596	10157	8441	7495	6298
皮鞋	Leather Shoes	万双	10 000 pairs	33	34	33	30	1	
机制纸及纸板	Machine－made Paper and Paperboard	吨	ton	737825	799240	580796	590619	565083	729556
塑料制品	Plastic Products	吨	ton	112156	101244	99740	128363	152452	153655
水泥	Cement	万吨	10 000 tons	258	283	296	239	124	129
砖(折标准砖)	Brick	万块	10 000 units	25260	23935	13026	10007	21317	20651
粗钢	Steel	吨	ton	653371	613026	585985	583544	594997	636585
钢材	Steel Products	吨	ton	655375	621817	597337	585330	648273	692682
滚动轴承	Rolling Bearing	万套	10 000 units	11458	11583	13848	13522	12723	15136
金属紧固件	Metal Fasteners	吨	ton	99142	128545	143656	144790	178194	249054
电动自行车	Electric Bicycle	辆	unit	63406	61511	23718	18272	12711	7870

8-22 全市规模以上工业增加值（2015-2020年）

Added Value of Industrial Enterprises above Designated Size（2015-2020）

单位:万元 (10000 yuan)

指标	Item	2015	2016	2017	2018	2019	2020
总　计	Total	14563399	16035645	17685059	19425241	19912621	20035338
按登记注册类型分	Grouped by Registered Type						
国有企业	State-owned Enterprises	391062	406293	332808	285759	208421	440826
集体企业	Collective-owned Enterprises	4294	5158	2615	1882	553	
股份合作企业	Share-holding Cooperative Enterprises	27265	38526	45107	52851	42021	27807
联营企业	Joint Ownership Enterprises						
有限责任公司	Limited Liability Corporations	2837860	3228751	3451565	4182429	4158898	3455008
股份有限公司	Share-holding Corporations Ltd.	1466799	1617973	1705462	2185717	1677369	1469011
私营企业	Private Enterprises	4944048	5453080	6378128	7193574	8145515	8729672
其他企业	Other Enterprises			397			
港、澳、台商投资企业	Enterprises with Investment from Hong Kong, Macao and Taiwan	1757507	1978481	2167113	2001910	2084477	2008961
外商投资企业	Enterprises with Foreign Investment	3134564	3307383	3601863	3521120	3595368	3904054
按轻重工业分	Grouped by Light and Heavy Industry						
轻工业	Light Industry	6716665	7306590	8206823	8342395	8230035	7450298
重工业	Heavy Industry	7846734	8729055	9478235	11082846	11682585	12585040
按企业规模分	Grouped by Size of Enterprise						
大型企业	Large	3636135	4010170	3891186	4636176	4484427	3976852
中型企业	Medium-sized	3959180	4585866	5327659	5531773	5737324	6135730
小型企业	Small	6659646	7102981	6989046	7525345	8034243	8236129
微型企业	Micro-enterprises	308438	336627	1477168	1731947	1656627	1686627

8-23 全市规模以上工业分行业增加值（2015-2020年）

Added Value of Industrial Enterprises above Designated Size by Branch（2015-2020）

单位:万元 (10000 yuan)

指标	Item	2015	2016	2017	2018	2019	2020
总　计	Total	14563399	16035645	17685059	19425241	19912621	20035338
非金属矿采选业	Nonmetal Minerals Mining and Dressing	5661	5231	1062			
农副食品加工业	Food Processing	99092	107445	102744	117213	121879	117224
食品制造业	Food Production	250785	242721	316318	265190	277572	257472
酒、饮料和精制茶制造业	Alcohol,Drinks and Tea Production	45095	64807	51967	62049	73009	91111
纺织业	Textile Industry	1909124	1972563	2064060	2188058	2186417	1975337
纺织服装、服饰业	Clothing Industry	1087789	1099832	1020872	1037023	996589	805033
皮革、毛皮、羽毛及其制品和制鞋业	Leather,Furs,Down and Related Products	668179	637854	526386	476144	444769	287817
木材加工和木、竹、藤、棕、草制品业	Timber Processing, Bamboo, Cane, Palm Fiber and Straw Products	117359	133240	164744	245041	234043	203058
家具制造业	Furniture Manufacturing	448615	506569	555905	517392	450916	329113
造纸和纸制品业	Papermaking and Paper Products	425724	500671	806098	812426	633487	542769
印刷和记录媒介复制业	Printing	106466	121335	121884	141138	181420	199325
文教、工美、体育和娱乐用品制造业	Culture, Education, Arts, Sports and Entertainment Production	102980	151762	189788	191525	218924	229696
石油加工、炼焦和核燃料加工业	Petroleum Processing and Coking	59979	78328	85998	96265	90519	82609
化学原料和化学制品制造业	Raw Chemical Material and Chemical Products	926250	1218421	1370795	1518632	1777731	1864840
医药制造业	Medical and Pharmaceutical Products	87939	100689	95640	126062	103049	131290
化学纤维制造业	Chemical Fiber	595843	792227	936626	965075	966411	794175
橡胶和塑料制品业	Rubber and Plastic Production	559785	591606	616815	689441	720275	768994
非金属矿物制品业	Nonmetal Mineral Products	745355	801504	895288	1036301	1196492	1434748
黑色金属冶炼和压延加工业	Smelting and Pressing of Ferrous Metals	232969	358703	314024	344434	196444	228182
有色金属冶炼和压延加工业	Smelting and pressing of Nonferrous Metals	81354	80368	137512	57385	45632	45216
金属制品业	Metal Products	356963	415139	550895	636489	736822	823035
通用设备制造业	Ordinary Machinery Manufacturing	782093	874321	1005455	1191590	1231079	1254942
专用设备制造业	Equipment Manufacturing For Special Purposes	313786	340482	388536	457893	514850	539873
汽车制造业	Automobile Manufacturing Industry	399011	452900	606617	682440	654510	640037
铁路、船舶、航空航天和其他运输设备制	Transportation Equipment Manufacturing Industry	13805	16851	17491	24830	29172	31104
电气机械和器材制造业	Electric Equipment and Machinery	1010301	1261456	1329102	1336015	1533093	1496073
计算机、通信和其他电子设备制造业	Computer and Communication Equipment Manufacturing Industry	730256	739996	984774	1575095	1636507	2149153
仪器仪表制造业	Instrument Manufacturing Industry	152490	156666	158486	144112	196243	241899
其他制造业	Other Industry	36073	35503	43076	49374	57853	52767
废弃资源综合利用业	Recovry of Resource Discarded and Useless Material	30142	30799	29605	40426	66234	56366
电力、热力生产和供应业	Production and Supply of Electric Power,Steam and Hot water	2048066	2017178	2038683	2217433	2169322	2190771
燃气生产和供应业	Production snd Supply of Gas	40428	41848	56017	81214	77982	84524
水的生产和供应业	Production and Supply of Water	93646	86630	101798	101535	93379	86786

8-24 市区规模以上工业增加值（2015-2020年）

Added Value of Industrial Enterprises above Designated Size in Urban Area(2015-2020)

单位：万元 (10000 yuan)

指标	Item	2015	2016	2017	2018	2019	2020
总　计	Total	3068575	3563870	3985440	4528911	4662169	4992839
按登记注册类型分	Grouped by Registered Type						
国有企业	State-owned Enterprises	203921	226237	228988	231636	208421	439173
集体企业	Collective-owned Enterprises	2044	2070				
股份合作企业	Share-holding Cooperative Enterprises	13233	17641	16446	20090	18112	13647
联营企业	Joint Ownership Enterprises						
有限责任公司	Limited Liability Corporations	395243	455623	535066	589169	547968	477977
股份有限公司	Share-holding Corporations Ltd.	182670	201833	209743	471975	513985	521809
私营企业	Private Enterprises	876598	1090115	1196009	1538728	1707206	1899485
其他企业	Other Enterprises						
港、澳、台商投资企业	Enterprises with Investment from Hong Kong, Macao and Taiwan	387464	476715	579804	573408	561109	500367
外商投资企业	Enterprises with Foreign Investment	1007403	1093637	1219383	1103905	1105370	1140382
按轻重工业分	Grouped by Light and Heavy Industry						
轻工业	Light Industry	1419245	1569891	1650209	1763871	1838772	1737330
重工业	Heavy Industry	1649330	1993979	2335231	2765041	2823397	3255509
按企业规模分	Grouped by Size of Enterprise						
大型企业	Large	770247	975762	1056495	1193412	1190900	1183295
中型企业	Medium-sized	1063632	1279735	1333654	1518112	1662810	1670626
小型企业	Small	1024096	1073668	1351792	1566662	1581544	1686560
微型企业	Micro-enterprises	210600	234706	243499	250726	226915	452358

8-25 市区规模以上工业分行业增加值（2015-2020年）

Added Value of Industrial Enterprises above Designated Size by Branch in Urban Area(2015-2020)

单位:万元 (10000 yuan)

指标	Item	2015	2016	2017	2018	2019	2020
总　计	Total	3068575	3563870	3985440	4528911	4662169	4992839
农副食品加工业	Food Processing	21005	18983	24208	32629	33447	25960
食品制造业	Food Production	135584	109525	135874	163151	168424	149585
酒、饮料和精制茶制造业	Alcohol,Drinks and Tea Production				8432	13196	17562
纺织业	Textile Industry	433226	397996	453857	537666	539553	477829
纺织服装、服饰业	Clothing Industry	195453	202864	203679	214870	214427	159208
皮革、毛皮、羽毛及其制品和制鞋业	Leather,Furs,Down and Related Products	58689	59319	65555	41261	40268	26824
木材加工和木、竹、藤、棕、草制品业	Timber Processing, Bamboo, Cane, Palm Fiber and Straw Products	13201	17503	16619	24860	15491	14587
家具制造业	Furniture Manufacturing	99724	115622	94072	78191	57133	58548
造纸和纸制品业	Papermaking and Paper Products	69401	88483	91087	100574	85708	80737
印刷和记录媒介复制业	Printing	9192	10242	9944	11552	19513	18646
文教、工美、体育和娱乐用品制造业	Culture, Education, Arts, Sports and Entertainment Production	15822	58156	62934	56431	77737	90615
化学原料和化学制品制造业	Raw Chemical Material and Chemical Products	116413	145642	176070	198397	190890	165793
医药制造业	Medical and Pharmaceutical Products	17857	21050	21159	33635	36668	43685
化学纤维制造业	Chemical Fiber	86041	151322	139906	164342	204993	198120
橡胶和塑料制品业	Rubber and Plastic Production	196748	221741	197853	205857	195995	229085
非金属矿物制品业	Nonmetal Mineral Products	191953	207528	194907	205443	246025	319581
黑色金属冶炼和压延加工业	Smelting and Pressing of Ferrous Metals	6183	99226	105239	108869	100499	109135
有色金属冶炼和压延加工业	Smelting and pressing of Nonferrous Metals	7085	7044	17049	9346	8644	8703
金属制品业	Metal Products	76295	87930	117144	124337	129744	134332
通用设备制造业	Ordinary Machinery Manufacturing	218076	232063	265594	311604	314810	337062
专用设备制造业	Equipment Manufacturing For Special Purposes	96748	95143	145065	200173	224169	249654
汽车制造业	Automobile Manufacturing Industry	203693	213291	250330	288052	287641	313978
铁路、船舶、航空航天和其他运输设备制	Transportation Equipment Manufacturing Industry	6593	8564	7867	8101	10228	10173
电气机械和器材制造业	Electric Equipment and Machinery	167858	259179	284339	225467	274145	280187
计算机、通信和其他电子设备制造业	Computer and Communication Equipment Manufacturing Industry	263901	349440	452956	742046	767069	825329
仪器仪表制造业	Instrument Manufacturing Industry	48777	49648	41305	18791	32152	33670
其他制造业	Other Industry	22746	20184	21026	21107	21773	26031
废弃资源综合利用业	Recovry of Resource Discarded and Useless Material	601	558	7158	5539	4433	2406
电力、热力生产和供应业	Production and Supply of Electric Power,Steam and Hot water	248741	277005	314254	315457	297075	538706
燃气生产和供应业	Production snd Supply of Gas	15828	16690	24910	30584	27576	28525
水的生产和供应业	Production and Supply of Water	25139	20802	39236	42149	22744	18582

8-26 分地区规模以上工业增加值
(2020年)

单位:万元

指　标	Item	全市 Total	市区 Urban District
总　计	Total	20035338	4992839
按登记注册类型分	Grouped by Registered Type		
国有企业	State - owned Enterprises	440826	439173
集体企业	Collective - owned Enterprises		
股份合作企业	Share - holding Cooperative Enterprises	27807	13647
有限责任公司	Limited Liability Corporations	3455008	477977
股份有限公司	Share - holding Corporations Ltd.	1469011	521809
私营企业	Private Enterprises	8729672	1899485
港、澳、台商投资企业	Enterprises with Investment from Hong Kong, Macao and Taiwan	2008961	500367
外商投资企业	Enterprises with Foreign Investment	3904054	1140382
按轻重工业分	Grouped by Light and Heavy Industry		
轻工业	Light Industry	7450298	1737330
重工业	Heavy Industry	12585040	3255509
按企业规模分	Grouped by Size of Enterprise		
大型企业	Large	3976852	1183295
中型企业	Medium - sized	6135730	1670626
小型企业	Small	8236129	1686560
微型企业	Micro - enterprises	1686627	452358

Added Value of Industrial Enterprises above Designated Size by Region (2020)

(10 000 yuan)

南湖区 Nanhu	秀洲区 Xiuzhou	嘉善县 Jiashan	海盐县 Haiyan	海宁市 Haining	平湖市 Pinghu	桐乡市 Tongxiang
2493112	2499727	2566984	2564463	3476393	3692450	2742210
439173		1653				
8193	5454		1805	1052	95	11208
267078	210899	115399	1409804	338290	641836	471703
345432	176376	91824	74345	317007	234520	229507
904264	995222	1317771	788920	2257431	1028418	1437647
161723	338644	392832	145335	214846	420930	334652
367250	773132	647506	144255	347768	1366651	257493
646666	1090664	745600	546835	2083221	977581	1359732
1846447	1409063	1821384	2017628	1393172	2714869	1382478
705743	477552	738318	132379	716077	545321	661461
539704	1130922	689148	442026	952207	1561699	820025
803615	882945	1110475	958114	1744076	1530180	1206724
444050	8308	29043	1031944	64034	55250	53999

8－27 分地区、分行业规模以上工业增加值

（2020 年）

单位：万元

指　　标	Item	全　市 Total	市　区 Urban District
农副食品加工业	Food Processing	117224	25960
食品制造业	Food Production	257472	149585
酒、饮料和精制茶制造业	Alcohol, Drinks and Tea Production	91111	17562
纺织业	Textile Industry	1975337	477829
纺织服装、服饰业	Clothing Industry	805033	159208
皮革、毛皮、羽毛及其制品和制鞋业	Leather, Furs, Down and Related Products	287817	26824
木材加工和木、竹、藤、棕、草制品业	Timber Processing, Bamboo, Cane, Palm Fiber and Straw Products	203058	14587
家具制造业	Furniture Manufacturing	329113	58548
造纸和纸制品业	Papermaking and Paper Products	542769	80737
印刷和记录媒介复制业	Printing	199325	18646
文教、工美、体育和娱乐用品制造业	Culture, Education, Arts, Sports and Entertainment Production	229696	90615
石油加工、炼焦和核燃料加工业	Petroleum Processing and Coking	82609	
化学原料和化学制品制造业	Raw Chemical Material and Chemical Products	1864840	165793
医药制造业	Medical and Pharmaceutical Products	131290	43685
化学纤维制造业	Chemical Fiber	794175	198120
橡胶和塑料制品业	Rubber and Plastic Production	768994	229085
非金属矿物制品业	Nonmetal Mineral Products	1434748	319581
黑色金属冶炼和压延加工业	Smelting and Pressing of Ferrous Metals	228182	109135
有色金属冶炼和压延加工业	Smelting and pressing of Nonferrous Metals	45216	8703
金属制品业	Metal Products	823035	134332
通用设备制造业	Ordinary Machinery Manufacturing	1254942	337062
专用设备制造业	Equipment Manufacturing For Special Purposes	539873	249654
汽车制造业	Automobile Manufacturing Industry	640037	313978
铁路、船舶、航空航天和其他运输设备制	Transportation Equipment Manufacturing Industry	31104	10173
电气机械和器材制造业	Electric Equipment and Machinery	1496073	280187
计算机、通信和其他电子设备制造业	Computer and Communication Equipment Manufacturing Industry	2149153	825329
仪器仪表制造业	Instrument Manufacturing Industry	241899	33670
其他制造业	Other Industry	52767	26031
废弃资源综合利用业	Recovry of Resource Discarded and Useless Material	56366	2406
电力、热力生产和供应业	Production and Supply of Electric Power, Steam and Hot water	2190771	538706
燃气生产和供应业	Production snd Supply of Gas	84524	28525
水的生产和供应业	Production and Supply of Water	86786	18582

Added Value of Industrial Enterprises above Designated Size by Branch And Region (2020)

(10 000 yuan)

南湖区 Nanhu	秀洲区 Xiuzhou	嘉善县 Jiashan	海盐县 Haiyan	海宁市 Haining	平湖市 Pinghu	桐乡市 Tongxiang
21063	4897	37867	17000	20090	9306	7001
70959	78626	11140		40088	39010	17649
17562		22543	11752	35227	751	3276
39638	438191	103473	62390	778763	86641	466240
49675	109533	14794	33647	220680	228032	148673
17383	9441	19358	14703	105833	75439	45660
14587		156296	6835	9797	8749	6794
16045	42504	122792	12556	95658	17388	22170
71025	9712	49488	131751	31577	206210	43005
12515	6131	48934	9274	64032	34357	24083
83451	7164	18658	16175	22730	54522	26995
		1411	5195	349	69990	5664
119513	46280	87082	99526	123545	1194674	194222
33756	9930	20115	5630	10441	37892	13526
20297	177824	262	4957	151150	46095	393592
55731	173354	127688	45245	205506	55411	106059
64721	254860	151549	125485	83445	154916	599772
108017	1118	23749	29511	57544	5147	3096
2422	6282	15072	7480	-1980	1561	14380
71372	62960	121949	233708	168393	111957	52695
176287	160775	264759	203501	174591	175164	99866
115537	134117	53605	42676	94629	66280	33028
180358	133620	114762	40843	42536	211581	-83661
2548	7624	4757	501	1680	3903	10091
148672	131514	150870	150902	487821	348038	78255
452884	372445	679627	90857	301404	70683	181253
16923	16747	13500	58945	23234	54903	57647
5960	20071	8365	2829	8019	2592	4930
2406		33132	19393		1435	
473085	65621	77538	1065338	96328	290191	122671
11705	16819	2977	10888	8118	16593	17424
17015	1568	8875	4971	15163	13041	26153

主要统计指标解释

工业增加值　指工业企业在报告期内以货币表现的工业生产活动的最终成果。

工业总产值　指工业企业在报告期内生产的以货币形式表现的工业最终产品和提供工业劳务活动的总价值量。

资产总计　指企业过去的交易或者事项形成的、由企业拥有或者控制的、预期会给企业带来经济利益的资源。

固定资产原价　指企业在建造、购置、安装、改建、扩建、技术改造某项固定资产时所支出的全部货币总额。它一般包括买价、包装费、运杂费和安装费等。

固定资产净额　指固定资产原价减去累计折旧、固定资产减值准备后的金额。

负债合计　指企业过去的交易或者事项形成的,预期会导致经济利益流出企业的现时义务。

营业收入　指企业从事销售商品、提供劳务和让渡资产使用权等生产经营活动形成的经济利益流入。

营业成本　指企业从事销售商品、提供劳务和让渡资产使用权等生产经营活动发生的实际成本。

利润总额　指企业在一定会计期间的经营成果,是生产经营过程中各种收入扣除各种耗费后的盈余,反映企业在报告期内实现的盈亏总额。

利税总额　指企业利润总额、税金及附加和应交增值税之和。

应交增值税　指企业在报告期内应交纳的增值税额。

EXPLANATORY NOTES ON MAIN STATISTICAL INDICATORS

Added Value of Industrial It refers to the final results of industrial production of the industrial trade in the form of currency during the reporting period.

Gross Output Value of Industrial It refers to the total value of industrial final products and services provided by industrial enterprises in the form of currency during the reporting period.

Total Assets It refers to the resources that formed by the past transactions or events, owned or controlled by the enterprise, and expected to bring economic benefits to the enterprise.

Original Value of Fixed Assets If refers to the original value of all fixed assets owned by industrial enterprises, calculated at the cost paid at the time of purchase, installation, reconstruction, expansion, and technical innovation and transformation of the said assets, which includes expenses on purchase, package, transportation, and installation, etc.

Net Fixed Assets It is obtained by the original value of fixed assets deducting the accumulated depreciation and the provision for impairment of fixed assets

Total Liabilities It refers to the current obligation of an enterprise that formed by the past transactions or events, and expected to cause economic benefits to flow out of the enterprise.

Business Revenue It refers to the inflow of economic benefits that formed by the enterprise's production and operation activities such as selling commodities, providing labor services and transferring the right to use assets and etc.

Business Cost It refers to real costs that formed by the enterprise's production and operation activities such as selling commodities, providing labor services and transferring the right to use assets and etc.

Total Profits It refers to the operating results of an enterprise in a certain accounting period. It is the surplus after deducting various expenses from various incomes in the process of production and operation, and reflects the total profit and loss realized by the enterprise in the reporting period.

Total Taxes and Profits It refers to the sum of total profits, taxes and surcharges and value – added tax payable.

Value Added Tax Payable It refers to the amount of the value added tax which should be paid by the enterprises in the reporting period.

九、建筑业
Construction

9-1 全市具有资质等级建筑业企业主要生产经营指标（2007-2020年）

单位:万元

指　标	Item	2007	2008	2009
企业个数(个)	Number of Enterprises (unit)	264	248	247
亏损企业个数(个)	Number of Loss Enterprises (unit)	13	11	13
建筑业总产值	Gross Output Value of Construction	2372678	3154840	4071590
竣工产值	Output Value of Buildings Completed	1841753	2361146	3078822
房屋建筑施工面积(万平方米)	Floor Space of Buildings under Construction (10 000 sq. m)	3408.37	3857.63	4489.9
房屋建筑竣工面积(万平方米)	Floor Space of Buildings Completed (10 000 sq. m)	1682.81	1899.61	2164.07
固定资产原价	Original Value of Fixed Assets	253068	277086	339422
实收资本合计	Actual Capital Hold	278457	368068	461278
年末资产合计	Total Asset at Year - end	1465074	1672664	2072714
流动资产小计	Circulating Assets	1207364	1371584	1693660
其中:存货	Stocks	507129	521855	560648
在建工程	Projects Under Construction	14399	13531	21174
固定资产合计	Fixed Assets	188785	202782	255647
年末负债合计	Total Liabilities at Year - end	1078152	1183686	1427611
流动负债小计	Liquid Liabilities	1063065	1162550	1404489
非流动负债小计	Sum of the Non Current Liabilities	15087	21136	23123
所有者权益合计	Creditors´Equity	386923	488978	645103
营业收入	Business Income	2043765	2565036	3353451
营业成本	Operating Cost	1862378	2342633	3065741
营业税金及附加	Business Tax and Surchanges	66449	85665	112169
管理费用	Management Expenditures	56356	65931	75979
财务费用	Financial Expenditures	10462	13975	14377
营业利润	Operating Profits	45586	55825	80392
利润总额(亏损为-)	Total Profits	48976	66812	90431

注:2001年前为建筑业资质等级四级以上建筑业企业,2002年及以后为具有建筑业等级的所有独立核算建筑企业,劳务分包建筑企业除外。2019年根据省统计局要求,建筑业总产值不对外公布。

Major Economic Indicators of Construction Enterprises Having Class (2007 - 2020)

(10 000 yuan)

2010	2011	2012	2013	2014	2015	2016	2017	2018	2019	2020
271	291	308	325	322	326	333	338	378	394	432
7	19	27	25	37	39	36	38	48	47	69
5898670	7642751	8442914	9425426	9847473	9078912	9049196	10563761	11610949	—	12206736
3705062	4894272	5857227	6666795	4730585	7090957	6273327	6814916	7552755	7826318	8165138
6197.76	7791.62	7957.87	8477.60	8526.77	8781.87	6892.05	7621.07	8212.84	8276.50	9039.63
2334.59	2870.43	2976.68	3112.82	3372.44	4580.28	2679.47	2664.50	3109.82	2791.76	2914.31
447341	514032	528441	544158	570472	594351	601494	704425	765921	783796	877992
638575	752110	851397	889107	1033478	1036434	1112463	1232387	1313380	1276936	1395508
3070710	3803794	4203853	4574659	5023878	5425519	5766633	5878627	6354528	6688142	7525207
2554144	3197863	3618663	3845427	4346187	4693169	5074482	5115259	5444469	5863566	6553333
807912	845564	946400	1142161	1371859	1629057	1720492	1471272	1399952	1068782	1238981
17547	24485	20237	51040	47959	43496	48217	29773	22523	37163	58706
330577	379401	361668	403942	410717	411291	413994	460631	440463	446125	504687
2178541	2763858	3019256	3182436	3548306	3898690	4114329	4060092	4420408	4767880	5392169
2139311	2682594	2913757	3025997	3417352	3775495	3970210	3922868	4345596	4654953	5227293
39230	81265	75682	46058	37784	24391	46654	69353	45637	94490	127427
892169	1039936	1181528	1304544	1475572	1526830	1652304	1818535	1934121	1920262	2133039
4769293	5739290	6391388	7120907	7239821	6781190	7222425	7746876	8789226	9607129	10431901
4369974	5268440	5865412	6548047	6699556	6253817	6759791	7328443	8324904	9126526	9898652
159053	187724	199312	228999	235448	223739	141979	43683	37078	34154	36263
95356	106630	130166	134744	131578	135268	147863	177822	198720	231522	260253
25434	45006	53959	56708	59446	49364	44386	44661	47708	49278	47188
113034	119516	125354	110188	103127	112118	121095	144297	173474	157092	175135
121435	120532	126677	120615	106980	112544	129195	162633	170380	162324	176866

Note: In 2001 and before, the statistical caliber of the data refers to enterprises of construction having class; Since 2002, the scope of enterprises except for sub - work include all enterprises of construction having class with independent accounting system. According to the requirements of Zhejiang Provincial Bureau of Statistics, the gross output value of construction will not be released to the public in 2019.

9-2 市区具有资质等级建筑业企业主要生产经营指标（2007-2020年）

单位:万元

指　　标	Item	2007	2008	2009
企业个数(个)	Number of Enterprises (unit)	88	79	79
亏损企业个数(个)	Number of Loss Enterprises (unit)	5	2	3
建筑业总产值	Gross Output Value of Construction	709857	993544	1314724
竣工产值	Output Value of Buildings Completed	557790	686489	861419
房屋建筑施工面积(万平方米)	Floor Space of Buildings under Construction (10 000 sq. m)	809.5	1065.26	1286.72
房屋建筑竣工面积(万平方米)	Floor Space of Buildings Completed (10 000 sq. m)	351.12	419.53	454.44
固定资产原价	Original Value of Fixed Assets	88207	99308	118552
实收资本合计	Actual Capital Hold	90897	118949	155683
年末资产合计	Total Asset at Year - end	393617	493279	600202
流动资产小计	Circulating Assets	301159	391719	479734
其中:存货	Stocks	114024	119469	130803
在建工程	Projects Under Construction	7177	7017	5529
固定资产合计	Fixed Assets	72617	74915	86080
年末负债合计	Total Liabilities at Year - end	264972	331083	397540
流动负债小计	Liquid Liabilities	262203	325991	388689
非流动负债小计	Sum of the Non Current Liabilities	2768	5092	8851
所有者权益合计	Creditors´Equity	128645	162196	202662
营业收入	Business Income	615868	812290	1079870
营业成本	Operating Cost	557057	737080	987501
营业税金及附加	Business Tax and Surchanges	20131	26178	34858
管理费用	Management Expenditures	21645	27752	29836
财务费用	Financial Expenditures	2590	3759	4335
营业利润	Operating Profits	14223	17922	21806
利润总额(亏损为-)	Total Profits	16891	25856	24528

注:2001年前为建筑业资质等级四级以上建筑业企业,2002年及以后为具有建筑业等级的所有独立核算建筑企业,劳务分包建筑企业除外。2019年根据省统计局要求,建筑业总产值不对外公布。

Major Economic Indicators of Construction Enterprises Having Class in Urban District (2007 - 2020)

(10 000 yuan)

2010	2011	2012	2013	2014	2015	2016	2017	2018	2019	2020
98	108	120	134	130	125	125	128	145	144	155
2	4	11	8	13	15	12	13	18	14	27
1816845	2283760	2380746	2572029	2480194	2348082	2573137	3736429	3963576	—	3710809
1143800	1226461	1446056	1869211	1664747	1861072	1690971	2451765	2707958	2743841	2162468
1754.84	2217.55	2126.66	2343.77	2352.12	3605.69	2092.87	2876.44	2697.85	2489.76	2518.39
614.13	667.28	680.62	792.67	858.78	709.47	603.96	837.57	1096.74	674.70	656.15
142128	169557	188320	215996	214967	219564	226330	247977	309033	307559	331772
194723	230839	258922	299181	329647	337125	352938	418626	468156	461596	511740
786786	868820	1038142	1293940	1302784	1325075	1464798	1856564	2138838	2477731	2453633
631953	681971	851631	997136	1082349	1046577	1193570	1584496	1825535	2188507	2087679
177419	169041	237351	293102	266217	323792	314150	348881	290390	286192	331542
7126	4825	6854	5650	10418	3408	5996	11388	6123	13651	16582
104198	119383	135251	149895	148527	144355	147118	154450	168950	163103	175515
525522	564145	688289	813516	874070	874959	951500	1222556	1418102	1750593	1668157
514987	556427	678965	698074	782407	844387	847357	1155803	1403645	1734559	1603938
10535	7718	5224	12380	2182	4334	13432	16059	9729	7238	42193
261264	304675	347790	393969	428715	450116	513298	634008	720736	727137	785476
1432180	1709470	1750908	1932672	1958691	1949310	2147961	2799231	3327285	3158218	3185973
1313629	1573770	1605347	1751231	1806907	1800350	2004602	2648646	3150902	2998943	3019768
46750	53283	53631	57711	57361	56280	39120	15133	16064	10380	10865
35002	39958	44047	47623	46289	45637	50557	63388	73224	75852	81834
6624	10112	13535	13423	14982	11862	11223	14943	15147	17951	16997
26602	29814	28706	25332	26888	29391	36241	53087	67350	51193	59275
25192	31463	29628	25728	27636	29122	40011	54056	67540	53391	61164

Note: In 2001 and before, the statistical caliber of the data refers to enterprises of construction having class; Since 2002, the scope of enterprises except for sub - work include all enterprises of construction having class with independent accounting system. According to the requirements of Zhejiang Provincial Bureau of Statistics, the gross output value of construction will not be released to the public in 2019.

9-3 分地区具有资质等级建筑业企业主要生产经营指标
(2020年)

单位:万元

指　标	Item	全　市 Total	市　区 Urban District
建筑业企业个数(个)	Number of Enterprises (unit)	432	155
亏损企业个数(个)	Number of Loss Enterprises (unit)	69	27
建筑业总产值	Gross Output Value of Construction	12206736	3710809
竣工产值	Output Value of Buildings Completed (10 000 sq. m)	8165138	2162468
房屋建筑施工面积(万平方米)	Floor Space of Buildings under Construction (10 000 sq. m)	9039.63	2518.39
房屋建筑竣工面积(万平方米)	Floor Space of Buildings Completed(10 000 sq. m)	2914.31	656.15
年初存货	The Beginning Inventories	1102083	307859
年末资产负债	Assets and Liabilities at Year - end		
流动资产合计	Sum of Circulating Funds	6553333	2087679
其中:应收工程款	Accounts Receivable	1745699	579702
存货	Inventories	1238981	331542
固定资产合计	Total Fixed Assets	504687	175515
固定资产减值准备	Fixed Assets Depreciation Reserves	234	75
固定资产原价	Original Value of Fixed Assets	877992	331772
累计折旧	Total Cumulative Depreciation	373071	156183
其中:本年折旧	Depreciation This year	68669	25765
在建工程	Projects Under Construction	58706	16582
资产合计	Total Assets	7525207	2453633
流动负债合计	Liquid Liabilities	5227293	1603938
其中:应付账款	Accounts Payable	2416441	768701
非流动负债合计	Sum of the Non Current Liabilities	127427	42193
负债合计	Total Liabilities	5392169	1668157
所有者权益合计	Creditors´Equity	2133039	785476
其中:实收资本	Paid - in Capital	1395508	511740
个人资本	Personal Capital	719746	318612

Major Economic Indicators of Construction Enterprises Having Class by Region (2020)

(10 000 yuan)

		嘉善县 Jiashan	海盐县 Haiyan	海宁市 Haining	平湖市 Pinghu	桐乡市 Tongxiang
南湖区 Nanhu	秀洲区 Xiuzhou					
63	53	42	49	63	66	57
12	8	13	10	6	9	4
1444253	1228357	564432	680961	3192229	882199	3176106
917606	467736	414639	336099	2322642	584892	2344398
943.38	845.73	360.45	331.78	2547.71	853.40	2427.90
291.14	159.65	158.50	112.76	768.16	205.96	1012.79
147922	115987	51257	95720	330612	112797	203839
857110	658780	325438	485516	1879497	717363	1057840
183697	195942	87770	105600	396080	168654	407893
162106	112805	50918	119773	404351	112864	219533
45092	97005	19879	63090	120349	56965	68889
				159		
93096	159688	38891	98252	183784	103325	121969
48004	62683	19012	35162	63276	46360	53079
6119	10217	3079	9910	15906	5546	8464
3331	9400	1487	1378	26014	5558	7688
981067	836762	361450	601748	2104156	832538	1171683
619408	577025	248659	403899	1637610	579368	753820
305253	309117	109677	166575	813228	212806	345453
37659	4100	6073	29896	25354	14447	9464
658263	601844	255683	434910	1663457	606678	763284
322804	234918	105767	166838	440698	225860	408399
223045	161347	89015	127908	272180	154688	239976
142917	103527	49294	32737	113252	93280	112571

9-3 续表

单位:万元

指　　标	Item	全　市 Total	市　区 Urban District
损益及分配	Distribution of Profit and Lost		
营业收入	Sales Revenue	10431901	3185973
其中:主营业务收入	Sales Revenue of Main Business	10398337	3175261
营业成本	Cost of Sales	9898652	3019768
其中:主营业务成本	Main Business Cost	9854850	3009763
营业税金及附加	Sales Tax and Extra Charges	36263	10865
其中:主营业务税金及附加	Sales Tax and Extra Charges of Main Business	35138	10848
其他业务利润	Non - Main Business Profits	8339	2088
销售费用	Sales Expenses	12098	7550
管理费用	Management Expenses	260253	81834
财务费用	Financial Expenses	47188	16997
其中:利息收入	Interest Income	3593	2589
利息支出	Interest Expenditure	48565	17474
资产减值损失	Assets impairment loss	1625	-152.5
公允价值变动收益	Income from changes in fair value	198	
投资收益	Equity earnings	10370	8232
营业利润	Profits of Management	175135	59275
营业外收入	Nonbusiness income	14360	6702
政府补贴	Government subsidy		
营业外支出	Nonbusiness expenditure	11864	4889
利润总额	Total Profits	176866	61164
应交所得税	Income tax Payable	39277	13663
应付职工薪酬(本年贷方累计发生额)	Employee benefits payable	1977213	566954
建筑业企业在境外完成的营业收入	Sales Revenue from overseas	2285	946
应交增值税	Value Added Tax Payable	253669	74985

Continued

(10 000 yuan)

南湖区 Nanhu	秀洲区 Xiuzhou	嘉善县 Jiashan	海盐县 Haiyan	海宁市 Haining	平湖市 Pinghu	桐乡市 Tongxiang
1267605	1005514	547804	671114	2701335	881178	2444497
1259609	1003551	547670	670514	2684823	878452	2441617
1208266	946980	522092	638988	2571240	828101	2318465
1201439	946864	522028	638404	2558065	809027	2317564
4238	3370	1523	2580	8622	2774	9898
4236	3370	1523	1810	8400	2677	9879
1946	96	70	5	5208	840	130
4197	3107	777	386	233	1862	1290
30492	27764	14204	20925	68428	28182	46681
7354	4552	1330	3264	9559	5670	10369
1954	421	154	381	-1218	899	790
8027	4016	1251	3308	12572	4211	9751
	2	105	385	1326	137	-176
					198	
8198	34	23	339	752	28	995
22495	20251	7834	6752	46243	15068	39963
2670	1889	543	861	2965	1160	2128
2734	644	965	835	3596	847	731
22535	21496	7411	6773	46577	13580	41361
4420	4536	1919	1380	10070	3294	8951
217887	192995	95649	70931	610472	117879	515328
167	779		1340			
30000	23838	12026	16913	65798	19523	64425

9-4 建筑业企业财务状况指标（2020年）

单位:万元

指标	Item	年初存货 The Beginning Inventories	流动资产合计 Circulating Funds	应收工程款 Receivables	存货 Inventories
总计	Total	11020834	65533329	17456985	12389813
其中:国有及国有控股企业	State-owned Holding Enterprises	676877	3224505	344478	607465
按登记注册类型分组	Grouped by Registered Type				
内资企业	Domestic Enterprises	10713914	62554732	15585753	11985668
国有企业	State-owned Enterprises				
集体企业	Collective-owned Enterprises				
股份合作企业	Share-holding Cooperative Enterprises		84107	60943	
联营企业	Joint Ownership Enterprises				
有限责任公司	Limited Liability Corporations	1376636	8369053	1771737	1109180
股份有限公司	Share-holding Corporations Ltd.	108040	1856282	241128	101950
私营企业	Private Enterprises	9229238	52245290	13511945	10774538
按企业资质等级分组	Grouped by Qualification Type				
施工总承包	Construction General Contract	9775495	58372088	14620787	11163789
特级	Special grade	1290316	9941891	2327371	1692801
一级	Grade-One	3529200	22563410	5712966	3674938
二级	Grade-Two	2948599	14623832	3650847	3501964
三级以下	The Following Grade-Three	2007380	11242955	2929603	2294086
专业承包	Professional Contract	1245339	7161241	2836198	1226024
一级	Grade-One	677722	3233911	1084679	642543
二级	Grade-Two	279619	2256396	1261491	350167
三级以下	The Following Grade-Three	287998	1670934	490028	233314
按国民经济行业分组	Grouped by Industrial Branch				
房屋建筑业	Housing Industrial	6235089	41164835	9967849	7720033
土木工程建筑业	Civil Engineering Industrial	3453307	15924777	4820695	3426173
建筑安装业	Installation Industrial	772775	5125042	1535152	620164
建筑装饰和其他建筑业	Decoration or other Industrial	559663	3318675	1133289	623443

The Financials of Construction Enterprises
(2020)

(10 000 yuan)

固定资产减值准备 Fixed assets depreciation reserves	固定资产原价 Original Value of Fixed Assets	累计折旧 Accumulated Depreciation	本年折旧 Depreciation in this year	在建工程 Projects Under Construction	资产合计 Total Assets	流动负债合计 Circulating Liabilities	应付账款 Accounts Payable
2338	8779922	3730713	686692	587063	75252072	52272927	24164410
	691087	238250	42690	1973	3742946	2525231	660896
2338	8578217	3656075	673760	577620	72038714	50179334	22771661
	8729	3253	628		89583	28309	25345
	1537587	558983	78607	162298	10083566	6957699	2760495
	370287	144401	28360	5344	2930709	1685048	1029920
2338	6661614	2949438	566165	409978	58934856	41508278	18955901
1587	6716720	2937720	568063	555104	66014977	46372543	21912764
	551560	145160	23999	12891	10550313	8543732	5381257
	2366145	1134571	238290	162218	26035742	18299793	7517946
	1945199	917762	163927	103303	16475412	10993789	4967294
1587	1853816	740227	141847	276692	12953510	8535229	4046267
751	2063202	792993	118629	31959	9237095	5900384	2251646
	324975	166635	23089	13070	3840187	2486250	836384
751	1272258	422588	62970	5691	3292579	2060213	898716
	465969	203770	32570	13198	2104329	1353921	516546
	3435720	1526582	326642	172305	45361550	33316627	15637557
1407	3232417	1516157	241478	375229	19228792	12010083	5917350
204	1716262	502809	90835	33714	6780984	4400058	1440615
727	395523	185165	27737	5815	3880746	2546159	1168888

9-4 续表1

单位:万元

指　标	Item	非流动负债合　计 Sum of Non Current Liabilities	负债合计 Total Liabilities	所有者权益合计 Creditors´ Equity	实收资本 Paid - in Capital
总　计	Total	1274269	53921686	21330386	13955078
其中:国有及国有控股企业	State - owned Holding Enterprises	464417	2989717	753229	380151
按登记注册类型分组	Grouped by Registered Type				
内资企业	Domestic Enterprises	1274269	51828093	20210621	13421718
国有企业	State - owned Enterprises				
集体企业	Collective - owned Enterprises				
股份合作企业	Share - holding Cooperative Enterprises	117	28427	61156	39240
联营企业	Joint Ownership Enterprises				
有限责任公司	Limited Liability Corporations	501791	7459560	2624006	1556079
股份有限公司	Share - holding Corporations Ltd.	362429	2047477	883232	564600
私营企业	Private Enterprises	409932	42292629	16642227	11261799
按企业资质等级分组	Grouped by Qualification Type				
施工总承包	Construction General Contract	1136069	47652882	18362095	11918618
特级	Special grade	173999	8717731	1832582	833360
一级	Grade - One	390136	18731203	7304539	4207247
二级	Grade - Two	394737	11388528	5086884	3731525
三级以下	The Following Grade - Three	177197	8815420	4138090	3146486
专业承包	Professional Contract	138200	6268804	2968291	2036460
一级	Grade - One	91520	2795649	1044538	914298
二级	Grade - Two	40702	2101317	1191262	573904
三级以下	The Following Grade - Three	5978	1371838	732491	548258
按国民经济行业分组	Grouped by Industrial Branch				
房屋建筑业	Housing Industrial	584215	33988550	11373000	6965224
土木工程建筑业	Civil Engineering Industrial	199675	12266389	6962403	4674858
建筑安装业	Installation Industrial	484109	4893675	1887309	1405376
建筑装饰和其他建筑业	Decoration or other Industrial	6270	2773072	1107674	909620

Continued 1

(10 000 yuan)

营业收入 Sales Revenue	主营业务收入 The Main Business Revenue	营业成本 Cost of Business	主营业务成本 Cost of Main Sales	营业税金及附加 Business Tax and Surcharges	主营业务税金及附加 Main Business Tax and Surcharges	其他业务利润 Other Profit	销售费用 Cost of Sales
104319006	103983373	98986521	98548498	362628	351375	83393	120977
2031586	2013381	1821691	1785562	7517	4567	1317	2777
95405824	95070191	90574363	90136340	333248	321995	83393	120977
193629	193629	186929	186929	1533	1533		
8254987	8233539	7555939	7517977	22487	18703	2727	7212
6112395	6064965	5906002	5878097	21269	21269	14738	
80844813	80578058	76925493	76553337	287959	280490	65928	113765
95783720	95479567	91381183	91130195	330472	324026	76525	92197
19541608	19459345	18724909	18664955	62218	60308	22310	
39349649	39264294	37804601	37773131	131884	131678	42574	22340
21032170	20969226	20097797	20054391	69076	65852	4377	18811
15860293	15786702	14753876	14637718	67294	66188	7264	51046
8535286	8503806	7605338	7418303	32156	27349	6868	28780
2912679	2905531	2627127	2450209	10016	10012	5218	5873
2854559	2838769	2423875	2417995	14716	9913	1573	19422
2768048	2759506	2554336	2550099	7424	7424	77	3485
74871658	74691148	71986703	71716434	256806	254544	65020	44268
20320388	20211375	18865385	18743064	72486	72054	10058	49920
5210169	5171184	4544380	4500600	16010	12263	8175	5050
3916791	3909666	3590053	3588400	17326	12514	140	21739

9－4 续表2

单位:万元

指　标	Item	管理费用 Management Expense	研发费用 Research and Development Costs	财务费用 Financial Expenses	利息收入 Interest Income	利息支出 Interest Expenditure
总　计	Total	2602528	518071	471884	35933	485652
其中:国有及国有控股企业	State－owned Holding Enterprises	100248		37589	－3429	46893
按登记注册类型分组	Grouped by Registered Type					
内资企业	Domestic Enterprises	2492483	322142	420227	35037	433077
国有企业	State－owned Enterprises					
集体企业	Collective－owned Enterprises					
股份合作企业	Share－holding Cooperative Enterprises	1562		1	39	
联营企业	Joint Ownership Enterprises					
有限责任公司	Limited Liability Corporations	397625	38136	65399	7789	85104
股份有限公司	Share－holding Corporations Ltd.	78735	12683	15077	14263	17098
私营企业	Private Enterprises	2014561	271323	339750	12946	330875
按企业资质等级分组	Grouped by Qualification Type					
施工总承包	Construction General Contract	2085437	446655	382221	32027	396976
特级	Special grade	258113	255929	74413		96654
一级	Grade－One	655473	127272	162728	26643	163125
二级	Grade－Two	477802	25707	80424	7724	77374
三级以下	The Following Grade－Three	694049	37747	64656	708	59823
专业承包	Professional Contract	517091	71416	89663	3906	88676
一级	Grade－One	182167	28411	53162	1088	51711
二级	Grade－Two	195995	28546	27462	1248	28404
三级以下	The Following Grade－Three	138929	14459	9039	1570	8561
按国民经济行业分组	Grouped by Industrial Branch					
房屋建筑业	Housing Industrial	1215622	397573	263798	18313	269795
土木工程建筑业	Civil Engineering Industrial	798987	67769	109777	18152	117279
建筑安装业	Installation Industrial	380550	50003	55924		62421
建筑装饰和其他建筑业	Decoration or other Industrial	207369	2726	42385	1352	36157

Continued 2

(10 000 yuan)

资产减值损失 Assets impairment loss	公允价值变动收益 Income from changes in fair value	投资收益 Equity earnings	营业利润 Profits of Management	营业外收入 Exceptional Profits	营业外支出 Nonbusiness expenditure	利润总额 Total profits
16247	1981	103699	1751345	143596	118638	1768658
3466			87087	4476	765	90798
16247	1981	97438	1631071	137373	117327	1643472
			3624	1	30	3595
4637	1981	18156	257893	17380	3847	271426
		17595	109611	11587	20193	101005
11610		61687	1259943	108405	93257	1267446
3585	1981	48802	1430787	114983	102473	1435668
		6261	234197	10952	13166	238835
		39633	625686	59346	46089	623744
3466		2036	297563	21745	15122	304146
1663	1981	872	273341	22940	28096	268943
12662		54897	320558	28613	16165	332990
		17245	54441	6120	4352	56209
11610		264	172556	14008	2679	183869
1052		37388	93561	8485	9134	92912
		82732	1005636	71160	70916	997493
95		3503	461167	43894	31959	473860
16152	1981	5242	227413	21186	11072	237527
		12222	57129	7356	4691	59778

9－4 续表 3
Continued 3

单位:万元 (10 000 yuan)

指　标	Item	应付职工薪酬(本年贷方累计发生额) Wages Payable	建筑业企业在境外完成的营业收入 The Business Revenue from Foreign Countries	应交增值税 Value Added Tax Payable
总　计	Total	19772134	22854	2536685
其中:国有及国有控股企业	State－owned Holding Enterprises	221175	13395	62397
按登记注册类型分组	Grouped by Registered Type			
内资企业	Domestic Enterprises	17717164	22854	2292609
国有企业	State－owned Enterprises			
集体企业	Collective－owned Enterprises			
股份合作企业	Share－holding Cooperative Enterprises	39060		6710
联营企业	Joint Ownership Enterprises			
有限责任公司	Limited Liability Corporations	1357665	13395	168403
股份有限公司	Share－holding Corporations Ltd.	1075723		131731
私营企业	Private Enterprises	15244716	9459	1985765
按企业资质等级分组	Grouped by Qualification Type			
施工总承包	Construction General Contract	18713970	22854	2378453
特级	Special grade	5478580		457123
一级	Grade－One	7522096		1011211
二级	Grade－Two	3526718	15061	555216
三级以下	The Following Grade－Three	2186576	7793	354903
专业承包	Professional Contract	1058164		158232
一级	Grade－One	464507		65931
二级	Grade－Two	258388		52040
三级以下	The Following Grade－Three	335269		40261
按国民经济行业分组	Grouped by Industrial Branch			
房屋建筑业	Housing Industrial	15779789		1859271
土木工程建筑业	Civil Engineering Industrial	2975352	9459	495622
建筑安装业	Installation Industrial	540419	13395	94225
建筑装饰和其他建筑业	Decoration or other Industrial	476574		87567

主要统计指标解释

建筑业总产值 是以货币表现的建筑业企业在一定时期内生产的建筑业产品和服务的总和。建筑业总产值包括：

⑴建筑工程产值 指列入建筑工程预算内的各种工程价值；

⑵安装工程产值 指设备安装工程价值以及将预制部品部件安装成建筑工程产品的价值，不包括被安装设备、被安装部品部件本身价值；

⑶房屋构筑物修理产值 指房屋和构筑物修理所完成的价值，但不包括被修理房屋、构筑物本身的价值和生产设备的修理价值；

⑷非标准设备制造产值 指加工制造没有定型的非标准的生产设备的加工费和原材料价值以及附属加工厂为本企业承建工程制作的非标准设备的价值。

房屋建筑面积 指房屋全部平面面积的总和。它从房屋的外墙线算起，包括可供使用的有效面积和墙柱等结构占用面积。多层房屋按各层（包括地下室）面积总合计算。旧房加层或改造，只计算增加的建筑面积；旧房拆除重建，计算其全部面积；临时房屋不计算建筑面积。

房屋施工面积 指报告期内施工的全部房屋建筑面积。包括本期新开工的房屋建筑面积、上期跨入本期继续施工的房屋建筑面积、上期停缓建在本期恢复施工的房屋建筑面积、本期竣工的房屋建筑面积以及本期施工后又停缓建的房屋建筑面积。多层建筑应填各层建筑面积之和。

房屋竣工面积 指报告期内房屋建筑按照设计要求已全部完工，达到住人和使用条件，经验收鉴定合格或达到竣工验收标准，可正式移交使用的各栋房屋建筑面积的总和。

EXPLANATORY NOTES ON MAIN STATISTICAL INDICATORS

Gross Output Value of Construction It is the sum of construction products and services in currency ,which produced by construction enterprises in a certain period of time. It includes:

(1) Output value of construction projects: It refers to the value of projects covered by the project budgets;

(2) Output value of installation projects: It refers to the value of the installation of equipment and the installation of prefabricated parts into construction engineering products, excluding the value of the installed equipment and parts;

(3) Output value of repair of buildings and structures: It refers to the value created through the repairs of buildings or structures, but does not include the value of buildings or structures being repaired and the value of the repair of production equipment;

(4) Output value of manufactured non – standard equipment: It refers to the value of non – standard production equipment (including raw materials and manufacturing cost) made for the construction project, and the equipment manufactured by subsidiary workshops.

Housing Construction Area this area is the summation that all level accumulates the building. It is reckoned from the exterior line, includes the usable area and the footprint area of the walls. the area of multilayer buildings is the summation that each level accumulates the building including the under level. The area of renovation projects only includes the enlargement. The area of rebuild project includes all rebuild area. The area of tabernacle does not include in this.

Floor Space under Construction this area includes all floor space under construction in the current period, including the new housing construction area in the current period, the continued construction area from the previous period, the restoration construction area of the ceased project from the previous period, the completed floor space in the current period, the area of the unfinished and ceased projects. The area of multilayer buildings is the summation that each level accumulates the building.

Completed Floor Space this area is the summation that all level accumulates the buildings which have been completed and meet the requirements to live and reach the completion inspection and acceptance standard.

十、交通邮电业
Transport, Post and Telecommunication Services

10-1 全市主要年份公路、内河通车、通航里程
Length of Highways and Navigable Inland Waterways in Main Years

单位:千米 (km)

年份 Year	一、公路通车里程 Total Length of Highways	高速公路 Express-way	一级公路 First Class	二级公路 Second Class	三级公路 Third Class	四级公路 Forth Class	二、内河通航里程 Length of Navigable Inland Waterways
1990	830						2000
2007	3419	233	588	383	789	1426	1912
2008	7412	336	594	496	925	4361	1946
2009	7501	350	608	513	935	4578	1946
2010	7669	349	645	532	1038	3360	1949
2011	7758	348	676	555	1045	3773	1949
2012	7863	348	702	581	1089	3691	1949
2013	8000	391	737	601	1117	3761	1949
2014	8067	393	758	637	1165	3754	1957
2015	8088	393	773	664	1214	3753	1957
2016	8117	393	791	689	1201	3758	1957
2017	8140	393	806	690	1222	3786	1957
2018	8242	393	834	718	1466	4189	1974
2019	8288	419	847	779	1568	4420	1974
2020	8276	419	885	795	1705	4407	1978

10-2 市区主要年份公路、内河通车、通航里程
Length of Highways and Navigable Inland Waterways in Urban District in Main Years

单位:千米 (km)

年份 Year	一、公路通车里程 Total Length of Highways	高速公路 Express-way	一级公路 First Class	二级公路 Second Class	三级公路 Third Class	四级公路 Forth Class	二、内河通航里程 Length of Navigable Inland Waterways
1990	164						425
2007	754	114	106	109	209	216	449
2008	1514	114	106	126	208	657	448
2009	1511	114	105	128	202	824	448
2010	1556	115	106	132	238	498	448
2011	1583	115	121	142	240	753	448
2012	1596	115	122	144	241	760	448
2013	1624	125	136	139	242	771	450
2014	1632	125	136	140	242	979	461
2015	1635	125	136	140	248	779	461
2016	1637	125	140	140	246	779	461
2017	1637	125	140	140	246	788	461
2018	1801	125	149	152	352	931	464
2019	1864	127	149	168	405	1014	464
2020	1870	127	172	165	463	943	464

注:资料来源嘉兴市交通运输局,2008 年以后公路通车里程数据包含通村公路。
Note:Data come from Jiaxing Municipal Bureau of Transport,The length of highways is including that of village road in 2008.

10－3 分地区含通村公路里程
（2020 年）

单位：千米

指　　标	Item	全　市 Total	市　区 Urban District
总　　计	Total	8276	1870
一、按行政等级分	GroupedbyGradeofAdiministration		
国道	StateHighway	565	153
省道	ProvincialHighway	156	75
县道	CoutryHighway	1898	410
乡道	TownshipHighway	2128	289
村道	Coutry Highway	3432	913
专用公路	Accommodation Highway	97	30
二、按路面等级分	GroupedbyStandardofRoadSurface		
高级路面	High	8166	1870
次高级路面	Sub－high	110	
中级路面	Medium		
低级路面	Low		
三、按技术等级分	GroupedbyTechnicalGrade		
高速公路	Express－way	419	127
一级公路	FirstClass	885	172
二级公路	SecondClass	795	165
三级公路	ThirdClass	1705	463
四级公路	ForthClass	4407	943
准四级公路	Forth Class	66	
等外公路	SubstandardHighway		

Length of Highways by Region
(2020)

(km)

南湖区 Nanhu	秀洲区 Xiuzhou	嘉善县 Jiashan	海盐县 Haiyan	海宁市 Haining	平湖市 Pinghu	桐乡市 Tongxiang
702	1168	838	1008	1454	1207	1898
47	106	56	71	163	76	46
40	35	21		17	18	25
204	206	202	350	343	245	347
142	147	342	234	413	283	566
264	649	207	341	493	573	904
5	25	9	12	24	11	11
702	1168	838	1008	1454	1207	1789
						110
51	77	62	40	101	44	44
95	77	77	100	208	133	195
91	74	80	171	153	137	89
175	288	271	288	215	212	255
291	652	348	408	777	615	1315
					66	

10－4　主要年份全市全社会旅客、货物运输情况

指　　标	Item	1990	2008	2009
客运量(万人)	Passenger Traffic(10 000 person－times)	3597	17166	11674
铁　　路	Railway	330	524	575
公　　路	Highway	2921	16596	11055
水　　路	Waterway	345	46	44
客运周转量(万人公里)	Passenger－kilometers(10 000 person－km)	101074	560944	314376
铁　　路	Railway			
公　　路	Highway	91925	560651	314102
水　　路	Waterway	9321	293	274
货运量(万吨)	Freight Traffic(10000 ton)	2339	10670	14853
铁　　路	Railway	54.00	29.00	25.71
公　　路	Highway	551	3535	7464
水　　路	Waterway	1673	7106	7363
货运周转量(万吨公里)	Freight Ton－kilometers (10000 ton－km)	176223	1204551	1745127
铁　　路	Railway			
公　　路	Highway	33003	214197	658116
水　　路	Waterway	141640	990354	1087011

注:周转量中不包括铁路周转量,2016年公路客运数据统计口径为城市(不含农村)公交车辆。

Total Passenger Traffic and Traffic Turnover – Volume in Main Years

2010	2011	2012	2013	2014	2015	2016	2017	2018	2019	2020
11955	12160	12343	12579	10780	10068	4468	4635	4847	5060	2469
611	677	822	958	1149	1208	1420	1571	1629	1759	990
11298	11411	11469	11578	9594	8822	3000	2984	2971	2971	1359
46	72	52	43	37	38	48	80	247	330	120
347387	360668	364961	369819	316879	304496	210416	216074	212948	216951	81872
347157	360297	364692	369602	316692	304305	210159	215691	212152	216103	81579
230	371	269	217	187	191	257	383	796	848	293
16004	16869	16876	17266	18185	18477	20095	21984	23766	25042	27642
26.41	32.59	29.21	41.00	27.98	22.13	26.71	42.98	37.79	41.62	55.78
7919	8378	8432	8842	9861	9933	11306	12832	13864	14534	16934
8059	8458	8415	8383	8296	8522	8762	9109	9864	10466	10653
1986133	2259712	2245510	2282601	2453170	2535752	2792133	3113792	3336345	3540882	3848637
737090	813270	861726	893918	1040555	1077812	1195865	1352562	1415003	1484774	1629731
1249043	1446442	1383784	1388683	1412615	1457940	1596268	1761230	1921342	2056108	2218906

Note: the railway turnover isnt included in the index of turnover, and since 2016 the statistics caliber of road tranportion data is commercial vehicles.

10－5 全市船舶拥有情况
（2007－2020 年）

指 标	单位	Item	2007	2008	2009	2010
1. 全社会合计						
机动船	艘	Motorboat(unit)	6335	6089	5599	4894
	吨位	ton	892512	893008	892707	907077
	客位	seat	1750	1448	1530	1648
#客轮	艘	Passenger Ship(unit)	30	27	30	38
	客位	seat	1750	1448	1530	1648
#货轮	艘	Cargo Ship(unit)	6273	6030	5540	4831
	吨位	ton	892511	893008	892707	904577
#油轮	艘	Oil Tanker(unit)	8	6	6	6
	吨位	ton	1626	1176	1176	1176
2. 个体户		Individual				
机动船	艘	Motorboat(unit)	5905	5620	5147	4541
	吨位	ton	801141	781441	749456	748983
	客位	seat				
#货船机动船	艘	Cargo Motorboat(unit)	5902	5618	5145	4538
	吨位	ton	801141	781441	749456	748983

Possession of Transport Vessels (2007 – 2020)

2011	2012	2013	2014	2015	2016	2017	2018	2019	2020
4204	4083	3702	3663	3558	3624	3226	3196	3013	2711
929894	962477	989393	1091399	1131124	1537339	1659879	1721962	1786175	1840302
1648	1748	1964	2034	1964	1964	1926	2426	2426	2426
38	40	44	46	44	44	41	45	45	45
1648	1748	1964	2034	1964	1964	1926	2426	2426	2426
4145	4025	3644	3608	3507	3573	3179	3150	2967	2665
929894	962477	989393	1091399	1131124	1537339	1659879	1721962	1786175	1840302
6	6	6	6	4	4	4	4	4	2
1176	1176	1176	11537	10417	11367	11359	11359	11359	10249
3872	3762	3389	3345	3248	3294	2907	2837	2628	2317
745616	759562	782041	850272	879740	1201548	1284885	1273021	1238549	1187041
3869	3759	3388	3343	3247	3293	2906	2836	2627	2316
745616	759562	782041	850272	879740	1201548	1284885	1273021	1238549	1187041

10－6 市区船舶拥有情况
（2007－2020 年）

指 标	单位	Item	2007	2008	2009	2010
1. 全社会合计						
机动船	艘	Motorboat(unit)	1249	1212	1039	798
	吨位	ton	116280	165426	147380	150014
	客位	seat	1720	1418	1480	1598
#客轮	艘	Passenger Ship(unit)	29	26	27	35
	客位	seat	1720	1418	1009	1598
#货轮	艘	Cargo Ship(unit)	1215	1182	1012	763
	吨位	ton	115250	165426	147380	150014
#油轮	艘	Oil Tanker(unit)				
	吨位	ton				
2. 个体户		Individual				
机动船	艘	Motorboat(unit)	947	919	791	653
	吨位	ton	81924	119987	110016	124306
	客位	seat				
#货船机动船	艘	Cargo Motorboat(unit)	947	919	791	653
	吨位	ton	81924	119987	110016	124306

Possession of Transport Vessels in Urban District (2007 – 2020)

2011	2012	2013	2014	2015	2016	2017	2018	2019	2020
832	786	828	893	880	925	856	812	792	720
188771	205027	251352	300937	323426	514834	538218	527720	536070	519526
1598	1728	1926	1996	1926	1926	1926	2426	2426	2426
35	38	41	43	41	41	41	45	45	45
1598	1728	1926	1996	1926	1926	1926	2426	2426	2426
797	748	787	850	839	884	815	767	747	675
153358	205027	251352	300937	323426	514834	538218	527720	536070	519526
689	652	693	748	745	773	708	649	610	541
163821	175464	215352	254652	266470	403602	418005	385187	358804	341541
689	652	693	747	745	773	708	649	610	541
163821	175464	215352	254652	266470	403602	418005	385187	358804	341541

10－7 全市营运车辆拥有情况（2007－2020年）

指　标	单位	Item	2007	2008	2009	2010
营运客运汽车实有数	辆	Passenger Vehicles(unit)	3547	3893	3891	3981
	客位	Seat	53632	63812	67149	78268
#个体	辆	Individual(unit)	8	8	8	8
	客位	Seat	32	32	32	32
营运载货汽车实有数	辆	Goods Vehicles(unit)	30297	27289	31338	32806
	吨位	tons	110956	109608	133150	169174
#个体	辆	Individual(unit)	11549	11375	13767	16171
	吨位	tons	25272	26039	35327	47663

10－8 市区营运车辆拥有情况（2007－2020年）

指　标	单位	Item	2007	2008	2009	2010
营运客运汽车实有数	辆	Passenger Vehicles(unit)	1322	1403	1336	1452
	客位	Seat	18233	21148	19957	19089
#个体	辆	Individual(unit)				
	客位	Seat				
营运载货汽车实有数	辆	Goods Vehicles(unit)	10456	10165	11003	11709
	吨位	tons	36635	36913	40450	48584
#个体	辆	Individual(unit)	3620	4132	4712	5868
	吨位	tons	6095	7256	9046	11327

Possession of Operation Vehicle
(2007 – 2020)

2011	2012	2013	2014	2015	2016	2017	2018	2019	2020
4099	4230	4300	4465	3282	3240	3193	3079	3109	3026
83276	92370	98310	106789	48816	48622	48072	45207	47244	40856
7	6	6	6	6	6	6	5	5	3
28	24	24	24	24	24	24	20	20	12
42266	43355	44973	41940	36400	30003	28174	28770	20112	21762
220568	227181	262707	267447	262823	266883	289371	324967	345780	396170
20820	22858	23490	21071	16765	12359	9957	9086	3573	3615
63576	70073	75033	70923	63899	53684	49624	52038	45606	48463

Possession of Operation Vehicle in Urban District
(2007 – 2020)

2011	2012	2013	2014	2015	2016	2017	2018	2019	2020
1491	1650	1643	1737	1349	1337	1339	1331	1347	1262
19602	26400	34981	37949	15387	15267	15294	15083	15729	11978
14772	15336	16274	14508	12388	10142	9079	9327	6206	6705
62419	63799	77727	73871	71302	72508	80621	91433	95192	106925
7715	8532	8824	7676	5942	4018	2509	2159	623	570
17864	19726	21581	19324	16591	11868	9093	9635	7108	6756

10－9 分地区全部机动车辆分类数(2018－2020年)
Number of Motor Vehicles by Type and Region (2018－2020)

单位:辆 (unit)

地 区 region	年 份 Year	机动车总数 total motor vehicles	汽 车 automobile	摩托车 motorbike	其 它 others
全市 Total	2020	1827355	1588382	230724	8249
	2019	1740853	1478138	255418	7297
	2018	1655269	1331110	317474	6685
市区 Urban	2020	531067	470613	58550	1904
	2019	508708	440002	67026	1680
	2018	480102	394886	83713	1503
嘉善 Jiashan	2020	207314	175149	30616	1549
	2019	197359	161158	34853	1348
	2018	186229	144207	40704	1318
海盐 Haiyan	2020	167940	146015	21102	823
	2019	157736	137087	19976	673
	2018	160016	125158	34290	568
海宁 Haining	2020	324495	286554	37333	608
	2019	303071	265335	37189	547
	2018	277375	241008	35899	468
平湖 Pinghu	2020	217512	185647	29478	2387
	2019	208554	172873	33437	2244
	2018	200815	156840	41826	2149
桐乡 Tongxiang	2020	379028	324405	53645	978
	2019	365425	301683	62937	805
	2018	350732	269011	81042	679

注:资料来源嘉兴市公安局。
Note: Data come from Jiaxing Municipal Bureau of Public Security.

10-10 分地区私人汽车拥有量(2008-2020年)

Number of Motor Vehicles by Type and Region(2008-2020)

单位:辆 (unit)

年份 Year	全市 Total	市区 Urban	嘉善 Jiashan	海盐 Haiyan	海宁 Haining	平湖 Pinghu	桐乡 Tongxiang
2008	146003	48193	20264	13860	19691	13477	30518
2009	193658	64352	25438	18673	27155	18300	39740
2010	265802	86991	32915	26400	38599	26308	54589
2011	352245	112690	41411	35548	53957	35890	72749
2012	451331	141765	50387	45847	71395	47465	94472
2013	551324	171413	59500	56043	88647	59972	115749
2014	652677	199318	67791	65337	110333	72452	137446
2015	774441	231802	77971	75432	139792	86650	162794
2016	899004	265188	90812	86351	165412	102686	188555
2017	1023000	298304	106139	98028	189066	117699	213764
2018	1142941	321708	121007	107712	209737	132718	240357
2019	1271848	366166	136340	118468	232621	147343	270910
2020	1374738	395026	149171	126734	252682	158903	292222

10-11 分地区电信业务情况(2020年)

Business Volume of Telecommunications by Region (2020)

地区	Region	电信业务总量(万元) Bussiness Volume of telecommunication (10 000 yuan)	年末移动电话用户数(万户) Mobile Telephone Subscribers at Year-end (10000Subscribers)	国际互联网用户数(万户) Internet Subscribers (10000Subscribers)
全市	Total	992881	698.14	196.15
市区	Urban District	354513	234.62	62.27
嘉善县	Jiashan	118162	80.65	22.42
海盐县	Haiyan	71702	54.45	17.24
海宁市	Haining	160926	118.40	34.37
平湖市	Pinghu	114028	82.93	23.22
桐乡市	Tongxiang	173550	127.08	36.64

注:数据来源为中国电信有限公司嘉兴市分公司、中国移动通信集团浙江有限公司嘉兴分公司和中国联合网络通信有限公司嘉兴市分公司。

Note: Data come from Jiaxing Branch of China Telecom Corporation Limited, Zhejiang Jiaxing Branch of China Mobile Communications Corporation and Jiaxing Branch of China Unicom Corporation Limited.

10－12 全市邮电业务总量(1984－2020年)

Business Volume of Post And Telecommunications (1984－2020)

年 份 Year	邮电业务总量(万元) Business Volume of Post and Telecommunications (10000 yuan)	函件(万件) Number of Letters (10000 cases)	订销报刊累计份数(万份) Total of Newspaper and Magazine Subscribed (10000 copies)	长途电话(万张次) Communication Time by Long－distance Telephone Call (10000 times)	电信固定电话用户数(万户) Number of Telephone Subscribers (10000 Subscribers)
1984	1110	1200	7530	179	1.43
1985	1409	1398	8708	243	1.65
1986	1568	1530	8994	268	1.85
1987	1868	1771	10520	340	2.09
1988	2360	1829	10686	455	2.66
1989	2995	1727	7695	549	3.07
1990	3778	1650	7650	730	3.54
1991	9958	1663	8414	1262	4.51
1992	15575	1814	8953	2046	6.44
1993	27644	2160	8636	2850	9.93
1994	41415	2594	7140	4121	14.89
1995	58272	2750	7457	5418	21.16
1996	73734	2358	7453	6703	26.35
1997	91631	2240	7352	8252	33.82
1998	117267	2155	7383	8108	42.65
1999	161751	1777	7442	7536	53.80
2000	227500	1822	6250	8292	71.49
2001	195528	2323	6649	8551	91.18
2002	207103	2358	6919	10128	105.84
2003	265031	2331	7583	12203	122.95
2004	342262	2127	8150	15174	140.25
2005	383010	2046	8126	26605	143.82
2006	473488	1955	8837	31474	168.70
2007	528890	1708	9180	18054	167.36
2008	597576	1976	9738	16320	161.48
2009	664793	1977	7924	13884	147.71
2010	705979	3996	7948		139.30
2011	775174	4173	9657		134.71
2012	825524	4624	9782		129.65
2013	873495	3454	9747		121.69
2014	854324	3089	9547		104.99
2015	824053	3608	9018		92.86
2016	929107	2552	7572		81.11
2017	902517	2118	7595		74.68
2018	959923	1702	6870		70.39
2019	1003969	926	6689		64.58
2020	1072855	525	6607		60.35

注:2001年起邮电业务总量按2000价计算。

Note: Since 2001 business volume of post and telecommunication are calculated at 2000 constant price.

10－13 市区邮电业务总量(1984－2020 年)
Business Volume of Post And Telecommunications in Urban District (1984－2020)

年 份 Year	邮电业务总量(万元) Business Volume of Post and Telecommunications (10000 yuan)	函件(万件) Number of Letters (10000 cases)	订销报刊累计份数(万份) Total of Newspaper and Magazine Subscribed (10000 copies)	长途电话(万张次) Communication Time by Long－distance Telephone Call (10000 times)	电信固定电话用户数(万户) Number of Telephone Subscribers (10000 Subscribers)
1984	322	364	2293	55	0.45
1985	401	416	2587	73	0.53
1986	452	472	2648	82	0.60
1987	550	594	3149	104	0.70
1988	742	587	3128	161	1.01
1989	1038	549	2429	231	1.17
1990	1337	545	2464	308	1.38
1991	3557	602	2673	469	1.64
1992	5177	620	2816	699	2.06
1993	8984	816	2784	964	3.12
1994	13009	1043	2151	1336	4.59
1995	17774	1042	2251	1635	6.64
1996	21425	1042	2278	1923	8.00
1997	26743	981	2107	2368	9.99
1998	36581	960	2147	2389	11.64
1999	56869	715	2224	2324	14.12
2000	98351	861	1943	2545	18.07
2001	63672	1299	2016	2604	23.12
2002	66733	1300	1989	3359	27.43
2003	84057	1251	2272	3773	32.16
2004	108115	1213	2429	4454	37.90
2005	114798	1118	2616	5738	39.41
2006	145382	1045	2785	7123	47.64
2007	153309	983	3329	5103	47.38
2008	173660	1092	3672	4472	46.07
2009	193252	1014	2323	3984	41.85
2010	204805	1798	2408		39.01
2011	248342	2196	3340		37.75
2012	273309	2161	3437		36.21
2013	281671	1411	3341		33.75
2014	293736	838	3069		28.72
2015	270795	712	2828		26.65
2016	352721	556	2407		24.33
2017	302008	461	2340		23.15
2018	331342	362	2115		22.13
2019	357499	274	2053		21.24
2020	379008	193	2027		20.39

注:2001 年起邮电业务总量按 2000 价计算。
Note: Since 2001 business volume of post and telecommunication are calculated at 2000 constant price.

10－14 全市邮电业主要指标
(2007－2020 年)

指 标	单位	Item	2007	2008	2009
一、邮电局、所总数	所	Number of Post Office(unit)	163	161	154
二、邮电线路长度		Length of Postal Routes			
邮路及农村投递线路总长度	公里	Length of Postal Routes(km)	14878	13782	14420
三、邮运工具及通讯设备		Telecommunications Facilities			
邮运汽车	辆	Postal Cars(unit)	30	30	26
固定电话交换机容量	万门	Telepnone Svovfch Board (10000lines)	232.86	232.75	232.38
#程控	万门	Controlled by program(10000lines)	232.86	232.75	232.38
电话机部数	部	Telephone Sets(user)	2090684	2090684	1991399
#农村电话机部数	部	Rural Area(user)	1390880	1390880	1470221
四、邮电业务量		Business Volume of Post and Telecommunications			
邮电业务总量(1990 年不变价)	万元	Business Volume of Post and Telecommunications(10 000 yuan)	528890	597576	664793
函件	万件	Letters(10 000 pcs)	1708	1976	1977
包件	万件	Pieces of Courier Services(10 000 pcs)	38	35	29
汇票	万件	Bill of Exchange(10 000 pcs)	144	169	169
订销报刊期发数	万份	Newspaper and Magazine issued (10 000 copies)	79	114	48
订销报刊累计份数	万份	Newspaper and Magazine Subscribed(10000 copies)	9180	9738	7924
年末市话到达户数	户	Urban Telephone Subscribers at Year－end (Subscriber)	917733	573971	474686
年末农话到达户数	户	Rural Telephone Subscribers at Year－end (Subscriber)	755837	691130	770471

注:2016 年实行城乡一体化后已分不出农村电话用户数,下表同。

Principal Indicators of Post And Telecommunications Services (2007－2020)

2010	2011	2012	2013	2014	2015	2016	2017	2018	2019	2020
150	151	150	144	148	148	148	147	147	147	147
12850	12110	13650	13705	14107	15385	24590	41727	83435	64719	61874
35	31	28	31	29	32	46	52	61	72	76
234.40	231.80	222.54	208.82	110.46	100.14	—	—	—	—	—
234.40	231.80	222.54	208.82	110.46	100.14	—	—	—	—	—
1907150	1930931	1904512	1839298	1827316	1804957	1689365	1625941	1675636	1617580	1575185
1472383	1321946	1304766	1314229	1242064	1153896	—	—	—	—	—
705979	775174	825524	873495	854324	824053	929107	902517	959923	1003969	1072855
3996	4173	4624	3454	3089	3608	2552	2118	1702	926	525
29	35	40	42	37	22	751	2168	3546	6437	6706
156	157	131	113	88	62	41	25	16	10	5
62	87	94	98	123	119	88	82	47	49	42
7948	9657	9782	9747	9547	9018	7572	7595	6870	6689	6607
463493	487274	478035	413060	401078	378719	717631	654207	703902	645846	603451
772991	622554	605374	614837	542672	454504	—	—	—	—	—

Note: Since 2016 Telephone Sets (user) no longer differentiate the data of rural areas.

10－15 市区邮电业主要指标
（2007－2020 年）

指　　标	单位	Item	2007	2008	2009
一、邮电局、所总数	所	Number of Post Office(unit)	42	41	40
二、邮电线路长度		Length of Postal Routes			
邮路及农村投递线路总长度	公里	Length of Postal Routes(km)	4481	3870	4413
三、邮运工具及通讯设备		Telecommunications Facilities			
邮运汽车	辆	Postal Cars(unit)	11	10	5
固定电话交换机容量	万门	Telepnone Svovfch Board (10000lines)	70.07	71.03	71.03
#程控	万门	Controlled by program(10000lines)	70.07	71.03	71.03
电话机部数	部	Telephone Sets(user)	460480	460480	449838
#农村电话机部数	部	Rural Area(user)	297813	297813	301605
四、邮电业务量		Business Volume of Post and Telecommunications			
邮电业务总量(1990 年不变价)	万元	Business Volume of Post and Telecommunications(10 000 yuan)	153309	173660	193252
函件	万件	Letters(10 000 pcs)	983	1092	1014
包件	万件	Pieces of Courier Services(10 000 pcs)	11	10	8
汇票	万件	Bill of Exchange(10 000 pcs)	35	38	38
订销报刊期发数	万份	Newspaper and Magazine issued (10 000 copies)	39	68	15
订销报刊累计份数	万份	Newspaper and Magazine Subscribed(10000 copies)	3329	3672	2323
年末市话到达户数	户	Urban Telephone Subscribers at Year－end (Subscriber)	304133	192116	181474
年末农话到达户数	户	Rural Telephone Subscribers at Year－end (Subscriber)	169689	147168	150960

Principal Indicators of Post and Telecommunications Services in Urban District (2007 – 2020)

2010	2011	2012	2013	2014	2015	2016	2017	2018	2019	2020
40	38	38	36	37	37	37	36	36	36	36
2913	2248	2914	3027	3045	3022	9722	26017	41511	42532	61874
7	8	7	8	7	12	17	26	35	39	37
72.48	71.49	67.72	60.39	26.90	25.27	—	—	—	—	—
72.48	71.49	67.72	60.39	26.90	25.27	—	—	—	—	—
421341	423606	416876	414165	415171	410321	386980	375438	303535	398555	390018
301923	254341	250322	262100	243773	230185	—	—	—	—	—
204805	248342	273309	281671	293736	270795	352721	302008	331342	357499	379008
1798	2196	2161	1411	838	712	556	461	362	274	193
8	10	11	13	12	7	187	590	909	2110	2109
30	33	29	25	21	16	12	6	4	2	1
26	43	48	35	51	45	19	27	13	16	12
2408	3340	3437	3341	3069	2828	2407	2340	1979	2053	2027
176667	178932	176221	148937	149943	145093	200841	189299	117396	212416	203879
150827	103245	99226	111004	92677	79089	—	—	—	—	—

主要统计指标解释

公路里程 指在一定时期内实际达到《公路工程〔WTBZ〕技术标准 JTJ01 - 88》规定的等级公路,并经公路主管部门正式验收交付使用的公路里程数。包括大中城市的郊区公路以及通过小城镇街道部分的公路里程和桥梁、渡口的长度,不包括大中城市的街道、厂矿、林区生产用道和农业生产用道的里程。两条或多条公路共同经由同一路段,只计算一次,不得重复计算里程长度。它是反映公路建设发展规模的重要指标,也是计算运输网密度等指标的基础资料。

内河航道里程 也称内河通航里程,指在一定时期内,能通航运输船舶及排筏的天然河流、湖泊水库、运河及通航渠道的长度。包括全年季节性通航累计三个月以上的航道,不包括仅供零散流放竹、木排的河道。它是反映内河水运网规模、水平和发展情况的主要指标。

货(客)运量 指在一定时期内,各种运输工具实际运送的货物(旅客)数量。它是反映运输业为国民经济和人民生活服务的数量指标,也是制定和检查运输生产计划、研究运输发展规模和速度的重要指标。货运按吨计算,客运按人计算。货物不论运输距离长短、货物类别,均按实际重量统计。旅客不论行程远近或票价多少,均按一人一次客运量统计;半价票、小孩票也按一人统计。

货物(旅客)周转量 指在一定时期内,由各种运输工具运送的货物(旅客)数量与其相应运输距离的乘积之总和。它是反映运输业生产总成果的重要指标,也是编制和检查运输生产计划,计算运输效率、劳动生产率以及核算运输单位成本的主要基础资料。计算货物周转量通常按发出站与到达站之间的最短距离,也就是计费距离计算。计算公式为:

货物(旅客)周转量 = ∑货物(旅客)运输量 × 运输距离

邮电业务总量 指以价值量形式表现的邮电通信企业为社会提供各类邮电通信服务的总数量。邮电业务量按专业分类包括函件、包件、汇票、报刊发行、邮政快件、特快专递、邮政储蓄、集邮、公众电报、用户电报、传真、长途电话、出租电路、无线寻呼、移动电话、分组交换数据通信、出租代维等。计算方法为各类产品乘以相应的平均单价(不变价)之和,再加上出租电路和设备、代用户维护电话交换机和线路等的服务收入。它综合反映了一定时期邮电业务发展的总成果,是研究邮电业务量构成和发展趋势的重要指标。计算公式为:

邮电业务总量 = ∑(各类邮电业务量 × 不变单价) + 出租代维及其他业务收入

EXPLANATORY NOTES ON MAIN STATISTICAL INDICATORS

Length of Highways It refers to the length of highways which are built in conformity with the grades specified by the highway engineering standard formulated by the Ministry of Communications, and have been formally checked and accepted by the departments of highways and put into use. The length of highways includes that of the suburb highways at large and medium – sized cities, highways passing through streets at small cities and towns, and also the length of bridges and ferries. It does not include the length of streets in big and medium – sized cities and highways built for the production purpose at factories, mines, forest areas and agricultural areas. If two or more highways go the same section of the way, the length of the section is only calculated for once and no duplication is allowed. The length of highways is an important indicator to show the development of the highway construction and to provide essential information to calculate the transport network density.

Length of Navigable Inland Waterways It is an indicator reflecting the size and development of inland water network, it refers to the length of the natural rivers, lakes, reservoirs, canals, and ditches open to navigation during a given period, which enables the transport by ships and rafts. It includes the channels open to navigation for over an accumulative 3 months in a year, yet this does not include the river courses which are only used to float odd logs and bamboo rafts.

Freight (Passenger) Traffic It refers to the volume of freight (passenger) transported with various means. Freight transport is calculated in tons and passenger traffic is calculated in the number of persons. Despite the type of freight and travelling distance, the freight transport is calculated in the actual weight of the goods; and despite the travelling distance and ticket price, the passenger traffic is calculated by the principle that one person can be counted only once in one travel. The passenger who travel with a half price ticket or a child ticket is also calculated as one person. The freight (passenger) traffic provides a quantitative measure to show how the transport industry serves the national economy and people, and is also an important indicator for planning the transport industry and for studying the development scale and speed of the transport industry.

Freight Ton – kilometers (Passenger – kilometers) It refers to the sum of the products of the volume of transported cargo (passengers) multiplying by the transport distance, usually using ton – kilometer and passenger – kilometer as units for measurement. Normally, the shortest distance between the departure station and the destination station (i. e., the payable distance) is the basis to calculate the freight ton – kilometers. This is an important indicator to show the total results of the transport industry, to prepare and examine the transport plan and to measure the efficiency, the labour productivity and the unit cost of transport.

The formula is as follows:

Freight Ton – kilometers (Passenger – kilometers) = ∑{Freight (Passenger) Traffic x Distance of Transportation}

Measuring unit: ton – kilometer (person – kilometer)

Business Volume of Post and Telecommunications It refers to the total amount of post and telecommunications services, expressed in value terms, provided by the post and telecommunications departments for the society. Post and telecommunication services can be classified as letters, parcels, remittance, issue of newspapers and magazines, fast mail service, express mail service, savings deposits, stamps for collection, public and individual telegraph service, facsimiles, long – distance telephone service, leasing of telephone lines, urban paging service, mobile telephone service, data transfer and transmission, etc. The accounting approach is to multiply the service products of all types with their average unit price (constant price) to get sum of business value, plus income from other services such as leasing of telephone lines and equipment, maintenance of telephone switchboards and lines on behalf of customers. This indicator reflects the overall results of post and telecommunications service during a given period, and is important to study the composition of business service and the development of post and telecommunications service.

The formula is as follows:

Business Volume of Post and Telecommunications = ∑(Transaction of Post and Telecommunication Service x Constant Price) + Income from Leasing, Maintenance and other Services.

十一、贸易、对外经济与旅游业
Trade, Foreign Economy and Tourism

11-1 分地区社会消费品零售总额(1989-2020年)

Total Retail Sales of Consumer Goods by Region (1989-2020)

单位:万元 (10000 yuan)

年份 Year	全市 Total	市区 Urban District	南湖区 Nanhu	秀洲区 Xiuzhou	嘉善 Jiashan	海盐 Haiyan	海宁 Haining	平湖 Pinghu	桐乡 Tongxiang
1989	342138	90794			40538	38087	64766	43490	64463
1990	342549	90737			40785	36895	67709	45439	60984
1991	398362	106835			44456	43261	79128	52071	72611
1992	498337	147382			52965	48113	93011	64441	92425
1993	782536	304186			85556	60821	135533	76253	120187
1994	1126046	387866			135697	88996	208206	112993	192288
1995	1401551	450524			162248	134175	269778	131579	253247
1996	1602794	493192			170940	134352	311294	167924	325092
1997	1670074	502998			175672	141294	338908	181055	330147
1998	1773690	524931			188189	143045	375863	195197	346465
1999	1899265	567436			198086	148999	405315	209253	370176
2000	2055992	633007			210811	154236	438128	218209	401601
2001	2314641	706221			235983	171185	501204	241970	458078
2002	2557015	773958			259150	189169	554459	270013	510266
2003	2875861	843290			302236	220774	632734	316506	560321
2004	3311134	929008	646671	282337	359872	265732	728497	374833	653192
2005	3831816	1090582	756640	333942	413715	308333	837994	430048	751144
2006	4416850	1259007	873127	385880	477451	349253	966347	496896	867896
2007	5174282	1475777	1026347	449430	560851	400151	1133624	584389	1019490
2008	6217752	1762338	1238179	524159	676014	474612	1374215	700590	1229983
2009	7121585	2019519	1421677	597842	770096	537859	1578731	799890	1415490
2010	8112368	2309401	1615713	693688	890394	613864	1806118	898084	1594507
2011	9735303	2764865	1959651	805214	1070285	734099	2172088	1077791	1916175
2012	11007773	3052505	2120968	931537	1224201	835324	2466170	1234809	2194764
2013	11997026	3290569	2269716	1020853	1350276	925388	2699658	1339340	2391795
2014	13449371	3695623	2550948	1144675	1512747	1028931	3035378	1494260	2682432
2015	14921868	4091970	2818070	1273900	1679008	1131784	3377247	1658273	2983586
2016	16430270	4510821	3104645	1406176	1850503	1247163	3712428	1821594	3287761
2017	18154382	4990155	3431540	1558615	2048643	1381755	4090905	2009800	3633124
2018	19740573	5355756	3745196	1610560	2204419	1501429	4474662	2205026	3999281
2019	21409997	5820561	4073297	1747264	2382985	1624547	4862097	2394467	4325340
2020	20923440	5671624	4083950	1587674	2357696	1586069	4750128	2362573	4195350

注:重新修订全市及各县(市、区)2010年-2020年社会消费品零售总额和分行业数据(下同)。
Note:Date of total retail sales of consumer goods from 2010 to 2020 is revised(the same below).

11－2　全市分行业社会消费品零售总额（1989－2020年）

Total Retail Sales of Consumer Goods by Sector (1989－2020)

单位:万元　(10000 yuan)

年份 Year	社会消费品零售总额 Total Retail Sales of Consumer Goods	按行业分: by Sector 批发零售贸易业 Wholesale and Retail Sale Trade	住宿餐饮业 Accommodation and Catering Services	制造业 Manufacturing	其它 Others	农业生产者 Agriculture
1989	342138	229876	11939	64240	36083	24706
1990	342549	233194	12465	58382	38508	28605
1991	398362	266660	14046	69363	48293	34786
1992	498337	328265	16625	82354	71093	51877
1993	782536	433604	34788	196071	118073	108849
1994	1126046	651382	37439	236561	200664	153512
1995	1401551	783128	63726	346963	207734	180458
1996	1602794	918714	92306	363923	227851	209459
1997	1670074	980292	108192	351014	230576	210999
1998	1773690	1128239	111503	321798	212150	176643
1999	1899265	1274721	123512	309886	191146	152525
2000	2055992	1343951	140559	349903	221579	151911
2001	2314641	1504385	172633	388924	248699	160616
2002	2557015	1642387	209084	432444	273100	169966
2003	2875861	2471190	267829		136842	
2004	3311134	2810821	344282		156031	
2005	3831816	3255315	406331		170170	
2006	4416850	3758263	481706		176881	
2007	5174282	4384196	601639		188447	
2008	6217752	5356792	659726		201234	
2009	7121585	6080396	843069		198120	
2010	8112368	7249006	863362			
2011	9735303	8703171	1032132			
2012	11007773	9869224	1138549			
2013	11997026	10796664	1200362			
2014	13449371	12134526	1314845			
2015	14921868	13433907	1487961			
2016	16430270	14709819	1720451			
2017	18154382	16231536	1922846			
2018	19740573	17572237	2168336			
2019	21409997	18720734	2689263			
2020	20923440	19297374	1626066			

11-3 市区分行业社会消费品零售总额（1989-2020年）

Total Retail Sales of Consumer Goods of Urban District by Sector (1989-2020)

单位:万元 (10000 yuan)

年份 Year	社会消费品零售总额 Total Retail Sales of Consumer Goods	按行业分: by Sector				
		批发零售贸易业 Wholesale and Retail Sale Trade	住宿餐饮业 Accommodation and Catering Services	制造业 Manufacturing	其它 Others	农业生产者 Agriculture
1989	90794	56551	5101	17826	11316	7717
1990	90737	57637	5149	16424	11527	8423
1991	106835	69415	6313	18529	12578	9061
1992	147382	88326	7222	23638	28196	22275
1993	304186	167288	10454	67603	58841	58548
1994	387866	251311	10265	53168	73122	69302
1995	450524	280193	18676	58809	92846	87519
1996	493192	279902	30152	69564	113574	111024
1997	502998	287196	35954	66294	113554	108397
1998	524931	321440	31956	53884	117651	108829
1999	567436	387402	32214	59539	88281	77411
2000	633007	414815	39264	88742	90186	68127
2001	706221	461950	46893	105243	92135	69624
2002	773958	503657	59566	119503	91232	66805
2003	843290	742944	71653		28693	
2004	929008	806941	98542		23525	
2005	1090582	948270	115499		26813	
2006	1259007	1089235	138867		30905	
2007	1475777	1265957	176739		33081	
2008	1762338	1549265	179955		33118	
2009	2019519	1747540	235001		36978	
2010	2309401	2082772	226629			
2011	2764865	2443408	321457			
2012	3052505	2751200	301305			
2013	3290569	2978117	312452			
2014	3695623	3345309	350314			
2015	4091970	3664149	427821			
2016	4510821	4026039	484782			
2017	4990155	4431219	558936			
2018	5355756	4717923	637833			
2019	5820561	5076890	743671			
2020	5671624	5214055	457569			

11－4　全市限额以上批发和零售业销售额(2016－2020 年)

Sales of Wholesale and Retail Sale Trades Above Designated Size (2016－2020)

单位:万元　　　　(10000 yuan)

类型、行业	Ownership and Sector	2016	2017	2018	2019	2020
总　　计	Total	20910200	25466566	29040662	32835741	36654198
其中:国有及国有控股	State－owned and State Holding Majority Shares	3410554	4263129	4926746	6116734	5939668
(一)按登记注册类型分	Grouped by Status of Registration					
国有企业	State－owned	9376	11765	10902	2953	1336709
集体企业	Collective－owned	90969	70709	65536	57681	49408
股份合作企业	Share－holding Cooperative	7793	10484	13195	15903	15872
联营企业	Joint Ownership	0	0	0	0	8600
有限责任公司	Limited Liability Company	6006623	6959625	7948397	8842760	6054232
股份有限公司	Share－holding Cooperations Ltd.	2167386	2502794	2718357	2331796	1431063
私营企业	Private－owned	10896745	13993203	16055229	18995589	22270884
其他企业	Other Enterprises	32645	30794	28829	26629	5893
港、澳、台商投资企业	Owned by Entrepreneurs from Hongkong, Macau and Taiwan	1034320	742048	787918	939017	1363467
外商投资企业	Enterprises with Foreign Investment	664344	1145143	1412301	1623412	4118072
(二)按主要行业分	Grouped By Main Sector					
食品、饮料及烟草制品批发业	Wholesale of Foods, Beverages and Tobaccos	1721820	1525849	1669174	1958014	2124189
纺织、服装及日用品批发业	Wholesale of Textiles, Garments and Daily Consumer Goods	4056227	4619602	5021163	5476995	5222570
矿产品、建材及化工产品批发业	Wholesale of MineralProducts, Building Materials and Chemicals	7693905	11145639	13159276	15099608	17454885
机械设备、五金交电及电子产品批发业	Wholesale of Machinery Equipment, Hardware and Electronic Products	924444	1215389	1718958	1966557	3636517
综合零售业	Retail of Synthesis	956329	951522	922733	899729	914296
食品、饮料及烟草制品专门零售业	Special Retail of Foods, Beverages and Tobacco Products	93423	63273	49462	66486	94750
纺织、服装及日用品专门零售业	Special Retail of Textiles, Garments and Daily Consumer Goods	148390	210724	240430	252150	20548
文化、体育用品及器材专门零售业	Special Retail of Cutural, Sport Articles and Equipments	86903	90222	93966	99453	83187
医药及医疗器材专门零售业	Special Retail of Medicines and Medical Appliances	134506	127868	139307	162593	189786
汽车、摩托车、燃料及零配件专门零售业	Special Retail of Cars, Motors, Fuels and Accessories and Fittings	3630814	3821955	4072537	4309440	4201247
家用电器及电子产品专门零售业	Specia Retail of Home Appliances and Electronic Products	184127	208423	199813	198810	241091
五金、家具及室内装修材料专门零售业	Special Retail of Hardware, Furnitures and Indoor Decorative Materials	14523	7662	13247	10151	3924
无店铺及其他零售业	Retail without Store and Others	98981	170639	294513	488346	436750

11-5 市区限额以上批发和零售业销售额（2016-2020年）

Sales of Wholesale and Retail Sale Trades Above Designated Size in Urban District（2016-2020）

单位:万元　　(10000 yuan)

类型、行业	Ownership and Sector	2016	2017	2018	2019	2020
总　　计	Total	8834899	10699094	12109566	13519585	13694540
其中:国有及国有控股	State-owned and State Holding Majority Shares	2708077	3204770	3692349	3899400	3390744
(一)按登记注册类型分	Grouped by Status of Registration					
国有企业	State-owned	0	0	0	0	1051075
集体企业	Collective-owned	5585	5032	5900	7229	6212
股份合作企业	Share-holding Cooperative	4133	3952	4860	8085	6580
联营企业	Joint Ownership	0	0	0	0	0
有限责任公司	Limited Liability Company	3367101	3800503	4508227	4887309	3355615
股份有限公司	Share-holding Cooperations Ltd.	1290768	1475576	1421100	1190687	1257121
私营企业	Private-owned	3403861	4290770	5166069	6432979	5861976
其他企业	Other Enterprises	3475	209107	3897	4302	3876
港、澳、台商投资企业	Owned by Entrepreneurs from Hongkong, Macau and Taiwan	183785	170264	310052	233965	256444
外商投资企业	Enterprises with Foreign Investment	576191	743889	689463	755029	1895640
(二)按主要行业分	Grouped By Main Sector					
食品、饮料及烟草制品批发业	Wholesale of Foods, Beverages and Tobaccos	1102034	1157598	1228940	1297799	1399655
纺织、服装及日用品批发业	Wholesale of Textiles, Garments and Daily Consumer Goods	1583553	1755039	1841772	1726206	1855724
矿产品、建材及化工产品批发业	Wholesale of MineralProducts, Building Materials and Chemicals	1991561	3345701	4108673	5176026	4575670
机械设备、五金交电及电子产品批发业	Wholesale of Machinery Equipment, Hardware and Electronic Products	277920	316826	449129	569855	1338239
综合零售业	Retail of Synthesis	339645	303277	307422	297950	294976
食品、饮料及烟草制品专门零售业	Special Retail of Foods, Beverages and Tobacco Products	20038	19580	20881	29403	26514
纺织、服装及日用品专门零售业	Special Retail of Textiles, Garments and Daily Consumer Goods	133965	186418	209988	218475	5621
文化、体育用品及器材专门零售业	Special Retail of Cutural, Sport Articles and Equipments	36715	39131	36309	33443	20788
医药及医疗器材专门零售业	Special Retail of Medicines and Medical Appliances	42755	40644	46792	52251	58251
汽车、摩托车、燃料及零配件专门零售业	Special Retail of Cars, Motors, Fuels and Accessories and Fittings	2567886	2718735	2993790	3059090	2968617
家用电器及电子产品专门零售业	Specia Retail of Home Appliances and Electronic Products	93011	112580	101031	101337	149032
五金、家具及室内装修材料专门零售业	Special Retail of Hardware, Furnitures and Indoor Decorative Materials	7335	0	0	0	0
无店铺及其他零售业	Retail without Store and Others	51765	110594	238995	318381	322388

注:2003年起按行业分组采用新的国民经济行业分类标准。
Note: Since 2003 the data groued by sector have adopted new sector classified standard.

11－6 全市限额以上批发和零售业购、销、存情况(2020年)

Purchases, Sales and Inventory of Wholesale and Retail Sale Trade above Designated Size (2020)

单位:万元 (10000 yuan)

类型、行业	Ownership and Sector	商品购进额 Purchases of Commodities	商品销售额 Sales of Commodities	批发 Value in Wholesale Trade	零售 Value in Retail Sale Trade	年末库存 Year－end Inventory
总计	Total	34232469	36654198	31289338	5329168	1983670
按地区分	By Region					
市区	Urban District	11989361	13694540	10550114	3135579	741082
嘉善	Jiashan	2874414	2786533	2552058	224628	369790
海盐	Haiyan	1806432	1872659	1759087	113012	66067
海宁	Haining	5204317	5379915	4413394	961943	267409
平湖	Pinghu	5185966	5364536	5094756	264955	157792
桐乡	Tongxiang	7171979	7556015	6919929	629052	381530
一、批发业	Wholesale Trade	29284190	30468619	30136523	296404	1477092
其中:国有及国有控股	State－owned and State Holding Majority Shares	5039040	5479500	5466288	13211	197649
1. 按登记注册类型分	Grouped by Status of Registration					
国有企业	State－owned	971995	1336709	1336709	0	21480
集体企业	Collective－owned	20838	23452	23452	0	4649
股份合作企业	Share－holding Cooperative	2519	2794	2794	0	3
联营企业	Joint Ownership	5281	8600	8600	0	0
有限责任公司	Limited Liability Company	5135906	5095544	5017747	77797	251058
股份有限公司	Share－holding Cooperations Ltd.	1198593	1218011	1217756	256	11147
私营企业	Private－owned	18396865	19292075	19044052	212331	822344
其他企业	Other Enterprises	5693	5893	5893	0	39
港、澳、台商投资企业	Owned by Entrepreneurs from HONG KONG, Macau and Taiwan	724954	746445	740425	6020	12148
外商投资企业	Enterprises with Foreign Investment	2821546	2739097	2739097	0	354224
2. 按主要行业分	Grouped by Main Sector					
农畜产品批发业	Wholesale of Farm and Animal Products	225914	236997	233561	3436	32806
食品、饮料及烟草制品批发业	Wholesale of Foods, Beverages and Tobacco Products	1709703	2124189	2081289	42340	159813
其中:米、面制品及食用油批发	Wholesale of Rice, Flour Products and Edible Oil	113923	116844	115596	1248	41408
烟草制品批发	Wholesale of Tobacco Products	706024	1051075	1051075	0	18850
纺织、服装及日用品批发业	Wholesale of Textiles, Garments and Daily Consumer Goods	4849146	5222570	5113949	99854	326481
其中:服装批发	Wholesale of Garments	1551687	1741686	1687064	54622	62519
文化、体育用品及器材批发业	Wholesale of Cutural, Sport Articles and Equipments	414436	431520	429815	1706	26798
医药及医疗器材批发业	Wholesale of Medicines and Medical Appliances	481014	514502	511014	3489	42942
矿产品、建材及化工产品批发业	Wholesale of MineralProducts, Building Materials and Chemicals	16957710	17454885	17354024	77668	411867
其中:煤炭及制品批发	Wholesale of Coal and Related Products	2276804	2312335	2305302	0	45836
石油及制品批发	Wholesale of Petroleum and Related Products	3584539	3601417	3567369	25420	78387
金属及金属矿批发	Wholesale of Metal and Metal Mineral	4841042	4972516	4969408	3108	119347

11－6　续表 1

Continue 1

单位:万元　　　　　　　　　　　　　　　　　　　　　　　　(10000 yuan)

类型、行业	Ownership and Sector	商品购进额 Purchases of Commodities	商品销售额 Sales of Commodities	批发 Value in Wholesale Trade	零售 Value in Retail Sale Trade	年末库存 Year－end Inventory
建材批发	Wholesale of Building Materials	1065626	1140452	1132802	116	31085
化肥批发	Wholesale of Chemical Fertilizer	51543	57097	57097	0	6534
机械设备、五金交电及电子产品批发业	Wholesale of Machinery Equipment, Hardware and Electronic Products	3873839	3636517	3589582	46078	449527
其中:汽车、摩托车及零配件批发	Wholesale of Cars, Motors, Fuels and Accessories and Fittings	196625	201037	192052	8128	16206
电器设备批发	Wholesale of electrical Appliances	306103	321435	321435	0	19390
计算机、软件及辅助设备批发	Wholesale of Computers, Software and Subsidiary Equipments	25273	28648	22851	5797	2431
贸易经纪与代理	Trade Agency	0	0	0	0	0
其他批发业	Others	772427	847439	823291	21834	26857
二、零售业	Retail Sale Trade	4948279	6185579	1152815	5032764	506578
其中:国有及国有控股	State－owned and State Holding Majority Shares	515026	460168	64764	395404	58855
1. 按登记注册类型分	Grouped by Status of Registration					
国有企业	State－owned	0	0	0	0	0
集体企业	Collective－owned	23975	25955	1713	24242	1269
股份合作企业	Share－holding Cooperative	10664	13078	4167	8911	300
联营企业	Joint Ownership	0	0	0	0	0
有限责任公司	Limited Liability Company	863154	958688	59394	899294	85533
股份有限公司	Share－holding Cooperations Ltd.	298604	213051	57492	155560	35318
私营企业	Private－owned Enterprises	2848760	2978809	527390	2451419	317746
其他企业	Others	0	0	0	0	0
港、澳、台商投资企业	Owned by Entrepreneurs from HONG KONG, Macau and Taiwan	535737	617022	18055	598968	38628
外商投资企业	Enterprises with Foreign Investment	367385	1378975	484604	894371	27785
2. 按主要行业分	Grouped By Main Sector					
综合零售业	Retail of Synthesis	814211	914296	6336	907960	104128
其中:百货零售	Retail of Department Store	451644	510980	282	510698	69105
超级市场零售	Retail of Supermarket	352796	390593	5419	385175	33957
食品、饮料及烟草专门零售业	Special Retail of Foods, Beverages and Tobacco Products	89274	94750	17991	76759	6832
纺织、服装及日用品专门零售业	Special Retail of Textiles, Garments and Daily Consumer Goods	16493	20548	3901	16648	3091
文化、体育用品及器材专门零售业	Special Retail of Cutural, Sport Articles and Equipments	72096	83187	86	83101	12749
医药及医疗器材专门零售业	Special Retail of Medicines and Medical Appliances	148351	189786	22347	167439	27548
汽车、摩托车、燃料及零配件专门零售业	Special Retail of Cars, Motors, Fuels and Accessories and Fittings	3229677	4201247	937384	3263863	309990
家用电器及电子产品专门零售业	Specia Retail of Home Appliances and Electronic Products	234340	241091	96752	144339	17745
五金、家具及室内装修材料专门零售业	Special Retail of Hardware, Furnitures and Indoor Decorative Materials	2975	3924	0	3924	2675
无店铺及其他零售业	Retail without Store and Others	340864	436750	68018	368732	21820

11－7 市区限额以上批发和零售业购、销、存情况（2020 年）
Purchases, Sales and Inventory of Wholesale and Retail Sale Trade above Designated Size of Urban District (2020)

单位:万元 (10000 yuan)

类型、行业	Ownership and Sector	商品购进额 Purchases of Commodities	商品销售额 Sales of Commodities	批发 Value in Wholesale Trade	零售 Value in Retail Sale Trade	年末库存 Year－end Inventory
总　计	Total	11989361	13694540	10550114	3135579	741082
一、批发业	Wholesale Trade	9183361	9848353	9653434	186072	484908
其中:国有及国有控股	State－owned and State Holding Majority Shares	2798355	3133551	3132442	1110	68776
1. 按登记注册类型分	Grouped by Status of Registration					
国有企业	State－owned	706024	1051075	1051075	0	18850
集体企业	Collective－owned	0	0	0	0	0
股份合作企业	Share－holding Cooperative	0	0	0	0	0
联营企业	Joint Ownership	0	0	0	0	0
有限责任公司	Limited Liability Company	2836098	2752323	2681019	71304	125344
股份有限公司	Share－holding Cooperations Ltd.	1041164	1045598	1045588	10	6014
私营企业	Private－owned	4065148	4408149	4284544	114758	317668
其他企业	Other Enterprises	3858	3876	3876	0	39
港、澳、台商投资企业	Owned by Entrepreneurs from HONG KONG, Macau and Taiwan	29604	34052	34052	0	146
外商投资企业	Enterprises with Foreign Investment	501464	553280	553280	0	16847
2. 按主要行业分	Grouped by Sector					
农畜产品批发业	Wholesale of Farm and Animal Products	8551	8953	8953	0	247
食品、饮料及烟草制品批发业	Wholesale of Foods, Beverages and Tobacco Products	1007945	1399655	1392641	7014	45588
其中:米、面制品及食用油批发	Wholesale of Rice, Flour Products and Edible Oil	19627	21318	20189	1129	820
烟草制品批发	Wholesale of Tobacco Products	706024	1051075	1051075	0	18850
纺织、服装及日用品批发业	Wholesale of Textiles, Garments and Daily Consumer Goods	1660450	1855724	1772477	83248	143913
其中:服装批发	Wholesale of Garments	691215	814128	769409	44719	37401
文化、体育用品及器材批发业	Wholesale of Cutural, Sport Articles and Equipments	123196	127513	127381	132	13006
医药及医疗器材批发业	Wholesale of Medicines and Medical Appliances	389738	413063	412382	681	34885
矿产品、建材及化工产品批发业	Wholesale of MineralProducts, Building Materials and Chemicals	4516262	4575670	4514726	52953	128497
其中:煤炭及制品批发	Wholesale of Coal and Related Products	1405276	1416930	1416930	0	30697
石油及制品批发	Wholesale of Petroleum and Related Products	261557	250993	240383	2620	16032
金属及金属矿批发	Wholesale of Metal and Metal Mineral	1469407	1495115	1493050	2065	36451
建材批发	Wholesale of Building Materials	217536	231837	231837	0	10174
化肥批发	Wholesale of Chemical Fertilizer	10817	12306	12306	0	2270
机械设备、五金交电及电子产品批发业	Wholesale of Machinery Equipment, Hardware and Electronic Products	1373394	1338239	1307115	30267	117423

11－7 续表1

Continue 1

单位:万元 (10000 yuan)

类型、行业	Ownership and Sector	商品购进额 Purchases of Commodities	商品销售额 Sales of Commodities	批发 Value in Wholesale Trade	零售 Value in Retail Sale Trade	年末库存 Year－end Inventory
其中:汽车、摩托车及零配件批发	Wholesale of Cars, Motors, Fuels and Accessories and Fittings	99081	103718	102762	99	9088
电器设备批发	Wholesale of electrical Appliances	34044	32722	32722	0	12207
计算机、软件及辅助设备批发	Wholesale of Computers, Software and Subsidiary Equipments	12310	14067	8271	5797	1326
贸易经纪与代理	Trade Agency					
其他批发业	Others	103827	129537	117759	11778	1349
二、零售业	Retail Sale Trade	2805999	3846186	896680	2949506	256175
其中:国有及国有控股	State－owned and State Holding Majority Shares	338063	257193	54801	202392	41735
1. 按登记注册类型分	Grouped by Status of Registration					
国有企业	State－owned	0	0	0	0	0
集体企业	Collective－owned	5174	6212	0	6212	446
股份合作企业	Share－holding Cooperative	4844	6580	2283	4296	192
联营企业	Joint Ownership	0	0	0	0	0
有限责任公司	Limited Liability Company	536080	603292	30984	572308	55300
股份有限公司	Share－holding Cooperations Ltd.	297083	211523	56937	154587	35297
私营企业	Private－owned	1404701	1453826	313750	1140077	120691
其他企业	Other Enterprises	0	0	0	0	0
港、澳、台商投资企业	Owned by Entrepreneurs from HONG KONG, Macau and Taiwan	221772	222393	8122	214270	16464
外商投资企业	Enterprises with Foreign Investment	336345	1342360	484604	857756	27785
2. 按主要行业分	Grouped By Main Sector					
综合零售业	Retail of Synthesis	251976	294976	675	294301	63416
其中:百货零售	Retail of Department Store	176126	211172	0	211172	58406
超级市场零售	Retail of Supermarket	69672	75225	40	75185	4101
食品、饮料及烟草专门零售业	Special Retail of Foods, Beverages and Tobacco Products	24503	26514	5990	20524	2267
纺织、服装及日用品专门零售业	Special Retail of Textiles, Garments and Daily Consumer Goods	4336	5621	226	5395	1729
文化、体育用品及器材专门零售业	Special Retail of Cutural, Sport Articles and Equipments	23120	20788	0	20788	4790
医药及医疗器材专门零售业	Special Retail of Medicines and Medical Appliances	42463	58251	7869	50382	3638
汽车、摩托车、燃料及零配件专门零售业	Special Retail of Cars, Motors, Fuel and Accessories and Fittings	2047791	2968617	768165	2200452	167326
家用电器及电子产品专门零售业	Specia Retail of Home Appliances and Electronic Products	145901	149032	78892	70140	1703
五金、家具及室内装修材料专门零售业	Special Retail of Hardware, Furnitures and Indoor Decorative Materials	0	0	0	0	0
无店铺及其他零售业	Retail without Store and Others	265908	322388	34863	287525	11306

11-8 全市限额以上批发零售企业分类型、行业主要经济指标（2020 年）

单位：万元

指 标	Item	企业数（个）Number of Enterprises (unit)]	营业收入 Business Income
2009		667	7520907
2010		812	10295291
2011		1052	14267599
2012		1238	15393260
2013		1300	18012634
2014		1512	19058325
2015		1558	17875047
2016		1543	18750458
2017		1521	21704986
2018		1595	24858004
2019		1721	28797137
2020		1763	32562086
一、批发企业	Wholesale Enterprises	1360	27735836
其中：国有及国有控股	State - owned and State Holding Majority Shares	37	4886138
1. 按登记注册类型分	Grouped by Status of Registration		
国有企业	State - owned	2	1183460
集体企业	Collective - owned	2	21529
股份合作企业	Share - holding Cooperative	1	2473
联营企业	Joint Ownership	1	7449
有限责任公司	Limited Liability Company	105	4676738
股份有限公司	Share - holding Cooperations Ltd.	10	1113917
私营企业	Private - owned	1178	17580098
其他企业	Other Enterprises	2	6159
港、澳、台商投资企业	Owned by Entrepreneurs from HONG KONG, Macau and Taiwan	17	667478
外商投资企业	Enterprises with Foreign Investment	42	2476535
2. 按主要行业分	Grouped by Main Sector		
农畜产品批发业	Wholesale of Farm and Animal Products	21	231563
食品、饮料及烟草制品批发业	Wholesale of Foods, Beverages and Tobacco Products	81	1906715
其中：米、面制品及食用油批发	Wholesale of Rice, Flour Products and Edible Oil	13	114273
烟草制品批发	Wholesale of Tobacco Products	1	930687
纺织、服装及日用品批发业	Wholesale of Textiles, Garments and Daily Consumer Goods	441	4940469
其中：服装批发	Wholesale of Garments	104	1696455
文化、体育用品及器材批发业	Wholesale of Cutural, Sport Articles and Equipments	43	395567
医药及医疗器材批发业	Wholesale of Medicines and Medical Appliances	29	457324
矿产品、建材及化工产品批发业	Wholesale of MineralProducts, Building Materials and Chemicals	531	15630962
其中：煤炭及制品批发	Wholesale of Coal and Related Products	38	2058284
石油及制品批发	Wholesale of Petroleum and Related Products	58	3223714
金属及金属矿批发	Wholesale of Metal and Metal Mineral	157	4457882
建材批发	Wholesale of Building Materials	87	1036007
化肥批发	Wholesale of Chemical Fertilizer	6	54273
机械设备、五金交电及电子产品批发业	Wholesale of Machinery Equipment, Hardware and Electronic Products	165	3412315
其中：汽车、摩托车及零配件批发	Wholesale of Cars, Motors, Fuel and Accessories and Fittings	33	186061
电器设备批发	Wholesale of electrical Appliances	8	302993

注：指标“营业成本”2011 年以前为“主营业务成本”；“税金及附加”2011 年以前为“主营业务税金及附加”；“从业人员平均人数”2011 年－2013 年为“从业人员期末人数”（下同）。

Major Economic Indicators on Wholesale and Retail Sale Enterprises above Designated Size by Ownership and Sector (2020)

(10 000 yuan)

营业成本 Operating Costs	税金及附加 Taxes and Surcharges	销售费用 Selling Expenses	管理费用 Management Expense	研发费用 Research and Development Costs	财务费用 Financial Expenses
6957469	31850	209205	143089		30296
9572078	51075	277363	185057		58656
13377905	56870	378634	232544		91306
14412371	59015	431447	274719		132092
16733347	76711	479014	327879		148658
17814011	74931	519547	314748		162266
16581444	111126	522127	327692		132092
17300464	130905	585700	377611		189546
20086885	140217	655627	387526		205070
23109043	148881	758075	424465		161934
26786683	163508	829644	532030	40430	218865
30715850	173215	847160	508920	3468	396971
26406089	151488	559425	368832	2675	372963
4631776	128051	54289	42749	0	6985
1016947	125581	15895	27079	0	-12941
19913	118	683	590	0	65
2228	5	100	34	0	18
7763	34	335	65	0	0
4545525	3113	49585	43569	0	38322
1089354	1347	8380	11481	0	175779
16741894	18647	424027	250989	2638	147868
6024	1	5	88	0	62
654162	202	1506	5042	13	2275
2322278	2440	58910	29898	24	21515
217154	166	4996	5850	147	1174
1660469	126889	57451	57053	145	-4025
110142	83	4407	2866	145	1885
780736	125386	12721	26956	0	-13000
4556251	5984	213987	106689	56	42428
1489633	3597	135950	49525	8	16962
375856	511	15721	6756	24	2634
414481	800	18526	13792	154	1915
15178032	10029	184518	114192	536	298710
2027577	1678	11267	6119	0	13453
3139247	1513	32482	15806	34	8825
4346670	2387	31557	39518	0	67561
963116	1113	33662	14994	0	10478
50735	167	1910	1214	0	448
3270033	2177	47675	51555	1588	25256
174500	180	4593	4904	17	1315
278019	130	5663	5713	0	6165

Note: The indicators of "operating cost" is "cost of main business" before 2011; the indicators of "taxes and surcharges" is "taxes and surcharges of main business" before 2011; the indicators of "average number of employees" is "number of year-end employees" between 2011 and 2013; The same below.

11-8 续表1

单位:万元

指标	Item	企业数(个) Number of Enterprises (unit)	营业收入 Business Income
计算机、软件及辅助设备批发	Wholesale of Computers,Software and Subsidiary Equipments	5	27793
贸易经纪与代理	Trade Agency		
其他批发业	Others	49	760920
二、零售企业	Retail Sale Enterprises	403	4826250
其中:国有及国有控股	State - owned and State Holding Majority Shares	28	423059
1. 按登记注册类型分	Grouped by Status of Registration		
国有企业	State - owned		
集体企业	Collective - owned	4	27387
股份合作企业	Share - holding Cooperative	7	11573
联营企业	Joint Ownership		
有限责任公司	Limited Liability Company	63	889813
股份有限公司	Share - holding Cooperations Ltd.	4	194852
私营企业	Private - owned	304	2806077
其他企业	Other Enterprises		
港、澳、台商投资企业	Owned by Entrepreneurs from HONG KONG,Macau and Taiwan	12	568314
外商投资企业	Enterprises with Foreign Investment	9	328234
2. 按主要行业分	Grouped By Main Sector		
综合零售业	Retail of Synthesis	55	864501
其中:百货零售	Retail of Department Store	16	474673
超级市场零售	Retail of Supermarket	32	378030
食品、饮料及烟草专门零售业	Special Retail of Foods, Beverages and Tobacco Products	22	97573
纺织、服装及日用品专门零售业	Special Retail of Textiles, Garments and Daily Consumer Goods	9	18459
文化、体育用品及器材专门零售业	Special Retail of Cutural,Sport Articles and Equipments	12	81865
医药及医疗器材专门零售业	Special Retail of Medicines and Medical Appliances	26	173976
汽车、摩托车、燃料及零配件专门零售业	Special Retail of Cars, Motors, Fuels and Accessories and Fittings	195	2964228
家用电器及电子产品专门零售业	Specia Retail of Home Appliances and Electronic Products	39	218402
五金、家具及室内装修材料专门零售业	Special Retail of Hardware, Furnitures and Indoor Decorative Materials	6	3492
无店铺及其他零售业	Retail without Store and Others	39	403754
3. 按零售业态分组	Grouped by Retail Size		
#有店铺零售	Department Store	367	4410823
食杂店	Grocery Store	1	1194
便利店	Specialized Store	7	147460
折扣店	Authorized store		
超市	Convenience store	29	141358
大型超市	Warehouse store	14	271624
百货店	Department store	14	370422
专业店	professional Store	158	1067629
专卖店	Monopoly Store	134	2256534
家居建材商店	Building materials store	2	1029
购物中心	shopping center	3	118956
厂家直销中心	direct selling center	4	32868
无店铺零售	The satatistical range does not include retail stores	36	415427
网上商店	Store - online	28	371399

Continue 1

(10 000 yuan)

营业成本 Operating Costs	税金及附加 Taxes and Surcharges	销售费用 Selling Expenses	管理费用 Management Expense	研发费用 Research and Development Costs	财务费用 Financial Expenses
25166	136	591	1179	29	341
733813	4930	16553	12946	24	4873
4309761	21727	287734	140088	793	24008
370533	2169	38596	10302	0	3509
23306	93	1712	2090	0	48
9294	38	1156	390	0	35
788490	3934	49694	33692	0	3131
175550	818	19503	231	0	3264
2513451	13432	168119	85568	793	16410
507622	2430	30215	14513	0	432
292049	983	17335	3604	0	688
719804	5012	86962	42832	0	6515
393235	4341	30105	33098	0	4979
317504	641	54982	9205	0	1521
82246	305	4626	11048	0	389
14295	40	2130	1314	0	203
65059	304	6770	4487	0	-866
142723	457	21146	9247	0	820
2735824	8188	112523	55129	0	15396
202322	235	12579	5488	0	1071
2612	6	395	113	0	228
344877	7181	40604	10432	793	253
3949643	14587	247729	130257	0	23533
1094	1	2	112	0	13
135837	373	13426	257	0	1544
124734	169	16200	6862	0	1032
222859	521	42068	3868	0	566
306812	3287	25741	25729	0	4975
934862	2309	70928	38019	0	4371
2095045	6695	74752	41180	0	10429
633	2	144	67	0	130
96639	1154	2697	12986	0	300
29963	67	1395	1177	0	172
360118	7141	40005	9831	793	475
321332	7086	36704	7402	793	295

11-8 续表2

单位:万元

指　标	Item	营业利润 Profits of Management	利润总额 Total Profits
2009		123550	163497
2010		128350	179290
2011		159171	178062
2012		104292	133130
2013		283435	313958
2014		228570	255062
2015		296403	320255
2016		510320	552611
2017		662183	692830
2018		554255	582873
2019		627622	685057
2020		791580	895715
一、批发企业	Wholesale Enterprises	724366	819273
其中:国有及国有控股	State - owned and State Holding Majority Shares	191123	200696
1. 按登记注册类型分	Grouped by Status of Registration		
国有企业	State - owned	165835	165664
集体企业	Collective - owned	180	350
股份合作企业	Share - holding Cooperative	88	89
联营企业	Joint Ownership	-748	-380
有限责任公司	Limited Liability Company	37546	50173
股份有限公司	Share - holding Cooperations Ltd.	290964	300721
私营企业	Private - owned	165291	234374
其他企业	Other Enterprises	-20	-20
港、澳、台商投资企业	Owned by Entrepreneurs from HONG KONG, Macau and Taiwan	4072	4022
外商投资企业	Enterprises with Foreign Investment	61159	64280
2. 按主要行业分	Grouped by Main Sector		
农畜产品批发业	Wholesale of Farm and Animal Products	2664	7490
食品、饮料及烟草制品批发业	Wholesale of Foods, Beverages and Tobacco Products	169341	178631
其中:米、面制品及食用油批发	Wholesale of Rice, Flour Products and Edible Oil	-4957	37
烟草制品批发	Wholesale of Tobacco Products	152037	151892
纺织、服装及日用品批发业	Wholesale of Textiles, Garments and Daily Consumer Goods	50928	103648
其中:服装批发	Wholesale of Garments	57772	72737
文化、体育用品及器材批发业	Wholesale of Cutural, Sport Articles and Equipments	4387	4581
医药及医疗器材批发业	Wholesale of Medicines and Medical Appliances	6892	7578
矿产品、建材及化工产品批发业	Wholesale of MineralProducts, Building Materials and Chemicals	487172	495944
其中:煤炭及制品批发	Wholesale of Coal and Related Products	6469	9014
石油及制品批发	Wholesale of Petroleum and Related Products	41326	42447
金属及金属矿批发	Wholesale of Metal and Metal Mineral	93016	95323
建材批发	Wholesale of Building Materials	37672	41132
化肥批发	Wholesale of Chemical Fertilizer	-168	842
机械设备、五金交电及电子产品批发业	Wholesale of Machinery Equipment, Hardware and Electronic Products	14357	17732
其中:汽车、摩托车及零配件批发	Wholesale of Cars, Motors, Fuel and Accessories and Fittings	556	590
电器设备批发	Wholesale of electrical Appliances	6521	6432

Continue 2

(10 000 yuan)

应付工资总额 Total Wages Payable	应付福利费总额 Total Welfare Expenses Payable	应付职工薪酬 Employee benefits payable	应交增值税 Value added Tax Payable	从业人员平均人数 Average number of Employees	流动资产 Circulating Funds	存货 Inventory
84438	6178		102319	28242	2560081	444782
105648	8436		153113	34414	3847953	590031
		176267	144875	41840	5647004	807264
		238081	154422	44114	7089372	925704
		277897	205782	45706	7237616	1110888
		289210	157752	52546	7310249	1137286
		326164	165110	49024	7506002	1192137
		358228	169000	53254	10131938	1216591
		390356	195802	50839	10321615	1217929
		438610	212714	52094	11119641	1434691
		498977	231496	53349	12729525	1538095
		504420	230742	52895	14276968	1652803
		316061	189074	29338	12603940	1218946
		51000	52121	2015	2180417	195000
		31998	39729	840	430860	21942
		667	99	84	25483	4229
		93	46	14	778	3
		24	327	3	443	0
		38146	13215	2883	1879435	238386
		7405	3973	421	2237636	20164
		209051	115010	22934	6070118	789369
		20	0	7	2055	655
		2963	949	336	431948	14245
		25695	15725	1816	1525186	129952
		5795	309	623	151390	43269
		60629	45441	4167	915202	157640
		3782	232	380	56195	38101
		31669	39054	817	406976	19313
		115557	29754	11607	1975215	322639
		70262	15629	6492	630222	59003
		7188	402	876	176943	24300
		12291	6334	1292	193527	40875
		71043	47734	6495	7496894	386849
		4654	8143	326	838171	44801
		11828	5506	1224	765760	69690
		21700	10456	1905	1748968	122360
		6801	8695	834	385719	33148
		1398	90	113	23831	6822
		36350	11281	3354	1559730	217770
		3333	231	467	84633	16659
		2541	2079	227	269742	17455

11－8 续表 3

单位:万元

指　　标	Item	营业利润 Profits of Management	利润总额 Total Profits
计算机、软件及辅助设备批发	Wholesale of Computers,Software and Subsidiary Equipments	352	439
贸易经纪与代理	Trade Agency		
其他批发业	Others	－11376	3668
二、零售企业	Retail Sale Enterprises	67215	76442
其中:国有及国有控股	State－owned and State Holding Majority Shares	328	847
1. 按登记注册类型分	Grouped by Status of Registration		
国有企业	State－owned		
集体企业	Collective－owned	139	638
股份合作企业	Share－holding Cooperative	664	665
联营企业	Joint Ownership		
有限责任公司	Limited Liability Company	11638	13628
股份有限公司	Share－holding Cooperations Ltd.	－2514	－2501
私营企业	Private－owned	27118	33765
其他企业	Other Enterprises		
港、澳、台商投资企业	Owned by Entrepreneurs from HONG KONG,Macau and Taiwan	15520	16017
外商投资企业	Enterprises with Foreign Investment	14652	14231
2. 按主要行业分	Grouped By Main Sector		
综合零售业	Retail of Synthesis	4832	6686
其中:百货零售	Retail of Department Store	10093	10906
超级市场零售	Retail of Supermarket	－5544	－4615
食品、饮料及烟草专门零售业	Special Retail of Foods, Beverages and Tobacco Products	－975	347
纺织、服装及日用品专门零售业	Special Retail of Textiles, Garments and Daily Consumer Goods	492	530
文化、体育用品及器材专门零售业	Special Retail of Cutural,Sport Articles and Equipments	6207	6396
医药及医疗器材专门零售业	Special Retail of Medicines and Medical Appliances	3412	3634
汽车、摩托车、燃料及零配件专门零售业	Special Retail of Cars,Motors,Fuels and Accessories and Fittings	50637	55163
家用电器及电子产品专门零售业	Specia Retail of Home Appliances and Electronic Products	－3902	－3736
五金、家具及室内装修材料专门零售业	Special Retail of Hardware, Furnitures and Indoor Decorative Materials	－5	－36
无店铺及其他零售业	Retail without Store and Others	6517	7459
3. 按零售业态分组	Grouped by Retail Size		
#有店铺零售	Department Store	63449	71687
食杂店	Grocery Store	－28	－28
便利店	Specialized Store	－2354	－2356
折扣店	Authorized store		
超市	Convenience store	－7638	－6099
大型超市	Warehouse store	2019	2113
百货店	Department store	4877	6103
专业店	professional Store	22211	23111
专卖店	Monopoly Store	38647	42902
家居建材商店	Building materials store	53	56
购物中心	shopping center	5358	5551
厂家直销中心	direct selling center	107	136
无店铺零售	The satatistical range does not include retail stores	3766	4755
网上商店	Store－online	4477	5391

Continued 3

(10 000 yuan)

应付工资 总　额 Total Wages Payable	应付福利 费总额 Total Welfare Expenses Payable	应付职工 薪　酬 Employee benefits payable	应交增值税 Value added Tax Payable	从业人员 平均人数 Average number of Employees	流动资产 Circulating Funds	存货 Inventory
		1188	331	116	13389	2307
		7208	47818	924	135040	25604
		188360	41669	23557	1673028	433857
		23610	2251	2724	144395	50771
		1877	243	370	9443	1222
		756	274	101	6515	791
		38268	6747	4813	304883	74836
		7031	493	827	20936	10228
		112955	22460	14743	899144	271019
		18727	7495	1795	355181	51232
		8747	3958	908	76927	24528
		53334	8176	7605	472276	88794
		20718	4998	2752	238313	39416
		31379	2922	4641	227741	48289
		7820	679	1175	54511	8407
		1946	319	339	15538	3068
		7335	255	501	67721	11054
		18249	3531	2808	62044	26848
		80402	22097	8773	758388	250312
		9064	1560	1089	102822	19452
		261	55	70	5196	2836
		9949	4998	1197	134533	23088
		179482	36961	22467	1540359	409489
		29	10	6	345	14
		4971	236	540	15638	7677
		12544	260	1889	169145	40788
		21680	2816	3116	70804	11430
		18421	3270	2641	217023	35900
		55804	11460	7013	415795	98290
		61346	16367	6673	605830	209655
		89	16	20	1355	826
		3502	2028	426	32823	2656
		1016	433	131	11489	2255
		8877	4708	1090	132670	24368
		7071	4376	852	124266	22122

11－8 续表4

单位:万元

指　标	Item	固定资产 Fixed Assets	固定资产原价 Original Value of Fixed Assets
2009		411816	569572
2010		465133	648738
2011		556715	804412
2012		602317	901798
2013		713247	1032865
2014		829378	1188212
2015		882550	1291441
2016		1027543	1482882
2017		947303	1423802
2018			1554851
2019			1631936
2020			1724557
一、批发企业	Wholesale Enterprises		1112326
其中:国有及国有控股	State – owned and State Holding Majority Shares		206920
1. 按登记注册类型分	Grouped by Status of Registration		
国有企业	State – owned		68837
集体企业	Collective – owned		5443
股份合作企业	Share – holding Cooperative		92
联营企业	Joint Ownership		0
有限责任公司	Limited Liability Company		219008
股份有限公司	Share – holding Cooperations Ltd.		63486
私营企业	Private – owned		688047
其他企业	Other Enterprises		357
港、澳、台商投资企业	Owned by Entrepreneurs from HONG KONG, Macau and Taiwan		1857
外商投资企业	Enterprises with Foreign Investment		65199
2. 按主要行业分	Grouped by Main Sector		
农畜产品批发业	Wholesale of Farm and Animal Products		53170
食品、饮料及烟草制品批发业	Wholesale of Foods, Beverages and Tobacco Products		151552
其中:米、面制品及食用油批发	Wholesale of Rice, Flour Products and Edible Oil		40100
烟草制品批发	Wholesale of Tobacco Products		61596
纺织、服装及日用品批发业	Wholesale of Textiles, Garments and Daily Consumer Goods		340747
其中:服装批发	Wholesale of Garments		176177
文化、体育用品及器材批发业	Wholesale of Cutural, Sport Articles and Equipments		37472
医药及医疗器材批发业	Wholesale of Medicines and Medical Appliances		21295
矿产品、建材及化工产品批发业	Wholesale of MineralProducts, Building Materials and Chemicals		427908
其中:煤炭及制品批发	Wholesale of Coal and Related Products		65508
石油及制品批发	Wholesale of Petroleum and Related Products		135367
金属及金属矿批发	Wholesale of Metal and Metal Mineral		86782
建材批发	Wholesale of Building Materials		24581
化肥批发	Wholesale of Chemical Fertilizer		5862
机械设备、五金交电及电子产品批发业	Wholesale of Machinery Equipment, Hardware and Electronic Products		67673
其中:汽车、摩托车及零配件批发	Wholesale of Cars, Motors, Fuel and Accessories and Fittings		12173
电器设备批发	Wholesale of electrical Appliances		6196

Continued 4

(10 000 yuan)

本年折旧 Depreciation of the Current Year	资产合计 Total Assets	负债合计 Total Liabilities	所有者权益合计 Total Creditors Equity	实收资本 Total Capital Hold
31649	3324012	2461555	862457	492685
38725	4853671	3723932	1129740	713976
47465	7064695	5467684	1597011	1110979
58385	8763720	6860289	1903432	1440528
71876	9637664	7285446	2352219	1466433
74445	9948235	7483234	2465001	4487967
77902	11081091	7402953	3678138	1715911
78607	16760267	10602063	6158203	4281262
77601	17347766	10848052	6499714	3932866
86924	18292150	11497329	6794820	3062575
91413	20250090	12852859	7399043	3213105
105093	22137398	13737633	8394691	3689689
70258	19518408	11960117	7553467	3066417
11544	3580751	1841173	1739578	572090
2329	462316	92990	369326	11215
242	33062	24442	8620	3587
19	829	554	275	100
0	443	7	436	1
13118	2358119	1612073	746046	402691
3108	4652762	2536913	2115849	915380
47951	8661326	5946616	2709885	1067325
48	2118	1336	782	608
134	442898	359654	83244	68614
3309	2904537	1385533	1519004	596896
2696	214337	100997	113340	35849
5873	1162437	553600	608837	127273
1189	88617	63789	24828	3435
1915	432231	81381	350851	6215
20771	2445580	1698953	744723	421552
11594	910827	501569	409258	191566
1917	216116	157109	59007	52397
2527	222069	142522	79548	42733
29736	13375206	7797234	5575587	2115392
3456	1047113	834804	211923	170556
10321	1062727	722456	339001	200975
6050	3277315	1885140	1392175	212645
2266	447957	333726	113502	84925
236	29591	22572	7019	3216
5314	1710344	1386443	323553	222519
1008	95864	64246	31269	21783
804	278364	226723	51641	26800

11－8 续表5

单位：万元

指　　标	Item	固定资产 Fixed Assets	固定资产原价 Original Value of Fixed Assets
计算机、软件及辅助设备批发	Wholesale of Computers, Software and Subsidiary Equipments		4503
贸易经纪与代理	Trade Agency		
其他批发业	Others		12510
二、零售企业	Retail Sale Enterprises		612231
其中：国有及国有控股	State－owned and State Holding Majority Shares		140351
1. 按登记注册类型分	Grouped by Status of Registration		
国有企业	State－owned		
集体企业	Collective－owned		9592
股份合作企业	Share－holding Cooperative		1216
联营企业	Joint Ownership		
有限责任公司	Limited Liability Company		164063
股份有限公司	Share－holding Cooperations Ltd.		41009
私营企业	Private－owned		279679
其他企业	Other Enterprises		
港、澳、台商投资企业	Owned by Entrepreneurs from HONG KONG, Macau and Taiwan		78210
外商投资企业	Enterprises with Foreign Investment		38463
2. 按主要行业分	Grouped By Main Sector		
综合零售业	Retail of Synthesis		200575
其中：百货零售	Retail of Department Store		140370
超级市场零售	Retail of Supermarket		59714
食品、饮料及烟草专门零售业	Special Retail of Foods, Beverages and Tobacco Products		14592
纺织、服装及日用品专门零售业	Special Retail of Textiles, Garments and Daily Consumer Goods		2536
文化、体育用品及器材专门零售业	Special Retail of Cutural, Sport Articles and Equipments		45966
医药及医疗器材专门零售业	Special Retail of Medicines and Medical Appliances		11313
汽车、摩托车、燃料及零配件专门零售业	Special Retail of Cars, Motors, Fuels and Accessories and Fittings		299906
家用电器及电子产品专门零售业	Specia Retail of Home Appliances and Electronic Products		8660
五金、家具及室内装修材料专门零售业	Special Retail of Hardware, Furnitures and Indoor Decorative Materials		2409
无店铺及其他零售业	Retail without Store and Others		26273
3. 按零售业态分组	Grouped by Retail Size		
#有店铺零售	Department Store		591477
食杂店	Grocery Store		32
便利店	Specialized Store		22817
折扣店	Authorized store		
超市	Convenience store		10337
大型超市	Warehouse store		44875
百货店	Department store		147977
专业店	professional Store		168277
专卖店	Monopoly Store		185157
家居建材商店	Building materials store		1014
购物中心	shopping center		1564
厂家直销中心	direct selling center		9428
无店铺零售	The satatistical range does not include retail stores		20754
网上商店	Store－online		18524

Continued 5

(10 000 yuan)

本年折旧 Depreciation of the Current Year	资产合计 Total Assets	负债合计 Total Liabilities	所有者权益合计 Total Creditors Equity	实收资本 Total Capital Hold
213	19585	10270	9316	10148
1425	172319	123260	48872	48702
34835	2618989	1777516	841224	623272
5347	405031	246207	158824	64044
397	17254	9445	7808	2361
111	8184	3195	4989	1539
6605	571690	388714	182976	86730
2041	179917	115111	64806	7742
18690	1306921	968674	337998	255116
5227	426917	230952	195965	241109
1763	108107	61425	46682	28676
10361	733564	538312	195252	262847
6304	457127	402844	54282	56592
3998	269786	130674	139113	205333
1042	91502	45248	46254	30923
127	18148	14808	2555	2016
1248	122906	65918	56988	6664
814	79241	54591	24650	9268
19312	1286471	861932	426121	261471
482	110323	79549	30774	31038
63	6800	6732	68	1350
1386	170034	110427	58561	17696
33569	2452826	1667255	786368	604952
0	363	270	93	200
1343	95186	54561	40625	1185
930	183273	63540	119734	185417
3054	96989	79624	17365	20552
6358	455613	382308	73305	66982
8420	759413	416695	342012	136061
12658	802256	620423	183336	183010
30	2210	1996	214	300
421	35885	32816	3069	4546
356	21526	15099	6427	6700
1266	166163	110261	54856	18320
877	153707	100534	52127	14916

11-9 市区限额以上批发零售企业分类型、行业主要经济指标（2020年）

单位：万元

指　　标	Item	企业数(个) Number of Enterprises (unit)	营业收入 Business Income
2009		242	3722737
2010		294	5243307
2011		359	6480622
2012		395	6904366
2013		417	8492047
2014		444	8382371
2015		455	7633845
2016		439	7972319
2017		430	8589421
2018		438	9712674
2019		488	11208542
2020		499	11571244
一、批发企业	Wholesale Enterprises	355	8956210
其中：国有及国有控股	State - owned and State Holding Majority Shares	13	2776396
1. 按登记注册类型分	Grouped by Status of Registration		
国有企业	State - owned	1	930687
集体企业	Collective - owned		
股份合作企业	Share - holding Cooperative		
联营企业	Joint Ownership		
有限责任公司	Limited Liability Company	34	2519396
股份有限公司	Share - holding Cooperations Ltd.	5	958981
私营企业	Private - owned	303	4013329
其他企业	Other Enterprises	1	3876
港、澳、台商投资企业	Owned by Entrepreneurs from HONG KONG, Macau and Taiwan	3	32414
外商投资企业	Enterprises with Foreign Investment	8	497529
2. 按主要行业分	Grouped by Main Sector		
农畜产品批发业	Wholesale of Farm and Animal Products	2	9118
食品、饮料及烟草制品批发业	Wholesale of Foods, Beverages and Tobacco Products	29	1249075
其中：米、面制品及食用油批发	Wholesale of Rice, Flour Products and Edible Oil	4	20087
烟草制品批发	Wholesale of Tobacco Products	1	930687
纺织、服装及日用品批发业	Wholesale of Textiles, Garments and Daily Consumer Goods	105	1714810
其中：服装批发	Wholesale of Garments	35	756402
文化、体育用品及器材批发业	Wholesale of Cutural, Sport Articles and Equipments	13	115161
医药及医疗器材批发业	Wholesale of Medicines and Medical Appliances	19	367107
矿产品、建材及化工产品批发业	Wholesale of MineralProducts, Building Materials and Chemicals	131	4096564
其中：煤炭及制品批发	Wholesale of Coal and Related Products	8	1259705
石油及制品批发	Wholesale of Petroleum and Related Products	10	225108
金属及金属矿批发	Wholesale of Metal and Metal Mineral	46	1331269
建材批发	Wholesale of Building Materials	19	209671
化肥批发	Wholesale of Chemical Fertilizer	1	11335
机械设备、五金交电及电子产品批发业	Wholesale of Machinery Equipment, Hardware and Electronic Products	47	1287530
其中：汽车、摩托车及零配件批发	Wholesale of Cars, Motors, Fuel and Accessories and Fittings	13	95908
电器设备批发	Wholesale of electrical Appliances	3	34119

Major Economic Indicators on Wholesale and Retail Sale Enterprises above Designated Size of Urban District by Ownership and Sector(2020)

(10 000 yuan)

营业成本 Operating Costs	税金及附加 Taxes and Surcharges	销售费用 Selling Expenses	管理费用 Management Expense	研发费用 Research and Development Costs	财务费用 Financial Expenses
3722737	3477805	22274	107515	62242	
5243307	4816064	41123	151085	93533	
6480622	5970865	43461	212975	117239	
6904366	6359571	47061	230165	138261	
8492047	7842053	55218	261245	148983	
8382371	7731400	55530	269849	140007	
7633845	6940763	92199	273197	144227	
7972319	7181517	114918	303382	171531	
8589421	7709301	123473	341844	167715	
9712674	8793779	130039	403996	179407	
11208542	10227441	140233	417826	220905	30005
11571244	10737707	142482	418713	197153	1956
8956210	8368076	134068	270893	137670	1409
2776396	2605234	126232	17752	31657	0
930687	780736	125386	12721	26956	0
2519396	2466978	1641	18809	13835	0
958981	939944	1221	8140	10846	0
4013329	3702455	5022	203813	78123	1409
3876	3858	0	0	27	0
32414	29579	21	497	732	0
497529	444526	778	26913	7151	0
9118	8333	4	359	41	0
1249075	1051278	126143	37273	38501	0
20087	18171	22	1264	630	0
930687	780736	125386	12721	26956	0
1714810	1535689	2631	137407	33410	0
756402	658356	1530	95945	14763	0
115161	108759	43	4391	1594	24
367107	330964	616	14946	11609	154
4096564	4000335	3419	45514	33912	257
1259705	1247219	1237	4729	3050	0
225108	209242	423	6373	3914	34
1331269	1307039	742	14482	9934	0
209671	196925	185	5976	2127	0
11335	10297	44	386	330	0
1287530	1233406	1026	22187	15411	971
95908	90972	94	1922	2417	0
34119	28927	20	2449	2168	0

11－9 续表1

单位:万元

指　标	Item	企业数(个) Number of Enterprises (unit) 亏损企业 Loss Making Enterprises	
计算机、软件及辅助设备批发	Wholesale of Computers,Software and Subsidiary Equipments	2	12979
贸易经纪与代理	Trade Agency		
其他批发业	Others	9	116846
二、零售企业	Retail Sale Enterprises	144	2615034
其中:国有及国有控股	State－owned and State Holding Majority Shares	8	233428
1. 按登记注册类型分	Grouped by Status of Registration		
国有企业	State－owned		
集体企业	Collective－owned	2	5952
股份合作企业	Share－holding Cooperative	3	5822
联营企业	Joint Ownership		
有限责任公司	Limited Liability Company	22	556413
股份有限公司	Share－holding Cooperations Ltd.	3	193449
私营企业	Private－owned	102	1352547
其他企业	Other Enterprises		
港、澳、台商投资企业	Owned by Entrepreneurs from HONG KONG,Macau and Taiwan	5	207603
外商投资企业	Enterprises with Foreign Investment	7	293248
2. 按主要行业分	Grouped By Main Sector		
综合零售业	Retail of Synthesis	16	279329
其中:百货零售	Retail of Department Store	5	198397
超级市场零售	Retail of Supermarket	8	72997
食品、饮料及烟草专门零售业	Special Retail of Foods, Beverages and Tobacco Products	4	31164
纺织、服装及日用品专门零售业	Special Retail of Textiles, Garments and Daily Consumer Goods	3	4975
文化、体育用品及器材专门零售业	Special Retail of Cutural,Sport Articles and Equipments	1	20348
医药及医疗器材专门零售业	Special Retail of Medicines and Medical Appliances	5	54766
汽车、摩托车、燃料及零配件专门零售业	Special Retail of Cars, Motors, Fuels and Accessories and Fittings	85	1795851
家用电器及电子产品专门零售业	Specia Retail of Home Appliances and Electronic Products	7	132326
五金、家具及室内装修材料专门零售业	Special Retail of Hardware, Furnitures and Indoor Decorative Materials		
无店铺及其他零售业	Retail without Store and Others	23	296276
3. 按零售业态分组	Grouped by Retail Size		
#有店铺零售	Department Store	121	2309012
食杂店	Grocery Store		
便利店	Specialized Store	4	139818
折扣店	Authorized store		
超市	Convenience store	5	14998
大型超市	Warehouse store	6	84410
百货店	Department store	4	102650
专业店	professional Store	38	535376
专卖店	Monopoly Store	60	1308542
家居建材商店	Building materials store		
购物中心	shopping center	1	94560
厂家直销中心	direct selling center	2	26908
无店铺零售	The satatistical range does not include retail stores	23	306022
网上商店	Store－online	19	286082

Continued 1

(10 000 yuan)

营业成本 Operating Costs	税金及附加 Taxes and Surcharges	销售费用 Selling Expenses	管理费用 Management Expense	研发费用 Research and Development Costs	财务费用 Financial Expenses
12979	11538	30	496	776	29
116846	99312	187	8817	3192	2
2615034	2369631	8413	147820	59483	547
233428	214259	1413	25520	2040	0
5952	4987	13	528	7	0
5822	4432	25	719	224	0
556413	507745	2795	26947	16318	0
193449	174415	816	19120	107	0
1352547	1228458	3247	74866	35081	547
207603	186405	729	13202	4142	0
293248	263190	788	12437	3604	0
279329	227907	2737	36146	12275	0
198397	162558	2563	22284	10967	0
72997	59700	152	12130	1034	0
31164	24640	147	1247	5005	0
4975	3535	15	1008	183	0
20348	16041	73	1670	1399	0
54766	49786	120	5952	1588	0
1795851	1655157	4615	72601	32011	0
132326	125501	96	8799	2130	0
296276	267065	611	20398	4892	547
2309012	2093427	7796	126612	54279	0
139818	128958	255	13104	100	0
14998	13622	89	1420	840	0
84410	69128	158	14004	762	0
102650	83295	1666	18677	4651	0
535376	486395	888	30787	13632	0
1308542	1210162	3791	45972	23115	0
94560	75840	921	1219	10335	0
26908	24862	21	1051	843	0
306022	276204	617	21209	5204	547
286082	259763	590	18490	3723	547

11-9 续表 2

单位:万元

指标	Item	营业利润 Profits of Management	利润总额 Total Profits
2009		33391	46736
2010		112027	132284
2011		129667	131424
2012		103040	112039
2013		159343	170247
2014		152853	166799
2015		157782	166884
2016		286100	296057
2017		431087	445600
2018		322419	327385
2019		371135	383696
2020		550730	575290
一、批发企业	Wholesale Enterprises	525955	544715
其中:国有及国有控股	State - owned and State Holding Majority Shares	161361	161318
1. 按登记注册类型分	Grouped by Status of Registration		
国有企业	State - owned	152037	151892
集体企业	Collective - owned		
股份合作企业	Share - holding Cooperative		
联营企业	Joint Ownership		
有限责任公司	Limited Liability Company	11813	13359
股份有限公司	Share - holding Cooperations Ltd.	281869	291627
私营企业	Private - owned	63607	69077
其他企业	Other Enterprises	-10	-10
港、澳、台商投资企业	Owned by Entrepreneurs from HONG KONG, Macau and Taiwan	1196	1206
外商投资企业	Enterprises with Foreign Investment	15443	17565
2. 按主要行业分	Grouped by Main Sector		
农畜产品批发业	Wholesale of Farm and Animal Products	396	392
食品、饮料及烟草制品批发业	Wholesale of Foods, Beverages and Tobacco Products	165465	168098
其中:米、面制品及食用油批发	Wholesale of Rice, Flour Products and Edible Oil	-72	113
烟草制品批发	Wholesale of Tobacco Products	152037	151892
纺织、服装及日用品批发业	Wholesale of Textiles, Garments and Daily Consumer Goods	44316	55176
其中:服装批发	Wholesale of Garments	27960	36899
文化、体育用品及器材批发业	Wholesale of Cutural, Sport Articles and Equipments	-667	-535
医药及医疗器材批发业	Wholesale of Medicines and Medical Appliances	6796	6932
矿产品、建材及化工产品批发业	Wholesale of MineralProducts, Building Materials and Chemicals	305451	309457
其中:煤炭及制品批发	Wholesale of Coal and Related Products	3837	6197
石油及制品批发	Wholesale of Petroleum and Related Products	4946	4787
金属及金属矿批发	Wholesale of Metal and Metal Mineral	8507	9415
建材批发	Wholesale of Building Materials	1768	1896
化肥批发	Wholesale of Chemical Fertilizer	279	417
机械设备、五金交电及电子产品批发业	Wholesale of Machinery Equipment, Hardware and Electronic Products	-1401	-784
其中:汽车、摩托车及零配件批发	Wholesale of Cars, Motors, Fuel and Accessories and Fittings	-182	-225
电器设备批发	Wholesale of electrical Appliances	-196	-116

Continued 2

(10 000 yuan)

应付工资总额 Total Wages Payable	应付福利费总额 Total Welfare Expenses Payable	应付职工薪酬 Employee benefits payable	应交增值税 Value added Tax Payable	从业人员平均人数 Average number of Employees	流动资产 Circulating Funds	存货 Inventory
39440	3203		33358	12909	1099673	210419
58584	5081		73993	16842	1580747	247431
		96484	58374	20549	2006753	341824
		131944	84630	20580	2404012	394445
		154809	103296	21042	2898552	510598
		147204	76658	26114	3036059	495080
		169269	92600	22010	2950227	498754
		183157	102570	24515	5438055	498548
		195405	115498	22231	5424631	490019
		225320	107662	22921	5913315	583335
		252125	105527	23319	6131058	574431
		248668	100275	22462	6284858	655631
		161996	77401	12613	5562183	442829
		38478	43913	1147	1013050	73512
		31669	39054	817	406976	19313
		14216	5200	1072	1165881	116610
		7194	1897	393	2197669	15117
		96337	26911	9593	1617511	275489
		8	0	5	140	39
		540	206	55	13612	127
		12032	4134	678	160393	16135
		252	9	39	2574	247
		45904	42517	2121	609039	45431
		991	107	96	4119	996
		31669	39054	817	406976	19313
		66645	15826	5949	588167	127501
		47559	9600	4050	226253	30481
		2569	-307	372	52278	11796
		9086	5291	910	152473	33201
		21690	10938	1707	3568114	111116
		2705	3765	102	412265	27296
		3224	1238	310	113909	14455
		5673	2942	450	622655	41915
		1564	1376	204	99632	9904
		273	123	22	7938	2270
		12710	1744	1240	552350	112251
		1737	45	227	44442	8623
		1044	-1534	97	18656	10806

11-9 续表3

单位:万元

指　标	Item	营业利润 Profits of Management	利润总额 Total Profits
计算机、软件及辅助设备批发	Wholesale of Computers, Software and Subsidiary Equipments	20	75
贸易经纪与代理	Trade Agency		
其他批发业	Others	5601	5979
二、零售企业	Retail Sale Enterprises	24775	30575
其中:国有及国有控股	State - owned and State Holding Majority Shares	-11908	-11377
1. 按登记注册类型分	Grouped by Status of Registration		
国有企业	State - owned		
集体企业	Collective - owned	444	532
股份合作企业	Share - holding Cooperative	421	422
联营企业	Joint Ownership		
有限责任公司	Limited Liability Company	-29	1038
股份有限公司	Share - holding Cooperations Ltd.	-2275	-2277
私营企业	Private - owned	7150	11662
其他企业	Other Enterprises		
港、澳、台商投资企业	Owned by Entrepreneurs from HONG KONG, Macau and Taiwan	5388	5944
外商投资企业	Enterprises with Foreign Investment	13677	13255
2. 按主要行业分	Grouped By Main Sector		
综合零售业	Retail of Synthesis	-3396	-2892
其中:百货零售	Retail of Department Store	-3419	-3226
超级市场零售	Retail of Supermarket	-234	-34
食品、饮料及烟草专门零售业	Special Retail of Foods, Beverages and Tobacco Products	-19	784
纺织、服装及日用品专门零售业	Special Retail of Textiles, Garments and Daily Consumer Goods	196	207
文化、体育用品及器材专门零售业	Special Retail of Cutural, Sport Articles and Equipments	1335	1485
医药及医疗器材专门零售业	Special Retail of Medicines and Medical Appliances	1099	1161
汽车、摩托车、燃料及零配件专门零售业	Special Retail of Cars, Motors, Fuels and Accessories and Fittings	27438	31206
家用电器及电子产品专门零售业	Specia Retail of Home Appliances and Electronic Products	-4639	-4616
五金、家具及室内装修材料专门零售业	Special Retail of Hardware, Furnitures and Indoor Decorative Materials		
无店铺及其他零售业	Retail without Store and Others	2761	3240
3. 按零售业态分组	Grouped by Retail Size		
#有店铺零售	Department Store	22662	27944
食杂店	Grocery Store		
便利店	Specialized Store	-2588	-2589
折扣店	Authorized store		
超市	Convenience store	-915	-314
大型超市	Warehouse store	128	340
百货店	Department store	-9221	-8815
专业店	professional Store	5109	5533
专卖店	Monopoly Store	23814	27449
家居建材商店	Building materials store		
购物中心	shopping center	6145	6122
厂家直销中心	direct selling center	-8	21
无店铺零售	The satatistical range does not include retail stores	2113	2631
网上商店	Store - online	2990	3456

Continued 3

(10 000 yuan)

应付工资总额 Total Wages Payable	应付福利费总额 Total Welfare Expenses Payable	应付职工薪酬 Employee benefits payable	应交增值税 Value added Tax Payable	从业人员平均人数 Average number of Employees	流动资产 Circulating Funds	存货 Inventory
		939	219	95	4851	1278
		3141	1382	275	37188	1287
		86672	22874	9849	722675	212802
		12576	675	1556	62092	36578
		310	94	34	3040	423
		417	186	38	3957	524
		18424	5231	2310	185432	47867
		6904	479	806	20578	10228
		43786	10713	5181	399341	116869
		9869	2662	896	45799	12363
		6962	3508	584	64528	24528
		20565	3403	2795	97568	33356
		12132	2277	1728	76296	30782
		7443	946	914	16777	1604
		2625	338	448	20462	2072
		572	113	108	5023	1735
		1781	51	108	17800	3171
		4456	975	600	14426	4451
		47397	13766	4810	436213	150865
		4807	741	419	52633	4744
		4470	3487	561	78549	12407
		82058	19352	9271	641631	199561
		4781	180	506	10787	6547
		1628	50	231	8018	461
		7927	977	1019	16997	2429
		10115	596	1545	54831	29727
		21310	4634	2258	181728	39363
		33249	10706	3352	335150	118554
		2121	1857	250	27486	456
		846	287	98	6522	2024
		4615	3521	578	81044	13241
		3702	3341	452	76210	12032

11-9 续表4

单位:万元

指标	Item	固定资产 Fixed Assets	固定资产原价 Original Value of Fixed Assets
2009		184025	257698
2010		224330	323680
2011		268925	398224
2012		279969	430090
2013		339730	516650
2014		400057	585467
2015		424102	628460
2016		550723	778710
2017		402177	627779
2018			652804
2019			619052
2020			631982
一、批发企业	Wholesale Enterprises		358109
其中:国有及国有控股	State - owned and State Holding Majority Shares		77973
1. 按登记注册类型分	Grouped by Status of Registration		
国有企业	State - owned		61596
集体企业	Collective - owned		
股份合作企业	Share - holding Cooperative		
联营企业	Joint Ownership		
有限责任公司	Limited Liability Company		60576
股份有限公司	Share - holding Cooperations Ltd.		60789
私营企业	Private - owned		170345
其他企业	Other Enterprises		0
港、澳、台商投资企业	Owned by Entrepreneurs from HONG KONG, Macau and Taiwan		312
外商投资企业	Enterprises with Foreign Investment		4492
2. 按主要行业分	Grouped by Main Sector		
农畜产品批发业	Wholesale of Farm and Animal Products		75
食品、饮料及烟草制品批发业	Wholesale of Foods, Beverages and Tobacco Products		77102
其中:米、面制品及食用油批发	Wholesale of Rice, Flour Products and Edible Oil		2897
烟草制品批发	Wholesale of Tobacco Products		61596
纺织、服装及日用品批发业	Wholesale of Textiles, Garments and Daily Consumer Goods		113757
其中:服装批发	Wholesale of Garments		36205
文化、体育用品及器材批发业	Wholesale of Cutural, Sport Articles and Equipments		3699
医药及医疗器材批发业	Wholesale of Medicines and Medical Appliances		11298
矿产品、建材及化工产品批发业	Wholesale of MineralProducts, Building Materials and Chemicals		129110
其中:煤炭及制品批发	Wholesale of Coal and Related Products		49717
石油及制品批发	Wholesale of Petroleum and Related Products		12515
金属及金属矿批发	Wholesale of Metal and Metal Mineral		23481
建材批发	Wholesale of Building Materials		7661
化肥批发	Wholesale of Chemical Fertilizer		1260
机械设备、五金交电及电子产品批发业	Wholesale of Machinery Equipment, Hardware and Electronic Products		20779
其中:汽车、摩托车及零配件批发	Wholesale of Cars, Motors, Fuel and Accessories and Fittings		6839
电器设备批发	Wholesale of electrical Appliances		5476

Continued 4

(10 000 yuan)

本年折旧 Depreciation of the Current Year	资产合计 Total Assets	负债合计 Total Liabilities	所有者权益合计 Total Creditors Equity	实收资本 Total Capital Hold
14557	1434292	964561	469731	231128
18716	2010120	1432604	577516	327041
22625	2632089	1870422	761667	480581
27897	3096498	2221081	875417	609256
32775	3866969	2813773	1053195	688714
33454	4042470	2937265	1105205	2990416
33475	4064120	2944717	1119403	667241
36892	9222885	6070854	3152031	2817993
32594	9370648	6046738	3323910	2524122
35474	9916086	6476560	3439526	1593934
32803	9847258	6231381	3615777	1607268
36962	9840698	6061296	3780469	1642038
21095	8659231	5185008	3473787	1451550
2651	1127302	626517	500786	129242
1915	432231	81381	350851	6215
2469	1458771	991507	467264	213375
2965	4564279	2512030	2052249	887734
13314	1919298	1436606	482256	282424
0	140	0	140	100
28	13752	8265	5487	1638
405	270760	155219	115541	60063
7	2791	226	2565	2104
2936	790015	290248	499768	84825
161	8784	7736	1048	1855
1915	432231	81381	350851	6215
5844	727376	513734	213642	111432
2255	278116	177653	100463	40848
256	53938	45828	8110	8224
2164	170936	111688	59248	35214
7624	6298409	3676189	2622132	1168777
2360	600157	438480	161677	116050
801	128663	101934	26641	14168
1605	798498	545049	253449	107525
762	114117	86255	27862	30186
16	8696	5497	3199	1218
2036	576836	529052	47435	31874
621	49813	35939	13525	10265
758	22288	20808	1480	600

11－9 续表5

单位:万元

指　　标	Item	固定资产 Fixed Assets	固定资产原价 Original Value of Fixed Assets
计算机、软件及辅助设备批发	Wholesale of Computers,Software and Subsidiary Equipments		866
贸易经纪与代理	Trade Agency		
其他批发业	Others		2290
二、零售企业	Retail Sale Enterprises		273873
其中:国有及国有控股	State－owned and State Holding Majority Shares		88063
1. 按登记注册类型分	Grouped by Status of Registration		
国有企业	State－owned		
集体企业	Collective－owned		186
股份合作企业	Share－holding Cooperative		670
联营企业	Joint Ownership		
有限责任公司	Limited Liability Company		100749
股份有限公司	Share－holding Cooperations Ltd.		41006
私营企业	Private－owned		90390
其他企业	Other Enterprises		
港、澳、台商投资企业	Owned by Entrepreneurs from HONG KONG,Macau and Taiwan		15707
外商投资企业	Enterprises with Foreign Investment		25165
2. 按主要行业分	Grouped By Main Sector		
综合零售业	Retail of Synthesis		95562
其中:百货零售	Retail of Department Store		82367
超级市场零售	Retail of Supermarket		12757
食品、饮料及烟草专门零售业	Special Retail of Foods, Beverages and Tobacco Products		4329
纺织、服装及日用品专门零售业	Special Retail of Textiles, Garments and Daily Consumer Goods		455
文化、体育用品及器材专门零售业	Special Retail of Cutural,Sport Articles and Equipments		23484
医药及医疗器材专门零售业	Special Retail of Medicines and Medical Appliances		878
汽车、摩托车、燃料及零配件专门零售业	Special Retail of Cars,Motors,Fuels and Accessories and Fittings		142289
家用电器及电子产品专门零售业	Specia Retail of Home Appliances and Electronic Products		1143
五金、家具及室内装修材料专门零售业	Special Retail of Hardware, Furnitures and Indoor Decorative Materials		
无店铺及其他零售业	Retail without Store and Others		5732
3. 按零售业态分组	Grouped by Retail Size		
#有店铺零售	Department Store		267239
食杂店	Grocery Store		
便利店	Specialized Store		21292
折扣店	Authorized store		
超市	Convenience store		1798
大型超市	Warehouse store		13454
百货店	Department store		80834
专业店	professional Store		57125
专卖店	Monopoly Store		87402
家居建材商店	Building materials store		
购物中心	shopping center		1515
厂家直销中心	direct selling center		3819
无店铺零售	The satatistical range does not include retail stores		6633
网上商店	Store－online		4997

Continued 5

(10 000 yuan)

本年折旧 Depreciation of the Current Year	资产合计 Total Assets	负债合计 Total Liabilities	所有者权益合计 Total Creditors Equity	实收资本 Total Capital Hold
31	5459	3439	2021	1148
229	38930	18044	20887	9101
15868	1181467	876288	306682	190488
3590	200470	168486	31984	8850
18	3077	1086	1991	20
60	4089	302	3787	1224
4004	304775	262327	42448	24166
2041	179556	114308	65248	7742
6812	543687	423258	121932	120859
1622	59154	24709	34445	15543
1311	87131	50298	36833	20935
4474	247748	224108	23640	25280
3276	218931	197148	21783	16988
1145	23932	23382	549	7733
337	38507	14460	24047	14355
58	5225	4878	348	151
561	51192	26655	24537	2000
67	15568	8595	6973	2266
10093	681875	485733	197644	121104
44	53599	42209	11391	17681
234	87753	69651	18102	7651
15414	1088273	801699	288077	181749
1237	85950	53167	32783	560
101	9121	7495	1627	1400
1203	25205	24517	688	7833
2956	209477	175832	33645	26247
3029	281975	184330	97645	43348
6297	434393	320665	115230	95616
412	30520	26974	3546	3546
179	11520	8795	2725	3200
454	93195	74589	18606	8739
155	84827	66688	18139	7006

11-10 全市星级住宿业和限额以上餐饮企业主要经济指标（2020年）

单位：万元

指标	Item	企业数 Number of Enterprises	营业收入 Business Income	营业成本 Operating Costs
2004		80	36	83758
2005		80	31	82900
2006		102	45	121849
2007		110	49	147895
2008		135	47	174457
2009		140	68	190417
2010		145	61	237799
2011		159	88	298509
2012		174	90	314084
2013		194	114	302246
2014		206	120	342895
2015		195	111	368712
2016		188	98	371519
2017		182	70	374866
2018		190	77	412517
2019		227	106	432702
2020		267	426730	229261
一、住宿业	AccommodationTrade	116	166343	78875
其中：国有及国有控股	State - ownedandStateHoldingMajorityShares	7	11797	6689
1. 按登记注册类型分组	GroupedbyStatusofRegistration			
国有	State - owned	2	1769	1253
集体	Collective - owned	1	1368	627
股份合作	Share - holdingCooperative			
联营企业	JointOwnership			
有限责任公司	LimitedLiabilityCompany	21	47423	25901
股份有限公司	Share - holdingCooperationsLtd.			
私营企业	Private - owned	84	96182	43146
其他	OtherEnterprises			
港澳台商投资企业	OwnedbyEntrepreneursfromHONGKONG, MacauandTaiwan	2	8355	2195
外商投资企业	EnterpriseswithForeignInvestment	6	11245	5753

Main Economic Indicators of Star Accommodation and Enterprises above Designated Size in Catering Trade (2020)

(10 000 yuan)

税金及附加 Taxes and Surcharges	销售费用 Selling Expenses	管理费用 Management Expenses	财务费用 Financial Expenses	营业利润 Profits of Management	利润总额 Total Profits	应付工资总额 Total Wages Payable	应付福利费总额 Total Welfare Expenses Payable	应付职工薪酬 Employee benefits payable
4560	24288	14542	2127	-925	-700	11175	1287	
4513	23083	15144	2046	-1936	-1253	10978	1335	
6808	39468	27831	3501	-12483	-10445	18366	1724	
8107	42873	27513	3793	-6627	-5721	20270	2013	
9851	48128	33787	4712	-3906	-1417	26550	3498	
10524	61777	39503	4886	-14201	-12097	30548	1360	
13129	73877	44812	7915	-10705	-10018	35752	1923	
16526	95471	58658	14677	-20910	-20819			53735
17243	102172	59069	19493	-22403	-12850			62565
16867	99500	60859	21592	-30338	-27404			66437
20193	103126	68841	21770	-26212	-21907			67356
20915	108254	74224	24755	-31531	-27621			74649
8299	110131	74366	22903	-20052	-16160			78265
3112	113506	77664	20120	-13336	-17538			81554
3613	122209	85623	25484	-21529	-19106			92335
3485	137097	86391	16647	-22208	-11433			101683
1320	136827	90914	15752	-45739	-39552			101549
948	59443	52839	10413	-35208	-30881			50724
27	6479	2104	250	-3752	-3500			4089
5	639	348	-12	-463	-373			666
7	659	283	5	-190	-154			613
207	17034	9489	3014	-7174	-5980			15597
351	34124	28804	4653	-14328	-11262			26399
70	4453	5176	1406	-4944	-4950			2947
309	2535	8740	1348	-8110	-8161			4502

11－10 续表1

单位:万元

指　　标	Item	企业数 Number of Enterprises	营业收入 Business Income	营业成本 Operating Costs
2.按国民经济行业分组	Grouped by Sector			
旅游饭店	Tourism Hotel	57	124983	56504
一般旅馆	General Hotel	58	40982	22117
民宿服务	Homestay Service	1	378	255
二、餐饮业	Catering Trade	151	260387	150386
其中:国有及国有控股	State－owned and State Holding Majority Shares	1	523	210
1.按登记注册类型分组	Grouped by Status of Registration			
国有	State－owned			
集体	Collective－owned			
股份合作	Share－holding Cooperative			
联营企业	Joint Ownership			
有限责任公司	Limited Liability Company	13	77577	45761
股份有限公司	Share－holding Cooperations Ltd.	1	523	210
私营企业	Private－owned	134	180083	103745
其他	Other Enterprises			
港澳台商投资企业	Owned by Entrepreneurs from HONG KONG,Macau and Taiwan			
外商投资企业	Enterprises with Foreign Investment	3	2204	671
2.按国民经济行业分组	Grouped by Sector			
正餐服务业	Dinner	115	168303	88833
快餐服务业	Fast Food	18	72124	45816
饮料及冷饮服务业	Beverage and Cold Drink	5	2997	1067
餐饮配送及外卖送餐服务	Catering Distribution and Takeaway	12	16133	14418
其他餐饮服务业	Other Catering Trades	1	831	252

Continued 1

(10 000 yuan)

税金及附加 Taxes and Surcharges	销售费用 Selling Expenses	管理费用 Management Expenses	财务费用 Financial Expenses	营业利润 Profits of Management	利润总额 Total Profits	应付工资总额 Total Wages Payable	应付福利费总额 Total Welfare Expenses Payable	应付职工薪酬 Employee benefits payable
784	46058	39834	9069	-25644	-22100			38407
158	13370	12823	1343	-9482	-8703			12187
6	15	183	2	-82	-78			130
373	77384	38074	5339	-10531	-8672			50825
1	820	184	-1	-689	-688			429
105	28164	8849	768	-5864	-6167			14127
1	820	184	-1	-689	-688			429
265	47442	28737	4508	-4183	-2044			35641
3	958	304	64	204	227			628
258	52180	31827	4089	-7712	-7021			37116
102	23153	4146	1231	-2857	-1952			10524
1	1853	47	0	29	121			1017
12	159	1500	18	24	171			2004
0	39	555	0	-15	9			165

11－10 续表 2

单位:万元

指 标	Item	应交增值税 Value Added Tax Payable	从业人员平均人数 Average number of Employees	流动资产 Circulating Funds
2004			9089	30826
2005			8697	26775
2006			12623	54703
2007			13232	63287
2008			14017	69226
2009			14645	107292
2010			15923	207343
2011			18205	232896
2012			18198	259540
2013			16920	282620
2014		1960	16502	245275
2015		588	16168	227128
2016		6958	16124	211271
2017		6696	15299	234106
2018		6685	15821	242756
2019		6730	17246	376509
2020		1610	17597	466299
一、住宿业	AccommodationTrade	1174	8556	296481
其中:国有及国有控股	State－ownedandStateHoldingMajorityShares	96	569	26115
1. 按登记注册类型分组	GroupedbyStatusofRegistration			
国有	State－owned	22	101	2576
集体	Collective－owned	1	116	196
股份合作	Share－holdingCooperative			
联营企业	JointOwnership			
有限责任公司	LimitedLiabilityCompany	228	2344	50495
股份有限公司	Share－holdingCooperationsLtd.			
私营企业	Private－owned	715	4928	197275
其他	OtherEnterprises			
港澳台商投资企业	OwnedbyEntrepreneursfromHONGKONG, MacauandTaiwan	30	462	35310
外商投资企业	EnterpriseswithForeignInvestment	178	605	10629

Continued 2

(10 000 yuan)

存货 Inventory	固定资产 Sub – total Fixed Assets	固定资产原价 Original Value of Fixed Assets	本年折旧 Depreciation of the Current Year	资产合计 Total Assets	负债合计 Total Liabilities	所有者权益 Total Creditors Equity	实收资本 Total Captial Hold
2268		103290	5953	123359	96071	27287	24846
2346		109334	6032	132075	110528	21548	30504
4281		170004	9690	254437	210393	44044	58099
4472		189823	10168	278639	228111	50528	64335
5737		196558	13270	327345	247960	79386	92317
8900	177422	253927	15752	392105	321986	70119	152142
28300	183933	259605	8034	606102	455226	150876	169971
44011	288718	385933	23255	690612	530144	160468	217710
55279	305260	413779	26543	756107	592754	163354	217152
63705	365359	501346	25109	836441	641535	194906	256740
54339	352886	518416	28901	795709	607661	188048	278102
28733	396952	602583	33119	904729	721003	183726	313684
13185	380204	604526	32897	900642	725368	175274	316179
9523	359465	589240	30966	899413	744467	154946	301752
11861		630697	31531	951115	783539	167576	315057
11692		676958	28074	1095563	852928	226938	362897
11617		710351	32024	1171357	886250	287330	387252
5262		563104	24368	797540	581366	218274	308118
431		40767	1369	60831	26728	34103	35512
137		473	28	2663	1023	1641	1501
31		838	24	565	618	–54	20
1484		179300	7114	193199	93775	99424	97624
3081		205198	10465	402156	335542	68714	80218
266		90206	3530	121399	101917	19482	51554
265		87091	3206	77558	48491	29067	77200

11－10 续表3

单位:万元

指　　标	Item	应交增值税 Value Added Tax Payable	从业人员平均人数 Average number of Employees	流动资产 Circulating Funds
2.按国民经济行业分组	Grouped by Sector			
旅游饭店	Tourism Hotel	1014	6348	256773
一般旅馆	General Hotel	159	2179	39412
民宿服务	Homestay Service	1	29	296
二、餐饮业	Catering Trade	437	9041	169818
其中:国有及国有控股	State－owned and State Holding Majority Shares	6	38	912
1.按登记注册类型分组	Grouped by Status of Registration			
国有	State－owned			
集体	Collective－owned			
股份合作	Share－holding Cooperative			
联营企业	Joint Ownership			
有限责任公司	Limited Liability Company	－28	2072	29117
股份有限公司	Share－holding Cooperations Ltd.	6	38	912
私营企业	Private－owned	458	6840	139102
其他	Other Enterprises			
港澳台商投资企业	Owned by Entrepreneurs from HONG KONG, Macau and Taiwan			
外商投资企业	Enterprises with Foreign Investment	1	91	687
2.按国民经济行业分组	Grouped by Sector			
正餐服务业	Dinner	452	6587	129223
快餐服务业	Fast Food	－120	1816	34561
饮料及冷饮服务业	Beverage and Cold Drink	1	151	802
餐饮配送及外卖送餐服务	Catering Distribution and Takeaway	104	438	5003
其他餐饮服务业	Other Catering Trades	0	49	229

Continued 3

(10 000 yuan)

存货 Inventory	固定资产 Sub – total Fixed Assets	固定资产原价 Original Value of Fixed Assets	本年折旧 Depreciation of the Current Year	资产合计 Total Assets	负债合计 Total Liabilities	所有者权益 Total Creditors Equity	实收资本 Total Captial Hold
4112		507361	20865	699764	518299	183449	257377
1122		55688	3492	97387	62725	34779	50741
29		54	11	389	342	46	0
6355		147248	7656	373817	304884	69056	79134
19		176	17	1664	667	997	2000
1397		11483	949	47027	49453	–2426	9917
19		176	17	1664	667	997	2000
4854		130765	6586	319755	252304	67575	64005
85		4823	104	5371	2461	2910	3212
4467		105930	5074	247035	194055	53153	61240
1589		40183	2417	120123	106302	13821	16586
29		197	58	885	337	548	200
263		800	88	5498	4178	1269	978
7		138	19	276	12	264	130

11－11 全市与市区各类实体市场情况(1990－2020年)

Market Conditions of Various Entities(1990－2020)

单位:个、亿元　　(unit、billion yuan)

年份 Year	全市 Total		市区 Urban District	
	市场个数 Number of Markets	成交额 Volume of Transaction	市场个数 Number of Markets	成交额 Volume of Transaction
1990	270	11.65		3.88
1991	253	15.60		4.23
1992	255	26.55		8.94
1993	298	58.87	72	22.66
1994	300	160.46	73	63.28
1995	271	218.25	62	79.13
1996	277	246.94	56	68.07
1997	307	212.23	69	62.11
1998	333	237.37	74	75.16
1999	350	259.00	79	94.04
2000	356	322.44	84	133.51
2001	351	371.48	90	144.79
2002	344	409.31	77	154.08
2003	320	451.01	83	159.70
2004	323	510.24	86	237.99
2005	326	620.78	90	329.85
2006	337	689.95	93	359.54
2007	340	736.33	93	385.55
2008	343	600.89	97	233.27
2009	319	674.45	100	258.38
2010	314	824.08	101	315.59
2011	327	1016.85	101	381.63
2012	329	1115.79	101	464.53
2013	325	1326.02	102	562.03
2014	327	1492.74	103	604.97
2015	300	1663.58	80	687.04
2016	306	1836.32	82	777.55
2017	289	2000.94	80	870.52
2018	288	2190.35	80	881.44
2019	288	2323.71	80	949.28
2020	269	2109.36	78	889.12

注:资料来源嘉兴市市场监督管理局。从2008年起集贸市场成交额中不包括网上商品成交额。

Note: Data come from Jiaxing Municipal Bureau of Market Regulation. Since 2008, the Online Sales have not been included in the turnover of the market.

11－12 全市亿元及以上商品交易市场情况(2007－2020年)

Market Conditions of Commodity Transactions Over 100 Million Yuan (2007－2020)

单位:个、亿元 (unit、billion yuan)

年份 Year	市场个数 Number of Markets				
	合 计 Total	1－10亿元 100－1000 million	10－50亿元 1－5 billion	50－100亿元 5－10 billion	100亿元以上 above 10 billion
2007	50	38	9	2	1
2008	53	38	12	2	1
2009	52	39	9	2	2
2010	54	39	9	4	2
2011	59	43	8	5	3
2012	61	45	7	7	2
2013	66	47	11	6	2
2014	64	45	10	6	3
2015	67	48	9	7	3
2016	66	45	11	7	3
2017	66	47	8	8	3
2018	64	44	9	5	6
2019	64	40	13	4	7
2020	62	38	13	5	6
年份 Year	成交额 Volume of Transaction				
	合 计 Total	1－10亿元 100－1000 million	10－50亿元 1－5 billion	50－100亿元 5－10 billion	100亿元以上 above 10 billion
2007	657.11	111.34	191.43	164.34	190.00
2008	597.93	104.17	243.61	143.85	106.30
2009	715.93	114.04	238.37	119.82	243.70
2010	920.98	111.24	251.76	242.94	315.04
2011	1130.31	122.71	218.95	348.55	440.10
2012	1091.17	135.72	168.14	491.40	295.91
2013	1219.03	149.83	293.18	455.88	320.14
2014	1372.97	159.17	260.41	432.27	521.12
2015	1509.19	181.07	223.02	528.93	576.17
2016	1653.68	163.08	266.76	573.19	650.65
2017	1822.63	171.84	216.19	676.54	758.06
2018	1992.45	155.67	197.68	408.08	1231.01
2019	2128.70	131.40	289.74	302.77	1404.80
2020	1856.89	108.93	244.95	344.01	1158.99

11－13　分地区亿元及以上商品交易市场情况
（2007－2020年）

单位:个、亿元　　　　(unit、billion yuan)

年份 Year	市场个数 Number of Markets						
	全市 Total	市区 Urban District	嘉善 Jiashan	海盐 Haiyan	海宁 Haining	平湖 Pinghu	桐乡 Tongxiang
2007	50	20	4	1	11	3	11
2008	53	21	4	1	11	4	12
2009	52	20	4	1	11	4	12
2010	54	20	4	1	12	4	13
2011	59	20	4	1	13	4	17
2012	61	20	4	1	13	4	19
2013	66	20	4	1	13	6	22
2014	64	20	4	1	12	6	21
2015	67	20	4	1	12	9	21
2016	66	19	4	1	12	8	22
2017	66	19	3	1	12	9	22
2018	64	18	3	1	12	10	20
2019	64	18	3	1	12	9	21
2020	62	18	3	1	9	9	22

Market Conditions of Commodity Transactions Over 100 Million Yuan by Region (2007 - 2020)

成交额 Volume of Transaction						
全市 Total	市区 Urban District	嘉善 Jiashan	海盐 Haiyan	海宁 Haining	平湖 Pinghu	桐乡 Tongxiang
657.11	346.92	43.25	3.82	121.28	11.54	130.30
597.93	259.31	53.78	4.91	113.64	22.64	143.65
715.93	347.74	55.28	5.29	125.78	27.65	154.19
920.98	459.71	60.42	5.32	150.41	66.94	178.18
1130.31	547.77	73.66	6.03	158.49	127.12	217.24
1091.17	476.79	67.09	6.03	181.27	98.95	261.04
1219.03	534.39	62.20	6.36	203.58	35.17	377.33
1372.97	596.11	60.93	7.59	227.60	37.53	443.23
1509.19	668.23	57.88	8.00	241.89	49.96	483.24
1653.68	741.02	57.01	8.29	256.18	85.84	505.34
1822.63	836.25	42.73	8.49	249.11	157.46	528.58
1992.45	857.27	38.98	9.73	280.38	174.55	631.53
2128.70	840.39	36.30	10.50	284.08	216.04	741.39
1856.89	753.66	32.55	11.14	242.14	198.81	618.59

11－14　全市个体户私营企业基本情况
（1983－2018 年）

年　份 Year	城乡个体户 Self－employed Individuals in Urban and Rural Areas		
	户　数 Households （unit）	从业人数(人) Employed Persons （peron）	注册资金(万元) Registered Funds （10000 yuan）
1983	9703	11978	431
1984	22970	35254	1882
1985	35004	60271	4386
1986	43359	76820	6620
1987	51878	90634	9809
1988	67904	117740	15969
1989	72958	131051	24624
1990	80140	143224	28642
1991	89312	154098	36037
1992	94227	164883	41134
1993	95979	162721	54861
1994	124109	204625	97486
1995	123465	210259	124500
1996	129339	209752	129279
1997	122199	196077	141783
1998	124676	197582	178771
1999	135209	215116	202269
2000	139111	229528	210858
2001	132006	239394	211895
2002	134672	244435	225336
2003	115999	242814	233642
2004	122356	219993	264218
2005	120837	204150	364507
2006	129304	260183	547440
2007	133269	314768	628049
2008	142289	365238	806372
2009	152555	367816	826524
2010	161570	378029	847626
2011	173114	405022	972821
2012	186076	432808	1137073
2013	193179	408384	1319660
2014	213743	451857	1581463
2015	244052	538202	1955010
2016	278941	635214	2670824
2017	316269	736714	3074077
2018	345457	770950	3688975

注:资料来源嘉兴市市场监督管理局。2019 年起统计指标变化,详见表 11－15 至表 11－18。

Basic Statistics On Self – Employed Individuals and Private Enterprises over the Years (1983 – 2018)

城乡私营企业 Private Enterprises In Urban and Rural Areas						
户数 Households (unit)				投资者人数(人) Investors (person)	雇工人数(人) Employment Persons (person)	注册资金(万元) Registered Funds (10000 yuan)
合计 Total	独资 Exclusive Investment	合伙 Partnership	有限公司 Limited Corporations			
127	49	76	2	872	1821	594
707	315	384	8	1754	9579	3979
610	297	305	8	1465	8414	3411
569	295	263	11	1290	7867	3329
617	303	293	21	1433	8579	4245
1118	540	346	232	2327	14351	19802
3460	2036	698	726	5836	40703	73881
4494	2388	754	1361	7799	51386	138781
5137	2483	583	1971	9393	59947	184479
5655	2565	633	2457	10320	68832	214019
6426	2787	530	3109	12296	91851	293526
8084	3559	536	3989	16392	120209	404658
10930	4677	948	5305	22536	188975	569823
13513	5598	1239	6676	28351	221510	769085
16902	7027	1222	8653	37718	266934	1024245
21371	8688	1441	11242	49484	339890	1402803
25677	10426	1663	13588	53702	372458	1943456
28903	11717	1805	15381	62544	441985	2467327
33960	12589	2042	19326	72454	484634	4731477
39215	14274	2359	22566	86487	507320	5240936
44742	13934	2275	28310	93641	687871	6840952
48776	14240	2403	31864	100022	706137	7819172
54154	14986	2540	36326	111780	723247	11576977
60299	15503	2762	41674	125981	733634	15253925
64351	16141	2947	44876	133969	743718	17308819
74911	17015	2914	53328	162349	801232	22027678
86473	15219	3370	63486	203367	865429	29770383
97809	18549	4464	74305	212366	926716	43471994
113698	18271	6199	88620	253250	1212270	75597671
133022	17356	7741	107231	280595	1259662	112663959
150640	13751	8525	127255	310995	1302595	129585724

Note: Data come from Jiaxing Municipal Bureau of Market Regulation. Statistical indicators have been changed since 2019, as shown in the table 11 – 15 to table 11 – 18.

11－15 全市市场主体登记情况(2020年)

Registration of Market Subject(2020)

单位:户　　(unit)

项　目	Item	期末实有 The Final Actual	个体工商户 Individual Businesses	本期登记 Current Registration	个体工商户 Individual Businesses	本　期 注(吊)销 Current Cancellation	个体工商户 Individual Businesses
全市合计	Total	603581	410987	135350	105316	86990	65964
分行业	Grouped by Seector						
第一产业	Primary Industry	6582	4592	431	201	826	679
第二产业	Secondary Industry	103814	46301	8323	3090	9595	5005
制造业	Manufacturing	86166	39480	5450	2590	8541	4594
建筑业	Constuction	16886	6801	2750	495	1007	409
第三产业	Tertiary Industry	490892	360094	126596	102025	76569	60280
批发和零售业	Wholeasle and Retail Trade	234215	172596	27102	17351	45431	39528
交通运输、仓储和邮政业	Transport, Storage ans Post	18755	14377	1141	455	2535	2245
住宿餐饮业	Hotels and Catering Services	37089	34524	2677	2251	10874	10611
金融业	Banking	1923	14	96	3	84	2
房地产业	Real Estate	8980	1937	1379	192	890	312
信息传输、软件和信息技术服务业	Information Transmission, Software and Information Technology Services	7561	842	1816	138	857	154
分地区	Grouped by Region						
南湖区	Nanhu	77511	42668	15535	10796	9105	6242
秀洲区	Xiuzhou	62247	42586	16354	13001	6099	4970
嘉善县	Jiashan	64777	43004	13174	9849	7396	5876
海盐县	Haiyan	42878	28570	8101	5796	7855	5977
海宁市	Haining	104072	73406	26151	21009	12702	10169
平湖市	Pinghu	60652	42940	10023	7842	6169	3591
桐乡市	Tongxiang	150289	114630	37626	31684	31960	25646
经开区	Jingkai	30866	15973	6693	4155	5006	2987
港　区	Gangqu	10289	7210	1693	1184	698	506

注:嘉兴经济技术开发区简称经开区,包含城南街道、长水街道、嘉北街道、塘汇街道;南湖区不含城南街道、长水街道;秀洲区不含嘉北街道、塘汇街道。

Note: Jiaxing Economic and Technological Development Zone is abbreviated as Jingkai, including Chengnan Street, Changshui Street, Jiabei Street, Tanghui Street; Nanhu does not include Chengnan street and Changshui street; Xiuzhou does not include Jiabei Street and Tanghui Street.

11－16 全市内资企业登记情况(2020年)
Registration of Domestic Enterprise(2020)

单位:户 (unit)

项　目	Item	期末实有 The Final Actual	企业法人 Corporation	本期登记 Current Registration	企业法人 Corporation	本期注(吊)销 Current Cancellation	企业法人 Corporation
全市合计	Total	13081	7285	1787	1273	2418	1491
分行业	Grouped by Seector						
第一产业	Primary Industry	99	93	20	19	27	21
第二产业	Secondary Industry	1863	1643	245	186	360	298
制造业	Manufacturing	1118	1096	140	129	286	251
建筑业	Constuction	511	340	83	40	57	32
第三产业	Tertiary Industry	8826	5549	1522	1068	2031	1172
批发和零售业	Wholeasle and Retail Trade	2437	1503	345	220	763	459
交通运输、仓储和邮政业	Transport, Storage ans Post	538	194	49	20	35	15
住宿餐饮业	Hotels and Catering Services	326	113	69	15	52	17
金融业	Banking	1413	85	35	1	31	7
房地产业	Real Estate	1061	922	145	126	41	34
信息传输、软件和信息技术服务业	Information Transmission, Software and Information Technology Services	618	330	152	119	47	27
分地区	Grouped by Region						
南湖区	Nanhu	2160	1376	260	168	214	125
秀洲区	Xiuzhou	1512	834	255	210	76	40
嘉善县	Jiashan	1279	661	176	121	132	63
海盐县	Haiyan	1137	614	169	116	331	220
海宁市	Haining	1728	824	220	154	196	105
平湖市	Pinghu	1425	803	175	119	299	154
桐乡市	Tongxiang	2353	1354	282	213	906	683
经开区	Jingkai	1090	565	170	103	247	89
港　区	Gangqu	397	254	80	69	17	12

11－17　全市私营企业登记情况(2020 年)

Registration of Private Enterprise(2020)

单位:户　　　　(unit)

项　目	Item	期末实有 The Final Actual	企业法人 Corporation	本期登记 Current Registration	企业法人 Corporation	本　期 注(吊)销 Current Cancellation	企业法人 Corporation
全市合计	Total	175559	145226	27869	24774	17782	12887
分行业	Grouped by Seector						
第一产业	Primary Industry	1869	1200	208	198	109	67
第二产业	Secondary Industry	53683	40820	4907	4494	3893	2509
制造业	Manufacturing	43655	31680	2645	2585	3329	2058
建筑业	Constuction	9550	8714	2168	1822	538	428
第三产业	Tertiary Industry	120007	103206	22754	20082	13780	10311
批发和零售业	Wholeasle and Retail Trade	58530	53519	9338	8915	5083	4338
交通运输、仓储和邮政业	Transport, Storage ans Post	3780	3240	633	552	246	175
住宿餐饮业	Hotels and Catering Services	2049	1416	335	268	195	124
金融业	Banking	397	189	51	15	42	24
房地产业	Real Estate	5905	5270	1038	901	526	395
信息传输、软件和信息技术服务业	Information Transmission, Software and Information Technology Services	6012	5559	1497	1355	597	496
分地区	Grouped by Region						
南湖区	Nanhu	32315	23423	4420	3294	2470	1477
秀洲区	Xiuzhou	17688	16428	3060	2757	1039	887
嘉善县	Jiashan	19803	15296	3097	2690	1352	912
海盐县	Haiyan	12950	10561	2095	1878	1476	891
海宁市	Haining	28296	24340	4864	4497	2295	1694
平湖市	Pinghu	15794	11216	1971	1786	2073	1328
桐乡市	Tongxiang	32781	29461	5606	5323	5218	4094
经开区	Jingkai	13334	12264	2333	2146	1691	1469
港　区	Gangqu	2598	2237	423	403	168	135

11－18　全市外资企业登记情况(2020年)

Registration of Foreign Enterprise(2020)

单位:户　　　　(unit)

项　目	Item	期末实有 The Final Actual	企业法人 Corporation	本期登记 Current Registration	企业法人 Corporation	本　期 注(吊)销 Current Cancellation	企业法人 Corporation
全市合计	Total	3954	3390	378	299	826	659
分行业	Grouped by Seector						
第一产业	Primary Industry	22	21	2	2	11	11
第二产业	Secondary Industry	1967	1914	81	76	337	327
制造业	Manufacturing	1913	1874	75	71	332	324
建筑业	Constuction	24	13	4	3	3	2
第三产业	Tertiary Industry	1965	1455	295	221	478	321
批发和零售业	Wholeasle and Retail Trade	652	447	68	42	57	34
交通运输、仓储和邮政业	Transport, Storage ans Post	60	42	4	3	9	6
住宿餐饮业	Hotels and Catering Services	190	13	22	3	16	5
金融业	Banking	99	29	7	3	9	5
房地产业	Real Estate	77	58	4	2	11	10
信息传输、软件和信息技术服务业	Information Transmission, Software and Information Technology Services	89	110	29	25	59	15
分地区	Grouped by Region						
南湖区	Nanhu	368	281	59	38	179	108
秀洲区	Xiuzhou	461	409	38	33	14	11
嘉善县	Jiashan	691	626	52	47	36	33
海盐县	Haiyan	221	179	41	30	71	62
海宁市	Haining	642	551	58	49	42	33
平湖市	Pinghu	493	466	35	33	206	168
桐乡市	Tongxiang	525	458	54	39	190	178
经开区	Jingkai	469	343	35	25	81	60
港　区	Gangqu	84	77	6	5	7	6

11－19 全市旅游事业发展情况(2014－2020年)
Development of Tourism (2014－2020)

项目	Item	2014	2015	2016	2017	2018	2019	2020
国内旅游	Domestic Tourism							
人数(万人次)	Number of Domestic tourism (10 000 person－times)	5321	6310	7894	9143	10647	11971	10104
收入(亿元)	Income (100 million yuan)	551	664	851	1011	1212	1401	1171
国际旅游	International Tourism							
人数合计(人次)	Total International Tourism (person－time)	706642	726430	707318	715222	536573	571131	46923
外国人	Foreigners	422715	461363	439912	433595	218924	230165	22867
香港同胞	Compatriots from Hong Kong	63622	33738	36028	28301	24008	27409	4898
澳门同胞	Compatriots from Macao	11446	3006	3336	1505	1074	954	692
台湾同胞	Compatriots from Taiwan	208859	228323	228042	251821	292567	312602	18466
创汇收入(万美元)	Foreign Exchange Earnings of Tourism (USD 10 000)	22728	25349	21657	22587	29040	31157	3036
旅游星级饭店情况	Condition of Tourist Hotel (Star Standard)							
饭店个数(座)	Number of Hotels (unit)	62	58	54	53	53	48	45
房间数(间)	Number of Rooms (room)	8687	8495	8063	8433	8433	7765	8001
床位数(张)	Number of Beds (unit)	14028	13692	12943	13448	13448	12334	12328

11－20　市区旅游事业发展情况(2014－2020年)
Development of Tourism in Urban District(2014－2020)

项　目	Item	2014	2015	2016	2017	2018	2019	2020
国内旅游	Domestic Tourism							
人数(万人次)	Number of Domestic tourism (10 000 person－times)	1232	1410	1657	1822	2143	2754	2456
收入(亿元)	Income (100 million yuan)	130	152	184	208	254	290	288
国际旅游	International Tourism							
人数合计(人次)	Total International Tourism (person－time)	43436	47202	46740	42266	66446	120674	12366
外国人	Foreigners	29307	39896	39062	27171	36461	54270	6750
香港同胞	Compatriots from Hong Kong	1409	1487	1439	1961	1988	42	1540
澳门同胞	Compatriots from Macao	106	41	66	67	87	393	15
台湾同胞	Compatriots from Taiwan	12614	5778	6173	13067	27910	65969	4060
创汇收入(万美元)	Foreign Exchange Earnings of Tourism (USD 10 000)	1301	1378	1032	1216	1248	4551	465
旅游星级饭店情况	Condition of Tourist Hotel (Star Standard)							
饭店个数(座)	Number of Hotels (unit)	13	14	14	14	14	10	9
房间数(间)	Number of Rooms (room)	1858	1995	1822	2229	2229	1802	1317
床位数(张)	Number of Beds (unit)	2943	3149	2845	3450	3450	2783	1875

11－21　分地区旅游事业发展情况
（2020 年）

项　　目	Item	全　市 Total	市　区 Urban District
国内旅游	Domestic Tourism		
人数(万人次)	Number of Domestic tourism (10 000 person－times)	10104	2456
收入(亿元)	Income (100 million yuan)	1171	288
国际旅游	International Tourism		
人数合计(人次)	Total International Tourism (person－time)	46923	12366
外国人	Foreigners	22867	6750
香港同胞	Compatriots from Hong Kong	4898	1540
澳门同胞	Compatriots from Macao	692	15
台湾同胞	Compatriots from Taiwan	18466	4060
创汇收入(万美元)	Foreign Exchange Earnings of Tourism (USD 10 000)	3036	465
旅游星级饭店情况	Condition of Tourist Hotel (Star Standard)		
饭店个数(座)	Number of Hotels (unit)	45	9
房间数(间)	Number of Rooms (room)	8001	1317
床位数(张)	Number of Beds (unit)	12328	1875

注:国内旅游人数、收入各县(市、区)加总不等于全市。

Development of Tourism by Region
(2020)

嘉善县 Jiashan	海盐县 Haiyan	海宁市 Haining	平湖市 Pinghu	桐乡市 Tongxiang
1844	842	1867	1035	2060
227	79	229	117	250
1913	331	2774	7212	22328
1467	90	2075	6507	5977
82	88	230	185	2774
7	8	0	9	653
357	145	469	512	12923
53	24	142	1654	698
9	4	11	4	8
1455	629	1676	970	1954
2283	1007	2631	1243	3289

Note: The whole city's number and income of domestic tourism datas are not equal to the sum of various counties (cities, districts).

11-22 全市进出口总值(1992-2020年)
Total Value of Import and Export (1992-2020)

单位:万美元 (USD 10000)

年 份 Year	进出口总值 Total Imports and Exports	出 口 Export	一般贸易 General Trade	进 口 Imports	一般贸易 General Trade
1992		14490			
1993		25658			
1994		36493			
1995		47026			
1996		68943			
1997	138592	93677	50699	44915	20857
1998	139420	100337	53687	39083	10874
1999	178336	125358	70891	52978	12043
2000	272791	188959	111682	83832	32410
2001	326862	221694	127350	105168	37072
2002	369607	254807	156833	114800	43678
2003	571174	361619	221569	209555	83921
2004	792482	510580	324839	281902	98053
2005	992246	704385	461567	287861	109504
2006	1265358	917576	599487	347782	138710
2007	1610963	1167353	767619	443610	174907
2008	1983273	1410421	939375	572852	278838
2009	1720475	1234118	848057	486357	285163
2010	2282418	1603997	1184097	678421	437315
2011	2848425	1927151	1451578	921274	621871
2012	2874358	1960260	1495710	914098	639897
2013	3176292	2151208	1652659	1025084	766604
2014	3373431	2365087	1861033	1008344	758431
2015	3108529	2292734	—	815795	—
2016	20679666	15498808	12655001	5180858	4062855
2017	24697117	17759716	14616823	6937401	5433403
2018	28212007	20173311	16886440	8038696	6420304
2019	28321472	21064585	18274560	7256887	5879420
2020	30523198	22731789	19293869	7791409	5650897

注:2016年起为人民币口径,单位为"万元"
Note: The data is RMB valuation since 2016; The unit is 10,000 yuan.

11 - 23 市区进出口总值(1992 - 2020 年)
Total Value of Import and Export in Urban District (1992 - 2020)

单位:万美元 (USD 10000)

年 份 Year	进出口总值 Total Imports and Exports	出 口 Export	一般贸易 General Trade	进 口 Imports	一般贸易 General Trade
1992		6348			
1993		10889			
1994		13923			
1995		18023			
1996		20901			
1997		31928			
1998		39602			
1999		49056			
2000		68737			
2001	93730	71722	54928	22008	7670
2002	109085	77689	59618	31396	15603
2003	160298	93468	69236	66830	37756
2004	205650	138563	101526	67087	33565
2005	257884	193036	140759	64848	26725
2006	357396	262399	185870	94997	37819
2007	463600	342547	239916	121053	53015
2008	568726	428083	292534	140643	67577
2009	480212	363910	262049	116302	64381
2010	619996	458247	351414	161749	106587
2011	757687	554316	441492	203371	149111
2012	780861	563487	444613	217374	161280
2013	875414	639007	506006	236407	172348
2014	950123	705918	560982	244205	176730
2015	873378	665243	—	208135	—
2016	5652995	4421503	3752727	1231492	940323
2017	6556371	5098602	—	1457769	—
2018	7012186	5487737	—	1524449	—
2019	9634729	6263344	—	3371385	—
2020	9943167	7010293	6003388	2932874	2236285

注:2016 年起为人民币口径,单位为"万元"
Note: The data is RMB valuation since 2016; The unit is 10,000 yuan.

11-24 分地区出口总值(1992-2020年)
Total Value of Exports by Region(1992-2020)

单位:万美元 (USD 10000)

年份 Year	全市 Total	市区 Urban District	嘉善 Jiashan	海盐 Haiyan	海宁 Haining	平湖 Pinghu	桐乡 Tongxiang
1992	14490	6348	650	155	567	4161	2609
1993	25658	10889	1473	431	1735	7819	3311
1994	36493	13923	2198	1094	3439	11941	3898
1995	47026	18023	2852	2038	4604	15451	4058
1996	68943	20901	4770	4156	7194	24731	7191
1997	93677	31928	6559	6610	10372	28083	10115
1998	100337	39602	8580	7024	12025	21420	11686
1999	125358	49056	11724	5688	15529	28277	15084
2000	188959	68737	18179	8403	25756	43447	24437
2001	221694	71722	18216	10853	35530	56712	28661
2002	254807	77689	24560	19004	45183	59688	28683
2003	361619	93468	29745	28778	80490	91669	37469
2004	510580	138563	50976	39103	110926	117264	53748
2005	704385	193036	80747	51769	147673	150010	81150
2006	917576	262399	106372	64580	192345	188295	103585
2007	1167353	342547	136012	91546	234878	225962	136408
2008	1410421	428083	168324	110358	267732	263581	172343
2009	1234118	363910	154585	83778	249927	240578	141340
2010	1603997	458247	206463	119525	331892	303362	184508
2011	1927151	554316	233612	150702	395440	353695	239386
2012	1960260	563487	229894	151106	398762	361737	255273
2013	2151208	639007	253689	149617	456191	383304	269400
2014	2365087	705918	271056	165618	508467	407706	306322
2015	2292734	665243	266815	153509	515537	385452	306180
2016	15496946	4420620	1801334	968461	3655902	2530528	2120101
2017	17759716	5098602	2044157	1141951	4241081	2796398	2437525
2018	20173311	5487737	2314948	1345007	5060247	3108482	2856891
2019	21064585	6263344	2490263	1361162	5105445	2670213	3174157
2020	22731789	7010293	3675669	1506644	4979546	2760177	2799460

注:2016年起为人民币口径,单位为“万元”
Note: The data is RMB valuation since 2016; The unit is 10,000 yuan.

11-25　分地区外商投资企业出口(1992-2020年)
Value of Exports of Foreign-Funded Enterprises by Region (1992-2020)

单位:万美元　　(USD 10000)

年份 Year	全市 Total	市区 Urban District	嘉善 Jiashan	海盐 Haiyan	海宁 Haining	平湖 Pinghu	桐乡 Tongxiang
1992	6303	884	642	14	144	4159	460
1993	14400	3039	1377	197	819	7631	1335
1994	19469	2913	1882	488	1596	11001	1589
1995	23008	4834	1849	849	1680	13383	413
1996	37256	5898	3395	2466	2705	21081	1711
1997	47867	10482	4739	4538	3763	22334	2011
1998	45819	12148	6385	5201	4244	15490	2351
1999	61212	15364	9510	4606	7045	21850	2837
2000	89102	21188	14810	5114	11130	33163	3697
2001	113008	23804	15047	5612	16847	44904	6794
2002	140351	26922	22781	9404	23342	45744	12158
2003	204854	33806	27104	14957	37332	75388	16267
2004	295842	57274	45376	19497	59506	88502	25687
2005	407659	85448	71602	25021	76013	108659	40916
2006	518683	116849	89925	26290	97675	134756	53188
2007	648645	148346	111612	41620	118329	156521	72217
2008	745333	175548	130235	42283	123609	176736	96922
2009	648697	141152	118357	26330	120924	162311	79623
2010	804844	172752	148058	35690	143581	195035	109728
2011	913293	210921	156999	42067	142839	219939	140528
2012	869967	221130	144133	40546	134843	216511	112804
2013	882087	240253	147668	36608	132631	218330	106597
2014	942452	249767	148710	45584	140830	226252	131309
2015	899557	234314	143538	44056	150151	212998	114500
2016	5948802	1507194	894919	249697	1078595	1403369	815028
2017	6323682	1863731	1009073	283782	1073844	1307990	785262
2018	6961472	2057366	1071661	300848	1226070	1418844	886683
2019	6632403	2700533	974221	319249	1168101	1594615	714912
2020	6438985	1967468	893272	357963	1284120	1318263	617899

注:2016年起为人民币口径,单位为“万元”
Note: The data is RMB valuation since 2016; The unit is 10,000 yuan.

11-26 全市利用外资情况(1989-2020年)
Utilization Of Foreign Capital (1989-2020)

单位:万美元 (USD 10000)

年份 Year	利用外资协议(合同) Agreements & Contracts Utilization of Foreign Capital		实际利用外资 Total Amount of Foreign Captial Actually Used	第一产业 Primary Industry	第二产业 Secondary industry	第三产业 Tertiary Industry
	项目 Number of Projects	金额 Value				
1989	10	159	335			
1990	18	343	133			
1991	46	759	901			
1992	224	5117	1601			
1993	445	14524	5242			
1994	307	18785	6135			
1995	167	19254	8019			
1996	107	27550	12158			
1997	103	20500	14780			
1998	77	14683	12128			
1999	97	21279	12300			
2000	188	34575	15318			
2001	292	90140	27067			
2002	475	116719	44478			
2003	634	209508	79683	162	75173	4348
2004	574	257970	102187	637	96667	4883
2005	440	250049	115666	1350	104548	9768
2006	468	255863	122178	125	105424	16629
2007	420	345512	166228	2860	143753	19615
2008	242	228735	135975	408	113947	21620
2009	255	262282	133460	1908	102807	28745
2010	300	320604	160994	2067	131933	26994
2011	260	311305	172066	2462	113470	56134
2012	234	281419	178159	2943	119950	55266
2013	248	339082	220676	3219	156447	61010
2014	246	441547	249577	3113	169391	77073
2015	249	487184	268427	2011	184972	81444
2016	275	456729	269240	1920	185806	81514
2017	360	569187	299452	1337	197629	100486
2018	350	638566	313980	1193	187879	124908
2019	339	725905	412541	1889	220782	189870
2020	344	638116	264663	148	121383	143132

注:资料来源嘉兴市商务局,2020年起使用商务部口径。
Note: Data come from Jiaxing Municipal Bureau of Commerce, the data caliber is used from Ministry of Commerce since 2020.

11-27 市区利用外资情况(2002-2020年)
Utilization of Foreign Capital in Urban District (2002-2020)

单位:万美元 (USD 10000)

年份 Year	利用外资协议(合同) Agreements & Contracts Utilization of Foreign Capital		实际利用外资 Total Amount of Foreign Captial Actually Used			
	项目 Number of Projects	金额 Value		第一产业 Primary Industry	第二产业 Secondary industry	第三产业 Tertiary Industry
2002	156	41873	18073	—	—	—
2003	205	80067	28326	—	—	—
2004	205	97035	34548	—	—	—
2005	129	91080	37424	—	—	—
2006	138	98985	35875	—	—	—
2007	156	142784	53994	—	—	—
2008	84	87147	46249	—	—	—
2009	105	97995	37526	—	—	—
2010	100	116965	50742	—	—	—
2011	87	104159	59962	—	—	—
2012	93	100519	68098	—	—	—
2013	76	109356	75727	—	—	—
2014	88	148150	85696	—	—	—
2015	74	149038	94498	—	—	—
2016	71	178228	91188			
2017	105	193023	113352	—	—	—
2018	111	245162	120588	—	—	—
2019	109	280263	162237	—	—	—
2020	125	260307	91554	—	—	—

11-28 分地区实际利用外资情况(1991-2020年)
Utilization of Foreign Capital by Region(1991-2020)

单位:万美元 (USD 10000)

年份 Year	全市 Total	市区 Urban District	南湖区 Nanhu	秀洲区 Xiuzhou	嘉善 Jiashan	海盐 Haiyan	海宁 Haining	平湖 Pinghu	桐乡 Tongxiang
1991	901								
1992	1601								
1993	5242								
1994	6135								
1995	8019								
1996	12158								
1997	14780								
1998	12128								
1999	12300								
2000	15318								
2001	27067								
2002	44478								
2003	79683	28326	4138	8501	17525	5120	10109	10582	8021
2004	102187	34548	5195	11867	20218	5445	16126	14254	11596
2005	115666	37424	7204	10138	21212	6018	23080	14907	13025
2006	122178	35875	8075	9525	24690	6671	24279	15113	15550
2007	166228	53994	14067	15689	32758	13075	25778	20587	20036
2008	135975	46249	14072	10150	32763	6003	20068	16009	14883
2009	133460	37526	12743	8319	27887	10003	24101	17044	16899
2010	160994	50742	13701	13512	29597	12047	26721	17129	24758
2011	172066	59962	13055	12873	32892	13233	27709	18040	20230
2012	178159	68098	13005	16591	33723	6521	23480	23644	22693
2013	220676	75727	13150	21852	45496	33460	11054	31011	23928
2014	249577	85696	19165	22511	41848	10896	44007	34007	33123
2015	268427	94498	23044	22516	44674	15362	44533	35763	33597
2016	269240	91188	23515	22997	50867	16510	40467	35800	34408
2017	299452	113352	28735	27074	48678	21375	40646	40027	35374
2018	313980	120588	32725	28360	45333	25209	42204	44503	36143
2019	412541	162237	57080	38273	58683	35102	51025	55396	50098
2020	264663	91554	25736	26218	42393	26412	33120	39018	32166

11－29 全市分行业利用外资情况(2019－2020年)
Utilization of Foreign Capital by Sector (2019－2020)

单位:万美元 (USD10 000)

指　　标	Item	合同外资 Compact of Foreign Capital		实际利用外资 Foreign Captial Actually Used	
		2020	2019	2020	2019
总　　计	Total	638116	725905	264663	412541
农、林、牧、渔业	Farming ,Forestry, Animal Husbandry and Fishery	3293	4897	1398	2441
制造业	Manufacturing	188274	320555	118826	217249
纺织业	Textile Industry	3704	14011	2319	6801
纺织服装、鞋、帽制造业	Garments and Other Fiber Products	6200	6450	2655	3949
皮革、毛皮、羽毛(绒)及其制品业	Leather, Furs, Down and Related Products	680	3351	514	1017
木材加工及木、竹、藤、棕、草制品业	Timber Processing, Bamboo, Cane, Palm Fiber and Straw Products	0	2580	1580	3080
家具制造业	Furniture Manufacturing	7220	858	1321	2555
造纸及纸制品业	Papermaking and Paper Products	1500	24	329	665
化学原料及化学制品制造业	Raw Chemical Material and Chemical Products	21782	20708	14982	28766
化学纤维制造业	Chemical Fiber	2449	2510	2799	8785
塑料制品业	Plastic Products	2685	10558	6421	9202
非金属矿物制品业	Nonmetal Mineral Products	－5406	5484	293	1509
金属制品业	Metal Products	7902	7119	5906	10560
通用设备制造业	Electronic in Common Use	18053	38097	12272	22040
专用设备制造业	Electronic for Special Purpose	17468	22972	5942	14815
交通运输设备制造业	Transport Equipment Manufacturing	13944	28442	367	24766
电气机械及器材制造业	Electric Equipment and Machinery	11669	51906	15543	14573
通信设备、计算机及其他电子设备制造业	Electronic and Telecommunications Equipment	18962	52847	18867	35362
仪器仪表及文化、办公用机械制造业	Instruments, Meters, Cultural and Office Machinery	31167	22171	5331	6978
工艺品及其他制造业	Handicraft Article and Other Manufacturing	6014	186	202	552
电力、燃气及水的生产和供应业	Production and Supply of Electricity, Gas and Water	2316	1236	2483	3689
建筑业	Construction	387	2075	74	1385
交通运输、仓储和邮政业	Transport, Storage and Post	11276	35786	8978	17869
批发和零售业	Wholesale and Retail Trades	36075	33539	6229	16258
住宿和餐饮业	Hotels and Catering Services	129	－293	120	114
房地产业	Real Estate	34539	15927	11660	20259
租赁和商务服务业	Leasing and Business Services	169121	142431	36507	39768
科学研究、技术服务和地质勘查业	Scientific Research, Technical Services and Geologic Prospecting	108477	109005	42616	58598

11-30 全市分国别、地区进出口总额(2020年)

Total Import and Export Value by Country and Region (2020)

单位:万元 (10000 yuan)

国别、地区	Country and Region	进出口总额 Total Imports and Exports	出口 Exports	进口 Imports
总计	Total	30517177	22722766	7794411
亚洲	Asia	13139783	8239739	4900044
#中国香港	HongKong,China	378919	366909	12010
印度尼西亚	Indonesia	713098	390791	322306
日本	Japan	2411661	1531221	880440
马来西亚	Malaysia	533893	304419	229474
新加坡	Singapore	354768	202407	152362
韩国	Republic Korea	1692910	776991	915920
泰国	Thailand	578786	355527	223258
沙特阿拉伯	United Arab Emirates	281434	180904	100530
台湾省	Taiwan,China	801237	311848	489389
越南	Vietnam	1911247	1044778	866468
印度	India	837099	703052	134047
印度尼西亚	Indonesia	713098	390791	322306
非洲	Africa	1256600	924252	332349
欧洲	Europe	7185551	5862854	1322697
#俄罗斯	Russia	640304	622462	17842
英国	United Kingdom	719985	696352	23634
德国	Federal Repubic of Germany	1555451	980545	574906
法国	France	500954	407712	93242
意大利	Italy	631596	472730	158866
荷兰	Netherlands	625774	587863	37911
拉丁美洲	Latin America	1515181	1285833	229348
#巴西	Brazil	388365	311193	77172
北美洲	North America	6283105	5727299	555806
#加拿大	Canada	555589	485833	69756
美国	United States	5727424	5241374	486050
大洋州	Oceania	1136792	682790	454002
#澳大利亚	Australia	838101	609133	228968

注:资料来源嘉兴海关。
Note:Data come from Jiaxing Customs House.

11－31 全市主要进出口商品情况表(2020年)

Statistics on Import and Export of Commodities (2020)

单位:亿元 (100 million yuan)

进口主要商品情况 Statistics on Import of Commodities			出口主要商品情况 Statistics on Export of Commodities		
商品名称	Item	进口 Import	商品名称	Item	出口 Export
△机电产品	Mechanical and Electrical Products	267.86	△机电产品	Mechanical and Electrical Products	1027.63
基本有机化学品	Basic organic chemicals	156.60	△劳密产品	Labor dense product	905.24
△高新技术产品	Hi－tech Products	144.23	纺织纱线、织物及其制品	Textile Yarn, Fabrics and Articles Thereof	358.78
计算机与通信技术	Computer and telecomunications technology	91.37	△高新技术产品	Hi－tech Products	343.31
二甲苯	Xylenes	82.70	服装及衣着附件	Garments and Clothing Accessories	215.44
△农产品	Agriculture Products	63.96	服装	Garments	178.72
电子元件	Electronic components	27.47	计算机与通信技术	Computer and telecomunications technology	173.22
电子技术	Electronic technology	27.45	纺织制品	Textile products	149.58
纺织原料	Textile raw materials	27.36	纺织织物	Textile fabrics	146.15
△食品	Food	27.30	家具及其零件	Furniture and Parts Thereof	138.86
初级形状的塑料	Plastics in Primary Forms	21.93	塑料制品	Plastic Articles	128.50
羊毛及毛条	Wool and carded or combed wool	20.36	电子元件	Electronic components	119.84
△消费品	Consumer goods	19.44	电子技术	Electronic technology	111.29
电工器材	Electrical equipments	18.92	二极管及类似半导体器件	Diodes and Similar Semiconductors	89.51
木及其制品	Wood and articles thereof	18.41	太阳能电池	Solar Cells	87.59
纺织纱线、织物及其制品	Textile Yarn, Fabrics and Articles Thereof	18.12	机械基础件	Basic components of machinery	84.74
集成电路	Electronic Integrated Circuits	17.69	紧固件	Fasteners	76.73
纸浆、纸及其制品	Paper pulp, paper and articles thereof	17.44	纺织纱线	Textile Yarn	63.05
计量检测分析自控仪器及器具	Measuring or Checking Instruments	16.73	电工器材	Electrical equipments	59.19
钢材	Products, of Steel or Iron	14.52	汽车零配件	Parts and Accessories of Vehicle	55.13
计算机集成制造技术	Computer integrated manufacturing technology	13.99	△文化产品	Culture Products	51.21

注:资料来源嘉兴海关,带△的属于商品大类。
Note: Data come from Jiaxing Customs House. The commodity with △ belong to category.

11－32　全市规模以上服务业企业主要经济指标（2020 年）

单位：万元

指　标	Item	企业数（个）Number of Enterprises（unit）	亏损企业 Loss Making Enterprises	增加值 Value Added
合　计	Total	3012	853	4620022
1、按登记注册类型分	Grouped by Status of Registration			
#国有企业	State－owned	16	3	412034
有限责任公司	Limited Liability Company	437	135	1209408
股份有限公司	Share－holding Cooperations Ltd.	32	4	－34974
私营企业	Private－owned	2369	673	2359187
港、澳、台商投资企业	Owned by Entrepreneurs from HONG KONG, Macau and Taiwan	42	9	203697
外商投资企业	Enterprises with Foreign Investment	92	25	458622
2、按主要行业分	Grouped By Main Sector			
批发零售业	Wholesale and Retail	1757	472	1162240
交通运输、仓储和邮政业	Transport and Storage	234	49	555341
住宿餐饮业	Hotels and Restaurants	264	142	89664
信息传输、软件和信息技术服务业	Information Transmission, Software and Information Technology Services	74	14	508465
房地产业（除房地产开发经营）	Real Estate	133	37	258104
租赁和商务服务业	Tenancy and Business Services	245	62	1266067
科学研究和技术服务业	Scientific Research and Technical Services	112	4	523596
水利、环境和公共设施管理业	Water Consevancy , Environment and Public Establishment Management	39	12	100767
居民服务、修理和其他服务业	Resident, Repair and Other Services	34	7	24268
教育	Education	15	2	17811
卫生和社会工作	Public Health and Social Work	28	9	78626
文化、体育和娱乐业	Culture, Sports and Recreation	77	43	35074

注：规模以上服务业企业统计不包括房地产开发业，金融业。

Main Economic Indicators of Service Enterprises above Designated Size (2020)

(10000 yuan)

资产合计 Total Assets	负债合计 Total Liabilities	所 有 者 权益合计 Total Creditors Equity	固定资产原价 Original Value of Fixed Assets	本年折旧 Depreciation of the Current Year	营业收入 Revenue	营业成本 Cost of Sales
45465684	26972646	18490188	11785402	587219	41615344	37888949
753780	218311	535469	168568	6498	1269924	1076284
17432618	10281674	7150945	6189782	252192	8386358	7502825
7002064	3478009	3524055	1107690	41460	1536698	1379022
14464932	9797970	4664112	2520114	172845	25339781	23431841
1477677	791157	686519	597310	30723	1504494	1379363
4206494	2333306	1873188	1159781	82625	3491366	3046176
22137398	13737633	8394691	1724557	105093	32562086	30715850
5366375	3585187	1781189	4231997	185384	2133346	1778037
1171357	886250	287330	710351	32024	426730	229261
2048585	867295	1181291	1820815	130019	1189803	752578
8165328	3852239	4313089	1502875	47682	602347	410107
1766352	1139911	626441	353890	19615	2746768	2553464
940588	491352	449236	224900	17243	1176600	884464
2637300	1618463	1018837	786107	27316	248372	155219
49752	27357	22394	11927	1211	51755	36352
66671	54992	11679	24512	2115	37282	22440
354243	218567	135676	225046	11153	195198	149487
761735	493400	268335	168425	8364	245058	201691

Note: Data do not include real estate development and Finance.

11－32 续表1

单位:万元

指　　标	Item	税　金及附加 Business Tax and Surcharges	销售费用 Cost of Sales	管理费用 Management Expense
合　计	Total	230072	1275893	1294212
1、按登记注册类型分	Grouped by Status of Registration			
#国有企业	State－owned	126522	30804	39287
有限责任公司	Limited Liability Company	25862	225703	344622
股份有限公司	Share－holding Cooperations Ltd.	10958	70163	48454
私营企业	Private－owned	54099	764912	731081
港、澳、台商投资企业	Owned by Entrepreneurs from HONG KONG, Macau and Taiwan	5432	48762	41159
外商投资企业	Enterprises with Foreign Investment	6677	129742	83040
2、按主要行业分	Grouped By Main Sector			
批发零售业	Wholesale and Retail	173215	847160	508920
交通运输、仓储和邮政业	Transport and Storage	10033	25904	138880
住宿餐饮业	Hotels and Restaurants	1320	136827	90914
信息传输、软件和信息技术服务业	Information Transmission, Software and Information Technology Services	4722	109433	74089
房地产业(除房地产开发经营)	Real Estate	18704	23201	96112
租赁和商务服务业	Tenancy and Business Services	13900	28707	122616
科学研究和技术服务业	Scientific Research and Technical Services	4954	19583	138189
水利、环境和公共设施管理业	Water Consevancy, Environment and Public Establishment Management	1237	42372	49544
居民服务、修理和其他服务业	Resident, Repair and Other Services	135	3931	9324
教育	Education	129	3570	8732
卫生和社会工作	Public Health and Social Work	490	10757	28534
文化、体育和娱乐业	Culture, Sports and Recreation	1234	24447	28357

Continued1

(10000 yuan)

财务费用 Financial Expenses	营业利润 Profits of Management	利润总额 Total Profits	所得税费用 Income Tax Payable	应付职工薪酬 Employee benefits payable	应交增值税 Value Added Tax Payable	平均用工人数(人) Average Employees (person)
568638	1323937	1534908	267241	2879892	443431	350995
-12955	174117	178235	43110	72826	41268	5150
162987	253853	337341	96016	757956	74297	61919
183546	348038	358250	15476	57395	7471	6517
202122	304948	409516	85293	1699574	277345	244768
5984	25509	26985	7272	126113	15369	16262
26445	217551	223076	19262	156659	26280	15475
396971	791580	895715	121727	504420	242239	52895
99715	168232	199874	59517	254220	26791	23887
15752	-45739	-39552	1054	101549	2270	17597
1942	205872	212027	12895	169552	8826	11315
32811	48364	75976	20112	150267	20521	28532
4679	35057	51456	14049	1116499	98762	169339
103	104512	108313	21631	366269	36915	16982
13497	24581	26297	7184	85658	1789	15988
43	1756	1749	390	20382	856	4912
206	2953	3502	1018	13493	387	1465
548	4715	8060	1918	62684	314	5059
2370	-17947	-8508	5747	34898	3762	3024

主要统计指标解释

社会消费品零售总额 指企业(单位、个体户)通过交易直接售给个人、社会集团非生产、非经营用的实物商品金额,以及提供餐饮服务所取得的收入金额。个人包括城乡居民和入境人员,社会集团包括机关、社会团体、部队、学校、企事业单位、居委会或村委会等。

商品销售额 指对本单位以外的单位和个人出售的商品金额(包括售给本单位消费用的商品,含增值税),在批发和零售业中,本指标反映在国内市场上销售商品以及出口商品的总价。商品销售包括:(1)售给个人和社会集团消费用的商品;(2)售给农业、工业、建筑业、服务业等国民经济各行业用于生产、经营用的商品,包括售予批发和零售业作为转卖或加工后转卖的商品;(3)对国(境)外直接出口的商品。

亿元以上商品交易市场 指年成交额达到亿元以上的商品交易市场。商品交易市场是指经有关部门和组织批准设立,有固定场所、设施,有经营管理部门和监管人员,若干市场经营者入内,常年或实际开业三个月以上,集中、公开、独立地进行生活消费品、生产资料等现货商品交易以及提供相关服务的交易场所,包括各类消费品市场、生产资料市场等。

成交额 指市场内所有摊位、写字间或门面的全年商品交易额之合计。

利用外资 指我国各级政府、部门、企业和其他经济组织通过对外借款、吸收外商直接投资以及用其他方式筹措的境外现汇、设备、技术等。

旅游人数 指来我国参观、访问、旅行、探亲、访友、休养、考察、参加会议和从事经济、科技、文化、教育、体育、宗教等活动的外国人、华侨、港澳和台湾同胞的人数。不包括外国在我国的常住机构,如领使馆、通讯社、企业办事处的工作人员;来我国常驻的外国专家、留学生以及在岸逗留不过夜人员。

国际旅游(外汇)收入 指入境旅游的外国人、华侨、港澳台同胞在中国大陆旅游过程中发生的一切旅游支出。

EXPLANATORY NOTES ON MAIN STATISTICAL INDICATORS

Total Retail Sales of Consumer Goods It refers to the amount of physical goods sold directly by an enterprise (unit or individual) to individuals and social groups for non production and non business purposes, as well as the income from providing catering services. Individuals include urban and rural residents and immigrants, and social groups include organs, social organizations, troops, schools, enterprises and institutions, neighborhood committees or village committees.

Sales of Commodities It refers to the amount of goods sold by the unit to other units and individuals (including goods sold to the unit for consumption, including value - added tax). In the wholesale and retail industry, this indicator reflects the total price of goods sold in the domestic market and exported goods. It include: (1) Goods sold to individuals and social groups for consumption; (2) Commodities sold to agriculture, industry, construction industry, service industry and other industries of the national economy for production and operation, including those sold to wholesale and retail industries for resale or resale after processing; (3) Goods directly exported to foreign countries.

Markets of Commodity Transactions Over 100 Million Yuan It refers to the commodity transactions market with an annual turnover of more than 100 million yuan. Commodity transactions market refers to the trading place established with the approval of relevant departments and organizations, with fixed places and facilities, operation and management departments and supervisors, and a number of market operators. It has been open for more than three months all year round or has actually been in operation for more than three months. It is a trading place where spot commodities such as consumer goods and means of production are traded in a centralized, open and independent manner and relevant services are provided, including all kinds of consumer goods markets, production market, etc.

Volume of Transaction It refers to the total of the annual commodity trading volume of all stalls, offices or facades in the market.

Utilization of Foreign Capital It refers to remittance, equipment and technology financed from abroad, by loans, foreign direct investment and other forms undertaken by the Chinese governments at all levels, by various departments, enterprises and other economic units.

NumbeT of Tourists It refers to the number of foreigners, overseas Chinese, and compatriots from Hong Kong, Macao and Taiwan coming to China for sightseeing, visits, tours, family reunions, vacations, study tours and other activities of an economic, scientific and technological, cultural, physical culture and religious nature. This does not include the number of employees of foreign organizations stationed in China such as embassies, consulates, news agencies, the offices of corporations and enterprises and foreign experts and students resi - ding in China and the persons staying briefly in China but not for passing the night.

Foreign Exchange Earnings from International Tourism It refers to the total expenditures of the foreigners, overseas Chinese, compatriots from Hong Kong, Macao and Taiwan in the process of their tourism in the mainland of China.

十二、银行、保险及证券
Banking, Insurance and Securities Business

12－1 金融机构人民币存贷款主要指标（1984－2020年）

Major Indicators of Banking in Main Years (1984－2020)

（年末余额）单位：万元　　　　(year－end)(10000 yuan)

年份 Year	全市 Total			市区 Urban District		
	金融机构存款余额 Balance of Deposits of Financial Institutions	住户存款年末余额 Residents Deposits	金融机构贷款余额 Balance of Loans of Finanical Institutions	金融机构存款余额 Balance of Deposits of Financial Institutions	住户存款年末余额 Residents Deposits	金融机构贷款余额 Balance of Loans of Finanical Institutions
1984	143099	50221	163408	44267	17524	56191
1985	187693	70537	207222	59148	24007	78113
1986	261723	104371	282874	77105	34525	93689
1987	318647	139023	336812	88643	43076	114051
1988	360617	167616	391922	100487	49145	119599
1989	471455	234314	464736	135878	61883	142506
1990	636359	314303	579131	184665	81696	191817
1991	660836	399627	715494	192686	101414	231609
1992	823910	489930	875370	243022	122586	277658
1993	1062373	638034	1058252	333700	166420	333591
1994	1529239	973842	1386346	481501	258547	441055
1995	2012134	1338436	1691354	631014	364207	550546
1996	2656872	1761794	2087409	877198	494696	706969
1997	3328136	2174608	2685627	1133286	610150	889117
1998	4095615	2614368	3007308	1403948	742261	1059702
1999	4890026	3040188	3411797	1602590	836311	1170728
2000	5458298	3268902	3786857	1719166	867606	1378054
2001	6276255	3724333	4292057	2011259	993797	1639701
2002	7633992	4364239	5218706	2503415	1180480	1988713
2003	10279478	5414963	7578288	3454307	1482455	2715990
2004	11660431	6321092	8773576	3946256	1780023	3461866
2005	13417470	7371382	9605064	4594840	2134036	3825606
2006	15832790	8504255	11447082	5464723	2479162	4456652
2007	17960930	9074849	13515371	6203956	2658418	5049588
2008	21862400	11553785	16038436	7646276	3427224	5899730
2009	28532997	13767568	21705759	10039764	4059160	7757603
2010	35266051	16212901	26159151	11969444	4769686	9015493
2011	40751783	18705571	30386872	13875008	5458757	10487068
2012	44530697	21444946	34195265	15101644	6222656	11557174
2013	50726871	24382135	38600250	17410003	7080602	12971378
2014	55138654	27015761	43931643	19229593	7730122	15171024
2015	57754133	29492383	47183455	20095177	8413328	16153806
2016	66302180	32455855	51852269	22903819	9190586	17882987
2017	73447081	34063490	59738994	25072937	9630641	20291168
2018	81043226	37194671	67706905	26758800	10618053	23120752
2019	93184427	43134368	80044316	31138742	12394202	27250873
2020	104890408	48272576	100261567	35403741	13875173	33980007

12－2 主要年份全市金融机构人民币存贷款情况

(年末余额) 单位:万元

指　　标	Item	1990	1999	2000	2001
一、存款合计	Total Deposits	636359	4890026	5458298	6276255
1.企业存款	Deposits of Enterprises	125989	1491807	1730354	1980106
1)活期存款	Circulating－term Deposits		1069470	1206102	1388888
2)定期存款	Fixed－term Deposits		422337	524252	591218
2.财政性存款	Treasury Deposits	26964	29750	25500	46635
3.机关团体存款	Deposits of Government Agencies and Organizations and Army		81020	100431	98744
4.城乡储蓄存款	Urban and Rural Savings Deposits	314303	3040118	3268902	3724333
1)活期储蓄	Circulating－term Savings		522676	668113	841303
2)定期储蓄	Fixed－term Savings		2517442	2600789	2883031
5.农业存款	Agricultural Deposits	127204	172919	220747	246461
6.信托存款	Trusted Deposits	7096	1844	530	
7.委托存款	Commimission Deposits	7008	12478	11921	10908
8.其他存款	Other Deposits	27795	60090	99913	169067
二、贷款合计	Total Loans	579131	3411797	3786857	4292057
(一)短期贷款	Short－term Loans	508187	2755494	2906354	3015898
1.工业贷款	Industrial Loans	173959	491275	417322	449297
2.商业贷款	Commercial Loans	168155	591990	549333	531685
其中:农副产品贷款	Loans to Farm Products and Byproduct		143201	107007	96374
3.建筑业贷款	Constrution Loans	8574	50746	65113	98146
4.农业贷款	Agricultural Loans	8097	129438	129573	171302
5.乡镇企业贷款	Loans toTownship Enterprises	141650	915913	931047	983637
6.三资企业贷款	Loans to Sino－foreign Joint Venture and Cooperative Enterprises and Foreign－funded Enterprises		185994	209218	203394
7.私营及个体贷款	Private and Individual Loans	7752	52843	92829	109860
8.其他短期贷款	Other Short－term Loan		337295	511919	468577
(二)中长期贷款	Medium－term and Long－term Loans	48465	556133	774167	1160777
1.基本建设贷款	Loans to Capital Construction	21767	316523	512886	701374
2.技术改造贷款	Loans to Techinical Innovaiton	26088	121184	121169	120680
3.其他中长期贷款	Other Medium－term and Long－term Loans	610	118426	140112	338723
(三)信托贷款	Trusted Loans	3060	1490	220	1842
(四)融资租赁	Finacing Tenancy				
(五)委托贷款	Commimission Loans		14638	14032	10842
(六)逾期贷款	Overdue Loans		38178	36893	
(七)中期流动资金贷款	Medium－term Loans of Circulating Funds		45864	55191	73065
(八)其他贷款	Other Loans	19419			
(九)票据融资	Note Financing				25187
其中:贴现	Discount				25187
(十)各项垫款	Various Money paid Back later				4446

注:2010年起,人民银行金融统计制度按照全新分类方式设置存贷款指标,存贷款分项指标见12－4表,下同。

Deposits and Loans of Financial Institutions in Main Years

(year – end) (10 000 yuan)

2002	2003	2004	2005	2006	2007	2008	2009	2010
7633992	10279478	11660431	13417470	15832790	17960930	21862400	28532997	35266051
2354629	3404062	3742975	3937228	4615055	5681294	6280398	9550996	10959834
1665915	2370670	2526077	2567304	3058618	3594997	3596465	5619264	6712283
688714	1033392	1216898	1369925	1556437	2086297	2683933	3931732	4247551
59858	107372	109130	127837	173715	230698	217763	300641	540616
319067	434203	416561	512589	766939	863606	1020640	1339878	3339041
4364239	5414963	6321092	7371382	8504255	9074849	11553785	13767568	16212901
1103442	1526839	1806681	2149165	2552787	2852600	3402557	4229406	5239455
3260797	3888124	4514411	5222217	5951467	6222250	8151227	9538162	10973446
284088	434044	463346	496639	571194	742314	637590	975433	1193170
11016	896	2264	3076	4519	1585	75927	83692	133669
241097	483939	605064	968718	1197114	1366584	2076298	2514789	2886822
5218706	7578288	8773576	9605064	11447082	13515371	16038436	21705759	26159151
3593183	4456340	5032400	5270344	6441116	7869565	9029988	11379508	13715372
595756	797276	912206	1452581	2566314	3219937	3662359	4219675	
431450	436726	343216	348175	406843	480323	478344	674494	
79712	87872	95466	99005					
233328	88660	33351	69872	64928	61588	86334	135423	
238406	365735	418777	432837	508501	614857	716749	823789	
1045978	1260952	1369015	1514238	1611341	1995540	2225888	2660309	
130455	135743	157779	263973	217559	259694	351184	421341	
134313	259968	380761	395053	260585	371143	402661	675184	
783498	1111280	1417296	793615	805046	866482	1106468	1769293	
1430409	2728814	3396744	4173571	4737138	5503057	6651110	9971713	12213943
865466	1749057	2060290	2418202	2698095	2971610	3613251	5269786	
52405	49517	55950	107919	71332	87024	141064	123115	
512538	930240	1280504	1647450	1967711	2444424	2896795	4578812	
1692								
10702								
87470	159486	180796						
91417	230228	158106	151397	265665	140147	354183	345635	225120
91417	230228	158106	151397	265665	140147	354183	345635	225120
3832	3420	5529	9752	3162	2601	3155	8904	4716

Note: According to the Financial statistics system of the People's Bank, since the year of 2010 the categories of deposits and loans has been reset as shown in table 12 – 4, the same below.

12-3 主要年份市区金融机构人民币存贷款情况

(年末余额) 单位:万元

指 标	Item	1990	1998	1999	2000
一、存款合计	Total Deposits	184665	1403948	1644747	1804366
1. 企业存款	Deposits of Enterprises	44487	549512	674862	768070
1)活期存款	Circulating - term Deposits		397876	472430	530931
2)定期存款	Fixed - term Deposits		151636	202432	237139
2. 财政性存款	Treasury Deposits	13163	13580	15070	6124
3. 机关团体存款	Deposits of Government Agencies and Organizations and Army		22731	30024	35740
4. 城乡储蓄存款	Urban and Rural Savings Deposits	81696	742261	842571	881067
1)活期储蓄	Circulating - term Savings		115787	152194	192092
2)定期储蓄	Fixed - term Savings		626474	690377	688975
5. 农业存款	Agricultural Deposits	25338	32114	38873	48612
6. 信托存款	Trusted Deposits	2230	4281	1844	530
7. 委托存款	Commimission Deposits	7008	21704	16295	15273
8. 其他存款	Other Deposits	10743	17765	25208	48950
二、贷款合计	Total Loans	187245	1059702	1198930	1428170
(一)短期贷款	Short - term Loans	166072	801602	872500	986090
1. 工业贷款	Industrial Loans	76140	169209	150169	137992
2. 商业贷款	Commercial Loans	55715	219058	260825	262857
其中:农副产品贷款	Loans to Farm Products and Byproduct		54325	54994	48430
3. 建筑业贷款	Constrution Loans	4869	12142	19321	29685
4. 农业贷款	Agricultural Loans	6131	19082	22823	23130
5. 乡镇企业贷款	Loans toTownship Enterprises	23217	154002	132379	142946
6. 三资企业贷款	Loans to Sino - foreign Joint Venture and Cooperative Enterprises and Foreign - funded Enterprises		87377	96221	103882
7. 私营及个体贷款	Private and Individual Loans		4268	18290	30394
8. 其他短期贷款	Other Short - term Loan		136463	172472	255204
(二)中长期贷款	Medium - term and Long - term Loans	15628	207364	265191	379655
1. 基本建设贷款	Loans to Capital Construction	4760	103663	154420	255424
2. 技术改造贷款	Loans to Techinical Innovaiton	10868	78207	77028	73887
3. 其他中长期贷款	Other Medium - term and Long - term Loans		25494	33743	50344
(三)信托贷款	Trusted Loans		1560	1490	220
(四)融资租赁	Finacing Tenancy		55		
(五)委托贷款	Commission Loans		22434	14638	14032
(六)逾期贷款	Overdue Loans		23884	24583	27375
(七)中期流动资金贷款	Medium - term Loans of Circulating Funds		2803	20528	20798
(八)其他贷款	Other Loans	5545			
(九)票据融资	Note Financing				
其中:贴现	Discount				
(十)各项垫款	Various Money paid Back later				

Deposits and Loans of Financial Institutions in Urban District in Main Years

(year – end) (10 000 yuan)

2001	2002	2003	2004	2005	2006	2007	2008	2009	2010
2010593	2503415	3454307	3946256	4594840	5464723	6203956	7646276	10039764	11969444
799947	973239	1388070	1534345	1584742	1903936	2268453	2628816	4147631	4376754
573125	667277	993982	1092882	1047193	1318681	1460029	1540400	2408370	2670899
226822	305962	394088	441463	537550	585255	808424	1088416	1739262	1705856
12654	21845	47781	54433	61925	73940	132301	138943	177578	318141
27921	94056	146946	143601	226133	308369	331365	355112	394120	1204337
993802	1180480	1482455	1780023	2134036	2479162	2658418	3427224	4059160	4769686
249663	329731	454115	530534	644277	749168	826749	994547	1205218	1536612
744140	850749	1028341	1249489	1489759	1729994	1831669	2432677	2853943	3233074
61947	70395	122311	115155	109485	116740	157757	138583	204432	239052
11830	10414	630	850	617	367	778	38891	37983	58107
102493	152986	266114	317850	477902	582209	654884	918709	1018860	1003366
1639580	1988713	2715990	3461866	3825606	4456652	5049588	5899730	7757603	9015493
990080	1203620	1389229	1820202	1849098	2163419	2655996	3142309	3764064	4202670
159190	241167	302487	423999	580041	880814	1081499	1315304	1360938	
244814	155797	192327	235797	223193	244522	317146	303190	390009	
42461	36098	46074	47866	51857					
53523	85890	13176	16181	33307	26024	22450	43489	67140	
22053	39044	59946	61232	78753	98972	123047	148104	180138	
158338	173957	188485	284381	315097	315814	409305	448362	530955	
77111	30205	38807	65132	79960	95294	114565	128590	148148	
29789	48205	112623	151880	165087	158571	201793	214337	286501	
245263	429356	481078	581601	373660	343408	386192	540933	800235	
592299	686500	1178848	1515869	1884814	2141479	2315011	2576314	3881779	4708427
365496	388545	696198	916110	1117237	1195878	1211328	1309634	1804914	
81707	34744	31724	27783	46905	24770	24126	26716	29137	
145096	263211	450926	571976	720672	920831	1079557	1239964	2047727	
1842	1692								
10842	10702								
25393	27483	41109	56633						
18212	57897	106025	66290	88854	149571	76411	179575	109683	102508
18212	57897	106025	66290	88854	149571	76411	179575	109683	102508
913	818	779	2872	2840	2183	2170	1532	2078	1887

12－4 金融机构存贷款情况
(2015－2020 年)

(年末余额)单位:万元

项目	Item	全市 Total 2015	2016	2017
一、金融机构人民币存款余额	RMB Deposits	57754133	66302180	73447081
1. 住户存款	Individual Deposits	29492383	32455855	34063490
2. 非金融企业存款	Non－financial business Deposits	17421437	20946331	23026663
3. 广义政府存款	Fiscal Deposits	9646639	11281118	15330014
4. 非银行业金融机构存款	Non－banking financial institution Deposits	1066410	1470632	889880
5. 境外存款	Foreign Deposits	127264	148244	137034
二、金融机构人民币贷款余额	RMB Loans	47183455	51852269	59738994
1. 住户贷款	Personal Loans	11375471	15428858	20831131
2. 非金融企业及机关团体贷款	Non－financial business Loans	35802391	36403124	38901838
3. 非银行业金融机构贷款	Non－banking financial institution Loans			
4. 境外贷款	Foreign Loans	5594	20287	6025
三、全市金融机构本外币存款	Total Deposits	59569970	68484089	75687852
1. 住户存款	Individual Deposits	29679641	32758205	34351812
2. 非金融企业存款	Non－financial business Deposits	19034634	22795689	24892682
3. 广义政府存款	Fiscal Deposits	9653445	11285182	15334255
4. 非银行业金融机构存款	Non－banking financial institution Deposits	1068857	1472473	947030
5. 境外存款	Foreign Deposits	133393	172540	162074
四、全市金融机构本外币贷款	Total Loans	49198194	52868989	60670539
1. 住户贷款	Personal Loans	11376638	15430058	20832644
2. 非金融企业及机关团体贷款	Non－financial business Loans	37814412	37418643	39831870
3. 非银行业金融机构贷款	Non－banking financial institution Loans			
4. 境外贷款	Foreign Loans	7145	20287	6025

Deposits and Loans of Financial Institutions
(2015 - 2020)

(year - end) (10 000 yuan)

			市区 Urban District					
2018	2019	2020	2015	2016	2017	2018	2019	2020
81043226	93184427	104890408	20095177	22903820	25072937	26758800	31138742	35403741
37194671	43134368	48272576	8413328	9190586	9630641	10618053	12394202	13875173
24747862	29165328	35720667	6968105	8338405	9546454	9563632	11598317	14044684
18355970	19686484	19916280	3805010	4003496	5046978	5991957	6530515	7002656
599775	1009798	788662	868491	1313181	799783	539069	540887	413854
144948	18449	192223	40242	58151	49079	46090	74821	67374
67706905	80044316	100261567	16153806	17882987	20291168	23120752	27250873	33980007
25968569	32904275	40227372	3924606	5518361	7598948	9037743	11518797	13779015
41732694	47135167	60028350	12227589	12347732	12690013	14080355	15729193	20197426
5641	4874	5845	1611	16895	2207	2653	2883	3565
82984574	95115423	107426025	20582465	23670193	25831177	27416991	31733316	36233271
37485607	43413447	48556991	8500403	9329797	9763743	10751218	12525068	14008174
26384129	30724301	37909647	7357116	8942166	10099846	10083109	12046317	14727889
18357364	19687680	19916808	3810726	4007016	5048426	5992904	6531278	7002971
600992	1010631	789738	870334	1314494	856486	539832	541290	414564
156183	279364	252842	43887	76719	62675	49928	89363	79673
68633824	81174807	101667048	16663721	18132242	20562987	23387200	27671481	34421500
25970159	32907671	40228505	3925494	5518726	7599436	9038366	11521167	13779807
42640866	48152698	61252900	12736616	12596622	12961344	14346180	16049494	20489031
22799	114438	185643	1611	16895	2207	2653	100820	152662

12-5 分地区金融机构人民币存贷款情况
(2020 年)

单位:万元

项　目	Item	全市 Total
一、各项存款合计	Total Deposits	104890408
住户存款	Individual Deposits	48272576
非金融企业存款	Non-financial business Deposits	35720667
广义政府存款	Fiscal Deposits	19916280
非银行业金融机构存款	Non-banking financial institution Deposits	788662
境外存款	Foreign Deposits	192223
二、各项贷款合计	Total Loans	100261567
住户贷款	Personal Loans	40227372
非金融企业及机关团体贷款	Non-financial business Loans	60028350
非银行业金融机构贷款	Non-banking financial institution Loans	
境外贷款	Foreign Loans	5845

Deposits and Loans of Financial Institutions by Region
(2020)

(10 000 yuan)

市 区 Urban District	嘉 善 Jiashan	海 盐 Haiyan	海 宁 Haining	平 湖 Pinghu	桐 乡 Tongxiang
35403741	12852154	8055325	19948710	10961771	17668707
13875173	5913480	4382151	9725647	5431970	8944154
14044684	4350396	1995307	5908527	3558199	5863555
7002656	2529967	1672774	4080203	1876006	2754674
413854	102	100	216795	67372	90440
67374	58210	4993	17539	28224	15885
33980007	11180836	8941175	17921589	11472720	16765240
13779015	5104761	3102991	6876455	4539836	6824313
20197426	6075775	5838183	11044570	6931898	9940498
3565	300	0	564	986	430

12－6　分地区金融机构本外币存贷款情况
（2020 年）

单位:万元

项　　目	Item	全市 Total
一、各项存款合计	Total Deposits	107426025
住户存款	Individual Deposits	48556991
非金融企业存款	Non－financial business Deposits	37909647
广义政府存款	Fiscal Deposits	19916808
非银行业金融机构存款	Non－banking financial institution Deposits	789738
境外存款	Foreign Deposits	252842
二、各项贷款合计	Total Loans	101667048
住户贷款	Personal Loans	40228505
非金融企业及机关团体贷款	Non－financial business Loans	61252900
非银行业金融机构贷款	Non－banking financial institution Loans	
境外贷款	Foreign Loans	185643

Deposits and Loans of Financial Institutions by Region (2020)

(10 000 yuan)

市 区 Urban District	嘉 善 Jiashan	海 盐 Haiyan	海 宁 Haining	平 湖 Pinghu	桐 乡 Tongxiang
36233271	13363051	8181598	20338991	11317675	17991439
14008174	5939655	4411268	9763285	5458713	8975895
14727889	4831845	2092305	6258226	3873164	6126217
7002971	2529976	1672774	4080203	1876211	2754674
414564	154	100	216944	67379	90597
79673	61420	5151	20333	42209	44055
34421500	11552102	9009930	18162686	11577396	16943434
13779807	5104842	3103032	6876528	4539871	6824425
20489031	6446960	5906898	11285594	7036539	10087878
152662	300	0	564	986	31131

12－7 全市保险业务情况(2016－2018 年)
Conditions of Insurance Business(2016－2018)

单位:万元 (10000 yuan)

指 标	Item	2016	2017	2018
一、承保额	Insurance Value	3768272260	6038515688	2352787946
1. 财产险	Property Insurance	3652158020	6023767169	2244875438
#企业财产险	Enterprise Property Insurance	55440896	59303562	63985632
机动车辆险	Motor Vehicle Insurance	112472520	206097444	153035448
货物运输险	Freight Transport Insurance	6963200	9553278	10930482
家庭财产险	Family Property Insurance	3311761107	5507768259	1715828107
2. 人寿保险	Life Insurance	116114240	14748519	107912508
#寿险、健康险	Life Insurance, Health Insurance	116114240	14748519	107912508
二、保费收入	Premiums Income	1377312	1661386	1693045
1. 财产险	Property Insurance	552256	592118	628122
#企业财产险	Enterprise Property Insurance	35942	35424	38065
机动车辆险	Motor Vehicle Insurance	449819	474950	488766
货物运输险	Freight Transport Insurance	2953	3430	3749
家庭财产险	Family Property Insurance	12210	16097	14885
2. 人寿保险	Life Insurance	825057	1069268	1064923
#寿险、健康险	Life Insurance and Health Insurance	825057	1069268	1064923
三、有效储金	Effective Deposits			
四、当年赔款	Indemnity Expenditure of the Year	353828	389409	427201
1. 财产险	Property Insurance	305238	333634	351577
#企业财产险	Enterprise Property Insurance	17811	20452	15072
机动车辆险	Motor Vehicle Insurance	268651	285737	299952
货物运输险	Freight Transport Insurance	972	1726	993
家庭财产险	Family Property Insurance	1536	4453	3774
2. 人寿保险	Life Insurance	48590	55775	75624
#寿险、健康险	Life Insurance, Health Insurance	48590	55775	75624

注:2018 年及以前数据来源嘉兴保险业协会;2019 年起采用嘉兴银保监分局数据,具体见 12－9 表。

Note: Data come from Jiaxing Insurance Association in 2018 and before; since 2019, data come from Jiaxing Field Office of China Banking and Insurance Regulatory Commission, as show in table 12－9.

12－8　市区保险业务情况(2016－2018年)

Conditions of Insurance Business in Urban District (2016－2018)

单位:万元　　(10000 yuan)

指　　标	Item	2016	2017	2018
一、承保额	Insurance Value			
1. 财产险	Property Insurance			
#企业财产险	Enterprise Property Insurance			
机动车辆险	Motor Vehicle Insurance			
货物运输险	Freight Transport Insurance			
家庭财产险	Family Property Insurance			
2. 人寿保险	Life Insurance			
#寿险、健康险	Life Insurance, Health Insurance			
二、保费收入	Premiums Income	624398	808085	732858
1. 财产险	Property Insurance	207469	254712	269467
#企业财产险	Enterprise Property Insurance	11944	11318	13139
机动车辆险	Motor Vehicle Insurance	164749	474950	205321
货物运输险	Freight Transport Insurance			
家庭财产险	Family Property Insurance			
2. 人寿保险	Life Insurance	416929	553374	463391
#寿险、健康险	Life Insurance and Health Insurance	416929	553374	463391
三、有效储金	Effective Deposits			
四、当年赔款	Indemnity Expenditure of the Year	137946	168204	181332
1. 财产险	Property Insurance	115010	140758	147897
#企业财产险	Enterprise Property Insurance	8548	6087	4819
机动车辆险	Motor Vehicle Insurance	99180	119728	122365
货物运输险	Freight Transport Insurance			
家庭财产险	Family Property Insurance			
2. 人寿保险	Life Insurance	22936	27446	33435
#寿险、健康险	Life Insurance, Health Insurance	22936	27446	33435

12-9 全市保险业务情况(2019-2020年)
Conditions of Insurance Business (2019-2020)

单位:万元 (10000 yuan)

指标	Item	2019	2020
一、保险金额	Insurance Value	1138063900	1440873900
1.财产保险公司	Property Insurance Company	869698700	1120379600
2.人身保险公司	Personal Insurance Company	268365200	320494300
二、保费收入	Premiums Income	1853104	1959266
1.财产险	Property Insurance	675826	709188
#企业财产险	Enterprise Property Insurance	40283	41739
家庭财产险	Family Property Insurance	17080	28249
机动车辆险	Motor Vehicle Insurance	532761	549817
货物运输险	Freight Transport Insurance	8865	5904
2.人身保险	Personal Insurance	1177278	1250078
#人寿险	Life Insurance	874095	938116
健康险	Health Insurance	234881	251471
意外伤害险	Accident Insurance	68302	60491
三、赔付支出	Indemnity Expenditure of the Year	622934	647500
1.财产险	Property Insurance	394812	403928
#企业财产险	Enterprise Property Insurance	19523	23220
家庭财产险	Family Property Insurance	2951	2013
机动车辆险	Motor Vehicle Insurance	328688	335613
货物运输险	Freight Transport Insurance	6430	3609
2.人身保险	Personal Insurance	228122	243572
#人寿险	Life Insurance	134735	129739
健康险	Health Insurance	75501	91538
意外伤害险	Accident Insurance	17886	22295
四、资产总额	Totel Assets	3881343	4515532
1.财产保险公司	Property Insurance Company	336055	330691
2.人身保险公司	Personal Insurance Company	3545289	4184841
五、利润总额	Totel Profit	-118675	-138900
1.财产保险公司	Property Insurance Company	21943	36300
2.人身保险公司	Personal Insurance Company	-140618	-175200

12 - 10 全市上市公司基本情况(2020 年)
Basic Conditions of Listed Companies (2020)

证券代码 Stock Code	股票名称 Stock Name	上市时间 Stock - listing Time	总股本(万股) Total Share Capital (10000)	累计募集资金(万元) Cumulative Fund Raised (10000 yuan)	收盘价(元) 12 月 31 日 Closing Price (yuan) December 31	总市值(万元) Total Market Value (10000 yuan)
600796	钱江生化	1997.04.08	30140	25502	4.92	148289
600208	新湖中宝	1999.06.23	859934	1627617	3.10	2665795
600235	民丰特纸	2000.06.25	35130	103349	4.99	175299
600330	天通股份	2001.01.18	99657	344125	10.12	1008525
002067	景兴纸业	2006.09.15	111120	250017	3.51	390032
601002	晋亿实业	2007.01.16	95123	139451	5.09	484175
002144	宏达高科	2007.08.03	17676	80609	12.70	224485
002188	ST 巴士	2007.11.22	29254	190432	2.72	79570
002206	海利得	2008.01.23	122303	197000	3.91	478204
002343	慈文传媒	2010.01.26	47495	270300	6.44	305868
002344	海宁皮城	2010.01.26	128275	314100	4.09	524643
002381	双箭股份	2010.04.02	41157	111600	8.33	342840
002404	嘉欣丝绸	2010.05.11	57767	155700	8.20	473692
002522	浙江众成	2010.12.10	90578	151353	6.43	582417
002562	兄弟科技	2011.03.10	106284	136070	5.17	549489
601233	桐昆股份	2011.05.18	219698	724000	20.59	4523592
002648	卫星石化	2011.12.28	122554	800000	26.12	3201098
002677	浙江美大	2012.05.25	64605	48000	15.93	1029160
002718	友邦吊顶	2014.01.28	13145	52100	15.29	200984
603168	莎普爱思	2014.07.02	32259	86200	7.84	252913
600176	中国巨石	2014.09.04	350231	795100	19.96	6990604
600273	嘉化能源	2014.09.09	143273	725894	9.24	1323843
603889	新澳股份	2014.12.31	51175	136998	4.81	246150
603799	华友钴业	2015.01.29	114126	307100	79.30	9050204
300461	田中精机	2015.05.19	12981	13211	21.09	273761
300488	恒锋工具	2015.07.01	16568	39158	16.52	273702
603822	嘉澳环保	2016.04.28	7336	21600	18.57	136223
300548	博创科技	2016.10.12	15040	24287	34.65	521129
603165	荣晟环保	2017.01.17	25310	33070	12.16	307770
603839	安正时尚	2017.02.14	40010	119600	9.86	394501
603225	新凤鸣	2017.04.18	139610	206236	13.90	1940582
603055	台华新材	2017.09.21	83204	62300	6.06	504219
603260	合盛硅业	2017.10.30	93800	136640	33.44	3136672

12－10 续表
Continued

证券代码 Stock Code	股票名称 Stock Name	上市时间 Stock－listing Time	总股本(万股) Total Share Capital (10000)	累计募集资金(万元)Cumulative Fund Raised (10000 yuan)	收盘价(元) 12月31日 Closing Price (yuan) December 31	总市值(万元) Total Market Value (10000 yuan)
300718	长盛轴承	2017.11.06	19800	46400	18.17	359766
603685	晨丰科技	2017.11.27	16900	52600	11.06	186914
603105	芯能科技	2018.07.09	50000	42500	9.24	462000
603610	麒盛科技	2019.10.29	20746	167800	24.17	501429
603290	斯达半导	2020.02.04	16000	50960	240.90	3854400
300817	双飞股份	2020.02.18	10106	38687	27.23	275197
605318	法狮龙	2020.08.03	12917	42271	14.68	189623
688127	蓝特光学	2020.09.21	40158	63027	36.02	1446491
003011	海象新材	2020.09.30	7334	70921	62.15	455808
605068	明新旭腾	2020.11.23	16600	96156	32.91	546306
300894	火星人	2020.12.31	40500	56984	49.00	1984500
601865	福莱特	2019.02.15	195460	30000	39.90	7585700
06865.HK	福莱特玻璃	2015.11.26		77500	27.48	
00496.HK	卡森国际	2005.10.20	149364	55600	0.61	91769
00528.HK	金达控股	2006.12.12	62968	30490	1.09	68365
Nyse.SOL	瑞能新能源	2008.01.03	57054	273136	74.58	425505
TMX.BOY	博元建设	2009.03.12	3178	20000	3.23	10265
Nyse.JKS	晶科能源	2010.05.14	18105	207798	403.70	1827200
WAYPORT (900130)	亚特电器	2010.07.23	5588	12000	9.90	55294
02198.HK	中国三江化工	2010.09.16	119000	116343	2.04	242375
ASX.KFG	康宝家纺	2012.04.20	7832	3269	0.95	7464
01673.HK	华章科技	2013.05.16	73290	43700	0.73	53665
5538.TW	东明－KY	2013.12.16	16800	8098	9.20	154516
01197.HK	中国恒石	2015.12.21	100000	45200	2.09	208727
01459.HK	巨匠建设	2016.01.16	53336	15100	0.58	30974
ASX.BHL	博源控股	2016.10.31	34313	9633	0.48	16352
1575.HK	慕容控股	2017.01.12	100000	23500	0.11	11110
1651.HK	津上机床中国	2017.09.25	38099	49200	6.30	239854
6641.TW	基士德－KY	2018.09.21	3400	7094	14.91	50682
1740.HK	新石文化	2020.01.16	103750	13100	0.13	13360
9958.HK	力天影业	2020.06.22	30000	17500	1.28	38379
9908.HK	嘉兴燃气	2020.07.16	13784	30000	8.64	119032
1153.HK	佳源服务	2020.12.09	60000	52000	3.27	195934

主要统计指标解释

存款 指企业、机关、团体或居民根据资金必须收回的原则,把货币资金存入银行或其他信贷机构保管并取得一定利息的一种信用活动形式。根据存款对象或性质的不同可划分为企业存款、财政存款、机关团体存款、基本建设存款、储蓄存款、农村存款、委托存款、其他存款等科目。它是银行信贷资金的主要来源。

贷款 指银行或其他信贷机构根据资金必须归还的原则,按一定利率,为企业、个人等提供资金的一种信用活动形式。我国银行贷款分为短期贷款、中期流动资金贷款、中长期贷款、信托贷款、融资租赁,委托贷款、票据融资、各项垫款等。

保险公司 在中国境内的、经过保险监督管理部门批准设立,并依法登记注册的各类商业保险公司。

保险金额 指保险人承担赔偿或者给付保险责任的最高限额。

保费 指投保人为取得保险人在约定范围内所承担赔偿责任而支付给保险人的费用。

赔偿 指保险人根据保险合同的规定,向被保险人支付的赔偿保险责任损失的金额。

EXPLANATORY NOTES ON MAIN STATISTICAL INDICATORS

Deposit It is a form of credit by which enterprises, institutions, organizations or households can put money into banks and other credit institutions for safekeeping and interest earning under the principle of free withdrawal. According to different depositors, deposits are divided into enterprise deposits, treasury deposits, deposits of government agencies and organizations, capital construction deposits, savings deposits, rural saving deposits, entrusted deposits and other deposits. Deposits are major sources of the credit funds of banks.

Loan It is a form of credit by which banks and other creditinstitutions provide funds at certain interest rate to enterprises and individuals in the light of the principle of unconditional repayment. Loans from Chinese banks include circulating capital loans, fixed assets loans, loans to urban and rural individuals engaged in industrial and commercial business and agricultural loans.

Insurance Companies It refers to commercial insurance companies of various forms registered by law and established in China with the approval of insurance regulatory agencies.

Amount Insured It refers to the maximum that the insurant will get for the claim of the case insured.

Premium It is the fee paid by the insurant to the insurer to obtain the obligation of compensation from the insurance within the agreed terms.

Settled Claim It is the compensation paid by the insurer to the insurant in accordance with the insurance contract.

十三、科学、教育、文化、医疗卫生、体育、广电和质量技术监督

Science, Education, Culture, Medical and Health, Sports, Broadcasting and TV, Quality and Technical Supervision

13－1 主要年份市属科研与技术开发机构情况

Basic Statistics on Scientific Research and Technological Development Organization Attached to Government at City Level in Main Years

项 目	Item	单位	unit	1995	2014	2015	2016	2017	2018	2019	2020
一、机构数	Number of Institutions	个	unit	6	3	3	3	3	3	3	6
二、职工人数	Number of Staff and Workers	人	person	205	117	113	111	109	134	125	211
#专业技术干部	Specialized Technological Cadres	人	person	130	87	83	77	29	99	92	135
#高级技术职务	Senior Technical Service	人	person	23	26	26	29	28	26	25	50
中级技术职务	Junior Technical Service	人	person	50	21	16	21	20	20	19	12
#科技管理人员	Scientific and Technological Management Personnel	人	person	22	42	17	25	29	27	23	25
课题活动人员	Persons Engaged in Activities of Topics	人	person	90	21	45	35	40	61	57	103
科技服务人员	Persons of Scientific and Technological Services	人	person	49	24	21	20	20	38	37	40
三、本年收入合计	Total Income	万元	10000 yuan	580	3786	3585	3831	4759	4364	3978	13060
1. 政府拨款	Government Appropriations	万元	10000 yuan	254	1603	1807	1883	2349	2323	2265	10291
2. 横向技术性收入	Transverse Income of Technology	万元	10000 yuan	253	1554	0	1135	1314	1060	489	1129
3. 生产经营收入	Income of Production and Running	万元	10000 yuan	10	426	877	730	744	726	655	73
4. 银行贷款	Bank Loans	万元	10000 yuan	46							
5. 其它	Others	万元	10000 yuan	17	195	270	41	0	260	220	178
四、课题情况	Topics										
1. 课题数	Number of Topics	个	topic	45	46	45	40	42	25	25	20
#当年开题	Number of Topics of the Current Year	个	topic	21	14	15	21	12	10	11	8
当年完成	Number of Topics Completed in the Current Year	个	topic	40	16	26	11	26	11	14	6
2. 实收课题经费	Funds Received Actually for Topics	万元	10000 yuan	221	0	0	0	915	475	468	630

注:资料来源嘉兴市科技局。
Note: The data is from Jiaxing Municipal Bureau of Science and Technology.

13-2 全市规模以上工业企业科技活动情况
(2011-2020年)

指　标	单位	Item	2011
有R&D活动的单位数	个	Number of Enterprises Having R&D	1302
R&D人员	人	Personnel for R&D	28972
R&D经费支出	万元	Expenditures on R&D	577000
新产品开发经费支出	万元	Expenditures on New Product Development	776481
专利申请数	件	Number of Patent Applications	5839
发明专利	件	Invention	768
拥有发明专利数	件	Patent Owned	779
新产品开发项目数	项	Projects of New Product Development	4112
技术引进经费支出	万元	Expenditures for Indraught of Technology	40230
消化吸收经费支出	万元	Expenditures for Absorb and Digest	27319
购买国内技术经费支出	万元	Expenditures for Inner Technology	17219
企业办科技机构数	个	Number of Scientific and Technological Institutions in Ebterprises	872
使用来自政府部门的科技活动资金	万元	Funding for S&T Activities from Government Department	9130
研究开发费用加计扣除减免税	万元	Total Expenditure on R&D deduct Tax Relief	26416
高新技术企业减免税	万元	Tax Relief for High-tech Enterprises	52814

注:调查单位为有科技活动的工业企业、民营科技企业、农业企事业单位、软件开发单位。2010年调查对象为主营收入500万元及以上的农业企事业单位,规模以上工业企业,软件开发单位和民营科技企业。2012年调查对象为主营收入2000万元及以上的农(林、牧、渔)业,规模以上工业企业,建筑业,交通运输、仓储和邮政业,信息传输、软件和信息技术服务业,租赁和商务服务业中有科技活动企事业单位。

Basic Statistics on Scientific and Technological Activities of Industrial Enterprises above Designated Size (2011 – 2020)

2012	2013	2014	2015	2016	2017	2018	2019	2020
1056	1160	1228	1348	1412	1609	1859	2167	2901
30712	33959	34866	40228	41930	45976	56637	62213	70020
662473	769523	867264	945131	1044441	1205487	1389344	1530137	1704321
814180	942985	1064990	1081406	1171143	1451096	1644482	2063509	2455542
5797	7034	8030	8748	9118	9668	13286	12990	15350
730	1042	1256	1430	1952	2450	3316	3307	3626
905	1264	1604	2043	2738	3786	5404	7596	10436
4065	4702	5103	5736	6978	8382	11273	15246	18769
37560	25184	23783	54640	52332	34249	51270	44579	34937
23388	14544	11092	11423	15498	6268	3185	2390	2176
15721	34424	8334	12912	22340	9658	4332	8903	11935
816	1081	1409	1506	1546	1603	1471	2627	3784
11083	10330	9680	12945	8347	6051	6511	13379	15995
28298	34003	44252	51353	53107	66515	101518	177089	236268
84772	60931	72824	85893	95696	125450	203726	231748	241893

Note: The statistical units includes industrial enterprises who having S&T activities, private technological enterprises, agricultural enterprises and institutions, software supplier. Besides, the statistics survey since 2000 includes the units as follows: the agricultural enterprises whose Main business revenue over 500,0000 yuan, Industrial enterprises above designated size, software supplier and private technological enterprises. The 2012 statistical units include agricultural enterprises, Industrial enterprises above designated size, construction industry, logistics industry, software supplier and private technological enterprises and business service industry which Main business revenue over 20 million yuan.

13-3 市区规模以上工业企业科技活动情况（2011-2020年）

指　标	单位	Item	2011
有 R&D 活动的单位数	个	Number of Enterprises Having R&D	185
R&D 人员	人	Personnel for R&D	7455
R&D 经费支出	万元	Expenditures on R&D	139084
新产品开发经费支出	万元	Expenditures on New Product Development	181556
专利申请数	件	Number of Patent Applications	1593
发明专利	件	Invention	241
拥有发明专利数	件	Patent Owned	212
新产品开发项目数	项	Projects of New Product Development	1146
技术引进经费支出	万元	Expenditures for Indraught of Technology	2712
消化吸收经费支出	万元	Expenditures for Absorb and Digest	1942
购买国内技术经费支出	万元	Expenditures for Inner Technology	145
企业办科技机构数	个	Number of Scientific and Technological Institutions in Ebterprises	189
使用来自政府部门的科技活动资金	万元	Funding for S&T Activities from Government Department	3187
研究开发费用加计扣除减免税	万元	Total Expenditure on R&D deduct Tax Relief	10207
高新技术企业减免税	万元	Tax Relief for High-tech Enterprises	20355

Basic Statistics on Scientific and Technological Activities of Industrial Enterprises above Designated Size in Urban District (2011－2020)

2012	2013	2014	2015	2016	2017	2018	2019	2020
170	178	208	234	255	309	387	423	507
8512	8664	10082	11362	11841	12553	15044	14795	14942
160224	191133	220445	241469	272997	321877	367040	401291	463577
179379	221757	244722	246244	271845	356812	462873	539703	690225
1236	1299	1441	1679	2003	2232	3550	3766	4464
168	196	227	328	431	448	687	764	891
257	308	423	561	748	919	1405	1930	2189
1151	1153	1204	1364	1721	2106	2874	3675	4360
2129	2391	1815	1647	689	701	768	701	976
1722	1781	888	356	317	655	665	438	299
15	165	693	201	432	81	16	476	834
181	194	221	230	258	298	299	627	765
4337	3362	2874	4265	2450	1633	2434	2558	5401
11659	9217	12875	16125	10949	17716	29417	52968	66116
53491	19059	24636	22274	23605	31432	47788	56764	51811

13-4 分地区规模以上工业企业科技活动情况
(2020年)

指　　标	单位	Item	全　市 Total	市　区 Urban District
有R&D活动的单位数	个	Number of Enterprises Having R&D	2901	507
R&D人员	人	Personnel for R&D	70020	14942
R&D经费支出	万元	Expenditures on R&D	1704321	463577
新产品开发经费支出	万元	Expenditures on New Product Development	2455542	690226
专利申请数	件	Number of Patent Applications	15350	4464
发明专利	件	Invention	3626	891
拥有发明专利数	件	Patent Owned	10436	2189
新产品开发项目数	项	Projects of New Product Development	18769	4360
技术引进经费支出	万元	Expenditures for Indraught of Technology	34937	977
消化吸收经费支出	万元	Expenditures for Absorb and Digest	2176	299
购买国内技术经费支出	万元	Expenditures for Inner Technology	11935	834
企业办科技机构数	个	Number of Scientific and Technological Institutions in Ebterprises	3784	765
使用来自政府部门的科技活动资金	万元	Funding for S&T Activities from Government Department	15995	5401
研究开发费用加计扣除减免税	万元	Total Expenditure on R&D deduct Tax Relief	236268	66116
高新技术企业减免税	万元	Tax Relief for High - tech Enterprises	241893	51811

Basic Statistics on Scientific and Technological Activities of Industrial Enterprises above Designated Size by Region (2020)

南湖区 Nanhu	秀洲区 Xiuzhou	嘉善县 Jiashan	海盐县 Haiyan	海宁市 Haining	平湖市 Pinghu	桐乡市 Tongxiang
196	311	413	290	860	364	467
6455	8487	10228	5436	19442	7559	12413
247777	215800	232515	167191	330572	225770	284696
384427	305799	360453	222554	495621	298672	388018
1946	2518	2210	1706	2967	2102	1901
479	412	615	468	739	416	497
944	1245	1230	980	2641	1476	1920
1810	2550	2583	2146	4267	2300	3113
323	654	0.3	5695	3667	19999	4600
100	199	0.4	1736		141	
775	59	2488	3801	4446	343	23
314	451	653	383	913	468	602
4194	1207	3933	252	1369	2906	2133
40320	25796	37940	29508	33260	39945	29499
18823	32988	33524	23710	33821	41787	57240

13－5 全市规模以上工业企业分类型科技活动情况
（2020 年）

单位：个、人、万元

指　　标	Item	有 R&D 活动的单位数 Total Intramural Expenditure on S&T Activities	R&D 人员 Personnel for R&D
一、按企业规模分组	Grouped by Size of Enterprise		
大型	Large	53	14118
中型	Medium－sized	358	20007
小型	Small	2398	35355
微型	Micro－enterprises	92	540
二、按登记注册类型分组	Groupd by Ownership		
内资企业	Domestic funded enterprises	2427	54100
国有企业	State－owned Enterprises	1	8
集体企业	Collective－owned Enterprises		
股份合作企业	Share－holding Cooperative Enterprises	9	120
联营企业	Joint Ownership Enterprises		
有限责任公司	Limited Liability Corporations	120	5293
股份有限公司	Share－holding Corporations Ltd.	55	5799
私营企业	Private Enterprises	2242	42880
其他企业	Other Enterprises		
港、澳、台商投资企业	Enterprises with Investment from Hong Kong, Macao and Taiwan	190	6713
外商投资企业	Enterprises with Foreign Investment	284	9207

Basic Statistics on Scientific and Technological Activities of Industrial Enterprises above Designated Size by Type

(2020)

(unit, person, 10 000 yuan)

R&D 经费支出 Expenditures on R&D	新产品开发经费支出 Expenditures on New Product Development	专利申请数 Number of Patent Applications	发明专利 Invention	拥有发明专利数 Patent Owned
515113	619123	2251	698	1360
509474	734599	3241	865	2587
671898	1071559	9678	2014	6368
7836	30262	180	49	121
1301371	1890705	12333	3000	8182
109				
1772	4339	27	5	1
226961	324319	1339	510	1050
180432	222564	815	232	492
892098	1339483	10152	2253	6639
185453	226353	1206	240	1123
217497	338484	1811	386	1131

13－5 续表

单位:个、人、万元

指　　标	Item	新产品开发项目数 Projects of New Product Development	技术引进经费支出 Expenditures for Indraught of Technology
一、按企业规模分组	Grouped by Size of Enterprise		
大型	Large	1001	11871
中型	Medium－sized	3414	17758
小型	Small	13963	5308
微型	Micro－enterprises	391	
二、按登记注册类型分组	Groupd by Ownership		
内资企业	Domestic funded enterprises	15047	13134
国有企业	State－owned Enterprises		
集体企业	Collective－owned Enterprises		
股份合作企业	Share－holding Cooperative Enterprises	41	
联营企业	Joint Ownership Enterprises		
有限责任公司	Limited Liability Corporations	1041	
股份有限公司	Share－holding Corporations Ltd.	642	6105
私营企业	Private Enterprises	13323	7028
其他企业	Other Enterprises		
港、澳、台商投资企业	Enterprises with Investment from Hong Kong,Macao and Taiwan	1488	3301
外商投资企业	Enterprises with Foreign Investment	2234	18502

continued

(unit,person,10 000 yuan)

消化吸收经费支出 Expenditures for Absorb and Digest	购买国内技术经费支出 Expenditures for Inner Technology	企业办科技机构数 Number of Scientific and Technological Institutions in Ebterprises	使用来自政府部门的科技活金 Funding for S&T Activities from Government Department	研究开发费用加计扣除减免税 Total Expenditure on R&D deduct Tax Relief	高新技术企业减免税 Tax Relief for High - tech Enterprises
	1313	82	1802	35679	66110
1995	7440	447	4537	77712	106302
181	3074	3144	9560	118335	68543
	107	111	96	4542	938
1736	7920	3148		173529	173838
		1			
		9	10	1687	101
	49	155	2038	24895	49582
1695	4909	68	1120	20115	33002
41	2962	2915	8910	126832	91153
	737	262	883	24799	25750
440	3278	374	3033	37940	42305

13-6 全市规模以上工业企业分行业科技活动情况（2020年）

单位:个、人、万元

指 标	Item	有R&D活动的单位数 Total Intramural Expenditure on S&T Activities	R&D人员 Personnel for R&D
按国民经济行业大类分组	Grouped by Branch		
制造业	Manufacturing	2878	69472
农副食品加工业	Food Processing	29	369
食品制造业	Food Production	17	420
酒、饮料和精制茶制造业	Beverage Production	7	102
烟草制造业	Tobacco Processing		
纺织业	Textile Industry	634	11291
纺织服装、服饰业	Garments and Other Fiber Products	147	3218
皮革、毛皮、羽毛及其制品和制鞋业	Leather, Furs, Down and Related Products	104	1994
木材加工和木、竹、藤、棕、草制品业	Timber Processing, Bamboo, Cane, Palm Fiber and Straw Products	46	908
家具制造业	Furniture Manufacturing	66	1840
造纸和纸制品业	Papermaking and Paper Products	70	1641
印刷和记录媒介复制业	Printing and Record Medium Reproduction	52	957
文教、工美、体育和娱乐用品制造业	Cultural, Educational and Sports Goods	33	782
石油加工、炼焦和核燃料加工业	Petroleum Processing and Coking	3	17
化学原料和化学制品制造业	Raw Chemical Material and Chemical Products	135	2368
医药制造业	Medical and Pharmaceutical Products	22	560
化学纤维制造业	Chemical Fiber	53	4534
橡胶和塑料制品业	Rubber Products	186	2861
非金属矿物制品业	Plastic Products	129	2896
黑色金属冶炼和压延加工业	Nonmetal Mineral Products	25	437
有色金属冶炼和压延加工业	Smelting and Pressing of Ferrous Metals	12	161
金属制品业	Smelting and pressing of Nonferrous Metals	180	3263
通用设备制造业	Metal Products	267	5381
专用设备制造业	Generic Machinery Manufacturing	106	2484
汽车制造业	For Special Purposes Equipment Manufacturing	103	2594
铁路、船舶、航空航天和其他运输设备	Transport Equipment Manufacturing	9	147
电气机械和器材制造业	Electric Equipment and Machinery	201	6959
计算机、通信和其他电子设备制造业	Electronic and Telecommunications Equipment	183	9862
仪器仪表制造业	Instruments, Meters, Cultural and Office Machinery	40	971
其他制造业	Other Manufacturing	15	279
废弃资源综合利用业	Recovry of Resource Discarded and Useless Material	4	176
金属制品、机械和设备修理业	Equipment Repair Industry		
电力、燃气及水的生产和供应业	Production and Supply of Electric Power, Gas and Hot Water	23	548
电力、热力的生产和供应业	Production and Supply of Electric Power, Steam and Hot water	17	453
燃气生产和供应业	Production snd Supply of Gas	3	39
水的生产和供应业	Production and Supply of Water	3	56

Basic Statistics on Scientific and Technological Activities of Industrial Enterprises above Designated Size by Sector

(2020)

(unit, person, 10 000 yuan)

R&D 经费支出 Expenditures on R&D	新产品开发经费支出 Expenditures on New Product Development	专利申请数 Number of Patent Applications	发明专利 Invention	拥有发明专利数 Patent Owned
1691134	2434169	15174	3565	10303
11301	14638	74	24	77
5660	11711	108	52	90
1241	2888	19	5	2
141572	268013	1639	317	1244
46576	58510	362	65	116
31495	36676	353	31	182
16189	23985	148	23	70
28763	38412	246	27	272
47897	70945	368	60	133
22467	25901	167	47	102
11124	24424	203	41	188
213	958	9	2	2
89373	168950	624	229	575
13118	18289	116	31	198
109229	141311	306	65	172
78444	97435	759	173	535
54538	124659	655	188	649
15694	56820	68	10	54
4385	11060	43	6	9
85076	123375	887	167	587
126526	193458	1693	401	956
63095	81350	930	186	581
54295	102412	806	216	377
2995	5806	40	8	17
216047	303805	1828	416	1224
377620	378573	2296	685	1589
25869	38357	289	58	213
5037	6664	97	11	69
5296	4782	41	21	20
13188	21373	176	61	133
10885	19593	136	46	108
887	105	2		
1416	1675	38	15	25

13－6 续表

单位:个、人、万元

指 标	Item	新产品开发项目数 Projects of New Product Development	技术引进经费支出 Expenditures for Indraught of Technology
按国民经济行业大类分组	Grouped by Branch		
制造业	Manufacturing	18650	34937
农副食品加工业	Food Processing	151	
食品制造业	Food Production	116	
酒、饮料和精制茶制造业	Beverage Production	50	
烟草制造业	Tobacco Processing		
纺织业	Textile Industry	3301	350
纺织服装、服饰业	Garments and Other Fiber Products	566	
皮革、毛皮、羽毛及其制品和制鞋业	Leather, Furs, Down and Related Products	424	0
木材加工和木、竹、藤、棕、草制品业	Timber Processing, Bamboo, Cane, Palm Fiber and Straw Products	185	
家具制造业	Furniture Manufacturing	349	
造纸和纸制品业	Papermaking and Paper Products	404	
印刷和记录媒介复制业	Printing and Record Medium Reproduction	251	
文教、工美、体育和娱乐用品制造业	Cultural, Educational and Sports Goods	245	85
石油加工、炼焦和核燃料加工业	Petroleum Processing and Coking	17	
化学原料和化学制品制造业	Raw Chemical Material and Chemical Products	928	3353
医药制造业	Medical and Pharmaceutical Products	235	
化学纤维制造业	Chemical Fiber	656	455
橡胶和塑料制品业	Rubber Products	1111	10
非金属矿物制品业	Plastic Products	773	4600
黑色金属冶炼和压延加工业	Nonmetal Mineral Products	155	
有色金属冶炼和压延加工业	Smelting and Pressing of Ferrous Metals	80	
金属制品业	Smelting and pressing of Nonferrous Metals	1102	5719
通用设备制造业	Metal Products	2089	3
专用设备制造业	Generic Machinery Manufacturing	768	181
汽车制造业	For Special Purposes Equipment Manufacturing	815	823
铁路、船舶、航空航天和其他运输设备	Transport Equipment Manufacturing	77	
电气机械和器材制造业	Electric Equipment and Machinery	1760	16111
计算机、通信和其他电子设备制造业	Electronic and Telecommunications Equipment	1550	3248
仪器仪表制造业	Instruments, Meters, Cultural and Office Machinery	348	
其他制造业	Other Manufacturing	113	
废弃资源综合利用业	Recovry of Resource Discarded and Useless Material	31	
金属制品、机械和设备修理业	Equipment Repair Industry		
电力、燃气及水的生产和供应业	Production and Supply of Electric Power, Gas and Hot Water	119	
电力、热力的生产和供应业	Production and Supply of Electric Power, Steam and Hot water	101	
燃气生产和供应业	Production snd Supply of Gas	6	
水的生产和供应业	Production and Supply of Water	12	

continued

(unit,person,10 000 yuan)

消化吸收经费支出 Expenditures for Absorb and Digest	购买国内技术经费支出 Expenditures for Inner Technology	企业办科技机构数 Number of Scientific and Technological Institutions in Ebterprises	使用来自政府部门的科技活金 Funding for S&T Activities from Government Department	研究开发费用加计扣除减免税 Total Expenditure on R&D deduct Tax Relief	高新技术企业减免税 Tax Relief for High - tech Enterprises
2176	11935	3763	15986	230893	234047
	151	38	197	1105	348
		26		612	554
		9		344	34
136	182	790	788	24244	12976
	13	184	20	4602	2844
0	516	142	242	2790	1278
		47	267	3151	4157
	2441	85	52	4309	2543
	280	86	153	9941	6722
	440	59	150	2793	1919
	30	51	18	1757	1916
		4		157	228
141		166	365	26041	37244
		25	210	2323	4039
	1313	68	439	7469	6527
	129	218	964	10578	12265
	334	186	609	12369	40856
		31	11	3764	3330
	24	19	63	1377	32
1695	3597	249	234	11190	8294
	1	389	3479	20526	14433
163	36	126	943	9381	7836
41	79	133	422	10125	10175
		17	425	855	748
	830	281	1117	22220	23053
	1540	251	3263	32045	21433
		57	1555	3760	7164
		20		957	164
		6		109	935
		21	9	5376	7846
		13	9	4943	7140
		4		80	
		4		353	706

13-7 地方企业单位各类专业技术人员
(2020 年)

单位:人

项 目	Item	合 计 Total	农林牧渔水利业 Farming, Forestry, Animal Husbandry and Fishery	制造业 Manufacturing
总 计	Total	6158	74	551
其中:在管理岗位工作的	Working In The Executive Position	1618	16	120
其中:具有职业资格证书的	With Qualification	2482	51	415
专业技术职务	Specific Technical Personnel			
高级职务	Senior Post	565	4	31
其中:正高级职务	Advanced Post	6	1	2
中级职务	Intermediate Post	2176	28	238
初级职务	Junior Post	2808	29	163
未聘任专业技术职务	Without Professional Post	609	13	119
专业类别分:	Professional Classification			
1. 工程技术人员	Engineering	3619	36	420
2. 农业技术人员	Agricultural Technical Personnel	43	20	
3. 卫生技术人员	Medical Technical Personnel	114		1
4. 教学人员	Teaching	70		
5. 经济人员	Economic Personnel	1227	5	86
6. 会计人员	Accountants	757	10	22
7. 统计人员	Statisticians	64	2	20
8. 图书档案. 文博人员	Books, Archives, Cultural Relics and Museum Personnel	59	1	
9. 新闻出版人员	Journalism Personnel	21		
10. 科学研究人员	Scientific Research Personnel	3		1
11. 翻译人员	Interpreter	5		
12. 律师公证人员	Lawyers and Notaries	1		
13. 政工人员	Political Staff	171		
14. 其他	Other	4		1

注:资料来源市人力资源和社会保障局。

Specialized Technical Personnel in Local Enterprises and Institutions (2019)

(person)

电力、燃气及水的生产和供应业 Electricity, Gas and Water Production and Supply	建筑业 Construction	交通运输、仓储和邮政业 Transport, Storage and Post	信息传输、计算机服务和软件业 Information Transmission, Computer Services and Software	批发和零售业 Wholesale and Retail Trade	住宿和餐饮业 Hotels and Catering Services	金融业 Banking
692	869	993		269		37
137	195	234		101		14
254	562	352		128		37
18	106	114		16		2
183	321	307		52		16
480	355	440		142		19
11	87	132		59		
416	688	500		12		12
3		1		15		
		2		110		
		64		1		
162	105	208		49		7
78	65	134		77		16
5	2	6		4		
16	3	11				
		2				
12	6	64		1		2
		1				

Note: The data is from Municipal Bureau of Human Resources and Social Security.

13－7 续表1

单位:人

项 目	Item	房地产业 Real Estate	租赁和商务服务业 Renting and Business Services	科学研究技术服务和地质勘查业 Scientific Research、Technical Services and Geological Prospecting
总 计	Total	412	420	320
其中:在管理岗位工作的	Working In The Executive Position	202	181	14
其中:具有职业资格证书的	With Qualification	146	132	15
专业技术职务	Specific Technical Personnel			
高级职务	Senior Post	39	32	41
其中:正高级职务	Advanced Post			2
中级职务	Intermediate Post	186	144	138
初级职务	Junior Post	170	185	98
未聘任专业技术职务	Without Professional Post	17	59	43
专业类别分:	Professional Classification			
1.工程技术人员	Engineering	200	142	295
2.农业技术人员	Agricultural Technical Personnel			
3.卫生技术人员	Medical Technical Personnel			1
4.教学人员	Teaching	3		
5.经济人员	Economic Personnel	126	138	15
6.会计人员	Accountants	55	112	7
7.统计人员	Statisticians	8	8	
8.图书档案文博人员	Books,Archives,Cultural Relics and Museum Personnel	2	8	1
9.新闻出版人员	Journalism Personnel	6	2	
10.科学研究人员	Scientific Research Personnel			
11.翻译人员	Interpreter	4		
12.律师公证人员	Lawyers and Notaries			
13.政工人员	Political Staff	8	10	1
14.其他	Other			

Continued 1

(person)

水利环境和公共设施管理业 Water Consevancy, Environment and Public Establishment Management	居民服务和其他服务业 Resident and Other Services	教育 Education	卫生社会保障和社会福利业 Health Care, Social Security and Welfare	文化体育和娱乐业 Culture, Sports and Entertainment	公共管理和社会组织 Public Management and Social Organizations
975	466			80	
284	101			19	
250	136			4	
125	27			10	
1					
385	150			28	
414	282			31	
51	7			11	
694	166			38	
	4				
1	1				
135	171			20	
109	66			6	
7	2				
9	8				
	2			11	
	1				
				1	
20	45			2	
				2	

13－8 全市各类学校在校学生数（1988－2020年）

单位:人

年份 Year	高等学校 Institutions of Higher Education	高等职业技术学院 Higher Colleges of Vocational Technology	中等专业学校 Specialized Secondary Schools	师范 Teacher Training Schools	普通中学 Regular Secondary Schools	初中 Junior Secondary Schools	高中 Senior Secondary Schools
1988	1578		4108	1291	89807	72922	16885
1989	1743		4481	1204	78975	63656	15319
1990	1827		4738	1203	82964	68749	14215
1991	1836		4929	1201	95567	83293	12274
1992	1937		5324	1229	109022	98062	10960
1993	2170		6404	1432	112657	102094	10563
1994	2442		8202	1759	120567	108373	12194
1995	2526		10770	2021	131893	117933	13960
1996	2743		13359	2293	134835	119601	15234
1997	3103		10682	2716	126791	108460	18331
1998	3511		10332	2409	118928	95688	23240
1999	4061	83	9612	1672	135983	107928	28055
2000	4982	797	8542	727	164603	133627	30976
2001	6400	1290	7843	877	182882	148503	34379
2002	8218	2892	7623	744	189020	144958	44062
2003	9628	4018	10177	702	194462	137946	56516
2004	11893	5772	13348	661	201463	136997	64466
2005	13940	7358	16546	711	204236	139835	64401
2006	16430	9110	18961	656	206059	141934	64125
2007	19455	10718	19230		213265	148066	65199
2008	23051	11802	19419		219687	152200	67487
2009	26584	12348	20816		215717	146728	68989
2010	40330	12021	22446		207225	136801	70424
2011	44626	12195	26331		194676	122855	71821
2012	60753	12475	25287		183379	113213	70166
2013	63731	12830	23613		174957	108690	66267
2014	65722	12994	22837		170202	110283	59919
2015	52713	12829	21529		162559	106253	56306
2016	65441	12774	22686		158377	103558	54819
2017	69153	12396	25168		160835	106603	54232
2018	70711	13348	26298		162483	109293	53190
2019	72365	15709	28487		163481	110710	52771
2020	76304	22217	29972		163576	110041	53535

Student Enrollment by Type of School
(1988 – 2020)

(person)

职业中学 Vocational Secondary Schools	小学 Primary Schools	幼儿园 Kindergartens	特殊学校 Special Schools	技工学校 Technical Workers Schools	成人高校 Institutions of Higher Education for Adults	成人中专 Specialized Secondary Schools for Adults
5529	211840	71018	223	1261	1743	798
4591	231961	58644	229	1180	2067	1334
4704	233485	55743	246	1215	1374	1656
4034	226397	72857	233	1338	990	2016
4280	221771	88514	509	1334	1349	2081
5070	234234	90363	262	1420	1351	2698
6165	247471	82138	307		332	4382
7332	247803	81342	2651	2139	2596	7092
6437	254674	83075	2691	2758	2529	7399
12353	271627	84328	3222	3750	2354	9510
14599	282866	85690	3424	4276	2608	8529
16114	279291	89289	3298	3707	2956	8709
14264	271273	91122	3280	2600	2739	7168
14528	272316	92811	2905	1966	3062	5613
20791	280414	86662	2195	2688	12976	3804
25991	276831	79841	2005	3942	14332	4208
27678	275474	80823	1776	5690	12618	4603
26034	265992	83031	1615	6150	14794	4344
24030	254608	80402	1339	6611	20611	4132
24745	247686	82278	1270	7170	26362	3772
24517	236252	86763	1228	8063	26095	3738
25066	224763	90791	1094	8622	25864	2238
28596	225516	98513	1057	7156	27659	3938
27440	233814	102405	1001	7568	29108	2775
26472	230977	106820	1119	8209	36467	2153
24501	226835	110437	1127	7906	32108	1993
22179	245353	114451	1107	6011	36960	1720
20713	245771	120445	1136	6619	30006	1228
19894	246452	123190	1097	5644	24897	710
20650	251123	132629	1146	3121	23001	576
20102	260233	138112	1159	1976	24871	528
20320	269463	145835	1153		33301	391
21593	281478	153380	1190		38735	378

13-9 市区各类学校在校学生数
(1988-2020年)

单位:人

年份 Year	高等学校 Institutions of Higher Education	高等职业技术学院 Higher Colleges of Vocational Technology	中等专业学校 Specialized Secondary Schools	师范 Teacher Training Schools	普通中学 Regular Secondary Schools	初中 Junior Secondary Schools	高中 Senior Secondary Schools
1988	1578		2817		20170	15626	4544
1989	1743		3277		17027	12756	4271
1990	1827		3535		18293	14256	4037
1991	1836		3728		21643	18250	3393
1992	1937		4095		25225	22336	2889
1993	2170		4972		25659	22849	2810
1994	2442		6443		27772	24483	3289
1995	2526		8749		30915	27205	3710
1996	2743		11066		32318	28626	3692
1997	3103		7966		31022	26685	4337
1998	3511		7923		29643	23980	5663
1999	4061	83	7940		33671	26402	7269
2000	4982	797	8296		40385	31865	8520
2001	6400	1290	7375		44797	35405	9392
2002	8218	2892	6268		46435	34571	11864
2003	9628	4018	6541		48396	32833	15563
2004	11893	5772	7864	661	50246	32650	17596
2005	13940	7358	10414	711	51988	34528	17460
2006	16430	9110	12037	656	52992	36031	16961
2007	19455	10718	12266		56538	38668	17870
2008	23051	11802	12153		58382	39118	19264
2009	26584	12348	12720		57269	36585	20684
2010	40330	12021	13853		55274	33900	21374
2011	44626	12195	14896		52844	30881	21963
2012	45773	12475	14311		50610	29147	21463
2013	46838	12830	13266		49249	28943	20306
2014	47298	12994	11427		50271	31873	18398
2015	34065	12829	10703		47904	30600	17304
2016	46486	12774	11304		47170	30120	17050
2017	46154	12396	13302		47512	30720	16792
2018	46879	13348	14465		47472	31022	16450
2019	48536	15709	14605		47839	31418	16421
2020	51854	18839	15344		48349	31895	16454

注:2012年以前高等学校在校学生数含嘉善、海宁和桐乡三个教学点学生数。

Student Enrollment in Urban District by Type
(1988 – 2020)

(person)

职业中学 Vocational Secondary Schools	小 学 Primary Schools	幼儿园 Kindergartens	特殊学校 Special Schools	技工学校 Technical Workers Schools	成人高校 Institutions of Higher Education for Adults	成人中专 Specialized Secondary Schools for Adults
863	44448	17068	223	180	1743	423
587	50696	14746	229	156	2067	378
772	52067	13539	246	164	1374	983
645	51255	16553	191	226	990	1452
679	50907	21709	188	250	1349	1453
997	54342	20831	172	205	1351	2123
1341	57591	20155	191		332	3382
1816	58107	19045	594	227	2596	5769
1898	59555	18391	512	427	2529	5575
3945	63449	19185	582	653	2354	7951
4842	66177	19008	566	844	2608	6892
5286	66069	19279	570	891	2956	6161
4467	65217	20266	876	653	2739	5659
3440	65878	19965	136	424	3062	4526
3798	70042	18123	596	421	12976	2684
3885	68687	18024	510	809	14332	2005
3763	66311	19636	468	1365	12618	2484
2627	64212	19725	411	1598	14794	1961
1362	61783	18325	381	1477	20611	1875
1083	63345	19418	382	1436	26362	1716
884	60505	20961	344	1387	26095	1761
689	57201	22402	316	1663	25864	2238
308	57740	25689	318	2328	27659	2584
122	59335	27882	267	2591	29108	1879
44	58318	29240	328	2674	38478	1310
	59052	31901	329	2349	32108	1290
	71965	33687	300	2906	36960	1247
	73455	36390	321	3811	30006	998
	75637	38015	337	2880	24897	482
	77663	41158	322	1276	23001	346
	80243	43753	370		24871	297
	82797	46888	374		33301	192
	85397	48160	393		38735	187

Note: Before 2012, the number of students in Institutions of Higher Specialized Subject includes the number of students in Teaching Campus in Jiashan, Haining and Tongxiang.

13－10 全市各类学校专任教师人数（1988－2020年）

单位：人

年份 Year	高等学校 Institutions of Higher Education	高等职业技术学院 Higher Colleges of Vocational Technology	中等专业学校 Specialized Secondary Schools		普通中学 Regular Secondary Schools		
				师范 Teacher Training Schools		初中 Junior Secondary Schools	高　中 Senior Secondary Schools
1988	257		392	124	6173	1286	4887
1989	252		433	113	5915	4646	1269
1990	260		417	103	5850	4590	1260
1991	239		416	104	5966	4812	1154
1992	265		427	107	6021	4970	1051
1993	270		420	104	6128	5101	1027
1994	263		473	107	6306	5256	1050
1995	256		492	108	6742	5626	1116
1996	258		505	108	7119	5934	1185
1997	274		459	106	7296	6011	1285
1998	321		467	115	7373	5893	1480
1999	313		469		7818	5992	1826
2000	486		243		8800	6743	2057
2001	486		289		9816	7465	2351
2002	510	164	179		10652	7724	2928
2003	575	192	339		11272	7739	3533
2004	696	268	401		11846	7891	3955
2005	800	333	435		12257	8139	2066
2006	922	422	547		12586	8352	4234
2007	1103	473	568		12947	8609	4338
2008	1337	464	577		13476	9001	4475
2009	1500	495	559		13829	9251	4578
2010	2078	509	594		14067	9319	4748
2011	2266	542	759		14192	9363	4829
2012	3210	545	831		14126	9205	4921
2013	2910	536	1067		14139	9158	4981
2014	2989	565	1211		14446	9451	4995
2015	2384	565	1239		14465	9417	5048
2016	2418	577	1462		14465	9370	5095
2017	3080	573	1314		14558	9418	5140
2018	3134	612	1318		14488	9355	5133
2019	3946	644	1471		14402	9334	5068
2020	4144	1083	1471		14464	9414	5050

Full – Time Teachers by Type
(1988 – 2020)

(person)

职业中学 Secondary Schools	小　学 Primary Schools	幼儿园 Kindergartens	特殊学校 Special Schools	技工学校 Technical Workers Schools	成人高校 Institutions of Higher Education for Adults	成人中专 Specialized Secondary Schools for Adults
302	9120	2893	29	129	116	98
306	9733	2998	29	132	159	76
388	9151	3034	34	136	145	117
341	9209	3141	33	149	126	121
341	9372	3344	37	127	120	116
341	9502	3370	43	105	134	61
364	9729	3360	43		62	38
421	9986	3363	53	143	144	110
473	10368	3370	73	157	152	124
569	10670	3441	62	157	144	168
653	11053	3482	63	168	98	158
668	11464	3501	62	132	104	166
712	11619	3610	60	137	115	147
792	11734	3637	64	132	286	257
1044	11854	3639	67	168	131	238
1117	11848	3588	69	171	230	136
1344	11862	3746	68	151	239	148
1374	11943	3887	78	183	240	139
1314	11981	4141	84	225	246	138
1358	12132	4329	85	237	256	146
1357	12115	4636	88	245	280	149
1405	12054	4943	92	284	273	142
1477	12027	5266	98	256	266	142
1542	12166	5498	116	246	117	144
1582	11129	5872	104	258	321	144
1403	11205	6315	117	278	323	143
1461	13738	6747	122	148	335	144
1494	13915	7221	136	170	339	139
1502	14237	7744	149	185	342	142
1602	14612	8429	154	119	336	129
1625	15043	9110	155	125	344	149
1617	15288	9739	166		347	150
1605	15836	10335	173		346	152

13－11　市区各类学校专任教师人数
（1988－2020 年）

单位:人

年份 Year	高等学校 Institutions of Higher Education	高等职业技术学院 Higher Colleges of Vocational Technology	中等专业学校 Specialized Secondary Schools	师范 Teacher Training Schools	普通中学 Regular Secondary Schools	初中 Junior Secondary Schools	高　中 Senior Secondary Schools
1988	257		268		1544	1194	350
1989	252		320		1468	1109	359
1990	260		314		1407	1069	338
1991	239		312		1429	1130	299
1992	265		320		1448	1174	274
1993	270		316		1474	1205	269
1994	263		366		1489	1226	263
1995	256		384		1616	1344	272
1996	258		397		1721	1448	273
1997	274		353		1781	1479	302
1998	321		352		1836	1477	359
1999	313		374		1967	1503	464
2000	486		228		2376	1754	622
2001	486		251		2595	1903	692
2002	510		149		2820	2018	802
2003	575	192	188		2928	2007	921
2004	696	268	216		3039	1993	1046
2005	800	333	233		3170	2066	1104
2006	922	422	238		3255	2134	1121
2007	1103	473	234		3415	2247	1168
2008	1337	464	337		3585	2355	1230
2009	1500	495	360		3670	2391	1279
2010	2078	509	366		3789	2395	1394
2011	2266	542	507		3845	2410	1435
2012	3210	545	554		3853	2380	1473
2013	2910	536	721		3864	2387	1477
2014	2989	565	734		4067	2594	1473
2015	2384	565	742		4112	2629	1483
2016	2418	577	883		4157	2655	1502
2017	3080	573	796		4190	2652	1538
2018	2621	612	787		4127	2598	1529
2019	2756	644	786		4117	2586	1531
2020	2930	796	772		4143	2635	1508

Full – Time Teachers in Urban District by Type (1988 – 2020)

(person)

职业中学 Vocational Secondary Schools	小学 Primary Schools	幼儿园 Kindergartens	特殊学校 Special Schools	技工学校 Technical Workers Schools	成人高校 Institutions of Higher Education for Adults	成人中专 Specialized Secondary Schools for Adults
57	2019	638	29	24	116	50
32	2215	673	29	24	159	52
71	2122	694	34	22	145	54
57	2103	707	25	39	126	38
43	2164	761	26	19	120	78
46	2226	725	28	23	134	44
47	2268	767	25		62	2
56	2361	757	25	22	144	110
55	2425	745	27	22	152	46
82	2510	750	27	24	144	76
107	2619	746	30	27	98	67
98	2697	704	30	22	104	47
124	2706	790	26	20	115	50
120	2679	815	30	19	286	159
134	2861	825	32	22	131	161
96	2869	883	33	25	230	19
116	2852	949	33		239	18
108	2902	1035	35		240	17
126	2879	1090	38		246	19
124	3008	1158	39		256	22
129	3025	1286	40		280	21
129	2977	1367	40		273	18
137	2968	1494	39		266	18
147	2980	1617	44		117	21
139	2656	1737	40		321	18
	2614	1930	44		323	17
	3625	2053	48		335	17
	3719	2188	50		339	15
	3881	2353	54		342	14
	4059	2497	55		336	
	4314	2714	56		344	
	4462	2931	58		347	
	4637	3064	62		346	

13－12 各类学校基本情况(2020 年)
Basic Statistics on Various Schools (2020)

单位:人 (person)

名　称	Name	学校数(所) Number of Schools (unit)	毕业生人数 Number of Graduates	招生数 New Student Enrollment	在校学生数 Student Enrollment	专任教师数 Teachers and Staff
1. 高等学校	Institutions of Higher Specialized Subject	6	16628	27824	76304	4144
#高等职业技术学院	Higher Colleges of Vocational Technology	2	4339	10640	22217	1083
2. 中等专业学校	Specialized Secondary Schools	9	7399	9546	29972	1471
#师范	#Teacher Training Schools					
3. 普通中学	Regular Secondary Schools	165	54269	55769	163576	14464
#初中	#Junior Secondary Schools	129	36708	37168	110041	9414
高中	Senior Secondary Schools	36	17561	18601	53535	5050
4. 职业中学	Vocational Secondary Schools	7	6098	7971	21593	1605
5. 小学	Primary Schools	153	38181	51318	281478	15836
6. 幼儿园	Kindergartens	374	47709	56452	153380	10335
7. 特殊学校	Specialized Schools	6	206	190	1190	173
8. 技工学校	Technical Schools					
9. 成人高校	Institutions of Higher Education for Adults	4	11770	16151	38735	346
10. 成人中专	Specialized Secondary Schools for Adults	5	179	166	378	152

13－13 分地区各类学校(2020年)

Number of Schools by Type and Region (2020)

单位:所 (unit)

指 标	Item	全 市 Total	市 区 Urban District	嘉 善 Jiashan	海 盐 Haiyan	海 宁 Haining	平 湖 Pinghu	桐 乡 Tongxiang
1. 高等学校	Institutions of Higher Specialized Subject	6	5			1		
#高等职业技术学院	Higher Colleges of Vocational Technology	2	2					
2. 中等专业学校	Specialized Secondary Schools	9	4			2	2	1
#师范	# Teacher Training Schools							
3. 普通中学	Regular Secondary Schools	165	53	19	16	26	20	31
#初中	# Junior Secondary Schools	129	39	16	13	20	15	26
高中	Senior Secondary Schools	36	14	3	3	6	5	5
4. 职业中学	Vocational Secondary Schools	7		2	2	1	1	1
5. 小学	Primary Schools	153	29	24	21	30	20	29
6. 幼儿园	Kindergartens	374	114	40	47	85	41	47
7. 特殊学校	Specialized Schools	6	1	1	1	1	1	1
8. 技工学校	Technical Schools							
9. 成人高校	Institutions of Higher Education for Adults	4	4					
10. 成人中专	Specialized Secondary Schools for Adults	5	1	1		1	1	1

13-14 分地区各类学校在校学生数
(2020年)

单位:人

指标	Item	全市 Total
1. 高等学校	Institutions of Higher Specialized Subject	76304
#高等职业技术学院	Higher Colleges of Vocational Technology	22217
2. 中等专业学校	Specialized Secondary Schools	29972
#师范	# Teacher Training Schools	
3. 普通中学	Regular Secondary Schools	163576
#初中	# Junior Secondary Schools	110041
高中	Senior Secondary Schools	53535
4. 职业中学	Vocational Secondary Schools	21593
5. 小学	Primary Schools	281478
6. 幼儿园	Kindergartens	153380
7. 特殊学校	Specialized Schools	1190
8. 技工学校	Technical Schools	
9. 成人高校	Institutions of Higher Education for Adults	38735
10. 成人中专	Specialized Secondary Schools for Adults	378

Number of Student Enrollment in Various Schools By Region (2020)

(person)

市　区 Urban District	嘉　善 Jiashan	海　盐 Haiyan	海　宁 Haining	平　湖 Pinghu	桐　乡 Tongxiang
51854	3828		15058		5564
18839			3378		
15344			6761	4009	3858
48349	20075	15967	28813	19432	30940
31895	14394	11046	19138	13549	20019
16454	5681	4921	9675	5883	10921
	4446	4604	4436	3297	4810
85397	36725	25455	49016	33106	51779
48160	16725	14088	27384	17625	29398
393	81	97	261	149	209
38735					
187					191

13－15 分地区各类学校招生人数
（2020 年）

单位：人

指 标	Item	全 市 Total
1. 高等学校	Institutions of Higher Specialized Subject	27824
#高等职业技术学院	Higher Colleges of Vocational Technology	10640
2. 中等专业学校	Specialized Secondary Schools	9546
#师范	# Teacher Training Schools	
3. 普通中学	Regular Secondary Schools	55769
#初中	# Junior Secondary Schools	37168
高中	Senior Secondary Schools	18601
4. 职业中学	Vocational Secondary Schools	7971
5. 小学	Primary Schools	51318
6. 幼儿园	Kindergartens	56452
7. 特殊学校	Specialized Schools	190
8. 技工学校	Technical Schools	
9. 成人高校	Institutions of Higher Education for Adults	16151
10. 成人中专	Specialized Secondary Schools for Adults	166

New Students Enrollment By Region and Type
(2020)

(person)

市 区 Urban District	嘉 善 Jiashan	海 盐 Haiyan	海 宁 Haining	平 湖 Pinghu	桐 乡 Tongxiang
16402	3214		6726		1482
7336			3304		
4786			1940	1444	1376
16827	7010	5443	9678	6675	10136
11187	4915	3686	6248	4557	6575
5640	2095	1757	3430	2118	3561
	1728	1688	1649	1186	1720
15565	6636	4464	8975	5966	9712
17462	6595	5418	9991	6552	10434
53	9	12	62	27	27
16151					
96					70

13－16 分地区各类学校专任教师数
(2020 年)

单位:人

指 标	Item	全 市 Total
1. 高等学校	Institutions of Higher Specialized Subject	4144
#高等职业技术学院	Higher Colleges of Vocational Technology	1083
2. 中等专业学校	Specialized Secondary Schools	1471
#师范	# Teacher Training Schools	
3. 普通中学	Regular Secondary Schools	14464
#初中	# Junior Secondary Schools	9414
高中	Senior Secondary Schools	5050
4. 职业中学	Vocational Secondary Schools	1605
5. 小学	Primary Schools	15836
6. 幼儿园	Kindergartens	10335
7. 特殊学校	Specialized Schools	173
8. 技工学校	Technical Schools	
9. 成人高校	Institutions of Higher Education for Adults	346
10. 成人中专	Specialized Secondary Schools for Adults	152

Full – Time Teachers By Region and Type
(2020)

(person)

市 区 Urban District	嘉 善 Jiashan	海 盐 Haiyan	海 宁 Haining	平 湖 Pinghu	桐 乡 Tongxiang
2930			875		339
796			287		
772			266	243	190
4143	1638	1521	2617	1848	2697
2635	1128	1001	1689	1229	1732
1508	510	520	928	619	965
	303	356	293	278	375
4637	1990	1520	2896	1931	2862
3064	1189	964	1974	1201	1943
62	15	10	36	14	36
346					
	33		46	33	40

13－17 分地区各类学校毕业生数
（2020 年）

单位:人

指　标	Item	全　市 Total
1. 高等学校	Institutions of Higher Specialized Subject	16628
#高等职业技术学院	Higher Colleges of Vocational Technology	4339
2. 中等专业学校	Specialized Secondary Schools ·	7399
#师范	# Teacher Training Schools	
3. 普通中学	Regular Secondary Schools	54269
#初中	# Junior Secondary Schools	36708
高中	Senior Secondary Schools	17561
4. 职业中学	Vocational Secondary Schools	6098
5. 小学	Primary Schools	38181
6. 幼儿园	Kindergartens	47709
7. 特殊学校	Specialized Schools	206
8. 技工学校	Technical Schools	
9. 成人高校	Institutions of Higher Education for Adults	11770
10. 成人中专	Specialized Secondary Schools for Adults	179

Number of Graduates By Region and Type
(2020)

(person)

市 区 Urban District	嘉 善 Jiashan	海 盐 Haiyan	海 宁 Haining	平 湖 Pinghu	桐 乡 Tongxiang
12918			2582		1128
4339					
3614			1655	927	1203
15778	6358	5527	9640	6492	10474
10289	4689	3780	6563	4651	6736
5489	1669	1747	3077	1841	3738
	1311	1443	1266	1041	1037
11877	5163	3730	6347	4495	6569
15543	5040	4563	8319	5430	8814
36	12	8	57	37	56
11770					
101					78

13-18 全市文化事业基本情况
（2005-2020年）

指　标	Item	单位	Unit	2005	2006
一、图书馆情况	Statistics on Libraries				
1.公共图书馆	Public Libraries	个	unit	6	6
2.藏书	Total Collections	万册	10000 volumns	192	228
3.发放借书证数	Number of Library Cards Distributed	个	unit	60407	70667
4.图书流通人次	Number of Circulation of Books	万人次	10000 person-times	180	208
二、群艺馆、文化馆情况	Statistics on Mass Art Centers and Cultural Centers				
1.群艺馆、文化馆数	Number of Mass Art Centers and Cultural Centers	个	unit	8	8
2.举办展览个数	Number of Exhibitions	个	unit	136	115
3.组织文艺活动次数	Number of Entertainment Activities	次	times	939	608
4.举办训练班次数	Number of Training Courses	次	times	399	547
5.举办训练结业人数	Number of Persons Completing Training Courses	人次	person-time	9903	6042

Basic Statistics on Culture
(2005 – 2020)

2007	2008	2009	2010	2011	2012	2013	2014	2015	2016	2017	2018	2019	2020
6	6	6	6	6	6	6	6	6	6	6	6	6	6
255	303	352	421	507	594	582	671	748	787	830	877	986	1078
110080	144993	174540	214393	230222	279729	352366	392849	831518	1120587	1166660	1004558	1243875	1421427
233	275	424	475	627	688	762	1018	1191	1365	1525	1601	1790	798
8	8	8	8	8	8	8	8	8	8	8	8	8	8
95	89	97	87	76	112	193	241	292	273	245	243	244	666
648	714	779	865	731	927	774	999	1170	1343	1409	1606	1627	3622
465	643	578	455	973	1107	721	1111	1371	1862	1803	2597	2803	2831
8124	21118	13922	18191	33480	54274	84045	100912	117460	150362	123993	126406	123239	131586

13－19　分地区文化事业基本情况
（2020 年）

指　标	Item	单位	Unit	全　市 Total
一、电影放映情况	Conditions of Film Projection			
（一）城市电影院	Projection Units	个	unit	63
1. 放映场次	Number of Projection	万场	10000 shows	30.03
2. 观众人数	Number of Audiences	万人次	10000 person－times	310.05
3. 放映收入	Projection Income	万元	10000 yuan	9939.89
（二）农村公益电影放映队	Income from Publishing	个	unit	61
1. 放映场次	Number of Projection	万场	10000 shows	1.23
2. 观众人数	Number of Audiences	万人次	10000 person－times	119.30
二、图书馆情况	Statistics on Libraries			
1. 公共图书馆	Public Libraries	个	unit	6
2. 乡镇分馆	Public Libraries	个	unit	155
3. 总藏书量	Total Collections	万册	10000 volumns	1078.26
4. 图书流通人次	Number of Circulation of Books	万人次	10000 person－times	798.19
三、群艺馆、文化馆情况	Statistics on Mass Art Centers and Cultural Centers			
1. 群艺馆、文化馆数	Number of Mass Art Centers and Cultural Centers	个	unit	8
2. 举办展览个数	Number of Exhibitions	个	unit	666
3. 组织文艺活动次数	Number of Entertainment Activities	次	times	3622
4. 举办训练班次数	Number of Training Courses	次	times	2831
5. 举办训练结业人数	Number of Persons Completing Training Courses	人次	person－time	131586
四、文化站情况	Units Responsible for Guilding Cultural Centers			
1. 文化站数	Collective Cultural Stations	个	unit	72
2. 组织文艺活动次数	Cultural Centers in Towns	次	times	10136
3. 藏书量	Cultural Clubs	册	volumns	3592161

注：图书馆乡镇分馆数量包括新型智慧书房。

Basic Statistics on Culture by Region
(2020)

市 区 Urban District	嘉 善 Jiashan	海 盐 Haiyan	海 宁 Haining	平 湖 Pinghu	桐 乡 Tongxiang
23	8	7	9	6	10
11.56	3.66	2.76	4.75	3.08	4.22
115.51	37.42	21.35	47.19	34.52	54.07
3566.39	1186.98	669.41	1612.07	1147.15	1757.89
11	7	9	11	10	13
0.27	0.15	0.13	0.22	0.16	0.30
17.21	17.88	9.60	19.07	21.60	33.94
1	1	1	1	1	1
40	26	17	28	20	24
285.75	151.40	95.49	216.74	116.22	212.66
163.73	49.82	42.59	187.84	60.09	2[illegible]4.12
3	1	1	1	1	1
164	27	32	225	36	182
242	84	566	1573	152	1005
346	45	445	1206	252	537
12250	1500	11434	52562	29200	24640
22	9	9	12	9	11
2061	2479	724	2457	1670	745
857431	438569	299049	789700	498526	708886

Note: The number of township branches of the library includes new smart study rooms.

13－20 全市电视台制作节目情况(2014－2020年)
Production of Television Programs
(2014－2020)

指　标	Item	单位	Unit	2014	2015	2016	2017	2018	2019	2020
基本情况	Basic Statistics									
电视台	Television Station	座	set	6	6	6	6	6	6	6
一千瓦以上电视发射台及转播台	Number of TV Transmittion Stations and Relaying Stations at 1 kw and Higher Level	座	set	6	6	6	6	6	6	6
平均每周播出时间	Broadcasting Hours Per Week	小时	hour	978	961	960	989	971	971	962
电视人口覆盖率	Viewer Rating									
中央电视台第一套节目	CCTV Channel 1	%	%	100	100	100	100	100	100	100
浙江电视台	ZJTV	%	%	100	100	100	100	100	100	100
制作节目情况	Production of Programs									
制作节目时间合计	Total Time of Producing Programs	小时	hour	11141	10701	10783	12877	12125	12125	11929
新闻节目	News Programs	小时	hour	5556	5136	5403	5988	5784	5784	5786
专题节目	Special Subject Programs	小时	hour	1917	1857	1842	3482	3484	3484	3485
文艺节目	Programs of Entertainment	小时	hour	1703	1116	1115	918	853	853	853
服务性节目	Service Programs	小时	hour	1098	1098	1118	1901	1336	1336	1171
其它节目	Service Programs	小时	hour	867	1494	1305	588	668	668	634

13－21　全市广播电台和制作节目情况(2014－2020年)

Statistics on Broadcasting Stations and Production of Programs (2014－2020)

指　标	Item	单位	Unit	2014	2015	2016	2017	2018	2019	2020
基本情况	Basic Statistics									
广播电台	Broadcasting Stations	座	set	1	1	1	1	1	1	1
县台(站)	Number of Broadcast Stations at County Level	个	unit	5	5	5	5	5	5	5
乡(镇)县属区广播站	Number of Broadcast Stations under County or town	个	unit	65	64	64	64	63	63	63
广播人口覆盖率	Listener Rating									
浙江第一套节目	Zhejiang Channel 1	%	%	100	100	100	100	100	100	100
有线广播电视传输干线网络总长	Special Routes for Broadcasting	公里	km	24490	25387	25785	25785	29389	20607	31159
平均每日播出时间	Broadcasting Hours Per Day	小时	hour	139	138	139	135	136	131	131
制作节目情况	Production of Programs									
制作节目时间合计	Total Time of Producing Programs	小时	hour	30109	32588	32649	33873	31069	31590	31437
新闻节目	News Programs	小时	hour	5987	5978	5978	5640	4858	4552	4706
专题节目	Special Subject Programs	小时	hour	10871	10460	10520	10041	10070	10508	11684
文艺节目	Programs of Entertainment	小时	hour	4214	3388	3519	3319	3709	4464	2943
服务性节目	Service Programs	小时	hour	3459	4533	4533	5568	5027	4783	4821
其它节目	Service Programs	小时	hour	5578	8229	8099	9305	7405	7283	7283

13－22 分地区卫生机构数
（2019－2020 年）

单位:个

项　　目	Item	全市 total		市区 Urban District	
		2019	2020	2019	2020
总　　计	Total	1643	1719	430	464
医院	Hospitals	87	94	32	34
#综合医院	General Hospitals	31	31	8	8
中医医院	Hospitals of Chinese Medicine	10	11	3	3
中西医结合医院	Hospitals of Integrated Traditional Chinese and Westerm Medicine	3	3		
口腔医院	Stomatological Hospitals	6	8	3	3
眼科医院	Ophthalmologic Hospitals	3	3	3	3
精神病医院	Mental Hospitals	7	7	2	2
其他专科医院	Other Specialized Hospitals	16	17	10	11
护理院	Nursing Homes	11	14	3	4
社区卫生服务中心(站)(村卫生室)	Health Care Central of Service for Community (Village clinic)	760	756	165	165
卫生院	Cottage Hospital	50	51	9	9
门诊部	Clinics	167	195	94	112
急救中心(站)	First Aid Central (Station)	6	6	1	1
采供血机构	Institutions of Collection and Supply Blood	2	2	1	1
妇幼保健院(所、站)	Hospitals for Maternity and Child Care	8	7	3	2
专科疾病防治院(院、所)	Specialized Prevention Stations	2	2		
疾病预防控制中心	Preventing Disease and Control Central	8	8	3	3
预防保健中心	Health Protection and Prevention Central				
卫生监督所	Health Care Supervisal Stations	8	8	3	3
医学在职培训机构	On－the－job Trainning Institutions for Medicine	3	4		
其他卫生机构	Other Health Care Institutions	21	20	7	8
诊所、卫生所、医务室	Clinics、Health Care Stations and Infirmaries	521	566	112	126

Number Of Health Institutions By Region
(2019 – 2020)

(unit)

南湖区 Nanhu		秀洲区 Xiuzhou		嘉善 Jiashan		海盐 Haiyan		海宁 Haining		平湖 Pinghu		桐乡 Tongxiang	
2019	2020	2019	2020	2019	2020	2019	2020	2019	2020	2019	2020	2019	2020
251	266	179	198	210	208	152	163	334	336	180	212	337	336
23	25	9	9	13	13	8	8	11	13	8	10	15	16
6	6	2	2	6	6	2	2	4	4	5	5	6	6
3	3			2	2	1	1	2	2	1	2	1	1
				2	2							1	1
2	2	1	1	1	1	1	1	1	1		1		1
1	1	2	2										
1	1	1	1	1	1	1	1	1	1	1	1	1	1
8	9	2	2	1	1	1	1	1	1			3	3
2	3	1	1			2	2	2	4	1	1	3	3
75	74	90	91	98	98	93	95	148	144	93	94	163	160
4	4	5	5	6	6	7	7	10	10	7	8	11	11
63	77	31	35	29	30	6	11	18	19	5	6	15	17
1	1			1	1	1	1	1	1	1	1	1	1
1	1									1	1		
2	1	1	1	1	1	1	1	1	1	1	1	1	1
				1	1							1	1
2	2	1	1	1	1	1	1	1	1	1	1	1	1
2	2	1	1	1	1	1	1	1	1	1	1	1	1
				1	1	1	1		1			1	1
7	7		1	2		4	4	3	3	4	4	1	1
71	72	41	54	56	55	29	33	140	142	58	85	126	125

13-23 分地区卫生机构床位数
（2019-2020年）

单位:个

项　目	Item	全市 total		市区 Urban District	
		2019	2020	2019	2020
总　计	Total	28573	29133	11324	11582
医院	Hospitals	23744	24206	9309	9607
#综合医院	General Hospitals	14678	14608	6307	6238
中医医院	Hospitals of Chinese Medicine	3173	3126	831	879
中西医结合医院	Hospitals of Integrated Traditional Chinese and Westerm Medicine	137	115		
口腔医院	Stomatological Hospitals	81	111	50	50
眼科医院	Ophthalmologic Hospitals	182	182	182	182
精神病医院	Mental Hospitals	1970	1990	120	140
其他专科医院	Other Specialized Hospitals	2039	2242	1394	1583
护理院	Nursing Homes	1484	1832	425	535
社区卫生服务中心(站)	Health Care Central of Service for Community	778	769	456	447
卫生院	Cottage Hospital	2586	2704	740	730
门诊部	Clinics	4	8	4	8
急救中心(站)	First Aid Central (Station)				
采供血机构	Institutions of Collection and Supply Blood				
妇幼保健院(所、站)	Hospitals for Maternity and Child Care	1368	1353	815	790
专科疾病防治院(院、所)	Specialized Prevention Stations	43	43		
疾病预防控制中心	Preventing Disease and Control Central				
预防保健中心	Health Protection and Prevention Central				
卫生监督所	Health Care Supervisal Stations				
医学在职培训机构	On-the-job Trainning Institutions for Medicine				
其他卫生机构	Other Health Care Institutions				
诊所、卫生所、医务室	Clinics、Health Care Stations and Infirmaries	50	50		

Number Of Beds In Health Care Institutions By Region
(2019 – 2020)

(unit)

南湖区 Nanhu		秀洲区 Xiuzhou		嘉善 Jiashan		海盐 Haiyan		海宁 Haining		平湖 Pinghu		桐乡 Tongxiang	
2019	2020	2019	2020	2019	2020	2019	2020	2019	2020	2019	2020	2019	2020
9077	9350	2247	2232	2868	3227	2263	2243	4714	4752	3163	2892	4241	4437
7825	8133	1484	1474	2547	2906	1833	1813	3975	4043	2724	2443	3356	3394
5367	5328	940	910	1488	1864	983	900	2576	2498	1536	1358	1788	1750
831	879			388	391	312	310	644	616	598	480	400	450
				110	90							27	25
35	35	15	15	16	16			15	15		15		15
73	73	109	109										
		120	140	400	400	100	100	550	550	190	190	610	610
1234	1423	160	160	145	145	100	120	50	50			350	344
285	395	140	140			338	383	140	314	400	400	181	200
257	257	199	190	60	60	131	131	56	56	75	75		
280	270	460	460	230	230	177	177	473	473	354	364	612	730
		4	8										
715	690	100	100	31	31	72	72	210	180	10	10	230	270
												43	43
						50	50						

13-24 分地区卫生机构技术人员数
(2019-2020年)

单位:人

项目	Item	全市 total		市区 Urban District	
		2019	2020	2019	2020
总计	Total	36889	39710	13961	14669
医院	Hospitals	22163	23603	9023	9141
#综合医院	General Hospitals	15743	16458	6833	6728
中医医院	Hospitals of Chinese Medicine	3776	4008	1176	1189
中西医结合医院	Hospitals of Integrated Traditional Chinese and Westerm Medicine	133	133		
口腔医院	Stomatological Hospitals	202	271	84	77
眼科医院	Ophthalmologic Hospitals	117	126	117	126
精神病医院	Mental Hospitals	769	803	36	40
其他专科医院	Other Specialized Hospitals	905	1088	646	784
护理院	Nursing Homes	518	716	131	197
社区卫生服务中心(站)	Health Care Central of Service for Community	2517	2603	739	767
卫生院	Cottage Hospital	5287	5466	1092	1172
门诊部	Clinics	1875	2351	1114	1457
急救中心(站)	First Aid Central (Station)	36	44	2	3
采供血机构	Institutions of Collection and Supply Blood	68	66	55	54
妇幼保健院(所、站)	Hospitals for Maternity and Child Care	2429	2576	1358	1434
专科疾病防治院(院、所)	Specialized Prevention Stations	72	72		
疾病预防控制中心	Preventing Disease and Control Central	381	391	133	136
预防保健中心	Health Protection and Prevention Central				
卫生监督所	Health Care Supervisal Stations	189	189	51	49
医学在职培训机构	On-the-job Trainning Institutions for Medicine	62	145		
其他卫生机构	Other Health Care Institutions	60	59	33	33
诊所、卫生所、医务室	Clinics、Health Care Stations and Infirmaries	1750	2145	361	423

Persons Engaged In Health Care Institutions By Region
(2019 – 2020)

(person)

南湖区 Nanhu		秀洲区 Xiuzhou		嘉善 Jiashan		海盐 Haiyan		海宁 Haining		平湖 Pinghu		桐乡 Tongxiang	
2019	2020	2019	2020	2019	2020	2019	2020	2019	2020	2019	2020	2019	2020
11030	11456	2931	3213	3697	4058	2925	3211	6424	6855	3938	4665	5944	6252
7737	7863	1286	1278	2337	2574	1537	1720	3835	4101	2324	2782	3107	3285
5757	5707	1076	1021	1626	1821	951	1065	2746	2897	1577	1846	2010	2101
1176	1189			450	484	327	390	704	718	559	666	560	561
				81	86							52	47
62	59	22	18	18	20	51	43	49	64		38		29
39	32	78	94										
		36	40	126	127	21	25	201	216	70	81	315	314
606	712	40	72	36	36	54	55	70	64			99	149
97	164	34	33			133	142	65	142	118	151	71	84
512	524	227	243	289	303	417	435	368	386	391	409	313	303
326	337	766	835	487	574	463	463	1061	1035	779	809	1405	1413
850	1050	264	407	220	219	90	142	195	229	59	89	197	215
2	3				2	4	5	27	27		4	3	3
55	54									13	12		
1142	1209	216	225	92	104	220	233	314	302	90	148	355	355
				12	14							60	58
100	104	33	32	41	45	33	34	88	85	39	42	47	49
37	38	14	11	25	25	26	22	25	30	28	29	34	34
					1				28			62	116
33	16		17			20	8		9	7	9		
236	258	125	165	194	197	115	149	511	623	208	332	361	421

13-25 分地区卫生机构人员分类数
（2019-2020年）

单位:人

项　目	Item	全市 Total		市区 Urban District	
		2019	2020	2019	2020
总　计	Total	42767	46178	16625	17515
卫生技术人员	Medical Technical Personnel	36889	39710	13961	14669
其他技术人员	Other Technical Personnel	1164	1451	364	524
管理人员	Managerial Personnel	1563	1643	825	804
工勤技能人员	Logistics Workers	3151	3374	1475	1518
卫生技术人员分类	Type of Medical Technical Personnel				
执业医师	Practicing Physicians	11852	13728	4393	4961
执业助理医师	Practicing Assistant Physicians	1570	1594	352	368
注册护师	Registered Senior Nurses	15859	16960	6433	6725
药师(士)	Pharmaceutist Persons	2170	2242	743	769
技师(士)	Assistant Laboratory Technicians	1861	1975	764	805
其他	Other Personnel	3577	3211	1276	1041
平均每千人拥有卫生技术人员	Number of Medical Technical Personnel per 1000 Population	10.14	10.81	14.88	15.33
#医生	#Doctors	3.68	4.17	5.06	5.57

Persons Engaged In Health Care Institutions By Region and Type Of Occupation (2019－2020)

(person)

南湖区 Nanhu		秀洲区 Xiuzhou		嘉善 Jiashan		海盐 Haiyan		海宁 Haining		平湖 Pinghu		桐乡 Tongxiang	
2019	2020	2019	2020	2019	2020	2019	2020	2019	2020	2019	2020	2019	2020
13114	13742	3511	3773	4308	4711	3322	3631	7193	7835	4553	5358	6766	7128
11030	11456	2931	3213	3697	4058	2925	3211	6424	6855	3938	4665	5944	6252
309	463	55	61	184	171	95	125	126	232	99	122	296	277
640	620	185	184	98	85	81	86	212	277	185	192	162	199
1135	1203	340	315	329	397	221	209	431	471	331	379	364	400
3622	3996	771	965	1268	1526	944	1121	1974	2301	1230	1639	2043	2180
210	221	142	147	173	186	202	188	310	322	249	264	284	266
5197	5402	1236	1323	1444	1542	1150	1292	2795	2929	1591	1875	2446	2597
575	596	168	173	240	245	180	181	401	408	238	255	368	384
629	636	135	169	180	192	160	169	280	302	193	212	284	295
797	605	479	436	392	367	289	260	664	593	437	420	519	530
20.95	21.31	7.12	7.66	9.12	9.90	7.64	8.38	9.14	9.68	7.83	9.18	8.44	8.83
7.28	7.85	2.22	2.65	3.56	4.18	2.99	3.42	3.25	3.70	2.94	3.75	3.30	3.46

13-26 卫生机构诊疗次数和入院人数
(2008-2020年)

指　标	Item	2008	2009	2010
全　市	Total			
机构数(个)	Number of Health Institutions (unit)	1365	1370	1376
总诊疗人次数(人次)	Total Number of Patients Treated (person-time)	21071374	24080695	25287440
#门急诊人次数(人次)	#Number of Out-Patients (person-time)	20954073	23916897	25188562
健康检查人数(人)	Number of Persons Received Physical Check-up (person)	1647317	1824860	2116928
入院人数(人)	Hospital Admissions(person)	360839	390068	428641
市　区	Urban District			
机构数(个)	Number of Health Institutions	314	315	320
总诊疗人次数(人次)	Total Number of Patients Treated (person-time)	6353602	7359101	8238483
#门急诊人次数(人次)	Number of Out-Patients (person-time)	6312928	7246556	8222540
健康检查人数(人)	Number of Persons Received Physical Check-up (person)	426309	394352	629093
入院人数(人)	Hospital Admissions(person)	172247	186216	205553

Number of Hospital Patients on Health Institutions (2008 - 2020)

2011	2012	2013	2014	2015	2016	2017	2018	2019	2020
1364	1343	1340	1374	1411	1447	1510	1554	1643	1719
28488174	30945562	32899148	34942332	36462877	40322454	48522992	42399740	46456501	41636010
28279790	30621014	32459878	34404094	36041004	39901257	47863773	41529306	44445560	39630444
1991539	1905292	1980162	2413251	2388118	2424654	2609463	2595982	2741831	2826761
466547	536254	586019	639272	676883	741425	807131	859662	916540	777431
321	318	319	326	341	357	387	413	430	464
9546275	10145758	10568717	11317951	11588771	11637604	12683221	13308838	13896119	12164891
9489980	10099811	10529705	11278809	11524495	11558627	12548252	13119297	13629885	11946031
555050	410396	453985	527080	664723	531100	618610	632594	522695	529470
224562	259593	280654	301722	313952	338946	368902	392875	408008	332392

13－27 分地区卫生主要综合指标情况
（2020 年）

项　目	Item	单位	Unit	全　市 Total	市　区 Urban District
孕产妇死亡率	Maternal Mortality	/10 万	/100,000	0.00	0.00
婴儿死亡率	Infant Mortality	‰	‰	2.00	1.90
5 岁以下儿童死亡率	Mortality for Children under Five Years Old	‰	‰	3.11	3.02
医疗保险参保率	Participation Rate of Medical Insurance	%	%	99.71	99.72
农村安全卫生饮用水人口覆盖率	Coverage of The Rural Safe – Health Drinking Population	%	%	100	100
农村卫生厕所普及率	Prevalence Rate of The Rural Hygienic Lavatories	%	%	100	100

Main Comprehensive Index Conditions on Public Health by Region (2020)

南湖区 Nanhu	秀洲区 Xiuzhou	嘉善县 Jiashan	海盐县 Haiyan	海宁市 Haining	平湖市 Pinghu	桐乡市 Tongxiang
0.00	0.00	0.00	0.00	0.00	0.00	0.00
1.99	1.24	1.32	3.39	1.11	2.98	1.97
2.38	2.47	1.76	5.09	2.00	4.31	3.72
99.75	99.67	99.79	99.77	99.77	99.51	99.70
100	100	100	100	100	100	100
100	100	100	100	100	100	100

13-28 分地区体育事业发展情况
(2020 年)

项　目	Item	单位	Unit	全　市 Total
一、县级以上运动会	Number of Sport Meetings at County Level	次	time	0
参加运动员	Number of Athletes	员	person	0
二、等级运动员发展人数	Number of Athletes in Grades	人	person	76
#女运动员	# Female	人	person	34
三、省级及以上的比赛成绩	Achivement at Province and above Level			
金牌	Number of Gold Medal	枚	piece	210
银牌	Number of Silver Medal	枚	piece	161
铜牌	Number of Copper Medal	枚	piece	169
四、体育场	Stadiums	个	unit	29
五、体育馆	Gymnasiums	个	unit	43
六、游泳池	Swimming Pools	个	unit	177
七、少年儿童业余体校数	Number of Sparetime Sports Schools for Children	个	unit	8
"在校"学生数	Number of Students Enrollment	人	person	1909
专职教练员	Full - Time Coaches	人	person	74

Development Statistics on Sports Activities by Region (2020)

市　区 Urban District	嘉善县 Jiashan	海盐县 Haiyan	海宁市 Haining	平湖市 Pinghu	桐乡市 Tongxiang
0	0	0	0	0	0
0	0	0	0	0	0
30	8	1	17	11	9
14	5	1	6	6	2
31	23	6	130	11	9
27	14	5	86	18	11
24	23	4	86	23	9
4	5	3	5	4	8
28	3	5	3	1	3
59	10	21	14	38	35
2	2	1	1	1	1
131	301	269	630	330	248
2	20	8	23	8	13

13-29 分地区标准计量、质量监督基本情况
（2020 年）

项 目	Item	单位	Unit	全 市 Total
一、机构数	Number of Institutions	个	unit	23
二、年末职工人数	Number of Staff and Workers at the End of Year	人	person	348
大学本科、专科	Regular College Course and Specialized Subject	人	person	290
高中、中专	Senior and Specialized Secondary Schools	人	person	4
专业技术人员	Specialized Technological Personnel	人	person	320
中级职称以上	Members with above Junior Titles	人	person	217
业务管理、行政及其他人员	Professional Management, Administrative and Other Personnel	人	person	54
三、行政事业性收费	Income from Administrative Fees	万元	10000 yuan	0
产品质量检验费	Other Extra - budgetary Revenues	万元	10000 yuan	20
特种设备检验检测费	Income of Management and Sales	万元	10000 yuan	8649
四、固定资产总额	Total Value of Fixed Assets	万元	10000 yuan	28819
#仪器设备	# Value of Instrument and Device	万元	10000 yuan	22692
五、现有房屋面积	Floor Sapce of House	m^2	sq. m	68831
六、业务情况	Conditions of Business			
计量器具检定总数	Total Measure Appatatus Appraised	台件	piece	262424
用于贸易结算	For Trade Settlement	台件	piece	124241
用于医疗卫生	For Medical and Health	台件	piece	16226
用于安全防护	For Security Protection	台件	piece	41197
用于环境监测	For Environmental Monitoring	台件	piece	112
计量器具强制检定数	Quantity Checked by Measurement Implement Tested Compulsively	种	kind	61
已强检的计量标准器具	Quantity Checked by Measurement Implement Tested Compulsively	台件	kind	157283

注：资料来源于嘉兴市市场监督管理局。。

Basic Statistics on Standard Measuring and Quality Supervising by Region (2020)

市 区 Urban District	嘉 善 Jiashan	海 盐 Haiyan	海 宁 Haining	平 湖 Pinghu	桐 乡 Tongxiang
6	3	3	4	3	4
166	27	35	41	34	45
135	23	35	39	28	30
1	0	0	2	1	0
156	22	35	32	34	41
108	17	22	21	17	32
35	5	0	9	0	5
0	0	0	0	0	0
0	20	0	0	0	0
8649	0	0	0	0	0
17121	1586	403	4538	3131	2039
12867	1502	235	4313	1899	1876
25295	3072	770	18700	7821	13173
83314	21954	44427	57283	28030	27416
20703	13941	28246	25853	17850	17648
7191	0	1115	6778	710	432
5233	8013	6153	4451	9470	7877
112	0	0	0	0	0
20	4	12	8	8	9
33239	21954	35514	37087	28030	1459

Note: The data are from the Municipal Market Supervision and Administration.

主要统计指标解释

普通高等学校　指按照国家规定的设置标准和审批程序批准举办，通过国家统一招生考试，招收高中毕业生为主要培养对象，实施高等教育的全日制大学、独立设置的学院和高等专科学校、短期职业大学。

成人高等学校　指按照国家有关规定审批，招收通过全国成人高教统一招生考试的具有高中毕业或同等学历的在职从业人员利用脱产、半脱产、业余或函授等多种形式对其实施高等学历教育，培养高等教育专科或本科毕业水平的专门人才，修业年限、课程设置和总学时数均按高等学历教育要求付诸实施的学校。包括广播电视大学、职工高等学校、农民高等学校、管理干部学院、教育学院、独立设置的函授学院等。

独立研究与开发机构　指有明确的任务和研究方向，有一定学术水平的业务骨干和一定数量的研究人员，具有研究、开发、开展学术工作的基本条件，主要进行科学研究与技术开发活动，并且在行政上有独立的组织形式，财务上独立核算盈亏，有权与其他单位签订合同，在银行有单独户头的单位。包括国务院各部门、中国科学院、中国社会科学院和各省、自治区、直辖市以及地（市）以上（含地，市）各部门所属的国有独立的科学研究与技术开发机构。

等级运动员人数　指经考核正式批准授予等级运动员称号的人数。运动员等级分为国际级运动健将、运动健将、一级运动员、二级运动员、三级运动员、少年级运动员。

医院　指名称为医院，设有固定床位能收容病人住院并能为病人提供医疗、护理服务的医疗机构。包括县及县以上医院、农村乡卫生院、其他医院三部分。按所属性质分为卫生部门、工业及其他部门，集体经济单位三类。其中县及县以上医院按业务性质分为综合医院和专科医院。

卫生技术人员　指卫生事业机构支付工资的全部固定职工和合同制职工中现任职务为卫生技术工作的专业人员。包括中医师、西医师、中西医结合高级医师、护师、中药师、西药师、检验师、其他技师、中医士、西医士、护士、助产士、中药剂士、西药剂士、检验士、其他技士、其他中医、护理员、中药剂员、西药剂员、检验员，其他初级卫生技术人员。

医生　指领取职业医生证书，从事医疗工作的专业人员。分为中医医生、西医医生和助理中西医医生。

EXPLANATORY NOTES ON MAIN STATISTICAL INDICATORS

Regular Institutions of Higher Education It refers to educational establishments set up according to the government evaluation and approval procedures, enrolling graduates from senior secondary schools and providing higher education courses and training for senior professionals. They include full – time universities, colleges, high professional schools and short – term professional universities.

Institutions of Higher Education for Adults It refers to educational establishments, set up in line with relevant rules approved by the government, enrolling staff and workers with senior secondary school or equivalent education, and providing higher education courses in many forms of full – time, part – time, spare – time, or correspondence for adults. Professionals thus trained receive a qualification equivalent to graduates studying regular courses at regular universities, colleges and professional colleges. Institutions of higher learning for adults include Radio and TV universities, schools of high education for staff and workers and peasants, colleges for management cadres, pedagogical colleges, independent correspondence colleges.

Independent Research and Development Institutions It refers to the state – owned institutions which have direct mission and research purpose, a certain number of core member with higher research level and a certain number of research personnel, favorable conditions for R&D and engaging in scientific research and technological development. The institutions also have their own independent organization and finance, authority to sign contracts with other units, with their own accounts in banks. Independent research and development institutions include the institutions attached to central government agencies, Chinese Acade my of Sciences. Chinese Academy of Social Sciences and the institutions attached to local governments.

Number of Athletes in Grades It refers to the number of at athletes who have been given titles through examination. The titles of athletes include international masters of sports, masters of sports, first – grade, second – grade and third – grade sportsmen and young athletes.

Hospitals It refers to medical institutions named as "hospital" with permanent hospital beds, which are able to take in patients and provide them with medical and nursing services. Hospitals are classified into three categories: hospitals at or above the county level, hospitals of rural townships, and other hospitals. According to their ownership, hospitals can be classified into three categories: hospitals under the public health departments, hospitals under industrial and other departments and Collective Owned hospitals. Hospitals at or above county level are divided into

comprehensive and specialized hospitals.

Medical Technical Personnel It refers to all permanent medical staff and workers employed by medical institutions T including doctors of Chinese and Western medicine, senior doctors who integrate traditional Chinese therapeutics with Western therapeutics in practice, senior nurses, pharmacists of Chinese and Western medicine, laboratory specialists, other specialists, paramedics of Chinese and Western

Medicine, nurses, midwives, druggists in Chinese and Western medicine, laboratory technicians, other technicians, other practitioners of Chinese medicine, nursing attendants, pharmacological workers of Chinese and Western medicine, laboratory workers, and other primary medical personnel.

Doctors It refers to qualified professional medical workers approved to practice by public health departments. They are classified into doctors of Chinese medicine, doctors of Western medicine, Assistant Doctors.

十四、城市比较
Cities Compare

14－1 浙江省内各市县主要经济指标

（2020 年）

单位:亿元

指标名称	Item	土地面积（平方公里）Area of Land (sq. km)	常住人口（万人）Total Population with Permanent Residence (10 000 persons)	年末户籍人口（万人）Year－end Population (10000 persons)	年平均人口（万人）Annual Average Population (10000 persons)	生产总值 Gross Domestic Product
杭州市	**Hangzhou Municipality**	**16850**	**1196.50**	**813.83**	**804.60**	**16106.00**
市　区	Urban Area	8292	1073.90	675.30	665.93	15097.00
桐庐县	Tonglu	1829	45.40	41.92	41.90	376.30
淳安县	Chun'an	4418	32.90	45.62	45.74	240.60
建德市	Jiande	2314	44.30	50.99	51.03	391.90
宁波市	**Ningbo Municipality**	**9816**	**942.00**	**613.66**	**611.06**	**12409.00**
市　区	Urban Area	3730	506.55	306.31	303.58	7894.00
余姚市	Yuyao	1501	125.62	83.43	83.51	1220.72
慈溪市	Cixi	1361	183.26	106.17	106.07	2008.30
象山县	Xiangshan	1382	56.86	54.42	54.54	563.00
宁海县	Ninghai	1843	69.71	63.33	63.36	722.55
温州市	**Wengzhou Municipality**	**12144**	**958.70**	**833.75**	**833.06**	**6871.00**
市　区	Urban Area	1348	301.72	175.89	175.15	2705.00
瑞安市	Ruian	1350	152.00	125.92	125.87	1037.09
乐清市	Yueqing	1391	145.42	131.82	131.65	1263.01
龙港市	Longgang	184	46.47	38.21	19.10	316.40
永嘉县	Yongjia	2677	86.95	98.83	98.81	461.89
平阳县	Pingyang	1042	86.32	88.30	88.37	534.51
苍南县	Cangnan	1086	84.40	96.63	115.83	363.09
文成县	Wencheng	1296	28.82	40.95	41.01	112.01
泰顺县	Taishun	1768	26.60	37.19	37.24	121.99
嘉兴市	**Jiaxing Municipality**	**4223**	**541.10**	**367.38**	**365.54**	**5510.00**
市　区	Urban Area	987	152.28	95.72	94.78	1501.00
嘉善县	Jiashan	507	64.95	40.98	40.75	655.77
海盐县	Haiyan	585	45.73	38.31	38.30	544.51
海宁市	Haining	863	107.87	70.80	70.53	1030.78
平湖市	Pinghu	554	67.15	50.80	50.56	779.00
桐乡市	Tongxiang	727	103.12	70.77	70.62	1002.98
湖州市	**Huzhou Municipality**	**5820**	**337.20**	**268.06**	**267.81**	**3201.00**
市　区	Urban Area	1565	156.10	112.64	112.48	1469.00
德清县	Deqing	938	54.90	44.32	44.32	544.00
长兴县	Changxing	1431	67.50	63.77	63.75	702.00
安吉县	Anji	1886	58.70	47.32	47.27	487.00
绍兴市	**Shaoxing Municipality**	**8279**	**529.10**	**447.64**	**447.75**	**6001.00**
市　区	Urban Area	2965	300.26	224.18	223.92	3569.00
诸暨市	Zhuji	2311	120.41	108.30	108.37	1362.36
嵊州市	Shengzhou	1789	68.12	71.94	72.18	601.27
新昌县	Xinchang	1214	40.30	43.22	43.29	461.46

注:该部分数据均为快年报数。

Main Economic Indicators of Natinal Economy By City and County in Province
(2020)

(100 million yuan)

第一产业 Primary Industry	第二产业 Secondary Industry	工业 Industry	第三产业 Tertiary	农村居民人均可支配收入(元) Per Capita Dispossable Income of Rural Residents(yuan)	城镇居民人均可支配收入(元) Per Capita Annual Disposable Income of Urban Residents (yuan)
326.00	**4821.00**	**4221.00**	**10959.00**	**38700.00**	**68666.00**
225.00	4415.00	3903.00	10457.00		
25.40	160.80	131.20	190.10	34176.00	56450.00
38.40	62.40	37.90	139.80	22465.00	48985.00
37.20	182.00	149.00	172.80	30762.00	54962.00
339.00	**5694.00**	**5045.00**	**6376.00**	**39132.00**	**68008.00**
100.00	3235.00	2833.00	4559.00		
50.19	701.46	656.75	469.07	39339.00	65212.00
58.38	1168.38	1083.82	781.54	40950.00	67089.00
81.69	234.64	164.89	246.67	35557.00	60773.00
48.20	354.75	306.59	319.60	36166.00	64188.00
160.00	**2834.00**	**2268.00**	**3877.00**	**32428.00**	**63481.00**
18.00	997.00	770.00	1690.00		
25.82	464.59	388.22	546.69	35872.00	67301.00
21.23	591.85	547.02	649.93	38070.00	67069.00
9.02	144.61	137.63	162.78		
17.23	195.58	141.34	249.08	26388.00	51810.00
20.59	247.74	204.66	266.18	26736.00	52739.00
28.01	127.92	73.91	207.15	25630.00	49725.00
9.71	28.34	11.83	73.97	20528.00	43705.00
10.10	41.60	9.90	70.29	20347.00	42479.00
124.00	**2861.00**	**2560.00**	**2525.00**	**39801.00**	**64124.00**
28.00	689.00	599.00	784.00	38375.00	58224.00
22.10	347.98	316.39	285.69	40741.00	65266.00
17.83	313.74	290.78	212.95	40336.00	66006.00
18.61	574.81	509.46	437.36	41129.00	67462.00
14.16	452.98	422.20	311.86	39903.00	65797.00
24.17	481.42	421.61	497.39	40358.00	62379.00
140.00	**1588.00**	**1420.00**	**1473.00**	**37244.00**	**61743.00**
50.00	718.00	630.00	701.00		
25.00	305.00	279.00	214.00	38357.00	62225.00
37.00	347.00	314.00	318.00	37813.00	62428.00
28.00	216.00	197.00	243.00	35699.00	59518.00
219.00	**2712.00**	**2245.00**	**3070.00**	**38696.00**	**66694.00**
104.00	1609.00	1318.00	1856.00		
50.91	617.62	506.07	693.83	42296.00	70740.00
42.02	259.37	222.28	299.88	34367.00	63748.00
22.41	221.20	194.03	217.85	32859.00	62833.00

Note: The data are from from fast annual report.

14-1 续表1

单位:亿元

指标名称	Item	土地面积(平方公里) Area of Land (sq. km)	常住人口(万人) Total Population with Permanent Residence (10 000 persons)	年末户籍人口(万人) Year-end Population (10000 persons)	年平均人口(万人) Annual Average Population (10000 persons)	生产总值 Gross Domestic Product
金华市	**Jinhua Municipality**	**10942**	**706.20**	**493.90**	**492.92**	**4704.00**
市　区	Urban Area	2049	146.63	100.08	99.83	914.00
兰溪市	Lanxi	1312	57.57	65.48	65.64	400.16
义乌市	Yiwu	1105	186.24	85.34	84.47	1485.60
东阳市	Dongyang	1747	108.97	85.15	85.11	638.16
永康市	Yongkang	1047	96.58	62.11	62.02	639.78
武义县	Wuyi	1568	46.32	34.52	34.53	271.33
浦江县	Pujing	918	46.15	40.08	40.13	234.46
磐安县	Panan	1195	17.74	21.13	21.18	120.70
衢州市	**Quzhou Municipality**	**8845**	**227.80**	**256.87**	**257.25**	**1639.00**
市　区	Urban Area	2354	90.38	85.34	85.34	768.00
江山市	Jiangshan	2019	49.46	61.33	61.44	312.64
常山县	Changshan	1097	26.01	34.16	34.26	160.15
开化县	Kaihua	2231	25.89	36.06	36.12	150.50
龙游县	Longyou	1143	36.05	39.98	40.09	247.61
舟山市	**Zhoushan Municipality**	**1459**	**115.90**	**96.20**	**96.40**	**1512.00**
市　区	Urban Area	1036	88.40	71.46	71.49	1009.00
岱山县	Daishan	326	20.84	17.37	17.51	384.79
嵊泗县	Shensi	97	6.69	7.37	7.40	116.49
台州市	**Taizhou Municipality**	**10050**	**662.70**	**606.98**	**606.81**	**5263.00**
市　区	Urban Area	1680	216.40	163.95	163.63	1919.00
温岭市	Wenling	1074	141.70	122.07	122.14	1136.87
临海市	Linhai	2251	111.50	120.33	120.41	738.48
玉环市	Yuhuan	510	64.40	43.71	43.69	632.56
三门县	Sanmen	1105	38.00	44.64	44.68	273.39
天台县	Tiantai	1432	47.50	60.15	60.22	301.70
仙居县	Xianju	2000	43.20	52.12	52.04	260.50
丽水市	**Lishui Municipality**	**17275**	**250.80**	**270.74**	**270.75**	**1540.00**
市　区	Urban Area	1493	56.22	42.10	41.91	406.97
青田县	Qingtian	2477	50.92	57.23	57.19	249.13
缙云县	Jinyun	1494	40.54	46.96	46.98	243.44
遂昌县	Suichang	2540	19.44	22.91	22.96	130.81
松阳县	Songyang	1401	20.50	24.03	24.04	119.49
云和县	Yunhe	990	12.92	11.38	11.40	86.99
庆元县	Qingyuan	1897	14.26	20.29	20.34	78.93
景宁县	Jingning	1939	11.10	16.95	16.99	74.76
龙泉市	Longquan	3044	24.90	28.90	28.90	147.16

Continued 1

(100 million yuan)

第一产业 Primary Industry	第二产业 Secondary Industry	工业 Industry	第三产业 Tertiary	农村居民人均可支配收入(元) Per Capita Dispossable Income of Rural Residents(yuan)	城镇居民人均可支配收入(元) Per Capita Annual Disposable Income of Urban Residents (yuan)
157.00	**1814.00**	**1555.00**	**2733.00**	**30365.00**	**61545.00**
37.00	312.00	246.00	565.00		
28.30	198.23	181.78	173.63	23021.00	46610.00
23.76	422.03	373.70	1039.81	42158.00	80137.00
18.75	272.85	202.09	346.55	33686.00	58189.00
8.99	335.31	311.50	295.49	32820.00	61281.00
16.56	130.35	121.98	124.42	21076.00	44759.00
11.40	97.04	83.45	126.02	24948.00	49943.00
12.85	46.03	34.15	61.82	20950.00	43589.00
92.00	**660.00**	**530.00**	**887.00**	**26290.00**	**49300.00**
30.00	299.00	258.00	439.00		
23.98	136.43	109.42	152.23	28415.00	51987.00
8.33	67.69	49.97	84.13	24033.00	41890.00
14.15	52.85	29.91	83.50	20647.00	39475.00
15.23	104.17	83.66	128.21	26721.00	51024.00
153.00	**590.00**	**532.00**	**769.00**	**39096.00**	**63702.00**
82.00	313.00	275.00	614.00		
36.27	256.05	247.81	92.48	39238.00	56646.00
35.24	19.57	8.10	61.68	37620.00	56526.00
295.00	**2298.00**	**1901.00**	**2670.00**	**32188.00**	**62598.00**
57.00	797.00	674.00	1065.00	32374.00	69488.00
81.39	502.45	379.80	553.03	36244.00	65277.00
49.70	323.38	263.96	365.40	32150.00	58319.00
38.60	334.84	306.95	259.13	37645.00	74492.00
34.91	114.23	95.72	124.25	28309.00	50538.00
16.63	120.18	96.22	164.88	26370.00	50746.00
16.72	108.83	86.14	134.96	24454.00	45741.00
105.00	**555.00**	**434.00**	**880.00**	**23637.00**	**48532.00**
21.23	119.28	87.33	466.45	30365.00	51669.00
10.01	97.80	81.40	141.32	27215.00	49728.00
12.04	106.71	85.54	124.69	23466.00	47774.00
12.18	46.84	37.87	71.78	22264.00	50425.00
13.40	45.17	36.51	60.92	20804.00	42494.00
4.91	43.99	39.16	38.09	22022.00	46584.00
7.56	28.26	20.35	43.11	20364.00	42642.00
6.80	16.86	9.25	51.10	21625.00	41735.00
16.18	51.13	37.52	79.84	25476.00	50473.00

14-1 续表2

单位:亿元

指标名称	Item	财政总收入 Total Financial Revenue	地方一般公共预算收入 Budgetary Financial Revenue	地方一般公共预算支出 Financial Expenditure	金融机构存款余额 Deposits in Financial Institutions	住户存款余额 Residents Deposits	金融机构贷款余额 Loans in Financial Institutions
杭州市	**Hangzhou Municipality**	**3854.19**	**2093.39**	**2069.66**	**51893.03**	**14193.63**	**49184.60**
市　区	Urban Area	3700.12	2002.17	1877.24	50168.24	13276.63	47567.04
桐庐县	Tonglu	58.30	34.22	56.41	694.73	358.52	696.58
淳安县	Chun′an	40.13	22.77	76.68	392.99	213.82	357.64
建德市	Jiande	55.64	34.23	59.32	637.08	344.65	563.34
宁波市	**Ningbo Municipality**	**2835.60**	**1510.84**	**1742.09**	**23166.68**	**8522.07**	**25051.98**
市　区	Urban Area	2109.20	1076.40	1225.20	16353.11	4936.95	18737.26
余姚市	Yuyao	185.23	114.20	128.89	2061.79	1130.40	1601.07
慈溪市	Cixi	355.51	200.53	217.33	3165.34	1678.85	2566.69
象山县	Xiangshan	81.68	51.81	83.96	741.21	383.33	1019.23
宁海县	Ninghai	103.98	67.91	86.70	845.22	392.54	1127.73
温州市	**Wengzhou Municipality**	**961.61**	**601.98**	**1027.17**	**15031.96**	**8550.37**	**13565.33**
市　区	Urban Area	453.61	280.99	390.28	7990.18	3857.18	7090.28
瑞安市	Ruian	127.56	81.91	103.70	1935.36	1303.02	1601.24
乐清市	Yueqing	156.82	94.38	126.38	1849.04	1266.09	1605.37
龙港市	Longgang	25.33	17.05	25.77	268.36	172.09	458.50
永嘉县	Yongjia	60.69	40.80	111.07	934.00	591.41	871.37
平阳县	Pingyang	57.54	36.49	91.75	790.14	521.28	801.50
苍南县	Cangnan	40.40	26.35	78.33	617.98	393.43	717.68
文成县	Wencheng	15.71	10.22	51.03	378.81	273.53	237.22
泰顺县	Taishun	23.95	13.80	48.86	268.08	172.33	182.16
嘉兴市	**Jiaxing Municipality**	**1003.07**	**598.80**	**712.18**	**10489.04**	**4827.26**	**10026.16**
市　区	Urban Area	312.87	183.91	224.17	3540.37	1387.52	3398.00
嘉善县	Jiashan	117.06	71.79	101.15	1285.22	591.35	1118.08
海盐县	Haiyan	100.05	58.18	78.21	805.53	438.22	894.12
海宁市	Haining	168.91	100.93	105.22	1994.87	972.56	1792.16
平湖市	Pinghu	150.81	90.01	99.54	1096.18	543.20	1147.27
桐乡市	Tongxiang	153.37	93.98	103.90	1766.87	894.42	1676.52
湖州市	**Huzhou Municipality**	**582.00**	**336.56**	**484.42**	**5856.70**	**2784.70**	**5923.47**
市　区	Urban Area	244.00	142.16	229.78	3067.48	1431.61	2955.01
德清县	Deqing	116.00	67.08	78.22	963.86	470.54	1014.92
长兴县	Changxing	122.00	67.55	90.20	1042.32	498.33	1028.57
安吉县	Anji	100.00	59.76	86.22	783.04	384.22	924.97
绍兴市	**Shaoxing Municipality**	**853.02**	**543.52**	**667.16**	**10725.46**	**5236.76**	**10095.63**
市　区	Urban Area	565.79	363.66	412.77	7210.55	3222.53	7057.81
诸暨市	Zhuji	145.47	90.32	117.65	1810.70	1097.51	1534.72
嵊州市	Shengzhou	71.46	45.82	72.18	999.85	591.16	824.63
新昌县	Xinchang	70.29	43.72	64.57	704.35	325.55	678.48

注:金融机构存贷款余额为人民币口径。

Continued 2

(100 million yuan)

固定电话年末用户数(万户) Number of Telephone Subscribers (10000Subscribers)	年末移动电话用户数(万户) Mobile Telephone Subscribers (10000Subscribers)	互联网宽带接入用户数(万户) Internet Subscribers (10000Subscribers)	全社会用电量(万千瓦时) Total Consumption of Electricity (10000kwh)			社会消费品零售额 Total Retail Sales of Consumer Goods	限额以上批发零售业商品销售额 Sales volume of commodities in wholesale and retail trade above designated size
				工业用电 Industrial Consumption	城乡居民生活用电 Residents Consumption for Living		
204.55	**1868.90**	**547.58**	**8079690**	**4091902**	**1439716**	**6055.47**	**30395.57**
–	–	–	–	–	–	5720.23	29975.84
5.15	59.34	19.07	256795	153206	52026	137.44	136.71
5.17	47.14	14.83	143111	64093	30498	83.74	202.15
4.53	49.77	15.11	392404	302671	42592	114.07	80.86
241.80	**1335.90**	**438.34**	**8321517**	**6031659**	**1013265**	**4238.26**	**29202.72**
–	–	–	–	–	–	2717.94	26606.54
			1140505	892588	130092	397.42	668.30
			1613746	1236467	198921	642.75	1384.88
			289104	171782	59786	208.88	284.92
			393156	253664	80809	271.28	258.08
121.87	**1193.81**	**401.83**	**4494781**	**2532897**	**1104984**	**3497.79**	**7879.87**
–	–	–	–	–	–	1490.66	5990.50
16.67	175.64	59.38	774748	485416	188134	519.82	663.91
19.27	179.15	60.71	689974	381806	189052	520.13	484.17
3.80	18.45	7.75	262930	170684	61676	138.26	73.53
9.16	96.10	33.73	315738	175396	85642	247.82	335.76
6.42	93.42	36.59	411947	247122	103011	233.23	169.45
8.19	124.09	48.06	362409	201652	103961	244.21	112.00
1.50	22.12	7.56	54157	15156	20889	48.67	32.95
1.83	32.81	10.19	58397	18661	22244	54.99	17.60
85.12	**698.14**	**196.15**	**5490962**	**4314097**	**518417**	**2092.34**	**3665.42**
–	–	–	–	–	–	567.16	1369.45
9.18	80.65	22.42	597544	456425	69834	235.77	278.65
7.17	54.45	17.24	478892	388555	44021	158.61	187.27
15.30	118.40	34.37	1039950	808930	100998	475.01	537.99
9.66	82.93	23.22	942668	808113	60612	236.26	536.45
13.69	127.08	36.64	1146975	942364	94436	419.53	755.60
64.14	**444.87**	**222.28**	**3022255**	**2176807**	**356770**	**1424.43**	**3646.36**
–	–	–	–	–	–	783.90	1106.93
9.35	67.86	33.82	885290	728929	74974	147.60	856.87
11.44	84.23	41.64	537238	381646	55615	297.31	1584.82
9.07	71.37	34.85	385778	243741	70109	195.62	97.74
106.20	**661.28**	**224.45**	**4533956**	**3439870**	**522880**	**2322.50**	**4199.84**
–	–	–	–	–	–	1427.31	2963.39
22.64	136.97	49.74	924315	681066	132041	462.46	883.39
11.19	74.30	27.79	301596	184639	66176	266.74	156.12
6.05	48.99	16.09	232331	154753	40857	165.98	196.93

Note: The data of deposits and loans in Financial institutions does not includes foreign currency.

14-1 续表3

单位:亿元

指标名称	Item	财政总收入 Total Financial Revenue	地方一般公共预算收入 Budgetary Financial Revenue	地方一般公共预算支出 Financial Expenditure	金融机构存款余额 Deposits in Financial Institutions	住户存款余额 Residents Deposits	金融机构贷款余额 Loans in Financial Institutions
金华市	**Jinhua Municipality**	**680.88**	**423.25**	**703.41**	**10990.27**	**6037.89**	**9949.31**
市　区	Urban Area	159.16	95.77	176.06	2482.30	1093.78	2690.34
兰溪市	Lanxi	49.06	29.61	76.10	636.82	375.01	601.04
义乌市	Yiwu	162.27	106.01	137.27	3663.53	1972.19	3352.39
东阳市	Dongyang	123.73	72.65	99.67	1502.10	909.83	1135.30
永康市	Yongkang	94.07	60.67	78.22	1428.26	886.48	1116.49
武义县	Wuyi	44.71	27.45	56.47	555.40	342.85	448.78
浦江县	Pujing	29.61	20.03	39.76	474.85	326.95	388.94
磐安县	Panan	18.28	11.07	39.87	247.01	130.79	216.02
衢州市	**Quzhou Municipality**	**228.74**	**140.91**	**459.65**	**3108.21**	**1567.39**	**3030.13**
市　区	Urban Area	126.03	77.57	210.60	1571.46	625.12	1703.11
江山市	Jiangshan	34.96	21.31	72.18	593.96	380.59	473.49
常山县	Changshan	19.90	12.19	54.78	272.30	162.43	236.10
开化县	Kaihua	16.16	10.20	56.13	258.46	157.39	245.02
龙游县	Longyou	31.69	19.63	65.96	412.04	241.86	372.42
舟山市	**Zhoushan Municipality**	**254.50**	**159.20**	**312.69**	**2479.31**	**1125.33**	**2703.25**
市　区	Urban Area	215.14	132.76	227.74	2068.84	915.88	2426.01
岱山县	Daishan	27.26	18.13	54.34	314.70	154.71	209.97
嵊泗县	Shensi	12.09	8.31	30.61	95.77	54.74	67.27
台州市	**Taizhou Municipality**	**682.83**	**401.24**	**700.14**	**10452.09**	**6024.88**	**9832.45**
市　区	Urban Area	287.82	165.40	258.32	4860.50	2457.76	4396.93
温岭市	Wenling	118.98	72.12	107.44	2028.76	1307.87	1927.99
临海市	Linhai	101.86	59.49	105.34	1321.40	818.13	1231.18
玉环市	Yuhuan	80.34	47.85	68.50	843.37	545.85	716.94
三门县	Sanmen	26.61	16.16	53.79	349.37	256.15	561.09
天台县	Tiantai	34.27	20.40	53.26	498.97	321.04	527.77
仙居县	Xianju	32.96	19.82	53.50	549.72	318.09	470.54
丽水市	**Lishui Municipality**	**240.15**	**143.86**	**527.10**	**3474.18**	**2099.57**	**2763.72**
市　区	Urban Area	93.85	56.43	137.17	1192.93	548.99	1188.53
青田县	Qingtian	30.12	19.03	67.90	801.41	625.18	336.14
缙云县	Jinyun	27.59	17.25	65.67	398.30	253.50	332.10
遂昌县	Suichang	18.59	11.43	42.66	243.50	129.88	185.81
松阳县	Songyang	13.69	8.19	47.22	200.81	137.63	176.78
云和县	Yunhe	13.31	8.14	32.99	131.74	80.74	112.09
庆元县	Qingyuan	8.15	5.25	39.08	151.41	99.08	129.64
景宁县	Jingning	20.21	8.96	43.81	125.84	67.14	106.28
龙泉市	Longquan	14.64	9.17	50.60	228.24	157.45	196.35

Continued 3

(100 million yuan)

固定电话年末用户数(万户) Number of Telephone Subscribers (10000Subscribers)	年末移动电话用户数(万户) Mobile Telephone Subscribers (10000Subscribers)	互联网宽带接入用户数(万户) Internet Subscribers (10000Subscribers)	全社会用电量(万千瓦时) Total Consumption of Electricity (10000kwh)	工业用电 Industrial Consumption	城乡居民生活用电 Residents Consumption for Living	社会消费品零售额 Total Retail Sales of Consumer Goods	限额以上批发零售业商品销售额 Sales volume of commodities in wholesale and retail trade above designated size
74.56	**918.74**	**301.94**	**4038445**	**2614707**	**669516**	**2611.93**	**2585.73**
–	–	–	–	–	–	693.32	950.22
4.71	63.46	21.13	524088	432745	49330	147.93	209.88
24.52	267.35	94.22	1010684	555780	187453	946.25	601.10
10.27	124.41	41.88	549742	349284	101885	283.52	344.97
8.07	119.03	38.02	561545	411079	88620	308.35	331.76
3.86	52.11	16.20	298540	226498	34955	98.56	81.46
3.33	54.28	18.45	241294	167913	42575	97.39	52.51
1.53	19.55	5.41	66290	39368	13650	36.62	13.83
33.67	**241.32**	**93.76**	**1879685**	**1438769**	**212083**	**751.82**	**673.73**
–	–	–	–	–	–	282.67	405.36
5.09	47.30	16.21	268274	183967	41077	149.03	76.81
2.40	23.99	9.42	170418	126766	23291	71.28	38.60
2.21	25.76	9.96	89563	46356	23386	88.58	16.66
5.24	36.15	15.44	289680	213620	35626	160.25	136.31
22.13	**192.72**	**59.91**	**1033848**	**644225**	**109229**	**511.72**	**3444.32**
–	–	–	–	–	–	401.21	3325.65
2.63	26.15	9.04	490020	392170	17010	76.05	35.30
1.12	9.99	3.96	56615	5320	6788	34.46	83.37
97.45	**895.49**	**261.19**	**3488544**	**2245547**	**698913**	**2396.07**	**2589.36**
–	–	–	–	–	–	918.55	1543.83
16.49	185.52	51.62	624155	377042	149491	669.12	472.84
12.02	132.95	41.78	545023	362507	107034	256.80	288.09
11.53	85.09	27.62	508112	388557	76408	211.86	154.36
6.01	40.46	14.03	194524	126777	36889	103.84	37.77
5.98	53.18	17.85	174696	92972	49366	129.92	30.51
4.36	47.68	15.24	140724	70886	39170	105.97	61.96
26.15	**263.79**	**102.19**	**1180959**	**739654**	**228856**	**727.48**	**1314.97**
9.04	70.79	–	275530	136488	57202	203.51	431.55
3.97	37.46	13.70	169434	99838	41083	106.11	77.53
4.30	42.42	15.78	220241	160695	36975	105.43	23.01
1.62	21.02	8.75	107483	76841	17498	63.15	56.68
2.01	20.79	8.44	82298	49028	18352	56.84	39.17
1.20	14.31	5.43	159314	137172	12688	37.04	10.73
1.16	15.86	5.90	42814	21961	10956	45.73	8.17
1.02	13.27	4.79	28672	5608	9998	38.26	640.02
1.84	27.87	10.83	85271	42121	24103	71.42	28.11

14－1 续表 4

单位：人

指标名称	Item	外商直接投资合同项目（个）Number of Foreign Direct Investment Projects (unit)	当年实际使用外资金额（万元）Amount of Foreign Capital Actually Used (10000 yuan)	进口额（万元）Total Imports (10000yuan)	出口额（万元）Total Exports (10000yuan)	普通本专科在校学生数 Number of Students in Tertiary or Colleges Institutions	中等职业教育在校学生数 Number of Students in Specialized Secondary Schools
杭州市	**Hangzhou Municipality**	**804**	**4967397**	**22409270**	**36932343**	**465963**	**81592**
市　区	Urban Area	782	4785471	–	–	–	75069
桐庐县	Tonglu	7	98033	50805	702331	9222	2034
淳安县	Chun'an	3	6987	14157	114146		3016
建德市	Jiande	12	76906	69614	764021		1473
宁波市	**Ningbo Municipality**	**486**	**1702168**	**33799132**	**64069693**	**168310**	**69158**
市　区	Urban Area	391	1358788	–	–	–	35207
余姚市	Yuyao	32	70781	3079370	6650580		9147
慈溪市	Cixi	40	176711	1167939	8644730		11593
象山县	Xiangshan	10	12512	157738	1528289		4747
宁海县	Ninghai	13	83376	151217	3022633		8464
温州市	**Wengzhou Municipality**	**115**	**225676**	**3116517**	**18780863**	**120734**	**89495**
市　区	Urban Area	66	83472	–	–	–	27756
瑞安市	Ruian	18	16174	372277	2927252		12940
乐清市	Yueqing	6	16843	38561	1959469		10956
龙港市	Longgang		5028	25106	381701		2327
永嘉县	Yongjia	5	17250	17751	630560		9908
平阳县	Pingyang	8	71223	30105	937811		12030
苍南县	Cangnan	5	14022	17708	225741		9610
文成县	Wencheng	3	1524	10142	39688		1386
泰顺县	Taishun	4	138	263	52499		2582
嘉兴市	**Jiaxing Municipality**	**344**	**1825487**	**7791409**	**22731789**	**76304**	**51943**
市　区	Urban Area	122	631485	–	–	–	15531
嘉善县	Jiashan	50	292401	1291858	3676472	3828	4446
海盐县	Haiyan	30	182174	295262	1504045		4604
海宁市	Haining	53	228442	477075	4979546	15058	11197
平湖市	Pinghu	41	269123	3188551	3545937		7306
桐乡市	Tongxiang	48	221862	1067070	2799460	5564	8859
湖州市	**Huzhou Municipality**	**173**	**834910**	**1063872**	**10257869**	**33770**	**29833**
市　区	Urban Area	53	232370	–	–	–	9900
德清县	Deqing	43	257809	231396	1922388		3521
长兴县	Changxing	53	198662	216545	2193848		9032
安吉县	Anji	24	146069	87600	3383704	3895	7380
绍兴市	**Shaoxing Municipality**	**258**	**497585**	**1920203**	**23860412**	**116744**	**47848**
市　区	Urban Area	227	400573	–	–	–	26377
诸暨市	Zhuji	21	77623	776781	4496957	7301	10910
嵊州市	Shengzhou	6	13850	17350	794441		5872
新昌县	Xinchang	4	5539	46791	1473969		4689

Continued 4

(person)

普通中学在校生(万人) Students in Regular Secondary Schools (10000persons)	小学在校生(万人) Students in Primary Schools (10000persons)	成人本专科在校学生数 Number of Students in Institutions of Higher Education for Adults	公共图书馆图书藏量(万册) Total Books Collected by Public Libraries (10000volumns)	医院数(个) Number of Health Care Institutions (unit)	医 院 床位数(张) lNumber of Beds in Health Care Institutions (beds)	执业(助理)医师数 Number of Licensed (Assistant) Doctors	城镇人均现住房建筑面积(平方米) Per Capita Net Living Space(sqm)
37.40	**64.53**	**9700**	**2626**	**353**	**84251**	**51135**	**39.30**
32.57	58.14	9700	2386	312	77353	46884	
1.71	2.56		80	19	2263	1717	61.80
1.39	1.56		76	12	2401	1184	47.00
1.73	2.26		84	10	2234	1350	64.20
31.01	**51.73**	**51562**	**1164**	**195**	**38420**	**31891**	**47.11**
16.28	27.41	51562	739	129	25752	19940	
3.98	7.10		78	12	2746	3422	53.68
5.29	9.04		233	28	5675	4542	56.57
2.34	3.56		63	15	2097	1884	57.81
3.13	4.63		51	11	2150	2103	62.02
40.91	**63.31**	**25340**	**1428**	**150**	**38678**	**31472**	**50.66**
10.88	17.47		824	65	19867	12473	
5.60	9.02		146	14	3603	4370	47.86
6.42	10.98		109	20	4077	4326	59.54
2.03	3.83		7	10	1495	985	0.00
4.33	5.79		83	10	2032	2686	46.19
4.60	6.28		81	12	3360	2637	52.66
4.63	6.35		77	13	3019	2218	44.50
1.05	1.57		52	4	649	876	64.79
1.37	2.01		49	2	576	901	66.41
16.36	**28.15**	**38735**	**1078**	**94**	**24206**	**15322**	**42.47**
4.83	8.54	38735	286	34	9607	5329	38.73
2.01	3.67		151	13	2906	1712	45.10
1.60	2.55		95	8	1813	1309	45.80
2.88	4.90		217	13	4043	2623	42.52
1.94	3.31		116	10	2443	1903	46.62
3.09	5.18		213	16	3394	2446	42.24
11.69	**18.07**	**15154**	**362**	**72**	**16826**	**9851**	**42.10**
4.58	8.21	7262	116	33	8639	4947	
2.03	2.80	2985	53	9	1558	1418	43.00
2.70	3.78	2915	65	19	3984	2038	46.00
2.38	3.29	1992	51	11	2645	1448	50.20
22.21	**26.80**	**13356**	**744**	**96**	**24096**	**17831**	**52.90**
10.40	14.48	13206	511	51	13747	9959	
7.28	6.96	150	114	19	4768	4454	59.90
2.59	3.20		66	17	3012	2003	58.10
1.94	2.16		53	9	2569	1415	58.00

14－1 续表 5

指标名称	Item	外商直接投资合同项目（个）Number of Foreign Direct Investment Projects(unit)	当年实际使用外资金额（万元）Amount of Foreign Capital Actually Used (10000 yuan)	进口额（万元）Total Imports (10000yuan)	出口额（万元）Total Exports (10000yuan)	普通本专科在校学生数 Number of Students in Tertiary or Colleges Institutions	中等职业教育在校学生数 Number of Students in Specialized Secondary Schools
金华市	**Jinhua Municipality**	**452**	**32534**	**2533351**	**46132540**	**104648**	**89681**
市　区	Urban Area	63	44364	–	–	–	33349
兰溪市	Lanxi	6	1016	172588	1490258	8293	8703
义乌市	Yiwu	342	22100	1233056	30062268	17200	16998
东阳市	Dongyang	18	20	185316	2578856	17579	7341
永康市	Yongkang	7	1504	42026	4208997		10914
武义县	Wuyi	8		15461	2410272		2998
浦江县	Pujing	5	1462	7347	812512		7414
磐安县	Panan	3		5949	368026		1964
衢州市	**Quzhou Municipality**	**14**	**44550**	**1048100**	**2535945**	**16851**	**28034**
市　区	Urban Area	8	34142	–	–	–	12327
江山市	Jiangshan	1	5856	3082	376853		6724
常山县	Changshan			65722	191481		1895
开化县	Kaihua	3		16227	183107		1940
龙游县	Longyou	2	4552	107640	391292		5148
舟山市	**Zhoushan Municipality**	**64**	**277172**	**10792091**	**5881003**	**25162**	**6665**
市　区	Urban Area	59	210067	–	–	–	6012
岱山县	Daishan	4	47006	206356	713957		653
嵊泗县	Shensi	1	20099	325199	12021		
台州市	**Taizhou Municipality**	**78**	**250500**	**1376197**	**17608621**	**39955**	**98544**
市　区	Urban Area	33	146590	–	–	–	29704
温岭市	Wenling	13	37694	165950	4198018		12497
临海市	Linhai	9	27555	224653	2571342		25451
玉环市	Yuhuan	15	3614	83730	2623337		5285
三门县	Sanmen		14554	18126	678881		9399
天台县	Tiantai	1	8760	25792	558351		8098
仙居县	Xianju	7	11732	18792	573064		8110
丽水市	**Lishui Municipality**	**32**	**41419**	**429363**	**3007088**	**21920**	**29913**
市　区	Urban Area	9	22617	65870	496905	21920	6079
青田县	Qingtian	7	41	53016	736549		4690
缙云县	Jinyun	3	11636	41546	770559		5781
遂昌县	Suichang			13084	159340		2305
松阳县	Songyang	1	3766	1301	118220		2186
云和县	Yunhe	3	2138	3154	128613		1734
庆元县	Qingyuan	1	138	241	231392		1956
景宁县	Jingning	8	945	251008	162641		1764
龙泉市	Longquan	0	138	143	202871		3418

Continued 5

(person)

普通中学在校生(万人) Students in Regular Secondary Schools (10000persons)	小学在校生(万人) Students in Primary Schools (10000persons)	成人本专科在校学生数 Number of Students in Institutions of Higher Education for Adults	公共图书馆图书藏量(万册) Total Books Collected by Public Libraries (10000volumns)	医院数(个) Number of Health Care Institutions (unit)	医 院 床位数(张) lNumber of Beds in Health Care Institutions (beds)	执业(助理)医师数 Number of Licensed (Assistant) Doctors	城镇人均现住房建筑面积(平方米) Per Capita Net Living Space(sqm)
27.35	**43.60**	**7608**	**576**	**149**	**30883**	**19994**	**48.60**
6.18	8.85	7608	160	41	9661	5191	0.00
2.62	3.05		44	20	2390	1630	60.00
5.53	11.65		128	32	5737	4763	52.80
4.69	7.21		56	14	4678	3072	72.00
3.69	5.72		58	15	3370	2422	57.30
1.52	2.92		41	10	1961	1047	57.30
2.22	3.18		55	11	2291	1314	43.60
0.91	1.03		34	6	795	555	41.50
10.84	**13.26**		**379**	**91**	**13655**	**7532**	**51.80**
4.07	5.13		221	38	6861	3585	0.00
2.62	3.07		42	11	2142	1331	48.00
1.26	1.63		39	9	1301	789	46.00
1.38	1.57		38	8	1517	797	58.00
1.52	1.86		39	25	1834	1030	42.00
3.39	**5.06**	**7504**	**245**	**35**	**6033**	**4027**	**38.17**
2.78	4.22	7504	194	28	5223	3297	0.00
0.42	0.62		36	5	585	506	46.40
0.19	0.22		16	2	225	224	46.50
31.34	**42.56**	**36160**	**925**	**135**	**28286**	**20054**	**51.89**
9.45	14.05	16266	356	56	10372	7046	48.77
5.44	8.37	3038	168	25	5992	4067	55.26
5.85	7.26	6280	120	24	5040	3247	39.87
2.45	4.38	2556	85	9	2055	1625	49.94
2.01	2.59	1588	59	6	1078	970	50.40
3.05	3.04	3431	58	7	2081	1627	55.95
3.08	2.86	3001	79	8	1668	1472	56.14
12.05	**15.66**	**17449**	**314**	**59**	**13016**	**8569**	**50.20**
2.69	3.84	17449	87	15	5223	3047	36.40
2.05	2.81		37	7	1454	943	45.30
2.33	2.81		54	10	2026	1041	49.60
0.89	0.99		27	6	822	639	62.10
0.98	1.21		25	6	925	632	68.30
0.51	0.80		29	5	555	428	55.40
0.76	0.88		15	3	569	550	53.20
0.67	0.76		17	3	553	422	43.50
1.18	1.57		25	4	889	867	42.60

14－2 长江三角洲地区主要经济指标
（2020 年）

指标	单位	Item	杭州 Hangzhou	宁波 Ningbo	嘉兴 **Jiaxing**	湖州 Huzhou
年末户籍总人口	万人	Total Population at year－end (10000persons)	813.83	613.66	367.38	268.06
生产总值	亿元	Gross Domestic Product (100 million yuan)	16105.83	12408.66	5509.52	3201.41
第一产业	亿元	Primary Industry (100 million yuan)	326.22	338.43	124.18	140.54
第二产业	亿元	Secondary Industry (100 million yuan)	4820.54	5693.85	2861.09	1587.58
其中:工业	亿元	Industry (100 million yuan)	4220.87	5045.59	2560.40	1420.13
第三产业	亿元	Tertiary Industry (100 million yuan)	10959.07	6376.38	2524.25	1473.29
城镇居民人均可支配收入	元	Per Capital Annual Disposable Income of Urban Residents (yuan)	68666	68008	64124	61743
城镇居民人均消费性支出	元	Per Capita Living Expenditure of Urban Residents(yuan)	41916	38702	36384	35488
居民消费价格指数(上年为100)	%	Consumer Price Indices (Preceding year = 100)	102.1	101.9	102.4	102.3
固定资产投资增速	%	Growth Rate of Total Investment in Fixed Assets (%)	6.8	5.5	3.0	6.6
财政总收入	亿元	Budgetary Financial Revenue (100million yuan)	3854.19	2835.55	1003.07	582.09
一般公共预算收入	亿元	Local Budgetary Financial Revenue (100 million yuan)	2093.39	1510.79	598.80	336.60
一般公共预算支出	亿元	Local Financial Expenditure (100 million yuan)	2069.66	1742.03	712.18	484.42
金融机构本外币存款余额	亿元	Deposits in Financial Institutions (100 million yuan)	54246.47	23988.18	10742.60	5956.58
其中:住户存款	亿元	Residents Deposits(100 million yuan)	20429.00	8611.10	4855.70	2794.70
金融机构本外币贷款余额	亿元	Loans in Financial Institutions (100 million yuan)	49799.28	25451.63	10166.70	5940.01
全年用电量	亿千瓦时	Total Electricity Consumption (100 million kwh)	807.97	832.15	549.10	302.23
其中:工业用电量	亿千瓦时	Industrial Electricity Consumption (100 million kwh)	409.19	603.17	431.41	217.68
当年实际利用外资	亿美元	Amount of Foreign Capital Actually Used (USD 100)	52.25	21.46	23.74	9.43
出口总值	亿元	Total Exports (100 million yuan)	3693.20	6407.00	2273.20	1025.80
社会消费品零售额	亿元	Total Retail Sales of Consumer Goods (100 million yuan)	5972.83	4238.26	2141.11	1424.43

Main Economic Indicators of the Cities Lies in Yangtze River Delta (2020)

绍兴 Shaoxing	舟山 Zhoushan	台州 Taizhou	苏州 Suzhou	无锡 Wuxi	常州 Changzhou	南京 Nanjing	南通 Nantong	扬州 Yangzhou	镇江 Zhengjiang	泰州 Taizhou	上海 Shanghai
447.64	96.20	606.98	744.33	508.97	386.63	722.57	756.06	454.71	269.25	497.15	1475.63
6000.66	1512.11	5262.72	20170.45	12370.48	7805.32	14817.95	10036.31	6048.33	4220.09	5312.77	38700.58
219.26	152.94	294.78	196.40	128.10	164.30	296.80	458.70	307.10	149.50	307.10	103.57
2711.76	590.15	2298.21	9385.58	5751.19	3616.15	5214.35	4765.85	2786.35	1988.63	2541.10	10289.47
2244.89	532.37	1900.50	8514.39	5126.15	3263.70	4331.59	3956.90	2244.17	1770.01	1973.08	9656.51
3069.64	769.02	2669.73	10588.47	6491.19	4024.87	9306.80	4811.76	2954.88	2081.96	2464.57	28307.54
66694	63702	62598	70966	64714	60529	67553	52484	47202	54572	49103	76437
36392	36478	36131	39005	37195	31987	35854	29750	25342	28374	27123	44839
102.4	101.9	102.1	102.2	102.3	102.5	102.4	102.4	102.5	102.4	102.9	101.7
6.7	1.5	4.2	6.6	6.1	0.2	6.6	5.8	-1.5	3.0	0.2	10.3
853.02	254.50	682.83	3859.21	1808.18	1013.30	3009.55	1021.77	544.67	490.64	607.56	-
543.52	159.20	401.24	2303.00	1075.70	616.60	1637.70	639.30	337.27	311.74	375.20	7046.30
667.16	312.69	700.12	2263.58	1214.92	726.34	1754.62	1080.50	668.33	498.91	627.68	8102.11
10933.47	2539.99	10630.31	37683.85	19400.95	12544.59	40056.45	15535.34	7691.30	6384.66	8022.45	155865.06
5261.14	1134.70	6047.06	12194.34	7283.68	5073.01	9701.20	8057.75	3720.51	2783.00	3734.38	38302.45
10134.87	2773.76	10452.09	35197.87	15303.43	10259.02	38189.99	15154.89	6293.32	6133.63	6440.66	84643.04
453.40	103.38	348.85	1523.34	759.53	522.62	632.94	477.29	264.66	267.05	306.88	1575.96
343.99	64.42	224.55	1170.57	569.39	400.18	338.88	323.52	174.54	192.23	221.14	769.46
4.10	3.71	0.96	52.42	21.66	23.89	35.70	22.08	10.22	4.78	10.20	155.15
2386.40	588.10	1760.90	12941.49	3547.05	1796.93	3398.92	1792.61	580.03	512.21	665.37	13725.36
2322.50	532.78	2396.07	7701.98	2994.36	2421.36	7203.03	3370.40	1379.29	1141.93	1333.26	15932.50

14－3 上海及长三角江苏八市分地区主要经济指标
（2020 年）

指　　标	单位	Item	上 海 shanghai	南京市 nanjing
年末户籍总人口	万人	Total Population at year－end (10 000persons)	1475.63	722.57
生产总值	亿元	Gross Domestic Product (100 million yuan)	38700.58	14817.95
第一产业	亿元	Primary Industry (100 million yuan)	103.57	296.80
第二产业	亿元	Secondary Industry (100 million yuan)	10289.47	5214.35
其中:工业	亿元	Industry (100 million yuan)	9656.51	4331.59
第三产业	亿元	Tertiary Industry (100 million yuan)	28307.54	9306.80
城镇居民人均可支配收入	元	Per Capita Annual Disposable Income of Urban Residents (yuan)	76347	67553
农村居民人均可支配收入	元	Per Capita Living Expenditure of Urban Residents(yuan)	34911	29621
固定资产投资增速	%	Growth Rate of Total Investment in Fixed Assets (%)	10.30	6.6
一般公共预算收入	亿元	General public budget revenue (100 million yuan)	7046.30	1637.70
一般公共预算支出	亿元	General public budget expenditure (100 million yuan)	8102.11	1754.62
金融机构存款余额	亿元	Deposits in Financial Institutions (100 million yuan)	145327.65	39056.06
金融机构贷款余额	亿元	Loans in Financial Institutions (100 million yuan)	77991.03	37594.23
全年用电量	亿千瓦时	Total Electricity Consumption (100 million kwh)	1575.96	632.94
其中:工业用电量	亿千瓦时	Industrial Electricity Consumption (100 million kwh)	769.46	338.88
当年实际利用外资	亿美元	Amount of Foreign Capital Actually Used (USD 10 000)	155.15	45.15
出口总值	亿元	Total Exports (100 million yuan)	13725.36	3398.92
社会消费品零售额	亿元	Total Retail Sales of Consumer Goods (100 million yuan)	15932.50	7203.03

Main Economic Indicators By Region in Shanghai and Eight Cities in Jiangsu (2020)

无锡市 wuxi	市 区 district	江阴市 jiangyin	宜兴市 yixing	常州市 changzhou	市 区 district	溧阳市 liyang
508.97	274.72	126.66	107.59	386.63	307.78	78.85
12370.48	6424.52	4113.75	1832.21	7805.32	6718.96	1086.36
128.10	37.53	38.04	52.53	164.30	109.86	54.44
5751.19	2722.34	2094.11	934.74	3616.15	3076.17	539.98
5126.15	2451.04	1892.52	782.59	3231.84	2806.81	425.03
6491.19	3664.65	1981.60	844.94	4024.87	3532.93	491.94
64714	62757	72185	61090	60529	61227	55478
35750	35900	38416	32430	32364	33057	30083
6.1	4.1	9.8	10.0	0.2		5.1
1075.70	688.45	259.66	127.59	616.60	542.80	73.80
1215.03	804.73	237.86	172.44	726.34	610.11	116.20
18867.71	12000.13	4286.59	2581.00	12213.55	10716.53	1497.03
15114.05	9820.36	3415.66	1878.02	10215.54	9085.38	1130.17
759.53	378.78	273.99	106.76	522.62	421.60	101.01
569.39	255.49	235.38	78.52	400.18	315.76	84.41
36.21	23.21	9.20	4.51	28.78	23.92	3.34
3547.05	2452.61	859.35	235.11	1796.93	1726.17	70.76
2994.36	1807.03	675.07	512.26	2421.36	2103.87	317.49

14－3 续表1

指　　标	单位	Item	南通市 nantong	市　区 district
年末户籍总人口	万人	Total Population at year－end (10 000persons)	756.06	314.41
生产总值	亿元	Gross Domestic Product (100 million yuan)	10036.31	5131.25
第一产业	亿元	Primary Industry (100 million yuan)	458.70	134.32
第二产业	亿元	Secondary Industry (100 million yuan)	4765.85	2349.32
其中:工业	亿元	Industry (100 million yuan)	3956.90	1949.07
第三产业	亿元	Tertiary Industry (100 million yuan)	4811.76	2647.61
城镇居民人均可支配收入	元	Per Capita Annual Disposable Income of Urban Residents (yuan)	52484	55185
农村居民人均可支配收入	元	Per Capita Living Expenditure of Urban Residents(yuan)	26141	28273
固定资产投资增速	%	Growth Rate of Total Investment in Fixed Assets (%)	5.8	1.6
一般公共预算收入	亿元	General public budget revenue (100 million yuan)	639.30	370.32
一般公共预算支出	亿元	General public budget expenditure (100 million yuan)	1080.50	572.75
金融机构存款余额	亿元	Deposits in Financial Institutions (100 million yuan)	15300.65	8525.89
金融机构贷款余额	亿元	Loans in Financial Institutions (100 million yuan)	12113.81	7129.22
全年用电量	亿千瓦时	Total Electricity Consumption (100 million kwh)	477.29	243.55
其中:工业用电量	亿千瓦时	Industrial Electricity Consumption (100 million kwh)	323.52	161.16
当年实际利用外资	亿美元	Amount of Foreign Capital Actually Used (USD 10 000)	27.12	14.40
出口总值	亿元	Total Exports (100 million yuan)	1792.61	1133.32
社会消费品零售额	亿元	Total Retail Sales of Consumer Goods (100 million yuan)	3370.40	1735.98

Continued 1

海安县 haian	如东县 rudong	启东市 qidong	如皋市 rugao	**扬州市 yangzhou**	市 区 district	宝应县 baoying
91.41	100.24	109.60	140.39	454.71	232.72	87.02
1221.63	1155.11	1223.10	1305.22	6048.33	3632.06	763.04
71.90	90.81	83.96	77.71	307.10	108.92	84.37
642.42	561.06	589.75	623.30	2786.35	1588.77	357.27
543.69	483.36	463.31	517.47	2244.17	1280.76	277.76
507.31	503.24	549.39	604.21	2954.88	1934.37	321.40
50044	49565	50238	49118	47202	50888	35799
25176	23773	27617	23599	24813	27187	23302
10.7	10.3	10.3	10.1	-1.5		4.8
64.54	60.02	72.01	72.01	337.27	226.49	24.87
128.80	134.83	118.99	125.13	668.33	431.52	85.06
1826.08	1562.67	1730.63	1655.38	7586.35	5366.44	655.44
1407.02	1003.68	1270.62	1303.26	6279.75	4580.50	504.21
59.64	66.89	43.01	64.20	264.66	150.57	25.20
44.70	49.65	25.62	42.36	174.54	93.01	14.75
3.59	3.18	3.43	2.54	14.70	9.69	1.01
135.57	157.80	153.79	212.12	580.03	457.02	38.56
356.06	406.95	413.58	457.83	1379.29	933.82	159.38

14 - 3 续表 2

指　　标	单位	Item	仪征市 yizheng	高邮市 gaoyou
年末户籍总人口	万人	Total Population at year - end (10 000persons)	55.32	79.65
生产总值	亿元	Gross Domestic Product (100 million yuan)	815.05	838.18
第一产业	亿元	Primary Industry (100 million yuan)	23.64	90.17
第二产业	亿元	Secondary Industry (100 million yuan)	429.58	337.28
其中:工业	亿元	Industry (100 million yuan)	365.11	320.54
第三产业	亿元	Tertiary Industry (100 million yuan)	361.83	337.28
城镇居民人均可支配收入	元	Per Capita Annual Disposable Income of Urban Residents (yuan)	48005	41650
农村居民人均可支配收入	元	Per Capita Living Expenditure of Urban Residents(yuan)	23942	23315
固定资产投资增速	%	Growth Rate of Total Investment in Fixed Assets (%)	-16.2	7.6
一般公共预算收入	亿元	General public budget revenue (100 million yuan)	48.00	37.91
一般公共预算支出	亿元	General public budget expenditure (100 million yuan)	68.55	83.17
金融机构存款余额	亿元	Deposits in Financial Institutions (100 million yuan)	769.12	795.35
金融机构贷款余额	亿元	Loans in Financial Institutions (100 million yuan)	606.14	588.90
全年用电量	亿千瓦时	Total Electricity Consumption (100 million kwh)	48.94	39.95
其中:工业用电量	亿千瓦时	Industrial Electricity Consumption (100 million kwh)	39.56	27.23
当年实际利用外资	亿美元	Amount of Foreign Capital Actually Used (USD 10 000)	2.50	1.50
出口总值	亿元	Total Exports (100 million yuan)	51.23	33.24
社会消费品零售额	亿元	Total Retail Sales of Consumer Goods (100 million yuan)	114.52	171.56

Continued 2

镇江市 zhenjiang	市区 district	丹阳市 danyang	扬中市 yangzhong	句容市 jurong	泰州市 taizhou	市区 district
269.25	102.72	79.90	28.10	58.53	497.15	163.54
4220.09	1909.66	1145.36	489.59	675.48	5312.77	2279.58
149.50	30.08	50.46	16.41	52.60	307.10	76.48
1988.63	833.04	587.59	252.15	283.44	2541.10	1090.73
1770.01	731.38	552.92	236.48	233.09	1973.08	879.44
2081.96	1046.54	507.31	221.03	339.43	2464.57	1112.37
54572	54027	54315	60050	52802	49103	51062
28402	26720	29492	32474	25666	24615	25032
3.0		10.8	9.8	2.4	0.2	3.6
311.74	157.86	64.02	35.01	54.85	375.20	187.49
498.91	266.45	94.99	58.45	79.00	627.68	298.16
6292.05	3038.54	1482.23	727.12	1044.16	7889.89	4186.96
6105.42	2926.31	1285.92	621.74	1271.45	6385.10	3342.51
267.05	129.81	87.83	16.91	32.50	306.88	111.23
192.23	96.16	68.56	10.19	17.33	221.14	74.52
7.88	4.10	1.85	0.74	1.18	16.50	8.27
512.21	255.04	194.70	29.34	33.11	665.37	270.63
1141.93	553.75	302.25	133.30	152.63	1333.26	620.97

14－3 续表 3

指 标	单位	Item	兴化市 xinghua	靖江市 jingjiang
年末户籍总人口	万人	Total Population at year－end (10 000persons)	152.75	65.00
生产总值	亿元	Gross Domestic Product (100 million yuan)	900.92	1004.80
第一产业	亿元	Primary Industry (100 million yuan)	133.96	27.15
第二产业	亿元	Secondary Industry (100 million yuan)	347.63	537.77
其中:工业	亿元	Industry (100 million yuan)	241.55	382.37
第三产业	亿元	Tertiary Industry (100 million yuan)	419.33	439.88
城镇居民人均可支配收入	元	Per Capita Annual Disposable Income of Urban Residents (yuan)	44464	52754
农村居民人均可支配收入	元	Per Capita Living Expenditure of Urban Residents(yuan)	23212	26922
固定资产投资增速	%	Growth Rate of Total Investment in Fixed Assets (%)	11.6	－8.6
一般公共预算收入	亿元	General public budget revenue (100 million yuan)	41.48	60.80
一般公共预算支出	亿元	General public budget expenditure (100 million yuan)	114.76	106.21
金融机构存款余额	亿元	Deposits in Financial Institutions (100 million yuan)	1089.51	1328.43
金融机构贷款余额	亿元	Loans in Financial Institutions (100 million yuan)	763.01	1172.46
全年用电量	亿千瓦时	Total Electricity Consumption (100 million kwh)	69.55	45.76
其中:工业用电量	亿千瓦时	Industrial Electricity Consumption (100 million kwh)	51.86	32.05
当年实际利用外资	亿美元	Amount of Foreign Capital Actually Used (USD 10 000)	1.68	2.78
出口总值	亿元	Total Exports (100 million yuan)	46.85	175.53
社会消费品零售额	亿元	Total Retail Sales of Consumer Goods (100 million yuan)	240.02	197.54

Continued 3

泰兴市 tanxing	**苏州市 suzhou**	市 区 district	常熟市 changshu	张家港市 zhangjiagang	昆山市 kunshan	太仓市 taicang
115.85	744.33	387.14	106.41	93.02	106.71	51.05
1127.47	20170.45	9455.57	2365.43	2686.60	4276.76	1386.09
69.51	196.40	68.05	40.43	30.10	30.95	26.96
564.97	9385.58	4064.78	1146.07	1359.01	2149.19	666.53
469.72	8514.39	3610.79	1046.37	1261.16	1981.06	615.01
492.99	10588.47	5322.73	1179.03	1297.50	2096.62	692.60
48857	70966	70575	71445	71805	71519	70592
24783	37563	37161	38031	37935	38320	37521
-5.2	6.6	1.3	20.8	20.0	3.3	16.4
85.43	2303.00	1239.92	213.66	250.30	428.00	171.12
108.36	2263.58	1283.72	229.77	233.31	365.72	151.06
1302.99	35165.68	21172.37	3660.45	3526.84	4938.93	1867.10
1107.12	34195.78	21936.00	3107.69	2914.64	4385.82	1851.64
80.34	1523.34	676.94	188.61	305.30	248.63	103.86
62.71	1170.57	474.65	153.47	274.67	185.12	82.66
3.76	55.40	29.58	6.31	4.41	10.48	4.63
172.35	12941.49		871.17	985.63	3967.14	438.42
274.73	7701.98	4158.71	1031.62	688.52	1398.08	425.04

中国统计出版社有限公司最新图书简目

（仅供参考，以实际出版为准）

统计资料

中国统计年鉴　中国统计摘要　中国第三产业统计年鉴
中国第三次全国农业普查综合资料　国际统计年鉴　金砖国家联合统计手册
中国-东盟国家统计手册　中国农村统计年鉴　中国县域统计年鉴
中国农产品价格调查年鉴　中国城市统计年鉴　中国价格统计年鉴
中国贸易外经统计年鉴　中国零售和餐饮连锁企业统计年鉴　中国商品交易市场统计年鉴
大中型批发零售和住宿餐饮企业统计年鉴　中国住户调查年鉴　中国工业统计年鉴
中国环境统计年鉴　中国能源统计年鉴　中国建筑业统计年鉴
中国房地产统计年鉴　中国投资领域统计年鉴　长江经济带发展统计年鉴
中国人口和就业统计年鉴　中国劳动统计年鉴　中国社会统计年鉴
中国科技统计年鉴　中国高技术产业统计年鉴　全国企业创新调查年鉴
中国文化及相关产业统计年鉴　中国妇女儿童状况统计资料　中国青年发展状况统计年鉴
中国基本单位统计年鉴　中国教育统计年鉴　中国教育经费统计年鉴
中国民族统计年鉴　中国残疾人事业统计年鉴　中国电力统计年鉴

省级综合统计年鉴系列

北京 天津 河北 山西 内蒙古 辽宁 吉林 黑龙江 上海 江苏 浙江 安徽 福建 江西 山东 河南 湖北 湖南 广东 广西 海南 重庆 四川 贵州 云南 西藏 陕西 甘肃 青海 宁夏 新疆 新疆生产建设兵团

市（县）级综合统计年鉴系列

滨海新区 石家庄 唐山 邯郸 邢台 保定 承德 沧州 衡水 太原 大同 晋城 晋中 长治 忻州 朔州 临汾 运城 阳泉 吕梁 呼和浩特 包头 鄂尔多斯 赤峰 大连 长春 四平 延吉 延边 哈尔滨 齐齐哈尔 黑龙江垦区 浦东新区 南京 无锡 徐州 常州 苏州 南通 淮安 盐城 扬州 镇江 宿迁 江阴 丹阳 海门 张家港 通州 如东 杭州 宁波 绍兴 台州 温州 金华 嘉兴 湖州 丽水 舟山 合肥 安庆 福州 厦门 漳州 宁德 龙岩 莆田 泉州 三明 南平 思明 南昌 上饶 抚州 赣州 九江 景德镇 宁都 济南 青岛 枣庄 潍坊 聊城 郑州 洛阳 三门峡 南阳 商丘 平顶山 信阳 济源 武汉 宜昌 十堰 荆州 荆门 咸宁 黄冈 长沙 广州 东莞 惠州 深圳 汕尾 珠海 南宁 桂林 柳州 防城港 贵港 梧州 玉林 钦州 海口 三亚 儋州 成都 贵阳 毕节 黔南 昆明 文山 德宏 西安 安康 延安 汉中 渭南 商洛 榆林 银川 兰州 庆阳 乌鲁木齐

调查年鉴系列

天津 内蒙古 上海 河南 湖北 湖南 广西 重庆 四川 云南 甘肃 宁夏 南宁 桂林 贵港 昆明

统计方法应用/实用手册

Python数据分析基础（第二版）　非参数统计（第五版）　现代金融投资统计分析（第四版）
国民经济核算初级教程（第二版）　国民经济核算教程（第五版）　概率统计基础
全国统计专业技术资格考试系列考试用书：统计业务知识（第四版修订版）　统计业务知识学习指导与习题
全国统计专业技术资格考试系列考试用书：统计相关知识（第四版）　统计相关知识学习指导与习题

统计通俗读物/统计科普图书

领导干部统计知识问答（第二版）　统计公文写作及会议办理实用手册　大数据在统计工作中的应用案例汇编
中国国民经济核算知识问答（修订版）　地区生产总值核算国际比较研究　新中国统计制度方法的发展与改革

重点图书

第七次全国人口普查年鉴　第四次全国经济普查地图集　中国经济普查年鉴2018
新编英汉汉英统计大词典　中国国民经济核算体系2016　国民经济行业分类注释
挑大学选专业2020—考研择校指南　挑大学选专业2020—高考志愿填报指南　中华医学统计百科全书